O Acto Administrativo Conformador de Relações de Vizinhança

O Acto Administrativo Conformador de Relações de Vizinhança

Mafalda Carmona
Assistente da Faculdade de Direito
da Universidade de Lisboa

2011

O ACTO ADMINISTRATIVO CONFORMADOR DE RELAÇÕES DE VIZINHANÇA

AUTORA
Mafalda Carmona

EDITOR
EDIÇÕES ALMEDINA. SA
Rua Fernandes Tomás, nºs 76, 78, 80
3000-167 Coimbra
Tel.: 239 851 904 • Fax: 239 851 901
www.almedina.net • editora@almedina.net

DESIGN DE CAPA
FBA.

PRÉ-IMPRESSÃO, IMPRESSÃO E ACABAMENTO
G.C. GRÁFICA DE COIMBRA, LDA.
Palheira – Assafarge, 3001-453 Coimbra
producao@graficadecoimbra.pt
Julho, 2011

DEPÓSITO LEGAL
331022/11

Apesar do cuidado e rigor colocados na elaboração da presente obra, devem os diplomas legais dela constantes ser sempre objecto de confirmação com as publicações oficiais.

Toda a reprodução desta obra, por fotocópia ou outro qualquer processo, sem prévia autorização escrita do Editor, é ilícita e passível de procedimento judicial contra o infractor.

 GRUPOALMEDINA

BIBLIOTECA NACIONAL DE PORTUGAL – CATALOGAÇÃO NA PUBLICAÇÃO
CARMONA, Mafalda
O acto administrativo conformador de relações de vizinhança
ISBN 978-972-40-4437-8
CDU   342
      347
      340

Para os meus Avós

SIGLAS E ABREVIATURAS

ABGB	Allgemeines Bürgerliches Gesetzbuch
AcP	Archiv für die civilistische Praxis
AöR	Archiv des öffentlichen Rechts
ARSP	Archiv für Rechts- und Sozialphilosophie
BayVBl.	Bayerische Verwaltungsblätter
BB	Betriebsberater
BFD	Boletim da Faculdade de Direito
BFDUC	Boletim da Faculdade de Direito de Coimbra
BGB	Bürgerliches Gesetzbuch
BGH	Bundesgerichtshof
BMJ	Boletim do Ministério da Justiça
BVerfG	Bundesverfassunsgericht
BVerwG	Bundesverwaltungsgericht
CC	Código Civil
CEDOUA	Centro de Estudos de Direito do Ordenamento, do Urbanismo e do Ambiente
CEJ	Centro de Estudos Judiciários
cit.	citado
CJ	Colectânea de Jurisprudência
CJA	Cadernos de Justiça Administrativa
CP	Código Penal
CPA	Código do Procedimento Administrativo
CPC	Código de Processo Civil
CPTA	Código de Processo nos Tribunais Administrativos
CRP	Constituição da República Portuguesa
DDC	Documentação e Direito Comparado
DJ	Direito e Justiça

DJAP	Dicionário Jurídico da Administração Pública
DÖV	Die öffentliche Verwaltung
DVBl.	Deutsches Verwaltungsblatt
FS	Festschrift
GewO	Gewerbeordnung
GG	Grundgesetz
INA	Instituto Nacional de Administração
JBl.	Juristische Blätter
JuS	Juristische Schulung
JZ	Juristen Zeitung
LBA	Lei de Bases do Ambiente
Leg.-CCL	Legislação – Cadernos de Ciência da Legislação
MDR	Monatsschrift für deutsches Recht
N+R	Natur und Recht
NJW	Neue juristiche Wochenschrift
nr.	nota de rodapé
NVwZ	Neue Zeitsschrift für Verwaltungsrecht
ÖJZ	Österreichische Juristen-Zeitung
PrOVG	Preussisches Oberverwaltungsgericht
RAP	Revista de la Administración Pública
RDES	Revista de Direito e Ciências Sociais
RIDC	Revue International de Droit Comparé
RJUA	Revista Jurídica de Urbanismo e Ambiente
RLJ	Revista de Legislação e Jurisprudência
RMP	Revista do Ministério Público
SJ	*Scientia Juridica*
STA	Supremo Tribunal Administrativo
STJ	Supremo Tribunal de Justiça
UC	Universidade de Coimbra
UPR	Umwelt- und Planungs Recht
UTR	Umwelt- und Technik Recht
VerwArch.	Verwaltungsarchiv
VvDStrL	Veröffentlichungen der Vereinigung der Deutschen Staatsrechtslehrer
VwVerfG	Verwaltungsverfahrenhsgesetz
VwGO	Verwaltungsgerichtsordnung

AGRADECIMENTOS

O texto que agora se publica corresponde à dissertação de Mestrado em Ciências Jurídico-Políticas, defendida em provas públicas na Faculdade de Direito da Universidade de Lisboa em 2 de Junho de 2002. Apesar da tardia publicação, não sentimos necessidade de proceder a mais do que meras alterações formais, já que o tema tratado incide fundamentalmente sobre a relação do acto administrativo com as disposições do Código Civil em matéria de relações de vizinhança.

Aos Profs. Doutores Fausto de Quadros (presidente), Gomes Canotilho (arguente), Sérvulo Correia (orientador), Vasco Pereira da Silva e Duarte Nogueira, agradeço a participação no júri das provas públicas da dissertação.

Ao Prof. Doutor Fausto de Quadros, de quem fui assistente na cadeira de Direito Administrativo durante largos anos, agradeço a permanente compreensão para com as exigências da tese e, em especial, o facto de me ter despertado o interesse para o Direito Administrativo, ao ter regido a disciplina no meu curso de licenciatura.

Ao Prof. Doutor Gomes Canotilho, que aceitou a função de arguente da dissertação, estou grata pela arguição e por me ter distinguido com a publicação da mesma (CEDOUA n.º 11, 1.2003), com o que inegavelmente veio emprestar dignidade à dissertação. Aceitando a sua sugestão, altera-se o título original da dissertação ("O acto administrativo com efeito conformador de relações entre particulares") para o que agora se apresenta.

Ao Prof. Doutor Sérvulo Correia, com quem tenho a honra de trabalhar desde 1998, agradeço a orientação da tese, bem como a dispensa da actividade profissional sempre que a tese assim o exigiu. Ao Prof. Doutor Sérvulo Correia devo muito do que tenho aprendido nos últimos anos.

Ao Prof. Doutor Vasco Pereira da Silva fica igualmente o agradecimento pelas primeiras críticas a esta investigação, ainda na forma de relatório de mestrado.

Para a recolha de bibliografia foi essencial a visita à Martin-Luther--Universität, ficando aqui o agradecimento ao Prof. Doutor Christian Tietje, que tão bem me recebeu. Agradeço, ainda, ao Prof. Doutor Schmidt-De Caluwe a disponibilidade para a troca de impressões sobre a teoria do acto administrativo. Devo ainda ao Dr. Andreas Knobelsdorf, bibliotecário da Universität Leipzig, a disponibilização de outro material bibliográfico necessário a esta dissertação.

Ao André Salgado de Matos, ao João de Oliveira Geraldes, ao Lourenço Vilhena de Freitas e à Paula Meira Lourenço, agradeço a revisão crítica, e paciente, do texto desta dissertação. Uma palavra de agradecimento é também devida à Dra. Maria José Abreu, incansável no apoio que dá a todos os mestrandos.

À minha família, em especial à minha Mãe, ao Duarte e aos meus amigos, agradeço por existirem e por muito mais que aqui não cabe.

Parte I
Introdução

A) A CONFORMAÇÃO DE RELAÇÕES JURÍDICAS ENTRE PARTICULARES POR ACTOS ADMINISTRATIVOS – PRIMEIRA APROXIMAÇÃO

1. O problema do efeito conformador das relações jurídicas entre particulares pelo acto administrativo

1. O objecto da presente investigação consiste no problema dos eventuais efeitos dos actos administrativos de tipo autorizativo nas relações entre particulares, nomeadamente no que diz respeito à aplicação de normas de direito privado relativas à responsabilidade civil e à relevância das acções negatórias de defesa de direitos subjectivos.

Introduzido em Portugal por GOMES CANOTILHO[1], a quem cabe igualmente o mérito de ter realizado, até hoje, o estudo nacional mais completo sobre ele, este problema tem sido alvo de profunda investigação pela doutrina germânica, que se lhe refere geralmente como o do "efeito conformador de direito privado" (*"privatrechtsgestaltende Wirkung"*) pelo acto administrativo[2]. Tal como tem sido colocado por estes Autores, o problema é o de determinar qual a influência de um acto administrativo no juízo de ilicitude privada (WAGNER)[3] ou, mais precisamente, "o problema de

---

[1] J. J. GOMES CANOTILHO, *Actos autorizativos jurídico-públicos e responsabilidade por danos ambientais*, 1 e ss..

[2] Na doutrina germânica, entre inúmeros estudos, destaca-se o de G. WAGNER, *Öffentlich-rechtliche Genehmigung und zivilrechtliche Rechtswidrigkeit*, passim.

[3] G. WAGNER, *Öffentlich-rechtliche Genehmigung und zivilrechtliche Rechtswidrigkeit*, 1.

saber se uma actividade de um particular devidamente autorizada através de um acto jurídico-público de entidades administrativas e no uso de funções administrativas [...] mas lesiva de direitos e ou posições jurídicas de terceiros, pode, apesar da existência de um acto autorizativo, ser considerada como ilícita no âmbito de relações jurídicas civis" (GOMES CANOTILHO)[4].

2. Este específico problema de relação entre acto administrativo e direito privado pode ser melhor introduzido com recurso a um exemplo retirado da jurisprudência dos nossos tribunais judiciais.

No caso concreto, os Autores, vizinhos de uma instalação fabril e sujeitos a uma variedade de emissões, intentaram uma acção, alegando a existência de prejuízos substanciais e pedindo a condenação da Ré à cessação da actividade danosa, decorrente de determinados equipamentos e características da fábrica, bem como ao pagamento de uma indemnização por actos ilícitos e culposos (artigos 1346.º e 483.º e ss. CC).

A Ré veio invocar, enquanto excepção peremptória, que a sua instalação sempre obtivera e mantivera todas as licenças administrativas pertinentes e que, portanto, os danos seriam decorrentes de um "uso normal" da propriedade (artigo 1346.º CC).

Tanto o Tribunal de 1.ª Instância, como depois o Tribunal da Relação e o Supremo Tribunal de Justiça, consideraram improcedente a excepção invocada pela Ré: nas palavras do Supremo Tribunal, "o que está em causa, aqui e agora, não é a relação jurídica entre a ré e as entidades supervisoras ao nível técnico e administrativo; mas, sim, a relação provada de conflito de valores e de interesses entre uma instalação fabril, que também terá a sua justificação própria, no campo sócio-económico e, por outro lado, o direito subjectivo a um ambiente de vida humano, sadio e ecologicamente equilibrado"[5].

E assim, não obstante a existência de várias autorizações administrativas e de uma actuação, em geral, conforme às prescrições administrativas, foi a Ré condenada à cessação da actividade prejudicial bem como ao pagamento de indemnizações aos vizinhos lesados, no campo da responsabilidade por actos ilícitos e culposos[6].

---

[4] J. J. GOMES CANOTILHO, *Actos autorizativos jurídico-públicos e responsabilidade por danos ambientais*, 4.

[5] Ac. STJ de 26.04.95, Proc. n.º 086918, V.2.

[6] Ac. STJ de 26.04.95, Proc. n.º 086918, I e VI.

INTRODUÇÃO

3. Esta sentença, que não constitui mais do que mero exemplo entre muitas outras, fornece uma primeira apresentação do problema que escolhemos para objecto da presente investigação.

Por um lado, encontramos um particular que, pretendendo desenvolver determinada actividade, solicita e obtém a devida autorização administrativa, podendo mesmo suceder que tal autorização seja dotada de um conteúdo prescritivo e que os deveres de conduta por si impostos sejam escrupulosamente cumpridos no exercício da actividade. Pense-se, por exemplo, na obtenção de um licenciamento industrial, com a respectiva licença ambiental[7]. Concedida a "licença", fica a Administração limitada na sua actuação pelas respectivas normas legais. O destinatário da autorização, confiando na conformidade jurídica da autorização e na estabilidade da sua situação jurídica, procede ao respectivo investimento e ao desenvolvimento das actividades autorizadas.

Por outro lado, tal actividade revela-se prejudicial para os respectivos *vizinhos*, invocando estes nos tribunais judiciais – e não nos administrativos, como no exemplo apresentado – as normas de direito privado sobre responsabilidade civil e/ou aqueloutras que, de há muito, regulam as relações de vizinhança. Segundo estas normas, se a actividade comportar um *uso anormal* da propriedade ou importar um *prejuízo substancial* para os vizinhos, poderá ser judicialmente determinada a cessação da actividade autorizada, ao abrigo da acção negatória do artigo 1346.º do Código Civil. Para mais, os danos provocados pela actividade – autorizada e desenvolvida em conformidade com a autorização – deverão ainda ser ressarcidos, porquanto *ilícitos e culposos*, ao abrigo do artigo 483.º do Código Civil.

4. Desta breve apresentação, descortina-se a importância e a complexidade do problema, que mereceu já a qualificação de um dos mais difíceis da actual dogmática jurídica[8].

Num momento em que a Administração Pública, nos quadros do Estado pós-Social de Direito, assume uma crescente relevância na ordenação e

---

[7] Cfr. os regimes do Decreto-Lei n.º 209/2008, de 29 de Outubro, e do Decreto-Lei n.º 173/2008, de 26 de Agosto, que sucederam aos regimes do Decreto-Lei n.º 69/2003, de 10 de Abril, e Decreto-Lei n.º 194/2000, de 21 de Agosto. Sobre os danos ambientais ou ecológicos, o Decreto-Lei n.º 147/2008, de 29 de Julho.

[8] P. MARBURGER, *Besprechung von Wagner, Gerhard: Öffentlich-rechtliche Genehmigung und zivilrechtliche Rechtswidrigkeit*, 654.

O ACTO ADMINISTRATIVO CONFORMADOR DE RELAÇÕES DE VIZINHANÇA

"conformação" de relações jurídicas, como será próprio da pretendida *Administração de infra-estruturas*[9], e em que, concomitantemente, assume maior relevância a posição dos denominados *terceiros*[10], teorizada a propósito do acto administrativo com efeitos para terceiros ou, mais recentemente, da *relação jurídica poligonal*[11], é inevitável a emergência de um fenómeno de *publicização* das relações jurídicas entre privados, que se manifesta paradigmaticamente, ainda que não de forma inovatória ou exclusiva, no domínio das *relações de vizinhança* – por excelência, relações entre vários sujeitos privados – cuja relevância tem sido actualmente destacada pela premência das *questões ambientais*. Não obstante, permanece quase inquestionada a regulação jurídico-privada das relações entre privados em matérias que também constituem objecto de regulação administrativa. No caso das relações de vizinhança, como melhor se verá, a regulação jurídico-privada em causa descende mesmo em linha recta do direito romano.

Em geral, estamos, pois, perante um problema de relação entre direito administrativo e direito privado, derivado da eventual *publicização* de relações jurídicas anteriormente reguladas de forma exclusiva pelo direito privado, em que avultam o problema da existência de eventuais *contradições normativas num ordenamento jurídico unitário*[12] – o que seria permitido pelo direito administrativo, seria proibido pelo direito privado – e a questão da eventual *precedência do direito administrativo* em relação aos outros ramos de direito como forma de evitar ou solucionar aquelas contra-

---

[9] Sobre a Administração de infra-estruturas, H. FABER, *Vorbemerkungen zu einer Theorie des Verwaltungsrechts in der nachindustriellen Gesellschaft*, 291 e ss..

[10] H.-W. LAUBINGER, *Der Verwaltungsakt mit Doppelwirkung*, 1 e ss..

[11] Sobre a figura da relação jurídica poligonal, entre outros, N. ACHTERBERG, *Die Rechtsordnung als Rechtsverhältnisordnung*, 17 e ss.; P. PREU, *Subjektivrechtliche Grundlagen des öffentlichrechtlichen Drittschutzes*, 13 e ss.; M. SUDHOF, *Dreieckige Rechtsverhältnisse im Wirtschaftsverwaltungsrecht*, 11 e ss.; M. SCHMIDT-PREUSS, *Kollidierende Privatinteressen im Verwaltungsrecht – Das subjektive öffentlich recht im multipolaren Verwaltungsrechtsverhältnis*, 1 e ss.; W. SCHUR, *Anspruch, absolutes Recht und Rechtsverhältnis im öffentlichen Recht entwickelt aus dem Zivilrecht*, 13 e ss.; J. J. GOMES CANOTILHO, *Relações jurídicas poligonais, ponderação ecológica de bens e controlo judicial preventivo*, 55 e ss.; V. PEREIRA DA SILVA, *Em busca do acto administrativo perdido*, 149 e ss..

[12] K. ENGISCH, *Die Einheit der Rechtsordnung*, 1 e ss.; D. FELIX, *Einheit der Rechtsordnung: zur verfassungsrechtlichen Relevanz einer juristischen Argumentationsfigur*, 1 e ss.; M. BALDUS, *Die Einheit der Rechtsordnung: Bedeutungen einer juristischen Formel in Rechtstheorie, Zivil- und Staatsrechtswissenschaft des 19. und 20. Jahrhunderts*, 1 e ss..

dições[13]. O problema da (in)subsistência de contradições normativas, bem como o problema paralelo da tutela da *segurança e confiança jurídicas* ganham, na actual *sociedade de risco*, maior pertinência[14].

Em especial, se para o direito privado a questão do eventual efeito conformador vem colocada a propósito do juízo básico que determina a fronteira entre o permitido e o não permitido – *o juízo de ilicitude*, sujeito ou não à influência do direito administrativo –, para o direito administrativo ela traz implicados os problemas relativos ao *conceito, função* e *efeitos* do *acto administrativo*[15], a forma tida por paradigmática de actuação da Administração.

Em causa está sempre o problema da protecção jurídica dos "terceiros" ou "vizinhos", em sede do direito privado ou do direito administrativo, bem como do particular destinatário da autorização, questão à qual não permanecerá indiferente a consagração dos *direitos fundamentais* na Constituição.

Como já se pode antever, o problema do efeito conformador de relações jurídicas entre privados pelo acto administrativo não pode deixar de ser perspectivado à luz do contexto social e jurídico dos nossos dias.

2. A Administração Pública infra-estrutural e a sociedade de risco

5. A sociedade actual é profícua na colocação de novos problemas e de novos desafios.

Que a sociedade não suporta reger-se pelas ideias essenciais do liberalismo – hipervalorização da liberdade, apologia do individualismo egoístico, mínima intervenção do Estado e separação radical entre Estado e Sociedade – parece constituir uma evidência[16]. Que modelo de sociedade se apresenta viável é, pelo contrário, objecto de controvérsia. Se o bem-estar

---

[13] Entre outros, H. D. Jarass, *Verwaltungsrecht als Vorgabe für Zivil- und Strafrecht*, 238 e ss.; M. Schröder, *Verwaltungsrecht als Vorgabe für Zivil- und Strafrecht*, 197; M. Gerhardt, *Verwaltungsrecht als Vorgabe für Zivil- und Strafrecht*, 549 e ss.; F. Ossenbühl, *Verwaltungsrecht als Vorgabe für Zivil- und Strafrecht*, 963 e ss..

[14] U. di Fabio, *Risikoentscheidungen im Rechtsstaat*, 40, colocando a questão de saber como pode o Estado garantir a segurança através do direito na "sociedade de risco"; B. Weber-Dürler, *Vertrauensschutz im öffentlichen Recht*, passim; H.-J. Blanke, *Vertrauensschutz im deutschen und europäischen Verwaltungsrecht*, passim.

[15] Entre outros, R. Schmidt-De Caluwe, *Der Verwaltungsakt in der Lehre Otto Mayers*, 1 e ss..

social é um valor que poucos aceitarão repudiar, difícil é o seu alcance[17]. Que o Estado não pode, por si só, prover directamente à satisfação de todas as necessidades e aspirações sociais dos seus cidadãos, é cruelmente demonstrado pelas inultrapassáveis limitações orçamentais[18]. É assim que, sem querer e sem poder retornar à sociedade individualística e pouco solidária, mas sem poder igualmente ser a fonte directa e única de satisfação social[19], o Estado descobre novos paradigmas de actuação: regulação, cada vez mais intensa, de quase todos os aspectos da vida social; planeamento do alcance do bem-estar pela actuação conjugada, e conformada, dos seus cidadãos[20].

Como se estes novos paradigmas de actuação não fossem fonte bastante de dificuldades, teóricas e práticas, acrescem ainda os problemas gerados pela ultrapassagem da distinção liberal entre Estado e Sociedade[21]. Entre outros factores, o despontar de uma "consciência ambiental" levou à paulatina consciencialização dos riscos da vida comum, das incertezas do futuro de cada um e de todos. Esta moderna sociedade ganhou já uma designação própria: a de "sociedade de risco"[22]. Como resultado da consciência do risco, a Humanidade já não busca apenas o *bem-estar*, busca igualmente – ou sobretudo – a *protecção contra aquele risco*[23].

---

[16] Sobre isto, entre muitos, J. REIS NOVAIS, *Contributo para uma teoria do Estado de Direito*, 188 e ss..

[17] Para uma fundamentação do conceito de bem-estar social na Constituição de 1976, ligando-o ao princípio da dignidade da pessoa humana, P. OTERO, *O poder de substituição em Direito administrativo*, I, 586.

[18] Entre muitos, M. J. ESTORNINHO, *A fuga para o direito privado*, 47.

[19] Entre outros, V. PEREIRA DA SILVA, *Em busca do acto administrativo perdido*, 125.

[20] Entre muitos, R. ZIPPELIUS, *Teoria Geral do Estado*, 462 e ss.; precisamente reconduzindo a regulação a um novo enquadramento da socialidade, J. J. GOMES CANOTILHO, *Direito constitucional e teoria da constituição*, 349-51.

[21] Sobre esta questão, H. H. RUPP, *Die Unterscheidung von Staat und Gesellschaft*, 1187 e ss., evidenciando o papel dos direitos fundamentais nesse distanciamento; G. HERMES, *Staatliche Infrastrukturverantwortung*, 128 e 139 e ss., colocando o problema da "resistência" da diferença entre Estado e Sociedade na actualidade.

[22] *Na expressão de U. BECK, *Risk Society: towards a new modernity, passim*. Sobre a "sociedade de risco", R. WAHL/ I. APPEL, *Prävention und Vorsorge: von der Staatsaufgabe zur rechtlichen Ausgestaltung*, 2, destacando que está em causa a capacidade de regulação do direito; U. DI FABIO, *Risikoentscheidungen im Rechtsstaat*, 53 e ss.; F. SCHREIBER, *Das Regelungsmodell der Genehmigung im integrierten Umweltschutz*, 230 e ss..

[23] R. WAHL/ I. APPEL, *Prävention und Vorsorge: von der Staatsaufgabe zur rechtlichen Ausgestaltung*, 17 e ss., sobre a passagem da *"Pursuit of happiness"* para a *"Pursuit of survival"*.

3. A Administração Pública infra-estrutural e a multilateralização da actividade administrativa

6. Muda a sociedade, muda o modelo de Administração pública, ou não tivesse esta que corresponder às necessidades sociais[24]. O modelo da Administração pouco interventora, mas de natureza "agressiva", com as suas características típicas – "poder, supra e infra ordenação, regulação unilateral" – não corresponde mais à concepção de fundo do direito administrativo[25]. O mesmo pode dizer-se do modelo da Administração prestadora, na sua formulação pura e com todos os seus aspectos essenciais – "princípio prestacional, actividade (de prestação) ao serviço dos cidadãos, intercâmbio de prestações e contra-prestações"[26]. A dimensão prestacional – ou, se se quiser, a procura do bem-estar – assume uma nova configuração pela superveniência dos princípios da "coordenação", da "concordância

---

[24] H. Faber, *Vorbemerkungen zu einer Theorie des Verwaltungsrechts in der nachindustriellen Gesellschaft*, 291. Sobre os vários modelos da Administração, H. F. Zacher, *Das soziale Staatsziel*, em esp. 1101, sobre o Estado Social; R. Wahl/ I. Appel, *Prävention und Vorsorge: von der Staatsaufgabe zur rechtlichen Ausgestaltung*, 19 e ss., relevando a importância da questão ambiental; W. Henke, *System und Institute des öffentlichen Rechts der Wirtschaft*, 982, focando a passagem do princípio liberal para o princípio social; R. Stober, *Allgemeines Wirtschaftsverwaltungsrecht*, 81 e ss., sobre o "princípio do Estado Social"; V. Pereira da Silva, *Em busca do acto administrativo perdido*, 38 e ss.; M. Rebelo de Sousa, *Um retrato actual da administração portuguesa*, 31 e ss.; J. C. Vieira de Andrade, *O ordenamento jurídico administrativo português*, 37 e ss.; R. C. Machete: *Considerações sobre a dogmática administrativa no moderno Estado Social*, 1 e ss.. Estes modelos de Administração visam apenas relevar as ideias dominantes de uma determinada Administração num dado momento histórico. A consideração de novos modelos não significa, obviamente, que os mesmos comportem as únicas características da Administração, afastando por completo os modelos anteriores: naturalmente, a Administração actual continua a comportar uma dimensão "agressiva", ao lado de outras dimensões. Ao mesmo tempo, a sequência evolutiva não é linear nem estanque: por exemplo, já na dita "Administração agressiva" seria possível encontrar elementos característicos da "futura" "Administração prestadora", tal como nesta seria possível encontrar elementos da dita Administração infra-estrutural – transmitindo estas ideias, H. Faber, *Vorbemerkungen zu einer Theorie des Verwaltungsrechts in der nachindustriellen Gesellschaft*, 292-4; D. Freitas do Amaral, *Apreciação da dissertação de doutoramento do Mestre Vasco Pereira da Silva: "Em busca do acto administrativo perdido"*, 260 e ss..

[25] *"Gewalt, Über-/Unter-Ordnung, einseitige Regelung"* – H. Faber, *Vorbemerkungen zu einer Theorie des Verwaltungsrechts in der nachindustriellen Gesellschaft*, 291 e 293.

[26] H. Faber, *Vorbemerkungen zu einer Theorie des Verwaltungsrechts in der nachindustriellen Gesellschaft*, 291.

prática", do "planeamento"[27]: em vez de centrada nas próprias prestações da Administração, a ideia essencial, orientadora da actuação administrativa, radica antes na possibilidade de distribuição e utilização de prestações, de instrumentos de bem-estar, pelo conjunto da sociedade. A este novo modelo atribui-se a designação de "Administração de infra-estruturas"[28].

7. A Administração de infra-estruturas corresponde ao assumir de novas finalidades da actuação pública: finalidades de regulação, de planeamento, e de conformação da vida social – neste aspecto, afirma-se que "a actividade administrativa, mais do que instrumento de definição autoritária do direito aplicável, vai tornar-se num *mecanismo de composição de interesses (públicos e privados)*"[29].

A Administração de infra-estruturas caracteriza-se pelo surgimento de *novas formas de actuação administrativa* e, ainda, pelo *redimensionar das tradicionais formas de actuação*[30]. O carácter *prospectivo* da actividade administrativa infra-estrutural manifesta-se com a propagação de medidas de carácter geral ou de medidas individuais que, em vez de limitadas aos seus destinatários, compõem os interesses destes e de "terceiros"[31]. Em causa

---

[27] Segundo H. FABER, *Vorbemerkungen zu einer Theorie des Verwaltungsrechts in der nachindustriellen Gesellschaft*, 292-4.

[28] *"Infrastrukturverwaltung"*: H. FABER, *Vorbemerkungen zu einer Theorie des Verwaltungsrechts in der nachindustriellen Gesellschaft*, 292. Sobre a Administração de infra-estruturas, H. FABER, *Verwaltungsrecht*, 347 e ss.; P. FEUCHTE, *Prognose, Vorsorge und Planung bei der Genehmigung industrieller Anlagen*, 292, referindo, ao lado da *"Leistungsverwaltung"*, a Administração conformadora e planeadora (*"gestaltenden und planenden* Verwaltung"); V. PEREIRA DA SILVA, *Em busca do acto administrativo perdido*, 122 e ss.; M. J. ESTORNINHO, *A fuga para o direito privado*, 47 e ss. e 98 e ss. Sobre as funções do Estado actual, a dificuldade de construção de uma teoria geral das suas funções e a sua relação com a subsistência ou insubsistência da diferença entre Estado e Sociedade, G. HERMES, *Staatliche Infrastrukturverantwortung*, 139 e ss.. *Vide* igualmente J. ISENSEE, *Gemeinwhol und Staatsaufgaben im Verfassungsstaat*, em esp. 68 e ss..

[29] V. PEREIRA DA SILVA, *Em busca do acto administrativo perdido*, 127-129 (129, itálicos nossos).

[30] Sobre as novas formas de actuação da Administração de infra-estruturas, tais como a *Normsetzung* ou a *Planfestsellung*, H. FABER, *Verwaltungsrecht*, 350 e ss.; H. FABER, *Vorbemerkungen zu einer Theorie des Verwaltungsrechts in der nachindustriellen Gesellschaft*, 294 e ss.; M. KLOEPFER/ H.-P. VIERHAUS, *Recht ermöglicht Technik*, 418; V. PEREIRA DA SILVA, *Em busca do acto administrativo perdido*, 128 e ss..

[31] V. PEREIRA DA SILVA, *Em busca do acto administrativo perdido*, 128 e 273 e ss.. (criticando a expressão "terceiros"); V. PEREIRA DA SILVA, *Responsabilidade administrativa em matéria de ambiente*, 24;

INTRODUÇÃO

estão, naturalmente, os *planos*, as diversas formas de *regulação pública de actividades privadas* e, ainda, o tradicional acto administrativo[32].

8. Na evolução do entendimento relativo ao acto administrativo revela-se a característica marcante da moderna Administração de infra-estruturas – a *multilateralidade*[33] de interesses e sujeitos, que implica a crescente importância da *ponderação* como "novo paradigma do direito administrativo"[34].

Em lugar do acto desfavorável da Administração agressiva e do acto favorável da administração constitutiva, afirma-se que "a Administração prospectiva vai ficar associada ao *acto administrativo com eficácia para terceiros*"[35]. Através do reconhecimento de *direitos subjectivos públicos*, não apenas

J. J. GOMES CANOTILHO, *Privatismo, associativismo e publicismo na justiça administrativa do ambiente*, 265; J. E. FIGUEIREDO DIAS, *Tutela ambiental e contencioso administrativo*, 77; A. CORDEIRO, *A protecção de terceiros em face de decisões urbanísticas*, 135 e ss.; P. PREU, *Die historische Genese der öffentlichen Bau- und Gewerbenachbarklagen (ca. 1800-1970)*, em esp. 32 e ss. e 54 e ss..

[32] Sobre os planos, W. BROHM, *Öffentliches Baurecht*, 94 e ss.; P. BADURA, *Das Verwaltungsverfahren*, 547 e ss.; W. HARTWIG, *Rechtswirkungen von Zielen der Raumordnung und Landesplanung gegenüber privaten Planungsträgern, insbesondere bei §§ 34, 35 BBauG*, 8 e ss.; K. GELZER, *Die Rechtmässigkeit von Gestaltungsfestsetzungen in den Bebauungsplänen*, 395 e ss.; J. HÜTTENBRINK, *Tendenzen der Rechtsprechung auf dem Gebiet des Bauplanungsrechts in Veröffentlichungszeitraum 1995/96*, 941 e ss.; K.-P. DOLDE, *Das Recht der Bauleitplanung 1984/1985*, 815 e ss., focando a liberdade de conformação e o imperativo de ponderação nos planos; E. DESDENTADO DAROCA, *Discrecionalidad Administrativa y Planeamiento Urbanístico*, 275 e ss.; F. ALVES CORREIA, *O plano urbanístico e o princípio da igualdade*, em esp. 167 e ss.; F. ALVES CORREIA, *Manual de direito do urbanismo*, 232 e ss..
Sobre a regulação pública de actividades privadas na administração de infra-estruturas (problema onde se inclui a privatização de actividades anteriormente públicas, como a produção e distribuição de energia), G. HERMES, *Staatliche Infrastrukturverantwortung*, em esp. 323 e ss.; P. GONÇALVES, *A concessão de serviços públicos*, 7 e ss.. Apresentando alguns pontos de contacto com esta questão, P. CRAIG, *Public law and control over private power*, em esp. 200 e ss..

[33] H. FABER, *Vorbemerkungen zu einer Theorie des Verwaltungsrechts in der nachindustriellen Gesellschaft*, 299; H. FABER, *Verwaltungsrecht*, 348; V. PEREIRA DA SILVA, *Em busca do acto administrativo perdido*, 130; J. J. GOMES CANOTILHO, *Privatismo, associativismo e publicismo na justiça administrativa do ambiente*, 2645 e ss.; J. E. FIGUEIREDO DIAS, *Tutela ambiental e contencioso administrativo*, 315.

[34] K.-H. LADEUR, *"Abwägung" – ein neues Rechtsparadigma?*, 463 e ss.; H. FABER, *Vorbemerkungen zu einer Theorie des Verwaltungsrechts in der nachindustriellen Gesellschaft*, 299; M. KLOEPFER, *Chance und Risiko als rechtliche Dimensionen*, 39 e ss..

[35] V. PEREIRA DA SILVA, *Em busca do acto administrativo perdido*, 136. Por nós, aceitamos esta afirmação no sentido de que este tipo de acto – ligado à construção da relação jurídica

dos formais destinatários da actuação administrativas mas igualmente dos chamados "terceiros", surgiu primeiramente a figura do *acto administrativo com eficácia para terceiros*, que consubstanciou um progresso na tutela dos indivíduos perante a actuação administrativa[36].

Seguindo a evolução da dogmática administrativa, o acto de duplo efeito é erigido em facto constitutivo de uma relação jurídica, não apenas bilateral, mas de uma *relação jurídica poligonal*[37]. Como referem WAHL,

poligonal – assume hoje maior importância e constitui objecto de maior atenção doutrinal. Claro está que, por um lado, continuam a subsistir os "tradicionais" actos administrativos; por outro lado, a consideração dos "terceiros" e o problema da relação entre autoridade administrativa, destinatário do acto e outros sujeitos não "nasceu" no Estado actual, dito pós-Social. Quanto a este último aspecto, por exemplo, H.-W. LAUBINGER, *Der Verwaltungsakt mit Doppelwirkung*, em esp. 1 a 5, encontrando a consideração do problema logo numa sentença do PrOVG de 1872; F. FLEINER, *Institutionen des Deutschen Verwaltungsrechts*, 411; D. FREITAS DO AMARAL, *Apreciação da dissertação de doutoramento do Mestre Vasco Pereira da Silva: "Em busca do acto administrativo perdido"*, 264 e ss.) 2.3., sobre as origens dos actos com efeito conformador de direito privado.

Sobre os actos administrativos com efeitos para terceiros ou com duplo efeito, entre outros, H.-W. LAUBINGER, *Der Verwaltungsakt mit Doppelwirkung, passim*; H.-U. ERICHSEN, *Das Verwaltungshandeln*, 358 e ss.; H. MAURER, *Allgemeines Verwaltungsrecht*, 209 e 314 e ss.; H. FABER, *Verwaltungsrecht*, 275 e ss.; K. FINKELNBURG/ K.-M. ORTLOFF, *Öffentliches Baurecht*, II, 173 e ss..

[36] Ao reconhecimento, no plano material, de direitos subjectivos públicos dos "terceiros" correspondeu a releitura da legitimidade processual e a consequente abertura do contencioso administrativo a tais terceiros. Sobre a legitimidade no contencioso administrativo português, V. PEREIRA DA SILVA, *Para um contencioso administrativo dos particulares*, 122 e ss.; J. J. GOMES CANOTILHO, *Anotação ao Ac. Supremo Tribunal Administrativo de 28 de Setembro de 1989*, 362; J. J. GOMES CANOTILHO, *Privatismo, associativismo e publicismo na justiça administrativa do ambiente*, 268; J. M. SÉRVULO CORREIA, *Prefácio*, XXI; J. E. FIGUEIREDO DIAS, *Tutela ambiental e contencioso administrativo*, 128 e ss., em especial 179 e ss.; A. F. SOUSA, *O recurso de vizinhança*, 7 e ss.. Sobre a progressiva subjectivação do direito administrativo, U. DI FABIO, *Risikoentscheidungen im Rechtsstaat*, 16 e ss..

[37] H. FABER, *Vorbemerkungen zu einer Theorie des Verwaltungsrechts in der nachindustriellen Gesellschaft*, 295-6 e 299. Sobre as relações jurídicas poligonais, entre outros, V. PEREIRA DA SILVA, *Em busca do acto administrativo perdido*, 273 e ss.; H. MAURER, *Allgemeines Verwaltungsrecht*, 166-167; S. KÖNIG, *Drittschutz – Der Rechtsschutz Drittbetroffener gegen Bau- und Anlagengenehmigungen im öffentlichen Baurecht, Immissionsschutzrecht und Atomrecht*, 51 e ss.; M. SCHMIDT-PREUSS, *Kollidierende Privatinteressen im Verwaltungsrecht – Das subjektive öffentlich recht im multipolaren Verwaltungsrechtsverhältnis*, 1 e ss.; P. PREU, *Die historische Genese der öffentlichen Bau- und Gewerbenachbarklagen (ca. 1800-1970)*, 72; J. J. GOMES CANOTILHO, *Procedimento administrativo e defesa do ambiente*, 135-136; J. J. GOMES CANOTILHO, *Relações jurídicas poligonais, ponderação ecológica de bens e controlo judicial preventivo*, 55 e ss.; J. E. FIGUEIREDO DIAS, *Tutela*

INTRODUÇÃO

HERMES e SACH, o "triângulo jurídico" entre a autoridade administrativa, o destinatário do acto e os terceiros lesados constitui, na administração hodierna, a "constelação regular e típica", apresentando como ponto assente a ultrapassagem de uma visão estritamente bilateralista da relação administrativa[38].

4. A sociedade de risco e a protecção do ambiente: dinamismo social e protecção da confiança

9. A incerteza própria das relações sociais da chamada "sociedade de risco"[39] coloca igualmente novos desafios à Administração, sendo a protecção do ambiente uma das áreas mais problemáticas[40]. A protecção do ambiente –

ambiental e contencioso administrativo, 319 e ss.; A. LORENA DE SÈVES, *A protecção jurídico-pública de terceiros nos loteamentos urbanos e obras de urbanização*, 57 e ss.. Sobre alguns dos problemas colocados no contencioso administrativo pronunciámo-nos em M. CARMONA, *Relações jurídicas poligonais, participação de terceiros e caso julgado no recurso contencioso de anulação (breves reflexões)*, 3 e ss.. Quanto ao acto administrativo como facto constitutivo da relação jurídica administrativa, entre outros, V. PEREIRA DA SILVA, *Em busca do acto administrativo perdido*, 161 e ss.; V. PEREIRA DA SILVA, *Responsabilidade administrativa em matéria de ambiente*, 17 e ss..

[38] R. WAHL/ G. HERMES/ K. SACH, *Genehmigung zwischen Bestandsschutz und Flexibilität*, 221.

[39] G. HEINE, *Verwaltungsakzessorietät des Umweltstrafrechts*, 2425, tecendo considerações sobre a necessidade de protecção penal do ambiente na "moderna sociedade de risco"; P. SOUSA MENDES, *Vale a pena o direito penal do ambiente?*, 39 e ss., considerando que "a emergência da sociedade de risco clama por um novo paradigma de regulação jurídica (inclusive penal) dos fenómenos sociais" (40); J. J. GOMES CANOTILHO, *Privatismo, associativismo e publicismo na justiça administrativa do ambiente*, 147; A. LORENA DE SÈVES, *A protecção jurídico-pública de terceiros nos loteamentos urbanos e obras de urbanização*, 52 e ss.; F. URBANO CALVÃO, *Actos precários e actos provisórios no Direito administrativo*, 11 e ss.. Igualmente com interesse, M. KLOEPFER, *Chance und Risiko als rechtliche Dimensionen*, 31 e ss..

[40] As questões ambientais têm vindo a alcançar uma cada vez maior relevância para o Direito e para a sociedade em geral, encontrando-se ligadas à evolução filosófica da relação do Homem com a Natureza (V. PEREIRA DA SILVA, *Da protecção jurídica ambiental – os denominados embargos administrativos em matéria de ambiente*, 5 e ss.; V. PEREIRA DA SILVA, *Verdes são também os direitos do homem (publicismo, privatismo e associativismo no direito do ambiente)*, 130; D. FREITAS DO AMARAL, *Apresentação*, 14 e ss..). Em vez de os recursos naturais constituírem meros instrumentos para a satisfação das necessidade humanas, desenvolveu-se a percepção de que a preservação do ambiente, ainda que com prejuízo da satisfação imediata de algumas necessidades do Homem, é não só uma questão de qualidade de vida mas uma questão de sobrevivência da Humanidade. Tomando-se consciência do conflito entre

O ACTO ADMINISTRATIVO CONFORMADOR DE RELAÇÕES DE VIZINHANÇA

da qual já se disse ser a "questão social" do nosso tempo[41] – constitui uma "tarefa inevitável" do Estado[42], o qual pode hoje merecer a denominação de "Estado de Direito ambiental"[43]. Afirmam-se, assim, ao lado do *planeamento*, a *prognose* e a *precaução* como marcas características do Estado hodierno[44].

O Direito, reflectindo e conformando a Sociedade, não ficou indiferente à crescente relevância do ambiente[45]. Nasce, assim, o direito do

ambiente e desenvolvimento, procurou-se a conciliação na ideia de desenvolvimento sustentado de GRO HARLEM BRUNDTLAND (sobre estas questões, J. SALZWEDEL, *Umweltschutz*, 1206-1207; P. SOUSA MENDES, *Vale a pena o direito penal do ambiente?*, 12-13; R. BREUER, *Strukturen und Tendenzen des Umweltschutzrechts*, 393-394, referindo o dilema do Estado entre a promoção do desenvolvimento económico, industrial e técnico e a defesa do ambiente. Identificando três fases nas relações do Homem com a natureza (a fase da natureza divinizada, da natureza explorada e da natureza reivindicativa), M. BACHELET, *Ingerência ecológica. Direito ambiental em questão*, 93 e ss.). A preocupação com o ambiente, mais do que mero baluarte de algumas ideologias políticas, firma o seu lugar numa espécie de consciência geral ambiental (*vide* as interessantes considerações de L. FERRY, *A nova ordem ecológica*, em esp. 140 e ss.).

[41] L. F. COLAÇO ANTUNES, *O procedimento administrativo de avaliação de impacto ambiental*, 18.

[42] Considerando que a protecção do ambiente constitui uma tarefa inevitável do Estado moderno ("*Schicksalsaufgabe*"), R. BREUER, *Strukturen und Tendenzen des Umweltschutzrechts*, 393.

[43] V. PEREIRA DA SILVA, *Da protecção jurídica ambiental – os denominados embargos administrativos em matéria de ambiente*, 5; J. J. GOMES CANOTILHO, *Juridicização da ecologia ou ecologização do direito*, 73 e ss., utilizando expressões como "Estado Providência ambiental" ou "Estado de polícia do ambiente", "Estado de justiça ambiental" e "Estado democrático do ambiente"; J. J. GOMES CANOTILHO, *Privatismo, associativismo e publicismo na justiça administrativa do ambiente*, 150 e 155 e ss.; R. WAHL/ I. APPEL, *Prävention und Vorsorge: von der Staatsaufgabe zur rechtlichen Ausgestaltung*, 15 e 19, referindo-se ao "*Präventionsstaat*" e ao "*Umweltstaat*"; W. KÖCK, *Risikoregulierung und Privatrecht*, 11. Considerando que a tutela do ambiente é essencial num Estado de direito democrático, J. MIRANDA, *A constituição e o direito do ambiente*, 361; P. CASTRO RANGEL, *Concertação, programação e direito do ambiente*, 7 e ss..

[44] P. FEUCHTE, *Prognose, Vorsorge und Planung bei der Genehmigung industrieller Anlagen*, 291, considerando que "*Prognose, Vorsoge, Planung*" constituem as marcas do Estado Social, que restringe a liberdade económica através de intervenções sociais; R. WAHL/ I. APPEL, *Prävention und Vorsorge: von der Staatsaufgabe zur rechtlichen Ausgestaltung*, 2 e ss. e 13 e ss., salientando as novas funções estatais de "prevenção e precaução" e suas consequências; U. DI FABIO, *Risikoentscheidungen im Rechtsstaat*, 65 e ss., sobre a precaução contra riscos no direito das instalações atómicas e no das emissões; M. KLOEPFER, *Chance und Risiko als rechtliche Dimensionen*, 36 e ss.; K.-H. LADEUR, *Umweltrecht und technologische Innovation*, 305 e ss..

[45] Ainda que deambulando entre uma concepção antropocêntrica ou ecocêntrica. Sobre esta questão, D. FREITAS DO AMARAL, *Apresentação*, 17, criticando a concepção antropocêntrica vertida na LBA e considerando o direito ao ambiente como o primeiro direito que

INTRODUÇÃO

ambiente[46], convocando uma regulação jurídica de diferentes quadrantes da ordem jurídica, desde os vários ramos do direito interno ao direito comunitário e ao direito internacional público[47], e trazendo simultanea-

cuida, não das relações entre os homens, mas destes com a Natureza; N. BAPTISTA GONÇALVES, *A responsabilidade jurídico-civil e jurídico-penal na poluição do ambiente*, 191 e ss.; J. MENEZES LEITÃO, *Instrumentos de direito privado para protecção do ambiente*, 36 e ss., dando várias noções de ambiente e defendendo a noção antropocêntrica. Cfr. ainda G. CORDINI, *O direito do ambiente em Itália*, 202 e ss. e 211 e ss.; P. SILVA LOPES, *Condicionantes da responsabilidade civil por danos causados ao ambiente – algumas reflexões*, 162 e ss.; L. F. COLAÇO ANTUNES, *O procedimento administrativo de avaliação de impacto ambiental*, 22 e ss..

[46] Sobre o direito do ambiente, em geral, M. KLOEPFER, *Umweltrecht, passim*; J. WOLF, *Umweltrecht, passim*; M. KLOEPFER, *Umweltrecht*, 338 e ss.; B. BENDER/ R. SPARWASSER/ R. ENGEL, *Umweltrecht, passim*; J. SALZWEDEL, *Umweltschutz*, 1205 e ss.; R. BREUER, *Strukturen und Tendenzen des Umweltschutzrechts*, 393 e ss.; H. D. JARASS, *Aktuelle Probleme des Umweltschutzes und des Umweltrechts*, 91 e ss.; W. HOPPE/ M. BECKMANN, *Grundfragen des Umweltrechts*, 425 e ss.; M. SCHMIDT-PREUSS, *Veränderungen grundlegender Strukturen des deutschen (Umwelt-)Rechts durch das "Umweltgesetzbuch I"*, 857 e ss.; G. HAGER, *Das neue Umwelthaftungsgesetz*, 134 e ss.; P. DELL' ANNO, *Manuale di diritto ambientale, passim*; G. SANTANIELLO, *La legittimazione alla tutela dell'ambiente e dei beni ambientali*, 637 e ss.; M. A. VENCHI CARNEVALE, *Spunti e riflessioni in tema di tutela dell'ambiente*, 711 e ss.; J. J. GOMES CANOTILHO, *Introdução ao direito do ambiente, passim*; V. PEREIRA DA SILVA, *Verde cor de direito – Lições de direito do ambiente, passim*; F. CONDESSO, *Direito do ambiente, passim*; J. E. FIGUEIREDO DIAS, *Direito constitucional e administrativo do ambiente, passim*. Sobre as origens do direito do ambiente, M. KLOEPFER, *Umweltrecht*, 345 e ss.; R. BREUER, *Strukturen und Tendenzen des Umweltschutzrechts*, 395 e ss.; W. HOPPE/ M. BECKMANN, *Grundfragen des Umweltrechts*, 425.

[47] Sobre o direito internacional do ambiente, entre outros, A. KISS, *Direito internacional do ambiente*, 147 e ss., identificando quatro fases na evolução da protecção internacional, desde a abordagem bilateral dos danos transfronteiriços (151 e ss.) à fase da globalização (162); C. PIMENTA, *Enquadramento geral da problemática do ambiente*, 23 e ss., considerando que os problemas sistémicos globais vieram pôr em causa o conceito de soberania; J. S. CUNHAL SENDIM, *Nota introdutória à Convenção do Conselho da Europa sobre responsabilidade civil pelos danos causados por actividades perigosas para o ambiente*, 147 e ss., sobre a Convenção de Lugano. Sobre a relação entre soberania e ingerência com fundamento na protecção do ambiente, M. BACHELET, *Ingerência ecológica. Direito ambiental em questão*, em esp. 231 e ss.. Sobre um interessante caso de protecção de terceiros perante poluições transfronteiriças, K. BRANDT, *Grenzüberschreitender Nachbarschutz im deutschen Umweltrecht*, 779 e ss. O ambiente tem sido igualmente objecto do direito comunitário, o qual tem contribuído para grande parte dos seus desenvolvimentos, como a consagração de vários princípios fundamentais, o regime da Avaliação de Impacto Ambiental ou o regime das licenças ambientais. Sobre a relevância do direito comunitário para o direito do ambiente, entre outros, L. F. COLAÇO ANTUNES, *O procedimento administrativo de avaliação de impacto ambiental*, em esp. 301 e ss.; M. A. SOUSA ARAGÃO, *O princípio do poluidor pagador*, 45 e ss.; M. MELO ROCHA, *A avaliação de impacto ambiental como princípio do direito do ambiente nos quadros internacional e*

mente a necessidade de reequacionar velhos institutos daqueles ramos de direito[48]. Apesar de se tratar de um ramo de direito recente, podem já encontrar-se princípios[49] e instrumentos[50] específicos do direito do ambiente, bem como identificar dentro dele verdadeiros sub-ramos[51].

europeu, 31 e ss.; F. SCHREIBER, *Das Regelungsmodell der Genehmigung im integrierten Umweltschutz*, 103 e ss.; C. PIMENTA, *Enquadramento geral da problemática do ambiente*, 28 e ss. Para a influência do direito comunitário no direito administrativo geral, FAUSTO DE QUADROS, *A nova dimensão do direito administrativo – o direito administrativo português na perspectiva comunitária*, 9 e ss.; E. GARCÍA DE ENTERRÍA/ L. ORTEGA, *Spanisch Report*, 695 e ss.; J. SCHWARZE, *Deutscher Landesbericht*, 123 e ss..

[48] São vários os problemas deste teor colocados pelo direito do ambiente, designadamente em matéria de responsabilidade civil. Desde logo, o conceito de dano ambientalmente relevante não é incontroverso. Sobre esta questão, com desenvolvimentos, H.-J. KOCH, *"Schädliche Umwelteinwirkungen" – ein mehrdeutiger Begriff?*, 205 e ss.; M. A. VENCHI CARNEVALE, *Spunti e riflessioni in tema di tutela dell'ambiente*, 736 e ss.. Sobre a distinção entre danos ambientais, relativos à violação de direitos subjectivos de indivíduos, e danos ecológicos, relativos ao sistema, P. SILVA LOPES, *Dano ambiental: sua responsabilidade civil e reparação sem responsável*, 35 e ss.; J. J. GOMES CANOTILHO, *A responsabilidade por danos ambientais – aproximação juspublicística*, 402 e ss.. Considerando que constitui uma ofensa ecológica "todo o acto ou facto humano, culposo ou não, que tenha como efeito a produção de um dano nos valores ambientais protegidos por lei", D. FREITAS DO AMARAL, *Lei de Bases do Ambiente e Lei das Associações de Defesa do Ambiente*, 369 e ss.. Para mais, o instituto da responsabilidade civil vê-se confrontado com outros problemas, relativos ao critério de imputação e à prova. Sobre estas questões, J. S. CUNHAL SENDIM, *Nota introdutória à Convenção do Conselho da Europa sobre responsabilidade civil pelos danos causados por actividades perigosas para o ambiente*, 152-153; N. BAPTISTA GONÇALVES, *A responsabilidade jurídico-civil e jurídico-penal na poluição do ambiente*, 187 e ss.; J. MENEZES LEITÃO, *Instrumentos de direito privado para protecção do ambiente*, 53; P. SILVA LOPES, *Dano ambiental: sua responsabilidade civil e reparação sem responsável*, 33; G. HAGER, *Das neue Umwelthaftungsgesetz*, 137 e ss. Sobre a consagração da responsabilidade pelo risco na UmweltHG, G. HAGER, *Das neue Umwelthaftungsgesetz*, 135 e ss.; H. SCHILLING/ A. MACK, *Die Verschärfung der Umwelt- und Arzneimittelhaftung – Entwicklungen und Gefahren aus Sicht der Haftpflichtversicherer*, em esp. 414 e ss.; D. MERKISCH, *Haftung für Umweltschäden*, 225-6 (antes da referida lei). Sobre a AIA, ver por todos L. F. COLAÇO ANTUNES, *O procedimento administrativo de avaliação de impacto ambiental*, em esp. 301 e ss.. Sobre outros problemas pontuais do direito do ambiente, em que avultam questões sobre a relação entre normas de diferentes regimes, P. KRINGS, *Gewässerunterhaltung im Spannungsfeld von Naturschutzrecht und Wasserrecht*, 129 e ss.; H. KRACHT, *Die Immissionsschutzrechtliche Genehmigungsbedürftigkeit ortsfester Abfallentsorgungsanlagen*, 369 e ss.; L. KRAHNEFELD, *Die abfallrechtlichen Entsorgungspflichten*, 269 e ss..

[49] Como os princípios da prevenção, da precaução, do poluidor pagador, da responsabilização, da cooperação, da integração, entre outros. Sobre os vários princípios do direito do ambiente, M. KLOEPFER, *Umweltrecht*, 369 e ss., com desenvolvimentos; J. WOLF, *Umweltrecht*, 20 e ss.; W. HOPPE/ M. BECKMANN, *Grundfragen des Umweltrechts*, 430; A. MENEZES

INTRODUÇÃO

Por outro lado, reconhecida a valia do ambiente, este torna-se merecedor, não apenas de uma protecção objectiva, no quadro das tarefas do Estado, mas igualmente de uma protecção subjectiva, constituindo-se quer direitos, quer deveres ambientais[52].

Esta evolução não deixa incólume o *acto administrativo*. Avulta, desde logo, a dificuldade decorrente da necessidade de prever quais os perigos e danos que podem vir a ocorrer como consequência da emissão de um acto administrativo, aliada, na mera regulação de um caso concreto, à existência de múltiplos factores de ponderação[53]. Para mais, a Administração tem

CORDEIRO, *Tutela do ambiente e direito civil*, 381 e ss.; A. CARVALHO MARTINS, *A política de ambiente da Comunidade Económica Europeia*, em esp. 262 e ss.; J. J. GOMES CANOTILHO, *A responsabilidade por danos ambientais – aproximação juspublicística*, 400 e ss.; V. PEREIRA DA SILVA, *Verde cor de direito – Lições de direito do ambiente*, 63 e ss.; N. BAPTISTA GONÇALVES, *A responsabilidade jurídico-civil e jurídico-penal na poluição do ambiente*, 194 e ss.; C. PIMENTA, *Enquadramento geral da problemática do ambiente*, 30 e ss.. Considerando que ainda não existe o princípio do poluidor pagador no direito português, FAUSTO DE QUADROS, *Direito das expropriações, direito do urbanismo, direito do ambiente: algumas questões fundamentais*, 166).

[50] Sobre os vários instrumentos do direito do ambiente, como os planos e as autorizações administrativas, M. KLOEPFER, *Umweltrecht*, 380 e ss.; J. WOLF, *Umweltrecht*, 72 e ss.; H. D. JARASS, *Aktuelle Probleme des Umweltschutzes und des Umweltrechts*, 95 e ss.; W. HOPPE/ M. BECKMANN, *Grundfragen des Umweltrechts*, 430 e ss.; Sobre a relação entre planos e ambiente, E. SCHMIDT-AßMANN, *Umweltschutz in der Raumplanung*, 1 e ss.; H.-J. PETERS, *Grundzüge des Umweltplanungsrechts*, 56 e ss.; H. DÜRR, *Das Verhältnis zwischen Naturschutzrecht und Baurecht in der verwaltungsgerichtlichen Rechtsprechung*, 833 e ss.; P. DELL' ANNO, *Urbanistica e tutela dell' ambiente*, 93 e ss..

[51] Dentro do direito do ambiente, tem especial destaque o direito das emissões (*Immissionsschutzrecht*) –M. KLOEPFER, *Umweltrecht*, 425 e ss.; J. WOLF, *Umweltrecht*, 384 e ss.; P. SCHÜTTE, *"Aktuelle Probleme des Immissionsschutzrechts" – Symposium der Forschungsstelle Umweltrecht der Universität Hamburg am 2.Juni 1998*, 1121 e ss..

[52] Em geral, G. SANTANIELLO, *La legittimazione alla tutela dell'ambiente e dei beni ambientali*, 637 e ss.. Sobre a protecção do ambiente como tarefa do Estado, no novo § 20a da Constituição alemã, M. KLOEPFER, *Umweltrecht*, 357; com desenvolvimentos, M. KLOEPFER, *Umweltschutz als Verfassungsrecht: Zum neuen Art. 20a GG*, 73 e ss.; J. WOLF, *Umweltrecht*, 125 e ss.; R. STOBER, *Allgemeines Wirtschaftsverwaltungsrecht*, 142 e ss.. Sobre os deveres ambientais, M. SCHMIDT-PREUSS, *Veränderungen grundlegender Strukturen des deutschen (Umwelt-)Rechts durch das "Umweltgesetzbuch I"*, 857 e ss. e 867-8. De outra perspectiva, J. MIRANDA, *A constituição e o direito do ambiente*, 357, releva que o direito ao ambiente conhece uma limitação inerente ao seu objecto que determina as condições do seu exercício, havendo que salvaguardar o direito ao ambiente das gerações futuras.

[53] P. FEUCHTE, *Prognose, Vorsorge und Planung bei der Genehmigung industrieller Anlagen*, 293; R. WAHL/ I. APPEL, *Prävention und Vorsorge: von der Staatsaufgabe zur rechtlichen Ausgestaltung*, 14, salientando logo os problemas da diagnose administrativa; U. DI FABIO, *Risikoentscheidungen*

O ACTO ADMINISTRATIVO CONFORMADOR DE RELAÇÕES DE VIZINHANÇA

frequentemente que se socorrer de normas técnicas, sendo vários os problemas colocados pela "relação entre técnica e direito"[54].

Problemático é igualmente o conflito entre a estabilidade, própria do acto administrativo, e o dinamismo inerente a relações jurídicas em que se entrelaçam variados interesses públicos e privados. Se, por um lado, a necessidade de protecção da confiança reclama a manutenção do acto administrativo com as suas tradicionais características, por outro, perante a diversidade dos riscos e das dificuldades inerentes às prognoses da Administração, procura-se descobrir novas fórmulas que não deixem ficar as relações da vida encarceradas na regulação do acto administrativo[55].

10. Basta pensar no acto administrativo no contexto dos actuais problemas do ambiente para descobrir as dificuldades apontadas. Um conjunto de outros problemas, porém, decorre de uma visão mais abrangente, que toma em consideração a circunstância de o direito do ambiente ser um direito marcadamente *horizontal* – a sua regulação jurídica, ao invés de se integrar exclusivamente num determinado ramo do direito, "atravessa" antes todos os ramos existentes, convocando normas de diferentes sectores para constituir a sua regulação[56]. Da horizontalidade deste direito advém

---

im Rechtsstaat, 24 e ss.; W. BERG, *Die verwaltungsrechtliche Entscheidung bei ungewissen Sachverhalt*, ; W. HOPPE/ M. BECKMANN, *Zur Berücksichtigung von Standortalternativen bei der Zulassung von Abfallentsorgungsanlagen*, 770-1, sobre o imperativo de ponderação.

[54] P. FEUCHTE, *Prognose, Vorsorge und Planung bei der Genehmigung industrieller Anlagen*, 293 e ss., realçando o problema da atribuição de competência à Administração ou ao Tribunal para a concretização vinculativa de elementos técnicos; K.-H. LADEUR, *Das Umweltrecht der Wissensgesellschaft*, 215 e ss., sobre a relevância do "estado da técnica"; M. KLOEPFER/ H.-P. VIERHAUS, *Recht ermöglicht Technik*, 417 e ss.; W. HOPPE/ M. BECKMANN, *Grundfragen des Umweltrechts*, 427 e ss.; K.-H. LADEUR, *Umweltrecht und technologische Innovation*, 312 e ss.; P. MARBURGER, *Die Regeln der Technik im Recht*, em esp. 89 e ss. para o direito das emissões.

[55] M. KLOEPFER, *Umweltrecht*, 393, utilizando a expressão "*Relativierung der Bestandskraft*"; R. WAHL/ I. APPEL, *Prävention und Vorsorge: von der Staatsaufgabe zur rechtlichen Ausgestaltung*, 28 e ss., colocando em causa a adequação do clássico modelo de defesa do perigo no actual direito do ambiente; R. STOBER, *Allgemeines Wirtschaftsverwaltungsrecht*, 92 e ss., focando a protecção da confiança no Estado actual.

[56] Relevando que o direito do ambiente é um direito horizontal, entre outros, M. KLOEPFER, *Umweltrecht*, 346 e ss.; M. DOLDERER, *Das Verhältnis des öffentlichen zum privaten Nachbarrecht*, 19; K.-H. LADEUR, "*Abwägung*" – *ein neues Rechtsparadigma?*, 466 e ss.; H.-J. PETERS, *Grundzüge des Umweltplanungsrechts*, 56 e ss., a propósito dos planos; W. HOPPE/ M. BECKMANN, *Grundfragen des Umweltrechts*, 427; I. VON MÜNCH, *A protecção do meio ambiente na constituição*, 44;

INTRODUÇÃO

um conjunto de problemas de relacionamento entre os vários ramos do direito, *maxime* entre o direito administrativo e o direito privado ou entre o primeiro e o direito penal.

Nomeadamente, a afirmação da função conformadora do acto administrativo – que, na Administração de infra-estruturas, procede à "composição de interesses públicos e privados" – e a "descoberta" de relações jurídico-administrativas poligonais – que integram dois ou mais particulares – não podem ser equacionadas apenas dentro dos quadros do direito administrativo: pela singela razão de tal composição de interesses e de tais relações entre sujeitos *privados* já serem objecto, muito antes da existência de regulação administrativa, de uma *regulação jurídico-privada*, composta por normas de direito privado e sujeita à jurisdição dos tribunais judiciais.

B) OBJECTO DA TESE E PROBLEMAS CONEXOS

1. Os três grupos de problemas em redor da protecção conferida pela autorização; terminologia adoptada

11. O problema da *conformação de relações jurídicas entre particulares pelo acto administrativo* constitui um problema de relacionamento entre o acto administrativo, e as normas administrativas relativas aos respectivos fundamento legal e regime, e o direito privado, nomeadamente as normas que possibilitam acções negatórias ou acções de responsabilidade civil. Trata-se, *grosso modo*, da questão de saber quais os meios jurídicos privados que os terceiros, lesados por determinada actividade, podem (continuar a) fazer valer, quando tal actividade se encontra autorizada pela Administração.

G. HEINE, *Environmental law enforcement through the courts – the situation in Germany*, 153, adiantando ainda que o ambiente veio colocar em causa a tradicional separação entre os ramos do direito; J. J. GOMES CANOTILHO, *Juridicização da ecologia ou ecologização do direito*, 75; V. PEREIRA DA SILVA, *Verde cor de direito – Lições de direito do ambiente*, 44 e ss., em esp. 51; A. MENEZES CORDEIRO, *Tutela do ambiente e direito civil*, 378 e ss., referindo a relevância do ambiente em áreas normativas variadas mas considerando que existem ainda problemas de autonomização do direito do ambiente; A. FERREIRA DO AMARAL, *A jurisprudência portuguesa no domínio do direito do ambiente*, 450; P. SILVA LOPES, *Condicionantes da responsabilidade civil por danos causados ao ambiente – algumas reflexões*, 167. Vide igualmente E. SCHMIDT-AßMANN, *Umweltschutz in der Raumplanung*, 1 e ss..

Nesta perspectiva, o problema do efeito conformador de relações jurídicas entre particulares, situado no quadro das relações entre direito administrativo e direito privado, é um problema de protecção dos terceiros perante o acto administrativo, bem como um problema de protecção do destinatário da autorização perante a possibilidade de invocação de normas de direito privado que impossibilitem a continuação da actividade e/ou determinem o pagamento de uma indemnização por actos ilícitos.

A questão do efeito conformador de direito privado ou de relações jurídicas entre particulares pelo acto administrativo encontra-se relacionada com duas outras questões, ainda que com elas não se confunda. Tomando uma visão mais abrangente da *protecção conferida ao autorizado pelo acto administrativo autorizativo*, haveria que equacionar, não apenas os efeitos do acto administrativo em relação a normas de direito privado, mas igualmente os efeitos do acto administrativo em relação à aplicação de outras normas de *direito administrativo* e em relação a normas de *direito penal*[57].

12. Antes de avançar para uma delimitação mais precisa do objecto da presente investigação, designadamente em face dos dois problemas conexos acabados de referir, importa começar por uma clarificação quanto à terminologia utilizada, a qual, não sendo uniforme na doutrina, pode gerar alguns equívocos.

Na doutrina germânica, o problema da relação entre o acto autorizativo e outras normas de direito administrativo, *maxime* do direito de polícia, tem sido equacionado a propósito do chamado "efeito legalizador" do acto administrativo ("*Legalisierungswirkung*")[58].

---

[57] Adoptando uma perspectiva ampla do problema, tratando sucessivamente da protecção conferida pela autorização perante a aplicação de normas de direito administrativo (quer pela própria autoridade que emitiu o acto, quer por outras), de normas de direito privado e de normas de direito penal, a monografia de K. SACH, *Genehmigung als Schutzchild?*, 95 e ss., 150 e ss., 196 e ss. e 224 e ss., respectivamente. Versando exclusivamente o problema do efeito conformador de relações jurídicas entre privados, ainda que com referências às duas outras questões, a monografia de G. WAGNER, *Öffentlich-rechtliche Genehmigung und zivilrechtliche Rechtswidrigkeit, passim.*

[58] Utilizam a expressão "efeito legalizador" para designar este problema, entre outros (e independentemente da eventual aceitação deste efeito), J. FLUCK, *Die Legalisierungswirkung von Genehmigung als ein Zentralproblem öffentlich-rechtlicher Haftung für Altlasten*, 406 e ss.; F.-J. PEINE, *Die Legarisierungswirkung*, 201 e ss.; B. HILGER, *Die Legalisierungswirkung von*

INTRODUÇÃO

Para o problema da relação entre acto administrativo e normas de direito privado é geralmente reservada a expressão "efeito conformador de direito privado" ("*privatrechtliche Gestaltungswirkung*")[59]. Como melhor veremos, a propósito da evolução histórica desta figura, esta conformação pode ser entendida, em sentido amplo, como conformação de qualquer situação jurídica privada ou, mais restritamente, como conformação de relações jurídicas entre dois ou mais particulares. Porém, esta expressão é por vezes utilizada em sinonímia com outras – nomeadamente, com a de "efeito legalizador"[60]. Por nós, reservaremos a expressão "efeito legalizador" para o primeiro problema e as expressões "efeito conformador de relações jurídicas entre particulares" ou "privados", ou ainda "efeito conformador de direito privado" (expressão mais ampla) para este segundo problema, que constitui o objecto da nossa tese. Adiantemos, porém, que se fazemos esta opção terminológica para evitar qualquer confusão – nomeadamente em relação aos problemas abordados pela doutrina germânica e à terminologia maioritariamente adoptada – não queremos com isso dizer que a ideia de um "efeito legalizador da ilicitude civil" não seja pertinente; mais, como depois veremos, o efeito conformador de relações jurídicas entre particulares envolve potencialmente várias dimensões, sendo

Genehmigungen, passim; S. Roesler, *Die Legalisierungswirkung gewerbe- und immissionsschutzrechtlicher Genehmigungen vor dem Hintergrund der Altlastenproblematik, passim*; K. Sach, *Genehmigung als Schutzschild?*, 150 e ss.; J. Staupe, *Rechtliche Aspekte der Altlastensanierung*, 609; B. Niemuth, *Die Sanierung von Altlasten nach dem Verursacherprinzip*, 295; U. Diederischen, *Verantwortlichkeit für Altlasten – Industrie als Störer?*, 919; J. Martensen, *Erlaubnis zur Störung?*, 69 e ss.; H. Ziehm, *Die Störerverantwortlichkeit für Boden- und Wasserverunreinigungen*, 26 e ss.; E. Brandt, *Altlastenrecht*, 138 e ss. (139, nr. 110); H.-J. Müggenborg, *Rechtliche Aspekte der Altlastenproblematik und der Freistellungsklausel*, 849-50; P. Selmer, *Privates Umwelthaftungsrecht und öffentliches Gefahrenabwehr*, 31, salientando que se trata, ao contrário do efeito conformador, de um problema confinado ao direito público.

[59] Utilizando esta expressão, entre outros, K. Sach, *Genehmigung als Schutzschild?*, 196 e ss.; G. O. van Veldhuizen, *Die privarechtsgestaltende Wirkung des öffentlichen Rechts im Umwelthaftungsrecht, passim*; F.-J. Peine, *Privatrechtsgestaltung durch Anlagegenehmigung*, 2442 e ss.; M. Kloepfer, *Umweltschutz als Aufgabe des Zivilrechts – aus öffentlich-rechtlicher Sicht*, 342; Schwerdtfeger, *Baurechtlicher Drittschutz und Parlamentsvorbehalt*, 201; G. Wagner, *Öffentlich-rechtliche Genehmigung und zivilrechtliche Rechtswidrigkeit*, 5.

[60] G. Wagner, *Öffentlich-rechtliche Genehmigung und zivilrechtliche Rechtswidrigkeit*, 5, refere que utilizará em sinonímia as expressões efeito legalizador, de preclusão ou de exclusão (de pretensões jurídico-privadas) e efeito conformador de direito privado (*Legalizirerungs-, Präklusions-, Ausschluß-, privatrechtliche Gestaltungswirkung*).

apenas uma delas – conquanto a mais problemática – a de relacionamento entre o acto administrativo e a ilicitude civil.

No que respeita à questão do relacionamento entre o acto administrativo e o direito penal, a expressão geralmente utilizada é a de *"acessoriedade"* do direito penal em relação ao direito administrativo[61].

Se estas são as designações geralmente utilizadas, importa ainda fazer duas precisões adicionais. Primeiro, dizendo respeito, tanto a questão do "efeito conformador" como a da "acessoriedade", à relação entre o direito administrativo e outros ramos do direito, elas vêm por vezes tratadas na doutrina como um problema de *precedência ("Vorgabe")* do direito administrativo em relação a estes últimos[62]. Segunda, estando em causa um efeito do acto administrativo, a abordagem de todas estas questões é por vezes feita a propósito do alcance dos *tradicionais efeitos do acto administrativo*, podendo mesmo nem ser utilizada qualquer das expressões antes indicadas[63].

13. Feitas as necessárias precisões e advertências terminológicas, situaremos, de seguida, com o intuito de delimitar o tema da presente investigação, o problema do efeito conformador de relações jurídicas entre privados pelo acto administrativo.

O problema do "acto administrativo com efeito conformador de relações jurídicas entre privados" diz respeito, como facilmente se pode verificar pela própria expressão, à relação entre direito público e direito privado. Sobre esta distinção haverá que tecer algumas considerações, focando quer a origem e o significado da distinção, quer o estado actual da mesma (2.1.). Ainda que exacerbado pela emergência de direitos horizontais,

---

[61] Utilizando a expressão "acessoriedade administrativa", entre outros, P. RIBEIRO DE FARIA, *sub art. 278º*, 934; H. TRÖNDLE/ T. FISCHER, *Strafgesetzbuch*, 1902. Utilizando tanto a expressão "acessoriedade administrativa" como a de efeito legalizador, G. WAGNER, *Öffentlichrechtliche Genehmigung und zivilrechtliche Rechtswidrigkeit*, 23.

[62] AAVV., *Verwaltungsrecht als Vorgabe für Zivil- und Strafrecht (Aussprache und Schlussworte)*, 276 e ss.; H. D. JARASS, *Verwaltungsrecht als Vorgabe für Zivil- und Strafrecht*, 238 e ss.; M. SCHRÖDER, *Verwaltungsrecht als Vorgabe für Zivil- und Strafrecht*, 197 e ss.; F. OSSENBÜHL, *Verwaltungsrecht als Vorgabe für Zivil- und Strafrecht*, 963 e ss.; M. GERHARDT, *Verwaltungsrecht als Vorgabe für Zivil- und Strafrecht*, 549 e ss..

[63] Parecendo incluir todos os problemas, incluindo os de relação entre direito administrativo e direito penal, a propósito do "efeito vinculativo" do acto administrativo (*"Bindungswirkung"*), A. KOLLMANN, *Zur Bindungswirkung von Verwaltungsakten*, 189.

como o direito do ambiente, o problema do efeito conformador não é um problema recente, podendo encontrar-se a teorização deste efeito em escritos mais antigos e com um âmbito de aplicação que em muito ultrapassa as modernas questões ambientais. Sobre as origens da teorização deste efeito e o seu potencial âmbito de aplicação, teceremos igualmente algumas considerações (2.2.). Para mais, os problemas de imbricação entre direito administrativo e direito privado podem atingir toda e qualquer forma de actuação da Administração. Porém, é o acto autorizativo que mais questões tem suscitado, pelo que a este dedicaremos algumas palavras (2.3.). Por último, não sendo possível abarcar todas as situações de imbricação entre direito público e direito privado, escolheremos, como "tubo de ensaio" do problema do efeito conformador, as relações de vizinhança, em que têm vindo a ser colocadas pertinentes questões sobre as emissões ambientais (2.4.). Vistas estas questões, será possível proceder a uma sintética delimitação do tema, bem como à apresentação dos principais problemas colocados (2.5.).

2. Objecto da investigação: o efeito conformador pelo acto administrativo das relações jurídicas entre particulares

2.1. *Entre o direito público e o direito privado*

14. Situando-se o problema do efeito conformador do acto administrativo no âmbito das relações problemáticas entre direito administrativo e direito privado, impõem-se algumas palavras introdutórias sobre a distinção entre tais ramos do direito. Adiante-se, porém, que não se trata de tomar como objecto da presente investigação a distinção em si, nomeadamente quanto aos controversos critérios da mesma, mas antes de, partindo da existência dessa distinção, explorar os problemas de relação entre os dois ramos de direito a propósito de um eventual efeito dos actos administrativos[64]. Ainda assim, revelar-se-á imprescindível tomar em consideração quer os critérios da distinção, quer os fundamentos ideológicos da mesma[65].

[64] Para o tratamento *a se* da diferenciação entre direito público e direito privado, D. Schmidt, *Die Unterscheidung von privatem und öffentlichem Recht, passim.*
[65] Aspectos que, depois destas considerações introdutórias, serão retomados na Parte III (Enquadramento jurídico-constitucional).

15. Remonta a Ulpiano a distinção entre *direito público* e *direito privado*, presente na afirmação *"publicum ius est quod ad statum rei romanae spectat, privatum, quod ad singulorum utilitatem"*[66]. Desde então, vários critérios de distinção têm sido enunciados, destacando-se os do interesse prosseguido, da qualidade dos sujeitos e da posição dos sujeitos[67]. Contra o critério da qualidade dos sujeitos, adianta-se a verificação de que as pessoas colectivas públicas actuam também em termos idênticos aos dos privados, não se produzindo com isso qualquer alteração na natureza das situações jurídicas[68]. Focando-se a atenção na diferença entre a actuação dotada de *ius imperii* e a actuação em posição de paridade, esta pode ser eleita como critério de distinção[69] ou como mera descrição de uma realidade, sem capacidade explicativa da existência da diferença[70].

Outras considerações merece o critério do *interesse*, nomeadamente pelas implicações ideológicas nele contidas[71]. Seria a prossecução de inte-

---

[66] Sobre a importância de Ulpiano, entre outros, J. Oliveira Ascensão, *O Direito*, 325; M. Rebelo de Sousa / S. Galvão, *Introdução ao estudo do direito*, 313; J. L. Lopez-Muñiz, *Introducción al derecho administrativo*, 16; H. de Wall, *Die Anwendbarkeit privatrechtlicher Vorschriften im Verwaltungsrecht*, 7; H. Maurer, *Staatsrecht I*, 8. Para a evolução histórica do diferenciamento de vários ramos do direito, G. Landwehr, *Die Einheit der Rechtsordnung in der Rechtsgeschichte*, 31 e ss., em esp. 43 e ss. sobre a distinção de Ulpiano.

[67] Sobre estes três critérios, entre outros, J. Oliveira Ascensão, *O Direito*, 325 e ss.; A. Menezes Cordeiro, *Tratado de direito civil português*, I (t.I), 29 e ss.; M. Rebelo de Sousa / S. Galvão, *Introdução ao estudo do direito*, 313 e ss.; M. Bengel, *Der privatrechtsgestaltende Verwaltungsakt*, 61 e ss.; G. Manssen, *Privatrechtsgestaltung durch Hoheitsakt*, 53 e ss.. Com desenvolvimentos, D. Schmidt, *Die Unterscheidung von privatem und öffentlichem Recht*, 81 e ss., defendendo a inexistência de circularidade no critério dos sujeitos (135 e ss.). Sobre outras propostas doutrinais, M. Bengel, *Der privatrechtsgestaltende Verwaltungsakt*, 66 e ss.; J. L. Lopez-Muñiz, *Introducción al derecho administrativo*, 22 e ss..

[68] Tecendo estas críticas, J. Oliveira Ascensão, *O Direito*, 326; M. Rebelo de Sousa / S. Galvão, *Introdução ao estudo do direito*, 313-4.

[69] Preferindo este critério, J. Oliveira Ascensão, *O Direito*, 326-7.

[70] Assim, M. Rebelo de Sousa / S. Galvão, *Introdução ao estudo do direito*, 314.

[71] Sobre a natureza ideológica da distinção entre direito público e direito privado na sociedade liberal, entre outros, H. Kelsen, *Teoria pura do direito*, 380 e ss.; J. M. Sérvulo Correia, *Legalidade e autonomia contratual nos contratos administrativos*, 449 e ss.; G. Landwehr, *Die Einheit der Rechtsordnung in der Rechtsgeschichte*, 52 e ss.; H. de Wall, *Die Anwendbarkeit privatrechtlicher Vorschriften im Verwaltungsrecht*, 8 e ss.. Sobre os fundamentos da distinção, ainda que com pouco desenvolvimento, M. Bengel, *Der privatrechtsgestaltende Verwaltungsakt*, 50 e ss..

INTRODUÇÃO

resses públicos que identificaria e justificaria o direito público; a prossecução de interesses privados marcaria o âmbito do direito privado[72].

16. Esta distinção rígida entre interesse público e interesse privado encontra-se intimamente ligada à concepção liberal do Estado e da sociedade dos fins do século XVIII e do início do século XIX, tendo sido "a
formação de um sistema fechado de direito privado [ao gosto do positivismo jurídico então dominante] (...) a imagem da sociedade civil do seu
tempo"[73]. A distinção radical entre Estado e Sociedade e a concomitante
distinção rígida entre interesse público e interesse privado implicaram a
distinção, igualmente radical e rígida, entre direito público e direito privado[74/75]. Criaram-se, assim, "dois mundos contrapostos": interesse público
em oposição a interesse privado; poder público, por um lado, autonomia
do indivíduo, por outro[76].

[72] Defendendo este critério, mas adiantando que se trata da prossecução *predominante* e não
exclusiva de um destes interesses, M. REBELO DE SOUSA / S. GALVÃO, *Introdução ao estudo do
direito*, 314-315.

[73] F. WIEACKER, *História do direito privado moderno*, 628.

[74] H. DE WALL, *Die Anwendbarkeit privatrechtlicher Vorschriften im Verwaltungsrecht*, 9 e ss.; J.
L. LOPEZ-MUÑIZ, *Introducción al derecho administrativo*, 18-19; H. E. HÖRSTER, *A parte geral do
Código Civil português*, 33-4. Já H. MAURER, *Staatsrecht I*, 8, considera que a acrescida relevância da distinção entre os ramos do direito no séc. XIX, ligada à separação entre Estado
e Sociedade, contribuiu para o desenvolvimento do critério da posição dos sujeitos (*Subor-
dinationstheorie*). Sobre a relação Estado-Sociedade, H. H. RUPP, *Die Unterscheidung von
Staat und Gesellschaft*, em esp. 1189-90 para este período; N. PIÇARRA, *A separação dos poderes
como doutrina e princípio constitucional*, 173 e ss..

[75] Note-se que às distinções Estado e Sociedade, direito público e direito privado, sobrepu-
nha-se inicialmente a ideia de oposição entre *Estado e Direito*. Sobre esta oposição, entre
outros, H. KELSEN, *Teoria pura do direito*, 383 e ss.; V. PEREIRA DA SILVA, *Em busca do acto
administrativo perdido*, 59 e ss., abordando a tese da "impermeabilidade jurídica" do Estado.
No contexto da monarquia constitucional germânica, ao dualismo Estado / Sociedade
acresceu o dualismo do próprio Estado, com a figura do *Fiskus*. H. H. RUPP, *Die Unterscheidung von Staat und Gesellschaft*, 1190 e ss., H. DE WALL, *Die Anwendbarkeit privatrechtlicher
Vorschriften im Verwaltungsrecht*, 12 e ss.; O. MAYER, *Deutsches Verwaltungsrecht*, I, 118 e ss..

[76] J. L. LOPEZ-MUÑIZ, *Introducción al derecho administrativo*, 16 e ss., salientando os potenciais
perigos da visão do direito privado como direito "protector" do egoísmo do indivíduo no
seio da sociedade; J. M. SÉRVULO CORREIA, *Legalidade e autonomia contratual nos contratos
administrativos*, 449-450, relevando que a sobrevalorização da autonomia privada, associada à oposição entre público e privado, fizera esquecer os perigos da liberdade individual
para a liberdade social. Sobre a visão eminentemente liberal do direito privado e da
autonomia privada, em especial da autonomia contratual, ainda que em contexto diferente
do aqui abordado, M. CARNEIRO DA FRADA, *Contrato e deveres de protecção*, 60 e ss. e 123 e ss..

O ACTO ADMINISTRATIVO CONFORMADOR DE RELAÇÕES DE VIZINHANÇA

Porém, se a distinção entre Estado e Sociedade serviu a afirmação do direito privado e a defesa dos seus princípios próprios – *maxime*, os princípios da autonomia privada e da liberdade contratual – conduziu igualmente à progressiva construção do Estado moderno e à respectiva elaboração de um direito público dotado de princípios próprios, superando a primitiva oposição entre Estado e Direito[77].

Dentro do direito público, foi sendo traçado o caminho da autonomização do direito administrativo em relação ao direito privado, não como um seu direito excepcional mas como verdadeiro direito comum[78] – seja entendido como direito comum da Administração ou da actividade administrativa[79]. Consequência primeira de tal autonomização foi a recusa de aplicação de normas de direito privado à actividade administrativa (dita de "gestão pública"), mesmo em casos de integração de lacunas[80].

17. Feito este excurso histórico, não podemos dizer, hoje, que a distinção entre direito público e direito privado tenha deixado de ser problemática; pelo contrário, o momento actual é um momento crítico no que respeita à bipartição do ordenamento jurídico e às suas possíveis consequências[81].

---

[77] H. DE WALL, *Die Anwendbarkeit privatrechtlicher Vorschriften im Verwaltungsrecht*, 10, realçando as duas vias de desenvolvimento ligadas à distinção entre direito público e direito privado: a separação entre Estado e Sociedade e, com esta ligada, a afirmação do próprio Estado; G. LANDWEHR, *Die Einheit der Rechtsordnung in der Rechtsgeschichte*, 53.

[78] O. MAYER, *Deutsches Verwaltungsrecht*, I, 113 e ss., traçando uma absoluta separação entre direito administrativo e direito privado; G. LANDWEHR, *Die Einheit der Rechtsordnung in der Rechtsgeschichte*, 56 e ss.; H. DE WALL, *Die Anwendbarkeit privatrechtlicher Vorschriften im Verwaltungsrecht*, 14 e ss., realçando ambos a construção de OTTO MAYER; M. CAETANO, *Manual de direito administrativo*, I, 62 e ss.; D. FREITAS DO AMARAL, *Curso de direito administrativo*, I, 122 e ss. e 154 e ss.; V. PEREIRA DA SILVA, *Em busca do acto administrativo perdido*, 34 e ss.; C. DEBBASCH, *Le droit administratif, droit dérogatoire au droit commun?*, 127 e ss..

[79] Sobre esta questão, entre outros, D. FREITAS DO AMARAL, *Curso de direito administrativo*, I, 140 e ss., recusando a perspectiva estatutária e entendendo o direito administrativo como direito comum da função administrativa (equivalente a actividade administrativa de gestão pública); contra, J. M. SÉRVULO CORREIA, *Legalidade e autonomia contratual nos contratos administrativos*, 393-4, defendendo uma concepção estatutária do direito administrativo.

[80] O. MAYER, *Deutsches Verwaltungsrecht*, I, 117; D. FREITAS DO AMARAL, *Curso de direito administrativo*, I, 154 e ss., em esp. 156; H. DE WALL, *Die Anwendbarkeit privatrechtlicher Vorschriften im Verwaltungsrecht*, 14 e ss.; G. LANDWEHR, *Die Einheit der Rechtsordnung in der Rechtsgeschichte*, 56-7.

[81] O valor atribuído à distinção entre direito público e direito privado varia segundo os Autores, embora se possa descortinar uma tendência para a afirmação da relatividade da

INTRODUÇÃO

Também quanto aos critérios de distinção entre direito público e direito privado, bem como quanto aos critérios de identificação do direito administrativo, não se pode dizer que tenha sido alcançado qualquer consenso[82].

O contexto ideológico actual do Estado pós-social é naturalmente adverso à separação liberal entre Estado e Sociedade[83]. A oposição radical entre interesse público e interesses privados tende a esbater-se, quer pela recusa de uma posição hedonística do indivíduo no seio da sociedade,

distinção em contraposição a uma distinção absoluta e total, sendo a primeira associada à afirmação da unidade da ordem jurídica. Assim, J. L. LOPEZ-MUÑIZ, *Introducción al derecho administrativo*, 21 e ss., recusando o "dualismo mais ou menos maniqueísta" que opunha direito público e direito privado; J. OLIVEIRA ASCENSÃO, *O Direito*, 325 e 327, considerando que, sem prejuízo da demarcação de sectores (os ramos do direito), a ordem jurídica é una; A. MENEZES CORDEIRO, *Tratado de direito civil português*, I (t.I), 31-2, considerando que deve ser mantida, por diversas razões, a separação entre direito público e privado, embora não se trate de "uma fronteira estrutural absoluta, a nível de situações jurídicas singulares"; P. PAIS DE VASCONCELOS, *Teoria geral do direito civil*, I, 8-9, recusando que a distinção tenha que ser (ou possa mesmo ser) feita "em termos binários exclusivos, ou dicotómicos"; M. REBELO DE SOUSA / S. GALVÃO, *Introdução ao estudo do direito*, 317, afirmando que a separação "não é estanque ou definitiva"; H. MAURER, *Staatsrecht I*, 8-9, considera que a distinção, para além de encontrar consagração no direito positivo, releva ainda pelas diferentes perspectivas e funções de cada ramo do direito; contudo, não é uma distinção imposta pela lógica nem sufragada pela história do direito continental ou pela realidade anglo-saxónica. G. LANDWEHR, *Die Einheit der Rechtsordnung in der Rechtsgeschichte*, 59-60, depois de apreciar a evolução do dualismo entre direito público e direito privado, incluindo a sua pertinência no ordenamento jurídico actual, conclui pela sua relevância, ancorada no direito positivo no § 40 VwGO e no § 13 GVG (separação de jurisdições consoante esteja em causa um litígio jurídico-administrativo ou jurídico-privado).

[82] Já H. KELSEN, *Teoria pura do direito*, 378 e ss., duvidava da valia de qualquer critério e, dentro do seu sistema, recusava mesmo a distinção entre direito público e direito privado. Sobre a procura da *notion clé* do direito administrativo, com reflexos no problema da qualificação dos contratos, M. J. ESTORNINHO, *Requiem pelo contrato administrativo*, em esp. 37 e ss..

[83] Sobre a superação do dualismo liberal entre Estado e Sociedade, para a qual contribuiu, desde logo, a substituição do princípio monárquico pelo princípio democrático, H. H. RUPP, *Die Unterscheidung von Staat und Gesellschaft*, 1198 e ss.; R. C. MACHETE: *Considerações sobre a dogmática administrativa no moderno Estado Social*, 17 e ss., referindo as alterações no "binómio Sociedade-Estado"; H. E. HÖRSTER, *A parte geral do Código Civil português*, 35, referindo que a interpenetração entre Estado e Sociedade é o resultado da emergência do Estado Social de Direito e do Estado do Bem Estar Social. Sobre a evolução das funções do Estado, entre outros, R. ZIPPELIUS, *Teoria Geral do Estado*, 462 e ss.; G. LANDWEHR, *Die Einheit der Rechtsordnung in der Rechtsgeschichte*, 53 e ss., em ligação com o dualismo direito público / direito privado. Estas questões serão retomadas, com desenvolvimento, na Parte III.

O ACTO ADMINISTRATIVO CONFORMADOR DE RELAÇÕES DE VIZINHANÇA

quer pelo acentuar da actuação pública prestadora de utilidades e garante de posições jurídicas individuais[84].

Imbricada com esta última questão, surgem novos problemas na distinção e, sobretudo, no relacionamento entre direito público e direito privado. Como lapidarmente afirmou FAUSTO DE QUADROS, "é toda a concepção clássica acerca da fronteira entre o Direito Público e o Direito Privado que tem de ser repensada nesta viragem do século e do milénio"[85]. À distinção entre direito público e direito privado sobrevêm duas tendências inversas, às quais não é alheio o direito comunitário: a da *privatização* do domínio do público – seja pelo crescimento da actuação privada da administração[86/87], seja pela questão da aplicação de normas de direito privado ao lado de normas de direito público[88] – e a da *publicização do direito privado*, de especial interesse para a nossa investigação[89]. Simultaneamente, surgem novas áreas de regulação jurídica – como a relativa ao ambiente –

---

[84] J. L. LOPEZ-MUÑIZ, *Introducción al derecho administrativo*, 22, considerando que em todo o direito estarão sempre presentes, ainda que em medidas diferentes, os interesses público e privado; M. REBELO DE SOUSA / S. GALVÃO, *Introdução ao estudo do direito*, 314-315, admitindo apenas a prevalência e não a exclusividade de um dos interesses; J. OLIVEIRA ASCENSÃO, *O Direito*, 326, afirmando que "não há nenhuma linha radical de fractura entre o interesse público e o interesse privado (...) O interesse público corresponde, pelo menos indirectamente, aos interesses particulares; os interesses particulares são protegidos porque há um interesse público nesse sentido".

[85] FAUSTO DE QUADROS, *Serviço público e direito comunitário*, 667.

[86] Sobre a utilização pela Administração do direito privado, entre outros, M. J. ESTORNINHO, *A fuga para o direito privado*, em esp. 47 e ss.; P. OTERO, *Vinculação e liberdade de conformação jurídica do sector empresarial do Estado*, em esp. 263 e ss.; M. CAETANO, *Manual de direito administrativo*, I, 64.

[87] Questões conexas são a da privatização de actividades anteriormente englobadas na actividade administrativa e a da alteração da noção de serviço público. Sobre estes assuntos, FAUSTO DE QUADROS, *Serviço público e direito comunitário*, 667 e ss..

[88] Especificamente sobre este problema, a tese de habilitação de H. DE WALL, *Die Anwendbarkeit privatrechtlicher Vorschriften im Verwaltungsrecht*, em esp. 22 e ss..

[89] Em geral, G. MANSSEN, *Privatrechtsgestaltung durch Hoheitsakt*, 100 e ss.; P. PAIS DE VASCONCELOS, *Teoria geral do direito civil*, I, 11; M. REBELO DE SOUSA / S. GALVÃO, *Introdução ao estudo do direito*, 317-8, associando o fenómeno da publicização ao alargamento dos fins e da actuação do Estado; igualmente, D. FELIX, *Einheit der Rechtsordnung: zur verfassungsrechtlichen Relevanz einer juristischen Argumentationsfigur*, 3; M. CAETANO, *Manual de direito administrativo*, I, 64; H. DE WALL, *Die Anwendbarkeit privatrechtlicher Vorschriften im Verwaltungsrecht*, 13 e ss., realçando que a relativização do dualismo por força da maior dimensão da actividade administrativa remonta ao século XIX.

cuja integração num ou noutro ramo do direito oferece sumas dificuldades; unanimemente, tais direitos, como o do ambiente, são considerados
direitos horizontais[90].

Porém, em bom rigor, o problema das relações entre o direito público
e o direito privado não é novo, pois o primeiro sempre interveio na concretização e limitação da autonomia privada[91]. Assim, há muito que a doutrina conhece a *figura do acto administrativo com efeito conformador de direito
privado*, o qual, como o próprio nome indica, se situa na intersecção entre
os dois ramos do direito[92].

2.2. *O efeito conformador de relações jurídicas entre particulares pelo acto administrativo: origens e actualidade*

18. Sendo certo que a emergência de um direito do ambiente – direito
horizontal, como vimos – relançou o debate sobre o efeito conformador
de relações jurídico privadas pelo acto administrativo, a verdade é que a

[90] Referindo as dificuldades da realidade jurídica actual, a qual oferece situações difíceis
de enquadrar num ou noutro ramo do direito, M. Rebelo de Sousa / S. Galvão, *Introdução
ao estudo do direito*, 317 e ss.; A. Menezes Cordeiro, *Tratado de direito civil português*, I (t.I),
32; D. Felix, *Einheit der Rechtsordnung: zur verfassungsrechtlichen Relevanz einer juristischen
Argumentationsfigur*, 4-5; J. L. Lopez-Muñiz, *Introducción al derecho administrativo*, 24; H.
Maurer, *Staatsrecht I*, 10-11, considerando que o direito da economia e o direito do ambiente são parcialmente direito público e parcialmente direito privado. Sobre as aproxima-
ções entre direito público e direito privado, em especial nos domínios do ambiente e do
urbanismo, M. J. Estorninho, *A fuga para o direito privado*, 351-352. Referindo igualmente o
fenómeno do preenchimento do *Tatbestand* de normas de direito privado por normas de
direito administrativo, e vice-versa, F. Ossenbühl, *Verwaltungsrecht als Vorgabe für Zivil- und
Strafrecht*, 964. Já anteriormente, M. Caetano, *Manual de direito administrativo*, I, 50-1.

[91] O direito administrativo sempre exerceu uma influência nas relações entre privados, v.g.
na liberdade contratual, através da fixação de preços, e, em geral no direito do trabalho e
no direito da concorrência. F. Ossenbühl, *Verwaltungsrecht als Vorgabe für Zivil- und Strafrecht*, 967; M. Paschke, *Einheit der Wirtschaftsrechtsordnung*, 147 e ss., em esp. 152 e ss., sobre
o direito da concorrência.

[92] Para a história desta categoria de actos, L. Schmidt, *Unmittelbare Privatrechtsgestaltung
durch Hoheitsakt*, 240 e ss.: se se podem encontrar variados exemplos de intervenção
administrativa na esfera privada ao longo dos tempos, o "acto administrativo conformador
de direito privado" é, porém, uma categoria que pressupõe a moderna distinção entre
direito público e direito privado, devendo assim as suas origens remontar ao século xix.

figura do "acto conformador" ou "constitutivo" de direito privado tem sido alvo do estudo de juristas desde o início do século passado[93].

O acto administrativo com efeito conformador de direito privado começou por ser incluído na mais lata categoria dos "actos públicos" ou "actos estaduais" (*Staatsakte*) com tal efeito: é assim que, na monografia de BÜRCKNER (1930), o acto administrativo com efeito conformador surge tratado ao lado das sentenças jurisdicionais com natureza constitutiva[94]. Em comum teriam tais actos a característica de produzirem, para um caso concreto, alterações na ordem jurídica objectiva, sendo possibilitado o afastamento das regras gerais[95]. Embora estudados em conjunto, era o acto administrativo que já então colocava maiores dificuldades: se ambos produziam alterações na ordem jurídica privada, a verdade é que esta constituía o objecto da sentença civil e não o do acto administrativo, (ainda) preso a uma dicotomia direito público / direito privado[96].

Dicotomia que, já na altura, mostrava naturalmente sinais de fraqueza. Num momento de afirmação progressiva da actuação administrativa na vida social, em que se inclui o período posterior à I Guerra Mundial, e num contexto, herdado do liberalismo, de estrita separação entre direito público e direito privado, não surpreendem as dificuldades sentidas pela doutrina no enquadramento jus-dogmático destes actos que, nas palavras de BÜRCKNER, apresentavam uma "dupla natureza"[97].

19. A diversidade dos exemplos reconduzidos à categoria dos "actos administrativos com efeito conformador de direito privado" revela não só a

---

[93] Assim, por exemplo, a monografia de H. BÜRCKNER, *Der privatrechtsgestaltende Staatsakt*, datada de 1930, e, já antes, K. KORMANN, *System des rechtsgeschäftlichen Staatsakte*, 98 e ss. (1910), sem contudo utilizar a expressão em causa. Outros estudos desta época não se revelaram disponíveis, nem mesmo no país de origem. De acordo com M. BENGEL, *Der privatrechtsgestaltende Verwaltungsakt*, 46, a primeira referência aos actos administrativos com efeito conformador de direito privado surge em JACOBI, *Grundlehren des Arbeitrechts*, Leipzig, 1927, 415 (nr. 113).

[94] H. BÜRCKNER, *Der privatrechtsgestaltende Staatsakt*, 10 e ss..

[95] H. BÜRCKNER, *Der privatrechtsgestaltende Staatsakt*, 1-23 (em esp. 2-3); a marca do caso concreto levava o Autor a excluir os regulamentos (17).

[96] H. BÜRCKNER, *Der privatrechtsgestaltende Staatsakt*, 59 e ss., comparando igualmente as garantias dos particulares no processo jurisdicional e no procedimento administrativo.

[97] H. BÜRCKNER, *Der privatrechtsgestaltende Staatsakt*, 60. Dando conta das iniciais dificuldades, M. BENGEL, *Der privatrechtsgestaltende Verwaltungsakt*, 43 e ss..

INTRODUÇÃO

potencial importância do tema, como as dificuldades de teorização sentidas pela doutrina.

Assim, afirmava BÜRCKNER, em 1930, que "a expropriação é o mais antigo e o mais conhecido instituto jurídico com efeitos de direito privado"[98].

Em geral, o período pós I Guerra Mundial foi profícuo na ampliação dos actos administrativos com efeito conformador de direito privado, nomeadamente pela intervenção do Estado nos contratos entre privados – remontam a essa altura as expressões *"Diktierte Vertrag"* ou *"Korrigierten Vertrag"*, correspondentes à perspectiva jus-privatista da mesma situação[99].

Para além destes, muitos outros casos eram reconduzidos à figura do acto administrativo com efeito conformador de direito privado, nomeadamente no direito do trabalho e no direito dos arrendamentos (especialmente, em contextos sociais de dificuldades de alojamento)[100]. Noutros domínios, como o do direito da concorrência ou da economia, era igualmente tarefa fácil encontrar actos administrativos com efeito conformador de direito privado[101].

20. Na tentativa de sistematização de tão vasta realidade, preconizada por BÜRCKNER, seria possível encontrar três grupos de actos dotados de efeito conformador: i) os actos que tivessem por objecto a capacidade de exercício de um direito do particular, como as autorizações, estando aqui em causa, imediatamente, apenas uma relação Estado–cidadão[102]; ii) os actos

---

[98] H. BÜRCKNER, *Der privatrechtsgestaltende Staatsakt*, 14; igualmente considerando a expropriação como "o exemplo típico e não problemático", M. BENGEL, *Der privatrechtsgestaltende Verwaltungsakt*, 43. L. SCHMIDT, *Unmittelbare Privatrechtsgestaltung durch Hoheitsakt*, 244.

[99] Sobre os períodos posteriores às guerras mundiais, L. SCHMIDT, *Unmittelbare Privatrechtsgestaltung durch Hoheitsakt*, 245 e ss.. Sobre estes contratos, entre outros, H. BÜRCKNER, *Der privatrechtsgestaltende Staatsakt*, 9 e ss.; L. SCHMIDT, *Unmittelbare Privatrechtsgestaltung durch Hoheitsakt*, 259 e ss., esclarecendo a pp. 256 e ss. que tais actos não foram um produto do nacional-socialismo, tendo existindo antes e depois deste período; H -W LAUBINGER, *Der Verwaltungsakt mit Doppelwirkung*, 80 e ss..

[100] H. BÜRCKNER, *Der privatrechtsgestaltende Staatsakt*, 10 e 14 e ss., com vários exemplos retirados do direito então vigente.

[101] Os exemplos dados por H. BÜRCKNER, *Der privatrechtsgestaltende Staatsakt*, 19 e ss., em consonância com o seu sentido de acto conformador, revelam bem a diversidade dos actos em causa: desde a autorização de exploração comercial (e muitas outras autorizações) à intervenção administrativa no processo de adopção, todos constituíam actos administrativos com efeito conformador de direito privado.

[102] H. BÜRCKNER, *Der privatrechtsgestaltende Staatsakt*, 25 e ss..

que tivessem por objecto relações jurídicas existentes entre *dois* particulares, produzindo um efeito conformador imediato para os sujeitos dessa relação e com isso ultrapassando uma visão meramente bilateral da actuação administrativa[103]; iii) os actos de substituição nos negócios jurídicos, forma mais radical de intervenção conformadora do acto administrativo nas relações entre privados[104].

À diversidade de "actos com efeito conformador" acresciam as dificuldades de enquadramento dogmático destes actos, vistos como um "corpo estranho"[105] na dogmática do acto administrativo. Para OTTO MAYER, seria impensável admitir que um acto ou qualquer instituto jurídico administrativo, como a expropriação, produzisse imediatamente efeitos jurídico-privados: "o efeito é uma parte do instituto jurídico e não pode ter uma natureza diferente deste"[106]. Apesar da influência do Mestre no direito administrativo, sucederam-se os estudos sobre o *privatrechtsgestaltende Verwaltungsakt*[107] – instrumento próprio das novas áreas de actuação do Estado pós-liberal[108].

21. A doutrina posterior procurou apurar o conceito de acto conformador de direito privado, nomeadamente pela recusa do amplíssimo sentido preconizado pelos primeiros teorizadores[109].

---

[103] H. BÜRCKNER, *Der privatrechtsgestaltende Staatsakt*, 26-27: o Autor evidenciava que estava em causa uma intervenção numa relação jurídica, não se tratando de determinar para os particulares o que para eles deveria ser o direito (na conhecida expressão, *"Rechtens sein soll"*) mas antes da determinação conjunta das posições jurídicas respectivas de dois particulares na relação jurídica.

[104] H. BÜRCKNER, *Der privatrechtsgestaltende Staatsakt*, 27 e ss..

[105] L. SCHMIDT, *Unmittelbare Privatrechtsgestaltung durch Hoheitsakt*, 6.

[106] O. MAYER, *Deutsches Verwaltungsrecht*, I, 118: *"Es gibt keine öffentlichrechtlichen Rechtsinstitute mit* unmittelbarer *zivilrechtlicher Wirkung. Die Wirkung ist ein Teil des Rechtsinstitutes und kann nicht anderer Natur sein als dieses"* (destaque nosso). Já antes, K. KORMANN, *System des rechtsgeschäftlichen Staatsakte*, 111-2.

[107] Assim, por exemplo, M. BENGEL, *Der privatrechtsgestaltende Verwaltungsakt, passim*; L. SCHMIDT, *Unmittelbare Privatrechtsgestaltung durch Hoheitsakt, passim*. Curiosa é a afirmação da natureza excepcional destes actos, dificilmente compatibilizável com a amplitude dos mesmos: H. BÜRCKNER, *Der privatrechtsgestaltende Staatsakt*, 63; M. BENGEL, *Der privatrechtsgestaltende Verwaltungsakt*, 42.

[108] L. SCHMIDT, *Unmittelbare Privatrechtsgestaltung durch Hoheitsakt*, 5 e ss.; G. GRECO, *Provvedimenti amministrativi costitutivi di rapporti giuridici tra privati (monog.)*, 2 e ss..

[109] Assim, por exemplo, G. MANSSEN, *Privatrechtsgestaltung durch Hoheitsakt*, 23, referindo-se à noção de KROEBER (seriam actos conformadores de direito privado todos aqueles sem

INTRODUÇÃO

Para BENGEL (1968), apenas seriam actos conformadores do direito privado aqueles que produzissem *imediatamente* uma alteração numa situação jurídico-privada individual e concreta[110]. Ficava assim excluído do conceito grande parte dos actos incluídos no primeiro e no segundo grupos identificados por BÜRCKNER, pois os efeitos de direito privado que aqueles pudessem ter seriam apenas *efeitos mediatos* do acto[111/112]. Sempre que a intervenção administrativa tivesse por *objecto* a esfera jurídico-privada do destinatário, seria então o acto administrativo dotado de um efeito conformador de direito privado[113]. Porém, poderia também suceder que um acto administrativo que tivesse por regulação "primária" a relação entre um cidadão e o Estado – por exemplo, uma autorização industrial ou uma licença de construção – dispusesse igualmente de um efeito conformador (imediato) de direito privado[114]. Igualmente para LUTZ SCHMIDT (1975), apenas seriam actos dotados de efeito conformador de direito privado os que produzissem tais efeitos *imediatamente*[115]. De entre os vários

os quais não se desse a produção de efeitos de direito privado), afirma que, com semelhante definição, mais valeria tentar encontrar os actos *não* conformadores. Para uma descrição das várias tentativas de teorização dos actos conformadores, M. BENGEL, *Der privatrechtsgestaltende Verwaltungsakt*, 73 e ss..

[110] M. BENGEL, *Der privatrechtsgestaltende Verwaltungsakt*, 49: "unmittelbare *individuell-konkrete Änderung der Privarechtlage durch Hoheitsakt*". Igualmente, H.-W. LAUBINGER, *Der Verwaltungsakt mit Doppelwirkung*, 80.

[111] M. BENGEL, *Der privatrechtsgestaltende Verwaltungsakt*, 124. Na sua teorização incluem-se, igualmente, tanto actos que respeitam apenas a uma relação bilateral entre um cidadão e o Estado, sempre que esteja em causa a relação do primeiro com coisas (ex.: expropriação), como actos reguladores de relações jurídicas obrigacionais entre privados (respectivamente, "*zuordnungsgestaltenden*" e "*schuldrechtsgestaltenden*") – M. BENGEL, *Der privatrechtsgestaltende Verwaltungsakt*, 132 e ss..

[112] Dificuldade assumida era já então a de determinar quais são exactamente os efeitos de uma qualquer actuação, seja uma conduta material potencialmente relevante para efeitos de responsabilidade (em que se conhecem vários critérios de causalidade ou de imputação) ou um acto administrativo. Assim, M. BENGEL, *Der privatrechtsgestaltende Verwaltungsakt*, 81; H. BÜRCKNER, *Der privatrechtsgestaltende Staatsakt*, 3.

[113] M. BENGEL, *Der privatrechtsgestaltende Verwaltungsakt*, 83.

[114] M. BENGEL, *Der privatrechtsgestaltende Verwaltungsakt*, 79. Contudo, o Autor nega às autorizações enquadradas no modelo geral de "proibição com reserva de autorização" o efeito conformador de direito privado, afirmando que apenas seriam dotadas de efeitos "*mediatos*" para o direito privado; por outras palavras, estes não seriam mais do que meras "consequências" do acto (88). Autorizações que, indiscutivelmente, teriam efeito conformador seriam as relativas a negócios privados, como as previstas nos §§ 22 e 80 BGB (84, 93).

[115] L. SCHMIDT, *Unmittelbare Privatrechtsgestaltung durch Hoheitsakt*, 19 e ss..

O ACTO ADMINISTRATIVO CONFORMADOR DE RELAÇÕES DE VIZINHANÇA

actos com efeito conformador de direito privado, seria possível diferenciar entre os favoráveis, os desfavoráveis, os de duplo efeito (simultaneamente favoráveis e desfavoráveis para o mesmo destinatário) e os *actos com efeitos para terceiros* (desfavoráveis para um e favoráveis para outro ou desfavoráveis para dois sujeitos)[116].

À hegemonia germânica escapa o estudo de GRECO (1977)[117], ainda que a sua base doutrinária seja inevitavelmente constituída pelas obras que temos vindo a referir[118]. Excluindo igualmente os actos administrativos com meros "efeitos reflexos" de direito privado[119], o Autor colocou em destaque, não a constituição, modificação ou extinção de direitos subjectivos privados (figura pacífica, de que seria exemplo a expropriação) mas antes a conformação de *relações jurídicas entre privados* pelo acto administrativo[120].

Numa tese mais recente (1994), MANSSEN considera apenas como actos conformadores de direito privado aqueles que, apresentando mais do que uma genérica relevância, constituam uma situação de *precedência* para o direito privado (*Vorgabe für das Zivilrecht*)[121/122].

22. Ainda que fruto de um trabalho de sucessiva delimitação por parte da doutrina, certo é que os "actos com efeito conformador de direito privado"

---

[116] L. SCHMIDT, *Unmittelbare Privatrechtsgestaltung durch Hoheitsakt*, 77 e ss.. O Autor estabelece várias distinções (71-140), tendo sido seleccionada a que maior utilidade apresentava para a nossa investigação.

[117] G. GRECO, *Provvedimenti amministrativi costitutivi di rapporti giuridici tra privati (monog.)*, *passim*; *vide* igualmente os principais pontos da monografia em G. GRECO, *Provvedimenti amministrativi costitutivi di rapporti giuridici tra privati*, 49 e ss..

[118] G. GRECO, *Provvedimenti amministrativi costitutivi di rapporti giuridici tra privati (monog.)*, 9 e ss., sobre a importância da doutrina germânica.

[119] G. GRECO, *Provvedimenti amministrativi costitutivi di rapporti giuridici tra privati (monog.)*, 60 e ss..

[120] G. GRECO, *Provvedimenti amministrativi costitutivi di rapporti giuridici tra privati (monog.)*, 49 e ss.; G. GRECO, *Provvedimenti amministrativi costitutivi di rapporti giuridici tra privati*, 49.

[121] G. MANSSEN, *Privatrechtsgestaltung durch Hoheitsakt*, 22-23. O Autor densifica depois a característica da imediatividade dos efeitos através do critério da finalidade (a alteração jurídico-privada constitui objecto / fim do acto administrativo) e do critério da causalidade necessária prevista na lei (a própria lei prevê que o acto produza necessariamente determinados efeitos de direito privado (30 e ss..).

[122] Outras referências a estes actos são feitas, por exemplo, por P. KRAUSE, *Rechtsformen des Verwaltungshandelns*, 211 e ss., em esp. 214.

tendem a abarcar variadíssimas áreas da actuação administrativa[123] – ou não fossem entendidos como o instrumento próprio da função estadual de "conformação social" ("*Sozialgestaltung*")[124].

Se parecem ter ficado para atrás os primeiros problemas de teorização da figura – que, num contexto de ultrapassagem do Estado Liberal, ainda preso à divisão estanque entre direito público e direito privado, levavam à consideração destes actos como um "corpo estranho"[125] – e se recusa a existência de qualquer "anomalia" nestes actos administrativos – admitindo-se que o acto administrativo pode, ao lado dos seus efeitos jus-publicísticos, conformar também relações jurídicas que, de outro modo, seriam exclusivamente disciplinadas pelo direito privado[126] – a verdade é que, pensando na diversidade de instrumentos ao dispor da Administração e nas suas variadas áreas de intervenção, o estudo aprofundado e crítico do efeito conformador de direito privado requer a selecção de um tipo de actuação administrativa e de uma área específica de actuação[127].

2.3. *Os diferentes tipos de actuação administrativa; em especial, o acto administrativo autorizativo*

23. De entre as várias modalidades de actividade administrativa, o acto administrativo de tipo autorizativo tem vindo a conseguir uma crescente atenção por parte da doutrina[128].

[123] L. SCHMIDT, *Unmittelbare Privatrechtsgestaltung durch Hoheitsakt*, 2, identifica as grandes áreas do direito do trabalho, do direito da economia e do direito social (com desenvolvimentos para o direito da economia, 38 e ss.; dando vários exemplos, 140 e ss.). *Vide* igualmente G. GRECO, *Provvedimenti amministrativi costitutivi di rapporti giuridici tra privati (monog.)*, 93 e ss..

[124] L. SCHMIDT, *Unmittelbare Privatrechtsgestaltung durch Hoheitsakt*, 6; W. HENKE, *System und Institute des öffentlichen Rechts der Wirtschaft*, 982, identificando a intervenção administrativa em relações jurídicas entre privados como fenómeno próprio do Estado Social.

[125] L. SCHMIDT, *Unmittelbare Privatrechtsgestaltung durch Hoheitsakt*, 6.

[126] L. SCHMIDT, *Unmittelbare Privatrechtsgestaltung durch Hoheitsakt*, 10.

[127] Por exemplo, G. MANSSEN, *Privatrechtsgestaltung durch Hoheitsakt*, na sua tese de habilitação, acaba por dedicar especial atenção às autorizações no domínio da concorrência (307 e ss.).

[128] Entre outros, a monografia de B. PREUSCHE, *Das Verbot mit Erlaubnisvorbehalt als Regelungsinstrument, passim*, e, mais recentemente, a de F. SCHREIBER, *Das Regelungsmodell der Genehmigung im integrierten Umweltschutz*, com interessantes considerações sobre a influência do direito comunitário (em esp., 103 e ss.). Na doutrina italiana, entre outros, G. VIGNOCCHI,

Curiosamente, quando no século XIX, por diversas razões, o acto administrativo e a autorização não constituíam ainda objecto de estudo primacial, uma questão logrou obter atenção no direito italiano, em pleno contexto de separação entre direito público e direito privado: tal questão mais não era do que a da *lesão de direitos de terceiros como resultado do exercício de uma actividade autorizada*, a qual dificilmente se deixava enquadrar na radical separação entre os dois ramos do direito[129].

Nos tempos actuais, a autorização tem merecido a atenção dos juristas, quer pela sua permeabilidade à evolução das concepções de base da Administração, quer igualmente por ser o palco de discussão de questões relativas à concepção do acto administrativo.

Como sintetiza FRACCHIA, a autorização, vista enquanto meio de intervenção administrativa sobre a actividade económica dos privados, tem revelado as diferentes concepções da relação entre "liberdade dos privados e autoridade administrativa, entre iniciativa económica e condicionamento público"[130]. A concepção tradicional de autorização, que fazia eco de uma "radical separação das esferas do público e do privado", foi ultrapassada pela "multiplicação (e complicação) das relações Estado–cidadão" e da intervenção do Estado na economia, associados à satisfação de crescentes necessidades públicas[131].

Igualmente, é em torno da autorização que se tem colocado o dilema entre *estabilidade* e *flexibilidade* dos actos administrativos, em especial em domínios como o do ambiente, em que a incerteza e a importância dos juízos de prognose da Administração se fazem sentir[132]. Vejamos.

La natura giuridica dell' autorizzazione amministrativa, passim; F. FRANCHINI, *Le autorizzazioni amministrative costitutive di rapporti giuridici fra l'Amministrazione e i privati, passim*, e, nos anos noventa, F. FRACCHIA, *Autorizzazione amministrativa e situazioni giuridiche soggettive, passim*.

[129] F. FRACCHIA, *Autorizzazione amministrativa e situazioni giuridiche soggettive*, 35 e ss., depois de apreciar o contexto científico do século XIX, e de evidenciar que o entendimento da lei, enquanto delimitadora da acção externa da Administração mas não determinante do seu conteúdo e da sua modalidade de exercício, contribuía para a menor atenção do estudo do acto administrativo e da autorização (40), releva depois o interesse especial por esta questão (44).

[130] F. FRACCHIA, *Autorizzazione amministrativa e situazioni giuridiche soggettive*, 2.

[131] F. FRACCHIA, *Autorizzazione amministrativa e situazioni giuridiche soggettive*, 3.

[132] Sobre este problema, entre outros, R. WAHL/ G. HERMES/ K. SACH, *Genehmigung zwischen Bestandsschutz und Flexibilität*, 217 e ss.; A. SCHMEHL, *Genehmigungen unter Änderungsvorbehalt zwischen Stabilität und Flexibilität, passim*; ainda, P. FEUCHTE, *Prognose, Vorsorge und Planung bei der Genehmigung industrieller Anlagen*, 291 e ss..

INTRODUÇÃO

24. A concepção clássica, tipicamente liberal, da autorização via neste tipo de acto uma mera remoção de um obstáculo ou limite ao exercício de um direito preexistente do particular[133]. A autorização enquadrava-se assim no modelo de "proibição com reserva de autorização" (*Verbot mit Erlaubnisvorbehalt*)[134].

Instrumento típico do direito de polícia, na construção de OTTO MAYER, a reserva de autorização servia apenas o fim de defesa do perigo, próprio daquele direito[135]. A reserva de autorização servia para aferir da possibilidade de conflito entre o interesse de *um particular* e o *interesse público*[136]. Consequentemente, os efeitos da autorização produziam-se apenas entre a autoridade administrativa e o sujeito autorizado[137].

Ao contrário de outros tipos de actos (como a licença, no direito português) a autorização, na medida em que apenas vinha permitir o exercício de um direito "já antes pleno e completo nas suas faculdades", seria um acto administrativo desprovido de natureza constitutiva[138/139].

[133] Fundada na contraposição entre *liberdade e autoridade*, a autorização surge como o "acto que reintegra o estado de liberdade, permitindo que o direito do privado possa produzir os seus naturais e lógicos efeitos" – F. FRANCHINI, *Le autorizzazioni amministrative costitutive di rapporti giuridici fra l'Amministrazione e i privati*, 13. Sobre esta concepção tradicional, entre outros, F. FLEINER, *Institutionen des Deutschen Verwaltungsrechts*, 410; D. FREITAS DO AMARAL, *Curso de direito administrativo*, II, 256 e ss.; F. FRACCHIA, *Autorizzazione amministrativa e situazioni giuridiche soggettive*, 35 e ss.; F. LÓPEZ MENUDO, *Autorización*, 712 e ss..

[134] O. MAYER, *Deutsches Verwaltungsrecht*, I, 239 e ss.; O. MAYER, *Deutsches Verwaltungsrecht*, II, 244. Sobre a construção de OTTO MAYER, F. SCHREIBER, *Das Regelungsmodell der Genehmigung im integrierten Umweltschutz*, 24 e ss.; W. HENKE, *System und Institute des öffentlichen Rechts der Wirtschaft*, 984; A. GROMITSARIS, *Die Lehre von der Genehmigung*, 52 e ss..

[135] Sobre a *Polizeiverbot*, F. FLEINER, *Institutionen des Deutschen Verwaltungsrechts*, 405 e ss., considerando que a "proibição policial com reserva de autorização" constituía uma excepção ao princípio, próprio do Estado moderno e oposto ao Estado de polícia, de que os particulares podem exercer as suas liberdades sem sujeição a um controlo público (407). Como salienta F. SCHREIBER, *Das Regelungsmodell der Genehmigung im integrierten Umweltschutz*, 24, a autorização, na sua formulação tradicional (de polícia), prosseguia o fim de controlo preventivo de situações abstractamente perigosas.

[136] F. FLEINER, *Institutionen des Deutschen Verwaltungsrechts*, 410; R. E. SOARES, *Direito administrativo*, 111. Em geral, reconhecia-se então uma ampla liberdade à autoridade administrativa, sendo excepcionais os casos em que se pudesse falar de um direito à emissão da autorização – F. SCHREIBER, *Das Regelungsmodell der Genehmigung im integrierten Umweltschutz*, 25-6.

[137] Focando este aspecto, sem contudo esquecer os terceiros, F. FLEINER, *Institutionen des Deutschen Verwaltungsrechts*, 411.

[138] F. FRANCHINI, *Le autorizzazioni amministrative costitutive di rapporti giuridici fra l'Amministrazione e i privati*, 9-10; O. MAYER, *Deutsches Verwaltungsrecht*, II, 244: a autorização limitava-se a

25. A ultrapassagem do Estado Liberal, a maior dimensão da intervenção administrativa na vida social e a heterogeneidade de interesses, públicos e privados, envolvidos na actividade sujeita a autorização, impulsionaram alterações na concepção tradicional de autorização[140].

A autorização – se, em relação aos vários modelos de controlo administrativo de exercício de actividades privadas, permanece, em geral, como uma solução de meio termo entre a total proibição da actividade e a total regulação pelo direito privado[141] – conheceu um novo enquadramento pela superveniência da distinção entre "proibição preventiva com reserva de autorização" e "proibição repressiva com reserva de dispensa", sendo esta última considerada própria do Estado Social[142]. A reconhecida impor-

estabelecer de novo a "liberdade natural" do destinatário (*"natürliche Freiheit"*); por conseguinte, nada trazia de novo, em especial, não constituía qualquer direito subjectivo público na esfera do autorizado.

[139] Sobre a distinção entre autorização (relativa a um direito preexistente) e licença (constitutiva de um direito), na doutrina portuguesa, entre outros, D. Freitas do Amaral, *Curso de direito administrativo*, II, 257 e ss.. No direito italiano, a distinção relevante é a que opõe a autorização à concessão: M. S. Giannini, *Istituzioni di diritto amministrativo*, 318 e ss.; P. Stella Richter, *Atti e poteri amministrativi*, 391 e ss.. Sobre a diferença entre autorização e *"Konzession"* no direito alemão, O. Mayer, *Deutsches Verwaltungsrecht*, II, 243 e ss.; o suíço F. Fleiner, *Institutionen des Deutschen Verwaltungsrechts*, 410; crítico, W. Henke, *System und Institute des öffentlichen Rechts der Wirtschaft*, 987, considerando a distinção supérflua; F. Schreiber, *Das Regelungsmodell der Genehmigung im integrierten Umweltschutz*, 29 e ss..

[140] Desde logo, a autorização deixou de estar conotada apenas com o direito de polícia, passando a existir em diferentes "ramos" do direito e a servir diferentes fins do Estado – R. Wahl, *Erlaubnis*, 528; P. Dell' Anno, *Manuale di diritto ambientale*, 208 e ss.; F. Schreiber, *Das Regelungsmodell der Genehmigung im integrierten Umweltschutz*, 225-6, concluindo que a autorização deixou de ser um instituto específico do direito de polícia para constituir um instituto do direito administrativo geral; R. Wahl, *Genehmigung und Planungsentscheidung*, 51 e ss.; R. Wahl/ G. Hermes/ K. Sach, *Genehmigung zwischen Bestandsschutz und Flexibilität*, 218 e ss., sobre a questão da "flexibilidade".

[141] Sobre os vários modelos de controlo de actividades particulares, que oscilam entre a total regulação pelo direito privado e a proibição pública total, entre outros, K. Sach, *Genehmigung als Schutzschild?*, 32 e ss., com desenvolvimentos; W. Schick, *Das Verbot mit Anzeigevorbehalt*, 341 e ss.; F. Fracchia, *Autorizzazione amministrativa e situazioni giuridiche soggettive*, 4 e ss.. Sobre a reserva de autorização (*Genehmigungsvorbehalt*), G. Wagner, *Öffentlich-rechtliche Genehmigung und zivilrechtliche Rechtswidrigkeit*, 1-2. *Vide* igualmente P. Badura, *Der atomrechtliche Funktionsvorbehalt der Genehmigungsbehörde für die Ermittlung und Bewertung des Risikos einer nuklearen Anlage*, 1197 e ss., embora no contexto específico dos danos nucleares e relevando a relação entre a autoridade administrativa e o juiz administrativo.

[142] *"Präventives Verbot mit Erlaubnisvorbehalte / repressives Verbot mit Befreiungsvorbehalt"* – K. Sach, *Genehmigung als Schutzschild?*, 38 e ss.: no primeiro modelo, próprio do Estado liberal,

INTRODUÇÃO

tância dos direitos fundamentais, nomeadamente do requerente do acto autorizativo, não só implicou o enquadramento deste instituto à luz dos respectivos parâmetros constitucionais, como permitiu a construção, em alguns casos, de um "direito à emissão da autorização" [143/144].

26. Em geral, pode dizer-se que, ao lado da função de controlo, sobreveio uma dimensão *constitutiva ou conformadora* da autorização[145/146].

a autorização limita-se a devolver o estado natural de liberdade do indivíduo – sendo limitada, à luz dos direitos fundamentais, a liberdade da Administração e podendo falar-se de um direito à autorização; no segundo modelo, existe uma proibição geral da actividade (contrária à visão do direito preexistente, apenas limitado no seu exercício) que pode excepcionalmente ser autorizada – a discricionariedade reconhecida à Administração será mais ampla e o particular terá apenas um direito a uma decisão discricionária não viciada (40). Sobre esta distinção, M. KLOEPFER, *Umweltrecht*, 392 e ss.; R. WAHL, *Genehmigung und Planungsentscheidung*, 52; W. HENKE, *System und Institute des öffentlichen Rechts der Wirtschaft*, 984, considerando que, actualmente, a "proibição" não constitui o elemento essencial do instituto da autorização, ao contrário do que poderia fazer crer a tradicional expressão de OTTO MAYER; crítico quanto à utilidade e às dificuldades da distinção, A. GROMITSARIS, *Die Unterscheidung zwischen präventivem Verbot mit Erlaubnisvorbehalt und repressivem Verbot mit Befreiungsvorbehalt*, 401 e ss., em esp. 407 e ss.; B. PREUSCHE, *Das Verbot mit Erlaubnisvorbehalt als Regelungsinstrument*, 41 e ss.. Vide igualmente F. LÓPEZ MENUDO, *Autorización*, 712-3, embora não utilizando a mesma terminologia.

[143] Sobre a influência dos direitos fundamentais na concepção do acto autorizativo, F. SCHREIBER, *Das Regelungsmodell der Genehmigung im integrierten Umweltschutz*, 27 e ss., salientando a eventual consequência de afastamento da discricionariedade da Administração na outorga da autorização, afastamento esse que, para o Autor, não seria de sufragar (29 e ss.) e, com mais desenvolvimentos, 183 e ss.; W. HENKE, *System und Institute des öffentlichen Rechts der Wirtschaft*, 985; R. WAHL, *Genehmigung und Planungsentscheidung*, 52.

[144] Sobre o "direito à emissão da autorização", entre outros, R. WAHL/ G. HERMES/ K. SACH, *Genehmigung zwischen Bestandsschutz und Flexibilität*, 228 e ss.; W. HENKE, *System und Institute des öffentlichen Rechts der Wirtschaft*, 986 e ss..

[145] Salientando que a autorização continua a desempenhar uma função de controlo, P. DELL' ANNO, *Manuale di diritto ambientale*, 211 e ss.; M. S. GIANNINI, *Istituzioni di diritto amministrativo*, 311; F. SCHREIBER, *Das Regelungsmodell der Genehmigung im integrierten Umweltschutz*, 70 e ss., relevando que, ao contrário da tradicional concepção, o controlo não tem que ser monofinalístico. Sobre a progressiva afirmação da dimensão constitutiva da autorização, F. FRACCHIA, *Autorizzazione amministrativa e situazioni giuridiche soggettive*, 145 e ss. e 168 e ss., afirmando que a separação nítida entre interesse público e interesse privado tende a esfumar-se na moderna Administração; G. VIGNOCCHI, *La natura giuridica dell' autorizzazione amministrativa*, 15 e ss.. Para F. SCHREIBER, *Das Regelungsmodell der Genehmigung im integrierten Umweltschutz*, 72, ao lado da função de controlo, a autorização teria igualmente uma *função de estabilização* – na medida em que o acto autorizativo, como acto conformador que é, constitui ou modifica uma relação jurídica, a qual deverá perdurar no tempo e ser respeitada por órgãos administrativos, tribunais e terceiros.

O ACTO ADMINISTRATIVO CONFORMADOR DE RELAÇÕES DE VIZINHANÇA

Ao invés de se limitar a remover um limite ao livre exercício de um direito, a autorização passou a *conformar o próprio exercício da actividade*, estabelecendo regras de conduta para o particular autorizado[147]. Esta conformação do exercício da actividade, impulsionada pela consideração de várias finalidades de interesse público, que não apenas a tradicional defesa do perigo, tem igualmente recebido a designação de *função programadora* da autorização[148].

Para além disso, a "descoberta" da pluralidade de interesses privados, não apenas do autorizado, mas igualmente de outros sujeitos privados, tem levado à imputar à autorização uma *dimensão conformadora de relações jurídicas* entre os vários sujeitos privados, escapando-se assim a uma visão meramente bilateral da actuação administrativa[149]. A autorização permite

[146] Questão ligada, como indicámos, à da função conformadora da autorização é a da discricionariedade, ou margem de livre decisão, de que possa dispor a Administração, bem como dos respectivos limites do controlo jurisdicional. Sobre esta questão, entre outros, P. Dell' Anno, *Manuale di diritto ambientale*, 211 e ss.; P. Feuchte, *Prognose, Vorsorge und Planung bei der Genehmigung industrieller Anlagen*, 296 e ss.; W. Erbguth, *Der Prüfungsumfang bei der Entscheidung über öffentlich-rechtliche Kontrollerlaubnisse als allgemeine verwaltungs- und verfassungsrechtliche Problematik*, 50 e ss. e o já citado F. Schreiber, *Das Regelungsmodell der Genehmigung im integrierten Umweltschutz*, 29 e ss. e 234 e ss..

[147] F. Fracchia, *Autorizzazione amministrativa e situazioni giuridiche soggettive*, 171-2, considerando que, ao conformar o próprio exercício da actividade, ao invés de se limitar a retirar um obstáculo ao seu exercício, a autorização seria, por isso, constitutiva de uma relação jurídica entre a administração e o autorizado. Porém, como informa o próprio Autor, já no final do século XIX, em Itália, avultava a dimensão "conformativa do exercício da liberdade dos privados" pela Administração, nomeadamente através da autorização: esta seria o procedimento publicístico "que incide sobre o exercício do direito, não já consentindo-o simplesmente com fundamento na não incompatibilidade com fins públicos, mas sobretudo determinando as modalidades de exercício"; "um procedimento ampliativo mas antes e principalmente selectivo e conformador das – em abstracto – ilimitadas possibilidades de exercício do direito" (F. Fracchia, *Autorizzazione amministrativa e situazioni giuridiche soggettive*, 61 e ss.). Exemplo seria a autorização que comportava a determinação da insalubridade de uma instalação condicionada ao desrespeito das condições estabelecidas discricionariamente – acto que, se por um lado era favorável ao particular (acrescentando algo à esfera jurídica, pois afastava a proibição), seria sobretudo conformador, dentro de certos limites, das modalidades de exercício (F. Fracchia, *Autorizzazione amministrativa e situazioni giuridiche soggettive*, 62).

[148] M. S. Giannini, *Istituzioni di diritto amministrativo*, 312.

[149] Já F. Fracchia, *Autorizzazione amministrativa e situazioni giuridiche soggettive*, 135, a propósito da análise da jurisprudência italiana da 1ª metade do século XX que admitia, no caso das "autorizações em derrogação", a exclusão de direitos de terceiros, realça que se trata de

INTRODUÇÃO

o exercício de liberdades individuais quando está em causa, na "sociedade de interdependências, a salvaguarda de bens comunitários ou a *harmonização entre interesses privados conflituantes*"[150]. Qual seja o alcance desta dimensão conformadora – nomeadamente, se incidirá sobre relações jurídicas que, sem a autorização, seriam reguladas pelo direito privado, e em detrimento de tal regulação – será questão a que procuraremos responder nesta investigação[151]. Refira-se, entretanto, como outro dado do problema, que a conformação pela Administração através do acto autorizativo foi já perspectivada como "reserva de conformação" constitucional, à luz do princípio da separação dos poderes[152].

27. Tem sido igualmente em torno da autorização, e não sem conexão com as questões anteriores, que se tem colocado o dilema da "estabilidade ou flexibilidade" da actuação administrativa.

Desde logo, a amplitude e o dinamismo dos vários interesses que têm que ser ponderados na emissão de uma autorização, por exemplo, com relevância ambiental – ponderação essa na qual, inevitavelmente, os juízos de prognose têm lugar de destaque – parece difícil de compatibilizar

uma nova dimensão da autorização: não só verifica a ausência de contraste entre actividade privada e interesse público, como incide sobre o acerto de relações entre privados, em derrogação a normas de direito objectivo e traçando, assim, "no caso concreto a linha de confinamento entre os respectivos direitos". Voltaremos a estas autorizações, *infra*, em II A), 2.3. Igualmente, R. STEINBERG, *Zur Beschleunigung des Genehmigungsverfahrens für Industrieanlagen*, 120 e ss., afirmava que a autorização já teria uma dupla função desde o § 26 da GewO prussiana de 1845: além da sua "tradicional" função, o acto autorizativo teria igualmente uma função de perequação dos vários interesses privados ("*Ausgleichsfunktion*"), que para o autor é sinónimo de "efeito conformador de direito privado". P. DELL' ANNO, *Manuale di diritto ambientale*, 211 e ss., distingue da função programadora a função conformativa da autorização, a qual se reporta à dimensão constitutiva, em geral, de situações jurídicas pelo acto autorizativo – conformação essa onde se inclui a de relações jurídicas intersubjectivas, entre vários particulares.

[150] J. C. VIEIRA DE ANDRADE, *Algumas reflexões a propósito da sobrevivência do conceito de "acto administrativo" no nosso tempo*, 1198.

[151] Como refere F. SCHREIBER, *Das Regelungsmodell der Genehmigung im integrierten Umweltschutz*, 234, a autorização será sempre um acto conformador, considerando o "nível mínimo" de constituição de uma concreta relação jurídica. Discutível é, entre outros aspectos, se a conformação pode ser tão ampla que atinja as relações jurídicas entre dois ou mais particulares.

[152] "*Gestaltungsvorbehalt*" –F. SCHREIBER, *Das Regelungsmodell der Genehmigung im integrierten Umweltschutz*, 238 e ss..

com o "carácter pontual [do acto administrativo] como regulação do caso concreto"[153].

Se à autorização se poderá reconhecer uma *função* ou um *efeito estabilizador*, *maxime* da situação jurídica do autorizado, a pluralidade de interesses públicos e privados envolvidos, bem como o seu carácter dinâmico, têm levado a questionar tal estabilização em prol de uma maior flexibilidade – visível, por exemplo, na possibilidade de modificar a autorização, em especial impondo novas regras de exercício da actividade, ou mesmo na possibilidade de extingui-la[154].

O "palco" da consideração dos diversos sujeitos e da dinâmica pósemissão da autorização é constituído, sem surpresa, pela *relação jurídica poligonal*[155]. Figura esta que, por sua vez, coloca os seus próprios problemas – nomeadamente se estiver em causa uma relação jurídica entre privados que seja também objecto de regulação pelo direito privado[156].

---

[153] P. FEUCHTE, *Prognose, Vorsorge und Planung bei der Genehmigung industrieller Anlagen*, 293.

[154] Sobre o "efeito estabilizador", F. SCHREIBER, *Das Regelungsmodell der Genehmigung im integrierten Umweltschutz*, 72-73 e 93 e ss.; R. WAHL, *Erlaubnis*, 538; com desenvolvimentos, K. SACH, *Genehmigung als Schutzschild?*, 50 e ss.. Sobre o conflito entre "estabilidade e flexibilidade", R. WAHL/ G. HERMES/ K. SACH, *Genehmigung zwischen Bestandsschutz und Flexibilität*, em esp. 243 e ss.; A. SCHMEHL, *Genehmigungen unter Änderungsvorbehalt zwischen Stabilität und Flexibilität*, em esp. 33 e ss., focando os problemas das autorizações sujeitas a uma "reserva de modificação".

[155] Abordando a figura da relação jurídica poligonal a propósito do conflito estabilidade / flexibilidade, F. SCHREIBER, *Das Regelungsmodell der Genehmigung im integrierten Umweltschutz*, 93 e ss.; R. WAHL/ G. HERMES/ K. SACH, *Genehmigung zwischen Bestandsschutz und Flexibilität*, 221 e ss.; R. STEINBERG, *Zur Beschleunigung des Genehmigungsverfahrens für Industrieanlagen*, 121. Em geral, sobre as relações jurídicas poligonais, P. PREU, *Subjektivrechtliche Grundlagen des öffentlichrechtlichen Drittschutzes*, passim; M. SCHMIDT-PREUSS, *Kollidierende Privatinteressen im Verwaltungsrecht – Das subjektive öffentlich recht im multipolaren Verwaltungsrechtsverhältnis*, passim; M. SUDHOF, *Dreieckige Rechtsverhältnisse im Wirtschaftsverwaltungsrecht*, passim. Mais detalhadamente, *infra*, III A), 4.4.

[156] Assim, G. GRECO, *Provvedimenti amministrativi costitutivi di rapporti giuridici tra privati*, 54 e ss., a propósito do efeito conformador de relações jurídicas entre privados, salienta as dificuldades estruturais de uma relação trilateral – ou de uma peculiar interconexão de relações publicísticas e privatistas – em especial no que respeita à determinação do âmbito de aplicação das respectivas disciplinas jurídicas. Cfr. Igualmente P. MARBURGER, *Ausbau des Individualschutzes gegen Umweltbelastungen als Aufgabe des bürgerlichen und des öffentlichen Rechts*, C 12, questionando se o terceiro dispõe de um direito subjectivo público que sirva de fundamento a uma pretensão de anulação da autorização ou à protecção contra instalações não autorizadas ou não conformes à autorização.

INTRODUÇÃO

Como é bom de ver, todas estas questões[157], se colocadas geralmente a propósito das autorizações ambientais, conflituam igualmente com ditames tradicionais da teoria geral do acto administrativo[158].

28. Com efeito, admitir a conformação ou "harmonização" de interesses privados colidentes pelo acto administrativo autorizativo não pode ser estudada sem se questionar a *função do acto administrativo* ou, mais latamente, os próprios contornos da *função administrativa* em relação com as

---

[157] O problema poderá assumir dimensões diferentes no que respeita ao planeamento urbanístico, sobretudo devido à discussão sobre a inclusão do *ius aedificandi* no âmbito do direito de propriedade e à correspondente amplitude conformadora conferida pela lei aos planos urbanísticos. Como refere P. FEUCHTE, *Prognose, Vorsorge und Planung bei der Genehmigung industrieller Anlagen*, 306, o "planeamento sem liberdade de conformação seria uma contradição em si". Sobre a liberdade de conformação nos planos, igualmente, K.-P. DOLDE, *Das Recht der Bauleitplanung 1984/1985*, 815 e ss.. Sobre os planos urbanísticos e o direito de propriedade, entre outros, F. ALVES CORREIA, *O plano urbanístico e o princípio da igualdade*, em esp. 299 e ss.. No que respeita aos contratos da Administração, pronunciámo-nos já sobre a possibilidade, em geral, de os mesmos serem entendidos como "contratos com eficácia de protecção para terceiros" – M. CARMONA, *A responsabilidade da Administração por actos dos contratantes privados, passim*. Quanto aos contratos de promoção e de adaptação ambiental, V. PEREIRA DA SILVA, *Verde cor de direito – Lições de direito do ambiente*, 209 e ss..
Se todos estes problemas podem ser colocados a propósito da autorização, não se pense que outras formas de actividade administrativa, como os planos e os contratos, são desprovidas de interesse para o problema da relação entre direito público e direito privado. Porém, o estudo das questões colocadas pelo acto autorizativo não pode ser feito sem conexão com questões da teoria geral do acto administrativo, o que nos obriga a centrar naquele o objecto do nosso estudo.
[158] Outro problema, sem dúvida interessante, prende-se com a relação entre as várias autorizações que, apesar da "unidade do facto da vida", coexistem na regulação de uma mesma actividade – P. DELL' ANNO, *Manuale di diritto ambientale*, 275 e ss.. Sobre o problema das "autorizações paralelas" e da valia do mecanismo de concentração como modelo de coordenação, R. WAHL, *Erlaubnis*, 534 e ss.; F. LÓPEZ MENUDO, *Autorización*, 714-5; P. BADURA, *Der atomrechtliche Funkionsvorbehalt der Genehmigungsbehörde für die Ermittlung und Bewertung des Risikos einer nuklearen Anlage*, 1199 e ss. Se não podemos abordar este problema enquanto tal na nossa investigação, certo é que o mesmo importa considerações sobre o conteúdo e os efeitos dos actos autorizativos – questão esta, mais geral, que não poderemos deixar de abordar *infra*, III A), 4.
Outra questão, colocada muitas vezes a propósito da vinculação decorrente da autorização mas de implicações mais gerais, é a do regime da anulabilidade dos actos administrativos: entre outros, C. MARX, *Die behördliche Genehmigung im Strafrecht*, 33 e ss., inserindo o acto administrativo no cerne do conflito entre segurança jurídica e legalidade material.

outras funções do Estado, tendo em conta os quadros da chamada *administração de infra-estruturas*.

Discutir o "efeito estabilizador" da autorização ou, em geral, a imodificabilidade de situações jurídicas constituídas ao seu abrigo impele-nos ao estudo – na medida adequada a uma tese de mestrado – da *teoria geral dos efeitos do acto administrativo*, a qual, logicamente, implica igualmente o estudo do *objecto do acto administrativo*.

Para mais, a consideração de outros sujeitos, o dinamismo presente nos vários interesses público e privados e, enfim, a própria ideia de "conformação pelo acto de relações jurídicas entre privados" remete-nos necessariamente para o estudo da conexão entre *acto administrativo e relação jurídico-administrativa* e, mais especificamente, da *relação jurídica poligonal*[159].

Assim, fica o nosso estudo limitado ao acto administrativo de tipo autorizativo, entendido em sentido amplo de forma a compreender todos os actos administrativos que permitem ao seu destinatário o exercício de determinada actividade[160].

[159] Salientando a pluralidade de relações intersubjectivas conexas com a autorização, F. FRACCHIA, *Autorizzazione amministrativa e situazioni giuridiche soggettive*, 209-10.

[160] O conceito adoptado de autorização abrange todos os actos permissivos de actividades de particulares, designadamente aqueles que tradicionalmente se designam como licenças. Adoptando, para efeitos de estudo do mesmo problema, um entendimento igualmente amplo de acto autorizativo, J. J. GOMES CANOTILHO, *Actos autorizativos jurídico-públicos e responsabilidade por danos ambientais*, 38 e ss., dando especial destaque às "autorizações permissivas com conteúdo prescritivo". Tomando a autorização em sentido amplo, entre outros, B. HILGER, *Die Legalisierungswirkung von Genehmigungen*, 11, nr. 3; L. SCHMIDT, *Unmittelbare Privatrechtsgestaltung durch Hoheitsakt*, 91 e ss.; utilizando um sentido amplo de autorização para designar os vários actos administrativos permissivos, embora depois estabeleça uma diferenciação consoante o conteúdo das autorizações, G. GAENTZSCH, *Konkurrenz paralleler Anlagengenehmigung*, 2787, 2791. Referindo conjuntamente autorizações, licenças e dispensas como actos administrativos que "produzem situações de vantagem, permitindo o exercício de liberdades individuais", J. C. VIEIRA DE ANDRADE, *Algumas reflexões a propósito da sobrevivência do conceito de "acto administrativo" no nosso tempo*, 1198. Em sentido próximo, no direito italiano, P. DELL' ANNO, *Manuale di diritto ambientale*, 217 e ss., questionando a distinção entre aprovação, licença e autorização. M. S. GIANNINI, *Istituzioni di diritto amministrativo*, 311, considerando que em todos os procedimentos autorizatórios se encontra, em síntese, a subordinação da realização de interesses privados ao interesse público e 312 e ss., identificando várias espécies de procedimentos autorizativos. F. LÓPEZ MENUDO, *Autorización*, 713, considerando que a autorização é um género que compreende várias espécies, sendo "certamente inumeráveis os sectores e as regulamentações em que a autorização surge como instrumento típico de intervenção". Evidenciando a diversidade

INTRODUÇÃO

2.4. *Relações de vizinhança: "publicização do direito privado" e "efeito conformador do acto administrativo autorizativo"*

29. As *relações de vizinhança* constituem uma das áreas em que mais se tem colocado o problema da publicização do direito privado acima identificado. A progressiva intervenção do direito administrativo na regulação das relações entre privados, nomeadamente vizinhos, veio colocar o problema do relacionamento do direito administrativo com o direito que, desde há muito, regulava já essas relações – o direito privado.

O nascimento do chamado "direito público dos vizinhos" confunde-se em parte com a história do reconhecimento de direitos subjectivos públicos e da eficácia dos actos administrativos para terceiros[161]. Num primeiro momento, a regulação dos conflitos dos vizinhos, que vem desde o direito romano, constituía uma tarefa exclusiva do direito privado[162]. Aos sujeitos não eram reconhecidos direitos subjectivos públicos mas apenas, quanto muito, "direitos" através do cumprimento das normas administrativas de polícia[163]. Por regra, os sujeitos privados, se quisessem reagir contra determinada instalação autorizada, recorreriam aos meios do direito (privado) dos vizinhos e aos tribunais judiciais[164]. Posteriormente, sobretudo por

---

de autorizações e a dificuldade de determinação dessa categoria jurídica, F. FRANCHINI, *Le autorizzazioni amministrative costitutive di rapporti giuridici fra l'Amministrazione e i privati*, 5 e ss..

[161] R. BARTLSPERGER, *Das Dilemma des baulichen Nachbarrechts*, 35 e ss. e 53 e ss.; M. DOLDERER, *Das Verhältnis des öffentlichen zum privaten Nachbarrecht*, 20; J. SCHWABE, *Öffentliches und privates Nachbarrecht oder: Einheit der Umwelt-Rechtsordnung*, 101; P. MARBURGER, *Ausbau des Individualschutzes gegen Umweltbelastungen als Aufgabe des bürgerlichen und des öffentlichen Rechts*, C 17.

[162] Para a evolução histórica da regulação privada das relações de vizinhança, começando no direito romano, A. SANTOS JUSTO, *As relações de vizinhança e a "cautio damni infecti" (Direito Romano. Época clássica)*, 75 e ss.; ainda, R. LOPES, *O direito de propriedade e as relações de vizinhança*, 478 e ss.; A. MENEZES CORDEIRO, *Direitos reais*, 409 e ss.. Referindo a existência de preocupações ambientais antigas no direito privado, M. DOUMENQ, *Aplication judiciaire du droit de l'environnement*, 117.

[163] P. PREU, *Die historische Genese der öffentlichen Bau- und Gewerbenachbarklagen (ca. 1800-1970)*, 15 e ss., com interessantes antecedentes históricos sobre a possibilidade de invocação de "normas de polícia"; 25 e ss., sobre a "indiferença" do direito administrativo em relação a direitos de terceiros; M. DOLDERER, *Das Verhältnis des öffentlichen zum privaten Nachbarrecht*, 20; P. MARBURGER, *Ausbau des Individualschutzes gegen Umweltbelastungen als Aufgabe des bürgerlichen und des öffentlichen Rechts*, C 17, afirmando que a "acção de vizinhança" (*Nachbarklage*) não tem uma longa tradição como instituto jurídico do direito público.

[164] P. MARBURGER, *Ausbau des Individualschutzes gegen Umweltbelastungen als Aufgabe des bürgerlichen und des öffentlichen Rechts*, C 17.

influência da Lei Fundamental de Bona[165], disseminou-se a ideia de que os sujeitos privados seriam titulares, não apenas de direitos subjectivos privados, mas igualmente de direitos subjectivos públicos, fundados nas "normas de protecção"[166]; transferia-se, assim, a regulação das relações de vizinhança para o direito administrativo[167].

A extensão de tal transferência, contudo, não foi total, gerando-se uma situação de cumulação e de concorrência do direito público e do direito privado na regulação das relações de vizinhança entre privados[168]. Como lapidarmente refere MARBURGER, a partir do momento em que o BVerwG

---

[165] P. MARBURGER, *Ausbau des Individualschutzes gegen Umweltbelastungen als Aufgabe des bürgerlichen und des öffentlichen Rechts*, C 17. O BVerwG começou por reconhecer a possibilidade de pedir a condenação a uma intervenção administrativa e, mais tarde, a de pedir a anulação do acto. Sobre a relevância da GG, logo pelo disposto no artigo 19 IV, ganhou novo fôlego a teoria do direito subjectivo público, nomeadamente por decair a exigência do requisito da previsão específica de susceptibilidade de tutela jurisdicional. Sobre esta questão, entre outros, cfr. O. BACHOF, *Reflexwirkungen und subjektive Rechte im öffentlichen Recht*, 287 e ss.; O. BÜHLER, *Altes und Neues über Begriff und Bedeutung der subjektiven öffentlichen Rechte*, 269 e ss., reequacionando os requisitos da sua concepção de direito subjectivo público, datada de 1914, à luz da GG.

[166] P. MARBURGER, *Ausbau des Individualschutzes gegen Umweltbelastungen als Aufgabe des bürgerlichen und des öffentlichen Rechts*, C 18 e ss..

[167] M. DOLDERER, *Das Verhältnis des öffentlichen zum privaten Nachbarrecht*, 20. Sobre a "descoberta" dos direitos subjectivos públicos nas normas administrativas e a progressiva publicização das relações de vizinhança, P. PREU, *Die historische Genese der öffentlichen Bau- und Gewerbenachbarklagen (ca. 1800-1970)*, *passim*, em esp. 26 e ss., referindo que as disposições administrativas deixam de ser interpretadas como tendo uma pura natureza de polícia; e 61 e ss., sobre os direitos subjectivos públicos; R. BARTLSPERGER, *Das Dilemma des baulichen Nachbarrechts*, 40 e ss.; R. BREUER, *Baurechtlicher Nachbarschutz*, 432 e ss.; S. KÖNIG, *Drittschutz – Der Rechtsschutz Drittbetroffener gegen Bau- und Anlagengenehmigungen im öffentlichen Baurecht, Immissionsschutzrecht und Atomrecht*, 1 e ss.; P. MARBURGER, *Ausbau des Individualschutzes gegen Umweltbelastungen als Aufgabe des bürgerlichen und des öffentlichen Rechts*, C 17. Numa perspectiva radicalmente diferente, G. SCHWERDTFEGER, *Baurechtlicher Drittschutz und Parlamentsvorbehalt*, 200-201. Como depois melhor veremos, negando-se a existência de direitos subjectivos públicos, surge a incompreensão em torno da admissibilidade de um efeito conformador dos actos administrativos. G. SCHWERDTFEGER, *Baurechtlicher Drittschutz und Parlamentsvorbehalt*, 199 e ss..

[168] Entre outros, F.-J. PEINE, *Privatrechtsgestaltung durch Anlagegenehmigung*, 2442; M. DOLDERER, *Das Verhältnis des öffentlichen zum privaten Nachbarrecht*, 19 e ss.; M. KLOEPFER, *Umweltschutz als Aufgabe des Zivilrechts – aus öffentlich-rechtlicher Sicht*, 342; P. PREU, *Die historische Genese der öffentlichen Bau- und Gewerbenachbarklagen (ca. 1800-1970)*, 34 e ss..

INTRODUÇÃO

reconheceu a acção pública de vizinhança, criou-se um problema de concorrência entre direito público e direito privado[169].

Exemplo paradigmático de tal situação pode ser encontrado na regulação jurídica das emissões, em que, ao lado das tradicionais normas de direito privado, surge uma panóplia de regimes administrativos relevantes para as emissões ambientais[170].

Em vez, pois, de se ter procedido à construção de um direito dos vizinhos unitário, cada ramo do direito desenvolveu a regulação das relações de vizinhança de forma descoordenada e autónoma[171]. A concorrência de dois ramos de direito diferentes, durante muito tempo de "costas voltadas um para o outro", na regulação das mesmas situações, não pode deixar de colocar a necessidade de coordenação e de resolução das – inevitáveis – contradições entretanto geradas[172].

30. Este fenómeno da "publicização" de relações tradicionalmente reguladas pelo direito privado e, em particular, das relações de vizinhança, é visto com apreensão por privatistas e penalistas[173]. É que, perante a necessidade de resolver, ou evitar, contradições entre os ramos de direito, tem sido avançada a *tese de precedência* do direito administrativo em relação aos

---

[169] P. MARBURGER, *Ausbau des Individualschutzes gegen Umweltbelastungen als Aufgabe des bürgerlichen und des öffentlichen Rechts*, C 38.

[170] *Infra*, II A), 2.1., veremos com mais detalhe o surgimento deste problema no domínio das emissões no direito germânico. O exemplo que escolhemos para iniciar a presente investigação é, igualmente, um problema de emissões.

[171] Salientando a inexistência de um sistema de "direito dos vizinhos", R. BARTLSPERGER, *Das Dilemma des baulichen Nachbarrechts*, 36; R. BREUER, *Baurechtlicher Nachbarschutz*, 433; K. KLEINLEIN, *Neues zum Verhältnis von öffentlichem und privatem Nachbarrecht*, 668; M. DOLDERER, *Das Verhältnis des öffentlichen zum privaten Nachbarrecht*, 20.

[172] M. DOLDERER, *Das Verhältnis des öffentlichen zum privaten Nachbarrecht*, 20. Relevando igualmente as inconsistências e contradições no direito dos vizinhos, em que a nova regulação jurídico-pública se vem sobrepor à antiga regulação jurídico-privada, G. GAENTZSCH, *Ausbau des Individualschutzes gegen Umweltbelastungen als Aufgabe des bürgerlichen und des öffentlichen Rechts*, 602.

[173] F. OSSENBÜHL, *Verwaltungsrecht als Vorgabe für Zivil- und Strafrecht*, 963 e ss.; R. BREUER, *Konflikte zwischen Verwaltung und Strafverfolgung*, 169-70, dando conta das "confrontações e irritações" na doutrina e na jurisprudência a propósito das relações entre direito administrativo e direito penal, expressão dos conflitos existentes quando estão em causa diferentes disciplinas jurídicas.

outros ramos do direito[174]. O direito privado seria assim "inferiorizado, ultrapassado e suplantado" pelo direito administrativo[175]. Ainda que tal não venha a suceder, a mera colocação da hipótese de marginalização do direito privado pelo direito público não deixa, por si só, de ser interessante, tendo em conta que, como nota JARASS, ainda há pouco tempo o tópico de discussão era o da autonomia do direito administrativo[176].

Como é bom de ver, a conformação de relações jurídicas entre particulares pelo acto administrativo, quando, sem a regulação administrativa, as mesmas já eram regidas pelo direito privado, constitui um fenómeno de *publicização* do direito privado ou de *precedência* do direito administrativo; da mesma forma, o acentuar da dimensão multilateral da actuação administrativa e da protecção de terceiros "vizinhos" não pode ser abordado numa perspectiva exclusivamente administrativista – na medida em que a inclusão dos vizinhos no direito público implique a sua subtracção à regulação de direito privado, o problema será igualmente o de conformação de relações jurídicas entre privados pelo acto administrativo.

31. Estabelecida a relação entre os fenómenos da "publicização do direito privado", da "abertura à consideração dos terceiros no direito administrativo" e da "conformação de relações jurídicas entre privados pelo acto administrativo", fica o objecto do nosso estudo – sem prejuízo de uma parte de natureza mais geral – limitado às relações de vizinhança: por um lado, a emergência de novas questões, como as de protecção do ambiente, dota este tema de maior actualidade; por outro lado, a nossa perspectiva não se limitará a uma apreciação da admissibilidade de actos com efeitos conformadores de direito privado – aqueles que constituem, modificam ou extinguem relações jurídicas antes reguladas pelo direito privado – mas,

---

[174] Tomando expressamente o tema da precedência do direito administrativo como objecto de estudo, H. D. JARASS, *Verwaltungsrecht als Vorgabe für Zivil- und Strafrecht*, 238 e ss.; F. OSSENBÜHL, *Verwaltungsrecht als Vorgabe für Zivil- und Strafrecht*, 963 e ss.. *Infra*, III A), 1., referiremos outros Autores que se pronunciaram sobre esta questão.

[175] H. D. JARASS, *Verwaltungsrecht als Vorgabe für Zivil- und Strafrecht*, 240, nr. 7. As palavras do Autor não correspondem a uma tomada de posição nesse sentido.

[176] H. D. JARASS, *Verwaltungsrecht als Vorgabe für Zivil- und Strafrecht*, 240. De outra perspectiva, R. BARTLSPERGER, *Das Dilemma des baulichen Nachbarrechts*, 56, considerando que o isolamento do direito privado constitui o resultado de um "infeliz" desenvolvimento histórico, começado pelo direito racional e perpetuado pela pandectística.

INTRODUÇÃO

de forma mais geral, ao estudo de todas as possíveis influências que a actuação administrativa possa ter nas relações entre os vizinhos, colocando como *interrogação* a existência de *efectiva conformação pública* dessas relações[177].

2.5. Delimitação e concretização do objecto da investigação – principais questões suscitadas

32. Tecidas estas considerações, importa fixar o objecto da nossa investigação.

a) Não constitui objecto desta investigação, como já antes advertimos, o estudo *a se* da própria distinção entre Direito Público e Direito privado (2.1.). A existência dessa diferenciação será, em consonância com a própria realidade normativa, dada como pressuposto no início da investigação: ao menos numa estrita perspectiva de mera diferenciação para efeitos de estudo jurídico, não será controverso o enquadramento de normas como as do Código do Procedimento Administrativo no direito público ou das normas do Código Civil no direito privado[178]. Dos problemas de relacionamento entre tais normas – que sempre implicarão o questionar da divisão dos ramos do direito, o seu fundamento, o seu significado e as respectivas consequências – ocupar-se-á a presente investigação, visto o problema da conformação de relações jurídicas entre privados pelo

---

[177] Identificando as relações de vizinhança como exemplo de uma das áreas dos actos conformadores, entre outros, G. GRECO, *Provvedimenti amministrativi costitutivi di rapporti giuridici tra privati (monog.)*, 111 e ss.; tomando tais relações, ainda que salientando a perspectiva jus-ambiental, como objecto da sua monografia, G. O. VAN VELDHUIZEN, *Die privarechtsgestaltende Wirkung des öffentlichen Rechts im Umwelthaftungsrecht, passim.*

[178] Mesmo H. BÜRCKNER, *Der privatrechtsgestaltende Staatsakt*, 5, em 1930, considerava que a distinção entre os ramos do direito apenas interessava porquanto tivesse expressão no direito vigente. L. SCHMIDT, *Unmittelbare Privatrechtsgestaltung durch Hoheitsakt*, 11, limitando-se a partir da distinção entre direito público e direito privado, sem a questionar, dada a sua consagração no direito positivo. Em sentido próximo, G. MANSSEN, *Privatrechtsgestaltung durch Hoheitsakt*, 52 e ss., adiantando que maiores dificuldades se colocam, por exemplo, não na qualificação do § 40 VwGO como norma de direito público, mas antes na qualificação como tal das relações jurídicas em causa. Voltaremos a esta questão, com mais desenvolvimentos, na Parte III.

acto administrativo constituir essencialmente um problema de *relacionamento* entre o *direito administrativo* e o *direito privado*; noutras palavras, um problema de ligação e não de separação do direito administrativo e do direito privado[179].

b) Como vimos, o sentido de efeito conformador de relações jurídicas entre privados tem variado ao longo da história, sendo possível descortinar uma tendência para a restrição do conceito (2.2.). Por nós, entenderemos como efeito conformador de relações jurídicas entre privados a constituição, modificação ou extinção de relações jurídicas pelo acto administrativo, em detrimento da regulação de direito privado que seria aplicável caso um tal efeito não existisse. Assim entendido, o problema do efeito conformador coloca-se, antes de mais, como uma interrogação sobre a sua efectiva existência – o que implica que estudemos todos os possíveis níveis de influência do direito administrativo nas relações de vizinhança, dos quais o efeito conformador constituirá a manifestação mais forte, porquanto afaste totalmente a regulação de direito privado.

c) De entre os vários instrumentos do direito administrativo, a nossa atenção recairá sobre o acto administrativo de tipo autorizativo, pelas novidades que lhe são imputadas e pelas implicações que tal poderá ter a nível da dogmática geral do acto administrativo (2.3.).

d) Não podemos, porém, estudar todas as existentes imbricações entre direito público e direito privado ou, de outra forma, toda a potencial dimensão do efeito conformador de relações jurídicas entre privados, ainda que restringida aos actos administrativos autorizativos. Pelas razões adiantadas, tomaremos por objecto de estudo a possível "influência" do acto administrativo autorizativo nas relações de vizinhança, focando sobretudo o problema das emissões ambientais (2.4.).

Vejamos, agora, mais aprofundadamente, os problemas existentes em torno da questão do *efeito conformador* do *acto administrativo autorizativo* de *relações jurídicas entre privados de vizinhança* em que se coloquem problemas relativos a *emissões*.

---

[179] Como elucidam F. Ossenbühl, *Verwaltungsrecht als Vorgabe für Zivil- und Strafrecht*, 963-964; F.-J. Peine, *Privatrechtsgestaltung durch Anlagegenehmigung*, 2442.

INTRODUÇÃO

33. Dada a potencial aplicação de normas dos dois ramos do direito às relações de vizinhança podem surgir, quer problemas de *divergências materiais* – de contradições normativas no ordenamento jurídico –, quer problemas de *cumulação de meios processuais* de direito público e de direito privado[180].

Perante potenciais divergências materiais, coloca-se tradicionalmente a seguinte questão: utilizando as palavras de WAGNER, "um comportamento, devidamente aprovado pela Administração e prejudicial para outros, pode, apesar dessa autorização válida, ser afinal um comportamento ilícito para o direito privado?"[181]. Ou, por outras palavras, terá o acto autorizativo um efeito conformador da relação jurídica entre particulares, afastando a formulação de um juízo jurídico-privado de ilicitude?

34. Existirão *divergências materiais* sempre que um comportamento devidamente autorizado pela Administração seja considerado ilícito pelo direito privado, ou sempre que seja possível impor, com base em normas de direito privado, a modificação ou o fim da actividade, cuja manutenção é garantida pelo acto administrativo.

---

[180] Referindo a existência dos dois problemas, M. KLOEPFER, *Umweltschutz als Aufgabe des Zivilrechts – aus öffentlich-rechtlicher Sicht*, 342; M. DOLDERER, *Das Verhältnis des öffentlichen zum privaten Nachbarrecht*, 20; F. OSSENBÜHL, *Verwaltungsrecht als Vorgabe für Zivil- und Strafrecht*, 964 e 967 e ss. (colocando o problema das divergências materiais e a questão da saber que juiz cuida do respeito de normas administrativas). Considerando que a existência de meios de reacção públicos e privados do vizinho deixa "duas vias abertas" ao mesmo, podendo ocorrer sobreposições, H. PIKART, *Bürgerlich-rechtliche Rechtsfragen bei Lärmbelästigungen durch den Betrieb von Sportanlagen im Whonbereich*, 11-2. O problema da cumulação de meios processuais, colocado na medida em que determinada relação apresenta conexões com os dois ramos do direito, aí se incluindo os respectivos meios de defesa e os respectivos tribunais, depende em grande parte da resolução do problema da existência de divergências materiais – pelo que será a este que, nesta sede, dedicaremos especial atenção.

[181] Assim coloca a questão G. WAGNER, *Öffentlich-rechtliche Genehmigung und zivilrechtliche Rechtswidrigkeit*, 1, no início da sua monografia sobre o tema; igualmente, PEINE questiona se, perante um comportamento autorizado que causa danos, ocorrerá a possibilidade de exclusão da acção de responsabilidade civil por falta de ilicitude –F.-J. PEINE, *Privatrechtsgestaltung durch Anlagegenehmigung*, 2442. Cfr. igualmente F.-J. PEINE, *Öffentliches und Privates Nachbarrecht*, 171, para todas as pretensões jurídico-privadas, incluindo a acção negatória. Na doutrina portuguesa, J. J. GOMES CANOTILHO, *Actos autorizativos jurídico-públicos e responsabilidade por danos ambientais*, 4.

Vejamos um exemplo:

A pretende desenvolver uma actividade de tipo industrial e, para tanto, solicita à Administração Pública a pertinente licença ambiental. A administração pondera todos os interesses em confronto, incluindo os interesses privados dos vizinhos, e a possibilidade de ocorrência de determinados danos, vindo a emitir a licença ambiental e a autorizar a actividade em conformidade com as normas administrativas aplicáveis. A satisfez todas as exigências legais para obtenção da autorização. A autorização, imaginemos, tem um conteúdo programático, determinando vários deveres de A no exercício da actividade. Deveres esses que A cumpre escrupulosamente.

A actividade industrial autorizada provoca danos ao vizinho B, que invoca normas de direito privado para tutela dos seus direitos. Assim, por exemplo, B pretende opor-se à continuação da actividade e recorre à acção negatória prevista no artigo 1346.º ou no 1347.º do Código Civil. Igualmente, pretende B uma indemnização pelos danos sofridos, ao abrigo do artigo 483.º do Código Civil.

Caso não existisse uma autorização administrativa, os danos em questão preencheriam, sem margem para dúvidas, a previsão das normas de direito privado referidas e possibilitariam, assim, quer a *acção negatória*, quer a *acção de responsabilidade*.

No extremo oposto, existindo uma autorização administrativa e reconhecendo-se-lhe um efeito conformador da relação jurídica privada pelo acto administrativo, então a "regulação" do acto *conformará* a relação jurídica em causa, impossibilitando a aplicação das normas de direito privado que valorariam a actividade autorizada como contrária ao direito – de forma mais expressiva e simples, o acto *"legalizaria" a "ilicitude privada"*.

A admitir-se tal efeito, em vez de uma potencial cumulação de meios jurisdicionais, ocorreria antes uma exclusão global dos meios de defesa dos vizinhos: quer dos meios públicos – pois a actividade fora validamente autorizada – quer dos privados – pois a sua aplicação teria sido afastada pelo efeito conformador do acto[182].

---

[182] Realçando este aspecto, G. WAGNER, *Wesentlichkeit gleich Erheblichkeit?*, 3251. Se existir uma autorização mas não lhe for reconhecido o efeito conformador de relações jurídicas entre privados, colocar-se-ão inevitavelmente os problemas da cumulação de meios processuais e de distinção de ordens jurisdicionais.

INTRODUÇÃO

35. A admissão do efeito conformador de relações jurídicas entre privados pelo acto administrativo constitui, pois, uma forma de resolver tais divergências materiais a favor do direito administrativo e em detrimento da regulação de direito privado.

O problema da sua eventual admissão traduz-se na questão de saber *até que ponto* ocorreu a *publicização* das relações de vizinhança tradicionalmente reguladas pelo direito privado, ou se se quiser, até que ponto é que se pode admitir a existência de relações jurídico-administrativas – e *exclusivamente jurídico-administrativas – poligonais.*

De outra forma, trata-se de determinar qual a *amplitude conformativa* que o acto administrativo tem sobre as relações jurídicas entre particulares. Isto é, interessa averiguar quais são os possíveis efeitos da autorização: se se limita a remover um obstáculo legal ao exercício de um direito, "repondo o estado natural de liberdade do sujeito privado" ou se, sendo dotada de um efeito conformador, poderá, no extremo oposto, alterar a regulação jurídico-privada das relações entre vários particulares[183].

Em suma, trata-se de indagar sobre a *existência e a amplitude da conformação* realizada pelo acto administrativo autorizativo no domínio das relações de vizinhança entre sujeitos privados[184], em especial quando se coloquem problemas de emissões.

36. A comum formulação do problema – a de saber se *os actos administrativos autorizativos válidos* têm um efeito *conformador de relações jurídicas entre privados* ou um efeito *legalizador* do ilícito civil – coloca-nos perante uma situação dilemática.

De um lado, encontramos um particular lesado pela actividade autorizada. A situação lesiva preenche(ria) a previsão de normas de direito privado, que lhe permitiriam opor-se à continuação da actividade e obter uma indemnização pelos danos sofridos. Existe, contudo, uma autorização administrativa válida que permitiu a actividade em causa. Encontramos, assim,

---

[183] Interessa igualmente ter em conta o eventual aspecto de conformação ou programação da própria actividade. Como melhor veremos, a circunstância de a emissão do acto autorizativo ser acompanhada da imposição de determinados deveres de exercício da actividade e de o sujeito autorizado cumprir tais deveres terá que ser considerada quando abordarmos o problema da ilicitude ou licitude da conduta.

[184] Em especial, quando se coloquem problemas de emissões, os quais convocam a aplicação dos artigos 1346.º, 1347.º e 483.º CC.

de outro lado, o particular titular de uma autorização, que satisfez todas as exigências da Administração, actua em cumprimento da mesma e é, em suma, destinatário de um acto constitutivo de direitos que não poderá ser livremente revogado. Podendo ou não o particular lesado utilizar os meios de defesa jurídico-privados, o que é certo é que os meios jurídico-públicos se encontram excluídos, pois o acto é válido.

Não se admitindo o efeito conformador de relações jurídicas entre privados, o particular autorizado ver-se-á confrontado com a proibição da sua actividade e, ainda, com a obrigação de indemnizar, sendo a mesma actividade considerada simultaneamente lícita ou ilícita pela ordem jurídica, consoante seja valorada pelo direito administrativo ou pelo direito privado. Ao invés, a admitir-se tal efeito, o particular lesado, para além de não ter alguma vez disposto de meios de defesa administrativos, ficará sem qualquer defesa jurídico-privada e terá que suportar os danos que lhe são infligidos.

37. Mesmo sem nos deixarmos encerrar neste dilema, as questões convocadas pelo problema do efeito conformador de relações jurídicas entre privados não são de dificuldade menor.

Desde logo, o problema das *divergências materiais* coloca-nos perante o problema da (in)admissibilidade de contradições no ordenamento jurídico, implicando considerações sobre o controverso *princípio da unidade do ordenamento jurídico* e sobre o conceito de *ilicitude*[185]. Nos quadros do actual Estado de Direito e da Constituição portuguesa, seria impensável não abordar a relevância dos *direitos fundamentais*, quer dos terceiros, quer dos autorizados, bem como a construção do *direito subjectivo público*[186]. Ligada a estes dois problemas, surge a problemática da *segurança jurídica* e da *protecção da confiança*.

Para mais, o problema do efeito conformador é um problema do próprio conceito, das funções e dos efeitos do *acto administrativo*, ao qual acresce a problemática em torno da figura da relação jurídica poligonal –

---

[185] Exactamente sobre este problema, com um título expressivo, P. Kirchhof, *Unterschiedliche Rechtswidrigkeiten in einer einheitlichen Rechtsordnung, passim.*

[186] Por exemplo, já L. Schmidt, *Unmittelbare Privatrechtsgestaltung durch Hoheitsakt*, 40, alertava para o facto de os actos com efeito conformador de direito privado constituírem uma intervenção na autonomia privada, garantida constitucionalmente.

INTRODUÇÃO

ou não estivessem em causa, por definição, *terceiros*[187]; é um problema de determinação da *função administrativa* no modelo infra-estrutural (planeador e *conformador*) e, concomitantemente, um problema de *vinculação do juiz civil* às decisões administrativas relevantes para relações jurídicas entre sujeitos privados[188]; é, em suma, também um problema de *separação de poderes*[189].

38. Tendo delimitado o objecto de estudo e evidenciado os principais problemas que ele suscita, devemos ainda, antes de proceder a maiores desenvolvimentos, tecer algumas considerações sobre dois problemas conexos – o do "efeito legalizador" dos actos administrativos e o da "acessoriedade administrativa" – a fim de evidenciar, quer as diferenças que apresenta em relação ao problema do efeito conformador de relações jurídicas entre privados, que justificam a sua exclusão do objecto da nossa tese, quer os aspectos comuns, que implicarão, posteriormente, o recurso a alguns contributos doutrinais expendidos a propósito destas questões. Esta última circunstância implica que as questões em causa sejam objecto de algum desenvolvimento.

3. Problemas conexos: i) o efeito legalizador dos actos administrativos

3.1. *A origem do efeito legalizador na jurisprudência do BVerwG*

39. O problema do "efeito legalizador" coloca-se a propósito da relação entre o acto administrativo autorizativo e outras normas de direito administrativo, *maxime* do direito de polícia[190]. É na doutrina germânica que a

---

[187] Por exemplo, G. Greco, *Provvedimenti amministrativi costitutivi di rapporti giuridici tra privati*, 54 e ss., sobre as dificuldades criadas pelo entrecruzar de relações jurídico-públicas e jurídico-privadas.

[188] É esta a abordagem de D. Jesch, *Die Bindung des Zivilrichters an Verwaltungsakte, passim*.

[189] H. Bürckner, *Der privatrechtsgestaltende Staatsakt*, logo na pág. 1 do seu estudo, datado de 1930, começava por afirmar a relevância do princípio da separação de poderes para a investigação de "actos estaduais que extravasam o respectivo ordenamento jurídico".

[190] Sobre o direito de polícia, entre outros, J. M. Sérvulo Correia, *Polícia*, 393 e ss.; F. Fleiner, *Institutionen des Deutschen Verwaltungsrechts*, 385 e ss.; B. Pieroth/ B. Schlink/ M. Kniesel, *Polizei- und Ordnungsrecht*, 9 e ss.. J. Martensen, *Erlaubnis zur Störung?*, 23, resumindo os traços essenciais do direito de polícia: agora como antes, um direito de defesa contra perigos (*Gefahrenabwherrecht*), constituindo esta uma tarefa primordial do Estado,

O ACTO ADMINISTRATIVO CONFORMADOR DE RELAÇÕES DE VIZINHANÇA

discussão em torno deste eventual efeito do acto administrativo tem merecido grande atenção, sobretudo desde a sentença do BVerwG de 2.12.1977, na qual foi utilizada a expressão "efeito legalizador"[191].

O problema então abordado pelo Tribunal Federal foi o da possibilidade de serem impostas medidas de prevenção do perigo, ao abrigo da chamada "cláusula geral de polícia", contra instalações autorizadas de acordo com a BImSchG[192]. Contendo esta lei normas específicas habilitadoras da adop-

justificadora do seu monopólio do uso da força, e desempenhando ainda uma função de garantia dos direitos fundamentais e da liberdade em geral (pois apenas quando a segurança é garantida é que os cidadãos podem gozar as suas liberdades jusfundamentais). Cfr. H. ZIEHM, *Die Störerverantwortlichkeit für Boden- und Wasserverunreinigungen*, 19-20, com interessantes considerações sobre a protecção de bens jurídicos individualizados no direito de polícia e o respeito do princípio da separação dos poderes.

[191] BVerwG 2.12.1977, NJW 1978, 1818 e ss.. Sobre esta sentença, F.-J. PEINE, *Die Legarisierungswirkung*, 201 e ss.; J. FLUCK, *Die Legalisierungswirkung von Genehmigung als ein Zentralproblem öffentlich-rechtlicher Haftung für Altlasten*, 408-9; B. HILGER, *Die Legalisierungswirkung von Genehmigungen*, 1 e ss. e 15 e ss.; M. SEIBERT, *Die Bindungswirkung von Verwaltunsgsakten*, 443 e ss.; K. SACH, *Genehmigung als Schutzchild?*, 152; S. ROESLER, *Die Legalisierungswirkung gewerbe- und immissionsschutzrechtlicher Genehmigungen vor dem Hintergrund der Altlastenproblematik*, 8; J. MARTENSEN, *Erlaubnis zur Störung?*, 71 e ss.. Esta sentença, geralmente indicada como o marco histórico da discussão do problema do efeito legalizador, teve um antecedente na sentença do PrOVG de 29.9.1927 (PrOVGE 82, 351). Sobre este antecedente, F.-J. PEINE, *Die Legarisierungswirkung*, 202, em esp. nr. 8; J. FLUCK, *Die Legalisierungswirkung von Genehmigung als ein Zentralproblem öffentlich-rechtlicher Haftung für Altlasten*, 409 e ss.; G. WAGNER, *Öffentlich-rechtliche Genehmigung und zivilrechtliche Rechtswidrigkeit*, 40, realçando a antiguidade do problema. Em geral sobre o "efeito legalizador" do acto administrativo, entre outros, F.-J. PEINE, *Die Legarisierungswirkung*, 201 e ss.; J. FLUCK, *Die Legalisierungswirkung von Genehmigung als ein Zentralproblem öffentlich-rechtlicher Haftung für Altlasten*, 406 e ss.; S. ROESLER, *Die Legalisierungswirkung gewerbe- und immissionsschutzrechtlicher Genehmigungen vor dem Hintergrund der Altlastenproblematik, passim*; B. HILGER, *Die Legalisierungswirkung von Genehmigungen, passim*; M. SEIBERT, *Die Bindungswirkung von Verwaltunsgsakten*, 54 e ss.; G. WAGNER, *Öffentlich-rechtliche Genehmigung und zivilrechtliche Rechtswidrigkeit*, 40 e ss.; K. SACH, *Genehmigung als Schutzchild?*, 150 e ss.; B. PIEROTH/ B. SCHLINK/ M. KNIESEL, *Polizei- und Ordnungsrecht*, 167-8; J. STAUPE, *Rechtliche Aspekte der Altlastensanierung*, 609-10; B. NIEMUTH, *Die Sanierung von Altlasten nach dem Verursacherprinzip*, 294-5; U. DIEDERISCHEN, *Verantwortlichkeit für Altlasten – Industrie als Störer?*, 919; J. MARTENSEN, *Erlaubnis zur Störung?*, em esp. 69 e ss.; H. ZIEHM, *Die Störerverantwortlichkeit für Boden- und Wasserverunreinigungen*, 26 e ss. e 61; E. BRANDT, *Altlastenrecht*, 138 e ss.; H.-J. MÜGGENBORG, *Rechtliche Aspekte der Altlastenproblematik und der Freistellungsklausel*, 849-50; P. SELMER, *Privates Umwelthaftungsrecht und öffentliches Gefahrenabwehr*, 31 e ss..

[192] BVerwG 2.12.1977, NJW 1978, 1818. F.-J. PEINE, *Die Legarisierungswirkung*, 201; J. FLUCK, *Die Legalisierungswirkung von Genehmigung als ein Zentralproblem öffentlich-rechtlicher Haftung für Altlasten*, 408.

ção de medidas de natureza preventiva em momento posterior ao da emissão da autorização, questionou-se se a cláusula geral de polícia poderia ter aplicação quando não fosse possível adoptar uma dessas medidas[193].

A "cláusula geral de polícia" germânica, consagrada nas diversas leis dos Estados Federados, permite a imposição de quaisquer medidas de polícia necessárias para a prevenção de perigos para a segurança ou a ordem públicas[194]. Perante a indeterminação da norma e, nomeadamente, perante a ausência de determinação – ou restrição – legal expressa do seu âmbito de aplicação, surge inevitavelmente a questão de saber se a mesma poderá ser invocada quando as ameaças resultem de instalações em relação às quais foi já emitida uma autorização administrativa ou se, pelo contrário, a autorização protege o destinatário e impede a sua aplicação. Para mais, estando consagradas, na mesma lei que rege a autorização, medidas de polícia determinadas, questiona-se se a autorização estará apenas sujeita a tais medidas, constituindo essa lei a regulação exclusiva da autorização, ou se, não se verificando os respectivos pressupostos, poderão ser aplicadas quaisquer outras medidas de polícia quando ocorra uma "ameaça à segurança ou à ordem públicas".

40. Sendo este o problema, o Tribunal Federal começou por considerar "óbvio" que uma instalação autorizada não poderia ser posteriormente

---

[193] Cfr. § 17 BImSchG. F.-J. PEINE, *Die Legarisierungswirkung*, 201. O entendimento generalizado de que tal cláusula geral de polícia tem aplicação meramente subsidiária não fornece, por si, uma resposta inequívoca: se tal cláusula não pode ser aplicada quando se verifiquem os pressupostos da aplicação de outras normas, tal não significa que não possa ser aplicada quando as outras normas *não possam* ser aplicadas. A questão, portanto, é a de saber se, perante a impossibilidade de aplicação de outras normas, poderá (ainda) ser aplicada a cláusula geral de polícia ou se tal impossibilidade implicará – por diversas razões – que nenhumas outras medidas, designadamente ao abrigo da cláusula geral, possam ser tomadas. B. HILGER, *Die Legalisierungswirkung von Genehmigungen*, 13.

[194] Sobre a "cláusula geral de polícia" ("*polizeiliche Generalklausel*"), entre outros, B. PIEROTH/ B. SCHLINK/ M. KNIESEL, *Polizei- und Ordnungsrecht*, 117 e ss.; J. STAUPE, *Rechtliche Aspekte der Altlastensanierung*, 609, referindo que, entre outros aspectos, é discutível se a cláusula se aplica apenas no caso de perigo em sentido jurídico ou igualmente no estado imediatamente anterior; B. NIEMUTH, *Die Sanierung von Altlasten nach dem Verursacherprinzip*, 294; H. ZIEHM, *Die Störerverantwortlichkeit für Boden- und Wasserverunreinigungen*, 17 e ss., com várias considerações sobre os bens protegidos pela cláusula geral de polícia que se reportam ao conceito indeterminado de "segurança pública", bem como sobre os conceitos de dano e perigo (*Störung; Gefahr*), pressupostos de aplicação da cláusula geral de polícia (22-3).

O ACTO ADMINISTRATIVO CONFORMADOR DE RELAÇÕES DE VIZINHANÇA

sujeita a medidas restritivas ao abrigo da cláusula geral de polícia pois, se assim fosse, "a emissão da autorização perderia grande parte do seu sentido"[195]. *Prima facie*, esta "indiscutível" protecção das instalações autorizadas poderia ser alcançada, segundo o Tribunal, através de duas vias de argumentação[196].

Segundo a primeira via, a cláusula geral de polícia não poderia ser aplicada porquanto tais medidas de prevenção estariam reguladas, de forma exclusiva, na lei da autorização (§ 17 BImSchG), a qual, por força da sua especialidade, afastaria a lei geral[197]. Esta linha argumentativa viria a ser recusada pelo Tribunal. Não sendo possível excluir *a priori* a aplicação de um complexo normativo por outro – como sucederia se se verificasse uma situação de concorrência de normas do tipo lei geral / lei especial –, haveria que indagar da possibilidade concreta de aplicação da cláusula geral de polícia numa situação de confronto com uma autorização[198]. Assim colocado o problema, o Tribunal, seguindo a segunda via argumentativa, admitiu que a cláusula geral de polícia não seria formalmente excluída, permanecendo potencialmente aplicável; porém, "o facto da emissão da autorização" excluiria a sua aplicação pois – "dito de outra forma – o efeito legalizador da autorização excluiria a verificação dos pressupostos de admissibilidade de medidas ao abrigo da cláusula geral de polícia"[199].

41. Ainda que a sentença acabada de referir constitua um marco de referência obrigatório na discussão em torno do "efeito legalizador", certo é que a evolução doutrinária se distanciou substancialmente do entendimento preconizado pelo BVerwG: tendo recusado a relevância da utilização do conceito a propósito do problema abordado pelo Tribunal, a doutrina viria a discutir profundamente a relevância do "efeito legalizador" para um acervo de questões diferentes, primacialmente relacionadas com a *responsabilidade* no direito de polícia.

---

[195] BVerwG 2.12.1977, NJW 1978, 1818.
[196] BVerwG 2.12.1977, NJW 1978, 1818.
[197] BVerwG 2.12.1977, NJW 1978, 1818-9. F.-J. PEINE, *Die Legarisierungswirkung*, 202.
[198] F.-J. PEINE, *Die Legarisierungswirkung*, 202, erigindo em pressuposto do efeito legalizador, na interpretação da sentença do BVerwG, a inexistência de uma situação de concorrência de normas como a que existe entre lei geral e lei especial.
[199] BVerwG 2.12.1977, NJW 1978, 1819.

INTRODUÇÃO

Foram várias as críticas à sentença do Tribunal Federal. Desde logo, o problema do efeito legalizador teria sido desnecessariamente colocado, pois não estava sequer em causa uma instalação autorizada[200]. Mais do que isto, porém, avulta a acusação de défice de argumentação na solução encontrada, *maxime* na própria afirmação do efeito legalizador[201/202]. O verdadeiro fundamento da sentença residiria, na leitura de PEINE, na exclusão da existência de contradições normativas no ordenamento jurídico, isto é, na exclusão da possibilidade de um comportamento ser permitido com base numa norma e proibido com base noutra[203]. Seria esta exclusão que levaria à impossibilidade de se terem por verificados os pressupostos da cláusula geral de polícia – norma proibitiva – perante uma instalação autorizada, alvo de aplicação de uma norma permissiva, motivo pelo qual a autorização impediria a aplicação da "cláusula geral de polícia", sendo assim dotada de um "efeito legalizador"[204]. Ora, assim, o pretenso "efeito legalizador" – mera expressão, no campo dos actos autorizativos, da exclusão da existência de contradições normativas – não desempenharia, no sentido que lhe foi dado pelo Tribunal, qualquer função argumentativa

[200] Refere F.-J. PEINE, *Die Legarisierungswirkung*, 205, que o problema foi desnecessariamente colocado pelo Tribunal pois tratava-se de um estabelecimento que, ao abrigo do § 22 BImSchG, não necessitava de um acto autorizativo (sendo, por isso, despropositado abordar a questão dos efeitos do acto administrativo). Cfr. BVerwG 2.12.1977, NJW 1978, 1818. A questão, contudo, era aflorada pelo particular, que pretendia ver aplicadas à sua exploração – sujeita a um mero dever de comunicação – as normas relativas às instalações necessitadas de autorização.

[201] A argumentação expendida na sentença pouco acrescenta ao resumo que dela fizemos. Críticos, entre outros, M. SEIBERT, *Die Bindungswirkung von Verwaltungsgsakten*, 443; B. HILGER, *Die Legalisierungswirkung von Genehmigungen*, 15 e 27 e ss., afirmando que o BVerwG deixou em aberto a questão do fundamento dogmático do efeito legalizador; J. MARTENSEN, *Erlaubnis zur Störung?*, 71, salientando que a sentença partiu da consideração indemonstrada de que a instalação autorizada deveria ser protegida.

[202] B. HILGER, *Die Legalisierungswirkung von Genehmigungen*, 7-8, manifestando dúvidas quanto ao sentido da afirmação jurisprudencial de que o efeito legalizador excluiria os pressupostos de aplicação da cláusula geral de polícia, pois o Tribunal acabaria por admitir o seu preenchimento em caso de perigos iminentes. No seu entender, estaria antes em causa uma restrição do âmbito subjectivo de aplicação da cláusula – a qualificação como lesante – e não do seu âmbito objectivo – perigo ou dano para a ordem ou segurança públicas.

[203] *Vide* a leitura de F.-J. PEINE, *Die Legarisierungswirkung*, 202-3. Em sentido próximo, B. HILGER, *Die Legalisierungswirkung von Genehmigungen*, 9.

[204] F.-J. PEINE, *Die Legarisierungswirkung*, 202-203.

nem corresponderia a qualquer nova função do acto administrativo, na medida em que já se admitiria que os efeitos de uma autorização apenas pudessem ser alterados por outros actos administrativos que tivessem como fundamento legal o mesmo complexo de normas que habilitara a emissão da autorização[205]. Na sentença do BVerwG, o "efeito legalizador" não seria, assim, mais do que um mero "chavão"[206].

3.2. *Efeito legalizador e responsabilidade no direito de polícia*

42. Diferentes foram os sentidos que a doutrina, depois da sentença do BVerwG, veio emprestar ao "efeito legalizador": este deixou de ser uma mera denominação de um efeito jurídico para passar a ser o *fundamento* do efeito jurídico, alcançando o lugar de "figura jurídica" e adquirindo uma nova dimensão funcional (PEINE)[207].

Desde logo, colocou-se a questão da possibilidade de aplicação de medidas contrárias à autorização, ao abrigo de complexos normativos diferentes daquele que habilitara a emissão da autorização mas já não limitados à cláusula geral de polícia[208]. O problema do efeito legalizador

[205] No caso, o § 17 BImSchG. F.-J. PEINE, *Die Legarisierungswirkung*, 202, nr. 7: a essa protecção conferida pelo acto administrativo corresponderia a tradicional designação de *Bestandsschutz*. Já K. SACH, *Genehmigung als Schutzschild?*, distingue entre a protecção conferida pela autorização contra medidas emitidas pelo mesmo órgão que emitiu o acto e a protecção contra medidas de outros órgãos, reservando para a primeira a designação de *Bestandsschutz* e para a segunda a de *efeito legalizador* (respectivamente, 95 e ss. e 150 e ss.). Para a primeira questão, ao contrário da segunda, não está em causa o risco de danos, relevante para o direito de polícia e para o direito privado, mas o risco do investimento (K. SACH, *Genehmigung als Schutzchild?*, 95). A análise desta vertente do problema prossegue com a apreciação das medidas previstas no § 17 BImSchG e do regime da revogação das autorizações (K. SACH, *Genehmigung als Schutzchild?*, 112 e ss. e 134 e ss., respectivamente; *vide*, sobre esta questão, M. WICKEL, *Bestandsschutz im Umweltrecht*, em esp. 123 e ss.). Fazendo igualmente esta distinção, em crítica à sentença do BVerwG, mas considerando que a vinculação de terceiras autoridades se encontra já garantida pelo efeito vinculativo do acto administrativo, J. MARTENSEN, *Erlaubnis zur Störung?*, 71.

[206] No original, "*Schlagwort*" – F.-J. PEINE, *Die Legarisierungswirkung*, 202.

[207] F.-J. PEINE, *Die Legarisierungswirkung*, 204.

[208] K. SACH, *Genehmigung als Schutzchild?*, 150-1, agrupando as questões segundo um critério de diferenciação entre o órgão emissor da autorização e outros que não este ("terceiras autoridades"), tal como os órgãos competentes nos domínios das águas, das construções ou do direito geral de polícia. Para o Autor, o problema comum é o de saber se a

estender-se-ia, assim, à possibilidade de aplicação de quaisquer medidas que viessem contrariar o disposto na autorização, quer fundadas na cláusula geral de polícia, quer em normas especiais habilitadoras da intervenção de outros órgãos administrativos[209].

Foi, porém, a propósito dos problemas colocados pelas chamadas "cargas poluentes acumuladas" (*Altlasten*)[210] que o "efeito legalizador" veio encontrar o seu "novo" campo de actuação[211]. Em causa está a determinação do

autorização emitida ao abrigo da BImSchG apenas pode ser afectada pela "sua autoridade", ao abrigo da respectiva lei, constituindo assim um "escudo de protecção" contra "terceiras autoridades".

[209] B. HILGER, *Die Legalisierungswirkung von Genehmigungen*, 12; K. SACH, *Genehmigung als Schutzchild?*, 152 e 160 e ss.. No que diz respeito às medidas posteriores previstas na própria lei da autorização, foi o próprio legislador que "enfraqueceu" a posição do destinatário da autorização, não se colocando a questão do efeito legalizador. Assim, B. HILGER, *Die Legalisierungswirkung von Genehmigungen*, 12-3; K. SACH, *Genehmigung als Schutzchild?*, 95 e ss..

[210] Sobre o conceito de *Altlasten*, no direito germânico, J. FLUCK, *Die Legalisierungswirkung von Genehmigung als ein Zentralproblem öffentlich-rechtlicher Haftung für Altlasten*, 406-7; B. NIEMUTH, *Die Sanierung von Altlasten nach dem Verursacherprinzip*, 291-2; H. ZIEHM, *Die Störerverantwortlichkeit für Boden- und Wasserverunreinigungen*, 14 e ss.. A bibliografia, apenas germânica, sobre o problema dos *Altlasten* é imensa. Entre muitos outros, J. STAUPE, *Rechtliche Aspekte der Altlastensanierung*, 606 e ss., equacionando os diversos tipos de responsabilidade pelas cargas poluentes acumuladas; B. NIEMUTH, *Die Sanierung von Altlasten nach dem Verursacherprinzip*, 291 e ss., destacando o problema do financiamento; U. DIEDERISCHEN, *Verantwortlichkeit für Altlasten – Industrie als Störer?*, 917 e ss.; H. ZIEHM, *Die Störerverantwortlichkeit für Boden- und Wasserverunreinigungen*, passim; W. KÜGEL, *Die Entwicklung des Altlastenrechts*, 2477 e ss.; H.-J. MÜGGENBORG, *Rechtliche Aspekte der Altlastenproblematik und der Freistellungsklausel*, 845 e ss..

[211] A importância do "efeito legalizador" no tema dos *Altlasten*, que a mais das vezes envolve instalações que em algum momento anterior foram autorizadas, é fulcral, como se percebe pelos títulos das obras de J. FLUCK, *Die Legalisierungswirkung von Genehmigung als ein Zentralproblem öffentlich-rechtlicher Haftung für Altlasten*, 406 e ss.; S. ROESLER, *Die Legalisierungswirkung gewerbe- und immissionsschutzrechtlicher Genehmigungen vor dem Hintergrund der Altlastenproblematik, passim.* O problema do efeito legalizador vem, assim, muitas vezes abordado a propósito dos "*Altlasten*", tanto mais que o financiamento do saneamento apenas correrá a cargo da comunidade ("*Gemeinlastprinzip*") se não for possível responsabilizar determinado(s) sujeito(s). Referindo a unanimidade quanto ao aspecto do financiamento, B. NIEMUTH, *Die Sanierung von Altlasten nach dem Verursacherprinzip*, 291. Abordando o problema do efeito legalizador a propósito dos *Altlasten*, entre outros, E. KUTSCHEIDT, *Die Neuregelung der Abfallvermeidungs- und beseitigungspflicht bei industriellen Betrieben*, 622 e ss. (esp. 624); W. MARTENS, *Immissionsschutzrecht und Polizeirecht*, 603 e ss.; J. STAUPE, *Rechtliche Aspekte der Altlastensanierung*, 609-10; U. DIEDERISCHEN, *Verantwortlichkeit für Altlasten – Industrie als Störer?*, 919; H.-J. MÜGGENBORG, *Rechtliche Aspekte der Altlastenproblematik*

O ACTO ADMINISTRATIVO CONFORMADOR DE RELAÇÕES DE VIZINHANÇA

sujeito responsável pela contaminação e pelo posterior saneamento de elementos naturais, quando a primeira decorre de uma actividade autorizada pela Administração[212]. Se, no primeiro grupo de problemas, estava apenas em causa a possibilidade de aplicação de medidas de defesa do perigo de natureza preventiva, como as previstas no § 17 BimSchG, o problema do efeito legalizador desloca-se agora para a possibilidade de aplicação de medidas de natureza reactiva, contra perigos actuais, ou mesmo repressiva[213]. O "efeito legalizador" da autorização serviria, assim, para excluir ou limitar a responsabilidade, para efeitos do direito de polícia, do sujeito autorizado[214].

Colocando-se, assim, a dupla questão de saber se a autorização impede a aplicação de medidas, *maxime* ao abrigo da cláusula geral de polícia, ou se, em qualquer caso, exclui a responsabilidade do autorizado ao abrigo do direito de polícia[215], várias foram as soluções e os argumentos apresentados pela doutrina.

---

und der Freistellungsklausel, 849-50. Considerando que o problema do efeito legalizador, ainda que de especial importância, não constitui o problema central dos *Altlasten*, A. Schink, *Grenzen der Störerhaftung bei der Sanierung von Altlasten*, 381.

Outra questão interessante, que pode ser em geral relacionada com a do efeito legalizador e que, por definição, surge a propósito dos *Altlasten*, é a da possível relevância de alterações do conhecimento científico ou jurídico na apreciação da responsabilidade. Cfr. H. Ziehm, *Die Störerverantwortlichkeit für Boden- und Wasserverunreinigungen*, 15, 34-6 e 59-61; J. Martensen, *Erlaubnis zur Störung?*, 74 e ss.; J. H. Papier, *Zur rückwirkenden Haftung des Rechtsnachfolgers für Altlasten*, 125 e ss..

[212] G. Wagner, *Öffentlich-rechtliche Genehmigung und zivilrechtliche Rechtswidrigkeit*, 40-1. *Vide*, no ordenamento jurídico português, os problemas colocados pela contaminação dos solos pelas indústrias da zona da Expo 98, em Fausto de Quadros, *Direito das expropriações, direito do urbanismo, direito do ambiente: algumas questões fundamentais*, 147 e ss..

[213] Como explica K. Sach, *Genehmigung als Schutzschild?*, 152, o problema agora colocado não é o da possibilidade de adopção de medidas como as do § 17 BImSchG mas sim o da actuação possível em face de danos ou prejuízos causados pela actividade autorizada, actuação essa que não se situa já no campo da prevenção do perigo mas sim no plano reactivo-repressivo. Igualmente, M. Seibert, *Die Bindungswirkung von Verwaltungsakten*, 448-9.

[214] Sobre a evolução do sentido emprestado ao "efeito legalizador", entre outros, F.-J. Peine, *Die Legarisierungswirkung*, 204; E. Brandt, *Altlastenrecht*, 138-9; J. Martensen, *Erlaubnis zur Störung?*, 69-70, relevando, porém, que a afirmação, pelo BVerwG, do efeito legalizador como excludente dos pressupostos de aplicação da cláusula geral de polícia, ainda que limitada às medidas preventivas, seria compatível com a exclusão da responsabilidade (71, nr. 310). Terá sido este problema da qualidade de lesante que fora abordado na sentença do PrOVG de 1927. F.-J. Peine, *Die Legarisierungswirkung*, 206.

[215] Assim sistematiza G. Wagner, *Öffentlich-rechtliche Genehmigung und zivilrechtliche Rechtswidrigkeit*, 41, os problemas colocados actualmente a propósito do efeito legalizador.

INTRODUÇÃO

43. No que respeita ao problema da imposição de medidas posteriores à emissão da autorização que, com o intuito de prevenir eventuais perigos futuros, venham alterar a conformação inicial da actividade estabelecida na autorização, a jurisprudência e a doutrina germânicas são unânimes em admitir que as mesmas apenas poderão ter como fundamento as leis especiais que regulam a autorização em causa e não a "cláusula geral de polícia"[216].

As divergências situam-se apenas no fundamento de tal solução. Para o BVerwG, como vimos, seria a autorização que impediria a verificação dos pressupostos de aplicação da cláusula geral de polícia, sendo assim dotada de um "efeito legalizador"[217]. Já a doutrina inclina-se maioritariamente para a descoberta de uma relação de lei geral / lei especial entre a cláusula geral de polícia e a lei reguladora da autorização, a qual, nos termos gerais, determina a exclusão da aplicação da primeira[218]. Remetido o problema

[216] G. WAGNER, *Öffentlich-rechtliche Genehmigung und zivilrechtliche Rechtswidrigkeit*, 42; K. SACH, *Genehmigung als Schutzchild?*, 156.

[217] H. D. JARASS, *Anmerkung – BVerwG 2.12.1977*, 409, considerando o efeito legalizador como "figura paralela" do *Bestandskraft*. M. SEIBERT, *Die Bindungswirkung von Verwaltungsakten*, 444, admite o "efeito legalizador" à margem da consideração da relação lei geral / lei especial. Porém, na concepção do Autor, o "nebuloso" efeito legalizador do BVerwG nada mais é do que o "efeito vinculativo" ("*Bindungswirkung*") do acto administrativo, não merecendo por isso ser autonomizado (443), nem podendo ser reconduzido ao *Bestandskraft* material do acto, porquanto ultrapassa os seus limites subjectivos (444).

[218] J. FLUCK, *Die Legalisierungswirkung von Genehmigung als ein Zentralproblem öffentlich-rechtlicher Haftung für Altlasten*, 417, considerando que o problema do efeito legalizador apenas se coloca quando não é possível descortinar uma relação de lei geral / lei especial. No mesmo sentido, B. HILGER, *Die Legalisierungswirkung von Genehmigungen*, 12-3; E. KUTSCHEIDT, *Die Neuregelung der Abfallvermeidungs- und beseitigungspflicht bei industriellen Betrieben*, 624, incluindo o problema dos *Altlasten*, considera que o afastamento da cláusula geral de polícia não resulta sempre do efeito legalizador, podendo logo ser determinado pela especialidade e pelo "carácter de regulação exclusiva" da BImSchG; apenas na falta de tal relação de especialidade será de equacionar o efeito legalizador. Igualmente, W. MARTENS, *Immissionsschutzrecht und Polizeirecht*, 604 e ss.; A. SUNDERMANN, *Der Bestandsschutz genehmigungsbedürftiger Anlagen im Immissionsschutzrecht*, 212-4; H. ZIEHM, *Die Störerverantwortlichkeit für Boden- und Wasserverunreinigungen*, 31; J. MARTENSEN, *Erlaubnis zur Störung?*, 17 e 20; K. SACH, *Genehmigung als Schutzchild?*, 158-9, considerando que a lei de emissões germânica constitui uma lei especial e, nessa medida, um "sistema fechado", embora admita que, a não existir uma precedência de aplicação baseada na especialidade, sempre o "efeito de estabilização" do acto autorizativo seria adequado a excluir a aplicação da cláusula geral de polícia; F.-J. PEINE, *Die Legarisierungswirkung*, 206, defendendo que a BImSchG exclui a aplicação da cláusula geral de polícia na medida em que constitui uma lei especial cujo âmbito coincide com o daquela. Contudo, uma restrição ao afastamento da cláusula geral de polícia baseada na

para o apuramento de relações de generalidade / especialidade entre as leis, pouco interesse revela o mesmo para a questão da justificação da ilicitude pela autorização[219].

44. Se, no que respeita à adopção de medidas preventivas do perigo, o problema do "efeito legalizador" não apresenta grande controvérsia, acabando por se reduzir a um problema de interpretação de normas em ordem ao apuramento das relações entre as mesmas, já o mesmo não sucede quando é ultrapassado o plano da mera prevenção. A questão – amplamente discutida a propósito das "cargas poluentes acumuladas" mas a ela não restrita[220] – é agora a de saber se o destinatário de uma autorização poderá ser obrigado, ao abrigo da cláusula geral de polícia, à remoção dos danos ou prejuízos e à sua compensação[221].

As medidas agora em causa, ao invés de se limitarem à mera prevenção de perigos, são primacialmente de natureza reactiva ou repressiva[222]. Tais medidas, ao contrário das que constituíam o objecto do primeiro grupo de problemas, não se encontram previstas na BImSchG[223]. Inexistindo

relação lei geral / lei especial é admitida por alguns Autores quando esteja em causa um "perigo agudo". W. MARTENS, *Immissionsschutzrecht und Polizeirecht*, 604.

[219] G. WAGNER, *Öffentlich-rechtliche Genehmigung und zivilrechtliche Rechtswidrigkeit*, 44.

[220] Como refere K. SACH, *Genehmigung als Schutzschild?*, 154, o problema não é exclusivo dos tradicionais *Altlasten*, antes se colocando, igualmente, em todos os casos em que, mercê do desenvolvimento da técnica ou de um apuramento da sensibilidade ambiental, certas situações são vistas como lesões ambientais, sem que tal fosse previsível no momento da autorização. Considerando igualmente que o problema não tem que ser restringido ao campo das "cargas poluentes acumuladas", antes sendo suscitado sempre que de uma actividade sujeita a autorização com o intuito de prevenir danos, e efectivamente autorizada, advenham tais danos, B. HILGER, *Die Legalisierungswirkung von Genehmigungen*, 4. Referindo genericamente que a questão não se encontra limitada ao campo das "cargas poluentes acumuladas", M. SEIBERT, *Die Bindungswirkung von Verwaltungsakten*, 55.

[221] Assim coloca a questão K. SACH, *Genehmigung als Schutzschild?*, 152. E. KUTSCHEIDT, *Die Neuregelung der Abfallvermeidungs- und beseitigungspflicht bei industriellen Betrieben*, 624, relevando as medidas de saneamento no problema das "cargas poluentes acumuladas".

[222] Sobre as medidas deste tipo que, ao abrigo da cláusula geral de polícia, podem ser impostas no caso das cargas poluentes acumuladas, salientando as limitações da referida norma derivadas da finalidade de defesa de situações concretas de perigo, B. NIEMUTH, *Die Sanierung von Altlasten nach dem Verursacherprinzip*, 294.

[223] Com excepção da medida de saneamento prevista no § 17 Abs. 1, em conjugação com o disposto no § 5 Abs. 1 Nr. 3, como informa K. SACH, *Genehmigung als Schutzschild?*, 166, nr. 102. M. SEIBERT, *Die Bindungswirkung von Verwaltungsakten*, 453.

INTRODUÇÃO

uma coincidência no objecto da regulação da lei da autorização e no da cláusula geral de polícia, inexiste também, em consequência, uma relação de generalidade / especialidade entre as normas envolvidas. Logo, como é natural, o problema da eventual aplicação da cláusula geral de polícia não pode ser resolvido com recurso à relação existente entre normas gerais e especiais[224]. Afastada esta hipótese de solução, começa o verdadeiro problema do efeito legalizador[225] do acto administrativo e a inerente divergência doutrinal e jurisprudencial, a qual não ocorre à margem de considerações sobre as especificidades da responsabilidade para efeitos do direito de polícia[226].

45. A recusa total do efeito legalizador constitui uma posição claramente minoritária[227]. Os argumentos adiantados pelos defensores desta tese prendem-se quer com a natureza da autorização, quer com as características da responsabilidade do direito de polícia[228]. Por um lado, servindo a autorização

---

[224] Precisamente excluindo que possa ser encontrada uma relação de lei geral / lei especial, porquanto as medidas agora em causa não se encontram previstas na BImSchG, G. WAGNER, *Öffentlich-rechtliche Genehmigung und zivilrechtliche Rechtswidrigkeit*, 44; K. SACH, *Genehmigung als Schutzchild?*, 165-6; J. MARTENSEN, *Erlaubnis zur Störung?*, 20.

[225] J. MARTENSEN, *Erlaubnis zur Störung?*, 23.

[226] Destacando os problemas próprios desta responsabilidade e a sua relação com o efeito legalizador, S. ROESLER, *Die Legalisierungswirkung gewerbe- und immissionsschutzrechtlicher Genehmigungen vor dem Hintergrund der Altlastenproblematik*, 51 ss.. M. SEIBERT, *Die Bindungswirkung von Verwaltungsakten*, 450.

[227] O efeito legalizador foi recusado por duas sentenças do OVG Munique, referidas por G. WAGNER, *Öffentlich-rechtliche Genehmigung und zivilrechtliche Rechtswidrigkeit*, 45. Na doutrina, GÖTZ, *Allgemeines Polizei- und Ordnungsrecht*, 541. Ainda que o efeito legalizador não seja por si terminantemente recusado, outros Autores adoptam uma posição céptica e fértil em restrições do dito efeito. E. BRANDT, *Altlastenrecht*, 139-140, com argumentos retirados das especificidades do direito de polícia; B. NIEMUTH, *Die Sanierung von Altlasten nach dem Verursacherprinzip*, 295, depois de adoptar uma posição rigorosa quanto à questão da responsabilidade (recusando, por exemplo, que a impossibilidade de conhecimento do perigo seja um argumento decisivo para afastar a responsabilidade e afastando a relevância de actuações ou omissões administrativas ilegais, na medida em que o interesse da comunidade não é renunciável) admite que as autorizações possam diminuir a responsabilidade ou mesmo ter um efeito legalizador, embora sejam sempre de sujeitar a um preciso exame quanto ao seu alcance. M. KLOEPFER, *Umweltrecht*, 12-3. W. KÜGEL, *Die Entwicklung des Altlastenrechts*, 2482, depois de afirmar que o efeito legalizador sempre dependerá do objecto, conteúdo e alcance da concreta regulação da autorização, recusa o mesmo para várias autorizações.

[228] Questão especialmente discutida reporta-se à "causalidade" relevante para efeitos de direito de polícia. Como refere H. J. PAPIER, *Die Verantwortlichkeit für Altlasten im öffentli-*

um fim de prevenção de perigos, não poderia a mesma constituir qualquer direito à lesão de terceiros ou da comunidade e, como tal, produzir o efeito de legalizar danos. A autorização concederia um direito à exploração de uma actividade na expectativa de que não se viriam a produzir danos; se, contra esta previsão, tais danos viessem a ocorrer, não poderia o

chen Recht, 257, a qualidade de lesante (pelo comportamento), para o direito de polícia, é atribuída a quem tenha "causado" o perigo [sendo que, na responsabilidade do direito de polícia, o sujeito pode ser considerando lesante, quer pelo comportamento, quer pela "situação" (*"Verhaltensstörer; Zustandsstörer"*): J. STAUPE, *Rechtliche Aspekte der Altlastensanierung*, 609; B. NIEMUTH, *Die Sanierung von Altlasten nach dem Verursacherprinzip*, 295; H. ZIEHM, *Die Störerverantwortlichkeit für Boden- und Wasserverunreinigungen*, 24 e ss. e 50 e ss.]. Existindo unanimidade na recusa de um sentido de causalidade em "sentido puramente lógico", apenas são consideradas causas relevantes, de acordo com a opinião maioritária, aquelas que causam *imediatamente* o dano (*"Unmittelbarkeit"*). Porém, como refere PAPIER, a determinação de que uma causa produz imediatamente um dano não decorre da aplicação de um critério puramente ontológico, antes se socorrendo de elementos valorativos. Igualmente, J. STAUPE, *Rechtliche Aspekte der Altlastensanierung*, 609; B. HILGER, *Die Legalisierungswirkung von Genehmigungen*, 18 e ss.. No mesmo sentido, R. BREUER, *Rechtsprobleme der Altlasten*, 755, considerando, porém, que o critério valorativo, alicerçado na "ultrapassagem da fronteira do perigo policial" (*"Überschreitung der polizeilichen Gefahrengrenze"*), mercê da sua indeterminação, não afastou totalmente a tese da ilicitude do comportamento causal, tendo antes originado uma "subtil" teoria compromissória: a responsabilidade do direito de polícia por determinado comportamento tanto pode resultar de uma violação de deveres como de uma imputação normativa do risco. Igualmente, R. BREUER, *"Altlasten" als Bewährunsprobe der polizeilichen Gefahrenabwehr und des Umweltschutz – OVG Münster*, 361-2, com outras considerações a propósito da responsabilização por violação de deveres no direito de polícia. No mesmo sentido, M. SEIBERT, *Die Bindungswirkung von Verwaltunsgsakten*, 450-1; B. HILGER, *Die Legalisierungswirkung von Genehmigungen*, 20 e ss.; H. ZIEHM, *Die Störerverantwortlichkeit für Boden- und Wasserverunreinigungen*, 24, considerando que a teoria da causa imediata não contraria a teoria da causa ilícita na medida em que quem actua directamente contra normas, actua imediatamente contra o âmbito de protecção da segurança pública, sendo como tal responsável de acordo com a teoria da causa imediata. Considerando que a responsabilidade no direito de polícia, porquanto independente de juízos de ilicitude e/ou culpa, apenas pode ser apurada com base no critério da causa imediata, J. STAUPE, *Rechtliche Aspekte der Altlastensanierung*, 609; B. NIEMUTH, *Die Sanierung von Altlasten nach dem Verursacherprinzip*, 295; J. MARTENSEN, *Erlaubnis zur Störung?*, 24 (apenas para a recusa da relevância da ilicitude e da culpa). Problema especial é o da possibilidade de correcção dos resultados obtidos através da teoria da causa imediata, os quais, ao contrário do direito penal ou do direito civil, não podem ser limitados com recurso à culpa. Salientando esta perspectiva problemática, relacionada com a apreciação valorativa da causa imediata (e com os aspectos ou interesses para esta juridicamente relevantes), H. ZIEHM, *Die Störerverantwortlichkeit für Boden- und Wasserverunreinigungen*, 24-5.

INTRODUÇÃO

autorizado invocar a autorização contra a aplicação de eventuais medidas administrativas. Por outro lado, não constituindo a ilicitude do comportamento um pressuposto da responsabilidade para efeitos do direito de polícia, não poderia a autorização constituir uma causa justificativa da ilicitude do resultado[229].

46. A admissão do efeito legalizador, enquanto efeito de exclusão ou justificação da ilicitude na responsabilidade do direito de polícia, foi primeiramente teorizada por MARTENS[230] e encontra hoje apoio em parte significativa da doutrina[231]. Subsistem, porém, divergências não despiciendas, quer no que respeita ao fundamento do efeito legalizador, quer no que respeita ao seu alcance.

São vários os argumentos esgrimidos a favor do efeito legalizador. Desde logo, como prosaicamente afirmou o BVerwG, se o destinatário de uma autorização, actuando em conformidade com a mesma, estivesse sujeito à posterior aplicação da cláusula geral de polícia, a autorização perderia grande parte do seu sentido[232]. Para mais, a expressa previsão de

---

[229] GÖTZ, *Allgemeines Polizei- und Ordnungsrecht*, 450.

[230] W. MARTENS, *Immissionsschutzrecht und Polizeirecht*, 597 e ss..

[231] Admitem o efeito legalizador, entre outros, H. J. PAPIER, *Die Verantwortlichkeit für Altlasten im öffentlichen Recht*, 258, considerando que o efeito legalizador deve ter aplicação em todo o direito de defesa do perigo; B. PIEROTH/ B. SCHLINK/ M. KNIESEL, *Polizei- und Ordnungsrecht*, 167-8; E. KUTSCHEIDT, *Die Neuregelung der Abfallvermeidungs- und beseitigungspflicht bei industriellen Betrieben*, 624; K. H. FRIAUF, *"Latente Störung", Rechtswirkungen der Bauerlaubnis und vorbeugende Nachbarklage*, 722; J. STAUPE, *Rechtliche Aspekte der Altlastensanierung*, 610; U. DIEDERISCHEN, *Verantwortlichkeit für Altlasten – Industrie als Störer?*, 919; H. ZIEHM, *Die Störerverantwortlichkeit für Boden- und Wasserverunreinigungen*, 30-1 e 56; H.-J. MÜGGENBORG, *Rechtliche Aspekte der Altlastenproblematik und der Freistellungsklausel*, 849; B. HILGER, *Die Legalisierungswirkung von Genehmigungen*, 16 e ss.; R. WAHL, *Erlaubnis*, 533. Questões diferentes da da mera admissibilidade do efeito legalizador são as dos seus exactos fundamento e alcance, sendo aqui que se registam as maiores divergências, como veremos.

[232] BVerwG 2.12.1977, NJW 1978, 1818. Sufragando o argumento, H. J. PAPIER, *Altlasten und polizeiliche Störerhaftung*, 876; H. J. PAPIER, *Die Verantwortlichkeit für Altlasten im öffentlichen Recht*, 258; U. DIEDERISCHEN, *Verantwortlichkeit für Altlasten – Industrie als Störer?*, 919; H. ZIEHM, *Die Störerverantwortlichkeit für Boden- und Wasserverunreinigungen*, 26 e 56, considerando que o fundamento da afirmação reside na protecção da confiança do autorizado; J. FLUCK, *Die Legalisierungswirkung von Genehmigung als ein Zentralproblem öffentlich-rechtlicher Haftung für Altlasten*, 410, diferentemente, questiona se não se estará antes perante a protecção de um direito subjectivo público do autorizado e não da própria autorização.

determinadas medidas de intervenção, em sede das leis especiais reguladoras das diversas autorizações, permitiria a interpretação de que apenas essas, e não quaisquer outras, ainda que de diferente natureza, seriam admitidas. Tais normas procederiam, assim, a uma distribuição de riscos, deixando apenas, para o autorizado, o risco de uma intervenção com base nas normas especiais reguladoras do regime da própria autorização[233].

A argumentação em torno do efeito legalizador encontra-se igualmente dependente das posições assumidas quanto às características da responsabilidade do direito de polícia, na qual a apreciação da "causalidade" desempenha papel de relevo. Defendendo-se que a responsabilidade depende de uma actuação causal ilícita, então sempre será de excluir a ilicitude do comportamento conforme à autorização, porquanto conforme ao direito[234]. Mesmo admitindo-se, porém, que a responsabilidade do direito de polícia não pressupõe a ilicitude da conduta, a actuação conforme à autorização nunca poderá ser considerada causa relevante do perigo[235/236]. Com apoio, explícito ou implícito, no princípio da unidade da ordem jurídica, sustenta-se que um comportamento conforme com o

---

[233] W. MARTENS, *Immissionsschutzrecht und Polizeirecht*, 604; R. BREUER, *Rechtsprobleme der Altlasten*, 755; R. BREUER, *"Altlasten" als Bewährunsprobe der polizeilichen Gefahrenabwehr und des Umweltschutz – OVG Münster*, 362; H. J. PAPIER, *Die Verantwortlichkeit für Altlasten im öffentlichen Recht*, 257. Em sentido próximo, E. KUTSCHEIDT, *Die Neuregelung der Abfallvermeidungs- und beseitigungspflicht bei industriellen Betrieben*, 624.

[234] Posição referida por H. J. PAPIER, *Die Verantwortlichkeit für Altlasten im öffentlichen Recht*, 257. E. KUTSCHEIDT, *Die Neuregelung der Abfallvermeidungs- und beseitigungspflicht bei industriellen Betrieben*, 624, considera que quem actua de acordo com a autorização, actua de acordo com os seus deveres. Igualmente, R. BREUER, *"Altlasten" als Bewährunsprobe der polizeilichen Gefahrenabwehr und des Umweltschutz – OVG Münster*, 362, embora venha depois a restringir o alcance do efeito legalizador; U. DIEDERISCHEN, *Verantwortlichkeit für Altlasten – Industrie als Störer?*, 919, recusando que o objecto de uma autorização possa depois vir a ser considerado contrário aos deveres do direito de polícia.

[235] H. J. PAPIER, *Die Verantwortlichkeit für Altlasten im öffentlichen Recht*, 258; H. ZIEHM, *Die Störerverantwortlichkeit für Boden- und Wasserverunreinigungen*, 26.

[236] Merecem destaque as considerações de J. MARTENSEN, *Erlaubnis zur Störung?*, 25-6: para o Autor, a opção por uma ou outra destas teorias de apreciação da causalidade é irrelevante para a admissão do efeito legalizador: em causa está sempre um questão de imputação e, portanto, um problema de valoração; assim sendo, qualquer uma das teorias consegue compreender a existência da autorização como elemento relevante para a imputação, seja porque o comportamento autorizado não ultrapassa a fronteira do perigo admitido, porque o autorizado não ultrapassou a sua esfera jurídica ou porque actuou de forma socialmente adequada.

INTRODUÇÃO

ordenamento jurídico em geral não pode vir a ser proibido pelo direito de polícia e levar à actuação dos respectivos mecanismos de responsabilidade (Papier)[237/238]. Designadamente, um comportamento permitido por uma autorização não poderia ser valorado como uma ultrapassagem da fronteira do perigo permitido e, assim, considerado como comportamento "lesivo" para o direito de polícia[239] – ou, dito de outra forma, o comportamento autorizado seria necessariamente um comportamento socialmente adequado[240]. O problema fundamental colocado pelo efeito legalizador seria, portanto, o problema da (garantia da) ausência de contradições lógicas no ordenamento jurídico[241].

[237] H. J. Papier, *Altlasten und polizeiliche Störerhaftung*, 876; H. J. Papier, *Die Verantwortlichkeit für Altlasten im öffentlichen Recht*, 258. Igualmente, A. Schink, *Wasserrechtliche Probleme der Sanierung von Altlasten*, 166; A. Schink, *Grenzen der Störerhaftung bei der Sanierung von Altlasten*, 381, recusando, porém, que tal decorra do postulado da unidade do ordenamento jurídico. Como refere H. D. Jarass, *Anmerkung – BVerwG 2.12.1977*, 449, a imputação segundo o critério da ilicitude do comportamento causal constitui premissa destas posições.

[238] Como pertinentemente salienta E. Brandt, *Altlastenrecht*, 139-40, esta afirmação de Papier dificilmente se deixa compatibilizar com a teoria da causa imediata e a exclusão da relevância da ilicitude, ainda que a primeira resulte de uma valoração jurídica: a admissão do acto autorizativo como causa de justificação "ataca a substância desse método de imputação".

[239] H. J. Papier, *Altlasten und polizeiliche Störerhaftung*, 876. R. Breuer, *"Altlasten" als Bewährunsprobe der polizeilichen Gefahrenabwehr und des Umweltschutz – OVG Münster*, 362, fazendo uso da teoria da causa ilícita modificada pela ideia de distribuição de riscos, considera que o autorizado corre apenas o risco de uma intervenção administrativa ao abrigo de normas especiais, não podendo ser responsabilizado ao abrigo da cláusula geral de polícia.

[240] A. Schink, *Wasserrechtliche Probleme der Sanierung von Altlasten*, 166: "quem recebe a possibilidade de exercício de um direito de forma socialmente adequada no ordenamento jurídico, não pode ser visto como lesante". Para o Autor, porém, o fundamento do efeito legalizador não reside no postulado da unidade do ordenamento jurídico (nem na necessidade de salvaguardar o sentido da autorização) mas antes nos "efeitos vinculativo e de exclusão" de certas autorizações (A. Schink, *Grenzen der Störerhaftung bei der Sanierung von Altlasten*, 381-2). No sentido da adequação social do comportamento autorizado, H. J. Papier, *Die Verantwortlichkeit für Altlasten im öffentlichen Recht*, 258, seguindo a jurisprudência do OVG de Hamburgo; Friauf, *"Latente Störung", Rechtswirkungen der Bauerlaubnis und vorbeugende Nachbarklage*, 88. Contra, considerando que a esta teoria do comportamento adequado falta a determinação requerida pelos princípios do Estado de Direito, B. Hilger, *Die Legalisierungswirkung von Genehmigungen*, 22.

[241] F.-J. Peine, *Die Legarisierungswirkung*, 209 e ss..

Argumento igualmente adiantado, em rigor não dissociável do anterior, resulta da princípio da protecção da confiança: quem actua de acordo com a autorização, pode fundadamente confiar na ausência de censura do seu comportamento e dos respectivos resultados[242]. Para outros Autores, o acento tónico é colocado na proibição de retroactividade, decorrente do princípio do Estado de Direito ou da garantia constitucional do direito de propriedade, e na concomitante protecção da confiança do sujeito autorizado[243].

Noutra linha de argumentação, o efeito legalizador é reconduzido aos quadros tradicionais da teoria dos efeitos do acto administrativo[244]. Nessa

---

[242] E. KUTSCHEIDT, *Die Neuregelung der Abfallvermeidungs- und beseitigungspflicht bei industriellen Betrieben*, 624. Embora o Autor considere que a protecção da confiança não é ilimitada, acaba apenas por admitir as "restrições" decorrentes da possibilidade de adopção de medidas prescritivas ou de revogação da autorização (§§ 17, 22 BImSchG): decorre da argumentação do Autor que apenas contra estas medidas não procede a invocação do efeito legalizador. Relevando a questão da protecção da confiança do autorizado, embora coloque o acento tónico na ausência de contradições lógicas no ordenamento jurídico, à qual a primeira se encontra ligada, F.-J. PEINE, *Die Legarisierungswirkung*, 209.

[243] H. ZIEHM, *Die Störerverantwortlichkeit für Boden- und Wasserverunreinigungen*, 27-31: se anteriormente a retroactividade seria apenas proibida na ausência de regulação legal especial, em decorrência do princípio do Estado de Direito, admite hoje parte da doutrina que o artigo 14 GG (direito de propriedade) constitua um parâmetro da sua admissibilidade (27-8). Assim, considerando-se incluída no âmbito de protecção desta norma a autorização, ou a situação jurídica do sujeito autorizado, as intervenções sobre estas apenas podem ser admitidas nos termos dos pontos II ou III do artigo 14 GG (28); não existindo uma norma que preveja a indemnização necessária à aplicação do artigo 14 III, a intervenção apenas pode encontrar justificação na função social da propriedade (artigo 14 II) (28-9); segundo a jurisprudência constitucional, a intervenção retroactiva, ao abrigo da função social, seria apenas admitida quando fundada no interesse público e conforme ao princípio da proporcionalidade (29). A restrição à retroactividade decorreria da protecção da confiança do autorizado (elemento de ponderação na apreciação da proporcionalidade), a qual encontraria expressão nos §§ 48, 49 VwVfG (29-30). A responsabilização por "comportamentos expressamente autorizados" constituiria, assim, uma violação do princípio do Estado de Direito ou do direito de propriedade. Tal resultado não seria de afastar mesmo no caso de comportamentos "especialmente perigosos", ao contrário do que sustenta KLOEPFER, pois tal perigosidade seria igualmente conhecida da autoridade administrativa que emitiu o acto, tendo esta tido a possibilidade de, por exemplo, sujeitar o acto a uma reserva de revogação. Seria à autoridade administrativa que caberia precaver, através deste meio ou de outros, a realização dos perigos, não tendo o destinatário que se reportar senão à força de caso decidido (*Bestandskraft*) e ao alcance da autorização emitida (30).

[244] F.-J. PEINE, *Die Legarisierungswirkung*, 207-9, considera que o chamado "efeito legalizador" é um resultado do "*Tatbestandswirkung*", reconduzindo-o a um problema de imperati-

INTRODUÇÃO

perspectiva, a criação de uma nova figura jurídica – a acrescentar à panóplia dos efeitos do acto administrativo já teorizados pela doutrina – não só seria desnecessária[245] como, constituindo mera obra doutrinária e não legisvidade do acto administrativo (*"Verbindlichkeit"*) e recusando que seja uma figura jurídica autónoma (212). Sendo o problema do efeito legalizador o de saber se uma autoridade ("terceira autoridade") pode alterar o conteúdo regulativo do acto emitido por outra autoridade, considera o Autor que tal proibição decorre já do *Tatbestandswirkung*, o qual, no seu entendimento, não se limita a vincular outras entidades ao facto da existência de um acto administrativo. Especificamente no que respeita à qualidade de lesante do autorizado, considera F.-J. PEINE, *Die Legarisierungswirkung*, 211, que o *Tatbestandswirkung* "exclui que, na perspectiva do destinatário da autorização, se possa considerar preenchido o *Tatbestand* da cláusula geral de polícia, desde que o seu comportamento se encontre contido nos quadros da autorização". M. SEIBERT, *Die Bindungswirkung von Verwaltungsakten*, 451 e ss., reconduz o chamado "efeito legalizador" ao "efeito vinculativo" do acto administrativo, considerando que se trata de uma questão sobre o alcance objectivo deste. Contida na autorização estaria a "determinação incidental" [(Inzident-)Feststellung)] de que o projecto se encontra em conformidade com as disposições normativas aplicáveis (incluindo as do direito de polícia), da qual decorreria a determinação vinculativa sobre a licitude dos potenciais riscos cognoscíveis e a proibição de, nessa medida, vir a considerar-se o autorizado como lesante. O Autor estabelece depois várias limitações ao dito efeito legalizador. A. SCHINK, *Grenzen der Störerhaftung bei der Sanierung von Altlasten*, 381-2, se admite a figura do efeito legalizador, recusando a responsabilidade de quem se comporta de modo socialmente adequado, aduz como fundamentos daquele os efeitos vinculativo e de exclusão de determinados actos administrativos que, nos termos das leis que habilitam a sua emissão, têm carácter exclusivo na regulação da situação jurídica (*"Bindungs- und Ausschlusswirkung"*). J. FLUCK, *Die Legalisierungswirkung von Genehmigung als ein Zentralproblem öffentlichrechtlicher Haftung für Altlasten*, 409-10 e ss., considera que o efeito legalizador nada mais é do que o tradicional efeito vinculativo do acto administrativo, o qual implica a sua força de "caso decidido" (*"Bestandskraft"*) e se divide em *Tatbestandswirkung* e em *Feststellungswirkung*. J. MARTENSEN, *Erlaubnis zur Störung?*, 70-3, critica a "criação" deste novo efeito quando apenas está em causa a precedência de um regime especial ou a vinculação das autoridades policiais ao conteúdo regulativo da autorização, que mais não são, respectivamente, do que os já conhecidos problemas da especialidade das normas e do efeito vinculativo do acto administrativo. A recondução ao efeito vinculativo resulta da circunstância de toda a doutrina favorável ao efeito legalizador apenas o admitir na medida do alcance da autorização, o que equivale a afirmar a vinculação das autoridades de polícia ao conteúdo do acto administrativo, já garantido pelo efeito vinculativo (72-73). S. ROESLER, *Die Legalisierungswirkung gewerbe- und immissionsschutzrechtlicher Genehmigungen vor dem Hintergrund der Altlastenproblematik*, 130, considerando, na esteira de JARASS, que o efeito legalizador é uma figura paralela ao *Bestandschutz*.

[245] F.-J. PEINE, *Die Legarisierungswirkung*, 208; J. MARTENSEN, *Erlaubnis zur Störung?*, 70, realçando que a adopção de novos termos na temática dos efeitos do acto administrativo em nada contribui para a precisão do discurso jurídico; 93, considerando supérfluo o conceito do efeito legalizador.

O ACTO ADMINISTRATIVO CONFORMADOR DE RELAÇÕES DE VIZINHANÇA

lativa, não superaria a necessidade de os efeitos jurídicos pretendidos terem fundamento legal[246]. A fundamentação dos resultados pretendidos com o "efeito legalizador" transferir-se-ia assim para a fundamentação de outros efeitos do acto administrativo já teorizados, *maxime* o chamado "efeito vinculativo" (*"Bindungswirkung"*)[247]. A favor deste entendimento deporia, entre outros, o princípio da separação de competências entre órgãos administrativos e a inerente proibição de contrariedade de actos anteriormente praticados por outros órgãos[248]. Assim colocado o problema do "efeito legalizador", a admissibilidade de actuações administrativas contrárias à autorização acaba por ser equacionada à luz do regime da revogação dos actos administrativos[249].

[246] F.-J. Peine, *Die Legarisierungswirkung*, 208-9. Em sentido próximo, J. Martensen, *Erlaubnis zur Störung?*, 72, relevando que, a afirmar-se um efeito legalizador com conteúdo autónomo, então sempre teria também que para ele ser encontrada uma fundamentação autónoma. A teoria do efeito legalizador, porquanto equivalente à afirmação da vinculação das autoridades policiais ao conteúdo regulativo do acto administrativo, ou não explica porque ocorre tal vinculação ou nada acrescenta aos fundamentos do efeito vinculativo.

[247] O sentido emprestado por F.-J. Peine, *Die Legarisierungswirkung*, 209 e ss., ao *"Tatbestandswirkung"* corresponde ao sentido geralmente dado ao efeito vinculativo (*"Bindungswirkung"*). K. Sach, *Genehmigung als Schutzschild?*, 175, nr. 161.

[248] F.-J. Peine, *Die Legarisierungswirkung*, 209. Para além deste, o Autor indica ainda o princípio da segurança jurídica, na vertente de protecção da confiança do autorizado, bem como o princípio da ausência de contradições na ordem jurídica, ao qual concede maior relevância. O *"Tatbestandswirkung"* constitui um instrumento jurídico de garantia da ausência de contradições lógicas (F.-J. Peine, *Die Legarisierungswirkung*, 210-1). Referindo o princípio da exclusividade da distribuição legal de competências materiais, A. Schink, *Grenzen der Störerhaftung bei der Sanierung von Altlasten*, 382. P. Selmer, *Privates Umwelthaftungsrecht und öffentliches Gefahrenabwehr*, 32, considera que o chamado "efeito legalizador" resulta da auto-vinculação da administração às suas decisões com força de caso decidido e do princípio da unidade da administração.

[249] J. Fluck, *Die Legalisierungswirkung von Genehmigung als ein Zentralproblem öffentlich-rechtlicher Haftung für Altlasten*, 410, associando revogabilidade e efeito legalizador; F.-J. Peine, *Die Legarisierungswirkung*, 212, depois de negar a autonomia do efeito legalizador, conclui no sentido de o conteúdo regulativo da autorização apenas poder ser alterado por aplicação da lei especial que regula a sua emissão ou ao abrigo dos §§ 48, 49 VwVfG, se os respectivos requisitos forem preenchidos. M. Seibert, *Die Bindungswirkung von Verwaltungsakten*, 54, questiona se, em especial perante a inexistência de expressa previsão legal para a adopção de medidas posteriores à emissão da autorização, as mesmas implicarão uma revogação (parcial) da autorização; tal questão seria discutida pela doutrina, a propósito das "cargas poluentes acumuladas", sob a expressão "efeito legalizador". Igualmente, H. J. Papier, *Die Verantwortlichkeit für Altlasten im öffentlichen Recht*, 258, embora não negue a

INTRODUÇÃO

47. Ainda que a maioria da doutrina admita o "efeito legalizador" – ou a protecção, designada ou não por esta expressão, que é conferida pela autorização – não existe unanimidade quanto ao seu *fundamento* dogmático, como demos conta, nem quanto ao seu *alcance*[250/251].

Por um lado, considera-se que a argumentação geralmente expendida a propósito da autorização de emissões não deve, sem mais, ser transposta para qualquer outro acto autorizativo, recusando-se, assim, o "efeito legalizador" como figura genérica[252].

autonomia do efeito legalizador, acaba por afirmar que o acto produz sempre todos os seus efeitos até que seja revogado ou até que sejam emitidas medidas prescritivas modificadoras da conformação inicial. Em sentido próximo, A. Schink, *Grenzen der Störerhaftung bei der Sanierung von Altlasten*, 382. Considerando que as intervenções policiais no caso de instalações autorizadas constituem intervenções quanto ao disposto na autorização e, portanto, revogações, H. Ziehm, *Die Störerverantwortlichkeit für Boden- und Wasserverunreinigungen*, 33. Sobre a relação entre a teoria dos efeitos do acto administrativo e o regime da revogação dos actos administrativos, H. Maurer, *Allgemeines Verwaltungsrecht*, 286 e ss..

[250] R. Breuer, *Rechtsprobleme der Altlasten*, 756; A. Schink, *Grenzen der Störerhaftung bei der Sanierung von Altlasten*, 382, precisamente distinguindo entre a questão da admissão do efeito legalizador e a do seu alcance; B. Hilger, *Die Legalisierungswirkung von Genehmigungen*, 5, salienta que, se raramente se questiona a existência de um efeito legalizador, já a questão do seu alcance constitui objecto de alargada divergência. Para M. Seibert, *Die Bindungswirkung von Verwaltungsakten*, 451, tanto a admissão de um "efeito legalizador" global, como a sua total negação seriam de recusar: a primeira seria desconforme ao sentido do conteúdo permissivo da autorização, a segunda ao sentido da "determinação incidental" (contida no acto e abrangida pelo seu efeito vinculativo).

[251] Entre as questões relativas ao alcance do efeito legalizador – ao contrário do que sucede a propósito dos problemas da acessoriedade administrativa do direito penal e do efeito conformador de relações jurídicas entre privados – o problema da legalidade ou ilegalidade da autorização não constitui objecto de grande atenção por parte da doutrina, sendo o efeito legalizador geralmente admitido para autorizações eficazes, ainda que ilegais, desde que não anuladas ou revogadas, como refere J. Fluck, *Die Legalisierungswirkung von Genehmigung als ein Zentralproblem öffentlich-rechtlicher Haftung für Altlasten*, 409. Igualmente, H. Ziehm, *Die Störerverantwortlichkeit für Boden- und Wasserverunreinigungen*, 32-3, afastando o efeito legalizador apenas para os actos nulos, aprecia depois o regime da revogação dos actos inválidos, dedicando especial atenção à eventual protecção da confiança do autorizado no caso concreto (§ 48 VwVfG). Se esta posição facilmente se compreende por parte de quem reconduz o efeito legalizador ao efeito vinculativo do acto administrativo, já dúvidas existem quanto ao seu sufrágio por quem encontra o fundamento deste efeito na proibição de contradições normativas, ainda que a questão não venha a ser autonomamente abordada. *Vide*, por exemplo, A. Schink, *Wasserrechtliche Probleme der Sanierung von Altlasten*, 166: "*was* rechtlich *erlaubt ist, kann nicht zur polizeilichen Haftung führen*" (destaque nosso).

[252] Neste sentido, R. Breuer, *Rechtsprobleme der Altlasten*, 755-6; R. Breuer, *"Altlasten" als Bewährunsprobe der polizeilichen Gefahrenabwehr und des Umweltschutz – OVG Münster*, 355-6,

O ACTO ADMINISTRATIVO CONFORMADOR DE RELAÇÕES DE VIZINHANÇA

Por outro lado, mesmo quando admitido o efeito legalizador – em relação a todos ou apenas a alguns dos actos permissivos – discute a doutrina quais os comportamentos ou as suas consequências que, em virtude da autorização, se encontram protegidos da aplicação de normas habilitadoras de intervenção administrativa ou de responsabilização.

Na discussão sobre o alcance do efeito legalizador é corrente a afirmação de que este não poderá ultrapassar o da autorização: os limites da autorização marcam os limites do efeito legalizador[253]. A divergência transfere-se então para a determinação dos comportamentos e das suas consequências que se encontram abrangidos pela autorização.

Assim identificada a sede da verdadeira divergência doutrinal, os complexos de problemas, bem como as soluções que para eles são apresentadas, são múltiplos[254].

Desde logo, salienta-se a necessidade de apreciar se o comportamento se encontra autorizado de forma "incondicional" ou não[255]. Realça-se,

afirmando que a admissão do "efeito legalizador" encontra-se sempre dependente da conformação legislativa do conteúdo e dos efeitos de cada acto permissivo, embora não ao ponto de precisar de expressa consagração legal, como decorre das considerações posteriores; E. KUTSCHEIDT, *Die Neuregelung der Abfallvermeidungs- und beseitigungspflicht bei industriellen Betrieben*, 624.

[253] Neste sentido, BVerwG 2.12.1977, NJW 1978, 1819, considerando que o efeito legalizador não poderia ser mais amplo que a autorização em causa e excluindo, assim, este efeito quanto a perigos iminentes (*"drohende Gefahr"*). Anteriormente, já a pioneira sentença do PrOVG de 1927 excluíra a responsabilidade num caso de danos previsíveis e conhecidos, não constituindo, assim, "precedente" para um efeito legalizador total (M. SEIBERT, *Die Bindungswirkung von Verwaltunsgsakten*, 455). Na doutrina, entre outros, A. SCHINK, *Grenzen der Störerhaftung bei der Sanierung von Altlasten*, 382, considerando que o efeito legalizador depende do objecto e do conteúdo da autorização; J. STAUPE, *Rechtliche Aspekte der Altlastensanierung*, 610; R. BREUER, *Rechtsprobleme der Altlasten*, 756: "os limites internos da permissão administrativa marcam os limites do possível efeito legalizador"; M. SEIBERT, *Die Bindungswirkung von Verwaltunsgsakten*, 451 e ss.; E. BRANDT, *Altlastenrecht*, 141; H. ZIEHM, *Die Störerverantwortlichkeit für Boden- und Wasserverunreinigungen*, 31; H.-J. MÜGGENBORG, *Rechtliche Aspekte der Altlastenproblematik und der Freistellungsklausel*, 849-50; P. SELMER, *Privates Umwelthaftungsrecht und öffentliches Gefahrenabwehr*, 31; B. HILGER, *Die Legalisierungswirkung von Genehmigungen*, 16. Naturalmente, o comportamento de um autorizado que não respeite a autorização não pode ser protegido pelo efeito legalizador. Entre outros, A. SCHINK, *Wasserrechtliche Probleme der Sanierung von Altlasten*, 167.

[254] Vide, exemplificativamente, a sistematização de B. HILGER, *Die Legalisierungswirkung von Genehmigungen*, 5-6.

[255] R. BREUER, *"Altlasten" als Bewährunsprobe der polizeilichen Gefahrenabwehr und des Umweltschutz – OVG Münster*, 356, realçando que será sempre preciso examinar se o comportamento

INTRODUÇÃO

igualmente, a complexidade das "situações da vida" e as inerentes limitações de cada autorização, que apenas abrangem aspectos parciais de uma
actividade facticamente unificada[256]. Quanto aos comportamentos tidos
por autorizados, tanto se restringe o efeito autorizativo àqueles que se
encontram "expressamente" permitidos pela autorização, como se defende a inclusão dos que, não tendo sido explicitamente permitidos, o terão
sido de forma "concludente"[257]. Sendo o comportamento autorizado, ainda

em causa se encontra permitido pela autorização de forma incondicional, sob reserva de
determinados pressupostos ou restrições ou sob uma genérica reserva de respeito de
regras técnicas ou de medidas de cuidado adequadas ao tráfego.

[256] Por exemplo, J. STAUPE, *Rechtliche Aspekte der Altlastensanierung*, 610, referindo que a
autorização pode apenas abranger um aspecto parcial do comportamento danoso; H. ZIEHM,
Die Störerverantwortlichkeit für Boden- und Wasserverunreinigungen, 31-32, salientando que,
precisando uma indústria de várias autorizações, cada autorização, por regra, apenas se
reporta à parte da realidade que é por si precisa e necessariamente abrangida (*"auf den Teil
eines Sachverhaltes, der gerade die Genehmigung erforderlich macht)"*; assim, exemplificando,
uma exploração, cujo funcionamento nocturno não se encontra expressamente admitido
na autorização emitida, não vê legalizados os danos pela emissão do ruído para os vizinhos
durante a noite. Em geral, R. BREUER, *"Altlasten" als Bewährunsprobe der polizeilichen Gefahrenabwehr und des Umweltschutz – OVG Münster*, 356, afirmando que o alcance do efeito
legalizador depende da apreciação dos factos e da decisão no caso individual e concreto.
Concretizando, W. KÜGEL, *Die Entwicklung des Altlastenrechts*, 2482, afirma que, por exemplo, se a questão de protecção da água não foi incluída no procedimento administrativo,
porquanto os perigos respectivos não eram relevantes para o fim da norma, então não há,
quanto a estes, qualquer efeito legalizador.

[257] Admitindo a cobertura pelo efeito legalizador de qualquer comportamento "explícita
ou concludentemente permitido por uma autorização", H. J. PAPIER, *Altlasten und polizeiliche Störerhaftung*, 876: se os resíduos produzidos por uma indústria, inafastáveis de acordo
com os conhecimentos técnicos então existentes, eram inevitáveis consequências da exploração da indústria, então encontram-se necessariamente permitidos, de forma tácita, na
autorização da indústria. No mesmo sentido, expressamente, U. DIEDERISCHEN, *Verantwortlichkeit für Altlasten – Industrie als Störer?*, 919; aproximadamente, embora se desloque para
o plano dos efeitos, H. ZIEHM, *Die Störerverantwortlichkeit für Boden- und Wasserverunreinigungen*, 32, depois de afirmar, no exemplo anteriormente referido, que a exploração
nocturna, não se encontrando expressamente permitida, não vê os seus efeitos nocivos
legalizados, vem a admitir que tal possa afinal ocorrer se os mesmos forem um "efeito
directo do comportamento expressamente autorizado".
Restringindo o efeito legalizador aos comportamentos expressamente admitidos na autorização, J. FLUCK, *Die Legalisierungswirkung von Genehmigung als ein Zentralproblem öffentlich-
rechtlicher Haftung für Altlasten*, 422; S. ROESLER, *Die Legalisierungswirkung gewerbe- und immissionsschutzrechtlicher Genehmigungen vor dem Hintergrund der Altlastenproblematik*, 166-7,
adiantando mesmo que o mero conhecimento dos futuros danos por parte do órgão

se ensaia a distinção entre este e os seus efeitos, só ficando o comportamento, e não os perigos e danos dele consequentes, coberto pelo efeito legalizador[258].

Outro grupo de problemas resulta das alterações respeitantes à previsibilidade / cognoscibilidade dos riscos envolvidos pela actividade autorizada. Para parte da doutrina, apenas os riscos previstos na autorização ou, ao menos, aqueles que eram cognoscíveis no momento da sua emissão, se encontram legalizados; para outros Autores, qualquer alteração da situação fáctica, jurídica ou do estado do conhecimento científico que possibilite supervenientemente a consideração de um comportamento como perigoso ou danoso, ao contrário do que sucedera no momento da emissão da autorização, não pode relevar, permanecendo a actividade autorizada sob a protecção do efeito legalizador[259]. Ainda que a esta não limitada, o

administrativo não é suficiente para que os mesmos sejam legalizados se não encontrarem correspondência clara e inequívoca na autorização; A. Schink, *Wasserrechtliche Probleme der Sanierung von Altlasten*, 167, retomando o exemplo de Papier, considera que decisivo é, não a inerência dos danos à actividade em causa, mas se estes constituíram ou deveriam ter constituído, em atenção às normas reguladoras da emissão da autorização, objecto de apreciação pelo órgão administrativo.

[258] Distinguindo entre comportamento autorizado e seus efeitos, M. Seibert, *Die Bindungswirkung von Verwaltungssakten*, 451-2: da função e do conteúdo regulativo da autorização de emissões resulta a nítida diferenciação entre a exploração e os seus efeitos, sendo apenas permitido o uso da exploração e não todos os perigos e danos daí advenientes; também a licença de condução não afasta a responsabilidade do condutor por danos provocados; igualmente, P. Selmer, *Privates Umwelthaftungsrecht und öffentliches Gefahrenabwehr*, 31-2, embora admita a inclusão de determinados efeitos a título excepcional.

Não admitindo a distinção entre comportamento autorizado e seus efeitos, J. Fluck, *Die Legalisierungswirkung von Genehmigung als ein Zentralproblem öffentlich-rechtlicher Haftung für Altlasten*, 430; B. Hilger, *Die Legalisierungswirkung von Genehmigungen*, 54, considerando que uma autorização que permitisse um comportamento mas não os efeitos conexos seria em si contraditória; igualmente, S. Roesler, *Die Legalisierungswirkung gewerbe- und immissionsschutzrechtlicher Genehmigungen vor dem Hintergrund der Altlastenproblematik*, 112-3. Recusando um efeito legalizador de todos os efeitos, imediatos ou mediatos, de um comportamento autorizado, H. Ziehm, *Die Störerverantwortlichkeit für Boden- und Wasserverunreinigungen*, 31.

[259] M. Seibert, *Die Bindungswirkung von Verwaltungssakten*, 451, considera que o efeito legalizador não abrange senão os riscos conhecidos pelo órgão administrativo, pois apenas sobre estes pode incidir a determinação vinculativa, contida na autorização, da sua conformidade jurídica; excluídos desta determinação incidental ficam as alterações posteriores das situações factuais ou jurídicas, bem como dos riscos que, no momento da emissão da autorização, não eram cognoscíveis; a autorização não transfere, pois, todo o risco da exploração para o Estado ou para os terceiros (452). A limitação do efeito legalizador a

INTRODUÇÃO

estes riscos resultaria da natureza da autorização de emissões como controlo preventivo do perigo, a qual não se coadunaria com uma pretensa independência de posteriores conhecimentos nem com a exclusão, para o autorizado, de todo o risco, como aliás resulta do dinamismo dos deveres impostos pelo § 5 BImSchG (M. SEIBERT, *Die Bindungswirkung von Verwaltunsgsakten*, 452-3; o Autor realça, ainda, que a autorização de emissões, ao abrigo da BImSchG, se distingue da autorização prevista na anterior GewO, cuja revogação era excluída ou apenas admitida nos casos do § 51 (455)). Argumenta ainda o Autor que, tratando-se de danos imprevisíveis no momento da emissão da autorização, os vizinhos potencialmente lesados não poderiam ter oposto qualquer objecção, não podendo assim o procedimento constituir qualquer garantia contra aqueles, nem podendo a autoridade administrativa decidir se todos esses danos seriam conformes ao direito e, assim, "aprovados" (M. SEIBERT, *Die Bindungswirkung von Verwaltungsakten*, 454). Por último, declara o Autor que as limitações do conhecimento nos procedimentos de controlo preventivo não podem servir de encorajamento para ausência de cuidado dos privados (M. SEIBERT, *Die Bindungswirkung von Verwaltunsgsakten*, 454). No mesmo sentido, E. BRANDT, *Altlastenrecht*, 142-3, com três argumentos pertinentes: i) a possibilidade de conhecimento do perigo não pode relevar na teoria da causa imediata, pois esta não admite a relevância da culpa; ii) a transferência do risco da actuação privada para o Estado contradiz o sentido do modelo preventivo da "proibição com reserva de autorização"; porém, se o risco fosse transferido para o Estado, então sempre teria de se lhe reconhecer a possibilidade de intervir para evitar a sua concretização (HERMES); iii) se se toma a perspectiva da garantia da liberdade de iniciativa económica como essencial, então deve, em consonância com esta, permanecer o risco no investidor privado. Igualmente, A. SCHINK, *Wasserrechtliche Probleme der Sanierung von Altlasten*, 169, salientando a irrelevância da previsibilidade do perigo na responsabilidade do direito de polícia e defendendo, contra PAPIER, que, no caso de desenvolvimento do conhecimento científico, apenas se verifica a possibilidade de conhecimento de um perigo relevante para o direito de polícia *já antes existente* e não uma diferente valoração jurídica. R. BREUER, *"Altlasten" als Bewährunsprobe der polizeilichen Gefahrenabwehr und des Umweltschutz – OVG Münster*, 356, admite, mais limitadamente, que certo risco possa, em concreto, "ser de tal forma atípico e *ex ante* insusceptível de ser conhecido que, se não a conduta, mas antes o resultado da realização do perigo, fique excluído do efeito legalizador".

Contra, H. J. PAPIER, *Altlasten und polizeiliche Störerhaftung*, 877, considerando que a alteração do conhecimento científico implica uma diferente valoração de uma situação anteriormente admitida pelo direito de polícia, o que, a ser relevante, implicaria uma verdadeira retroactividade, proibida no Estado de Direito; J. FLUCK, *Die Legalisierungswirkung von Genehmigung als ein Zentralproblem öffentlich-rechtlicher Haftung für Altlasten*, 430-1, considerando irrelevante se se trata de riscos típicos ou atípicos, *ex ante* cognoscíveis ou não; S. ROESLER, *Die Legalisierungswirkung gewerbe- und immissionsschutzrechtlicher Genehmigungen vor dem Hintergrund der Altlastenproblematik*, 180-1; H. ZIEHM, *Die Störerverantwortlichkeit für Boden- und Wasserverunreinigungen*, 34 e ss.. Para este Autor, nenhuma destas alterações poderia afastar o efeito legalizador: no caso de alterações jurídicas ou factuais, a autorização permaneceria válida pois a legalidade da mesma é apreciada ao tempo da sua emissão; uma revogação apenas seria possível nos termos do § 49 VwVfG, que não admite a retroactividade daquela e, assim, não afastaria o efeito legalizador (34). No caso de alterações do

85

problema do alcance do efeito legalizador desloca-se assim, em grande medida, para o problema da determinação do objecto e do conteúdo do acto administrativo autorizativo[260].

3.3. *Relação com o problema do efeito conformador de relações jurídicas entre privados*

48. Por mais interessantes que sejam os contributos da doutrina germânica, o "efeito legalizador" tem sido equacionado sobretudo como problema de determinação do âmbito de aplicação da "cláusula geral de polícia", o que exclui a sua pertinência no ordenamento jurídico português. Com efeito, não só não existe, no direito pátrio, qualquer "cláusula geral de polícia", como, a existir, ela sempre seria inconstitucional, atento o princípio da reserva de lei e, em especial, o princípio da tipicidade das medidas de polícia, decorrente do artigo 272.º, n.º 2, da Constituição[261].

---

conhecimento científico, o Autor recusa que esteja em causa uma invalidade inicial do acto administrativo, invalidade essa que seria objectivamente determinada, apesar de não poder ser conhecida nem pelo destinatário, nem pelo órgão administrativo; a alteração do conhecimento científico envolveria, antes, uma alteração de valoração.

[260] Com desenvolvimentos, B. HILGER, *Die Legalisierungswirkung von Genehmigungen*, 51 e ss..

[261] Em geral sobre o princípio da legalidade e a reserva de lei, entre muitos outros, D. JESCH, *Gesetz und Verwaltung, passim*; H. MAURER, *Allgemeines Verwaltungsrecht*, 106 e ss.; H. FABER, *Verwaltungsrecht*, 88 e ss.; D. FREITAS DO AMARAL, *Curso de direito administrativo*, II, 40 e ss.; J. C. VIEIRA DE ANDRADE, *O ordenamento jurídico administrativo português*, 35 e ss.; M. ESTEVES DE OLIVEIRA/ P. GONÇALVES/ J. PACHECO DE AMORIM, *Código do Procedimento Administrativo comentado*, 85 e ss.; J. M. SÉRVULO CORREIA, *Legalidade e autonomia contratual nos contratos administrativos*, 17 e ss.; J. M. SÉRVULO CORREIA, *Polícia*, 393 e ss., especificamente quanto à cláusula geral de polícia. Expressamente afirmando que uma "cláusula geral de polícia" como a germânica, a existir em Portugal, seria contrária ao artigo 272.º da CRP, P. GONÇALVES, *Advertências da administração pública*, 781 e ss., em esp. 783-4. J. C. VIEIRA DE ANDRADE, *Os direitos fundamentais na Constituição portuguesa de 1976*, 345 e ss., verifica a existência de várias "cláusulas gerais" que, contudo, não têm a amplitude da cláusula geral germânica. No direito germânico, também confrontando a "cláusula geral de polícia" com a reserva de lei, P. KIRCHHOF, *Polizeiliche Eingriffsbefugnisse und private Nothilfe*, 969 e ss.. B. PIEROTH/ B. SCHLINK/ M. KNIESEL, *Polizei- und Ordnungsrecht*, 119, referem que a jurisprudência constitucional recusou a sua inconstitucionalidade pois, apesar da variedade dos conceitos indeterminados utilizados, estes teriam já recebido ao longo dos tempos, por parte dos diversos operadores jurídicos, concretização suficiente.

INTRODUÇÃO

Se esta consideração justificaria, por si só, a exclusão do problema do "efeito legalizador" do âmbito da nossa investigação, importa referir que, apesar de aquele girar em torno da "cláusula geral de polícia", as questões por si convocadas coincidem parcialmente com aquelas que são colocadas pelo efeito conformador de relações jurídicas entre privados.

O problema do efeito legalizador coloca a questão da separação de competências entre órgãos administrativos, o que, à partida, não releva para o nosso estudo. Porém, implicado com este problema, surge o do regime da revogação (ou substituição) dos actos administrativos: e, ainda que a presente tese não verse sobre esta questão, ela terá que ser tida em conta, ao menos para efeitos de inserção sistemática das conclusões a que cheguemos quanto ao efeito conformador.

Embora o problema do efeito legalizador se reporte à relação entre normas do mesmo ramo do direito, o que não sucede com o problema do efeito conformador, certo é que tem sido o palco de diversas considerações acerca do princípio da unidade da ordem jurídica e, igualmente, acerca da protecção da confiança dos particulares nas suas relações com a administração – temas que, pelo menos por identidade de razão, são incontornáveis quando se trata de abordar os problemas de relacionamento entre direito administrativo e direito privado, que nos ocuparão.

Ainda que marcada pelas características próprias do direito de polícia, as questões de responsabilidade que se suscitam a propósito do tema do efeito legalizador são igualmente objecto de considerações interessantes, nomeadamente quanto às eventuais causas justificativas da ilicitude. Ora, impõe-se igualmente a análise deste problema a propósito do tema do efeito conformador de relações jurídicas entre privados que, como vimos, poderá precisamente ter a virtualidade de afastar ou justificar a ilicitude privada.

Em especial, o problema do efeito legalizador é, tal como o problema do efeito conformador de relações jurídicas entre privados, indissociável da temática dos *efeitos do acto administrativo*. A propósito do efeito legalizador são tecidas, como demos conta, considerações várias sobre o *efeito vinculativo* geral do acto administrativo, que pode ser concebido em termos tão amplos que abranjam o próprio efeito vinculativo dos actos administrativos em relação ao *juiz civil* – o que, naturalmente, tem potencial interesse para o nosso tema.

A doutrina tem tecido, a propósito do efeito legalizador, as mais interessantes considerações sobre o objecto do acto administrativo e sobre o sentido e conteúdo do acto autorizativo, procurando, nomeadamente, determinar quais os comportamentos e/ou os seus efeitos que estão compreendidos na autorização, questão que terá igualmente que ser abordada na investigação dos efeitos do acto administrativo nas relações jurídicas entre sujeitos privados.

Por estas razões, será sem surpresa que procuraremos aproveitar os contributos doutrinais expendidos a propósito do efeito legalizador para a investigação sobre o efeito conformador de relações jurídicas entre privados.

4. Problemas conexos: ii) a acessoriedade administrativa do direito penal

4.1. *Autorização administrativa e aplicação de sanções penais*

49. Se a questão do efeito legalizador diz respeito às relações entre normas de direito administrativo, outro grupo de problemas prende-se com a relação existente entre o direito administrativo e o direito penal[262].

---

[262] Sobre esta questão, no direito português, entre outros, J. Figueiredo Dias, *Sobre a tutela jurídico-penal do ambiente – um quarto de século depois*, 371 e ss.; P. Ribeiro de Faria, *sub art. 278º*, 933 e ss.; T. Quintela de Brito, *O crime de poluição: alguns aspectos da tutela criminal do ambiente no Código Penal de 1995*, 331 e ss.; A. Miranda Rodrigues, *A propósito do crime de poluição (artigo 279º do Código Penal)*, 103 e ss.; A. Miranda Rodrigues, *sub art. 279º*, 945 e ss.; F. L. Costa Pinto, *Sentido e limites da protecção penal do ambiente*, 9 e ss.; M. F. Palma, *Direito penal do ambiente – uma primeira abordagem*, 431 e ss.; R. Pereira, *Código Penal: as ideias de uma revisão adiada*, 49 e ss.; A. Silva Dias, *A estrutura dos direitos ao ambiente e à qualidade dos bens de consumo e sua repercussão na teoria do bem jurídico e na das causas de justificação*, 181 e ss.; P. Sousa Mendes, *Vale a pena o direito penal do ambiente?, passim*; J. Souto de Moura, *O crime de poluição – a propósito do artigo 279º do Projecto de Reforma do Código Penal*, 15 e ss.. No direito alemão, entre muitos outros, H.-H. Jescheck, *Lehrbuch des Strafrechts*, 368 e ss.; M. Schröder, *Verwaltungsrecht als Vorgabe für Zivil- und Strafrecht*, 196 e ss.; G. Heine, *Verwaltungsakzessorietät des Umweltstrafrechts*, 2425 e ss.; W. Winkelbauer, *Die Verwaltungsabhängigkeit des Umweltstrafrechts*, 723 e ss.; H. Tröndle/ T. Fischer, *Strafgesetzbuch*, 1895 e ss.; R. Breuer, *Verwaltungsrechtlicher und strafrechtlicher Umweltschutz – Vom Ersten zum Zweiten Umweltkriminalitätsgesetz*, 1077 e ss.; R. Breuer, *Probleme der Zusammenbarkeit zwischen Verwaltung und Strafverfolgung auf dem Gebiet des Umweltschutzes*, 448 e ss.; R. Breuer, *Konflikte zwischen Verwaltung und Strafverfolgung*, 169 e ss.; H. Samson, *Konflikte zwischen öffentlichem und*

INTRODUÇÃO

Tomando como perspectiva a da protecção conferida pelo acto administrativo autorizativo contra a possibilidade de aplicação de sanções penais, duas questões podem ser diferenciadas[263]. A primeira, que tem merecido o estudo da doutrina sob a designação de "acessoriedade administrativa do direito penal", diz respeito a normas de direito penal em que o próprio legislador estabeleceu uma relação com o direito administrativo, como sucede no campo do chamado "direito penal do ambiente". A segunda questão, menos discutida, diz respeito à relação entre o acto administrativo autorizativo e normas de direito penal geral como as relativas aos crimes de homicídio, ofensas à integridade física, dano e outros[264].

50. Nos casos de acessoriedade administrativa, ao estabelecer a incriminação, o legislador penal opta por fazê-la depender do direito administrativo, podendo a acessoriedade ocorrer em relação a normas e / ou a actos administrativos[265]. A dependência do direito penal em relação ao direito administrativo pode ainda ser absoluta ou relativa[266].

strafrechtlichem Umweltschutz, 800 e ss.; K. TIEDEMANN, *Die Neuordnung des Umweltstrafrechts*, em esp. 41 e ss.; C. MARX, *Die behördliche Genehmigung im Strafrecht*, 27 e ss.; M. JÜNEMANN, *Rechtsmissbrauch im Umweltstrafrecht: zugleich ein Beitrag zur befugnisverleihenden Wirkung behoerdlicher Genehmigungen*, 21 e ss.; H. SCHALL, *Umweltschutz durch Strafrecht: Anspruch und Wirklichkeit*, 1263 e ss.; D. FELIX, *Einheit der Rechtsordnung: zur verfassungsrechtlichen Relevanz einer juristischen Argumentationsfigur*, 16 e ss.. Para o direito holandês, M. G. FAURE/ J. C. OUDIJK, *Die strafgerichtliche Überprufung von Verwaltungsakten im Umweltrecht*, 86 e ss., ainda com referências ao direito belga (87).

[263] Assim, K. SACH, *Genehmigung als Schutzschild?*, 28; G. WAGNER, *Öffentlich-rechtliche Genehmigung und zivilrechtliche Rechtswidrigkeit*, 22.

[264] Neste caso, estará em causa um possível efeito justificativo da autorização. K. SACH, *Genehmigung als Schutzschild?*, 28.

[265] Sobre esta distinção, R. BREUER, *Verwaltungsrechtlicher und strafrechtlicher Umweltschutz – Vom Ersten zum Zweiten Umweltkriminalitätsgesetz*, 1083 e ss.; R. BREUER, *Konflikte zwischen Verwaltung und Strafverfolgung*, 179; G. CORDINI, *O direito do ambiente em Itália*, 219-20. H. SCHALL, *Umweltschutz durch Strafrecht: Anspruch und Wirklichkeit*, 1265, refere ainda uma "acessoriedade conceptual" ("*begriffliche Akzessorietät*").

[266] Como explica G. CORDINI, *O direito do ambiente em Itália*, 220, a dependência será absoluta num tipo com a formulação "quem violar uma norma administrativa concebida para proteger o ambiente, é punido" e relativa num tipo com a formulação "quem, ao violar uma norma administrativa concebida para proteger o ambiente, atentar contra este, é punido". *Vide* um esquema de vários modelos de dependência do direito penal em relação ao direito administrativo, com notas de direito comparado, em G. HEINE, *Verwaltungsakzessorietät des Umweltstrafrechts*, 2426 e ss..

No direito português, podem ser apontados como casos de acessoriedade administrativa as normas dos artigos 278.º (danos contra a natureza) e 279.º (poluição) do Código Penal. Conquanto sejam ambos casos de acessoriedade, a estruturação dos tipos em causa apresenta diferenças: segundo o artigo 278.º, será punido quem, *"não observando disposições legais ou regulamentares"*, produza um resultado grave para o ambiente[267]; no artigo 279.º, prescreve-se a sanção penal para quem poluir "em medida inadmissível", ocorrendo tal "sempre que a natureza ou os valores da emissão ou da imissão poluentes *contrariarem prescrições ou limitações impostas pela autoridade competente em conformidade com disposições legais ou regulamentares e sob cominação de aplicação das penas previstas"*.

No caso da primeira norma penal referida, a ligação encontra-se estabelecida ao nível das normas de direito administrativo, embora abranja igualmente a relevância das autorizações administrativas: se uma norma exigir a autorização para o desenvolvimento de determinada actividade, a sua ausência implica violação de tal norma; se existir a autorização exigida, poderá considerar-se que o sujeito observou as "disposições legais ou regulamentares" aplicáveis[268]. Sendo este crime configurável como delito de dano e "pelo menos em parte (...) como delito de desobediência"[269], a ausência da autorização exigida determinaria a tipicidade da conduta e, no caso contrário, o não preenchimento do tipo[270].

Quanto ao crime de poluição, previsto na segunda norma referida, a relevância da autorização tem sido por demais evidenciada pela doutrina

---

[267] Outro exemplo, similar ao do artigo 278.º, pode ser encontrado no artigo 277.º, n.º 1, alínea a), relativo à infracção de regras "legais, regulamentares ou técnicas" de construção. Sobre esta norma, P. RIBEIRO DE FARIA, *sub art. 277º*, 911 e ss.. Sobre o artigo 280.º, que se relaciona com o artigo 279.º, A. MIRANDA RODRIGUES, *sub art. 280º*, 979 e ss..

[268] P. RIBEIRO DE FARIA, *sub art. 278º*, 935-936. *Vide* igualmente T. QUINTELA DE BRITO, *O crime de poluição: alguns aspectos da tutela criminal do ambiente no Código Penal de 1995*, 334-5, sobre o artigo 278.º.

[269] P. RIBEIRO DE FARIA, *sub art. 278º*, 934-5: delito de dano porque se exige a efectiva lesão do bem ambiental e de desobediência na medida em que, para além da lesão, constitui "pressuposto da punição (...) a violação de regras de direito administrativo que definem o limiar a partir do qual se passa para o âmbito do direito penal" (935). Exigindo-se a lesão do ambiente, a dependência do direito administrativo é meramente relativa. M. F. PALMA, *Direito penal do ambiente – uma primeira abordagem*, 444.

[270] P. RIBEIRO DE FARIA, *sub art. 278º*, 941, negando que a autorização, dada a estrutura do tipo, possa (ou tenha que) desempenhar a função de causa justificativa.

INTRODUÇÃO

nacional: a poluição em "medida inadmissível" apenas poderá resultar da contrariedade a actos administrativos ("prescrições e limitações" na redacção do tipo legal)[271]. Dada a complexa estrutura do tipo, como melhor se verá adiante, a classificação do crime em causa tem sido objecto de ampla divergência na doutrina nacional; da posição adoptada quanto a essa questão, depende a função e o alcance da autorização administrativa.

Aspecto especialmente criticado tem sido o das consequências da estruturação do tipo do artigo 279.º nos casos em que seja desenvolvida uma actividade poluente sem que tenha sido obtida a necessária autorização: se a incriminação depende da contrariedade da conduta em relação a um acto administrativo, não sendo este emitido, aquela conduta não pode ser penalmente sancionada[272].

As opções tomadas pelo legislador português diferem de outras, nomeadamente das consagradas no StGB alemão. Neste código, a autorização administrativa releva, por exemplo, para aplicação do § 324 ou do § 327[273]. No segundo caso, prescreve-se a sanção penal para quem desenvolva uma actividade em desconformidade com proibições administrativas ou sem a necessária autorização. No primeiro normativo, são sancionadas as condutas "não autorizadas" que produzam determinados resultados[274]. Assim, ao contrário do que sucede no crime de poluição da norma nacional, não se coloca o problema da ausência de sanção penal no caso de ausência pura e simples de autorização administrativa.

---

[271] Em MINISTÉRIO DA JUSTIÇA, *Código penal – actas e projecto da Comissão de Revisão*, 532, afirma-se que, para o funcionamento do artigo 279.º (então, 273.º), teria que existir "uma ordem ou determinação concreta" (bem como a respectiva autoridade administrativa emitente e a expressa cominação do sancionamento penal em caso de desobediência).

[272] P. SOUSA MENDES, *Vale a pena o direito penal do ambiente?*, 146 e ss., com incisivas críticas: considerando que os valores-limite da poluição admitida são sempre fixados em concreto através de acto administrativo; não havendo tal acto, não existem igualmente valores-limite de poluição que delimitem a punibilidade; se o sujeito tiver requerido a autorização e a contrariar, é punido; se não a tiver solicitado, "as práticas poluentes clandestinas são impuníveis" pelo que "se um agente quiser poluir até fartar, então será melhor não se maçar a pedir licença" (147).

[273] H. TRÖNDLE/ T. FISCHER, *Strafgesetzbuch*, 1911 e ss.. Sobre as alterações introduzidas em 1994 pela 2. UKG, R. BREUER, *Verwaltungsrechtlicher und strafrechtlicher Umweltschutz – Vom Ersten zum Zweiten Umweltkriminalitätsgesetz*, em esp. 1087 e ss..

[274] "*Unbefugt*" no original. Nos §§ 324a a 325, o legislador alemão optou por tipificar os comportamentos adoptados em "violação de deveres administrativos"

O ACTO ADMINISTRATIVO CONFORMADOR DE RELAÇÕES DE VIZINHANÇA

4.2. Questões derivadas da relação entre direito administrativo e direito penal: o relevo da autorização para os tipos penais e o problema das autorizações inválidas

51. Colocam-se, porém, outros problemas, comuns aos vários ordenamentos jurídicos em que foi estabelecida uma acessoriedade administrativa do direito penal.

Do problema da acessoriedade administrativa já se disse que mais não é do que uma «reedição circunscrita do velho problema das "normas penais em branco"», convocando-se assim a questão da sua conformidade constitucional[275]. Noutra perspectiva, pergunta-se se a acessoriedade administrativa – *maxime*, no que respeita à protecção conferida pela autorização contra sanções penais – não resultará antes de uma imposição constitucional[276]. Como decorrência do princípio da unidade do ordenamento jurídico, proclama-se que "quem se encontra autorizado administrativamente, não pode ser penalmente sancionado"[277]. A penalização das violações do direito administrativo, não sendo limitada ao direito de polícia mas abrangendo a garantia das funções de conformação e planeamento, irrealizáveis sem a Administração, encontraria o seu fundamento enquanto contributo para a realização do Estado Social de Direito[278].

---

[275] P. Sousa Mendes, *Vale a pena o direito penal do ambiente?*, 151. Igualmente, P. Ribeiro de Faria, *sub art. 278º*, 934; T. Quintela de Brito, *O crime de poluição: alguns aspectos da tutela criminal do ambiente no Código Penal de 1995*, 341 e ss.. No direito alemão, H. Tröndle/ T. Fischer, *Strafgesetzbuch*, 1901 e ss.; R. Breuer, *Konflikte zwischen Verwaltung und Strafverfolgung*, 179 e ss.; G. Heine, *Verwaltungsakzessorietät des Umweltstrafrechts*, 2429; W. Winkelbauer, *Die Verwaltungsabhängigkeit des Umweltstrafrechts*, 723 e ss.; H. Schall, *Umweltschutz durch Strafrecht: Anspruch und Wirklichkeit*, 1266, focando o problema da margem de livre decisão administrativa. Em geral, A. Sousa Pinheiro, *A reserva de lei em direito penal. Comentário ao Acórdão n.º 427/95 do Tribunal Constitucional*, 353 e ss., acórdão de que foi relatora Fernanda Palma; T. P. Beleza/ F. C. Pinto, *O regime legal do erro e as normas penais em branco*, em esp. 31 e ss..

[276] R. Breuer, *Konflikte zwischen Verwaltung und Strafverfolgung*, 180.

[277] R. Breuer, *Verwaltungsrechtlicher und strafrechtlicher Umweltschutz – Vom Ersten zum Zweiten Umweltkriminalitätsgesetz*, 1083; H. Tröndle/ T. Fischer, *Strafgesetzbuch*, 1902; R. Breuer, *Verwaltungsrechtlicher und strafrechtlicher Umweltschutz – Vom Ersten zum Zweiten Umweltkriminalitätsgesetz*, 1077.

[278] R. Breuer, *Verwaltungsrechtlicher und strafrechtlicher Umweltschutz – Vom Ersten zum Zweiten Umweltkriminalitätsgesetz*, 1083; R. Breuer, *Probleme der Zusammenbarkeit zwischen Verwaltung und Strafverfolgung auf dem Gebiet des Umweltschutzes*, 454-5.

INTRODUÇÃO

A imprescindibilidade de consagração de uma acessoriedade administrativa, nomeadamente em domínios como o do ambiente, é geralmente reconhecida pela doutrina[279]. Em especial, no que respeita ao crime de poluição, sobressai a circunstância de o bem jurídico ambiente não dispor, ao contrário de outros, como a vida, de uma protecção absoluta, mas apenas de uma protecção contra a poluição que se dê a partir de determinado grau ou medida[280]. Havendo que determinar o limite a partir do qual a poluição merece ser penalmente sancionada, ou o legislador penal se socorre de conceitos indeterminados, ou remete para valorações de outros ordenamentos, nomeadamente o administrativo. De entre as duas hipóteses,

---

[279] Assim, R. BREUER, *Verwaltungsrechtlicher und strafrechtlicher Umweltschutz – Vom Ersten zum Zweiten Umweltkriminalitätsgesetz*, 1077, afirmando que a descoordenação entre órgãos administrativos e juízes penais implica uma "desintegração do poder estadual que tanto prejudica o ambiente como o Estado de Direito", e 1083, considerando, em decorrência dos argumentos anteriormente apontados, que a acessoriedade administrativa do direito penal não pode mais ser posta em causa; um direito penal totalmente autónomo do direito administrativo seria "anacrónico e contrário ao Estado de Direito". G. HEINE, *Verwaltungsakzessorietät des Umweltstrafrechts*, 2426, considerando, à luz do princípio da unidade do ordenamento jurídico, a inevitabilidade da ligação entre direito penal e direito administrativo. Igualmente, J. FIGUEIREDO DIAS, *Sobre a tutela jurídico-penal do ambiente – um quarto de século depois*, 378, considerando a acessoriedade administrativa como "absolutamente necessária".

[280] Como explica J. SOUTO DE MOURA, *O crime de poluição – a propósito do artigo 279º do Projecto de Reforma do Código Penal*, 25-6, enquanto no bem jurídico "vida" a protecção é absoluta (lapidarmente: "Não se mata mais ou menos. Ou se mata ou não se mata"), o mesmo não sucede quando se pensa em poluição: pode-se poluir mais ou menos, em diferentes graus, sendo certo que determinado nível de poluição é inevitável na sociedade hodierna. Haverá, pois, que distinguir entre a poluição tolerada e a poluição intolerada ou, dito de outra forma, "restringir a punição às condutas poluidoras que ocorram *em medida inadmissível*" – J. FIGUEIREDO DIAS, *Sobre a tutela jurídico-penal do ambiente – um quarto de século depois*, 377 (itálicos originais). A necessidade de estabelecer as fronteiras das utilizações permitidas e de, com isso, garantir aos sujeitos jurídicos o conhecimento claro do juridicamente permitido constituiu precisamente um dos argumentos que levaram os juristas alemães, em colóquio sobre o tema, a concluir pela acessoriedade administrativa como imperativo do Estado de Direito (R. BREUER, *Verwaltungsrechtlicher und strafrechtlicher Umweltschutz – Vom Ersten zum Zweiten Umweltkriminalitätsgesetz*, 1083). Em sentido próximo, G. HEINE, *Verwaltungsakzessorietät des Umweltstrafrechts*, 2426, evidenciando que o direito penal do ambiente, dependente do direito administrativo, resulta de uma ponderação, feita pelo legislador, entre os interesses individuais e da comunidade a um ambiente sadio, por um lado, e a liberdade de outros indivíduos e o interesse público no desenvolvimento económico, por outro lado.

parece ser a segunda que menos colide com o princípio da legalidade penal[281/282].

52. Nos casos de acessoriedade, não está em causa saber *se* a autorização afasta a punibilidade do agente, pois tal decorre de uma opção do legislador. Admitida a relevância da autorização, por determinação legal, as questões colocadas prendem-se, por um lado, com a função das autorizações administrativas (exclusão da tipicidade ou justificação da ilicitude) e, por outro lado, com a eventual protecção conferida por autorizações inválidas[283/284].

[281] Preferindo a acessoriedade à utilização de conceitos indeterminados, P. RIBEIRO DE FARIA, *sub art. 278º*, 934-5. J. SOUTO DE MOURA, *O crime de poluição – a propósito do artigo 279º do Projecto de Reforma do Código Penal*, 26, duvida que possam ser utilizados conceitos indeterminados no próprio tipo fundamental (e não apenas em circunstâncias modificativas): "se se construísse uma previsão do tipo, em termos de «quem poluir de forma grave» ou de «de modo inadmissível» ou «em grau elevado», *sem mais precisões,* estaríamos talvez a remeter para o critério do juiz uma fatia grossa demais da previsão". *Vide*, contudo, a proposta de P. SOUSA MENDES, *Vale a pena o direito penal do ambiente?*, 185 e ss.. Este último Autor, a propósito do artigo 279.º do CP, considera que a técnica de normação em branco aí utilizada é inconstitucional pois apresenta uma remissão em bloco para normas complementares extra-penais, transfere para as entidades administrativas a competência penalizadora dos tribunais e contraria o princípio da igualdade, ao colocar nas mãos da Administração a escolha dos destinatários da autorização que poderão ficar sujeitos às sanções penais (na medida em que o acto administrativo poderá discricionariamente conter ou deixar de conter a cominação da sanção penal, condição entendida como necessária para a aplicação do artigo 279.º) – P. SOUSA MENDES, *Vale a pena o direito penal do ambiente?*, 151 e ss.. T. QUINTELA DE BRITO, *O crime de poluição: alguns aspectos da tutela criminal do ambiente no Código Penal de 1995*, 344, salienta que, sob pena de inconstitucionalidade, a autoridade administrativa apenas pode fazer a cominação de sanção penal ao praticar um acto se tal se encontrar previsto na lei em causa. A questão da inconstitucionalidade da acessoriedade administrativa não deve, a nosso ver, ser ofuscada pelas opções concretamente tomadas no artigo 279.º CP.

[282] W. WINKELBAUER, *Die Verwaltungsabhängigkeit des Umweltstrafrechts*, 725, depois de afirmar que não existem obstáculos de natureza constitucional à acessoriedade administrativa do direito penal, questiona se tal implica que este esteja "vinculado como um escravo" à precedência do direito administrativo ou se dela se poderá, ou deverá, libertar em alguns casos.

[283] Outras questões podem ser colocadas a propósito da relação entre direito penal e direito administrativo. Por exemplo, R. BREUER, *Verwaltungsrechtlicher und strafrechtlicher Umweltschutz – Vom Ersten zum Zweiten Umweltkriminalitätsgesetz*, 1085 e ss.; R. BREUER, *Probleme der Zusammenbarkeit zwischen Verwaltung und Strafverfolgung auf dem Gebiet des Umweltschutzes*, 460 e ss. e H. SAMSON, *Konflikte zwischen öffentlichem und strafrechtlichem Umweltschutz*, 803 e ss., abordando o conflito entre o princípio da oportunidade no direito

INTRODUÇÃO

No que respeita ao primeiro problema, entende-se geralmente que a função da autorização depende da configuração de cada tipo de crime; contudo, não existe, sobre esta, unanimidade[285]. Na doutrina portuguesa, a discussão em torno da classificação do crime do artigo 279.º resulta, quer de diferentes concepções acerca do bem jurídico por ele tutelado, quer da estrutura complexa do tipo, em que se faz uso de um conceito de difícil definição – "poluir" – e se opera uma remissão para actuações administrativas concretas, ainda para mais necessariamente acompanhadas da cominação de sanção penal[286].

Apesar de ter tido escassa repercussão na doutrina portuguesa, a questão de saber quais as autorizações – válidas ou inválidas / eficazes ou ineficazes – que deterão relevância para o afastamento de sanções penais é a

administrativo e o princípio da legalidade no processo penal. Discutível é igualmente a relevância da mera tolerância administrativa (*Duldung*) – H. TRÖNDLE/ T. FISCHER, *Strafgesetzbuch*, 1903, recusando, em regra, que produza efeitos semelhantes à autorização e que sirva de justificação; R. BREUER, *Konflikte zwischen Verwaltung und Strafverfolgung*, 181, considerando que da mera tolerância administrativa não resulta nem a emissão nem a substituição do acto; G. HEINE, *Verwaltungsakzessorietät des Umweltstrafrechts*, 2433; W. WINKELBAUER, *Die Verwaltungsabhängigkeit des Umweltstrafrechts*, 727 e ss.; especificamente sobre esta questão, K. ROGALL, *Die Duldung im Umweltstrafrecht*, 922 e ss.; J. WASMUTH/ M. KOCH, *Rechtfertigende Wirkung der behördlichen Duldung im Umweltstrafrecht*, 2434 e ss.. Outro problema, ainda, é o da possibilidade de responsabilizar os funcionários da Administração – H. TRÖNDLE/ T. FISCHER, *Strafgesetzbuch*, 1904 e ss.; R. BREUER, *Konflikte zwischen Verwaltung und Strafverfolgung*, 181 e ss.; K. TIEDEMANN, *Die Neuordnung des Umweltstrafrechts*, 43 e ss.; W. WINKELBAUER, *Die Verwaltungsabhängigkeit des Umweltstrafrechts*, 728 e ss.; H. SCHALL, *Umweltschutz durch Strafrecht: Anspruch und Wirklichkeit*, 1268 e ss..

[284] G. HEINE, *Verwaltungsakzessorietät des Umweltstrafrechts*, 2431 e ss., coloca igualmente o problema da determinação do objecto da autorização administrativa, tal como é feito a propósito do "efeito legalizador".

[285] Assim, no Direito alemão, no caso do § 324 StGB, em que se utiliza a expressão "*unbefugt*", a autorização tem um efeito justificativo, ao passo que no § 327, por exemplo, exclui o preenchimento do tipo (constituindo, pois, seu elemento negativo). R. BREUER, *Verwaltungsrechtlicher und strafrechtlicher Umweltschutz – Vom Ersten zum Zweiten Umweltkriminalitätsgesetz*, 1084; H. TRÖNDLE/ T. FISCHER, *Strafgesetzbuch*, 1902. Não existe igualmente unanimidade quanto à classificação dos tipos de crime. Assim, referencia, por exemplo, R. BREUER, *Verwaltungsrechtlicher und strafrechtlicher Umweltschutz – Vom Ersten zum Zweiten Umweltkriminalitätsgesetz*, 1081, que, a propósito do § 324, tem sido defendida a sua classificação como crime de lesão, crime de perigo concreto, de perigo concreto-abstracto e de perigo abstracto, e 1088, salientando as dúvidas que permaneceram depois da revisão da lei penal em 1994. Sobre o regime anterior, R. BREUER, *Konflikte zwischen Verwaltung und Strafverfolgung*, 180.

mais discutida na doutrina germânica. Por opção do legislador – inconstitucional ou não – a autorização – seja porque afasta a tipicidade ou porque constitui uma causa de justificação ou de exculpação – coloca o seu destinatário ao abrigo de sanções penais. Controversa é, porém, a eventual protecção contra sanções penais decorrente de uma autorização que, embora eficaz, seja inválida.

53. Na doutrina portuguesa, são múltiplas as classificações encontradas pela doutrina para o crime do artigo 279.º[286][287]. A relevância das prescrições administrativas no tipo legal têm colocado a questão da sua classificação como crime de desobediência[288], a qual convoca de imediato o problema de o bem jurídico tutelado consistir nas normas jurídicas administrativas e não no próprio ambiente[289]. Contra esta possível crítica, pode considerar-se que o crime em causa constitui uma combinação de crime de desobediência e de perigo concreto (para o ambiente)[290] ou um crime de desobediência qualificada, "no sentido em que implica um dano para o ambiente"[291].

---

[286] Assim, F. L. Costa Pinto, *Sentido e limites da protecção penal do ambiente*, 15-6. Para uma síntese de todas as críticas lançadas ao artigo 279.º pela doutrina portuguesa, J. Figueiredo Dias, *Sobre a tutela jurídico-penal do ambiente – um quarto de século depois*, 375.

[287] Em geral, sobre a diferença entre crimes de perigo (de perigo abstracto, de perigo concreto, de perigo abstracto-concreto) e de lesão, e entre crimes de mera actividade ou de resultado (perigoso ou lesivo), entre outros, P. Sousa Mendes, *Vale a pena o direito penal do ambiente?*, 112-4.

[288] Na medida em que a desobediência às prescrições administrativas "constitui precisamente a *ilicitude típica*" – A. Miranda Rodrigues, *sub art. 279º*, 961. Considerando que o crime de poluição se encontra configurado como um delito de desobediência, T. Quintela de Brito, *O crime de poluição: alguns aspectos da tutela criminal do ambiente no Código Penal de 1995*, 345. Considerando que o crime do artigo 279.º se encontra concebido como "uma desobediência de duplo grau", R. Pereira, *Código Penal: as ideias de uma revisão adiada*, 59.

[289] Sobre estas questões, P. Sousa Mendes, *Vale a pena o direito penal do ambiente?*, 139 e ss.; A. Miranda Rodrigues, *sub art. 279º*, 960 e ss.. Considerando-se que o bem jurídico protegido se resume ao respeito de normas e actos administrativos – sinónimo de dependência absoluta do direito penal em relação ao direito administrativo – a função daquele seria degradada a mera garantia da execução das normas administrativas, "numa perigosa confusão com o âmbito que deve caber ao direito de mera ordenação social" (A. Miranda Rodrigues, *sub art. 279º*, 962). A entender-se assim, ficaria colocado em causa o princípio constitucional da subsidiariedade do direito penal, direito de *ultima ratio*.

[290] M. F. Palma, *Direito penal do ambiente – uma primeira abordagem*, 444.

[291] A. Miranda Rodrigues, *sub art. 279º*, 962. Protegido imediatamente é o bem ambiente, relevando o desrespeito por prescrições legítimas das autoridades administrativas "*em matéria*

INTRODUÇÃO

Se entendido enquanto crime de pura desobediência, o que implica a não consideração autónoma do desvalor das condutas, desde que conformes à autorização, então o acto administrativo implica "um irrevogável efeito legalizador", independentemente da pertinência dos valores concretamente fixados[292]. Mesmo admitindo que o artigo 279.º seja uma combinação de desobediência e de perigo concreto, a circunstância de a tipicidade resultar da desconformidade com "comandos administrativos" implica que, mesmo em casos de condutas gravemente danosas, a conformidade com a autorização impeça o preenchimento do tipo, seja objectiva ou subjectivamente, porquanto se entenda que, apesar de haver violação de um dever, a autorização teria induzido o destinatário em erro sobre a proibição (artigo 16.º, n.º 2 CP)[293].

Se entendido como crime de desobediência qualificada, a ilicitude derivará, não "unicamente da violação de disposições administrativas, mas da violação da *delimitação* aí contida" da poluição proibida[294]; assim sendo, o comportamento conforme à autorização poderia não ser por esta *justificado*, se tal autorização for "ilegítima por não estar em conformidade com as disposições legais ou regulamentares quanto à delimitação da poluição proibida"[295].

---

de ambiente"; violadas estas prescrições, verifica-se um dano para o ambiente. Contra, P. SOUSA MENDES, *Vale a pena o direito penal do ambiente?*, 142 e ss., considera que a relevância da desobediência às prescrições administrativas, ainda que se pretenda de forma instrumental, acaba sempre por transformar o facto punível num crime de pura desobediência.

[292] P. SOUSA MENDES, *Vale a pena o direito penal do ambiente?*, 143. O Autor admite que, mesmo sendo a autorização inválida, o comportamento não será punido se estiver em conformidade com esta. Note-se que, para o Autor, a tipicidade da conduta do artigo 279.º deriva apenas da desconformidade com uma autorização e não, por exemplo, da desconformidade com regulamentos administrativos. Se se entender que a ilicitude típica (também) pode derivar da desconformidade com normas administrativas, o problema da punibilidade de comportamentos conformes a autorizações desconformes com tais normas administrativas poderá receber outras soluções

[293] Assim, embora criticamente, M. F. PALMA, *Direito penal do ambiente – uma primeira abordagem*, 444-5. Parece-nos, contudo, difícil equacionar a hipótese de haver violação de um dever, se a violação tipicamente relevante resulta, apenas, da desconformidade com a autorização e esta não se verifica.

[294] A. MIRANDA RODRIGUES, *sub art. 279.º*, 967.

[295] A. MIRANDA RODRIGUES, *sub art. 279.º*, 967. Se bem compreendemos a ideia da Autora, o desvalor da conduta resultaria da contrariedade às disposições normativas que delimitam a poluição proibida, ainda que permitida por uma autorização (que seria, assim, inválida). No caso, porém, de uma conduta, sujeita a autorização ao abrigo de normas administrativas,

Defendendo-se, *de iure condendo*, que o crime de poluição seja configurado (apenas) como um crime de perigo concreto (de resultado perigoso), o preenchimento do tipo resultará de uma valoração da conduta pelo resultado produzido e não da desobediência às prescrições administrativas[296]. A autorização teria aqui, em regra, o papel de "elemento típico formulado negativamente", isto é, a sua presença impediria a tipicidade do facto[297]. Noutros casos, dependentes da modalidade de autorização, poderia ainda esta ser relegada para o campo das causas de justificação[298].

Diferente é a função da autorização para quem entende que o delito em causa é um crime de lesão[299]. Esta concepção permite afastar os inconvenientes assacados aos delitos de desobediência, pois a ilicitude típica resulta de uma valoração da danosidade social da conduta e não da mera desconformidade com prescrições administrativas[300]. Causado o dano, o comportamento é típico; a autorização poderia, apenas, desempenhar a função de causa de justificação ou de exculpação. Não havendo autori-

---

não ser autorizada, ainda que o sujeito tivesse "capacidade para obter autorização" (e, portanto, não actuasse em contrariedade a tais disposições), a falta de ilicitude da conduta derivaria da circunstância de não existir, desde logo, uma autorização administrativa (não se colocando a questão de a "capacidade para obter a autorização" afastar a ilicitude, porque esta não se chegaria a verificar). A. MIRANDA RODRIGUES, *sub art. 279º*, 968. Salvo melhor opinião, parece-nos que é logo a própria concepção de crime de desobediência que se encontra equivocada: a Autora considera que no crime de pura desobediência, a autorização ou licença constitui igualmente um elemento *negativo* do tipo; diferentemente, a falta de autorização constituiria elemento *positivo* do tipo, sendo o seu único elemento, isto é, o desvalor da conduta típica resultaria apenas da falta de autorização ou licença (A. MIRANDA RODRIGUES, *sub art. 279º*, 966).

[296] É a proposta de P. SOUSA MENDES, *Vale a pena o direito penal do ambiente?*, 185 e ss.. T. QUINTELA DE BRITO, *O crime de poluição: alguns aspectos da tutela criminal do ambiente no Código Penal de 1995*, 350, considera que o crime de poluição deve ser qualificado como um crime de perigo concreto ou de perigo abstracto-concreto, dando preferência a esta segunda opção.

[297] P. SOUSA MENDES, *Vale a pena o direito penal do ambiente?*, 187.

[298] P. SOUSA MENDES, *Vale a pena o direito penal do ambiente?*, 188, na esteira da doutrina alemã.

[299] J. SOUTO DE MOURA, *O crime de poluição – a propósito do artigo 279º do Projecto de Reforma do Código Penal*, 29; A. SILVA DIAS, *A estrutura dos direitos ao ambiente e à qualidade dos bens de consumo e sua repercussão na teoria do bem jurídico e na das causas de justificação*, 194.

[300] A. SILVA DIAS, *A estrutura dos direitos ao ambiente e à qualidade dos bens de consumo e sua repercussão na teoria do bem jurídico e na das causas de justificação*, 196, nr. 27. Os crimes de desobediência seriam, assim, casos de acessoriedade extrema do direito penal em relação ao direito administrativo.

INTRODUÇÃO

zação, o comportamento será típico e não justificado; havendo autorização, haverá justificação; se a autorização for anulável (eficaz mas inválida) abrir-se-á a discussão sobre a sua eventual relevância justificativa[301].

54. Por entre a divergência doutrinal da doutrina pátria, ressalta a unanimidade na crítica à construção, tida por real ou hipoteticamente vigente, do crime de poluição como crime de desobediência, em que avultaria a dependência absoluta do direito penal em relação ao direito administrativo.

Não pensamos, contudo, que tais críticas possam ultrapassar o plano *de iure condendo*. O artigo 279.º, epigrafado "Poluição", começa por afirmar a punibilidade de quem polua em medida inadmissível; porém, tal medida inadmissível apenas se verifica se existir contrariedade a "prescrições ou limitações impostas pela autoridade competente". Se é certo que o tipo contém a referência a dois elementos – um, o prejuízo ambiental, outro, a medida administrativa – ao contrário do que sucede com o tipo de desobediência do artigo 348.º – é igualmente clara a dependência do primeiro em relação ao segundo: se não existir autorização (ou outro acto administrativo), não pode logicamente haver contrariedade à autorização; não havendo contrariedade, não há poluição em medida inadmissível, não há tipicidade da conduta. A autorização constitui, portanto, um *pressuposto da tipicidade do facto*[302] e o bem jurídico *imediatamente* protegido não pode senão ser a autoridade administrativa, tal como aliás sucede com a desobediência do artigo 348.º[303].

A diferença entre ambos – que se torna imperioso encontrar, sob pena de a diferença entre as suas molduras penais redundar na inconstitucionalidade do artigo 279.º – resulta de uma maior valoração da autoridade administrativa quando esta actue em defesa do ambiente[304]. Por outras palavras, o legislador, se terá criado a aparência de pretender sancionar

---

[301] M. F. PALMA, *Direito penal do ambiente – uma primeira abordagem*, 445.

[302] T. QUINTELA DE BRITO, *O crime de poluição: alguns aspectos da tutela criminal do ambiente no Código Penal de 1995*, 345, considera que "a ausência daquela prescrição ou limitação configura-se como um *elemento negativo do tipo*". H.-H. JESCHECK, *Lehrbuch des Strafrechts*, 368, coloca a questão de as autorizações constituírem um elemento negativo do tipo quando a norma prevê a punibilidade da conduta em caso de ausência da autorização.

[303] Sobre esta norma, C. LÍBANO MONTEIRO, *sub art. 348º*, 349 e ss..

[304] Em sentido próximo, J. FIGUEIREDO DIAS, *Sobre a tutela jurídico-penal do ambiente – um quarto de século depois*, 390.

imediatamente a poluição e criar um verdadeiro crime ecológico, entendeu afinal não ir mais longe do que conferir especial protecção à autoridade administrativa actuante no ambiente[305]. O bem jurídico ambiente serve, assim, apenas para emprestar uma maior valia à autoridade administrativa, preenchendo o conteúdo vazio dos actos administrativos que se encontram protegidos pelo artigo 348.º e justificando, dessa forma, a diferença de moldura penal. Neste sentido, pode ensaiar-se a sua classificação como crime de desobediência[306] qualificada: desobediência porque a tipicidade da conduta resulta da contrariedade a uma medida administrativa; qualificada, porque tal medida de autoridade, sendo dirigida à protecção do ambiente, assume maior relevância penal do que outras[307].

55. Esperando-se do artigo 279.º que consagrasse um verdadeiro crime de poluição – em que a conduta poluidora, e não a conduta desconforme à autoridade administrativa, detivesse a relevância principal – não se poderiam poupar as críticas: um comportamento altamente poluente, desde que conforme à autorização, não seria punível; mais, se não existisse sequer

---

[305] J. Figueiredo Dias, *Sobre a tutela jurídico-penal do ambiente – um quarto de século depois*, 374, entende que à redacção do artigo 279.º, n.º 3, terá presidido a intenção de encontrar uma solução intermédia na protecção penal do ambiente, não criando uma protecção "fundamentalista" que se arriscasse a ser simbólica, nem produzindo uma asfixia da actividade industrial, pouco "habituada" ao respeito do ambiente.

[306] Como pode ler-se em Ministério da Justiça, *Código penal – actas e projecto da Comissão de Revisão*, 532, "trata-se, no fundo, de uma especial feição de um crime de desobediência", tendo tido a redacção final do n.º 3 o propósito de "clarificar a natureza de desobediência que o crime assume".

[307] Contudo, não se trata de um crime de desobediência qualificada em que o bem jurídico ambiente tenha protecção imediata, como defende A. Miranda Rodrigues, *sub art. 279º*, 967; protecção imediata tem apenas a autoridade administrativa, cujos actos são pressuposto de preenchimento do tipo. Embora admita a punibilidade de quem actua em desconformidade com uma autorização ilícita, a Autora citada admite depois que, no caso de uma actividade não se encontrar autorizada, embora pudesse tê-lo sido (o que indicia que não estaria em violação de outras normas, a não ser da que prescrevesse a necessidade de autorização), não existiria tipicidade da conduta, não pela conformidade desta com as normas aplicáveis, mas porque, desde logo, não existiria acto administrativo (A. Miranda Rodrigues, *sub art. 279º*, 968). Se concordamos com esta afirmação, pensamos, contudo, que a mesma só pode ser consentânea com uma construção que veja no tipo a protecção imediata da autoridade, e não do ambiente: se sem autorização não se pode verificar a tipicidade da conduta, então tal ocorrerá quer a conduta seja mais ou menos danosa para o ambiente.

autorização, o comportamento não seria igualmente punível. Perante estes resultados, avultam as críticas dirigidas à excessiva dependência do direito penal em relação ao direito administrativo, à acessoriedade extrema que colocaria nas mãos da Administração a punição penal e à degradação do direito penal em direito repressivo ao serviço da Administração.

Porém, a relevância apenas mediata do ambiente para efeitos do agravamento da moldura penal da desobediência resulta de uma opção de política criminal que excluiu a relevância penal autónoma de condutas poluentes[308]. Não se trata de fazer depender inteiramente um pretenso "crime ambiental" da autoridade administrativa, mas de conferir uma maior protecção penal à autoridade administrativa quando tenha por finalidade a protecção do ambiente. Nesta perspectiva, não existe maior "dependência" ou mais extensa "acessoriedade" em relação ao direito administrativo no artigo 279.º do que no artigo 348.º, nem tem o direito penal outra função imediata que não a admitida já no último normativo: a de protecção da autoridade pública.

Mesmo que estivesse em causa um "crime ambiental", em que o ambiente fosse o bem jurídico protegido em primeira linha, o problema não resultaria de a tipicidade da conduta depender da desconformidade com normas extra-penais, *maxime* com o direito administrativo. A indeterminação associada ao bem ambiental, que não se compadece com uma protecção absoluta, sempre justificaria a acessoriedade administrativa. O problema resultaria então da circunstância de somente se verificar uma *"acessoriedade" do tipo em relação ao acto administrativo e não em relação ao direito administrativo.* Se o artigo 279.º contivesse uma expressão semelhante à do artigo 275.º – "fora das condições legais ou em contrário das prescrições da autoridade competente" ou à do artigo 278.º – "quem, não observando disposições legais ou regulamentares", nas quais se podem incluir as normas que sujeitam determinada actividade a uma autorização – diferente seria o entendimento deste crime e diversas seriam as questões a suscitar, pela singela razão de *a falta de autorização relevar para a tipicidade*

---

[308] De uma opção de política criminal feita "explicitamente e sem hipocrisia", à qual a construção dogmática se deve "adequar" – J. Figueiredo Dias, *Sobre a tutela jurídico-penal do ambiente – um quarto de século depois*, 378-9, afirmando igualmente que o crime do artigo 279.º é "substancialmente um *delito contra bens jurídicos ecológicos*, mas formalmente [...] um *delito de desobediência*".

da conduta[309]. Se o sujeito for punido não apenas por contrariar a autorização, mas desde logo por não ter autorização, os deveres que estão em causa não se limitam ao dever de respeito de actos de autoridade mas são antes os deveres ambientais – deveres esses que tanto poderão resultar de normas como de actos administrativos[310]. Tal é o que ocorre nos §§ 324 e ss. do StGB alemão.

Não tendo sido esta a opção do legislador pátrio, julgamos que, em relação ao artigo 279.º, nem sequer se justifica colocar a questão da protecção conferida pela autorização ao sujeito que desenvolve uma actividade poluente porque essa actividade poluente não foi considerada penalmente relevante pelo legislador. Dito de outra forma, a actividade poluente não é, por si, tipicamente ilícita; não o sendo, nem há que imputar à autorização um efeito justificador da conduta (porque, não sendo ilícita, não tem que ser justificada), nem sequer um pretenso "efeito legalizador" que impeça o preenchimento do tipo porque a actividade poluente, à partida, não tem capacidade para preencher o tipo; ou seja, a autorização não é um elemento negativo do tipo mas um pressuposto da tipicidade. No crime de poluição apenas está em causa a conduta de quem actua *contra* a autorização e não a eventual responsabilidade de quem actua *ao abrigo de uma autorização* – *único* problema que poderia merecer a designação de "efeito legalizador" *lato sensu*.

Igualmente, não se afigura pertinente, a propósito do crime de poluição do artigo 279.º, discutir os efeitos da autorização eficaz mas inválida, questão que tem sido amplamente discutida na doutrina alemã. É que, ao contrário do que sucede nesse ordenamento jurídico, a ausência de autorização não constitui uma conduta típica para o artigo 279.º. Apenas quando a sanção penal oscila entre duas variantes – autorização, não punibilidade / falta de autorização, punibilidade – é que faz sentido questionar o tratamento jurídico dos casos em que, embora havendo autorização, a mesma é inválida, nomeadamente quando esta é meramente anulável (e, portanto, inválida mas eficaz). No artigo 279.º, pelo contrário, a autorização não é elemento negativo do tipo mas pressuposto do seu preenchimento,

---

[309] Tal como ocorre, por exemplo, no § 327 StGB, em que (também) existe uma acessoriedade de direito administrativo. R. Breuer, *Verwaltungsrechtlicher und strafrechtlicher Umweltschutz – Vom Ersten zum Zweiten Umweltkriminalitätsgesetz*, 1083-4.

[310] Afirmando que o bem jurídico protegido pelo §§ 324 e ss. StGB é o ambiente, H. Tröndle/ T. Fischer, *Strafgesetzbuch*, 1899.

pelo que afastar a relevância da autorização nula ou anulável, ao invés de implicar a punibilidade do agente, apenas tem como consequência a ausência de um pressuposto de tipicidade da conduta[311/312].

Se as questões colocadas pelo artigo 279.º em nada relevam, no nosso entender, para o problema da protecção conferida pela autorização – porque, reitere-se, apenas está em causa a desobediência à autorização – o mesmo não ocorre nos outros crimes em que, ao estabelecer a ligação acessória ao direito administrativo, e optando por não consagrar um crime de pura desobediência, o legislador penal valorou, quer a contrariedade à autorização, quer a contrariedade a normas administrativas entre as quais se inclui a que determina a obrigatoriedade da autorização. Tal verifica-se, por exemplo, nos artigos 275.º e 278.º do Código Penal nacional e, em geral, no direito penal do ambiente germânico.

56. Especialmente interessante – pela eventual pertinência, para o objecto da nossa investigação, de alguns dos argumentos a seu propósito adiantados pela doutrina – é também a questão da relevância jurídico-penal de autorizações inválidas.

A opinião maioritária inclina-se para conferir primazia à eficácia do acto contra a sua validade. Assim sendo, o destinatário de um acto administrativo nulo não se encontra protegido da sanção penal[313], ao passo que o autorizado por um acto anulável (e, logo, eficaz) já beneficiará de tal

---

[311] A resultados semelhantes – atipicidade da conduta se não é desconforme à autorização, mesmo que esta seja ilegal ou anacrónica – chega T. Quintela de Brito, *O crime de poluição: alguns aspectos da tutela criminal do ambiente no Código Penal de 1995*, 347-8, embora considere que esses comportamentos preenchem uma parte do tipo – a conduta poluidora.

[312] Não se afigura igualmente pertinente questionar, a propósito do artigo 279.º, se o sujeito, não estando autorizado, teria "capacidade para obter a autorização", porque a ausência de autorização é tipicamente irrelevante.

[313] II.-II. Jescheck, *Lehrbuch des Strafrechts*, 369; W. Winkelbauer, *Die Verwaltungsabhängigkeit des Umweltstrafrechts*, 725; H. Tröndle/ T. Fischer, *Strafgesetzbuch*, 1903; R. Breuer, *Konflikte zwischen Verwaltung und Strafverfolgung*, 179; H. Schall, *Umweltschutz durch Strafrecht: Anspruch und Wirklichkeit*, 1266; G. Heine, *Verwaltungsakzessorietät des Umweltstrafrechts*, 2430, salientando, contudo, que a determinação do parâmetro aferidor da nulidade – direito administrativo ou direito penal – é objecto de controvérsia. Noutra perspectiva, J. Figueiredo Dias, *Sobre a tutela jurídico-penal do ambiente – um quarto de século depois*, 387, considera que o decisivo, *"para efeitos jurídico-penais"*, não é a distinção entre nulidade e anulabilidade (para o direito administrativo) mas sim saber se o acto funciona a favor ou em desfavor do autorizado (itálicos nossos).

protecção[314]. A valia da protecção da confiança no direito penal determina a não punibilidade de quem contou com a eficácia do acto administrativo[315]. Igualmente, a unidade do ordenamento jurídico e a garantia da ausência de contradições[316], bem como os princípios do Estado de Direito da determinabilidade das normas e da segurança jurídica impõem que a autorização, desde que eficaz, deve ser considerada pelo juiz penal[317]. Colocado o problema à luz do princípio da separação dos poderes – da possibilidade de apreciação, pelo juiz penal, da validade de actos administrativos[318] – considera-se que o Estado de Direito compreende um

[314] H.-H. JESCHECK, *Lehrbuch des Strafrechts*, 369; H. TRÖNDLE/ T. FISCHER, *Strafgesetzbuch*, 1902 e ss.; H. SAMSON, *Konflikte zwischen öffentlichem und strafrechtlichem Umweltschutz*, 801; R. BREUER, *Konflikte zwischen Verwaltung und Strafverfolgung*, 179 e 180, considerando que, sempre que exista uma *regulação* por acto administrativo eficaz, não pode o juiz penal atender directamente à *regulação* legal dos deveres (itálicos nossos); R. BREUER, *Verwaltungsrechtlicher und strafrechtlicher Umweltschutz – Vom Ersten zum Zweiten Umweltkriminalitätsgesetz*, 1084-5, considerando nesta última página a irrelevância penal de um comportamento conforme à autorização, ainda que esta seja anulável. Em causa estão os delitos que na sua previsão típica comportam a actuação contrária (ou desobediência, se se quiser) a "deveres administrativos"; nesta formulação, reiterando as diferenças em relação ao artigo 279.º CP nacional, fica abrangida a punibilidade da actividade não autorizada, donde a relevância da discussão sobre a invalidade da autorização. No mesmo sentido, G. HEINE, *Verwaltungsakzessorietät des Umweltstrafrechts*, 2430. W. WINKELBAUER, *Die Verwaltungsabhängigkeit des Umweltstrafrechts*, 726, considerando que, mesmo em caso de anulabilidade, o autorizado "não actua sem a necessária autorização", nas palavras da lei – logo, não pode ser punido.

[315] Entre outros, H. TRÖNDLE/ T. FISCHER, *Strafgesetzbuch*, 1903; R. BREUER, *Konflikte zwischen Verwaltung und Strafverfolgung*, 180. Contra, H. SAMSON, *Konflikte zwischen öffentlichem und strafrechtlichem Umweltschutz*, 802, recusando que a eficácia do acto possa ser o argumento decisivo para a (ir)relevância penal do comportamento, devendo antes atender-se à teoria penalista da ilicitude (803 e ss.).

[316] Novamente: "não pode ser proibido e sancionado penalmente o que foi administrativamente permitido" – R. BREUER, *Verwaltungsrechtlicher und strafrechtlicher Umweltschutz – Vom Ersten zum Zweiten Umweltkriminalitätsgesetz*, 1083. Igualmente, G. HEINE, *Verwaltungsakzessorietät des Umweltstrafrechts*, 2426, depois de relevar a função do direito administrativo e das suas permissões na concretização do conflito de interesses presente. A unidade do ordenamento jurídico é utilizada para fundamentar, em geral, a acessoriedade administrativa, não se limitando à vinculação de actos anuláveis.

[317] R. BREUER, *Verwaltungsrechtlicher und strafrechtlicher Umweltschutz – Vom Ersten zum Zweiten Umweltkriminalitätsgesetz*, 1084; R. BREUER, *Konflikte zwischen Verwaltung und Strafverfolgung*, 176-7, em geral sobre o problema da acessoriedade, e 180, sobre o problema das autorizações inválidas.

[318] Relevando este aspecto, M. G. FAURE/ J. C. OUDIJK, *Die strafgerichtliche Überprufung von Verwaltungsakten im Umweltrecht*, 86 e ss..

INTRODUÇÃO

imperativo de clareza na distribuição de competências e de procedimentos e defende-se uma *reserva de decisão* por parte da Administração – decisão essa que, prévia a um litígio penal, é necessária e, desde que eficaz, vinculativa[319].

Já assim não será se se verificar uma situação de obtenção da autorização em *abuso de direito*[320]. Defendida pela maioria da doutrina a sujeição a sanções penais dos sujeitos autorizados que actuassem em abuso de direito, veio o legislador a consagrar tal solução na reforma da lei penal[321], sem com isso, porém, resolver todos os problemas: seja o da exacta determinação das situações de abuso de direito[322], seja o da compatibilização com o regime da validade dos actos administrativos no direito alemão, o qual aponta, por regra, para a sua mera anulabilidade[323/324].

[319] R. Breuer, *Konflikte zwischen Verwaltung und Strafverfolgung*, 179 e 180, considerando que a decisão administrativa dispõe de um *"Tatbestandswirkung"*.

[320] A maioria da doutrina germânica defende a irrelevância penal de autorizações obtidas em abuso de direito. Entre outros, H. Tröndle/ T. Fischer, *Strafgesetzbuch*, 1903; R. Breuer, *Konflikte zwischen Verwaltung und Strafverfolgung*, 181; H. Samson, *Konflikte zwischen öffentlichem und strafrechtlichem Umweltschutz*, 801. Já W. Winkelbauer, *Die Verwaltungsabhängigkeit des Umweltstrafrechts*, 726 e ss., avança a afirmação de que considerar uma autorização obtida em abuso de direito como equivalente à ausência de autorização mais não será do que uma analogia proibida no direito penal.

[321] Sobre as alterações de 1994, R. Breuer, *Verwaltungsrechtlicher und strafrechtlicher Umweltschutz – Vom Ersten zum Zweiten Umweltkriminalitätsgesetz*, 1090 e ss.; M. Jünemann, *Rechtsmissbrauch im Umweltstrafrecht : zugleich ein Beitrag zur befugnisverleihenden Wirkung behoerdlicher Genehmigungen*, 15 e ss..

[322] O legislador alemão afastou a relevância de autorizações obtidas através de ameaças (*Drohung*), corrupção (*Bestechung*) ou conluio (*Kollusion*) [§ 330d Nr. 5 StGB 1994]. Referindo as incertezas em torno da determinação destas situações, em especial no que se refere ao conluio, R. Breuer, *Verwaltungsrechtlicher und strafrechtlicher Umweltschutz – Vom Ersten zum Zweiten Umweltkriminalitätsgesetz*, 1091. Especificamente sobre esta questão, M. Jünemann, *Rechtsmissbrauch im Umweltstrafrecht: zugleich ein Beitrag zur befugnisverleihenden Wirkung behoerdlicher Genehmigungen*, 165 e ss..

[323] Sobre este ponto, adiantando que as situações previstas na lei penal acarretam, em regra, a mera anulabilidade do acto, acompanhada de especialidades na sua revogação, R. Breuer, *Verwaltungsrechtlicher und strafrechtlicher Umweltschutz – Vom Ersten zum Zweiten Umweltkriminalitätsgesetz*, 1090.

[324] G. Heine, *Verwaltungsakzessorietät des Umweltstrafrechts*, 2430, coloca, para além do problema das autorizações obtidas em violação da boa fé, o problema da aplicabilidade de sanções penais a actuações conformes a autorizações "manifestamente antiquadas" (*"offensichtlich veralteten"*). Soluções possíveis, segundo o Autor, para evitar a violação do princípio da unidade do ordenamento jurídico (o que se encontra permitido por outro ramo do

Contra a relevância penal de actos administrativos anuláveis – posição minoritária – aduzem-se igualmente vários argumentos, desvalorizando-se o fundamento geral encontrado pela maioria da doutrina – a mera eficácia do acto, decorrente do § 43 I VwVfG[325]. Assim, sendo o acto ilegal, não se pode ter por concretização vinculativa da lei[326]; mais, a vinculação do juiz à "apreciação de validade"[327] do acto administrativo feita pela autoridade administrativa implica diversas violações da Lei fundamental: do monopólio do juiz para a emissão de jurisprudência (artigo 92 GG), da independência da função jurisprudencial (artigo 97 GG) e da garantia de tutela judicial efectiva dos cidadãos (artigo 19 V GG)[328].

57. Questão diferente da acessoriedade administrativa do direito penal e menos tratada do que esta, como disséramos antes, é a da eventual relevância da autorização nos delitos de resultado em geral, como o homicídio ou as ofensas à integridade física, designadamente quando esteja em causa uma actuação negligente[329]. Sobre esta questão subsiste uma enor-

---

direito, não pode ser considerado ilícito pelo direito penal), seriam o recurso ao instituto do abuso do direito (na utilização da autorização) ou a apreciação da nulidade dos actos segundo o direito penal. W. WINKELBAUER, *Die Verwaltungsabhängigkeit des Umweltstrafrechts*, 727, indica jurisprudência que considerou, quer a utilização de uma autorização manifestamente antiquada, quer a utilização com conhecimento da sua invalidade, como comportamentos abusivos do direito. H.-H. JESCHECK, *Lehrbuch des Strafrechts*, 369, por seu turno, considera que, mesmo no caso de conhecimento da invalidade, a autorização sempre será eficaz e, logo, impossibilitadora da sanção penal.

[325] H. SCHALL, *Umweltschutz durch Strafrecht: Anspruch und Wirklichkeit*, 1267, 1268, adiantando ainda o perigo da incerteza jurídica que ronda a restrição da punibilidade em casos de abuso de direito.

[326] H. SCHALL, *Umweltschutz durch Strafrecht: Anspruch und Wirklichkeit*, 1267, a propósito da punibilidade de quem não cumpre comandos administrativos ilegais (não de quem actua em conformidade com uma autorização ilegal).

[327] H. SCHALL, *Umweltschutz durch Strafrecht: Anspruch und Wirklichkeit*, 1268: "*Rechtsmässigkeitsbeurteilung der Verwaltungsbehörde*", que o autor reconduz ao chamado *Tatbestandswirkung* do acto administrativo.

[328] H. SCHALL, *Umweltschutz durch Strafrecht: Anspruch und Wirklichkeit*, 1267-8; o último argumento refere-se apenas às ordens administrativas ilegais (até porque, acrescentamos, na relação com o direito penal dificilmente se terá em conta uma possível relevância do acto de sentido inverso para os terceiros).

[329] Sobre esta questão, K. SACH, *Genehmigung als Schutzschild?*, 259 e ss.; G. HEINE, *Verwaltungsakzessorietät des Umweltstrafrechts*, 2431 e ss., começando por questionar se, nos casos em que existe um "efeito legalizador" em relação à aplicabilidade da cláusula geral de

me divergência doutrinal[330]. Assim, por exemplo, considera-se a autorização como um caso especial de estado de necessidade[331] ou a conduta autorizada como comportamento socialmente adequado ou como coberta por um "risco permitido"[332]. De outro lado, admite-se apenas uma função indiciadora da autorização na determinação da conformidade do comportamento aos deveres de cuidado exigidos pelo direito penal[333] ou, simplesmente, nega-se a sua capacidade para dispor de direitos de terceiros ou para incidir sobre os bens penalmente relevantes e, com isso, a possibilidade de afastar a sanção penal[334].

4.3. *Relação com o problema do efeito conformador de relações jurídicas entre privados*

58. Apesar do interesse da temática da acessoriedade administrativa do direito penal, a circunstância de se tratar de um problema de relação com o *direito penal* determina, como já vimos, a sua exclusão do âmbito da presente investigação. Contribui, para tanto, a específica dogmática do direito penal – presente, por exemplo, na discussão sobre o tipo de crime – a qual exige um estudo especializado do mesmo. Para mais, a natureza do direito penal enquanto direito sancionatório de *ultima ratio* aponta para uma diferenciação de funções e de soluções[335]: não só a *culpa* desem-

polícia, será igualmente de considerar "legalizados" resultados abrangidos pelos tipos delituosos gerais, em aplicação da ideia de que o que não pode ser sancionado administrativamente, não pode ser sancionado penalmente.

[330] Por todos, K. Sach, *Genehmigung als Schutzchild?*, 259-261; G. Wagner, *Öffentlich-rechtliche Genehmigung und zivilrechtliche Rechtswidrigkeit*, 29-39, com amplas referências à doutrina germânica.

[331] H.-H. Jescheck, *Lehrbuch des Strafrechts*, 369.

[332] Parece-nos ser essa a posição de C. Roxin, *Derecho Penal – parte general*, 294-5. M. Schröder, *Verwaltungsrecht als Vorgabe für Zivil- und Strafrecht*, 205, considera que, em princípio, as autorizações terão um efeito justificativo no direito penal geral (e no direito privado), dado não existir uma lista fechada das possíveis causas de justificação. Outros Autores procuram retirar da acessoriedade administrativa do direito penal um efeito justificador, em geral, da autorização. Sobre estas posições, G. Wagner, *Öffentlich-rechtliche Genehmigung und zivilrechtliche Rechtswidrigkeit*, 34 e ss..

[333] G. Wagner, *Öffentlich-rechtliche Genehmigung und zivilrechtliche Rechtswidrigkeit*, 39.

[334] Sobre estas posições, K. Sach, *Genehmigung als Schutzchild?*, 261-3.

[335] Em geral, como salienta M. Almeida Costa, *Direito das Obrigações*, 476-7, subjazem à responsabilidade civil e à responsabilidade criminal diferenças substanciais: enquanto na

penha uma função sem paralelo nos outros ramos do direito, como igualmente a admissão de causas de justificação no direito penal não tem de ser acompanhada da sua admissão no direito privado, podendo ser afastada a sanção penal mas permanecer, por exemplo, a ilicitude civil[336]. Em suma, e sem prejuízo de posteriores considerações à luz do princípio da unidade do ordenamento jurídico, a inexistência de um ilícito *penalmente punível* não implica, porquanto aquele funciona apenas como *ultima ratio*, que não se verifique uma situação de ilegalidade ou de ilicitude em outros ramos do direito.

Não obstante, a argumentação expendida a propósito da acessoriedade administrativa, nomeadamente no que respeita ao princípio da unidade do ordenamento jurídico, à autonomia do juiz no contexto do princípio da separação de poderes, à relevância de autorizações anuláveis e à tutela da confiança, releva potencialmente para o problema do efeito conformador de relações jurídico privadas, pelo que será igualmente sem surpresa que aproveitaremos os contributos da doutrina exclusivamente dedicada ao estudo da acessoriedade administrativa do direito penal.

Tendo já procedido ao enquadramento do problema do efeito conformador de relações jurídicas entre privados, com o intuito de dar uma primeira ideia sobre as questões por este colocadas, e tendo igualmente visto a relação do nosso tema com outros problemas conexos, podemos agora dedicar especial atenção ao tratamento que lhe tem sido dado em vários ordenamentos jurídicos.

---

primeira encontramos a finalidade de reparação patrimonial de danos dos direitos de sujeitos lesados, na segunda prevalece a ideia de defesa da ordem social, estando em causa, em primeira linha, um interesse da colectividade. Salientando a natureza de *ultima ratio* do direito penal, R. Breuer, *Konflikte zwischen Verwaltung und Strafverfolgung*, 1177; H. Samson, *Konflikte zwischen öffentlichem und strafrechtlichem Umweltschutz*, 802.

[336] Sobre este problema, M. Cavaleiro de Ferreira, *Lições de Direito Penal*, I, 168-169; M. F. Palma, *A justificação por legítima defesa como problema de delimitação de direitos*, I, 585, nr 21; M. C. Valdágua, *Aspectos da legítima defesa no Código Penal e no Código Civil*, 38 e ss.; T. Quintela de Brito, *O direito de necessidade e a legítima defesa no Código Civil e no Código Penal*, 20-21.

Parte II
A conformação de relações jurídicas entre particulares pelo acto administrativo – problemas e soluções

A) O PROBLEMA DO EFEITO CONFORMADOR DE RELAÇÕES JURÍDICAS ENTRE PARTICULARES PELO ACTO ADMINISTRATIVO NO DIREITO PORTUGUÊS E NOUTROS DIREITOS ESTRANGEIROS, EM ESPECIAL NO DIREITO ALEMÃO

1. Considerações introdutórias – aspectos comuns do problema do efeito conformador de relações jurídicas entre particulares pelo acto administrativo

59. Tendo já visto, em traços gerais, as questões colocadas pelo problema do efeito conformador de relações jurídicas entre particulares pelo acto administrativo, não será difícil descortinar os elementos que depõem a favor da existência deste problema em vários ordenamentos jurídicos. Em resumo, estes elementos comuns dizem respeito, por um lado, à regulação privatista das relações de vizinhança – cujas origens remontam ao direito romano mas que têm dado provas de adaptação às hodiernas preocupações ambientais – e, por outro lado, ao "património comum" do direito administrativo e às respectivas tendências de evolução, nomeadamente pela abertura à consideração de terceiros – abertura essa que se traduz, como já se disse e melhor veremos, numa potencial publicização das relações de vizinhança[337].

---

[337] Não sendo esta uma tese de direito comparado, o presente capítulo destina-se apenas, sem preocupação de seguimento da metodologia própria daquela ciência, a apresentar os

60. A origem da regulação privatista hodierna das relações de vizinhança pode ser encontrada no direito romano[338]. Em especial, no que diz respeito às emissões dos prédios vizinhos, já então se afirmara o princípio de que as mesmas deveriam ser toleradas desde que não fossem *graves* e proviessem do *uso ou exercício normal* do direito de propriedade; se assim não fosse, em vez de obrigado a uma situação de tolerância, podia o vizinho exercer a *actio negatoria*[339]. Estes traços essenciais encontram-se ainda hoje nas modernas codificações.

Assim, atendendo ao exemplo alemão, os §§ 906 e 1004 do BGB admitem a acção negatória sempre que as emissões provoquem prejuízos "substanciais" e não decorram de uma "utilização normal segundo os usos locais"[340]. À partida[341], existe uma notória similitude entre as normas de direito privado consagradas no BGB e no Código Civil português. No que respeita às relações de vizinhança, a influência dos §§ 906 e 1004 BGB no artigo 1346.º do Código Civil é tão notória que levou já à afirmação de

problemas existentes, focando os aspectos comuns entre os vários ordenamentos jurídicos, bem como os argumentos e as soluções que neles têm sido encontradas pelos intérpretes e pelo legislador.

[338] Sobre a regulação das relações de vizinhança no direito romano, Y. KAWASUMI, *Von der roemischen actio negatoria zum negatorischen Beseitigungsanspruch des BGB*, em esp. 19-45; A. SANTOS JUSTO, *As relações de vizinhança e a "cautio damni infecti" (Direito Romano. Época clássica)*, *passim*.

[339] A. SANTOS JUSTO, *As relações de vizinhança e a "cautio damni infecti" (Direito Romano. Época clássica)*, 80 e nr. 30.

[340] Sobre os §§ 906, 1004 BGB, H. PIKART, *Bürgerlich-rechtliche Rechtsfragen bei Lärmbelästigungen durch den Betrieb von Sportanlagen im Whonbereich*, 14 e ss.; J. W. GERLACH, *Die Grundstrukturen des privatem Umweltrechts im Spannungsverhältnis zum öffentlichen Rechts*, 167 e ss.; P. BAUMANN, *Die Haftung für Umweltschäden aus Zivilrechtlicher Sicht*, 434 e ss.; H.-J. BIRK, *Umwelteinwirkungen durch Sportanlagen*, 689 e ss.; O. N. HÖRLE, *Die Beeinträchtigungen des Eigentümers durch gewerbliche Anlagen nach dem Bürgerlichen Gesetzbuch und der Gewerbeordnung (§§ 906, 907 BGB, 26, 51 GewO)*, 366 e ss.; H. HAGEN, *Probleme und Erfolge richterlicher Rechtsfortbildung im privaten Immissionsschutzrecht*, 49-50. *Vide* ainda G. GAENTZSCH, *Ausbau des Individualschutzes gegen Umweltbelastungen als Aufgabe des bürgerlichen und des öffentlichen Rechts*, 602-3. Relevante é igualmente, como veremos, o § 907, próximo do nosso artigo 1347.º. Sobre aquela norma alemã, entre outros, H. PIKART, *Bürgerlich-rechtliche Rechtsfragen bei Lärmbelästigungen durch den Betrieb von Sportanlagen im Whonbereich*, 35 e ss..

[341] Adiante veremos em que medida é que as normas nacionais, apesar da sua influência germânica, contêm, ou não, alguma diferença essencial em relação às do direito alemão. Por outro lado, o legislador alemão alterou entretanto o § 906 BGB para procurar harmonizar o direito público e o direito privado dos vizinhos – alteração à qual, naturalmente, voltaremos, quando aprofundarmos a análise do direito alemão.

A CONFORMAÇÃO DE RELAÇÕES JURÍDICAS ENTRE PARTICULARES

que "a doutrina do artigo 1346.º é, fundamentalmente, a doutrina alemã". Igualmente, em relação ao artigo 1347.º, é evidenciado o paralelismo com o § 907 BGB[342]. Em sede de responsabilidade civil, o artigo 483.º do Código Civil nacional recebeu a distinção entre ilicitude e culpa, imputada a VON JHERING e plasmada no § 823 BGB.

Além desta herança comum, o direito privado tem sabido adaptar-se às novas exigências ambientais. A seu favor depõe, desde logo, a pacífica "leitura ambientalista" das normas de direito privado sobre relações de vizinhança, libertando-as de uma mera função de protecção do direito de propriedade. Às normas de direito privado, em especial sobre a acção negatória, é reconhecido, mesmo "do lado" dos publicistas, um "grande potencial"[343].

O segundo aspecto comum a vários ordenamentos jurídicos reporta-se ao direito administrativo – tanto ao "património comum" europeu como às suas tendências evolutivas. É assim que, em vários ordenamentos jurídicos, encontramos a figura do *acto administrativo* e certas ideias-chave a este associadas, como sejam as de poder de definição unilateral do direito no caso concreto ou de "força de caso decidido". No que respeita à evolução do direito administrativo, tem-se assistido, por exemplo, à proliferação dos instrumentos de planeamento urbanístico e a uma progressiva abertura à consideração das posições de terceiros, em ultrapassagem da visão tradicional bilateralista do direito administrativo. Estas linhas evolutivas podem ser identificadas, naquilo que para o objecto desta tese interessa, pela expressão "publicização do direito dos vizinhos".

61. Na confluência destes aspectos comuns, encontra-se em geral a mesma situação: a do "desenvolvimento descoordenado" dos dois ramos do

---

[342] F. PIRES DE LIMA/ J. M. ANTUNES VARELA, *Código Civil anotado*, III, 177. Relevando igualmente a influência germânica e adiantando mesmo que as diferenças entre as duas disposições resultam de um erro de tradução, A. MENEZES CORDEIRO, *Direitos reais*, 424 e 426.

[343] Neste sentido, entre outros, A. MENEZES CORDEIRO, *Tutela do ambiente e direito civil*, 386 e ss.; A. FERREIRA DO AMARAL, *A jurisprudência portuguesa no domínio do direito do ambiente*, 461 e ss.; J. J. GOMES CANOTILHO, *Juridicização da ecologia ou ecologização do direito*, 76, a propósito dos artigos 1346.º e 1347.º CC; J. MENEZES LEITÃO, *Instrumentos de direito privado para protecção do ambiente*, 35. *Vide* igualmente M. DOUMENQ, *Aplication judiciaire du droit de l'environnement*, 118 e ss.; D. MEDICUS, *Umweltschutz als Aufgabe des Zivilrechts – aus zivilrechtlicher Sicht*, 150; D. MEDICUS, *Zivilrecht und Umweltschutz*, 784-785; H. PIKART, *Bürgerlich-rechtliche Rechtsfragen bei Lärmbelästigungen durch den Betrieb von Sportanlagen im Whonbereich*, 14 e ss..

direito[344], com tudo o que potencialmente acarreta em termos de regulações contraditórias, que impliquem simultaneamente a permissão de uma actividade pelo direito público e a sua qualificação como ilícita pelo direito privado. As contradições deste tipo podem ser resolvidas (ou evitadas) caso se admita um efeito conformador de relações jurídicas entre privados pelo acto administrativo.

Identificado o enquadramento comum da questão, vejamos, então, quais os concretos problemas que têm sido detectados e as soluções que para eles têm sido adoptadas em vários ordenamentos jurídicos[345]. Pela similitude que as suas normas de direito privado dos vizinhos apresentam com as normas do direito português, bem como pela importância que nele se tem dedicado ao problema, começaremos pelo estudo do direito alemão, merecedor de atenção especial[346].

2. Notas de direito comparado

2.1. *Direito alemão*

62. A figura do efeito conformador de direito privado começou por ser fruto do labor dos juristas germânicos da primeira metade do século XX. Ainda que variando o sentido e a amplitude atribuídas a este efeito, incluía-se nele a conformação de todas e quaisquer relações jurídicas privadas. A evolução subsequente da figura viria a ficar marcada por uma tendência restritiva, apenas se admitindo tal efeito, por exemplo, caso fosse consagrada legislativamente a "precedência" do direito público sobre o direito privado[347].

---

[344] M. DOLDERER, *Das Verhältnis des öffentlichen zum privaten Nachbarrecht*, 20.

[345] As considerações que se seguem pretendem-se tão pouco descritivas quanto possível, pelo que apenas referiremos, em síntese, as posições sustentadas pelos vários Autores. Será no segundo capítulo desta Parte II que procederemos à sistematização de posições e de argumentos apresentados, cruzando os contributos, sempre que pertinentes, dos vários direitos estudados.

[346] G. GRECO, *Provvedimenti amministrativi costitutivi di rapporti giuridici tra privati (monog.)*, 9 e ss., salientando, no início da sua monografia, a importância da doutrina germânica, que não só individualizou a figura como lhe dedicou um considerável esforço de construção dogmática.

[347] É a já referida posição de G. MANSSEN, *Privatrechtsgestaltung durch Hoheitsakt*, 30.

A discussão em torno do efeito conformador de relações jurídicas privadas pelo acto administrativo ganhou novo fôlego quando, designadamente através de algumas sentenças do BGH, se evidenciaram as potenciais divergências materiais decorrentes da concorrência do direito público e do direito privado na regulação das *relações de vizinhança*[348]. Especial destaque cabe ao chamado *"Tennisplatz-Urteil"*, no qual o BGH admitiu a acção negatória contra a utilização de um campo de ténis, apesar de este se encontrar em conformidade com as prescrições administrativas[349].

A estes arestos, seguiu-se uma vasta produção doutrinária, quer em forma de artigos (mais ou menos) breves, quer sob a forma de monografias[350].

---

[348] Apresentando indicações sobre a jurisprudência germânica mais importante, J. FRITZCHE, *Die Durchsetzung nachbarschützender Auflagen über zivilrechtliche Abwehransprüche*, 1121 e ss.; P. BAUMANN, *Die Haftung für Umweltschäden aus Zivilrechtlicher Sicht*, 433 e ss..

[349] Sobre esta sentença, entre outros, M. DOLDERER, *Das Verhältnis des öffentlichen zum privaten Nachbarrecht*, 20; F.-J. PEINE, *Öffentliches und Privates Nachbarrecht*, 169 e ss.; M. J. HERR, *Sportanlagen in Wohnnachbarschaft*, 18 e ss.; H. PIKART, *Bürgerlich-rechtliche Rechtsfragen bei Lärmbelästigungen durch den Betrieb von Sportanlagen im Whonbereich*, 10, desvalorizando a sua importância, por se tratar de um caso excepcional; H. HAGEN, *Höchstrichterliche Rechtsprechung zum Problemkreis Nachbarschutz und Sportätte*, 1 e ss.; H. HAGEN, *Privates Immissionsschutzrecht und öffentliches Baurecht*, 817 e ss; G. O. VAN VELDHUIZEN, *Die privarechtsgestaltende Wirkung des öffentlichen Rechts im Umwelthaftungsrecht*, 190 e ss.. O Tribunal, tendo recorrido às normas administrativas para concretização dos conceitos de "essencialidade" e de "uso habitual", concluiu que, mesmo não havendo uma ultrapassagem dos valores limite aí fixados em geral para as emissões, verificava-se, atendendo às circunstâncias do caso concreto, um prejuízo que não teria que ser tolerado. O tribunal não se debruçou sobre a validade e a eficácia dos planos urbanísticos que eventualmente permitissem a implantação do equipamento em causa, tendo pura e simplesmente ignorado o problema – H. J. PAPIER, *Sport und Umwelt*, 74. Negando que, em geral, a jurisprudência civil ignore os planos e afirmando que apenas "relativiza" a sua importância, H. HAGEN, *Sportanlagen im Wohnbereich*, 196. Para outras sentenças, J. W. GERLACH, *Die Grundstrukturen des privatem Umweltrechts im Spannungsverhältnis zum öffentlichen Rechts*, 170 e ss.; P. BAUMANN, *Die Haftung für Umweltschäden aus Zivilrechtlicher Sicht*, 438 e ss.; J. FRITZCHE, *Die Durchsetzung nachbarschützender Auflagen über zivilrechtliche Abwehransprüche*, 1121 e ss..

[350] Apenas na sequência do *"Tennisplatz-Urteil"*, H. PIKART, *Bürgerlich-rechtliche Rechtsfragen bei Lärmbelästigungen durch den Betrieb von Sportanlagen im Whonbereich*, 3 e ss.; K. GELZER, *Umweltbeeinträchtigungen aus öffentlich-rechtlicher (planungsrechtlicher) Sicht*, 51 e ss.; H. J. PAPIER, *Wirkungen des öffentlichen Planungsrechts auf das private Immissionsschutzrecht*, 97 e ss.; H. J. PAPIER, *Sportstätten und Umwelt*, 73 e ss.; G. LANG, *Sportanlagen in Whonbereich*, 185 e ss.; H. HAGEN, *Sportanlagen im Wohnbereich*, 192 e ss.; G. GAENTZSCH, *Sportanlagen in Whonbereich*, 201 e ss.; J. SALZWEDEL, *Sportanlagen in Whonbereich*, 210 e ss.. Posteriormente, ainda sobre a relação entre ambiente e desporto, U. BATTIS/ G. HÜTZ, *Sportlärm*, 133 e ss.; H. HAGEN, *Höchstrichterliche Rechtsprechung zum Problemkreis Nachbarschutz und Sportätte*, 1 e ss.;

63. De tão vasta produção jurídica, resultou a divisão do problema do efeito conformador de relações jurídicas privadas em vários grupos de questões, aos quais se sucedem, regra geral, uma abordagem e a adopção de soluções diferentes; procuraremos, antes de mais, fornecer uma apresentação sintética destes grupos de questões.

Numa perspectiva, mais ampla, indaga-se da possível influência do direito público no direito privado, sendo comum a referência a três teses diferentes: a da precedência do direito público, a da precedência do direito privado (*Vorrangthesen*) e a da igualdade dos dois ramos de direito (*Zweigleisigkeitsthese*)[351]. No cerne destas divisões encontra-se o princípio da unidade do ordenamento jurídico e a discussão sobre a forma de resolver eventuais contradições no ordenamento jurídico[352].

Outra visão é a que estabelece vários níveis de influência do direito público, que começam na indiferença para o direito privado e terminam no efeito conformador de relações jurídicas entre privados, passando por soluções intermédias como a admissão de efeitos meramente indiciadores da ilicitude ou de inversão do ónus da prova[353].

Noutra perspectiva, parte da doutrina considera que devem ser tomados em consideração dois níveis distintos: o nível da influência normativa – onde se incluem, por exemplo, os planos urbanísticos, bem como os regulamentos relativos aos valores máximos das emissões – e o nível de

---

F. Roth, *Die Teilnahme am Sport aus der Sicht eines Sportvebandes. Dargestellt am Beispiel des DLV*, 1 e ss., com outras indicações jurisprudenciais (16-18); J. Taupitz, *Umweltschäden durch Sport aus haftungsrechtlicher Sicht*, 17 e ss.; mais recentemente (1998), em monografia, M. J. Herr, *Sportanlagen in Wohnnachbarschaft*, 18 e ss., referindo, quer jurisprudência anterior, quer posterior, ao *Tennisplatz-Urteil*.

[351] Sobre as várias teses, entre outros, M. Dolderer, *Das Verhältnis des öffentlichen zum privaten Nachbarrecht*, 19 e ss.; A. Seidel, *Öffentlich-rechtlicher und privatrechtlicher Nachbarschutz*, 10 e ss.; H. D. Jarass, *Verwaltungsrecht als Vorgabe für Zivil- und Strafrecht*, 238 e ss.; M. Schröder, *Verwaltungsrecht als Vorgabe für Zivil- und Strafrecht*, 197 e ss.; M. Gerhardt, *Verwaltungsrecht als Vorgabe für Zivil- und Strafrecht*, 549 e ss.; F. Ossenbühl, *Verwaltungsrecht als Vorgabe für Zivil- und Strafrecht*, 963 e ss..

[352] Por exemplo, a contradição que se possa descortinar entre a permissão administrativa e o juízo de ilicitude privado poderá ser resolvida pelo acolhimento da tese da precedência do direito público, fazendo prevalecer a autorização administrativa e, com isso, conferindo-lhe um efeito conformador de relações jurídicas entre privados.

[353] Assim, por exemplo, H. D. Jarass, *Verwaltungsrecht als Vorgabe für Zivil- und Strafrecht*, 250 e ss..

A CONFORMAÇÃO DE RELAÇÕES JURÍDICAS ENTRE PARTICULARES

influência na decisão concreta – em que, naturalmente, a atenção recai sobre o *acto autorizativo*[354].

Outra distinção relevante é a que separa, dentro das várias possibilidades oferecidas pelo direito privado dos vizinhos, as medidas que implicam a proibição ou a modificação do exercício da actividade autorizada – v.g. as acções negatórias – e as medidas de natureza ressarcitória ou compensatória[355]. Porém, em qualquer dos casos, perpassa sempre a difícil questão do conceito de ilicitude – relevante, naturalmente, para as questões de responsabilidade civil e, não sem controvérsia, para a qualificação da actividade sujeita a acções negatórias. Contudo, a questão da ilicitude é, por vezes, suplantada ou contornada com apoio na teoria dos efeitos dos actos administrativos, que abarca os actos meramente anuláveis[356].

Feita esta apresentação, vejamos, de forma tão sintética quanto possível, as principais posições defendidas e argumentos invocados para as sustentar.

64. A tese da existência de um efeito conformador de relações jurídicas entre privados pelo acto administrativo – eventualmente acompanhada da defesa de uma precedência total do direito público em relação ao direito privado –encontra um número considerável de defensores. São vários os argumentos utilizados.

BARTLSPERGER, depois de afirmar que a divisão assistemática do direito dos vizinhos em dois ramos do direito coloca em perigo a segurança jurídica, bem como a efectividade e a praticabilidade do direito[357], defende a precedência do direito administrativo dos vizinhos como forma de assegurar a unidade do ordenamento jurídico[358]. A seu ver, as normas de direito público têm a natureza de *lei especial* em relação ao direito privado dos

---

[354] Considerando que deve ser feita a separação entre o nível normativo e o nível da decisão concreta, entre outros, K. SACH, *Genehmigung als Schutzschild?*, 197 e ss.; G. LANG, *Sportanlagen in Whonbereich*, 185 e ss.. A distinção tem especial pertinência no que respeita à apreciação diferenciada dos planos, já que a estes, pela sua própria natureza, é mais facilmente reconhecida a *conformação* operada. Atendendo apenas à possível relevância da autorização, G. WAGNER, *Öffentlich-rechtliche Genehmigung und zivilrechtliche Rechtswidrigkeit*, 1 e ss..

[355] K. SACH, *Genehmigung als Schutzschild?*, 196 e ss..

[356] K. SACH, *Genehmigung als Schutzschild?*, 50 e ss..

[357] R. BARTLSPERGER, *Das Dilemma des baulichen Nachbarrechts*, 36-37.

[358] R. BARTLSPERGER, *Das Dilemma des baulichen Nachbarrechts*, 61 e ss..

vizinhos[359]. Para mais, não só as principais normas de direito do urbanismo pertencem ao direito público[360], como é apenas neste que, mercê da existência de um direito fundamental de propriedade na Constituição, podem os sujeitos ser titulares de verdadeiros direitos subjectivos públicos[361].

Igualmente defensor da total precedência do direito público é SCHAPP: mesmo actos autorizativos como a licença de construção produzem um efeito conformador das relações jurídicas entre privados, porquanto encerram uma ponderação sobre os vários interesses conflituantes e a consequente decisão sobre o conflito dos vizinhos[362]. A circunstância de as normas legais conterem a cláusula "sem prejuízo de direitos de terceiros" não constitui obstáculo; tal cláusula teria um outro alcance, nomeadamente o de salvaguardar que a emissão da autorização não resolve a questão de saber se o seu titular é o legítimo proprietário do prédio ou da instalação[363]. Ao mesmo tempo, a exclusão dos meios de defesa jurídico-privados, decorrendo do espaço de conformação administrativa dos conflitos dos vizinhos, não necessita de ser expressamente prevista na lei; se tal ocorresse, a norma em causa teria um alcance apenas declarativo[364].

Ainda que a propósito do planeamento urbanístico, adiantam-se argumentos de relevância geral. Assim, entende-se que as determinações dos planos, constituindo uma regulação especial em relação ao direito privado, podem impor um dever de tolerância para efeitos dos §§ 906, 1004

---

[359] R. BARTLSPERGER, *Das Dilemma des baulichen Nachbarrechts*, 61 e ss.; igualmente, G. LANG, *Sportanlagen in Whonbereich*, 192 e H. J. PAPIER, *Wirkungen des öffentlichen Planungsrechts auf das private Immissionsschutzrecht*, 109, no que respeita aos planos urbanísticos.

[360] R. BARTLSPERGER, *Das Dilemma des baulichen Nachbarrechts*, 61.

[361] R. BARTLSPERGER, *Das Dilemma des baulichen Nachbarrechts*, 61-62. O fundamento do direito público dos vizinhos não poderia ser o direito de propriedade consagrado no BGB, o qual não constitui, aliás, um direito subjectivo público mas uma mera soma de deveres de abstenção de terceiros. Tendo o direito público dos vizinhos como fundamento o direito de propriedade consagrado no artigo 14 GG, ao qual corresponde a protecção do artigo 19, seria apenas neste que os deveres da autoridade administrativa teriam correspondência em direitos subjectivos dos proprietários.

[362] J. SCHAPP, *Das Verhältnis von privatem und öffentlichem Nachbarrecht*, 45-6: contra a decisão administrativa não se poderia invocar a falta de conformidade com o "uso local", requisito das acções negatórias dos §§ 906, 1004 BGB.

[363] J. SCHAPP, *Das Verhältnis von privatem und öffentlichem Nachbarrecht*, 165-6.

[364] J. SCHAPP, *Das Verhältnis von privatem und öffentlichem Nachbarrecht*, 165. Note-se, contudo, que o Autor estabelece uma diferença entre a resolução de conflitos futuros, a cargo do direito administrativo, e a resolução de conflitos presentes, a cargo do direito privado.

A CONFORMAÇÃO DE RELAÇÕES JURÍDICAS ENTRE PARTICULARES

BGB[365]. Como refere PAPIER, o fundamento, bem como a limitação da eficácia dos planos, é retirado do *imperativo de ponderação (Abwägunsgebot)* dos interesses públicos e privados: ponderando não só o interesse público no ordenamento do território mas igualmente os interesses dos diversos vizinhos, o plano tem, na medida da ponderação, um *efeito conformador* das relações entre vizinhos[366]. Igualmente BREUER, alertando para o perigo da insegurança jurídica implicado pela autonomia entre o direito público e o direito privado, defende a precedência do direito público[367]. Consideração relevante é, mais uma vez, a de que o direito público não cuida apenas do interesse público mas igualmente dos interesses privados[368]. A isto

[365] H. J. PAPIER, *Sport und Umwelt*, 626. Igualmente, M. KLOEPFER, *Umweltschutz als Aufgabe des Zivilrechts – aus öffentlich-rechtlicher Sicht*, 342-343.

[366] O objecto da ponderação (*Abwägungsgegenstand*) determina o objecto da decisão planificadora e, nessa medida, determina igualmente os seus efeitos – H. J. PAPIER, *Sport und Umwelt*, 626-627; noutro estudo, H. J. PAPIER, *Sportstätten und Umwelt*, 77, frisa que a ponderação dos planos – e respectivo conteúdo decisório – não é apenas bipolar mas antes poligonal, procedendo-se ao confronto dos direitos dos vizinhos, não apenas com o interesse público mas igualmente entre si, decidindo-se assim sobre os conflitos de utilização do espaço. *Vide* igualmente H. J. PAPIER, *Wirkungen des öffentlichen Planungsrechts auf das private Immissionsschutzrecht*, 107 e ss.; H. J. PAPIER, *Enteignungsgleiche und enteignende Eingriffe nach der Naßauskiesung-Entscheidung – BGHZ 90, 17 und BGH, NJW 1984, 1876*, 187 e ss.; H. J. PAPIER, *Die Verantwortlichkeit für Altlasten im öffentlichen Recht*, 257 e ss.; K. GELZER, *Umweltbeeinträchtigungen aus öffentlich-rechtlicher (planungsrechtlicher) Sicht*, 71-2 e 87 e ss., defendendo (implicitamente) a exclusão de meios jurídico-privados, ao fazer o elenco de todos os meios de defesa e ao incluir entre eles apenas os jurídico-públicos (90 e ss.); K. KLEINLEIN, *Neues zum Verhältnis von öffentlichem und privatem Nachbarrecht*, 669, relevando que o imperativo de ponderação dos interesses privados coloca-os em confronto não só com o interesse público mas também entre si. Sobre a relevância da ponderação para a conformação dos direitos de terceiros, em determinadas autorizações, F.-J. PEINE, *Privatrechtsgestaltung durch Anlagegenehmigung*, 2445. Os dois últimos Autores citados não defendem, contudo, a precedência total do direito administrativo, como se verá. Sobre o imperativo de ponderação no planeamento, entre outros, H.-J. PETERS, *Grundzüge des Umweltplanungsrechts*, 60 e ss..

[367] R. BREUER, *Baurechtlicher Nachbarschutz*, 434-435. Note-se que o Autor, ao contrário de R. BARTLSPERGER, *Das Dilemma des baulichen Nachbarrechts*, 61-2, admite a existência de dois ramos do direito dos vizinhos ("*Doppelgleisigkeit des Nachbarschutzes*"). E, ao invés de uma relação lei geral / lei especial, o Autor defende antes a ideia de um "domínio interpretativo" pelo direito público. Apesar das diferenças, o resultado não difere: acaba por redundar na precedência do direito público.

[368] R. BREUER, *Baurechtlicher Nachbarschutz*, 435. G. GAENTZSCH, *Ausbau des Individualschutzes gegen Umweltbelastungen als Aufgabe des bürgerlichen und des öffentlichen Rechts*, 602, relevando o (eventual) carácter de normas de protecção dos terceiros das normas públicas em causa;

O ACTO ADMINISTRATIVO CONFORMADOR DE RELAÇÕES DE VIZINHANÇA

acresce que, a não ser admitida a precedência do direito público, a planificação urbanística, que existe em prol do interesse da comunidade e é constitucionalmente garantida, falharia pela mera contraposição de um interesse privado[369].

De uma outra perspectiva, a precedência do direito administrativo é alcançada através do "domínio interpretativo" das normas de direito privado sobre conflitos de vizinhança, nomeadamente no que respeita à determinação do "uso habitual" da propriedade[370]. Da mesma forma, o critério da "essencialidade" das emissões, relevante para o direito privado dos vizinhos, foi considerado idêntico ao critério de "gravidade" das emissões acolhido pelo direito público[371].

M. J. HERR, *Sportanlagen in Wohnnachbarschaft*, 207 e ss., focando a existência de normas de protecção e de pretensões jurídico-públicas dos vizinhos, tal como o direito a uma decisão discricionária não viciada; H. PIKART, *Bürgerlich-rechtliche Rechtsfragen bei Lärmbelästigungen durch den Betrieb von Sportanlagen im Whonbereich*, 11, considerando que a apreciação dos conflitos de interesse pertence "em primeira mão" à Administração.

[369] M. DOLDERER, *Das Verhältnis des öffentlichen zum privaten Nachbarrecht*, 21; K. KLEINLEIN, *Neues zum Verhältnis von öffentlichem und privatem Nachbarrecht*, 669. Igualmente, H. J. PAPIER, *Wirkungen des öffentlichen Planungsrechts auf das private Immissionsschutzrecht*, 109-10 e F.-J. PEINE, *Öffentliches und Privates Nachbarrecht*, 174, embora, como veremos, estes Autores não defendam a tese da precedência (total) do direito público. Considerando o argumento "plausível", F. OSSENBÜHL, *Verwaltungsrecht als Vorgabe für Zivil- und Strafrecht*, 969. Aproximadamente, G. LANG, *Sportanlagen in Whonbereich*, 190, argumentando que a ignorância dos planos equivale a fazer prevalecer a decisão de um juiz sobre uma decisão da comunidade; H. J. PAPIER, *Wirkungen des öffentlichen Planungsrechts auf das private Immissionsschutzrecht*, 113 e ss., com apoio no artigo 28 GG.

[370] I. MITTENZWEI, *Umweltverträglichkeit statt Ortsüblichkeit als Tatbestandsvoraussetzung des privatrechtlichen Immissionsschutzes*, 101 e ss.; R. BREUER, *Baurechtlicher Nachbarschutz*, 438 e ss.; R. BARTLSPERGER, *Das Dilemma des baulichen Nachbarrechts*, 62; K. KLEINLEIN, *Neues zum Verhältnis von öffentlichem und privatem Nachbarrecht*, 669, considerando que os planos constituem "leis" no sentido do § 903 BGB, tendo assim uma efeito conformador do direito de propriedade. Para as autorizações, G. GAENTZSCH, *Ausbau des Individualschutzes gegen Umweltbelastungen als Aufgabe des bürgerlichen und des öffentlichen Rechts*, 604-606. F. OSSENBÜHL, *Verwaltungsrecht als Vorgabe für Zivil- und Strafrecht*, 966, fala a este propósito num *"Wertungsvorgaben"*.

[371] A inovação foi introduzida pelo BGH no *"Volksfestlärm"-Urteil* (23.03.90). Sobre esta sentença, G. WAGNER, *Wesentlichkeit gleich Erheblichkeit?*, 3247 e ss., criticamente; H. HAGEN, *Probleme und Erfolge richterlicher Rechtsfortbildung im privaten Immissionsschutzrecht*, 56 e ss.. Posteriormente, como já referimos, veio o legislador alemão alterar o § 906 BGB com o intuito de pôr fim à querela.

A CONFORMAÇÃO DE RELAÇÕES JURÍDICAS ENTRE PARTICULARES

Em suma, a publicização do direito dos vizinhos significa que à função de resolução de conflitos individuais sobreveio uma função de ordenação no interesse da comunidade desempenhada pelo direito público[372]. Nas palavras de BREUER, o direito público tem um "papel de liderança na construção do sistema"[373].

65. Para além destes argumentos, esgrimidos especificamente a propósito dos conflitos de vizinhança, há igualmente que ter em contra a doutrina geral sobre o acto administrativo e os seus efeitos. Como refere KOLLMANN, a questão do efeito vinculativo (*Bindungswirkung*) constitui um dos problemas centrais do acto administrativo, nomeadamente quando se trata de saber quais os efeitos de um acto já emitido para outro procedimento administrativo ou para um processo jurisdicional[374].

Apesar de a teorização germânica dos efeitos do acto administrativo encerrar o leitor num labirinto de conceitos e de terminologias, sempre será possível descortinar algumas ideias comuns – embora não necessariamente designadas com a mesma terminologia[375].

Assim, os actos administrativos são caracteristicamente marcados pelo *Bestandskraft* – que se poderá traduzir por "caso decidido" – que, como refere MAURER, corresponde à ideia essencial de que o acto administrativo, enquanto regulação autoritária, deve ser vinculativo e estável, sob pena de não passar de uma regulação sem sentido e sem utilidade[376]. Para mais,

---

[372] I. MITTENZWEI, *Umweltverträglichkeit statt Ortsüblichkeit als Tatbestandsvoraussetzung des privatrechtlichen Immissionsschutzes*, 100.

[373] R. BREUER, *Baurechtlicher Nachbarschutz*, 436, 438: "*die systembildende «Führungsrolle»*".

[374] A. KOLLMANN, *Zur Bindungswirkung von Verwaltungsakten*, 189. Este problema é relevante não apenas para determinar os efeitos de um acto administrativo em relação a outro, como para determinar os efeitos de um acto em relação, por exemplo, a um juiz civil que se debruce sobre um conflito de vizinhança.

[375] A dificuldade do estudo do acto administrativo e dos seus efeitos é reconhecida por todos aqueles que se dedicam ao tema: assim, F.-J. PEINE, *Die Legarisierungswirkung*, 207; A. KOLLMANN, *Zur Bindungswirkung von Verwaltungsakten*, 189; R. SCHMIDT-DE CALUWE, *Der Verwaltungsakt in der Lehre Otto Mayers*, 2-3.

[376] H. MAURER, *Allgemeines Verwaltungsrecht*, 268. Noutra perspectiva, H. PIKART, *Bürgerlich-rechtliche Rechtsfragen bei Lärmbelästigungen durch den Betrieb von Sportanlagen im Whonbereich*, 32 e ss., que não defende, em geral, a exclusão das pretensões jurídico-privadas pelo acto administrativo, admite depois a tal exclusão em determinados casos, designadamente quando haja abuso de direito por parte do vizinho lesado.

o *Bestandskraft* resulta ainda das funções de clarificação e de estabilização do acto administrativo, cujo fundamento se encontra na segurança jurídica[377].

Além do *Bestandskraft*, vários são os efeitos do acto administrativo com relevância para a matéria em análise, merecendo destaque o *Bindungswirkung* – efeito vinculativo – e o *Tatbestandswirkung* – efeito de consideração obrigatória do acto nos pressupostos da decisão[378]. Por entre as diferenças conceptuais e terminológicas, podemos salientar uma ideia tendencialmente comum: o acto administrativo é vinculativo, quer para os sujeitos da relação por si constituída, quer para todos os órgãos do Estado (administrativos ou jurisdicionais) que, salvo em caso de nulidade, devem respeitar o acto, ou tomá-lo sem questionar como elemento dos pressupostos das suas decisões, ainda que tenham dúvidas sobre a sua validade[379/380].

Com base nestas ideias gerais sobre os efeitos do acto administrativo, não parece difícil chegar a uma solução para o problema dos conflitos de vizinhança: o acto administrativo, devendo ser respeitado por todos, incluindo o juiz civil, e tomado como parte dos pressupostos da decisão, sem possibilidade sequer de apreciação da sua validade, sempre terá um efeito conformador de relações jurídicas entre privados. É assim que GAENTZSCH equaciona a existência de um efeito conformador de relações jurídicas entre privados sempre que uma autorização seja fundada em normas de protecção de terceiros e decida, pois, sobre as pretensões dos mesmos – decisão essa dotada de um geral "efeito vinculativo" (*Bindungswirkung*)[381].

---

[377] H. MAURER, *Allgemeines Verwaltungsrecht*, 268.

[378] Para além destes efeitos, refere-se ainda a doutrina ao *Feststellungswirkung* dos actos administrativos. As referências dadas no texto são meramente indicativas, ficando para depois uma análise mais desenvolvida, na medida do possível, sobre a teoria geral dos efeitos do acto administrativo e a sua relevância para o nosso objecto de investigação. Por ora, seguimos a terminologia de H. MAURER, *Allgemeines Verwaltungsrecht*, 270-2.

[379] H. MAURER, *Allgemeines Verwaltungsrecht*, 271.

[380] H. J. PAPIER, *Sport und Umwelt*, 74 e ss., apesar de considerar que os planos urbanísticos têm efeito conformador, na medida da ponderação feita sobre os conflitos dos vizinhos, e que não podem ser simplesmente ignorados pelo juiz civil, admite que este possa apreciar a sua validade e a sua eficácia (78).

[381] G. GAENTZSCH, *Ausbau des Individualschutzes gegen Umweltbelastungen als Aufgabe des bürgerlichen und des öffentlichen Rechts*, 605, 607; em consequência, as normas que expressamente determinam a existência de um efeito conformador de relações jurídicas entre privados teriam natureza meramente declarativa.

A CONFORMAÇÃO DE RELAÇÕES JURÍDICAS ENTRE PARTICULARES

66. Não se deixando impressionar por esta panóplia de argumentos, nomeadamente pela valia do princípio da unidade do ordenamento jurídico como fundamento da precedência do direito público, surgem diferentes posições na doutrina.

Assim, a precedência, em bloco, do direito administrativo em relação ao direito privado é recusada por alguns Autores. A especialização e o consequente aumento de "capacidade da prestação" do sistema, conseguido através da sua divisão em diversos subsistemas, seria afastada pela precedência do direito administrativo em relação ao direito privado (JARASS)[382]. Admite-se, pois, que a autorização de construção, por exemplo, possa ter efeitos apenas para o direito administrativo, deixando intocados os direitos de terceiros constituídos ao abrigo do direito privado[383].

Surgem, assim, duas outras concepções: uma baseada na igualdade e autonomia dos dois ramos de direito e que, consequentemente, nega a precedência de um ramo do direito sobre outro (*Gleichrangigkeitstheorie* ou *Zweigleistigkeitstheorie*); outra, defensora da *precedência do direito privado*[384].

De acordo com a primeira teoria, recusa-se a precedência de um ramo sobre o outro, considerando-se que ambos existem de forma autónoma e sem necessidade de coordenação[385]. Em consequência, são irrelevantes as

---

[382] H. D. JARASS, *Verwaltungsrecht als Vorgabe für Zivil- und Strafrecht*, 258 e ss., depois de apreciar as possíveis consequências da precedência do direito administrativo, acaba por concluir que uma defesa irreflectida e *fachchauvinistische* do domínio do direito administrativo pode revelar-se desvantajosa para este.

[383] K. SACH, *Genehmigung als Schutzschild?*, 202; G. WAGNER, *Öffentlich-rechtliche Genehmigung und zivilrechtliche Rechtswidrigkeit*, 97 e 111 e ss.; K. KLEINLEIN, *Neues zum Verhältnis von öffentlichem und privatem Nachbarrecht*, 669-670; F.-J. PEINE, *Privatrechtsgestaltung durch Anlagegenehmigung*, 2446; F.-J. PEINE, *Öffentliches und Privates Nachbarrecht*, 176; F. OSSENBÜHL, *Verwaltungsrecht als Vorgabe für Zivil- und Strafrecht*, 968. Note-se que, no direito alemão, as leis dos Estados federados determinam geralmente que as autorizações de construção são emitidas "sem prejuízo dos direitos de terceiros". Sobre os antecedentes históricos da cláusula *"salvo iure tertio"* no direito alemão, P. PREU, *Die historische Genese der öffentlichen Bau- und Gewerbenachbarklagen (ca. 1800-1970)*, 20 e ss..

[384] M. DOLDERER, *Das Verhältnis des öffentlichen zum privaten Nachbarrecht*, 21 e ss.. A tese da igualdade dos dois ramos do direito pertence ao BGH que, por exemplo, no *Tennisplatzurteil* (BGH, NJW 1983, 751 e ss.), e como vimos, recusou a vinculação aos planos e aos actos administrativos na apreciação dos pressupostos da acção negatória (§§ 906, 1004 BGB).

[385] Este é o ponto de partida de algumas sentenças do BGH, como a do *Tennisplatz*, em que se defendeu a ausência de ligação ou a estrita separação entre os dois ramos do direito – o "uso habitual" de determinada instalação não decorre das determinações dos planos mas apenas daquilo que é facticamente existente no caso concreto. *Vide* H. J. PAPIER, *Sport und Umwelt*, 77; H. HAGEN, *Sportanlagen im Wohnbereich*, 193.

O ACTO ADMINISTRATIVO CONFORMADOR DE RELAÇÕES DE VIZINHANÇA

determinações administrativas dos planos ou dos actos para apreciar a procedência de acções de defesa dos vizinhos consagradas no direito privado[386]. Tendo em conta que o direito privado tende a actuar num momento posterior ao direito público, diz-se que esta tese acaba por equivaler a uma "precedência fáctica" do direito privado[387].

67. A tese da precedência do direito privado, historicamente ligada à recusa da existência de um direito público dos vizinhos[388], conheceu o

---

[386] Um exemplo dos resultados "estranhos" a que podem chegar estas teorias consiste na solução dos problemas de "zonas mistas" de habitação e indústria determinadas pelos planos. As determinações dos planos, que se afastam da "utilização normal" segundo o § 906, não são *ab initio* relevantes mas adquirem relevância pela progressiva realização dos planos. Se, numa zona mista, for primeiro realizada a parte habitacional, fica assim conformada a "utilização normal" com a consequente possibilidade de oposição à zona industrial, prevista no plano, mas ainda não realizada. Sobre este exemplo, F.-J. PEINE, *Öffentliches und Privates Nachbarrecht*, 172; G. GAENTZSCH, *Ausbau des Individualschutzes gegen Umweltbelastungen als Aufgabe des bürgerlichen und des öffentlichen Rechts*, 602.

[387] M. DOLDERER, *Das Verhältnis des öffentlichen zum privaten Nachbarrecht*, 22. Igualmente crítico, P. MARBURGER, *Ausbau des Individualschutzes gegen Umweltbelastungen als Aufgabe des bürgerlichen und des öffentlichen Rechts*, C 42, considerando que a tese da igual valia dos dois ramos do direito, ao deixar em aberto a possibilidade de recurso às duas ordens jurisdicionais e respectivos meios, cria um encargo demasiadamente pesado para o autorizado, criando ainda incerteza jurídica pelo perigo de decisões contraditórias sobre as mesmas questões jurídicas.
À formulação pura da teoria da equivalência contrapõem-se, ao menos em teoria, as teses da precedência do direito público ou do direito privado que compreendem uma argumentação no sentido de exclusão da existência de um outro ramo do direito que regule (ainda ou já) as relações entre vizinhos (*supra*, as posições de R. BARTLSPERGER e de SCHWERDTFEGER). Diferentes são as posições dos Autores que, admitindo a existência separada de um direito privado e de um direito público dos vizinhos, admitem a precedência do direito público nas zonas de coincidência da regulação (assim, BREUER e PAPIER) ou, defendendo a necessidade de preservar a utilidade do direito privado, admitem apenas, em casos determinados, a prevalência do direito administrativo. Voltaremos a estas posições, *infra*, III A), 1. Não seguimos, assim, a sistematização de F.-J. PEINE, *Öffentliches und Privates Nachbarrecht*, em esp. 173, pois julgamos mais relevante a distinção consoante os resultados alcançados pelas várias teorias: precedência total ou não do direito público, seja por inexistência ou insubsistência do direito privado dos vizinhos.

[388] Por exemplo, DEHNER, *apud* M. DOLDERER, *Das Verhältnis des öffentlichen zum privaten Nachbarrecht*, 21, considerava que não existia qualquer problema de coordenação entre ramos de direito, pois não existiria sequer um direito público dos vizinhos. Em defesa do papel do direito privado na tutela do ambiente, D. MEDICUS, *Umweltschutz als Aufgabe des Zivilrechts – aus zivilrechtlicher Sicht*, 150; D. MEDICUS, *Zivilrecht und Umweltschutz*, 784-785. Sobre as várias teses em presença, F.-J. PEINE, *Öffentliches und Privates Nachbarrecht*, 171 e ss..

A CONFORMAÇÃO DE RELAÇÕES JURÍDICAS ENTRE PARTICULARES

renascimento pela mão de SCHWERDTFEGER, para quem as teorias do direito subjectivo público não respeitam a reserva de lei[389]. Partindo da negação da existência de deveres, decorrentes da Constituição, do proprietário para com os vizinhos, o Autor considera que apenas o legislador poderá conformar o conteúdo e os limites do direito de propriedade através da obrigação de consideração dos interesses de terceiros (que passam assim de meros interesses de facto para interesses com protecção jurídica) aquando da emissão do acto administrativo. Na ponderação dos vários interesses, regida pelo princípio da proporcionalidade, pode o legislador considerar suficiente a protecção jurídica *objectiva* e a correspondente consideração dos interesses de terceiros no procedimento. "Descobrir" direitos subjectivos públicos onde apenas existe, por vontade do legislador, a sua protecção objectiva equivale a um desrespeito da reserva de lei e implica uma opção de "tudo ou nada" incompatível com a flexibilidade na ponderação de interesses exigida pelo princípio da proporcionalidade[390].

Outra é a argumentação adiantada pelas teses da autonomia dos dois ramos do direito. Ainda que se admita que o direito administrativo compreende igualmente a consideração e a ponderação dos direitos dos privados, subjazem aos dois ramos do direito funções e possibilidades de realização diferentes[391]. Quer os planos, quer as autorizações administrativas conhecem *limites estruturais* próprios do direito administrativo[392]. Se os planos devem ponderar todos os interesses em conflito, o balanço não é adequado a compreender todos os pormenores de todos os conflitos

---

[389] G. SCHWERDTFEGER, *Baurechtlicher Drittschutz und Parlamentsvorbehalt*, 199 e ss.. Depois de recusar as teorias do direito subjectivo público, o Autor manifesta a sua incompreensão quanto a um possível "efeito conformador" excludente de pretensões jurídico-privadas pelo acto administrativo (G. SCHWERDTFEGER, *Baurechtlicher Drittschutz und Parlamentsvorbehalt*, 201). Voltaremos a estas considerações, *infra*, III A), 2.

[390] G. SCHWERDTFEGER, *Baurechtlicher Drittschutz und Parlamentsvorbehalt*, 201.

[391] Sobre as diferentes funções do direito privado e do direito público dos vizinhos, F.-J. PEINE, *Öffentliches und Privates Nachbarrecht*, 170 e ss.; J. W. GERLACH, *Privatrecht und Umweltschutz im System des Umweltrechts*, 43 e ss.; J. W. GERLACH, *Die Grundstrukturen des privatem Umweltrechts im Spannungsverhältnis zum öffentlichen Rechts*, 163 e ss.; M. GERHARDT, *Verwaltungsrecht als Vorgabe für Zivil- und Strafrecht*, 550 e ss. (remetendo para a distinção entre Estado e Sociedade – 553); H. HAGEN, *Privates Immissionsschutzrecht und öffentliches Baurecht*, 174 e ss.. Sobre as vantagens da utilização do direito privado na tutela do ambiente, D. MEDICUS, *Umweltschutz als Aufgabe des Zivilrechts – aus zivilrechtlicher Sicht*, 145 e ss..

[392] J. W. GERLACH, *Die Grundstrukturen des privatem Umweltrechts im Spannungsverhältnis zum öffentlichen Rechts*, 164.

possíveis[393]. Mesmo as autorizações, por definição vocacionadas para a solução de conflitos concretos, conhecem uma limitação derivada da sua localização temporal num momento anterior ao da ocorrência dos danos[394]. Ainda que o juízo de prognose feito pela Administração seja isento de deficiências, ao tempo em que é realizado, sempre se podem vir a verificar danos para o vizinho, não havendo justificação para transferir para este o risco de "erro" na prognose administrativa[395]. O direito administrativo estaria, assim, vocacionado para a tutela preventiva dos danos, cabendo ao direito privado o desempenho de uma função repressiva[396].

Acresce que admitir o efeito conformador de relações jurídicas entre privados pelos actos administrativos, mediante a aceitação de que estes encerrariam uma regulação definitiva dos deveres dos autorizados, equivaleria a esvaziar o imperativo de dinamização da protecção do ambiente.

---

[393] H. D. JARASS, *Verwaltungsrecht als Vorgabe für Zivil- und Strafrecht*, 265. Se for determinado que certa área é destinada à utilização industrial, tal não significa que todos os danos provenientes das indústrias tenham que ser suportados. O Autor admite, contudo, o perigo de obstrução do efeito conformador dos planos pelo direito privado (H. D. JARASS, *Verwaltungsrecht als Vorgabe für Zivil- und Strafrecht*, 266). *Vide* igualmente M. DOLDERER, *Das Verhältnis des öffentlichen zum privaten Nachbarrecht*, 22 e ss.; G. GAENTZSCH, *Ausbau des Individualschutzes gegen Umweltbelastungen als Aufgabe des bürgerlichen und des öffentlichen Rechts*, 602, considerando que o direito público procede à conformação de casos concretos, embora sirva primeira e imediatamente o interesse público e apenas mediatamente os interesses privados.

[394] M. DOLDERER, *Das Verhältnis des öffentlichen zum privaten Nachbarrecht*, 25; J. W. GERLACH, *Die Grundstrukturen des privatem Umweltrechts im Spannungsverhältnis zum öffentlichen Rechts*, 166.

[395] H. HAGEN, *Sportanlagen im Wohnbereich*, 199. Sobre o problema da falência dos juízos de prognose da Administração, em especial quando, ao tempo da sua realização, não se possam ter por viciados, J. SALZWEDEL, *Sportanlagen in Whonbereich*, 212.

[396] M. SEIBERT, *Die Bindungswirkung von Verwaltungsakten*, 453, realçando o carácter de prevenção do perigo das autorizações. Daí que a própria lei sobre emissões compreenda a possibilidade de impor deveres em momento posterior ao da emissão da autorização (M. SEIBERT, *Die Bindungswirkung von Verwaltungsakten*, 454, § 5 BImSchG). M. DOLDERER, *Das Verhältnis des öffentlichen zum privaten Nachbarrecht*, 22 e 25 e ss., salienta que a tutela *a posteriori* é rara no direito administrativo e sempre condicionada pela existência de discricionariedade administrativa. Para G. GAENTZSCH, *Sportanlagen in Whonbereich*, 201, o direito administrativo, mais jovem que o direito privado, é mais flexível, pois não se encontra encerrado entre duas posições extremas (a tolerância ou a acção negatória), dispondo de outros meios, tais como a emissão de medidas posteriores à concessão do acto autorizativo. Acresce que a função repressiva é, por sua vez, o reverso da limitação estrutural do direito privado para actuar de forma preventiva – J. W. GERLACH, *Die Grundstrukturen des privatem Umweltrechts im Spannungsverhältnis zum öffentlichen Rechts*, 165.

A CONFORMAÇÃO DE RELAÇÕES JURÍDICAS ENTRE PARTICULARES

Ao invés de uma mera consideração geral do conflito, o direito privado consegue antes desempenhar uma função de "correcção", em conflitos concretos, das considerações gerais do direito público tecidas na ponderação de todos os interesses[397]. Função essa que, nas palavras de WAGNER, não deve ser "sacrificada no Altar da Harmonização"[398].

68. Mesmo no que respeita à teoria geral dos efeitos dos actos administrativos, se à mesma subjaz sempre a querela interminável sobre a determinação dos efeitos em causa (e dos nomes que se lhes há-de dar), surgem alguns indícios de discórdia quanto à sua aplicação genérica, que se estende ao problema do efeito conformador de relações jurídicas entre privados[399]. É assim que, por confronto com a função jurisdicional, se negam ao acto administrativo as faculdades de determinar *"o que é o direito"* no caso concreto e de *resolver "litígios"* (KOLLMANN)[400]. Os efeitos vinculativos do acto administrativo produzir-se-iam apenas entre a Administração e o destinatário da autorização, sendo esse o sentido da cláusula "sem prejuízo dos direitos de terceiros"[401]. Afirmando-se o princípio da autonomia da competência decisória dos juízes na sua jurisdição, em que se apoia o princípio da competência para a decisão de questões prévias (*Vorfragenkompetenz*), entende-se que a vinculação do juiz às questões prévias

---

[397] G. WAGNER, *Wesentlichkeit gleich Erheblichkeit?*, 3249 e ss., em crítica à jurisprudência que, antecedendo a opção legislativa de 1994, veio harmonizar os critérios públicos e privados sobre a intensidade das emissões. Igualmente, P. MARBURGER, *Ausbau des Individualschutzes gegen Umweltbelastungen als Aufgabe des bürgerlichen und des öffentlichen Rechts*, C 48, considera que não se deve perder a possibilidade de correcção das prognoses e decisões administrativas através do direito privado, em especial quando aquelas levam a graves prejuízos para os vizinhos.

[398] G. WAGNER, *Wesentlichkeit gleich Erheblichkeit?*, 3251.

[399] Em geral, R. SCHMIDT-DE CALUWE, *Der Verwaltungsakt in der Lehre Otto Mayers*, 2-3, acusando a doutrina do acto administrativo e dos seus efeitos de proceder a uma desvalorização da lei e de não conseguir superar certas "pré-compreensões" em relação ao acto administrativo.

[400] A. KOLLMANN, *Zur Bindungswirkung von Verwaltungsakten*, 194-5. Voltaremos à posição do Autor e aos seus argumentos com mais detalhe.

[401] P. MARBURGER, *Ausbau des Individualschutzes gegen Umweltbelastungen als Aufgabe des bürgerlichen und des öffentlichen Rechts*, C 47; contudo, no caso da autorização ser anulável e de o vizinho ter pedido a sua anulação, a sentença do tribunal administrativo faz caso julgado e já vincula o juiz civil – embora apenas no âmbito de coincidência do objecto do processo, questão que convoca uma outra série de problemas.

O ACTO ADMINISTRATIVO CONFORMADOR DE RELAÇÕES DE VIZINHANÇA

(decididas administrativamente) deve ser vista como uma excepção, ainda para mais tendo-se em conta que tal tese decorre da autonomia da competência decisória e de avaliação do executivo e que, com semelhante regra de vinculação, a competência do juiz ficaria afastada (BADURA)[402].

69. Recusando soluções generalistas, alguns Autores admitem a existência do efeito conformador de relações jurídicas entre privados circunscrita a determinados casos[403]. A atenção recai, igualmente, sobre a função de exclusão ou de justificação da ilicitude, associada à discussão sobre a ilicitude enquanto desvalor da conduta ou do resultado.

Assim, SACH, embora admita o efeito conformador pelo acto autorizativo, impõe-lhe uma limitação precisa ao *conteúdo* do acto administrativo – retomando, assim, grande parte da construção doutrinal realizada a propósito do efeito legalizador[404]. Exemplo já clássico nesta matéria é o da licença de condução: quando esta é concedida, não existe qualquer exclusão da responsabilidade do condutor pelos acidentes que venha a provocar. Outro tipo de acto ao qual se nega, geralmente, a natureza conformativa de relações entre privados, é a licença de construção, a qual, segundo as leis dos Estados federados, é emitida "sem prejuízo dos direitos de terceiros" – o seu conteúdo regulativo é, assim, limitado à relação bilateral Administração / autorizado[405]. Tal não significa, porém, que o

---

[402] P. BADURA, *in* AAVV., *Verwaltungsrecht als Vorgabe für Zivil- und Strafrecht (Aussprache und Schlussworte)*, 290. Especificamente sobre esta questão, a monografia de D. JESCH, *Die Bindung des Zivilrichters an Verwaltungsakte, passim*, à qual voltaremos com especial atenção.

[403] Por exemplo, P. MARBURGER, *Ausbau des Individualschutzes gegen Umweltbelastungen als Aufgabe des bürgerlichen und des öffentlichen Rechts*, C 42 e ss., recusa, quer a tese da igualdade dos ramos de direito, quer qualquer uma das teses de precedência global: nem seria de regressar à exclusiva regulação privada, pois o desenvolvimento do direito público dos vizinhos, nomeadamente o reconhecimento da acção pública de vizinhança, não comporta um retrocesso, nem seria possível fundamentar a precedência do direito público – a encontrar-se uma lei especial, esta seria a do § 906 do BGB em relação ao direito público e não o contrário. No entender do Autor, a solução definitiva apenas pode ser conseguida pelo legislador; entretanto, há que tentar evitar tanto as divergências materiais, como a cumulação supérflua de meios processuais.

[404] K. SACH, *Genehmigung als Schutzchild?*, 71 e ss. e 198 e ss..

[405] H. J. PAPIER, *Sport und Umwelt*, 81 e H. J. PAPIER, *Wirkungen des öffentlichen Planungsrechts auf das private Immissionsschutzrecht*, 120, considerando que à licença de construção faltam os efeitos de preclusão e de concentração que assistem a outros actos autorizativos; com o mesmo argumento, G. LANG, *Sportanlagen in Whonbereich*, 191. Se esta é a posição geral-

A CONFORMAÇÃO DE RELAÇÕES JURÍDICAS ENTRE PARTICULARES

vizinho não possa impugnar a licença de construção nos tribunais administrativos, sempre que esta seja ilegal *e* viole um direito seu – o que apenas acontece quando estiver em causa a aplicação de uma norma com função de protecção de terceiros[406]. Outra distinção tida por relevante é a que separa o acto dos seus efeitos: assim, entende PIKART, na perspectiva da repartição de competências jurisdicionais, que o juiz civil, se não pode emitir sentenças que constituam, ou impliquem na sua execução, a anulação ou a modificação do acto administrativo, sempre se poderá debruçar sobre os seus efeitos e, com isso, proceder a uma avaliação *a posteriori* da decisão administrativa[407].

Por seu turno, CANARIS, rejeitando o isolamento dos dois ramos do direito e defendendo uma "concorrência funcional" de ambos como forma de garantir a autonomia do direito privado, admite que a autorização possa conter uma regulação total dos "deveres de segurança" e assim, precludir uma acção de responsabilidade[408]. PEINE, a propósito do § 14 BImSchG, considera que se trata de uma "exclusão da ilicitude" pois o mesmo comportamento não pode ser ao mesmo tempo lícito e ilícito[409]. Também WAGNER, rejeitando que a ilicitude resulte de um desvalor do comportamento, considera que o efeito legalizador consiste num efeito justificador

mente adoptada no que respeita às licenças de construção, admite-se, contudo, que estas possam ter algum efeito vinculativo em relação ao juiz civil, nomeadamente se, sendo anuláveis, não forem impugnadas dentro do prazo permitido pelo direito administrativo; assim, a admissibilidade jurídico-pública de uma construção constituiria uma questão prévia (*Vorfrage*) para o juiz civil, sendo a licença de construção, dessa forma, dotada de um *Feststellungswirkung* – H. J. PAPIER, *Wirkungen des öffentlichen Planungsrechts auf das private Immissionsschutzrecht*, 121, com apoio na jurisprudência do BVerwG.

[406] G. GAENTZSCH, *Sportanlagen in Whonbereich*, 201; H. J. PAPIER, *Sport und Umwelt*, 81 e ss., discutindo o prazo de impugnação da licença, depois de lhe negar o efeito conformador. Sobre os efeitos para terceiros dos planos, H. J. PAPIER, *Wirkungen des öffentlichen Planungsrechts auf das private Immissionsschutzrecht*, 105-7.

[407] H. PIKART, *Bürgerlich-rechtliche Rechtsfragen bei Lärmbelästigungen durch den Betrieb von Sportanlagen im Whonbereich*, 28-9. Se assim não fosse, nem as licenças de construção seriam emitidas "sem prejuízo dos direitos de terceiros", nem seria necessário consagrar o efeito conformador de relações jurídicas entre privados em normas especiais. O autor admite igualmente o "controlo incidental" dos planos pelo juiz civil.

[408] C.-W. CANARIS, *Schutzgesetze – Verkehrspflichten – Schutzpflichten*, 54 e ss..

[409] "*Rechtswidrigkeitausschluß*" – F.-J. PEINE, *Privatrechtsgestaltung durch Anlagegenehmigung*, 2445.

O ACTO ADMINISTRATIVO CONFORMADOR DE RELAÇÕES DE VIZINHANÇA

da ilicitude[410]. Efeito esse que apenas poderá existir nos casos em que a lei expressamente admita a preclusão de pretensões jurídico-privadas[411].

A autorização adquire, assim, um "carácter agressivo", sujeitando-se a lei respectiva a um juízo de conformidade constitucional enquanto lei restritiva de direitos fundamentais[412]. Para além de a preclusão dos direitos e dos meios de defesa civis de terceiros ter que ser adequada à prossecução de um fim constitucionalmente garantido, o corolário da necessidade determina que ela só possa ocorrer em relação a danos inevitáveis, mediante a participação dos terceiros lesados no procedimento e a previsão de uma compensação pecuniária pela exclusão de acções jurídico-privadas[413]. A proporcionalidade *stricto sensu* exige, por fim, que a emissão da autorização e consequente exclusão de pretensões jurídico-privadas esteja dependente da ponderação no caso concreto dos vários interesses pela autoridade administrativa[414].

---

[410] G. Wagner, *Öffentlich-rechtliche Genehmigung und zivilrechtliche Rechtswidrigkeit*, 54 e ss. e 84 e ss.. Colocando o problema do efeito legalizador como um problema de justificação, F. Baur, *Der polizeiliche Schutz privater Rechte*, 74-75.

[411] G. Wagner, *Öffentlich-rechtliche Genehmigung und zivilrechtliche Rechtswidrigkeit*, 101 e ss.. Apenas através da lei poderá ser feita a exclusão de pretensões jurídico-privadas, a qual consiste numa restrição de direitos de terceiros; o exemplo comum é o do § 14 BImSchG. No mesmo sentido, P. Marburger, *Ausbau des Individualschutzes gegen Umweltbelastungen als Aufgabe des bürgerlichen und des öffentlichen Rechts*, C 46 e ss. (dando a dispensa como exemplo de acto com efeito conformador); J. Schwabe, *Öffentliches und privates Nachbarrecht oder: Einheit der Umwelt-Rechtsordnung*, 110-112; F.-J. Peine, *Privatrechtsgestaltung durch Anlagegenehmigung*, 2443 e 2445 e ss.; implicitamente, J. Dietlein, *Die Lehre von den grundrechtlichen Schutzpflichten*, 96; G. Manssen, *Privatrechtsgestaltung durch Hoheitsakt*, 30 e ss.; G. O. van Veldhuizen, *Die privatrechtsgestaltende Wirkung des öffentlichen Rechts im Umwelthaftungsrecht*, 171 e ss.; J. W. Gerlach, *Die Grundstrukturen des privatem Umweltrechts im Spannungsverhältnis zum öffentlichen Rechts*, 171-2; F. Ossenbühl, *Verwaltungsrecht als Vorgabe für Zivil- und Strafrecht*, 968, admitindo que tal conformação, permitida pela lei, existe nas autorizações do § 14 BImSchG e dos planos urbanísticos; na falta de lei, subsistem as pretensões jurídico--privadas do BGB. Também A. Seidel, *Öffentlich-rechtlicher und privatrechtlicher Nachbarschutz*, 321 e ss., embora com um entendimento mais lato do que possa ser a previsão legal.

[412] G. Wagner, *Öffentlich-rechtliche Genehmigung und zivilrechtliche Rechtswidrigkeit*, 126 e ss.. Igualmente, F.-J. Peine, *Privatrechtsgestaltung durch Anlagegenehmigung*, 2443 e ss..

[413] G. Wagner, *Öffentlich-rechtliche Genehmigung und zivilrechtliche Rechtswidrigkeit*, 137 e ss.; F.-J. Peine, *Privatrechtsgestaltung durch Anlagegenehmigung*, 2444; H. Hagen, *Sportanlagen im Wohnbereich*, 196-7.

[414] G. Wagner, *Öffentlich-rechtliche Genehmigung und zivilrechtliche Rechtswidrigkeit*, 144-145; F.-J. Peine, *Privatrechtsgestaltung durch Anlagegenehmigung*, 2444; F. Baur, *Der polizeiliche Schutz privater Rechte*, 75.

Na mesma linha, JARASS descobre vários níveis de influência do direito administrativo, podendo o acto vir a ter um efeito conformador ou um efeito indiciador ou ser simplesmente neutro em relação ao direito privado[415]. Tal como para os Autores anteriormente citados, um efeito conformador de relações jurídicas entre privados pelo acto administrativo, em especial no que diz respeito à exclusão ou preclusão de acções de defesa, só seria admitido nos casos em que se encontrasse expressamente consagrado na lei[416] que, para merecer um juízo de conformidade constitucional, teria que prever a audiência dos interessados e contemplar uma compensação pecuniária pela exclusão dos direitos jurídico-privados[417].

Não existindo um efeito conformador, poderia, no entanto, ser ainda descoberto um efeito "indiciador" das determinações administrativas. Tais determinações, designadamente sobre os níveis de emissões, se não vinculam o juiz civil, poderiam servir como *indícios* do preenchimento ou do não preenchimento dos pressupostos da pretensão jurídico-privada, em particular da acção negatória[418/419]. Tal efeito indiciador pode ter por

---

[415] H. D. JARASS, *Verwaltungsrecht als Vorgabe für Zivil- und Strafrecht*, 250 e ss.. F.-J. PEINE, *Privatrechtsgestaltung durch Anlagegenehmigung*, 2442-2443, admite três variantes possíveis da forma de relacionamento entre a autorização e as pretensões jurídico-privadas: a existência lado a lado, sem norma de colisão; a substituição das pretensões jurídico-privadas por outras de direito público, como resultado de uma norma de colisão de alcance médio (§ 14 BImSchG), e a total exclusão de pretensões jurídicas, existindo uma total precedência do direito público (§§ 8, 11 WassHG).

[416] H. D. JARASS, *Verwaltungsrecht als Vorgabe für Zivil- und Strafrecht*, 250 e 263, referindo as normas com efeito preclusivo. Outra questão é da relevância das determinações administrativas para efeitos do § 823 II BGB (Cfr. a segunda parte do artigo 483.º CC).

[417] H. D. JARASS, *Verwaltungsrecht als Vorgabe für Zivil- und Strafrecht*, 263-264. Exigindo igualmente a participação dos terceiros no procedimento, R. BARTLSPERGER, *Das Dilemma des baulichen Nachbarrechts*, 62 e ss..

[418] H. D. JARASS, *Verwaltungsrecht als Vorgabe für Zivil- und Strafrecht*, 243 e ss.. Note-se que no direito germânico das emissões, os conflitos resultam não só da potencial conformação pelo acto como também da vinculação às "tabelas de emissões" ou de *standards* administrativos de carácter geral e abstracto, cuja qualificação como regulamentos "jurídicos" ou "externos" suscita logo divergências. Considera P. MARBURGER, *Die Regeln der Technik im Recht*, 96-7, que tais *standards* técnicos não são vinculativos para a Administração, não passando de meras directrizes de interpretação e concretização dos conceitos indeterminados presentes na lei – esta, sim, vinculativa para a Administração. O problema central, porém, é o do eventual vinculação dos tribunais, equivalente a deixar nas mãos da Administração a última decisão sobre determinada situação, o que o Autor recusa. Expressamente focando o problema da vinculação do juiz civil, P. MARBURGER, *Zur zivilrechtliche*

consequências a inversão do ónus da prova e/ou a facilitação da demonstração do nexo de causalidade entre a conduta e a lesão[420].

70. Por entre esta panóplia de posições diferentes e argumentos, o legislador germânico procurou já pôr cobro ao desenvolvimento descoordenado do direito dos vizinhos[421].

No ordenamento jurídico actual[422], o primeiro passo nesse sentido foi dado pelo § 14 BImSchG, no qual se estabelece expressamente a exclusão de pretensões jurídico-privadas dos vizinhos, ao abrigo dos §§ 906, 1004 BGB, e se procede à sua substituição por uma pretensão jurídico-pública de medidas de protecção ou de compensação pecuniária[423].

Haftung für Waldschaden, 118-9, adiantando que tais *standards*, gerais e abstractos, não são adequados à resolução dos conflitos concretos de vizinhança pelo juiz civil. Sobre a questão dos "efeitos externos" dos "regulamentos administrativos" no direito alemão, em termos divergentes do entendimento tradicional mas com amplas referências a essa doutrina, H. D. Jarass, *Bindungswirkung von Verwaltungsvorschriften*, 105 e ss..

[419] Certa jurisprudência, como a do *Tennisplatz*, não via nos *standards* administrativos mais do que um "mero ponto de partida" para a valoração dos conceitos indeterminados do § 906, não ignorando o direito administrativo mas também não se considerando a ele vinculada. H. J. Papier, *Sportstätten und Umwelt*, 74. Segundo H. Hagen, *Sportanlagen im Wohnbereich*, 193, tal jurisprudência considerava que a ultrapassagem dos valores permitidos (apenas) *indiciava* a "essencialidade" da emissão, ao passo que o facto de não haver ultrapassagem não vinculava os tribunais a um juízo de "não essencialidade"; igualmente, H. Hagen, *Probleme und Erfolge richterlicher Rechtsfortbildung im privaten Immissionsschutzrecht*, 55; H. Pikart, *Bürgerlich-rechtliche Rechtsfragen bei Lärmbelästigungen durch den Betrieb von Sportanlagen im Whonbereich*, 22.

[420] H. D. Jarass, *Verwaltungsrecht als Vorgabe für Zivil- und Strafrecht*, 263-264. Se tiver ocorrido a ultrapassagem dos limites impostos e se se tiverem verificado simultaneamente danos, tal ultrapassagem constitui um *indício* de que os danos foram causados pela actividade, podendo inverter o ónus da prova e / ou ser determinante para ligar o facto ao dano. *Vide* igualmente P. Marburger/ H. Hermann, *Zur Verteilung der Darlegungs- und Beweislast bei der Haftung für Umweltschäden*, 357-9, concordando com a inversão do ónus da prova, embora considere que a responsabilidade se transmuta, assim, em verdadeira responsabilidade pelo risco. O desenvolvimento da solução de inversão do ónus da prova pertence a B. Gmehling, *Die Beweislastverteilung bei Schäden aus Industrieimmissionen*, em esp. 150 e ss.. Voltaremos a esta questão, *infra*, III B), 4.

[421] M. Dolderer, *Das Verhältnis des öffentlichen zum privaten Nachbarrecht*, 20.

[422] Quanto aos antecedentes históricos de normas sobre preclusão de pretensões jurídico-privadas, *maxime* da acção negatória, P. Preu, *Die historische Genese der öffentlichen Bau- und Gewerbenachbarklagen (ca. 1800-1970)*, 35 e ss..

[423] Sobre o § 14 BImSchG, entre outros autores que iremos referindo ao longo deste estudo, J. W. Gerlach, *Die Grundstrukturen des privatem Umweltrechts im Spannungsverhältnis*

A CONFORMAÇÃO DE RELAÇÕES JURÍDICAS ENTRE PARTICULARES

A busca de coordenação não ficou por aí. O § 906 BGB, fonte inspiradora do nosso 1346.º, teve que sofrer um aditamento, tornando-se o sentido dos seus conceitos indeterminados dependente das determinações administrativas e visando-se, assim, evitar a subsistência de contradições normativas. Perante a incapacidade de resolução definitiva do problema pela doutrina e pela jurisprudência, o legislador alemão não teve, pois, *outro remédio* senão o de alterar o próprio BGB[424].

2.2. *Direito austríaco*

71. No direito austríaco, o problema da relação entre direito público e direito privado dos vizinhos foi objecto de atenção do legislador no longínquo ano de 1916 – com o intuito assumido de proteger o desenvolvi-

---

zum öffentlichen Rechts, 169 e ss.; J. W. GERLACH, *Privatrecht und Umweltschutz im System des Umweltrechts*, 177 e ss.; G. O. VAN VELDHUIZEN, *Die privarechtsgestaltende Wirkung des öffentlichen Rechts im Umwelthaftungsrecht*, 171 e ss.; H. D. JARASS, *BundesImmissionsschutzgesetz*, 301 e ss.; F.-J. PEINE, *Privatrechtsgestaltung durch Anlagegenehmigung*, 2443 e ss.. Note-se que a compensação pecuniária prevista constitui uma compensação por actos lícitos e não uma indemnização por actos ilícitos (F.-J. PEINE, *Privatrechtsgestaltung durch Anlagegenehmigung*, 2445).

[424] H. HAGEN, *Probleme und Erfolge richterlicher Rechtsfortbildung im privaten Immissionsschutzrecht*, 49-50, referindo que a versão inicial do § 906 padecia desde a nascença de dois defeitos: por um lado, apenas admitia duas possibilidades (o dever de tolerância ou a acção negatória), não contemplando uma terceira via de "dever de tolerância acompanhado de uma compensação monetária"; por outro lado, a imposição do "dever de tolerância" não dependia da impossibilidade de evitar os danos através de medidas técnicas economicamente suportáveis.

Nos anos 80, depois do *Tennisplatzurteil*, a Comissão do *Bundestag* chegou a equacionar a hipótese de alteração do § 906 BGB. F.-J. PEINE, *Öffentliches und Privates Nachbarrecht*, 169. Considerando que essa seria a forma de obter uma harmonização entre os dois direitos, H. HAGEN, *Sportanlagen im Wohnbereich*, 200. A própria jurisprudência, administrativa e cível, já procurara, em alguns arestos, harmonizar os conceitos indeterminados utilizados na legislação pública e privada a propósito da gravidade das emissões. Sobre estes, entre outros, H. HAGEN, *Probleme und Erfolge richterlicher Rechtsfortbildung im privaten Immissionsschutzrecht*, 57 e ss.; H. HAGEN, *Höchstrichterliche Rechtsprechung zum Problemkreis Nachbarschutz und Sportätte*, 2 e ss.. Sobre a alteração de 1994 ao BGB, K. VIEWEG/ A. RÖTHEL, *Konvergenz oder Divergenz öffentlich-rechtlichen und privatrechtlichen Immissionsschutzes?*, 1173 e ss.; M. J. HERR, *Sportanlagen in Wohnnachbarschaft*, 22. Refere M. DOLDERER, *Das Verhältnis des öffentlichen zum privaten Nachbarrecht*, 21 e 24 e ss., que a alteração ao BGB extinguiu o problema das divergências materiais, tendo apenas subsistido o problema da eventual cumulação de meios processuais.

mento industrial, o legislador aditou o § 364a ao ABGB, criando, desta forma, uma norma especial para as emissões provenientes de instalações autorizadas administrativamente[425]. Assim, a posição maioritária na doutrina – em consonância com as modificações legislativas do ABGB – afasta a possibilidade de defesa através da acção negatória, podendo apenas o vizinho obter uma indemnização, que não depende da existência de culpa[426]. Esta solução, porém, tem sido recentemente alvo de contestação pela jurisprudência e por alguma doutrina[427].

Pano de fundo para a compreensão da discussão austríaca é a herança deixada de KELSEN, nomeadamente no que respeita, por um lado, à negação da diferença entre direito privado e público[428] e, por outro lado, à tese da igual valia das funções administrativa e jurisdicional do Estado (*Gleichwertigkeit der beiden Staatsfunktionen Gerichtsbarkeit und Verwaltung*)[429]. No entanto, se a questão, há muito discutida na Alemanha, dos conflitos existentes entre o direito público e o direito privado dos vizinhos só nos últimos anos atingiu o direito austríaco[430], outro problema sempre mereceu a atenção destes juristas – o da vinculação dos tribunais judiciais às decisões administrativas[431]. Naturalmente, a resolução do problema mais recente sempre fará eco do "ambiente kelseniano" em que ainda se move o direito austríaco.

---

[425] Sobre esta alteração, entre outros, F. KERSCHNER, *Umwelthaftung im Nachbarrecht*, 217, com transcrições da "exposição de motivos" da alteração legislativa.

[426] ÖHLINGER, *in* AAVV., *Verwaltungsrecht als Vorgabe für Zivil- und Strafrecht (Aussprache und Schlussworte)*, 280; M. E. FEIL, *Privates Nachbarrecht und Immissionem*, 32-3; F. KERSCHNER, *Nachbarrecht im Spannungsfeld zwischen Privatrecht und öffentlichem Recht*, 782; M. HECHT, *Nachbarrechtlicher Untersagungsanspruch und Immissionen von Strassen*, 289-92.

[427] Como refere ÖHLINGER, *in* AAVV., *Verwaltungsrecht als Vorgabe für Zivil- und Strafrecht (Aussprache und Schlussworte)*, 280, os tribunais sempre tenderam a interpretar restritivamente os pressupostos de exclusão das pretensões de defesa, nomeadamente excluindo tal efeito no caso das autorizações de construção.

[428] H. KELSEN, *Teoria pura do direito*, 309 e ss..

[429] H. KELSEN, *Teoria pura do direito*, 309 e ss.; sobre a influência de KELSEN nesta discussão, ÖHLINGER, *in* AAVV., *Verwaltungsrecht als Vorgabe für Zivil- und Strafrecht (Aussprache und Schlussworte)*, 286.

[430] F. KERSCHNER, *Nachbarrecht im Spannungsfeld zwischen Privatrecht und öffentlichem Recht*, 783.

[431] ÖHLINGER, *in* AAVV., *Verwaltungsrecht als Vorgabe für Zivil- und Strafrecht (Aussprache und Schlussworte)*, 286. Entre outros, R. WALTER, *Verfassung und Gerichtsbarkeit*, em esp. 69 e 148-9.

A CONFORMAÇÃO DE RELAÇÕES JURÍDICAS ENTRE PARTICULARES

72. Para KERSCHNER, jurista que se tem destacado na crítica ao § 364a do ABGB, a norma em causa mais não é do que uma manifestação do antiga máxima *"dulde und liquidieren"*[432]. Emitida na segunda década do século XX, a norma, "inimiga do ambiente", seria tributária de uma concepção de favorecimento da indústria, actualmente desconforme com as preocupações ambientais e com o imperativo constitucional de protecção do ambiente[433]. Havendo que compatibilizar os dois interesses – o da protecção da indústria e o da protecção do ambiente – a solução passaria por uma interpretação conforme à Constituição do § 364a[434].

De uma tal interpretação resultariam várias limitações ao pretendido efeito de conformação de relações jurídicas entre privados. Assim, a exclusão da acção negatória não poderia dar-se quanto àquilo que esteja para além do permitido pela autorização, colocando-se as questões dos seus *conteúdo e efeitos*; excluídos da protecção do § 364a ficariam igualmente todos os danos que se possam considerar *atípicos* em relação à actividade autorizada[435]. Se, à luz do § 364a, não é possível a acção negatória, mas é admitida a compensação dos danos, então seria igualmente de admitir a condenação à adopção de medidas de cuidado adequadas a evitar as emissões[436]. Indo ainda mais longe, a acção negatória nunca seria de excluir quando, apesar da autorização da actividade, existisse perigo ou dano imediato para a vida ou para a integridade física – pela razão de serem estes os "bens jurídicos de valor mais elevado"[437]. Outros argumentos

---

[432] F. KERSCHNER, *Umwelthaftung im Nachbarrecht*, 217.

[433] F. KERSCHNER, *Umwelthaftung im Nachbarrecht*, 217-8. Adianta o Autor que, apesar da consideração dos interesses dos vizinhos no procedimento administrativo e respectiva participação, bem como da possibilidade de a autoridade administrativa emitir medidas posteriores à emissão da autorização, a verdade é que não existe uma protecção suficiente dos vizinhos no direito público, aos quais não é reconhecida uma pretensão, junto das autoridades administrativas, à modificação da autorização.

[434] F. KERSCHNER, *Nachbarrecht im Spannungsfeld zwischen Privatrecht und öffentlichem Recht*, 784.

[435] F. KERSCHNER, *Umwelthaftung im Nachbarrecht*, 218, com indicação de outras referências doutrinárias austríacas. Esta via de argumentação apresenta uma clara conexão com os trabalhos da doutrina alemã a propósito do efeito legalizador do actos administrativos.

[436] F. KERSCHNER, *Umwelthaftung im Nachbarrecht*, 222.

[437] F. KERSCHNER, *Umwelthaftung im Nachbarrecht*, 219; F. KERSCHNER, *Nachbarrecht im Spannungsfeld zwischen Privatrecht und öffentlichem Recht*, 784, recusando a aplicação analógica do § 364a a estas pretensões. Acrescenta o Autor que a disparidade de critérios existentes entre os pressupostos para modificação ou revogação da autorização pela autoridade administrativa (desproporcionalidade) e os relativos às acções negatórias do ABGB (à semelhança

O ACTO ADMINISTRATIVO CONFORMADOR DE RELAÇÕES DE VIZINHANÇA

são ainda adiantados: a confiança que possa facticamente existir por parte do autorizado não é merecedora de protecção jurídica, logo por virtude das disposições normativas da lei relativa às autorizações; as prognoses feitas pela autoridade administrativa, por mais completas que possam ser, não deixam de ser apenas prognoses, permanecendo sempre a possibilidade de se virem a verificar perigos ou danos administrativamente não previstos[438].

73. Como advertíramos, o cerne da discussão sobre a exclusão de acções negatórias pelo ABGB e as suas possíveis interpretações restritivas acaba por se deslocar para a controvérsia sobre o sentido da separação entre justiça e administração, vertida no artigo 94 da Constituição austríaca[439]. Na ligação entre as duas questões, enquadrada pelo princípio da separação dos poderes, reside, a nosso ver, o contributo mais significativo da doutrina austríaca para a discussão em torno desta temática.

A referida disposição constitucional tem sido interpretada no sentido de constituir uma proibição da concorrência de decisões sobre a *mesma situação jurídica* por uma autoridade administrativa e por um tribunal[440]. Naturalmente, parte importante da discussão a propósito da aplicação

do BGB alemão, essencialidade e não usualidade), acrescidos da inexistência de um direito subjectivo público dos vizinhos à modificação ou revogação do acto administrativo, contribuem para a necessidade de interpretação do § 364a da forma apresentada (F. KERSCHNER, *Umwelthaftung im Nachbarrecht*, 219 e ss.). *Vide* igualmente J. STABENTHEINER, *Zivilrechtliche Unterlassungsansprüche zur Abwehr gesundheitsgefährdender Umwelteinwirkungen*, em esp. 81 e ss..

[438] F. KERSCHNER, *Umwelthaftung im Nachbarrecht*, 219-20.

[439] Depois da adução de vários argumentos a favor ou contra a exclusão de acções negatórias, a discussão acaba por se centrar na referida norma constitucional, segundo a qual: *"Die Justiz ist von der Verwaltung in allem Instanzen getrennt"*. *Vide*, entre outros, F. KERSCHNER, *Umwelthaftung im Nachbarrecht*, 221; M. HECHT/ G. MUZAK, *Umwelthaftung im Nachbarrecht*, 159 e ss.; F. KERSCHNER, *Nachbarrecht im Spannungsfeld zwischen Privatrecht und öffentlichem Recht*, 787 e ss..

[440] H. MAYER, *Das österreichische Bundes-Verfassungsrecht – Kurzkomenntar*, 274 e ss.; R. WALTER/ H. MAYER, *Grundriss des österreichischen Bundesverfassungsrechts*, 289 e ss.; F. KERSCHNER, *Umwelthaftung im Nachbarrecht*, 221. Não estará em causa, por certo, o controle jurisdicional dos actos da Administração pelos tribunais competentes mas antes a existência de decisões administrativas e jurisdicionais (não emitidas enquanto instância de controlo do acto) sobre a mesma situação jurídica, de forma independente e concorrencial – e potencialmente contraditória – M. HECHT/ G. MUZAK, *Umwelthaftung im Nachbarrecht*, 160. Sobre a interpretação do artigo 94 influi igualmente o elemento histórico decorrente da supressão do n.º 2 do referido artigo. Sobre este aspecto, F. KERSCHNER, *Umwelthaftung im Nachbarrecht*, 220-1; M. HECHT/ G. MUZAK, *Umwelthaftung im Nachbarrecht*, 159 e ss.; F. KERSCHNER, *Nachbarrecht im Spannungsfeld zwischen Privatrecht und öffentlichem Recht*, 787 e ss..

A CONFORMAÇÃO DE RELAÇÕES JURÍDICAS ENTRE PARTICULARES

concreta desta disposição diz respeito à *qualificação da natureza jurídico-pública ou jurídico-privada* da situação jurídica ou das pretensões jurídicas em causa – o que, por sua vez, leva a questionar a diferença entre direito público e direito privado[441].

Para os defensores do *status quo* doutrinal, no seguimento de KELSEN, não existe, desde logo, qualquer diferença essencial entre direito público e direito privado ou qualquer diferenciação entre as suas aplicações concretas, ambas fenómenos de execução da vontade legislativa[442].

Assim, como refere ÖHLINGER, a vinculação global dos juízes às decisões administrativas sempre encontrara o seu fundamento na teoria da igual valia constitucional de ambas as funções do Estado, a jurisdicional e a administrativa; fundamento este que permite igualmente a equiparação entre o caso julgado das sentenças e o dos actos administrativos[443]. Aquela vinculação mais não seria do que um exemplo, conforme à Constituição, de aplicação do artigo 94 da Constituição. Perante esta norma, o legislador disporia de liberdade para escolher o "tipo de autoridade" (administrativa ou jurisdicional) competente para executar a sua vontade legislativa, tendo como limite a atribuição da mesma competência a duas entidades[444]. Assim, inconstitucional seria a atribuição ao juiz ordinário de competência para apreciação das emissões – ainda que pretensamente limitada à determinação de medidas de cuidado – sobre a qual já antes tenha existido o exercício de uma competência administrativa[445].

---

[441] F. KERSCHNER, *Nachbarrecht im Spannungsfeld zwischen Privatrecht und öffentlichem Recht*, 785, considerando que a questão central é a da autonomia ou diferenciação entre direito público e direito privado.

[442] Entre outros, M. HECHT/ G. MUZAK, *Umwelthaftung im Nachbarrecht*, 161; F. KERSCHNER, *Nachbarrecht im Spannungsfeld zwischen Privatrecht und öffentlichem Recht*, 785, considerando que a tese kelseniana da igualitarização entre direito público e direito privado tinha como móbil, no contexto da época em que foi formulada, negar que o "direito público" estivesse à margem da ordem jurídica e fosse uma área, na conhecida expressão, de *"Freiheit vom Recht"*

[443] ÖHLINGER, in AAVV., *Verwaltungsrecht als Vorgabe für Zivil- und Strafrecht (Aussprache und Schlussworte)*, 287. Se esta era a posição do Tribunal Constitucional e da doutrina publicística, os tribunais sempre procuraram limitar a vinculação às decisões administrativas, considerando que o caso julgado apenas pode ser estendido aos participantes no processo e concluindo, assim, que no caso da parte no processo jurisdicional não o ter sido no processo (procedimento) administrativo, a decisão administrativa não faria caso julgado em relação a essa parte e, logo, não vincularia o juiz.

[444] M. HECHT/ G. MUZAK, *Umwelthaftung im Nachbarrecht*, 162.

[445] M. HECHT/ G. MUZAK, *Umwelthaftung im Nachbarrecht*, 162.

O ACTO ADMINISTRATIVO CONFORMADOR DE RELAÇÕES DE VIZINHANÇA

74. Do lado contrário, é negada a pretendida ausência de diferenciação entre direito público e direito privado, com consequências a nível da qualificação das situações jurídicas. Assim, no "caso clássico" de um vizinho lesado pela actividade de outro autorizada administrativamente, KERSCHNER nega que esteja em causa *apenas uma e a mesma* situação jurídica; pelo contrário, diferencia entre a relação jurídica existente entre o Estado e os cidadãos, onde se integra a autorização administrativa, e a relação jurídica existente apenas entre os privados, cuja regulação provém exclusivamente das normas civilísticas sobre relações de vizinhança[446]. Em consequência, a decisão jurisdicional sobre esta segunda relação não constitui ou implica, de forma alguma, a apreciação da decisão administrativa – a decisão jurisdicional não afecta a instalação, que continua autorizada, mas apenas se opõe às emissões dela provenientes[447].

Seria esta a forma de obter uma interpretação conforme à Constituição[448] das normas ordinárias. Por um lado, considera-se que não existe qualquer decisão jurisdicional sobre a decisão administrativa ou sobre a relação jurídica entre a Administração e os privados. Por outro lado, a admissão de uma competência exclusiva por parte da autoridade administrativa sobre pretensões privadas seria, essa sim, contrária à Constituição, designadamente por contrariar a *Convenção Europeia dos Direitos do Homem*[449].

75. No fundo, parece ter sido a jurisprudência do Tribunal Europeu dos Direitos do Homem que provocou uma mudança significativa na doutrina austríaca relativa ao problema da vinculação dos tribunais comuns às decisões administrativas – e, consequentemente, em relação aos efeitos conformadores de relações jurídicas entre sujeitos privados pelo acto administrativo.

---

[446] F. KERSCHNER, *Umwelthaftung im Nachbarrecht*, 221; igualmente, F. KERSCHNER, *Nachbarrecht im Spannungsfeld zwischen Privatrecht und öffentlichem Recht*, 789, acrescentando que a relação entre os vizinhos é uma relação *horizontal*, ao passo que a relação entre o Estado e os cidadãos é uma relação *vertical*. Contra, M. HECHT/ G. MUZAK, *Umwelthaftung im Nachbarrecht*, 160, considerando que se trata da mesma situação jurídica e que a decisão jurisdicional afecta os efeitos da decisão administrativa.

[447] F. KERSCHNER, *Umwelthaftung im Nachbarrecht*, 221.

[448] F. KERSCHNER, *Nachbarrecht im Spannungsfeld zwischen Privatrecht und öffentlichem Recht*, 784.

[449] F. KERSCHNER, *Umwelthaftung im Nachbarrecht*, 221.

Com efeito, a concepção austríaca da igual valia das funções administrativa e jurisdicional do Estado entrou em confronto com a Convenção Europeia dos Direitos do Homem, nomeadamente com a garantia de uma decisão jurisdicional sobre pretensões e deveres de natureza civil (artigo 6.º da CEDH): segundo a jurisprudência do Tribunal Europeu dos Direitos do Homem, a vinculação do juiz civil a uma decisão administrativa sobre uma *questão civil* prévia não se encontra em conformidade com o artigo 6.º da Convenção – jurisprudência esta tão mais relevante quanto o sentido lato conferido ao conceito de "questão civil", em que se incluem, nomeadamente, decisões tradicionalmente administrativas, desde que possam envolver a afectação de direitos subjectivos[450].

2.3. *Direito italiano*

76. O problema da lesão de terceiros através de uma actividade autorizada suscita desde há muito o interesse da doutrina italiana, mesmo numa altura em que a própria autorização não era, em si, objecto preferencial de estudo.

Como referencia Fracchia, o entendimento da doutrina de finais do século XIX era o de que a Administração, ao autorizar uma instalação perigosa, incómoda ou insalubre, não fazia uma apreciação senão do ponto de vista dos interesses de segurança e de polícia[451]. Vale a pena referir algumas dessas afirmações, em que já se podiam encontrar argumentos ainda hoje utilizados pela doutrina.

Assim, em 1887, distinguia Gianquinto entre o plano da consideração dos interesses dos cidadãos em geral e o plano da consideração concreta dos interesses dos vizinhos, afirmando que, ao emitir a autorização, a Administração declara que a instalação, estabelecida de acordo com as condições prescritas, "não será danosa para a segurança, nem para a *salubridade*

---

[450] T. Öhlinger, *in* Aavv., *Verwaltungsrecht als Vorgabe für Zivil- und Strafrecht (Aussprache und Schlussworte)*, 286 e ss.; T. Öhlinger, *Verfassungsrecht*, 254 e ss., sobre a jurisprudência do TEDH; F. Kerschner, *Nachbarrecht im Spannungsfeld zwischen Privatrecht und öffentlichem Recht*, 785 e ss., apoiando a diferenciação entre os ramos de direito – e entre as pretensões, públicas ou privadas – na CEDH e na jurisprudência do respectivo tribunal, segundo a qual as "questões civis" devem ser decididas por tribunais.

[451] F. Fracchia, *Autorizzazione amministrativa e situazioni giuridiche soggettive*, 44.

dos cidadãos; mas não declara que a mesma não será danosa para a proprie-dade, *de um modo ou outro, de este ou daquele vizinho*"[452].

A outro argumento, centrado na distinção entre faculdade e dever – hoje aduzido a propósito da ideia de unidade do ordenamento jurídico – era já sensível MEUCCI, em 1887: para este Autor, "é certo o princípio de que a autorização, *como não obriga o autorizado a agir*, não tolhe a sua res-ponsabilidade por todas as consequências do seu acto, nem ao outro o direito e a acção para o ressarcimento do dano, tal como não transfere minimamente qualquer parte da responsabilidade para a administração autorizadora"[453].

77. Desde os fins do século XIX até hoje, as posições da doutrina e da jurisprudência italianas têm seguido a mesma linha de pensamento, a qual, porventura, se encontra facilitada pelo contexto de separação entre or-dens jurisdicionais fundada na distinção entre interesses legítimos e direi-tos subjectivos[454]. O entendimento geral é, pois, o de que a autorização, por regra, não pode dispor sobre direitos dos terceiros, sendo sempre emitida sob reserva dos direitos destes[455].

Ao invés da admissão de uma única relação jurídica trilateral, distin-gue-se claramente entre uma (autónoma) relação entre os privados e a outra relação entre o privado autorizado e a Administração, produzindo a permissão apenas efeitos directos entre estes[456]. Assim, se a permissão não pode modificar os direitos de terceiros, no reverso da medalha, os tercei-ros também não podem invocar a violação de prescrições contidas unica-mente na licença de construção, ou mesmo a inexistência de uma licença, como fundamentos da ilicitude de um dano que pretendem ver ressarcido,

---

[452] GIANQUINTO, *apud* F. FRACCHIA, *Autorizzazione amministrativa e situazioni giuridiche soggettive*, 44, nr. 27 (itálicos nossos).

[453] MEUCCI, *apud* F. FRACCHIA, *Autorizzazione amministrativa e situazioni giuridiche soggettive*, 44, nr. 27 (itálicos nossos).

[454] Em 1865, foram atribuídos os julgamentos de litígios sobre direitos subjectivos aos tribunais judiciais, colocando-se a questão da insindicabilidade da actuação administrativa que versasse meramente sobre interesses; em 1889, ocorreu a instituição da IV Secção do Conselho de Estado e a concomitante atribuição do poder de anular actos administrativos "ilegítimos" – F. FRACCHIA, *Autorizzazione amministrativa e situazioni giuridiche soggettive*, 74-5.

[455] F. FRACCHIA, *Autorizzazione amministrativa e situazioni giuridiche soggettive*, 206 e ss..

[456] F. FRACCHIA, *Autorizzazione amministrativa e situazioni giuridiche soggettive*, 207.

desde que o autorizado tenha respeitado as normas relevantes (para os vizinhos) de direito privado[457].

Os argumentos aduzidos a favor da salvaguarda dos direitos de terceiros são vários: sendo a autorização exclusivamente dedicada à tutela do interesse público, então será insusceptível de tornar legítima em qualquer caso a actividade do autorizado e de o libertar da responsabilidade pelas consequências danosas da sua actividade[458]; na mesma linha de pensamento, a autorização administrativa para desenvolvimento de uma actividade apenas remove um limite ao seu exercício, não obrigando ao mesmo nem criando a favor do autorizado um direito subjectivo perfeito, pois o exercício da actividade deve sempre ocorrer em respeito das leis e demais prescrições aplicáveis[459].

A autorização é, pois, concedida no risco do próprio autorizado, deixando intocados os direitos de terceiros, em relação aos quais é ineficaz[460]. Assim sendo, entende-se que a lesão do vizinho não decorre da própria licença mas apenas da própria actividade autorizada; esta, ainda que autorizada, mantém a sua natureza privada, podendo dar origem a uma controvérsia entre privados, sobre direitos privados, à qual permanece estranha a Administração e que deve ser dirimida perante o juiz civil, pois tão pouco aquela poderá limitar ou excluir os poderes de cognição jurisdicional no âmbito de uma controvérsia sobre direitos privados[461]. Em consequência, nem sequer terá que ser colocado o problema da desaplicação pelo juiz civil do acto administrativo, pois este, sendo ineficaz para terceiros, esgota os seus efeitos no âmbito da relação juspublicística entre o autorizado e a administração[462].

Se esta é a solução geralmente adoptada no direito italiano, o mesmo não significa que inexista nesta ordem jurídica a questão da conformação de relações entre privados pelo acto administrativo.

---

[457] F. FRACCHIA, *Autorizzazione amministrativa e situazioni giuridiche soggettive*, 206, nr. 134. Ao contrário, como vimos, da possibilidade pacificamente reconhecida ao vizinho, no direito alemão, de invocar a violação de normas públicas para, por exemplo, obter uma indemnização ao abrigo do § 823, Abs. 2.

[458] F. FRACCHIA, *Autorizzazione amministrativa e situazioni giuridiche soggettive*, 135-7, nr. 90.

[459] F. FRACCHIA, *Autorizzazione amministrativa e situazioni giuridiche soggettive*, 207-8, nr. 135 (este último argumento foi aduzido a propósito de uma licença de emissão de ruído).

[460] F. FRACCHIA, *Autorizzazione amministrativa e situazioni giuridiche soggettive*, 135-7, nr. 90.

[461] F. FRACCHIA, *Autorizzazione amministrativa e situazioni giuridiche soggettive*, 207-8, nr. 135.

[462] F. FRACCHIA, *Autorizzazione amministrativa e situazioni giuridiche soggettive*, 207-9, nr. 136.

78. No direito italiano, a figura próxima dos "actos administrativos com efeitos conformadores de relações jurídicas entre privados" germânicos é a das chamadas "autorizações derrogatórias" (*licenza in derroga*)[463].

Para compreender esta figura, é necessário, antes de mais, atentar no seguinte: apesar da "rigorosa" separação entre ordenamentos jurídicos indiciada pela regra da "emissão sob salvaguarda dos direitos de terceiros", existe desde há muito uma ligação entre normas públicas e normas civis – as normas dos regulamentos das autarquias, nomeadamente sobre distâncias de construção, são consideradas integrativas das normas do Código Civil. Como tal, são atributivas de direitos subjectivos aos vizinhos, podendo estes invocar a sua violação *pelo construtor* perante a *jurisdição civil*[464].

Porém, admite-se a possibilidade de tais normas não serem cumpridas desde que tal decorra da chamada "autorização em derrogação (dessas normas)", a qual exclui a ressarcibilidade do dano do vizinho com a afirmação de que a autorização elimina a lesividade do comportamento – o qual seria ilícito se, no confronto com normas gerais de direito objectivo, não tivesse a permissão específica da autorização em derrogação[465].

Logo desde a primeira metade do século XX que se entendeu existir, nestas autorizações derrogatórias, uma nova dimensão da autorização: não só procedem ao *accertammento* da ausência de contraste entre a actividade privada e o interesse público, como incidem igualmente sobre relações entre privados, em derrogação a normas de direito objectivo, traçando "no caso concreto a linha de confinamento entre os respectivos direitos"[466]. Esta nova dimensão da actividade administrativa não foi vista sem alguma apreensão pela doutrina: como refere FRACCHIA, entendendo-se que pertence à *lei*, fonte de direito com eficácia para todos os sujeitos, a

---

[463] F. FRACCHIA, *Autorizzazione amministrativa e situazioni giuridiche soggettive*, 133 e ss.; G. C. MENGOLI, *Manuale di diritto urbanistico*, 625 e ss.; G. GRECO, *Provvedimenti amministrativi costitutivi di rapporti giuridici tra privati*, 51; G. GRECO, *Provvedimenti amministrativi costitutivi di rapporti giuridici tra privati (monog.)*, 111 e ss.; F. SALVIA/ F. TERESI, *Diritto urbanistico*, 246 e ss.; A. FIALE, *Concessioni, autorizazioni, nulla-osta*, 523 e ss.; M. S. GIANNINI, *Istituzioni di diritto amministrativo*, 312 e ss..

[464] F. FRACCHIA, *Autorizzazione amministrativa e situazioni giuridiche soggettive*, 133.

[465] F. FRACCHIA, *Autorizzazione amministrativa e situazioni giuridiche soggettive*, 133.

[466] F. FRACCHIA, *Autorizzazione amministrativa e situazioni giuridiche soggettive*, 135; A. FIALE, *Concessioni, autorizazioni, nulla-osta*, 525, realçando que a autorização derrogatória produz efeitos não apenas na relação entre o autorizado e a administração, mas igualmente na relação entre os dois privados, que fica assim submetida à disciplina do acto administrativo.

A CONFORMAÇÃO DE RELAÇÕES JURÍDICAS ENTRE PARTICULARES

função de definir situações jurídicas subjectivas e de resolver conflitos de interesses, então o poder de emitir autorizações derrogatórias tem que ser entendido como uma excepção, pois a Administração, sujeito de direito entre outros, não é idónea para arbitrar conflitos de interesses[467]. Uma excepção que apenas colhe aceitação porquanto se trate de um poder limitado e *expressamente previsto na lei*, a qual opera um "reenvio" para a avaliação da Administração[468]. Dito de outra forma, a conformação de relações jurídicas entre privados por decisões da Administração apenas pode ser admitida se respeitar a *reserva de lei* que vigora para as relevantes matérias constitucionais[469/470]. Se a licença "derrogar" direitos de terceiros sem ter a devida permissão legal, entende-se que tal licença será ineficaz[471].

---

[467] F. Fracchia, *Autorizzazione amministrativa e situazioni giuridiche soggettive*, 264. Considerando igualmente que se trata de um poder excepcional, A. Fiale, *Concessioni, autorizazioni, nulla-osta*, 525.

[468] F. Fracchia, *Autorizzazione amministrativa e situazioni giuridiche soggettive*, 265.

[469] G. Greco, *Provvedimenti amministrativi costitutivi di rapporti giuridici tra privati*, 56-7. No mesmo sentido, G. C. Mengoli, *Manuale di diritto urbanistico*, 625; F. Salvia/ F. Teresi, *Diritto urbanistico*, 246.

[470] Como informam F. Salvia/ F. Teresi, *Diritto urbanistico*, 246-7, as autorizações derrogatórias foram "abusivamente" utilizadas nos primeiros anos subsequentes à sua introdução, o que levou o legislador a estabelecer requisitos mais exigentes para a utilização do poder derrogatório, tais como a sua limitação aos casos de edifícios públicos ou de interesse público, além de outros de natureza procedimental. *Vide* igualmente A. Fiale, *Concessioni, autorizazioni, nulla-osta*, 523 e ss.; G. C. Mengoli, *Manuale di diritto urbanistico*, 625 e ss..

[471] F. Fracchia, *Autorizzazione amministrativa e situazioni giuridiche soggettive*, 135-7, nr. 90, referindo-se à posição da jurisprudência. No entanto, coloca-se na verdade o problema de saber qual é a jurisdição competente para apreciar as questões que envolvam autorizações derrogatórias, questionando-se se haverá que admitir, ou impor, uma dupla tutela, incluindo o recurso obrigatório à jurisdição administrativa, ao menos para suspender o acto derrogatório (o que não pressupõe, segundo julgamos, a sua ineficácia) ou se, pelo contrário, se admite a desaplicação incidental pelo juiz civil (o que igualmente não nos parece que pressuponha a eficácia da autorização). A doutrina e a jurisprudência inclinam-se para a segunda solução, salvaguardando a competência do juiz ordinário: G. C. Mengoli, *Manuale di diritto urbanistico*, 628; F. Fracchia, *Autorizzazione amministrativa e situazioni giuridiche soggettive*, 203-4, nr. 131, com exemplos jurisprudenciais. Outra jurisprudência admite uma dupla tutela, de forma opcional, junto dos tribunais administrativos e dos tribunais judiciais, considerando que estão em causa, respectiva e simultaneamente, um interesse legítimo ao correcto exercício do poder derrogatório (discricionário) e os direitos subjectivos relativos ao respeito pelos limites impostos pelo ordenamento jurídico ao desenvolvimento da actividade autorizada – F. Fracchia, *Autorizzazione amministrativa e situazioni giuridiche soggettive*, 209-11, nr. 137.

2.4. Outros direitos

79. No *direito suíço*, como refere Weber-Dürler, não se elege o campo do direito dos vizinhos, ao contrário do que sucede na doutrina germânica, como espaço privilegiado de relação entre direito administrativo e direito privado: o entendimento generalizado é o de que não existe qualquer relação entre ambos, sendo cada um independente em relação ao outro – assim, nem as autorizações administrativas excluem as pretensões privadas de omissão das actividades autorizadas, nem outras determinações, como sejam as dos regulamentos que imponham valores máximos de emissões, constituem mais do que um mero indício para o juiz civil[472/473].

No *direito espanhol*, o problema da relação entre direito administrativo e direito privado não tem merecido grande atenção por parte da doutrina, destacando-se, contudo, a monografia do civilista Egea Fernández[474]. Dando conta do conflito imanente através da apresentação de algumas sentenças dos tribunais judiciais espanhóis, o Autor analisa o interessante contributo do legislador catalão que, atento ao problema, procurou solucioná-lo através do artigo 3.5. LANISRV[475]. Esta norma, claramente influenciada pelo § 14 BImShG alemão, exclui as pretensões civilísticas, garantindo ao vizinho a possibilidade de requerer medidas administrativas de protecção e uma compensação pecuniária[476].

---

[472] Weber-Dürler, *in* Aavv., *Verwaltungsrecht als Vorgabe für Zivil- und Strafrecht (Aussprache und Schlussworte)*, 275; existe relação entre o direito administrativo e o direito privado noutros campos, podendo, por exemplo, a contrariedade a normas administrativas implicar a nulidade de um contrato ou a anulação da constituição de uma pessoa colectiva (276).

[473] Contudo, no direito suíço, a propósito da acessoriedade penal do direito administrativo, discute-se a vinculação do juiz a decisões administrativas inválidas (anuláveis, pois não há vinculação alguma em caso de nulidade), oscilando a doutrina entre duas posições extremas – a de a decisão ilícita não poder conferir qualquer protecção penal ou, em oposição, a de uma decisão, mesmo que ilícita, e desde que tenha força de caso decidido, não mais poder ser posta em causa. Uma solução intermédia foi encontrada pelo tribunal federal – o juiz penal só se encontra vinculado ao acto administrativo quando a sua conformidade legal já foi declarada por um tribunal administrativo; se não o foi, pode apreciar a validade da decisão. Weber-Dürler, *in* Aavv., *Verwaltungsrecht als Vorgabe für Zivil- und Strafrecht (Aussprache und Schlussworte)*, 277.

[474] J. Egea Fernández, *Acción negatoria, immisiones y defensa de la propriedad, passim*. Também aqui constituem pontos de referência o direito e a doutrina germânicos (por exemplo, logo a págs. 18 e ss., a comparação entre o direito espanhol e o BGB alemão).

[475] J. Egea Fernández, *Acción negatoria, immisiones y defensa de la propriedad*, 170 e ss..

[476] J. Egea Fernández, *Acción negatoria, immisiones y defensa de la propriedad*, 38 e ss..

No *direito francês*, em que a protecção subjectiva pública de terceiros e a respectiva ultrapassagem de uma visão meramente bilateralista do direito administrativo parecem estar ainda num estado embrionário, não é de estranhar a ausência de problematização de um eventual efeito conformador de relações jurídicas entre privados pelo acto administrativo[477]. Assim, pode existir responsabilidade civil mesmo que o autorizado tenha cumprido todos os deveres administrativos, não podendo os direitos de terceiros ser postos em causa pelo "simples facto" de a Administração ter autorizado o comportamento – situações que constituem a aplicação do "sacrossanto princípio segundo o qual as autorizações administrativas são emitidas sob reserva dos direitos de terceiros"[478].

3. Direito português

80. No direito português, em que só nos últimos anos foi colocado o problema[479], a convivência pacífica do direito administrativo e do direito privado não tem sido mais do que aparente.

Tal pode ser verificado por algumas afirmações, absolutamente contraditórias, por parte da doutrina.

Por exemplo, FAUSTO DE QUADROS, a propósito da poluição acumulada nos terrenos da Expo 98, expressou a visão esperada de um administrati-

---

[477] Se podemos encontrar referências a actos administrativos com efeitos para terceiros – assim, por exemplo, J.-B. AUBY/ H. PÉRINET-MARQUET, *Droit de l'urbanisme et de la construction*, 347, considerando que a revogação de uma licença de construção é um acto criador de direitos em proveito de terceiros, não podendo ela própria ser revogada sem ser por ilegalidade e dentro do prazo do recurso contencioso – a posição dos terceiros no contencioso administrativo no direito francês é, por outro lado, própria de uma visão objectivista do direito administrativo. Noutro estudo, a propósito do significado da participação obrigatória de terceiros no recurso contencioso de anulação para a eficácia *erga omnes* ou *inter partes* do caso julgado, chegámos à conclusão de que "tratando-se [o objecto do processo] apenas de uma questão de legalidade objectiva", "o caso julgado terá obviamente efeitos *erga omnes*", pelo que "o contencioso francês, fiel à sua origem histórica, não impõe ao recorrente a obrigação de chamar ao processo os terceiros interessados" – M. CARMONA, *Relações jurídicas poligonais, participação de terceiros e caso julgado no recurso contencioso de anulação (breves reflexões)*, 35.

[478] G. J. MARTIN, *La responsabilité civile du fait des déchets en droit français*, 66, nr. 8 para a frase citada.

[479] No já referido estudo de J. J. GOMES CANOTILHO, *Actos autorizativos jurídico-públicos e responsabilidade por danos ambientais*, 1 e ss..

O ACTO ADMINISTRATIVO CONFORMADOR DE RELAÇÕES DE VIZINHANÇA

vista: tendo sido a actividade licenciada, a contaminação mais não seria do que a decorrência necessária e natural do exercício de direitos emergentes de um título legítimo[480].

De outro lado, afirma, por exemplo, JOÃO MENEZES LEITÃO que a acção ao abrigo do artigo 1346.º do Código Civil nunca será impossibilitada pela existência de uma autorização pública. Das normas sobre acções negatórias diz-se mesmo que a sua importância é cada vez maior pois representam uma "defesa perante o licenciamento administrativo das instalações industriais" (OLIVEIRA ASCENSÃO)[481].

81. Não se trata, apenas, de uma "guerra (surda) de escolas" limitada ao campo de batalha da academia. Enquanto os administrativistas – e o legislador – se esforçam por construir um direito administrativo mais protector do ambiente e dos direitos subjectivos dos particulares – abrindo o procedimento administrativo aos "terceiros", obrigando à ponderação de todos os interesses, e descansando depois, finalmente, à sombra do (hipotético) equilíbrio conseguido entre a abertura do contencioso administrativo aos terceiros e a regra da irrevogabilidade dos actos administrativos

---

[480] FAUSTO DE QUADROS, *Direito das expropriações, direito do urbanismo, direito do ambiente: algumas questões fundamentais*, 160. A. FOLQUE, *Procedimento administrativo e defesa do ambiente*, 271, sem se referir expressamente ao efeito legalizador, afirma que, desde que ocorra o licenciamento, o tribunal nada poderá fazer ao abrigo dos artigos 1346.º e 1347.º CC pois a conduta é lícita. Outra solução não seria possível desde que as relações entre particulares estejam imbricadas com relações jurídico-administrativas. O sistema de autorizações e licenças desenvolveria, assim, "uma função indispensável de parâmetro aferidor da licitude das acções" (A. FOLQUE, *Procedimento administrativo e defesa do ambiente*, 273-274).) Adiante-se que, do lado dos privatistas, em tese geral e não sobre a relação entre autorizações e acções negatórias, reconhece-se a valia como causa justificativa do "exercício de um direito", dando-se mesmo como exemplo os prejuízos decorrentes de uma actividade de caça *licenciada*. Assim, J. M. ANTUNES VARELA, *Das obrigações em geral*, I, 561; L. MENEZES LEITÃO, *Direito das Obrigações*, I, 288-9. *Infra*, III, B), 3., faremos a apreciação desta possível causa de justificação.

[481] J. MENEZES LEITÃO, *Instrumentos de direito privado para protecção do ambiente*, 47; J. OLIVEIRA ASCENSÃO, *Direito civil – Reais*, 253, acrescentando que as acções negatórias impedem que quem obtenha uma autorização considere que as actuações sobre prédios vizinhos são sempre lícitas. Esta é, aliás, a posição unânime da doutrina privatista, que se limita simplesmente a referir, a maior parte da vezes, que a existência de autorizações administrativas em nada prejudica a aplicação de normas jurídico-privadas. Neste sentido, M. H. MESQUITA, *Direitos Reais*, 142, nr. 4; L. A. CARVALHO FERNANDES, *Lições de Direitos Reais*, 210.

(válidos) constitutivos de direitos – depois deste longo caminho, dizíamos, os tribunais judiciais não se sentem minimamente incomodados pela existência de uma autorização administrativa. Para além de não se considerarem incompetentes, os tribunais judiciais – mesmo, por exemplo, perante uma actividade autorizada e exercida em cumprimento de todas as determinações administrativas posteriores – não hesitam em qualificar a actuação autorizada como ilícita, em ordenar a sua cessação e a obrigar ainda ao pagamento de uma indemnização[482].

82. A descoberta dos problemas latentes de relacionamento entre o direito administrativo e o direito privado pertenceu na doutrina portuguesa a GOMES CANOTILHO, sob a designação genérica de efeito legalizador[483]. Ciente do dilema presente na afirmação total ou na negação total do efeito legalizador, o Autor inclina-se para uma posição intermédia: o efeito legalizador apenas existiria se fosse enquanto tal previsto por lei, tendo tal lei que sujeitar-se ao regime constitucional da restrição dos direitos, liberdades e garantias[484]. O lesado teria, assim, direito a uma indemnização, fundada não na ilicitude – afastada por efeito do acto – mas pelo sacrifício

---

[482] Entre outros, alguns dos quais se citarão no decurso do presente trabalho, Ac. STJ de 02.06.96, admitindo uma providência cautelar de suspensão de actividade licenciada; Ac. STJ de 26.05.95, determinando a cessação da actividade e o pagamento de uma indemnização; Ac. STJ de 26.04.95, no mesmo sentido, apesar de a actividade industrial se encontrar autorizada e de sempre terem sempre cumpridas todas as prescrições administrativas; Ac. Tribunal Judicial St.ª Maria da Feira de 04.04.97, condenando à cessação das actividades poluidoras e ao pagamento de uma indemnização, embora se admita ser apenas uma cessação temporária dada a existência de um acto administrativo; Ac. STJ de 21.09.93, especificamente sobre o problema de competência em razão da matéria.

[483] J. J. GOMES CANOTILHO, *Actos autorizativos jurídico-públicos e responsabilidade por danos ambientais*, 1 e ss.; J. J. GOMES CANOTILHO, *A responsabilidade por danos ambientais – aproximação juspublicística*, 397 e ss..

[484] J. J. GOMES CANOTILHO, *Actos autorizativos jurídico-públicos e responsabilidade por danos ambientais*, 3 e ss.; J. J. GOMES CANOTILHO, *A responsabilidade por danos ambientais – aproximação juspublicística*, 406-7; a própria exigência de lei decorreria logo do necessário respeito da reserva de lei no âmbito dos direitos fundamentais. F. URBANO CALVÃO, *Direito ao ambiente e tutela processual das relações de vizinhança*, 585 e ss., parte da distinção entre actos ilegais e actos legais, relevando o problema, quanto a estes, da atribuição de jurisdição aos tribunais comuns pelo art. 45.º LBA e admitindo que tanto possam ser usados meios do contencioso administrativo e "meios jurídico-civis de tutela", nomeadamente as acções negatórias; para o caso de actos legais, a Autora exclui que possam existir juízos de ilicitude contraditórios na ordem jurídica (595 e ss.).

O ACTO ADMINISTRATIVO CONFORMADOR DE RELAÇÕES DE VIZINHANÇA

de uma posição jurídica[485]. Responsabilidade essa que, para COLAÇO ANTUNES, teria que incluir a responsabilidade do próprio Estado[486]. Em sentido próximo, CUNHAL SENDIM admite a ausência de ilicitude das instalações autorizadas e a exclusão de acções negatórias, salvaguardando, porém, o direito à indemnização[487].

Resposta diferente é dada por F. P. OLIVEIRA, no contexto específico das licenças de construção: devendo ter em conta, exclusivamente, as normas publicísticas e sendo emitidas sob *reserva de direitos de terceiros*, as licenças não teriam qualquer efeito legalizador ou conformador da eventual ilicitude privada, ficando assim sujeitas aos meios processuais jurídico-civis, nomeadamente às acções negatórias[488].

Em geral, a diferenciação dos interesses tutelados pelo direito administrativo e pelo direito privado é o argumento adiantado por CARVALHO FERNANDES para recusar o afastamento da acção negatória pela autorização administrativa pois esta não é "primariamente determinada por razões dirigidas à tutela dos interesses particulares aqui envolvidos, ainda que essa tutela se possa alcançar por via indirecta"[489].

Em suma, no direito português, assistimos, por um lado, a tomadas de posição sem expressa referência ao problema do efeito conformador; por outro lado, quando colocado o problema, pode afirmar-se que a doutrina maioritária, salvo o caso das licenças de construção, admite o "efeito lega-

---

[485] J. J. GOMES CANOTILHO, *Actos autorizativos jurídico-públicos e responsabilidade por danos ambientais*, 52; igualmente, F. URBANO CALVÃO, *Direito ao ambiente e tutela processual das relações de vizinhança*, 595 e ss..

[486] L. F. COLAÇO ANTUNES, *O procedimento administrativo de avaliação de impacto ambiental*, 64-5, nr. 152, considera igualmente "inelimínável a responsabilidade do Estado por actos lícitos", pois cabe ao Estado, em última análise, a prevenção desse tipo de danos e a "responsabilidade última pela defesa do ambiente". Já F. URBANO CALVÃO, *Direito ao ambiente e tutela processual das relações de vizinhança*, 598, admite apenas a responsabilidade da entidade autorizante a título subsidiário.

[487] J. S. CUNHAL SENDIM, *Responsabilidade civil por danos ecológicos*, 30 e ss., em esp. nr. 35, considerando que o artigo 1348.º, n.º 3 CC prevê uma responsabilidade pelo risco.

[488] F. P. OLIVEIRA, *As licenças de construção e os direitos de natureza privada de terceiros*, 1017 e ss.. A Autora admite, contudo, que as licenças, constitutivas apenas de uma relação jurídica bilateral entre a administração e o licenciado, produzam igualmente "efeitos reflexos" nas posições jurídicas dos vizinhos ou, de outra forma, *"efeitos jurídicos multipolares ou poligonais"* (1022, itálicos originais). Em geral, J. M. ARAÚJO BARROS, *Aplicação judiciária do direito do ambiente – contencioso cível*, 198, criticando a existência de um pretenso efeito legalizador.

[489] L. A. CARVALHO FERNANDES, *Lições de Direitos Reais*, 210.

lizador" da ilicitude privada, embora o faça depender de expressa previsão legal e de uma correspondente indemnização por actos lícitos.

B) REFLEXÃO GERAL E SÍNTESE ARGUMENTATIVA

1. Reflexão geral sobre as várias soluções

83. Percorrendo os vários ordenamentos jurídicos e as soluções que aí têm sido defendidas, é possível organizar as diferentes posições em três grupos[490]. Dois deles atingem soluções extremas, quer afirmando, em geral, o efeito conformador de relações jurídicas entre privados pelo acto administrativo, quer negando-o em qualquer caso. Pelo meio, podemos encontrar posições intermédias, que apenas admitem o efeito conformador de relações jurídicas entre privados em determinadas situações, *maxime* quando o mesmo se encontra expressamente previsto, deixando ainda campo para outros níveis de influência, como seja o efeito indiciador da ilicitude ou, mais latamente, o efeito de inversão do ónus da prova.

As soluções intermédias, se dotadas de razoabilidade pela relevância dada ao respeito do regime dos direitos fundamentais, padecem de um defeito não despiciendo: qual a solução para os casos que não foram objecto de intervenção legislativa? Uma questão é o confronto de soluções legislativas que optam pelo efeito conformador com a Constituição; outra questão é saber quando é que existe tal efeito conformador ou, se se quiser, qual a solução de todos os outros casos em que não se possa contar com a ajuda do legislador.

Em relação a esta hipótese de solução, não se poderá negar, a não ser que se discorde do juízo de conformidade constitucional, que existe um efeito conformador nos casos expressamente previstos na lei. Porém, neste caso, a solução da potencial contradição foi efectuada pelo legislador, o qual, através da emissão de normas, estabeleceu a ligação entre os dois ramos do ordenamento jurídico.

---

[490] Pretendemos apenas, nestas páginas, fazer uma ordenação das posições e argumentos apresentados; para evitar repetições desnecessárias, remetemos para as fontes doutrinárias e jurisprudenciais indicadas no capítulo antecedente.

A utilidade de tal posição doutrinária, em geral e no contexto do ordenamento jurídico português, é diminuta. Em primeiro lugar, se existe um claro paralelismo entre o direito português e o direito alemão no que respeita às normas privadas sobre relações de vizinhança, o certo é que o legislador nacional não ensaiou, ainda, uma solução normativa igual[491]. Em segundo lugar, a tese em causa resolve apenas, e em consequência de uma expressa opção legislativa, uma pequena parte dos problemas. Por resolver ficam todos os outros casos em que o comportamento autorizado, não protegido por normas de efeitos conformadores, pode ser objecto de uma valoração contraditória fundada em normas de direito privado. Limitando o efeito legalizador a casos determinados, as teses intermédias deixam por resolver outras potenciais contradições. Para todos os restantes casos, renasce a discussão sobre a qualificação e a possibilidade de subsistência de contradições no ordenamento jurídico.

84. Quanto às teses extremas, oferece-nos salientar a duplicidade dos argumentos utilizados. A unidade do ordenamento jurídico tanto serve para a defesa da precedência do direito público como para a precedência do direito privado. A protecção da confiança, se geralmente esgrimida em defesa do autorizado, pode igualmente servir de defesa ao vizinho – vizinho que confiou nos juízos de prognose da Administração e que por isso, imaginemos, não impugnou o acto a tempo.

Mais considerações merecem, desde já, os argumentos esgrimidos em torno da consideração dos direitos dos vizinhos. A origem do problema encontra-se, como adiantámos nas considerações introdutórias, no reconhecimento de *direitos subjectivos públicos dos vizinhos* e no nascimento da figura dos *actos administrativos com efeitos para terceiros*. A exclusividade detida pelo direito privado na regulação de relações jurídicas entre privados foi superada pela *poligonalidade* das relações jurídicas administrativas.

Perante esta (indiscutível) evolução, podem ser extremadas as posições: quer, por um lado, sobrevalorizando o direito subjectivo público contra a posição jurídica que possam ter os vizinhos no direito privado; quer, por outro lado, recusando a existência de direitos subjectivos públicos e mantendo a protecção jurídica dos vizinhos exclusivamente a cargo do direito privado.

---

[491] *Supra*, II A), 3.

A CONFORMAÇÃO DE RELAÇÕES JURÍDICAS ENTRE PARTICULARES

Desde logo, pode afirmar-se que pouco adianta tecer considerações generalistas sobre as pretensas características dos dois ramos do direito[492]. Se a regulação das relações entre privados é *ab initio* uma tarefa do direito privado, não há um "caminho de retorno" quanto à evolução sentida no direito administrativo. Para além da inafastável presença do interesse público, a afirmação da relevância dos interesse privados e do dever de consideração dos direitos dos cidadãos é inequívoca no Estado de Direito. Em vez de meras considerações gerais, o problema tem que ser enfrentado: apesar da separação entre diferentes ramos do ordenamento jurídico, existe uma coincidência no objecto de regulação – as relações entre privados – e a consequente necessidade de coordenação. Outra questão, porém, é a de saber se a inclusão dos direitos dos vizinhos e dos seus litígios no objecto da decisão – acto administrativo ao qual se assacam as suas tradicionais características – não briga com a competência jurisdicional constitucionalmente garantida.

Não podemos deixar de alertar, no entanto, para um potencial paradoxo. O problema da publicização das relações de vizinhança nasce com o reconhecimento de *direitos* subjectivos públicos, nomeadamente dos direitos de terceiros. Indiscutivelmente, a abertura para a consideração dos direitos de terceiros no direito administrativo representa uma evolução na protecção jurídica dos cidadãos[493]. Ora, o problema agora colocado é um problema inverso: a publicização das relações de vizinhança, decorrente do reconhecimento de *direitos* subjectivos públicos, tem como possível consequência a exclusão de pretensões jurídico-privadas.

Não se trata, apenas (?), de substituir, por exemplo, a acção negatória do direito privado pela acção de anulação dos actos administrativos. O problema não é o de cumulação ou substituição de meios processuais mas é, antes de mais, um problema de *divergências materiais*. O comportamento autorizado, que consubstanciaria um ilícito para o direito privado, abrindo as portas das acções negatórias e de responsabilidade civil, é agora

---

[492] H. D. JARASS, *Verwaltungsrecht als Vorgabe für Zivil- und Strafrecht*, 241, recusando a abordagem do problema através de considerações gerais como a de que o direito privado salvaguarda a liberdade dos cidadãos enquanto o direito público a restringe ou a de que este cuida apenas do interesse público e o direito privado dos interesses individuais.

[493] *Supra*, I A), 3.. P. PREU, *Die historische Genese der öffentlichen Bau- und Gewerbenachbarklagen (ca. 1800-1970)*, 91, evidenciando que a protecção jurídico-pública de terceiros surgiu para colmatar défices da protecção jurídico-privada.

O ACTO ADMINISTRATIVO CONFORMADOR DE RELAÇÕES DE VIZINHANÇA

um comportamento lícito e protegido pela autorização administrativa, contra o qual não existem quaisquer meios de defesa, privados ou públicos[494].

Se o problema em causa começa com o reconhecimento de direitos subjectivos públicos dos vizinhos, entre o seu início e o fim do "efeito legalizador" existe, por certo, um capítulo por escrever.

2. Síntese argumentativa e sequência da investigação

85. Por entre os vários problemas e soluções apresentadas, incluindo os deduzidos a propósito das questões do efeito legalizador e da acessoriedade penal do direito administrativo, podemos ensaiar uma sistematização dos aspectos a abordar nas páginas subsequentes.

Questão sempre presente é a da valia e utilidade do *princípio da unidade do ordenamento jurídico*, seja como argumento a favor de um conceito unitário de ilicitude (e, portanto, contrário à responsabilização do destinatário do acto), seja como um dos fundamentos de um geral e amplo efeito vinculativo do acto administrativo. Contra o princípio da unidade do ordenamento jurídico e suas pretensas consequências, adianta-se que este não dispõe de qualquer garantia constitucional e que não é susceptível de aplicação a estes problemas porque não estão em causa contradições normativas. Mais, defende-se a separação do ordenamento em vários ramos do direito, de forma a conseguir uma especialização e uma optimização funcional de cada um, desvalorizando a possibilidade de subsistência de contradições. Concretamente, apontam-se as diferenças existentes entre direito administrativo e direito privado quanto à finalidade prosseguida: realização do interesse público, de um lado, ordenação das relações entre sujeitos privados, de outro. A estas acrescentam-se os limites estruturais do direito administrativo, vocacionado para a mera consideração genérica de conflitos e para uma actuação preventiva, ao passo que seria o direito privado o instrumento adequado de consideração e resolução dos concretos conflitos de vizinhança e de actuação repressiva, corrigindo os resultados da aplicação do direito administrativo. Para além destas específicas considerações ou, se se quiser, num nível de maior abstracção, discute-se a valia de uma distinção entre direito público e direito privado cujos funda-

---

[494] G. WAGNER, *Wesentlichkeit gleich Erheblichkeit?*, 3251.

mentos ideológicos, próprios de um Estado Liberal, dificilmente serão de aceitar no Estado actual.

Outro grupo de questões gira em torno da determinação das posições jurídicas dos indivíduos e do seu eventual relevo para a actuação administrativa de tipo autorizativo. O cerne da discórdia reside na *inclusão ou exclusão dos direitos dos terceiros no conteúdo do acto administrativo*. Considerando-se que este apenas cuida da conformidade de uma pretensão privada com o interesse público – à maneira da lógica liberal do acto autorizativo – seria o acto irrelevante para os vizinhos, cujos conflitos seriam exclusivamente regulados pelo direito privado. Porém, considera-se que semelhante concepção faria perigar a prossecução do interesse público pela mera contraposição de um interesse privado ou, mais latamente, adianta-se que tal ideia limitada do acto administrativo seria desadequada à prossecução das funções de programação e conformação próprias da Administração de infra-estruturas.

Numa outra perspectiva, não dissociável dos argumentos anteriores, coloca-se em questão a teoria tradicional do acto administrativo e dos seus efeitos. Cumprindo funções de determinação e clarificação do direito aplicável e de estabilização de situações jurídicas, perderia o acto autorizativo grande parte do seu sentido se a conduta autorizada pudesse vir a ser considerada ilícita e ficasse sempre na dependência de uma eventual acção negatória movida no âmbito do direito privado. A esta visão, porém, contrapõe-se a crítica, em geral, da teoria dos efeitos do acto administrativo e da "bondade" da estabilização das situações jurídicas numa época de constantes mutações. Em especial, a pretensa eficácia conformativa de relações jurídicas entre privados, alterando a composição desses direitos que decorreria das normas legais, sofre uma dupla crítica por confronto com as outras funções estaduais: seja porque pertence à lei a definição primeira dos direitos dos particulares, seja porque pertence ao juiz (e, nomeadamente, ao juiz civil) a resolução definitiva de conflitos entre particulares.

86. Um outro conjunto de interessantes considerações aborda o problema do conteúdo do acto, não na perspectiva da inclusão dos direitos de terceiros no objecto da decisão, mas na da determinação dos seus concretos efeitos – ou, de outro modo, dos perigos ou danos que se podem considerar cobertos por determinada autorização administrativa. Relevam, nestes casos, não só os problemas gerais relativos à determinação do conteúdo do acto, mas ainda as questões derivadas da diferenciação entre várias classes de danos segundo a sua inclusão – possível ou impossível, correcta ou incorrecta, entre outras hipóteses – nos juízos de prognose (ou nos eventuais juízos de determinação de conformidade ao direito) presentes no acto autorizativo.

Em torno do conceito de ilicitude, surgem igualmente várias questões. Desde a unidade do conceito (questão ligada à da unidade da ordem jurídica), à fonte de determinação dos deveres de conduta dos particulares, passando pela discussão da ilicitude como desvalor da conduta ou desvalor do resultado. Pertinentes são, naturalmente, as considerações sobre as possíveis justificações do comportamento autorizado, seja através da própria autorização, seja por recondução da conduta autorizada a outras figuras como a do "exercício legítimo do direito". Admitindo que exista um direito a um ressarcimento monetário, seja nos quadros da responsabilidade por actos ilícitos ou por factos lícitos, questão de suma importância é a de saber quem paga a indemnização – a Administração ou o autorizado. Esta questão integra-se naquela outra que é a de saber por quem são distribuídos os riscos da ocorrência de danos provocada por uma actividade autorizada.

Por último, percorrendo todos estes grupos de problemas, encontram-se sempre presentes as questões da segurança jurídica e da protecção da confiança: seja como fundamento da unidade da ordem jurídica, do caso decidido e do efeito vinculativo do acto administrativo ou da exclusão da responsabilidade civil do autorizado.

Desta apresentação dos problemas, decorre a necessidade de se procurar fazer o enquadramento constitucional[495] de quatro grupos de questões: unidade do ordenamento jurídico, direitos fundamentais dos sujeitos, conceitos de ilicitude e de responsabilidade, acto administrativo e separação de poderes. Feito o devido enquadramento jurídico-constitucional, esperamos colher directrizes que permitam a solução de problemas concretos.

---

[495] Realçando as necessidades de consideração do problema à luz dos princípios constitucionais e de elaborar uma "parte geral" do problema de relação entre direito público e direito privado, R. Breuer, *Konflikte zwischen Verwaltung und Strafverfolgung*, 176; M. Bengel, *Der privatrechtsgestaltende Verwaltungsakt*, 93 e ss.; L. Schmidt, *Unmittelbare Privatrechtsgestaltung durch Hoheitsakt*, 273 e ss..

Parte III
O Efeito conformador do acto autorizativo nas relações de vizinhança

A) ENQUADRAMENTO JURÍDICO-CONSTITUCIONAL

1. Unidade da ordem jurídica

1.1. *O princípio da unidade da ordem jurídica e sua relevância para o problema do efeito conformador de relações jurídicas entre particulares*

87. Como vimos, a discussão em torno do efeito conformador de relações jurídicas entre particulares contém, por regra, considerações sobre o princípio da unidade do ordenamento jurídico[496].

---

[496] Sucedendo o mesmo no que respeita aos problemas do efeito legalizador e da acessoriedade administrativa do direito penal. Sobre a unidade do ordenamento jurídico, a obra clássica, ainda hoje de referência, é a de K. ENGISCH, *Die Einheit der Rechtsordnung, passim.* Mais recentemente (1998), a unidade da ordem jurídica constituiu o tema da habilitação de D. FELIX, *Einheit der Rechtsordnung: zur verfassungsrechtlichen Relevanz einer juristischen Argumentationsfigur, passim,* na qual se denota a hodierna preocupação do enquadramento constitucional deste princípio. Para além destas obras, merece ainda destaque M. BALDUS, *Die Einheit der Rechtsordnung: Bedeutungen einer juristischen Formel in Rechtstheorie, Zivil- und Staatsrechtswissenschaft des 19. und 20. Jahrhunderts, passim,* com desenvolvidas considerações sobre o relevo do princípio da unidade do ordenamento jurídico em várias fases da história do pensamento jurídico. *Vide* ainda P. KIRCHHOF, *Unterschiedliche Rechtswidrigkeiten in einer einheitlichen Rechtsordnung, passim*; T. SCHILLING, *Rang und Geltung von Normen in gestuften Rechtsordnungen,* 370 e ss.; G. LANDWEHR, *Die Einheit der Rechtsordnung in der Rechtsgeschichte,* 31 e ss., igualmente numa perspectiva histórica da evolução da unidade do

Para fornecer uma primeira visão deste princípio, podemos socorrer-nos da obra de ENGISCH, em que a unidade do ordenamento jurídico e a inadmissibilidade de diferentes juízos sobre a ilicitude encontraram um ilustre defensor[497].

Sumariamente, o problema da unidade do ordenamento jurídico prende-se com a possibilidade de um comportamento ser simultaneamente objecto de determinações jurídicas contraditórias, v.g. uma proibição e uma autorização ou uma proibição e uma obrigação[498]. Resultando a *ilicitude* de uma desconformidade ao direito[499] – ou, de outra forma, marcando o juízo de ilicitude a fronteira entre o permitido (ou o "não proibido") e o proibido – coloca-se paralelamente o problema de valorar determinado comportamento como lícito ou ilícito em decorrência das diferentes normas que podem concorrer na sua regulação[500]. Ou seja, o problema da unidade da ordem jurídica encontra-se indissociavelmente ligado à questão da unidade do conceito de ilicitude[501].

ordenamento jurídico. Para outras indicações, K. SCHMIDT, *Einheit der Rechtsordnung – Realität? Aufgabe? Illusion?*, 9 e ss.. No direito português, *vide* C. BLANCO DE MORAIS, *As leis reforçadas*, 222 e ss., sobretudo a propósito das antinomias entre actos legislativos; A. CASTANHEIRA NEVES, *A unidade do sistema jurídico: o seu problema e o seu sentido, passim*. Com interesse, a "colecção" apresentada por D. FELIX, *Einheit der Rechtsordnung: zur verfassungsrechtlichen Relevanz einer juristischen Argumentationsfigur*, 5-6, sobre todas as designações utilizadas pela doutrina a propósito da abordagem dos problemas em causa.

[497] K. ENGISCH, *Die Einheit der Rechtsordnung*, 55 e ss., sobre a valia do princípio da unidade do ordenamento jurídico nas relações entre os vários ramos do direito.

[498] K. ENGISCH, *Die Einheit der Rechtsordnung*, 46. Outra hipótese é a de um comportamento tanto ser objecto de uma obrigação como de não o ser. O sentido comummente atribuído, na sequência de ENGISCH, às "contradições normativas", é o de "contradições entre normas no âmbito do problema geral do concurso de normas" – A. CASTANHEIRA NEVES, *Metodologia jurídica – problemas fundamentais*, 190.

[499] P. KIRCHHOF, *Unterschiedliche Rechtswidrigkeiten in einer einheitlichen Rechtsordnung*, 5 e 8. Voltaremos à noção de ilicitude, a qual está longe de ser incontroversa.

[500] K. ENGISCH, *Die Einheit der Rechtsordnung*, 46, nr. 2. Atendendo à função valorativa das normas jurídicas, as quais compreendem um imperativo de actuação para os sujeitos, existirá um paralelismo entre a contradição com as determinações das normas jurídicas e os juízos de ilicitude ou licitude decorrentes da desconformidade ou desconformidade do comportamento em relação às normas em causa.

[501] Como logo se depreende do título da obra de P. KIRCHHOF, *Unterschiedliche Rechtswidrigkeiten in einer einheitlichen Rechtsordnung, passim*. Igualmente, M. BALDUS, *Die Einheit der Rechtsordnung: Bedeutungen einer juristischen Formel in Rechtstheorie, Zivil- und Staatsrechtswissenschaft des 19. und 20. Jahrhunderts*, 12. Se o problema unidade da ordem jurídica / unidade do conceito de ilicitude é porventura o que mais interesse e discussão gera,

Na lição de ENGISCH, apesar da existência de diferentes ramos do direito no ordenamento jurídico, o conceito de ilicitude não pode deixar de ser *unitário*[502]. Se um comportamento é ilícito por contrariar as determinações normativas sediadas num dos ramos do direito, não poderá ser valorado como lícito para outro. Da mesma forma, se o comportamento for permitido para um ramo do direito, não poderá ser proibido por outro. Outro tanto se diga das causas de *exclusão* ou *justificação da ilicitude*, cujos efeitos se estendem a todo o ordenamento jurídico. As diferentes funções dos vários ramos do direito poderiam apenas relevar quanto aos *efeitos da ilicitude*, v.g. a obrigação de pagamento de uma indemnização ou do cumprimento de uma pena[503]. A diferença quanto aos efeitos da ilicitude, *maxime* entre o direito privado e o direito penal, não implica, porém, que o conceito de ilicitude não seja uno.

Como facilmente se pode apreender, a questão do efeito conformador de relações jurídicas entre privados coincide parcialmente com o problema da valia do princípio da unidade do ordenamento jurídico: se o comportamento se encontra autorizado pela autoridade administrativa, poderá vir a ser objecto de uma proibição fundada em normas de direito privado? De outra forma, se o comportamento é objecto de um juízo de conformidade ao direito pela autoridade administrativa, poderá depois preencher os

---

outros podem ser indicados, como faz com desenvolvimento D. FELIX, *Einheit der Rechtsordnung: zur verfassungsrechtlichen Relevanz einer juristischen Argumentationsfigur*: unidade conceptual (189 e ss.), vinculação do juiz penal aos actos administrativos, nomeadamente ilegais mas eficazes (336 e ss.), prejuízo dos fins de um ramo do direito em favor dos de outro (360 e ss.). Outras aplicações do princípio da unidade da ordem jurídica na jurisprudência alemã podem ser encontradas em M. BALDUS, *Die Einheit der Rechtsordnung: Bedeutungen einer juristischen Formel in Rechtstheorie, Zivil- und Staatsrechtswissenschaft des 19. und 20. Jahrhunderts*, 11 e ss.. P. SELMER, *Einheit der Rechtsordnung und Einheitlichkeit der Lebenverhältnisse nach Wiederherstellung der deutschen Einheit*, 199 e ss., aborda o problema da unidade do ordenamento jurídico na perspectiva da reunificação alemã. Sobre outros problemas, incluindo o da relação entre o direito da concorrência e o direito público ou privado, M. PASCHKE, *Einheit der Wirtschaftsrechtsordnung*, 147 e ss..

[502] K. ENGISCH, *Die Einheit der Rechtsordnung*, 58.

[503] K. ENGISCH, *Die Einheit der Rechtsordnung*, 58. Podem, assim, existir, em sede de consequências do ilícito (*Unrechtsfolgen*), diferenças segundo os vários ramos do direito: a conduta ilícita (para todo o direito) pode constituir o dever de pagar uma indemnização mas não implicar o cumprimento de uma pena ou pode implicar o cumprimento de uma pena mas não o dever de indemnizar (v.g., tentativa de crime). Esta diferença de efeitos não autoriza, para o Autor, a falar em "ilícito privado" ou "ilícito penal".

pressupostos da responsabilidade civil por actos ilícitos e culposos do direito privado?

O problema do efeito conformador de relações jurídicas entre privados é assim, antes de mais, um problema de valia do princípio da unidade do ordenamento jurídico e da admissibilidade de ilicitudes contraditórias[504].

88. Concretamente, o problema dos efeitos dos actos administrativos para o direito privado surge como um potencial problema de *contradições* no ordenamento jurídico decorrente das diferentes regulações de direito público e de direito privado[505]. Contradições essas que, sendo inadmissíveis à luz do princípio da unidade do ordenamento jurídico, podem ser resolvidas, ou excluídas, através da admissão de uma *precedência do direito administrativo em relação ao direito privado*.

Da unidade do ordenamento jurídico tem sido retirada uma *dupla consequência* para o problema da contradição entre o direito administrativo e o direito privado.

Em primeiro lugar, as contradições entre o direito público e o direito privado dos vizinhos não podem subsistir, porquanto contrárias ao princípio da unidade da ordem jurídica.

Em segundo lugar, a forma de resolver tais contradições, e de conseguir a desejada unidade do ordenamento jurídico, consiste na defesa da precedência do direito administrativo sobre o direito privado. Desde que um determinado comportamento esteja em conformidade com os planos urbanísticos e/ou com as várias autorizações, ficam excluídas todas as pretensões que os vizinhos teriam ao abrigo do direito privado. Os planos e os actos administrativos têm, assim, um efeito conformador das relações jurídicas entre privados, evitando a existência de contradições normativas e assegurando a unidade do ordenamento jurídico.

---

[504] Dedicando grande atenção ao problema da unidade da ordem jurídica, entre outros, H. D. Jarass, *Verwaltungsrecht als Vorgabe für Zivil- und Strafrecht*, 238 e ss.; M. Schröder, *Verwaltungsrecht als Vorgabe für Zivil- und Strafrecht*, 197; M. Gerhardt, *Verwaltungsrecht als Vorgabe für Zivil- und Strafrecht*, 549 e ss.; F. Ossenbühl, *Verwaltungsrecht als Vorgabe für Zivil- und Strafrecht*, 963 e ss.; G. Wagner, *Öffentlich-rechtliche Genehmigung und zivilrechtliche Rechtswidrigkeit*, 90 e ss.; R. Breuer, *Konflikte zwischen Verwaltung und Strafverfolgung*, 169 e ss..

[505] K. Engisch, *Die Einheit der Rechtsordnung*, 43 e ss..

89. O entendimento referido do princípio da unidade do ordenamento jurídico e a consequente defesa da precedência do direito administrativo não são incontroversas. Para além da discussão em torno da sua consagração constitucional, argumenta-se com as diferentes funções que subjazem à divisão do ordenamento jurídico em vários ramos do direito e à complexidade que se esconde na adopção de um entendimento formal de ilicitude.

Nega-se, desde logo, que o princípio da unidade do ordenamento jurídico tenha protecção constitucional, pois a própria Constituição, comportando valorações contraditórias, não constitui em si própria uma unidade[506].

A pretensa unidade do ordenamento jurídico é contrariada pela divisão deste em vários ramos do direito, aos quais presidem diferentes finalidades e a protecção de diferentes interesses[507]. A criação de subsistemas em cada ramo do ordenamento jurídico contribui para a especialização e o aumento das capacidades de prestação do sistema, depondo assim a favor da justiça do sistema[508].

Se assim é, o juízo de ilicitude há-de decorrer da contrariedade a uma norma jurídica e ser "funcionalmente determinado" à parte do ordenamento jurídico em questão[509]. Ainda que possa existir unidade quanto ao entendimento *formal* do conceito de ilicitude, a afirmação de que esta

---

[506] F.-J. PEINE, *Privatrechtsgestaltung durch Anlagegenehmigung*, 2446.

[507] F. OSSENBÜHL, *Verwaltungsrecht als Vorgabe für Zivil- und Strafrecht*, 963, salientando as diferenças quanto aos fins, à estrutura, às sanções, aos princípios fundamentais, aos critérios de valoração e à jurisdição competente que se encontram presentes na diferenciação dos vários ramos de direito; J. W. GERLACH, *Privatrecht und Umweltschutz im System des Umweltrechts*, 43 e ss.; G. WAGNER, *Öffentlich-rechtliche Genehmigung und zivilrechtliche Rechtswidrigkeit*, 94 e ss.; BÖCKENFORDE, *Der verdrängte Ausnahmezustand*, 1883; P. KIRCHHOF, *Polizeiliche Eingriffsbefugnisse und private Nothilfe*, 972; F.-J. PEINE, *Privatrechtsgestaltung durch Anlagegenehmigung*, 2446; K. SACH, *Genehmigung als Schutzchild?*, 201 e ss..

[508] H. D. JARASS, *Verwaltungsrecht als Vorgabe für Zivil- und Strafrecht*, 257-258.

[509] Na lição de K. LARENZ, *Metodologia da ciência do direito*, 586 e ss., a ilicitude constitui um exemplo de um "conceito jurídico determinado pela função", adequando-se à função das normas em questão (v.g., de defesa da propriedade ou de ressarcimento de danos nos termos da responsabilidade civil). Note-se que, para o Autor, a diferenciação ocorre segundo a função das normas em causa, relacionada com determinados institutos jurídicos, podendo suceder tal diferenciação mesmo dentro de um ramo do direito (K. LARENZ, *Metodologia da ciência do direito*, 588-589). Nesse sentido, igualmente H. STOLL, *Zum Rechtsfertigungsgrund verkehrsrichtigen Verhaltens*, 143. J. J. GOMES CANOTILHO, *Actos autorizativos jurídico-públicos e responsabilidade por danos ambientais*, 26 e ss..

consiste numa contrariedade ao direito esconde a diversidade material inerente à função e às determinações de cada ramo do direito. Perante cada "situação da vida", o segmento da realidade que é objecto de valoração e que funda o juízo de ilicitude depende da perspectiva do ramo do direito em causa[510]. Desempenhando diferentes funções, a admissibilidade de comportamentos para o direito público ou para o direito privado resultará da aposição de juízos valorativos diferentes. O exemplo, já clássico e já referido, é o de que a concessão da licença de condução não exclui a responsabilidade pelos acidentes que o condutor venha a causar[511]. Releva, neste ponto, a necessidade de interpretação do conteúdo da autorização[512].

Dentro da mesma lei ou do mesmo ramo de direito, é possível defender a precedência total das normas de justificação sobre as normas de ilicitude com fundamento na vontade do legislador e com recurso aos elementos sistemáticos e teleológicos da lei[513]. Contudo, o mesmo não se

---

[510] P. KIRCHHOF, *Unterschiedliche Rechtswidrigkeiten in einer einheitlichen Rechtsordnung*, 5, refere que, se há unanimidade quanto ao entendimento formal de ilicitude como contrariedade ao direito, tal entendimento nada adianta quanto às questões de saber qual é a realidade objecto da valoração, qual o critério da valoração e quais os efeitos que resultam da ilicitude. Sobre a relação entre o ilícito penal e o ilícito civil, H. STOLL, *Zum Rechtsfertigungsgrund verkehrsrichtigen Verhaltens*, 143.

[511] M. SEIBERT, *Die Bindungswirkung von Verwaltungsakten*, 451-452, distinguindo entre o comportamento autorizado e os seus efeitos e considerando que a autorização não legaliza todos os efeitos decorrentes do comportamento. *Vide* o mesmo exemplo em K. SACH, *Genehmigung als Schutzschild?*, 169; G. WAGNER, *Öffentlich-rechtliche Genehmigung und zivilrechtliche Rechtswidrigkeit*, 113. Outro exemplo é dado por H. D. JARASS, *Verwaltungsrecht als Vorgabe für Zivil- und Strafrecht*, 260: se for concedida uma autorização para transporte público de pessoas, não fica impedida a protecção jurídico-privada contra os ruídos dos transportes. O Autor adianta, contudo, que nem sempre será fácil determinar a identidade dos "pontos de vista" utilizados. F. OSSENBÜHL, *Verwaltungsrecht als Vorgabe für Zivil- und Strafrecht*, 968 e ss., considera que a amplitude da conformação estará sempre dependente da amplitude da competência em razão da matéria e do objecto de exame pela Administração.

[512] P. KIRCHHOF, *Unterschiedliche Rechtswidrigkeiten in einer einheitlichen Rechtsordnung*, 8; K. SACH, *Genehmigung als Schutzschild?*, 204-205; J. J. GOMES CANOTILHO, *Actos autorizativos jurídico-públicos e responsabilidade por danos ambientais*, 46 e ss.; F.-J. PEINE, *Privatrechtsgestaltung durch Anlagegenehmigung*, 2448, relevando a necessidade de atender aos limites funcionais das autorizações: apenas as fontes de perigo que tenham sido objecto de exame e ponderação pela autoridade administrativa é que encontram cobertura na autorização. Este aspecto será considerado *infra*, III B), 1., depois de analisarmos neste capítulo a valia em geral do princípio da unidade da ordem jurídica.

[513] G. WAGNER, *Öffentlich-rechtliche Genehmigung und zivilrechtliche Rechtswidrigkeit*, 96.

verifica quando a norma de ilicitude e a (potencial) norma de justificação pertencem a diferentes ramos do direito, estando condicionadas à específica função destes[514]. Nestes casos, a limitação do juízo de ilicitude, bem como das causas justificativas da ilicitude, a uma parte do ordenamento jurídico é, mais do que possível, desejável[515]. Se não fica excluída a extensão de uma causa justificativa a outro ramo do ordenamento jurídico, o certo é que tal não constitui a regra[516].

E não depõe contra este entendimento a circunstância de se admitir geralmente que "o que está autorizado pelo direito administrativo, não pode ser proibido pelo direito penal"[517]. A mesma afirmação não pode ser transposta para o direito privado, pois este, ao contrário do direito penal, não constitui uma *ultima ratio*, antes concorrendo com o direito administrativo na ordenação geral da vida social[518].

Negando-se a fatalidade da existência de contradições entre o direito público e o direito privado e a consequente necessidade de dar precedência ao primeiro para resolver tais divergências, admite-se contudo que possam existir, em casos determinados, contradições entre os dois ramos do direito. Tal contradição só existirá se uma determinada "situação da vida" for apreciada pelo direito administrativo e pelo direito privado, ao menos parcialmente, segundo os mesmos pontos de vista e levar a juízos contraditórios[519].

Mas, admitindo-se a existência de contradições, diverge a sua qualificação, bem como a necessidade e a forma da sua solução.

Ainda que sejam utilizados os mesmos critérios apreciativos, nega-se que exista uma contradição normativa (*Normwidersprüche*) e entende-se a divergência como mera contradição valorativa (*Wertungswidersprüche*)

---

[514] G. WAGNER, *Öffentlich-rechtliche Genehmigung und zivilrechtliche Rechtswidrigkeit*, 96.

[515] G. WAGNER, *Öffentlich-rechtliche Genehmigung und zivilrechtliche Rechtswidrigkeit*, 94. Exemplo adiantado pelo Autor é o do direito fiscal, para o qual são irrelevantes as valorações de outros ramos do direito, nomeadamente do direito privado.

[516] G. WAGNER, *Öffentlich-rechtliche Genehmigung und zivilrechtliche Rechtswidrigkeit*, 93.

[517] Entre outros, F. OSSENBÜHL, *Verwaltungsrecht als Vorgabe für Zivil- und Strafrecht*, 968; K. SACH, *Genehmigung als Schutzchild?*, 202.

[518] K. SACH, *Genehmigung als Schutzchild?*, 202-203; F. OSSENBÜHL, *Verwaltungsrecht als Vorgabe für Zivil- und Strafrecht*, 968, adiantando como fundamento as diferentes estruturas e funções do direito penal e do direito civil.

[519] K. SACH, *Genehmigung als Schutzchild?*, 203; H. D. JARASS, *Verwaltungsrecht als Vorgabe für Zivil- und Strafrecht*, 260.

(Jarass)[520]. Se um comportamento estiver em conformidade com o direito administrativo, este apenas o admite, não o impõe[521]. Se sobrevier uma proibição desse comportamento com base em normas de direito privado, não existe uma contradição lógica mas apenas uma contradição valorativa, a qual, segundo a doutrina dominante, não tem que ser necessariamente resolvida[522].

90. Desta breve exposição, resulta clara a diversidade de entendimentos existentes em relação ao princípio da unidade do ordenamento jurídico.

Desde logo, como se viu, nega-se a dignidade constitucional do princípio, questão que merece, só por si, uma reflexão autónoma. À unidade, ou às consequências que dela se pretendam retirar, contrapõe-se a utilidade da diferenciação de vários ramos do direito e, com isso, assumidamente, as vantagens da diversidade de apreciação de uma genérica "situação da vida" segundo perspectivas diferentes e servindo diferentes finalidades. Em consequência, ou não existem sequer "contradições" porque os critérios de apreciação são diferentes, ou até se admite a existência de contradições que, contudo, seja porque são meramente "valorativas", seja porque servem a realização de diferentes finalidades, não têm que ser ou não devem ser afastadas.

---

[520] H. D. Jarass, *Verwaltungsrecht als Vorgabe für Zivil- und Strafrecht*, 261 e ss.; P. Selmer, *Privates Umwelthaftungsrecht und öffentliches Gefahrenabwehr*, 10-11. Na lição de K. Engish, as contradições normativas correspondem apenas a um dos tipos de contradições possíveis, caracterizando-se por comportarem uma contradição lógica ou ontológica entre os diversos comandos dirigidos ao sujeito jurídico; as contradições normativas são, por sua vez, de dois tipos diferentes, consoante resultem de uma contradição em abstracto, entre tipos de comportamentos previstos ou regulados pelas normas, ou resultem apenas de uma contradição na aplicação concorrente dessas normas a comportamentos concretos (*Konkurrenzwiderspruch*) – K. Engisch, *Die Einheit der Rechtsordnung*, 46 e ss.. Para o Autor, além das contradições normativas podem existir ainda contradições técnicas (de técnica legislativa, K. Engisch, *Die Einheit der Rechtsordnung*, 43 e ss.), contradições valorativas, teleológicas e de princípios (K. Engisch, *Die Einheit der Rechtsordnung*, 59 e ss.).

[521] H. D. Jarass, *Verwaltungsrecht als Vorgabe für Zivil- und Strafrecht*, 262. K. Sach, *Genehmigung als Schutzchild?*, 169.

[522] Assim, H. D. Jarass, *Verwaltungsrecht als Vorgabe für Zivil- und Strafrecht*, 262. F.-J. Peine, *Privatrechtsgestaltung durch Anlagegenehmigung*, 2446, embora admita que todas as contradições acabam por ser contradições lógicas, nega que todas tenham que ser resolvidas. Esta argumentação assenta na construção de K. Engisch (*Die Einheit der Rechtsordnung*, 59 e ss.), para quem, se as contradições normativas têm sempre que ser resolvidas, o mesmo não sucede com as contradições valorativas.

Tais divergências implicam que nos debrucemos sobre o sentido e a dignidade constitucional do princípio da unidade da ordem jurídica[523], apreciação à qual se seguirá um "teste" à capacidade do mesmo para fornecer respostas ao problema do efeito conformador de relações jurídicas entre privados[524].

Antes, porém, será necessário fazer um breve enquadramento da relevância do princípio da unidade da ordem jurídica nos últimos anos[525]. Como vimos anteriormente, a bipartição do ordenamento jurídico em direito público e direito privado remonta ao contexto liberal da sociedade do século XVIII/XIX, sendo tributária de uma determinada concepção do indivíduo na sociedade[526]. *Bipartição* essa que, naturalmente, implicou a colocação do problema da *unidade* do ordenamento jurídico, o qual recebeu diferentes respostas ao longo da história do pensamento jurídico. Como melhor veremos, as divergências em torno do princípio da unidade do ordenamento jurídico resultam em parte da ligação deste à ideia de *sistema* e, consequentemente, da valia e do sentido que o sistema possa ter para o direito.

1.2. Valia do princípio da unidade da ordem jurídica

1.2.1. *Unidade e sistema*

91. O sentido que se encontre para o princípio da unidade do ordenamento jurídico encontra-se associado ao "problema e (a)o sentido da sis-

---

[523] Igualmente, D. Felix, *Einheit der Rechtsordnung: zur verfassungsrechtlichen Relevanz einer juristischen Argumentationsfigur*, 9-10, considerando que a discussão tem que começar na indagação sobre a eventual dimensão constitucional do princípio da unidade da ordem jurídica.

[524] As questões em torno do conceito de ilicitude, bem como dos critérios utilizados para determinar a existência de contradições e a sua qualificação, serão abordadas posteriormente, por razões que então se tornarão evidentes.

[525] M. Baldus, *Die Einheit der Rechtsordnung: Bedeutungen einer juristischen Formel in Rechtstheorie, Zivil- und Staatsrechtswissenschaft des 19. und 20. Jahrhunderts*, 16.

[526] G. Landwehr, *Die Einheit der Rechtsordnung in der Rechtsgeschichte*, 41, salientando que à superação da distinção entre direito divino e direito temporal sobreveio o dualismo direito público / direito privado; M. G. Dias Garcia, *Da justiça administrativa em Portugal*, 150 e ss., relevando a importância do Estado de Polícia para a ruptura na unidade da ordem jurídica.

O ACTO ADMINISTRATIVO CONFORMADOR DE RELAÇÕES DE VIZINHANÇA

tematicidade jurídica"[527]. A ausência de contradições no ordenamento constitui apenas a "forma mais elementar" de manifestação da unidade do ordenamento jurídico[528], colocando-se no quadro de um "sistema pressuposto"[529]. Como explica CASTANHEIRA NEVES, enquanto o "problema das antinomias se põe fundamentalmente no quadro de um sistema pressuposto", o problema da unidade do sistema jurídico "é um problema da unidade da ordem que assimile a dinâmica normativa do próprio sistema – portanto, não apenas problema de congruência de um sistema pressuposto, mas problema da constituinte consistência normativo-jurídica do sistema"[530].

Não surpreende, assim, que os entendimentos relativos às antinomias jurídicas sejam tributários de determinadas concepções de *sistema*[531].

Concebido o sistema por dedução lógica de determinados princípios gerais e em torno de certos conceitos jurídicos, o resultado seria uma "totalidade lógica consistente (sem contradições), plena (sem lacunas) e fechada (auto-suficiente)"[532]. Tal como as lacunas, as contradições mais

---

[527] A. CASTANHEIRA NEVES, *A unidade do sistema jurídico: o seu problema e o seu sentido*, 9. A *unidade* surge, ao lado da ordenação, como característica do conceito geral de *sistema*. C.-W. CANARIS, *Pensamento sistemático e conceito de sistema na ciência do direito*, 9 e ss.. A *unidade do ordenamento jurídico*, enquanto referida ao problema das antinomias jurídicas num dado conjunto de normas existentes, pode ser enquadrada no problema mais abrangente da *unidade do sistema* jurídico.

[528] A. CASTANHEIRA NEVES, *A unidade do sistema jurídico: o seu problema e o seu sentido*, 34.

[529] A. CASTANHEIRA NEVES, *A unidade do sistema jurídico: o seu problema e o seu sentido*, 53. Para o Autor português, o problema da unidade do *sistema jurídico* equivale, no seu entender, ao próprio problema do sentido de *sistema*.

[530] A. CASTANHEIRA NEVES, *A unidade do sistema jurídico: o seu problema e o seu sentido*, 53.

[531] Sobre os vários sentidos de sistema, C.-W. CANARIS, *Pensamento sistemático e conceito de sistema na ciência do direito*, 5 e ss.; C. BLANCO DE MORAIS, *As leis reforçadas*, 182 e ss.. Fazendo uma análise detalhada do entendimento do princípio da unidade da ordem jurídica à luz das concepções gerais sobre o direito desde os fins do século XVIII (começando em THIBAUT, passando por SAVIGNY, PUCHTA, VON JHERING, HECK, KELSEN e terminando em ENGISCH), a monografia de M. BALDUS, *Die Einheit der Rechtsordnung: Bedeutungen einer juristischen Formel in Rechtstheorie, Zivil- und Staatsrechtswissenschaft des 19. und 20. Jahrhunderts*, 24-93.

[532] A. CASTANHEIRA NEVES, *A unidade do sistema jurídico: o seu problema e o seu sentido*, 81 e ss.. Sobre os vários sistemas lógico-formais, C.-W. CANARIS, *Pensamento sistemático e conceito de sistema na ciência do direito*, 26 e ss., em especial 40 e ss. sobre os princípios da ausência de contradições e da plenitude do ordenamento jurídico no sistema axiomático-dedutivo. MENEZES CORDEIRO, *Introdução*, XVII e ss.. Sobre a falência dos sistemas dedutivos, M. BALDUS, *Die Einheit der Rechtsordnung: Bedeutungen einer juristischen Formel in Rechtstheorie, Zivil- und Staatsrechtswissenschaft des 19. und 20. Jahrhunderts*, 196-8, considerando que a unidade da

não seriam do que *aparentes*, sendo *a priori* excluídas pela unidade lógica do sistema[533]. A conclusões semelhantes chega a Teoria Pura do Direito, ao construir igualmente a unidade apriorística do sistema através das relações com a *Grundnorm*[534]. Sendo esta o fundamento de validade de todas as normas, "ela constitui a unidade na pluralidade dessas normas"[535]. Assim, "o conhecimento do Direito (...) *parte do pressuposto* de que os conflitos de normas no material normativo que lhe é dado – ou melhor, proposto – *podem* e devem necessariamente *ser resolvidos pela via da interpretação*"[536]. A unidade do ordenamento jurídico seria, pois, entendida como "*unidade--axioma*" (ENGISCH)[537].

A superação destas concepções de sistema, nomeadamente através da ideia de *sistema aberto*, enquadrou um diverso entendimento da unidade do ordenamento jurídico[538].

Na lição de CANARIS, a recondução do Direito ao sistema permanece fundamentalmente correcta porquanto as exigências de ordem e unidade pertencem à própria ideia de Direito[539]. Recusam-se, contudo, as constru-

---

ordem jurídica no sentido de um sistema livre de lacunas e de contradições mais não é hoje do que uma "quimera" (197).

[533] A. CASTANHEIRA NEVES, *A unidade do sistema jurídico: o seu problema e o seu sentido*, 81-82.

[534] H. KELSEN, *Teoria pura do direito*, 269 e ss.; A. CASTANHEIRA NEVES, *A unidade do sistema jurídico: o seu problema e o seu sentido*, 83 e ss..

[535] H. KELSEN, *Teoria pura do direito*, 285.

[536] H. KELSEN, *Teoria pura do direito*, 286 (*itálicos nossos*). Note-se, porém, que KELSEN não nega que as normas possam entrar em conflito umas com as outras (285) e, sobretudo, não considera que seja sempre possível resolver os conflitos com recurso à interpretação, concluindo, nesse caso, que se trata de "um acto legislativo sem sentido" e que "logo, não existe qualquer norma jurídica objectivamente válida" (287).

[537] K. ENGISCH, *Die Einheit der Rechtsordnung*, 41-42 e 67 e ss..

[538] Através do recurso à ideia de sistema aberto concilia-se igualmente o pensamento sistemático com o pensamento tópico ou problemático, na medida em que a abertura do sistema permite a realização problemática do direito – A. CASTANHEIRA NEVES, *A unidade do sistema jurídico: o seu problema e o seu sentido*, 28. Refere ainda o Autor que a ideia de unidade não seria estranha para a tópica, na medida em que esta "(não)-metodologia", associada à hermenêutica, sempre utilizaria o cânone hermenêutico da unidade. (A. CASTANHEIRA NEVES, *A unidade do sistema jurídico: o seu problema e o seu sentido*, 27). Sobre a conciliação entre sistemática e tópica, C.-W. CANARIS, *Pensamento sistemático e conceito de sistema na ciência do direito*, 243 e ss. (em esp. 273 e ss.). Sobre a abertura do sistema, K. LARENZ, *Metodologia da ciência do direito*, 592 e ss..

[539] C.-W. CANARIS, *Pensamento sistemático e conceito de sistema na ciência do direito*, 18 e ss.. MENEZES CORDEIRO, *Introdução*, LXIV, sobre a valia da ideia de sistema.

ções lógico-formais do sistema em favor de uma "unidade valorativa de tipo material"[540] cujo sentido pode ser dado pelos princípios gerais de direito[541]. Princípios esses que, sem prejuízo de fornecerem o sentido positivo ao sistema, podem entrar em colisão e "ostentam o seu sentido próprio apenas numa combinação de complementação e restrição recíprocas"[542]. O sistema é, no entanto, um sistema *aberto* e dinâmico, realizando-se numa ordem jurídica *historicamente determinada*[543] e com capacidade de aproveitamento da riqueza *problemática* do *caso concreto*[544]. Altera-se o esquema clássico de realização do direito: a separação entre interpretação e aplicação e o relevo do método subsuntivo dão lugar à unidade entre interpretação e aplicação e à *natureza constituinte da decisão*[545].

Perante esta evolução, não poderia permanecer idêntico o entendimento quanto à unidade do ordenamento jurídico. Se permanece a ideia de sistema, afastam-se as ilusórias completude e coerência lógica total. A unidade do ordenamento jurídico passa a ocupar um lugar paralelo ao princípio da plenitude do ordenamento jurídico[546]. Estando afastada a crença no seu carácter completo, admite-se que possam existir lacunas, as quais deverão então ser integradas. Da mesma forma, não é defensável a visão do princípio da unidade do ordenamento jurídico como algo de existente na ordem jurídica, que poderia habilitar a solução – *rectius*, a negação – dos problemas de contradições através de um simples argumento de que não há contradições porque as mesmas são absorvidas pela

---

[540] C.-W. CANARIS, *Pensamento sistemático e conceito de sistema na ciência do direito*, 27 e 66 e ss.. "O sistema não representa mais do que a tentativa de captar e traduzir a unidade e a ordenação de um determinado âmbito material com meios racionais" (C.-W. CANARIS, *Pensamento sistemático e conceito de sistema na ciência do direito*, 69).

[541] É a posição de C.-W. CANARIS, *Pensamento sistemático e conceito de sistema na ciência do direito*, 76 e ss..

[542] C.-W. CANARIS, *Pensamento sistemático e conceito de sistema na ciência do direito*, 92-93. A ideia de contradição de princípios era totalmente inconciliável, por exemplo, com o sistema axiomático-dedutivo (C.-W. CANARIS, *Pensamento sistemático e conceito de sistema na ciência do direito*, 101). Em geral, MENEZES CORDEIRO, *Introdução*, XVIII e ss..

[543] C.-W. CANARIS, *Pensamento sistemático e conceito de sistema na ciência do direito*, 103 e ss. (108).

[544] MENEZES CORDEIRO, *Introdução*, CXII, afirmando que o sistema jurídico é hoje um sistema aberto, móvel, heterogéneo e cibernético. C.-W. CANARIS, *Pensamento sistemático e conceito de sistema na ciência do direito*, 273 e ss..

[545] MENEZES CORDEIRO, *Introdução*, CI e ss..

[546] K. ENGISCH, *Die Einheit der Rechtsordnung*, 42; P. KIRCHHOF, *Unterschiedliche Rechtswidrigkeiten in einer einheitlichen Rechtsordnung*, 9.

unidade lógica do sistema. A unidade do ordenamento jurídico, em vez de entendida como unidade-axioma, é vista como unidade-postulado ou unidade-intenção: unidade não já como dado, pressuposto imanente da ideia de sistema, mas unidade como tarefa a ser realizada[547].

92. Não se pode dizer que as divergências sentidas a propósito do efeito conformador de relações jurídicas entre privados decorram de uma divergência quanto à natureza de axioma ou de postulado do princípio da unidade do ordenamento jurídico. Entendimento comum é o de que a unidade do ordenamento jurídico não constitui um dado adquirido mas consiste antes num *postulado*, numa tarefa a ser realizada pelo legislador e pelo intérprete[548].

Claro está que, se este entendimento vem a ser incontroverso actualmente, as divergências resultam de outras considerações, porventura potenciadas pelo reconhecimento de que não existe *a priori* uma unidade no ordenamento jurídico. Procurando sistematizar, podemos encontrar três linhas de argumentação: i) a complexidade do juízo de ilicitude determina que, contra a aparência, não existam afinal contradições nor-

---

[547] K. Engisch, *Die Einheit der Rechtsordnung*, 41-42 e 69; M. Baldus, *Die Einheit der Rechtsordnung: Bedeutungen einer juristischen Formel in Rechtstheorie, Zivil- und Staatsrechtswissenschaft des 19. und 20. Jahrhunderts*, 194-6 e 199; C.-W. Canaris, *Pensamento sistemático e conceito de sistema na ciência do direito*, 23, nr. 39; K. Schmidt, *Einheit der Rechtsordnung – Realität? Aufgabe? Illusion?*, em esp. 28-29; C. Blanco de Morais, *As leis reforçadas*, 224 e 230 e ss.; A. Castanheira Neves, *A unidade do sistema jurídico: o seu problema e o seu sentido*, 34 e ss. e 100-101, considerando que ao entendimento da unidade como tarefa a ser realizada só pode corresponder um *"sistema aberto e de reconstrução dialéctica"* (101).

[548] G. Wagner, *Öffentlich-rechtliche Genehmigung und zivilrechtliche Rechtswidrigkeit*, 93; P. Kirchhof, *Unterschiedliche Rechtswidrigkeiten in einer einheitlichen Rechtsordnung*, 8; F.-J. Peine, *Privatrechtsgestaltung durch Anlagegenehmigung*, 2446; K. Sach, *Genehmigung als Schutzchild?*, 202; M. Schröder, *Verwaltungsrecht als Vorgabe für Zivil- und Strafrecht*, 206; J. J. Gomes Canotilho, *Actos autorizativos jurídico-públicos e responsabilidade por danos ambientais*, 23-24; F. Ossenbühl, *Verwaltungsrecht als Vorgabe für Zivil- und Strafrecht*, 964, considerando que, pela "natureza das coisas", a existência de contradições é inevitável; o estabelecimento de ligações entre vários ramos do direito com o objectivo de afastar as contradições constitui tarefa e fim da dogmática. Considerando que o princípio da unidade do ordenamento jurídico, entendido correctamente, impede a existência de contradições lógicas, K. Sach, *Genehmigung als Schutzchild?*, 169 e 203 e ss.; F.-J. Peine, *Die Legarisierungswirkung*, 209-210; G. Wagner, *Öffentlich-rechtliche Genehmigung und zivilrechtliche Rechtswidrigkeit*, 95 e ss., negando que possam subsistir "comandos diametralmente opostos"; M. Schröder, *Verwaltungsrecht als Vorgabe für Zivil- und Strafrecht*, 206.

O ACTO ADMINISTRATIVO CONFORMADOR DE RELAÇÕES DE VIZINHANÇA

mativas, ou que tais contradições sejam apenas valorativas[549]; ii) ainda que exista contradição, a mesma pode não ter que ser resolvida, não devendo a diferente funcionalidade dos diversos ramos de direito ser sacrificada no "Altar da Harmonização"[550]; iii) mesmo existindo uma contradição (normativa) que tenha de ser resolvida, o recurso ao princípio da unidade do ordenamento jurídico, logicamente compatível com várias soluções, revela-se incapaz de fornecer uma resposta[551]. Antes de mais, as consequências desta visão da unidade enquanto "tarefa" dependem, ou têm que depender, da eventual garantia constitucional do princípio da unidade da ordem jurídica – nomeadamente para determinar se essa "tarefa" é constitucionalmente imposta. Impõe-se assim apreciar a valia constitucional do princípio.

1.2.2. *Fundamento constitucional*

93. Mesmo entendendo a unidade da ordem jurídica como tarefa a ser realizada, ou como "elemento da metodologia de aplicação do direito", nega-se o fundamento, bem como a utilidade, do "princípio"[552]. A negação do fundamento constitucional do princípio da unidade da ordem jurídica encontra apoio em MÜLLER, a quem pertence a afirmação de que nem a própria Constituição é livre de contradições[553]. Se a Constituição

---

[549] K. SACH, *Genehmigung als Schutzchild?*, 203; H. D. JARASS, *Verwaltungsrecht als Vorgabe für Zivil- und Strafrecht*, 260 e ss.; F.-J. PEINE, *Privatrechtsgestaltung durch Anlagegenehmigung*, 2448; H. SENDLER, *Grundrecht auf Widerspruchsfreiheit der Rechtsordnung? – Eine Reise nach Absurdistan?*, 2876; M. SCHRÖDER, *Verwaltungsrecht als Vorgabe für Zivil- und Strafrecht*, 206.

[550] Na expressão de G. WAGNER, *Wesentlichkeit gleich Erheblichkeit?*, 3251.

[551] G. WAGNER, *Öffentlich-rechtliche Genehmigung und zivilrechtliche Rechtswidrigkeit*, 98; F.-J. PEINE, *Privatrechtsgestaltung durch Anlagegenehmigung*, 2446; F. OSSENBÜHL, *Verwaltungsrecht als Vorgabe für Zivil- und Strafrecht*, 968.

[552] F.-J. PEINE, *Das Recht als System*, 25; F.-J. PEINE, *Privatrechtsgestaltung durch Anlagegenehmigung*, 2446, considerando que para resolver contradições entre normas não é necessário recorrer à "figura" da unidade do ordenamento jurídico.

[553] F. MÜLLER, *Juristische Methodik*, 259: "*Das Grundgesetz ist weder notwendig lückenlos noch ipso frei von Widersprüchen*" (no entanto, o Autor debruça-se sobre a unidade da Constituição enquanto princípio interpretativo: F. MÜLLER, *Juristische Methodik*, 109). Também F.-J. PEINE, *Das Recht als System*, 24, em crítica à concepção da "unidade da Constituição" que vê nesta, pela via dos direitos fundamentais, uma "unidade de valores isenta de contradições" ("*widerspruchlose Werteinheit*"). Defendendo o princípio da unidade da Constituição

não alcança tal característica, o mesmo sucederá na totalidade do ordenamento jurídico, do qual a Constituição faz parte[554]. E, assim, pode acontecer que um acto administrativo produza apenas efeitos para o direito administrativo sem que tenha que se reconduzir a situação ao problema da ausência de contradições na ordem jurídica[555]. Igualmente SELMER considera que o princípio da unidade do ordenamento jurídico – no sentido de um "paralelismo de valores" entre diferentes ramos do direito, relevante para o problema da ilicitude civil de condutas permitidas pela Administração[556] – não encontra qualquer fundamento na Constituição ou nos princípios concretizadores do Estado de Direito: o da justiça tende à diferenciação e o da segurança não se opõe às diferentes funções dos ramos do direito[557].

A D. FELIX pertence a obra mais recente que se ocupou largamente da questão do fundamento constitucional do princípio da unidade da ordem jurídica[558]. Procurando o seu fundamento no princípio do Estado de Direito – o qual impõe que o destinatário compreenda a norma e possa por ela orientar o seu comportamento ou, de outra forma, saiba o que é conforme ao direito e o que não é conforme ao direito – conclui o Autor que *nem todas as "contradições"* são relevantes para efeitos deste princípio constitucional: por exemplo, se o destinatário souber que o seu compor-

---

na interpretação de normas constitucionais com o fim de evitar contradições entre elas, K. HESSE, *Grundzüge des Verfassungsrechts der BRD*, 27.

[554] F.-J. PEINE, *Das Recht als System*, 25.

[555] F.-J. PEINE, *Privatrechtsgestaltung durch Anlagegenehmigung*, 2446.

[556] P. SELMER, *Privates Umwelthaftungsrecht und öffentliches Gefahrenabwehr*, 10, não discorda que o princípio da unidade da ordem jurídica – no sentido de impor que um mesmo comportamento não seja exigido e proibido ("*geboten und verboten*") – tenha dignidade constitucional, apoiada no princípio do Estado de Direito, e considera mesmo expressamente que as normas contraditórias (de contradição irresolúvel) são inconstitucionais. Porém, quanto ao problema da relação permissão administrativa / ilicitude civil, já o Autor nega que esteja em causa este "imperativo de ausência de contradições próprio do Estado de Direito" ("*rechtsstaatlichen Gebot der Widerspruchfreiheit*"), com as consequências descritas no texto principal.

[557] P. SELMER, *Privates Umwelthaftungsrecht und öffentliches Gefahrenabwehr*, 11.

[558] D. FELIX, *Einheit der Rechtsordnung: zur verfassungsrechtlichen Relevanz einer juristischen Argumentationsfigur*, 168-188, em geral, e 233-294 para o problema da existência de diferentes juízos de ilicitude; as posições do Autor sempre mereceriam atenção, quanto mais não fosse pela extensão e pela profundidade sem paralelo da obra que dedica à questão do fundamento constitucional do princípio da unidade da ordem jurídica.

tamento, apesar de permitido pelo direito administrativo, pode fazê-lo incorrer em responsabilidade civil pelo direito privado, não existe qualquer problema de clareza das normas nem de impossibilidade de orientação do comportamento pelas mesmas[559]. A parte essencial desta argumentação resulta da qualificação das contradições como normativas ou valorativas, contrariando o sentido amplo das primeiras preconizado por ENGISCH: se para este Autor não existia qualquer diferença (a nível de qualificação da contradição) entre os conjuntos proibição/permissão, proibição/obrigação e obrigação/não obrigação, já FELIX considera que apenas existem contradições normativas irresolúveis e inconstitucionais à luz do princípio do Estado de Direito quando o sujeito, colocado perante a aplicação de duas normas, não pode respeitar uma sem violar a outra[560]. Já uma "contradição" incompatível com o princípio do Estado de Direito não existe quando, para utilizar palavras do Autor, o destinatário "sabe que o seu comportamento pode ser diferentemente valorado"[561].

Na sequência desta posição, a questão que é colocada é a de saber se o princípio da segurança jurídica protege a confiança do destinatário na apreciação não diferenciada ou na coerência da valoração do seu comportamento pelo ordenamento jurídico – questão que releva sobretudo para os comportamentos expressamente permitidos pela autorização administrativa[562]. Ora, estando a "função de certeza" do acto administrativo limitada ao campo de regulação da decisão administrativa, não tem que haver protecção de uma confiança exensiva a todos os ramos do direito[563].

---

[559] D. FELIX, *Einheit der Rechtsordnung: zur verfassungsrechtlichen Relevanz einer juristischen Argumentationsfigur*, 235-253 (235-242, sobre o sentido relevante do princípio do Estado de Direito).

[560] D. FELIX, *Einheit der Rechtsordnung: zur verfassungsrechtlichen Relevanz einer juristischen Argumentationsfigur*, 242-4, negando o sentido amplo de contradição normativa preconizado por ENGISCH; 247 e ss., recorrendo ao caso do funcionário público obrigado ao respeito de uma norma e simultaneamente ao de uma ordem ilegal (melhor dizendo, da norma que obriga à obediência à ordem) como exemplo de contradição normativa; 251, considerando que o destinatário de uma permissão administrativa pode evitar um comportamento relevante para efeitos dos §§ 906, 1004 BGB.

[561] D. FELIX, *Einheit der Rechtsordnung: zur verfassungsrechtlichen Relevanz einer juristischen Argumentationsfigur*, 253: "(...) kann erkennen, dass sein Verhalten unterschiedlich bewertet wird (...)".

[562] D. FELIX, *Einheit der Rechtsordnung: zur verfassungsrechtlichen Relevanz einer juristischen Argumentationsfigur*, 253-4.

[563] D. FELIX, *Einheit der Rechtsordnung: zur verfassungsrechtlichen Relevanz einer juristischen Argumentationsfigur*, 255-6, aplica o princípio da segurança / confiança jurídicas aos casos

O fundamento constitucional do princípio da unidade da ordem jurídica foi igualmente procurado nos artigos 1 III e 20 III GG, os quais determinam a vinculação de todos os poderes públicos aos direitos fundamentais e a subordinação do poder legislativo à Constituição[564]. Porém, mesmo relevando que se trata de uma vinculação à Constituição e aos direitos fundamentais, não encontrou o Autor mais do que um limitado e parcial sentido de unidade: constituindo a Constituição o parâmetro normativo mais elevado, não pode qualquer norma, de qualquer ramo do direito, contrariá-la[565]. E se da Constituição decorre a imposição de tratamento igual de grupos iguais de pessoas ou de situações, dela não decorre a proibição de valorar de forma diferente, em cada ramo do direito, o mesmo comportamento. Portanto, pode livremente o legislador, à luz da Constituição, distribuir diversos padrões de licitude pelos vários ramos do direito[566].

94. Não nos demovem estes argumentos da convicção de que o princípio da unidade da ordem jurídica não pode deixar de ser visto como um princípio próprio de um Estado de Direito[567]. Pelo contrário, sustentamos

de alterações legislativas, nomeadamente retroactivas, limitando depois a questão da confiança do autorizado ao acto administrativo (e não às leis) e aos seus efeitos (257); depois de reconhecer a importância do acto administrativo, que determina para o destinatário o que "deve ser o direito" ["*was für ihn Rechtens sein soll*" (MAYER)], à luz do princípio da segurança jurídica, e a igual pertinência do *Bestandskraft* do acto (comparável à importância do caso julgado) (257-9), o Autor considera que a confiança do administrado só merece protecção até ao limite do conteúdo regulativo do acto, o qual não ultrapassa a esfera do direito administrativo (259 e ss.) – o "exemplo" fornecido é o da licença de construção (264).

[564] D. FELIX, *Einheit der Rechtsordnung: zur verfassungsrechtlichen Relevanz einer juristischen Argumentationsfigur*, 177 e ss..

[565] D. FELIX, *Einheit der Rechtsordnung: zur verfassungsrechtlichen Relevanz einer juristischen Argumentationsfigur*, 177 e ss., relevando a aplicação da norma ao legislador e aos aplicadores do direito, com destaque para a interpretação conforme à Constituição (180-1) e considerando, contra MÜLLER, que a Constituição constitui em si uma unidade (181 e ss.), mas com as conclusões apontadas no texto.

[566] D. FELIX, *Einheit der Rechtsordnung: zur verfassungsrechtlichen Relevanz einer juristischen Argumentationsfigur*, 289.

[567] Sobre o princípio do Estado de Direito, entre outros, P. KUNIG, *Das Rechtsstaatsprinzip*, 3 e ss.; K. SOBOTA, *Das Prinzip Rechtsstaat*, em esp. 399 e ss.; H. MAURER, *Staatsrecht I*, 211 e ss.; J. J. GOMES CANOTILHO, *Direito constitucional e teoria da Constituição*, 243 e ss.; J. REIS NOVAIS, *Contributo para uma teoria do Estado de Direito*, esp. 203 e ss..

que, no seu essencial, este princípio postula a *ausência de contradições* na ordem jurídica.

A ordem jurídica é composta por normas; as normas jurídicas são comandos de *dever ser*; ao Direito preside uma função de ordenação da vida. Admitir que a ordem jurídica possa conter simultaneamente comandos opostos equivale a negar a sua função de ordenação. Como expressivamente refere OSSENBÜHL, a função de ordenação do direito só é conseguida se este "não falar duas línguas"[568]. Nas palavras de CANARIS, a *ordem* e a *unidade* pertencem "às mais fundamentais exigências ético-jurídicas e radicam (...) na própria ideia de Direito"[569]. A ideia de *unidade* e de ausência de contradições é inerente à *própria ideia de direito* – um "Direito contraditório" é uma contradição em si mesma.

Que a Constituição não constitui uma unidade, entendida esta no sentido da exclusão da coexistência de normas conflituantes, é ideia que sufragamos: basta pensar nos direitos fundamentais que, em vez de encerrados numa escala de valores, colidem entre si ao mesmo nível – o da sua natureza constitucional[570]. Porém, tal em nada procede contra o princípio da unidade da ordem jurídica, pois as "contradições" entre normas da Constituição não envolvem qualquer negação da ideia de unidade.

Com efeito, as normas constitucionais são, na sua maioria, normas principiológicas, dotadas de uma previsão alargada adequada à sua inserção na Constituição que, enquanto lei fundamental, preside a todo o ordenamento jurídico. Dito de outra forma, a estrutura principiológica é a

---

[568] F. OSSENBÜHL, *Verwaltungsrecht als Vorgabe für Zivil- und Strafrecht*, 967, considerando que os cidadãos não podem estar sujeitos a determinações contraditórias, quer das leis, quer dos actos administrativos; a função de ordenação que preside ao Direito não pode ser realizada se o destinatário das normas for confrontado com comandos contraditórios e não puder prever as consequências dos seus comportamentos. K. SCHMIDT, *Einheit der Rechtsordnung – Realität? Aufgabe? Illusion?*, 27, considera que a existência de ilicitudes contraditórias constituiria uma "esquizofrenia" no ordenamento jurídico. No mesmo sentido, K. SACH, *Genehmigung als Schutzschild?*, 203; M. SCHRÖDER, *Verwaltungsrecht als Vorgabe für Zivil- und Strafrecht*, 206. Relevando igualmente a função ordenadora do direito, H. E. HÖRSTER, *A parte geral do Código Civil português*, 5 e ss..

[569] C.-W. CANARIS, *Pensamento sistemático e conceito de sistema na ciência do direito*, 18.

[570] No sentido de uma teoria ampla da previsão dos princípios constitucionais, R. ALEXY, *Theorie der Grundrechte*, 290 e ss.; embora afastando-se das concepções deste Autor acerca do direito como ordem de valores, J. J. GOMES CANOTILHO, *Direito constitucional e teoria da constituição*, 1265.

estrutura normativa adequada à Constituição que, comungando da função de ordenação do Direito, a realiza ao nível supra-legislativo e para toda a ordem jurídica[571]. É verdade que esta estrutura principiológica, em vez de evitar, potencia mesmo o conflito entre as normas[572]. Mas tal não constitui qualquer problema pois as normas principiológicas não pretendem conter a regulação definitiva de uma situação jurídica – essa função pertence às regras, não aos princípios[573]. A unidade constitucional consiste na resolução dos conflitos e na descoberta das normas aplicáveis através de uma mesma via – a da ponderação, regida pela proporcionalidade, entre as normas principiológicas em conflito[574]. Do conflito entre as normas constitucionais principiológicas é que não podem resultar duas regras de sentido diferente – aqui, sim, teríamos a negação da unidade da ordem jurídica.

---

[571] Acerca da Constituição como sistema de regras e princípios, R. ALEXY, *Rechtssystem und praktische Vernunft*, 222 e ss.; R. ALEXY, *Theorie der Grundrechte*, 104 e ss., 117 e ss.; J. J. GOMES CANOTILHO, *Direito constitucional e teoria da constituição*, 1146-8.

[572] R. ALEXY, *Rechtssystem und praktische Vernunft*, 217; R. ALEXY, *Theorie der Grundrechte*, 296-7; R. ALEXY, *Zum Begriff des rechtsprinzips*, 183.

[573] Enquanto as regras contém a regulação definitiva de determinada situação, sendo aplicáveis em termos de tudo ou nada (*all or nothing fashion*: R. DWORKIN, *The model of rules*, I, 24; R. ALEXY, *Rechtssystem und praktische Vernunft*, 216; ver ainda R. ALEXY, *Theorie der Grundrechte*, 76; J. J. GOMES CANOTILHO, *Direito constitucional e teoria da constituição*, 1145, 1239), os princípios apresentam uma *pretensão de validade não especificada* (J. HABERMAS, *Between facts and norms*, 208), constituindo antes *comandos de optimização* (*Optimierungsgebote*) susceptíveis de serem preenchidos em diferentes medidas (R. ALEXY, *Theorie der Grundrechte*, 75-6; R. ALEXY, *Zum Begriff des Rechtsprinzips*, 203; R. ALEXY, *Rechtssystem und praktische Vernunft*, 216; E.-W. BÖCKENFÖRDE, *Grundrechte als Grundsatznormen. Zur gegenwärtigen Lage der Grundrechtsdogmatik*, 185; T. SCHILLING, *Rang und Geltung von Normen in gestuften Rechtsordnungen*, 90-1; J. J. GOMES CANOTILHO, *Direito constitucional e teoria da constituição*, 1145, 1239).

[574] R. ALEXY, *Theorie der Grundrechte*, 100; R. ALEXY, *Rechtssystem und praktische Vernunft*, 217, 226; E.-W. BÖCKENFÖRDE, *Grundrechte als Grundsatznormen. Zur gegenwärtigen Lage der Grundrechtsdogmatik*, 182, defende a aplicabilidade do princípio da proporcionalidade, no seguimento e adoptando a construção de R. ALEXY. Considerando que o princípio da proporcionalidade tem cada vez maior aplicação em vários sectores do ordenamento jurídico, K. LARENZ, *Metodologia da ciência do direito*, 595. Salientando a importância da ponderação, K.-H. LADEUR, *"Abwägung" – ein neues Rechtsparadigma?*, em esp. 473 e ss.. Já T. SCHILLING, *Rang und Geltung von Normen in gestuften Rechtsordnungen*, 398-399, parece dar maior relevância à concordância prática, como sucede igualmente com K. HESSE, *Grundzüge des Verfassungsrechts der Bundesrepublik Deutschland*, 28; F. MÜLLER, *Juristiche Methodik*, 109, 262-3; J. J. GOMES CANOTILHO, *Constituição dirigente e vinculação do legislador*, 282. Assimilando ambos os modelos, R. ALEXY, *Theorie der Grundrechte*, 152.

95. A ideia essencial de ausência de *contradições normativas* é dificilmente controvertida. A impossibilidade de subsistência de contradições na ordem jurídica equivale a recusar o *arbítrio* e a *insegurança*[575]. A unidade, entendida no seu sentido negativo de ausência de contradições[576], constitui, como sustenta CANARIS, uma exigência do princípio da *igualdade*[577] que, por sua vez, concretiza o próprio princípio da *justiça*[578]. Mais, o princípio da unidade do ordenamento jurídico, ou da ausência de contradições, encontra-se inequivocamente associado aos princípios constitucionais da *segurança jurídica* e da *tutela da confiança*, verdadeiros sub-princípios concretizadores do princípio do Estado de Direito[579]. Variando o sentido atribuído aos mesmos, sempre se poderá dizer, pelo menos, que o princípio da segurança jurídica prima pela dimensão objectiva de "garantia de estabilidade jurídica" e de "segurança de orientação e realização do direito", ao passo que no princípio da tutela da confiança avulta uma dimensão subjectiva, designadamente de "calculabilidade e previsibilidade dos indivíduos em relação aos efeitos jurídicos dos actos dos poderes públicos"[580].

---

[575] C. BLANCO DE MORAIS, *As leis reforçadas*, 229.

[576] C.-W. CANARIS, *Pensamento sistemático e conceito de sistema na ciência do direito*, 20, distingue entre o aspecto negativo da unidade, o qual consiste na ausência de contradições, e o seu aspecto positivo, que representa a "tendência generalizadora" da justiça através da superação dos numerosos aspectos dos casos concretos a favor de princípios gerais e abstractos.

[577] C.-W. CANARIS, *Pensamento sistemático e conceito de sistema na ciência do direito*, 20 e ss..

[578] Igualmente, C. BLANCO DE MORAIS, *As leis reforçadas*, 229, considerando que a subsistência de contradições questiona o direito objectivo e a justiça material; A. CASTANHEIRA NEVES, *A unidade do sistema jurídico: o seu problema e o seu sentido*, 34-35.

[579] Assim, J. J. GOMES CANOTILHO, *Direito constitucional e teoria da Constituição*, 257 e ss.. Estabelecendo expressamente a associação entre os vários princípios, entre outros, *vide* B. WEBER-DÜRLER, *Vertrauensschutz im öffentlichen Recht*, 47 e ss., sobre a relação entre princípio do Estado de Direito, segurança jurídica e protecção da confiança, fazendo decorrer este último do segundo (52-53); F. OSSENBÜHL, *Verwaltungsrecht als Vorgabe für Zivil- und Strafrecht*, 967; K. SACH, *Genehmigung als Schutzschild?*, 203; R. BARTLSPERGER, *Das Dilemma des baulichen Nachbarrechts*, 36-37, considerando concretamente que a concorrência do direito privado e do direito público dos vizinhos coloca em perigo a segurança jurídica; P. KUNIG, *Das Rechtsstaatsprinzip*, 396, em geral, associando os conceitos de clareza das normas, determinabilidade e ausência de contradições.

[580] J. J. GOMES CANOTILHO, *Direito constitucional e teoria da Constituição*, 257 e ss.. Em geral, H.-J. BLANKE, *Vertrauensschutz im deutschen und europäischen Verwaltungsrecht*, 19 e ss.; S. MUCKEL, *Kriterien des verfassungsrechtlichen Vertrauensschutzes bei Gesetzesänderungen*, 59 e ss.; H. MAURER, *Staatsrecht I*, 231 e ss.; H. MAURER, *Kontinuitätsgewähr und Vertrauensschutz*, 211 e ss., distinguindo entre "garantia de continuidade" ("*Kontinuitätsgewähr*"), de dimensão

O EFEITO CONFORMADOR DO ACTO AUTORIZATIVO NAS RELAÇÕES DE VIZINHANÇA

Estas garantias constitucionais, de dimensão tendencialmente objectiva ou subjectiva e impostas pelo Estado de Direito, são *prima facie* impossibilitadas se se admitir que o Direito possa comportar determinações contraditórias.

Por estes motivos, o princípio da unidade do ordenamento jurídico, mesmo para quem venha a negar a ideia de precedência do direito administrativo sobre o direito privado, é considerado um "princípio superior" ou um "elemento central do sistema", próprio de um *Estado de Direito*[581].

96. Contra tanto, afirmar que o imperativo da segurança jurídica se basta com o conhecimento pelo sujeito de que o seu comportamento permitido pode vir a ser proibido possibilita o argumento *ad terrorem* de que existe segurança jurídica se o sujeito souber com toda a certeza que não pode ter certezas sobre as consequências do seu comportamento...[582] No que especificamente toca ao problema do efeito conformador de relações jurídicas entre privados, limitar a protecção da confiança ao conteúdo regulativo do acto é uma ideia multiplamente equivocada: primeiro,

objectiva, e protecção da confiança, de dimensão subjectiva. Numa perspectiva diferente, abordando a construção do "direito à protecção", J. Isensee, *Das Grundrecht auf Sicherheit*, 27 e ss.. O princípio da protecção de confiança "anda de mãos dadas" com o princípio da boa fé, cuja aplicação, contudo, ao direito administrativo teve que ser paulatinamente construída. Sobre esta questão, entre outros, A. Schüle, *Treu und Glauben im deutschen Verwaltungsrecht*, 1 e ss.; B. Weber-Dürler, *Vertrauensschutz im öffentlichen Recht*, 37 e ss.; em geral, A. Menezes Cordeiro, *Da boa fé no direito civil*, 1234 e ss..

[581] F. Ossenbühl, *Verwaltungsrecht als Vorgabe für Zivil- und Strafrecht*, 967; H. D. Jarass, *Verwaltungsrecht als Vorgabe für Zivil- und Strafrecht*, 260; K. Sach, *Genehmigung als Schutzchild?*, 203; R. Bartlsperger, *Das Dilemma des baulichen Nachbarrechts*, 36-37; T. Schilling, *Rang und Geltung von Normen in gestuften Rechtsordnungen*, 377; P. Kirchhof, *Unterschiedliche Rechtswidrigkeiten in einer einheitlichen Rechtsordnung*, 8; H. Schall, *Umweltschutz durch Strafrecht: Anspruch und Wirklichkeit*, 1265. Diferentemente, G. Wagner, *Öffentlich-rechtliche Genehmigung und zivilrechtliche Rechtswidrigkeit*, 98 e ss., que não admite o efeito conformador de relações jurídicas entre privados para todas as autorizações administrativas, considera, coerentemente, que a exclusão de contradições pode ficar para segundo plano.

[582] Não queremos afirmar que seja irrelevante o conhecimento pelo sujeito de que a sua conduta, permitida pelo acto administrativo, pode vir a ser proibida pelo direito privado. Simplesmente, parece-nos que esta segurança limitada em abstracto contradiz o sentido mais amplo e evidente do princípio da segurança jurídica; para mais, é um "fechar de olhos à realidade" (seja portuguesa ou alemã): os actos administrativos são emitidos "para ficar" e, salvo muito poucas excepções, sem qualquer advertência da eventual vulnerabilidade do acto ou da actividade autorizada em face do juiz civil.

porque se se faz coincidir a protecção com o conteúdo regulativo do acto, o que está em causa é a protecção (já) conferida pelos efeitos do acto administrativo, correspondente ao seu conteúdo, e não a confiança; depois, porque a determinação do merecimento de protecção jurídica da confiança do sujeito é algo que apenas pode ser feito em concreto (logo para ver se, de facto, existe alguma confiança que possa ser protegida); por último, mas não menos importante, a limitação dos efeitos – ou do conteúdo, se se quiser – do acto ao que seja relevante para o direito administrativo como *fundamento* da sua irrelevância para o direito privado é uma petição de princípio, que dá por demonstrado o que se tem que demonstrar (a limitação ao direito administrativo) com a mais grave consequência de o pretenso fundamento ser igual ao resultado, só que com outra designação – afirmar, neste contexto, que o acto só produz efeitos no direito administrativo ou afirmar que o acto não produz efeitos para o direito privado é exactamente o mesmo. Ignorada fica toda a discussão sobre o exacto objecto do acto administrativo, nomeadamente no que diz respeito à inclusão dos direitos de terceiros – questão esta que, como já adiantámos, é o pomo da discórdia ou, ao menos, a sua origem. Não será por acaso que o exemplo dado por D. Felix é o da licença de construção.

97. Porém, em bom rigor, não são estes os pontos verdadeiramente controversos. Não é o afastamento de contradições normativas que se discute mas antes a *qualificação da contradição como normativa ou valorativa*.

Existe, por certo, uma diferença entre os conjuntos obrigação/proibição e permissão/proibição. Tal corresponde ao argumento, adiantado há mais de um século pela doutrina italiana, de que o destinatário da autorização não é obrigado a desenvolver a actividade; esta apenas lhe é permitida pela autorização. Mas se existe uma diferença entre obrigação/proibição e permissão/proibição, outra mais evidente e significativa existe entre permissão/proibição e permissão/permissão.

A diferença entre obrigação/proibição e permissão/proibição, que não negamos nem consideramos despicienda, é – para o que agora interessa – apenas uma *diferença de grau de contradição*. Se o direito público obrigar e o direito privado proibir, as determinações são *antagónicas*. Se o direito público permitir e o direito privado proibir, pode dizer-se que não há antagonismo mas dificilmente se negará que são determinações jurídicas *opostas*. Em qualquer dos dois casos, o sujeito recebe da ordem jurídica determinações contrárias sobre o seu comportamento: por um lado, a conduta é proibida, porquanto *desconforme ao direito*; por outro lado, a conduta é obrigatória ou permitida porque *não é desconforme ao direito*. Dito de outra forma, tanto a conduta obrigatória como a conduta permitida são condutas *não proibidas* – entre uma "não proibição" e uma "proibição" existe por certo uma contradição.

Não se busque apoio, também, na tese de ENGISCH – que não defendeu a necessidade de resolução de "contradições valorativas"[583] – para confundir lógica, valoração e valor. Claro está que um juízo de ilicitude é um juízo valorativo. Mas as contradições valorativas de ENGISCH não eram contradições de juízos valorativos e sim, apenas, contradições dos valores acolhidos em diferentes normas pelo legislador, como bem se compreende pelos exemplos dados[584]. Por outro lado, as contradições normativas – ou lógicas – não eram exacta ou puramente lógicas. Como refere KELSEN, a lógica aplica-se a afirmações que podem ser verdadeiras ou falsas; as normas, situadas no plano do *dever ser*, não são verdadeiras ou falsas mas sim válidas ou inválidas[585]. Mas isto também não era ignorado por ENGISCH – para quem o fundamento do princípio era ontológico e não lógico[586] – e ressalta com evidência da sua associação da unidade da ordem jurídica e da unidade da ilicitude: atendendo à função valorativa das normas jurídicas, as quais compreendem um imperativo de actuação para os sujeitos, existirá um paralelismo entre a contradição com as determinações das normas jurídicas e os juízos de ilicitude ou licitude decorrentes da desconformidade ou conformidade do comportamento em relação às normas em causa[587]. A contradição entre juízos valorativos de licitude/ilicitude é, pois, uma contradição normativa e não uma contradição valorativa.

Por último, não pode ser esquecido que estamos na presença de um *princípio*. A unidade da ordem jurídica, na sua vertente de proibição de

---

[583] K. ENGISCH, *Die Einheit der Rechtsordnung*, 59 e ss..

[584] K. ENGISCH, *Die Einheit der Rechtsordnung*, 60.

[585] H. KELSEN, *Teoria pura do direito*, 285 e ss.

[586] K. ENGISCH, *Die Einheit der Rechtsordnung*, 54, considera que o fundamento não é lógico mas ontológico, dada a impossibilidade de realização simultânea de comportamentos opostos. Sobre o fundamento lógico, ontológico, normativo ou axiológico do princípio da ausência de contradições, A. CASTANHEIRA NEVES, *A unidade do sistema jurídico: o seu problema e o seu sentido*, 34-35 e nr. 84; T. SCHILLING, *Rang und Geltung von Normen in gestuften Rechtsordnungen*, 373 e ss..

[587] K. ENGISCH, *Die Einheit der Rechtsordnung*, 46, nr. 2.

contradições, é uma norma principiológica e, como tal, dotada de uma previsão alargada em que se incluem todas as contradições entre determinações jurídicas, podendo eventualmente a sua diferença de grau vir a influir na resolução da contradição – resolução essa que, como melhor veremos já de seguida, não é sequer fornecida pelo princípio da unidade do ordenamento jurídico.

1.2.3. *Insuficiência do princípio da unidade do ordenamento jurídico para resolver o problema do efeito conformador de relações jurídicas entre privados*

98. Admitindo a valia constitucional do princípio da unidade da ordem jurídica e a consequente necessidade de solução de contradições normativas, há que indagar agora da adequação ou utilidade de tal princípio para a *resolução de contradições*[588]. Ora, sem conceder quanto à relevância e à garantia constitucional do princípio da unidade da ordem jurídica, é preciso admitir que o mesmo, em si considerado e sem apoio em outros dados constitucionais, é desprovido de utilidade para resolver as contradições cuja resolução impõe.

Tal resulta, desde logo, das regras comummente admitidas de resolução das contradições normativas.

Perante uma potencial desarmonia do ordenamento jurídico, há primeiro que recorrer à interpretação para evitar ou solucionar a contradição[589]. Se, por exemplo, for possível escolher a norma prevalecente através

---

[588] Como refere M. BALDUS, *Die Einheit der Rechtsordnung: Bedeutungen einer juristischen Formel in Rechtstheorie, Zivil- und Staatsrechtswissenschaft des 19. und 20. Jahrhunderts*, 197, admitindo-se a existência de contradições, haverá a necessidade de encontrar uma regra, ou regras, para resolver as ditas colisões de normas.
Para certa doutrina, uma das utilidades do princípio da unidade da ordem jurídica é a de servir de fundamento e de justificação à "interpretação conforme à Constituição" – M. BALDUS, *Die Einheit der Rechtsordnung: Bedeutungen einer juristischen Formel in Rechtstheorie, Zivil- und Staatsrechtswissenschaft des 19. und 20. Jahrhunderts*, 13, sobre várias posições da doutrina germânica.

[589] Sobre estas regras, K. ENGISCH, *Die Einheit der Rechtsordnung*, 47 e ss.; C.-W. CANARIS, *Pensamento sistemático e conceito de sistema na ciência do direito*, 208 e ss.; T. SCHILLING, *Rang und Geltung von Normen in gestuften Rechtsordnungen*, 396 e ss., 401 e ss., 447 e ss.; H. DREIER, *Einheit und Vielfalt der Verfassungsordnungen im Bundesstaat*, 114-116; M. BALDUS, *Die*

das regras *lex specialis derogat lex generalis, lex posteriori derrogat lege priori* ou *lex superior derrogat legi inferiori*[590], a contradição é meramente aparente (*scheinbarem Widerspruch*)[591]. Só quando não for possível resolver a potencial contradição através da *interpretação* é que existirá uma genuína contradição (*echtem Widerspruch*)[592].

Não existe, então, um critério de escolha que permita dar prevalência a uma norma sobre a outra, sendo a escolha de qualquer das normas puramente *arbitrária*[593]. Assim sendo, a impossibilidade de opção implica o afastamento de ambas as normas, surgindo uma "lacuna de colisão" (*Kollisionslücke*)[594]. Tal lacuna deverá depois ser integrada segundo as regras gerais de preenchimento de lacunas. Da aplicação dessas regras, ou de uma ponderação entre o conteúdo de cada uma, pode suceder que uma das normas colidentes acabe por prevalecer[595].

Como refere CANARIS, o momento central da teoria da "lacuna de colisão" não reside na verificação da lacuna mas no momento anterior em que se afasta a aplicabilidade das normas contraditórias[596]. O afastamento de ambas as normas não pode ser apenas fundado *logicamente*: tal como perante duas afirmações contraditórias, pode concluir-se, em termos puramente lógicos, que apenas uma delas é verdadeira, igualmente, em termos de pura lógica, apenas se poderá concluir pela invalidade de uma

---

Einheit der Rechtsordnung: Bedeutungen einer juristischen Formel in Rechtstheorie, Zivil- und Staatsrechtswissenschaft des 19. und 20. Jahrhunderts, 202. G. WAGNER, *Öffentlich-rechtliche Genehmigung und zivilrechtliche Rechtswidrigkeit*, 98; F.-J. PEINE, *Privatrechtsgestaltung durch Anlagegenehmigung*, 2446.

[590] Sobre os conflitos entre estas normas, K. ENGISCH, *Die Einheit der Rechtsordnung*, 48 e ss.; T. SCHILLING, *Rang und Geltung von Normen in gestuften Rechtsordnungen*, 455 e ss.. C.-W. CANARIS, *Pensamento sistemático e conceito de sistema na ciência do direito*, 222, nr. 45, refere, ao lado do recurso a estas regras, que a rejeição de uma das normas pode decorrer da sua desconformidade com o "sistema interno, a natureza das coisas, a ideia de Direito ou os valores morais reconhecidos na comunidade de Direito".

[591] K. ENGISCH, *Die Einheit der Rechtsordnung*, 43.

[592] K. ENGISCH, *Die Einheit der Rechtsordnung*, 43. D. FELIX, *Einheit der Rechtsordnung: zur verfassungsrechtlichen Relevanz einer juristischen Argumentationsfigur*, 153 e ss..

[593] K. ENGISCH, *Die Einheit der Rechtsordnung*, 50 e ss.; C.-W. CANARIS, *Pensamento sistemático e conceito de sistema na ciência do direito*, 218 e ss..

[594] K. ENGISCH, *Die Einheit der Rechtsordnung*, 42 e 50 e ss.; C.-W. CANARIS, *Pensamento sistemático e conceito de sistema na ciência do direito*, 218 e ss.; F.-J. PEINE, *Das Recht als System*, 101.

[595] K. ENGISCH, *Die Einheit der Rechtsordnung*, 50 e 84. Claro está que, por exemplo, no domínio do direito penal, a integração de lacunas não poderá ser realizada.

[596] C.-W. CANARIS, *Pensamento sistemático e conceito de sistema na ciência do direito*, 218.

O ACTO ADMINISTRATIVO CONFORMADOR DE RELAÇÕES DE VIZINHANÇA

das normas[597]. O afastamento de ambas as normas apenas será possível através da fundamentação da invalidade de ambas, a qual decorreria, em última análise, da proibição de arbítrio em que se traduziria necessariamente a opção por qualquer uma delas[598].

99. Negando-se o efeito conformador de relações jurídicas entre privados em todos os casos, ou admitindo-o apenas em algumas hipóteses, ao lado ou não de um efeito indiciador, o que é certo é que o *topos* da unidade do ordenamento jurídico não é reconhecido como fundamento adequado de uma precedência geral do direito administrativo em relação ao direito privado[599]. Como refere WAGNER, o princípio da unidade do ordenamento jurídico determina que as contradições devem ser resolvidas mas não diz *como* é que tais contradições devem ser resolvidas[600]. Perante a *lacuna de colisão* resultante da impossibilidade, previamente apurada, de resolver a contradição normativa com recurso aos critérios de interpretação jurídica, *qualquer solução é possível*: quer a prevalência da norma de ilicitude, quer a prevalência da norma contrária, nomeadamente de justificação[601]. O efeito conformador de relações jurídicas entre privados (tal como o efeito

---

[597] C.-W. CANARIS, *Pensamento sistemático e conceito de sistema na ciência do direito*, 221-222.

[598] Proibição de arbítrio que se traduziria na escolha de uma das normas sem apoio em qualquer critério. C.-W. CANARIS, *Pensamento sistemático e conceito de sistema na ciência do direito*, 218, afirmando que, perante a impossibilidade de aplicação das referidas regras gerais, ambas são nulas, e 222-223. Estas considerações mereceram a expressa concordância de K. ENGISCH, *Introdução ao pensamento jurídico*, 353, nr. 13. Claro está que, a admitir-se posteriormente, em sede de integração de lacunas, que uma das normas venha a prevalecer – *rectius*, uma norma de igual conteúdo à norma primeiramente rejeitada, pois esta é inválida – fica a dúvida se os mesmos fundamentos que levam à integração da lacuna nesse sentido não poderiam ter deposto, logo de início, a favor da prevalência (e não invalidade) da norma em causa. Não é esse, contudo, o aspecto que agora nos interessa realçar. *Vide* de seguida no texto a comparação entre a teoria geral de resolução de contradições normativas e as várias posições sobre o efeito conformador de relações jurídicas entre particulares.

[599] K. SACH, *Genehmigung als Schutzschild?*, 204-5; G. WAGNER, *Öffentlich-rechtliche Genehmigung und zivilrechtliche Rechtswidrigkeit*, 96 e ss.; F.-J. PEINE, *Privatrechtsgestaltung durch Anlagegenehmigung*, 2446; H. SENDLER, *Grundrecht auf Widerspruchsfreiheit der Rechtsordnung? – Eine Reise nach Absurdistan?*, 2875; M. SCHRÖDER, *Verwaltungsrecht als Vorgabe für Zivil- und Strafrecht*, 206.

[600] G. WAGNER, *Öffentlich-rechtliche Genehmigung und zivilrechtliche Rechtswidrigkeit*, 97. M. BALDUS, *Die Einheit der Rechtsordnung: Bedeutungen einer juristischen Formel in Rechtstheorie, Zivil- und Staatsrechtswissenschaft des 19. und 20. Jahrhunderts*, 200.

[601] G. WAGNER, *Öffentlich-rechtliche Genehmigung und zivilrechtliche Rechtswidrigkeit*, 98.

legalizador) não figura entre as formas de resolução de contradições no ordenamento jurídico[602].

Não se poderá dizer que as várias posições referenciadas sobre o problema das contradições entre o direito privado e o direito administrativo reflictam as considerações que acabamos de tecer. À excepção de BARTLSPERGER, que descobre a existência de uma relação de generalidade/especialidade entre direito privado e direito administrativo, não se vislumbra a aplicação das referidas regras gerais de resolução de antinomias. Em consequência, as argumentações a favor da precedência de um ou outro dos ramos de direito são *logicamente equivalentes* e, como tal, *materialmente infundadas*[603]. Com efeito, se o fundamento da solução da colisão residir apenas na busca de unidade do ordenamento jurídico, qualquer das teses da *precedência*, seja do direito administrativo ou do direito privado, alcança o pretendido resultado: prevalecendo o direito privado ou o direito público, *não subsiste qualquer contradição normativa no ordenamento jurídico unitário*[604].

Assim, é arbitrária a opção por qualquer uma das normas, pelo que não existe, portanto, um fundamento válido que permita optar por uma em detrimento de outra.

100. Se assim é, claramente, no caso das teses da precedência de um ramo de direito sobre outro, o mesmo pode ser dito de uma tese de *separação* entre o direito privado e o direito público – embora não busque o apoio no princípio da unidade da ordem jurídica, partindo antes da separação

---

[602] F.-J. PEINE, *Privatrechtsgestaltung durch Anlagegenehmigung*, 2446. F. OSSENBÜHL, *Verwaltungsrecht als Vorgabe für Zivil- und Strafrecht*, 968, em consequência da limitação do efeito dos actos pela competência da autoridade administrativa, considera que o efeito conformador não é um novo *Topos* ou uma nova figura do direito administrativo, mais não sendo do que outra expressão para a obrigatoriedade ou vinculatividade do acto administrativo ("*verbindlichkeit*").

[603] Relembrem-se as considerações, já referidas, de CANARIS. Enquanto o Autor releva que, para a descoberta de uma "lacuna de colisão" e prévio afastamento das duas normas contraditórias, o fundamento não podia ser apenas lógico, pois seria logicamente concebível que apenas uma fosse inválida, permitimo-nos acrescentar que, nesse caso, usando apenas um fundamento lógico, qualquer uma das normas poderia prevalecer.

[604] A afirmação de que *não subsistem* contradições normativas indicia que as mesmas terão existido num determinado momento. Como vimos, em bom rigor, a teoria da unidade do ordenamento jurídico distingue entre contradições genuínas e contradições meramente aparentes, sendo estas as que encontram solução através do recurso a regras gerais de hermenêutica.

O ACTO ADMINISTRATIVO CONFORMADOR DE RELAÇÕES DE VIZINHANÇA

absoluta entre ramos do direito, esta tese constitui igualmente uma tentativa de resposta ao (erradamente colocado) problema da unidade. A separação rigorosa entre os ramos de direito, negando, pois, qualquer ligação entre si – e, logo, qualquer precedência de um sobre o outro –, é também *logicamente* susceptível de evitar a existência de contradições no ordenamento jurídico[605].

Se se entender que, por exemplo, a autorização de construção é emitida sem prejuízo dos direitos de terceiros, então esta apenas implica um juízo de conformidade com o interesse público. Assim sendo, não existe sequer qualquer contradição: o juízo de conformidade para o direito público não compreende um juízo de conformidade do comportamento nas relações entre privados. A valoração como ilícito de um determinado comportamento, atendendo apenas ao confronto entre direitos privados, não entra em contradição com a valoração emitida pelo direito administrativo, valoração essa que cuidará apenas da conformidade do dito comportamento com o interesse público.

Atendendo ao resultado final – o de um determinado comportamento ser ou não admitido – poderá sempre dizer-se que a tese da equivalência equivale a uma *precedência* do direito privado. Mas tal precedência tem sido apontada apenas como uma *precedência fáctica*, decorrente do facto de o direito privado tender a actuar num momento posterior[606], e não como uma precedência *normativa*: não existindo coincidência no objecto da regulação e/ou nos critérios de valoração de tal situação, o juízo valorativo emitido pelo direito privado não entra em contradição com o juízo emitido pelo direito público. Sem se questionar que seja um comportamento válido para o direito público, porque conforme a normas administrativas que cuidam do interesse público, o comportamento pode ser inválido para o direito privado, à luz do confronto com interesses privados. Inexistindo coincidência no objecto e/ou no juízo valorativo, *não existem contradições jurídicas no ordenamento jurídico unitário*. Resta saber, porém, se, como

---

[605] Assim, para F.-J. PEINE, *Privatrechtsgestaltung durch Anlagegenehmigung*, 2446, ao ser emitida a licença de construção "sem prejuízo dos direitos de terceiros", apenas é declarada a conformidade do projecto com o direito público, não havendo lugar à produção de efeitos para terceiros e, logo, não existindo qualquer potencial para a existência de contradições normativas.

[606] *Supra*, II A), 2.1..

refe D. FELIX, o legislador é realmente livre de estabelecer diferentes ilicitudes consoante o ramo do direito em causa[607].

Releva, mais uma vez, o problema derivado da "intromissão" do direito administrativo na consideração e ponderação dos direitos de terceiros, confrontados não apenas com o interesse público mas igualmente entre si. Excluindo-se a consideração dos direitos de terceiros do juízo administrativo, não existe coincidência no objecto e/ou no juízo valorativo; a separação entre os ramos de direito é possibilitada e afasta-se a *existência* de contradições entre ambos. Admitindo, porém, a inclusão da consideração das relações entre privados no direito administrativo, abre-se a porta à possibilidade de contradições entre os ramos de direito. Contradições essas que, de um estrito ponto de vista lógico, tanto encontram *solução* através da precedência do direito administrativo como pela precedência do direito privado.

101. Apesar da sua inegável valia constitucional, o recurso ao princípio da unidade do ordenamento jurídico em termos *puramente lógicos* não permite, portanto, resolver os problemas em causa.

Se a lógica pode dar o "quadro" do entendimento – o de que não podem coexistir determinações normativas no sentido de "A" e "não A" – não pode fornecer o "entender" ou a "valoração" que preenche o quadro[608]. O problema transcende o mero sentido negativo da unidade do ordenamento jurídico – a ausência de contradições – para consubstanciar uma pergunta sobre o *sentido positivo* da unidade da ordem jurídica[609]. Sentido

---

[607] D. FELIX, *Einheit der Rechtsordnung: zur verfassungsrechtlichen Relevanz einer juristischen Argumentationsfigur*, 289.

[608] C.-W. CANARIS, *Pensamento sistemático e conceito de sistema na ciência do direito*, 33. Igualmente M. BALDUS, *Die Einheit der Rechtsordnung: Bedeutungen einer juristischen Formel in Rechtstheorie, Zivil- und Staatsrechtswissenschaft des 19. und 20. Jahrhunderts*, 201, afirma a falência da lógica e das suas regras porquanto não podem depor a favor da invalidade (no sentido de *Ungültigkeit*) de uma das duas normas em conflito.

[609] C.-W. CANARIS, *Pensamento sistemático e conceito de sistema na ciência do direito*, 58, a propósito da jurisprudência dos interesses. Note-se que mesmo para esta concepção, e apesar das críticas dirigidas pelo afastamento da ideia de unidade do direito, esta não era recusada mas antes expressamente defendida na sua vertente negativa de ausência de contradições. Contudo, como evidencia CANARIS, a perda de unidade de sentido positivo do direito decorria de o recurso a juízos de valor ser reduzido à valoração do juiz e não abranger as "camadas mais profundas do Direito", isto é, os princípios fundamentais de justiça, equidade e segurança do Direito (61).

positivo esse que, na metodologia ensaiada por autores que se destacam igualmente na ciência jusprivatística, pode ser dado pelos "princípios gerais de direito"[610], sem prejuízo da consideração de que estes também podem entrar em colisão[611].

Por outro lado, ainda que se admita a associação entre este princípio e os princípios da segurança jurídica e da protecção da confiança, eventualmente como tentativa de garantir ao primeiro maior e mais segura aplicação, a verdade é que os dois últimos princípios (para além da sua inerente estrutura principiológica) encontram uma larga dependência da conformação legal e das características de cada caso concreto (*maxime*, no caso da protecção da confiança)[612], não sendo igualmente adequados para garantir ao primeiro a sua aplicação, com um determinado sentido construído em abstracto, a todas as situações jurídicas[613].

Assim, tecidas estas considerações, outras são ainda necessárias para resolver o problema das referidas contradições normativas entre o direito administrativo e o direito privado. Defender o princípio da unidade do ordenamento jurídico não permite, por si só, alcançar uma solução incontroversa. Ou seja, para além da afirmação da valia do princípio da unidade do ordenamento jurídico, será ainda necessário procurar a sua densificação material, susceptível de fundamentar e concretizar a unidade a nível

---

[610] C.-W. CANARIS, *Pensamento sistemático e conceito de sistema na ciência do direito*, 76 e ss.. Outro problema é o da identificação desses princípios gerais. A hipótese de construção do sistema como ordem de valores, apesar de possível e da passagem de um para o outro ser "extraordinariamente fluida", não se revela mais adequada pois os princípios, por estarem já num grau maior de concretização, compreendem a bipartição característica da proposição de direito em previsão e estatuição. O autor exemplifica com o valor da liberdade e o princípio da auto-determinação negocial. (C.-W. CANARIS, *Pensamento sistemático e conceito de sistema na ciência do direito*, 86 e ss.).

[611] C.-W. CANARIS, *Pensamento sistemático e conceito de sistema na ciência do direito*, 88 e ss., aludindo à ponderação para solução de colisões entre princípios (95).

[612] Assim, por exemplo, refere P. KUNIG, *Das Rechtsstaatsprinzip*, 412, que se a protecção da confiança pode ser relevante, tal não significa que não dependa da verificação de determinados pressupostos, dependentes de factos e normas pertinentes em cada caso. Interessante é a observação de B. WEBER-DÜRLER, *Vertrauensschutz im öffentlichen Recht*, 52, de que o princípio da protecção da confiança, porquanto exige sempre uma aplicação casuística através de uma ponderação de interesses no caso concreto, contradiz aparentemente o princípio da segurança jurídica.

[613] Voltaremos à concretização destes princípios, quer a propósito do acto administrativo, quer a propósito da responsabilidade civil, *infra*, III A), 4. e III B) 3.

constitucional. A nosso ver, esta busca só poderá encontrar as suas respostas no *sistema constitucional de direitos fundamentais*.

2. Direitos fundamentais, direitos subjectivos públicos e direitos subjectivos privados

2.1. *O reconhecimento de direitos subjectivos públicos como origem do problema do efeito conformador de relações jurídicas entre privados*

102. No cerne dos problemas de fundo que, a nosso ver, dominam a questão do efeito conformador de relações jurídicas entre privados, estão, por um lado, o problema da unidade da ordem jurídica e, por outro, o problema da determinação da posição jurídica dos "terceiros" abrangidos pelos direito público dos vizinhos. Controvérsia sempre presente é a de saber se os direitos de terceiros merecem protecção jurídico-administrativa e constituem, por isso, parte do objecto da decisão administrativa ou se, pelo contrário, tais terceiros se encontram excluídos da protecção jurídico-pública.

Quer o problema da unidade da ordem jurídica, quer o da protecção jurídico-pública dos vizinhos, confluem, na nossa perspectiva, para uma mesma questão: a da *vinculação das entidades privadas aos direitos fundamentais*.

Apesar dos específicos condicionalismos do seu sistema de direitos fundamentais, não se pode dizer que a relevância desta questão para o problema que nos ocupa seja estranha aos juristas alemães[614]. Não é de estranhar que as posições mais extremadas de defesa da precedência de um ou de outro dos ramos de direito envolvidos encontrem um forte apoio na consideração da posição jurídica jusfundamental dos terceiros. Assim, relembrando, enquanto BARTLSPERGER, recorrendo aos direitos fundamentais, defende a precedência do direito administrativo, pois só aí existiriam direitos subjectivos (públicos), SCHWERDTFEGER defende a precedência do direito privado através do confronto entre a teoria dos direitos subjectivos públicos e o regime constitucional dos direitos fundamentais.

---

[614] K. SCHMIDT, *Einheit der Rechtsordnung – Realität? Aufgabe? Illusion?*, 18 e ss.; J. SCHWABE, *Öffentliches und privates Nachbarrecht oder: Einheit der Umwelt-Rechtsordnung*, em esp. 105 e ss.; M. KÖHLER, *Das angeborene Recht ist nur ein einziges...*, 74 e ss..

Mas vejamos, antes de mais, a relação entre o nascimento dos direitos subjectivos públicos e o problema do efeito conformador de relações jurídicas entre privados[615].

103. Num primeiro momento, os conflitos de vizinhança relevavam apenas para o direito privado. Era neste ramo do direito que se encontrava a regulação dessas relações jurídicas e, naturalmente, era nesta sede que se reconheciam direitos subjectivos aos vizinhos[616]. A dicotomia direito público/direito privado, no sentido que lhe era emprestado no contexto liberal do século XVIII, contribuía significativamente para a exclusividade do direito privado na regulação de conflitos *entre privados*: no direito público mais não existia do que uma relação bilateral entre Estado e cidadão, cuidando aquele apenas do interesse público; a resolução de problemas entre sujeitos privados era função exclusiva do direito privado e dos tribunais comuns, que o aplicavam[617].

Ainda antes da entrada em vigor do actual BGB, a paulatina diferenciação, desde o século XVIII, entre os "preceitos de polícia" e as "normas jurídicas" dotadas de relevo para os cidadãos[618] levou à embrionária admissão de uma acção pública de vizinhança – concedido um "privilégio" a A, sem que este pudesse atentar contra direitos de terceiros, poderia B, lesado, actuar contra a Administração; porém, como a permissão era emitida *"salvo iure tertio"*, poderia igualmente B demandar directamente A; a escolha entre os dois meios seria uma questão de oportunidade[619]. Esta solução, porém, só valeria para o tipo especial de permissão denominada "privilégio" pois esta, ao contrário de outras, teria a potencialidade de produzir um "efeito conformador"[620].

Em geral, nos primórdios do século XIX, valia a estrita diferenciação entre as normas relativas aos direitos e deveres dos cidadãos em face do

---

[615] Desenvolveremos aqui as considerações tecidas em I, B), 2.4.

[616] P. MARBURGER, *Ausbau des Individualschutzes gegen Umweltbelastungen als Aufgabe des bürgerlichen und des öffentlichen Rechts*, C 12.

[617] P. PREU, *Die historische Genese der öffentlichen Bau- und Gewerbenachbarklagen (ca. 1800-1970)*, 14 e ss..

[618] P. PREU, *Die historische Genese der öffentlichen Bau- und Gewerbenachbarklagen (ca. 1800-1970)*, 19 e 21 e ss., relevando, contudo, que nem no século XVIII nem no início do século XIX se pode encontrar uma construção dogmática da "teoria da norma de protecção".

[619] P. PREU, *Die historische Genese der öffentlichen Bau- und Gewerbenachbarklagen (ca. 1800-1970)*, 20.

[620] P. PREU, *Die historische Genese der öffentlichen Bau- und Gewerbenachbarklagen (ca. 1800-1970)*, 21.

Estado, próprias de um "direito de subordinação", e as normas relativas aos direitos e deveres dos cidadãos nas suas relações, próprias de um direito dito "de coordenação"[621] – as normas e respectivos actos de execução do direito de subordinação produziam apenas efeitos entre a autoridade pública e o destinatário, sendo tais actos, para os terceiros, "juridicamente não existentes"[622]. A aplicação do critério do *interesse* – que, como vimos, diferenciava o direito público do direito privado – levou, porém, à consideração de que determinadas normas serviam simultaneamente o interesse público e interesses privados[623].

A expressão do reconhecimento de direitos subjectivos públicos de terceiros – ou, noutra perspectiva, da existência de actos administrativos com efeitos para terceiros – consistia no reconhecimento da possibilidade de impugnação de tais actos pelos terceiros[624]. O "precedente" muitas vezes invocado é a sentença do PrOVG de 1877, na qual se admitiu a impugnação da licença de construção pelo vizinho; porém, o vizinho não dispunha de qualquer direito subjectivo público mas apenas de um interesse na legalidade da actuação da Administração[625]. A este aresto seguiram-se outros, em que se denota a controvérsia em torno da admissão de impugnação da licença de construção pelo vizinho e, simultaneamente, da qualificação da sua situação jurídica – mero interesse no respeito da legalidade e no cumprimento das normas de polícia ou um embrionário direito subjectivo público[626].

Especial destaque merece a jurisprudência sobre a GewO de 1845. Determinava esta lei que as autorizações industriais apenas poderiam ser emitidas se não se verificasse, ou viesse a verificar, um perigo ou prejuízo essencial para os *terceiros*, constituindo, assim, um exemplo pertinente de consideração dos mesmos na decisão administrativa. Contudo, o labor jurisprudencial sobre esta norma veio a produzir uma "objectivação" da pro-

---

[621] P. Preu, *Die historische Genese der öffentlichen Bau- und Gewerbenachbarklagen (ca. 1800--1970)*, 24-5.

[622] P. Preu, *Die historische Genese der öffentlichen Bau- und Gewerbenachbarklagen (ca. 1800-1970)*, 25.

[623] P. Preu, *Die historische Genese der öffentlichen Bau- und Gewerbenachbarklagen (ca. 1800-1970)*, 28, mencionando o contributo de Schmädel (1846).

[624] H.-W. Laubinger, *Der Verwaltungsakt mit Doppelwirkung*, 34.

[625] Sobre esta sentença, H.-W. Laubinger, *Der Verwaltungsakt mit Doppelwirkung*, 34; A. F. Sousa, *O recurso de vizinhança*, 10.

[626] H.-W. Laubinger, *Der Verwaltungsakt mit Doppelwirkung*, 35 e ss..

tecção jurídica por ela conferida: pertenceria exclusivamente à Administração a competência de prognose sobre os danos futuros e, mais ainda – salientamos nós – a competência para a *definição jurídica do que seria ou não um prejuízo para o terceiro*[627].

Ao conflito já presente entre a subjectivação e a objectivação do direito público, sobreveio o BGB e o consequente renascimento do direito romano dos vizinhos, *maxime* da acção negatória[628] – cujas dificuldades de compatibilização com o direito administrativo já conhecemos. Assim, para obstar ao afastamento das autorizações industriais – ou seja, para proteger a indústria nascente – consagrou-se em alguns casos o efeito de preclusão – ou de conformação de relações jurídicas entre privados – de certas autorizações, fazendo-se apelo a um necessário efeito estabilizador do acto administrativo[629].

A posterior entrada em vigor da *Grundgesetz*, com o seu conjunto de direitos fundamentais e, sobretudo, com a consagração do direito a uma tutela judicial efectiva (artigo 19 IV), veio depor a favor da progressiva afirmação da legitimidade de terceiros para a impugnação dos actos administrativos ou, dito de outra forma, de um novo campo de aplicação do direito subjectivo público[630].

Estavam, assim, já lançados os alicerces da construção de uma teoria dos direitos subjectivos públicos dos administrados e da progressiva abertura do direito administrativo aos terceiros – com o consequente agravamento dos problemas de coordenação entre direito público e direito privado.

2.2. *O direito subjectivo público na construção germânica – lei ou Constituição*

104. Tendo sido progressivamente afirmado o direito subjectivo público, conceito que assume hoje importância central para o direito administrativo

---

[627] P. Preu, *Die historische Genese der öffentlichen Bau- und Gewerbenachbarklagen (ca. 1800-1970)*, 30-1 (itálicos nossos).

[628] P. Preu, *Die historische Genese der öffentlichen Bau- und Gewerbenachbarklagen (ca. 1800-1970)*, 31 e ss..

[629] P. Preu, *Die historische Genese der öffentlichen Bau- und Gewerbenachbarklagen (ca. 1800-1970)*, 34 e ss..

[630] H.-W. Laubinger, *Der Verwaltungsakt mit Doppelwirkung*, 43 e ss.; H. Bauer, *Geschichtliche Grundlagen der Lehre vom subjektiven öffentlichen Recht*, 12-3.

alemão[631], subsiste a controvérsia em torno do mesmo, em especial no que respeita à questão da dependência do direito subjectivo público em relação ao *direito legislado ordinário ou aos direitos fundamentais*[632]. Como afirma BAUER, a hodierna discussão sobre o direito subjectivo público constitui um objecto de reflexão sobre a valia do direito constitucional para o direito administrativo – "direito constitucional concretizado" ou direito perene em face das mudanças constitucionais[633]. O actual centro da discórdia reside precisamente na questão da *protecção dos terceiros*, para a qual não são por certo indiferentes as variadas concepções sobre a eficácia dos direitos fundamentais entre privados[634].

A formulação originária da teoria da norma de protecção evidenciava uma visão *legalista* dos direitos dos indivíduos[635]. A consideração de que o

---

[631] Sobre o conceito e o sentido do direito subjectivo público no direito alemão, entre muitos outros, G. JELLINEK, *System der subjectiven öffentlichen Rechte*, em esp. 41 e ss.; O. BÜHLER, *Altes und Neues über Begriff und Bedeutung der subjektiven öffentlichen Rechte*, 269 e ss.; O. BACHOF, *Reflexwirkungen und subjektive Rechte im öffentlichen Recht*, 287 e ss.; D. LORENZ, *Der Rechtsschutz des Bürgers und die Rechtsweggarantie*, em esp. 50 e ss.; H. BAUER, *Geschichtliche Grundlagen der Lehre vom subjektiven öffentlichen Recht*, 11 e ss..

[632] Referindo (em 1996) que a discussão sobre o direito subjectivo público ainda não chegou ao fim e que se transferiu em grande parte para o problema da protecção de terceiros, R. WAHL, *Die doppelte Abhängigkeit des subjektiven öffentlichen Rechts*, 641. A divergência fundamental (que o Autor qualifica *ab initio* como aparente) reside na dependência do legislador e na precedência aplicativa do direito ordinário ou, pelo contrário, na relevância dos direitos fundamentais como fonte imediata de direitos subjectivos públicos (R. WAHL, *Die doppelte Abhängigkeit des subjektiven öffentlichen Rechts*, 641). Sobre a relevância do direito subjectivo público no direito alemão e no direito português, V. PEREIRA DA SILVA, *Em busca do acto administrativo perdido*, 212 e ss..

[633] H. BAUER, *Geschichtliche Grundlagen der Lehre vom subjektiven öffentlichen Recht*, 15 e ss.. Em causa está, obviamente, a referência às célebres afirmações de O. MAYER e de F. WERNER.

[634] R. WAHL, *Die doppelte Abhängigkeit des subjektiven öffentlichen Rechts*, 641; H. BAUER, *Geschichtliche Grundlagen der Lehre vom subjektiven öffentlichen Recht*, 14.

[635] V. PEREIRA DA SILVA, *Em busca do acto administrativo perdido*, 220 e ss. e 231 e ss.; H. BAUER, *Geschichtliche Grundlagen der Lehre vom subjektiven öffentlichen Recht*, 127. *Vide* ainda O. BÜHLER, *Altes und Neues über Begriff und Bedeutung der subjektiven öffentlichen Rechte*, 269 e ss., apreciando os três requisitos por si teorizados para determinação de um direito subjectivo público (existência de uma norma vinculativa, fim de protecção de interesses individuais e protecção jurisdicional – 272) à luz da consagração do direito à tutela judicial efectiva no artigo 19 IV GG; O. BACHOF, *Reflexwirkungen und subjektive Rechte im öffentlichen Recht*, 294 e ss., apreciando os três requisitos teorizados por BÜHLER; P. PREU, *Die historische Genese der öffentlichen Bau- und Gewerbenachbarklagen (ca. 1800-1970)*, 59 e ss., sobre as várias normas

O ACTO ADMINISTRATIVO CONFORMADOR DE RELAÇÕES DE VIZINHANÇA

reconhecimento de direitos subjectivos públicos decorreria apenas do sentido da norma equivalia a fazer depender do *legislador ordinário* a constituição de tais direitos. Consequência desta visão era o *dualismo* entre, por um lado, o direito subjectivo público e, por outro lado, o direito fundamental[636].

A progressiva aproximação da teoria do direito subjectivo público aos direitos fundamentais tem-se manifestado duplamente, contribuindo para afastar a visão legalista do direito subjectivo público e o dualismo entre estes e os direitos fundamentais[637].

A consideração de que os direitos subjectivos públicos se encontram total e *exclusivamente* dependentes da lei ordinária, sendo resultado de uma livre ponderação de interesses pelo legislador[638], é substituída por uma chamada *dupla dependência* do direito subjectivo público em relação à lei ordinária e à Constituição[639]. Dependência do direito ordinário na me-

---

legais onde eram encontrados os direitos subjectivos públicos e sobre a relevância da vontade, ainda que hipotética, do legislador (66 e ss.). Sobre a teoria da norma de protecção, entre outros, S. König, *Drittschutz – Der Rechtsschutz Drittbetroffener gegen Bau- und Anlagengenehmigungen im öffentlichen Baurecht, Immissionsschutzrecht und Atomrecht*, 1 e ss.. O Autor analisa os conceitos de direito subjectivo público propostos por Jellinek e Bühler (29) e critica a teoria da norma de protecção pela incerteza na interpretação do seu fim e pela abordagem casuística que consequentemente daí decorre (35-36), analisando depois outras propostas como a do "imperativo de tomada em consideração" (39 e ss.). Igualmente, H. Bauer, *Altes und Neues zur Schutznormtheorie*, 582 e ss. e H. Bauer, *Geschichtliche Grundlagen der Lehre vom subjektiven öffentlichen Recht*, 80 e ss., também criticando a teoria da "norma de protecção". Sobre o imperativo de tomada em consideração, M. Schmidt--Preuss, *Kollidierende Privatinteressen im Verwaltungsrecht – Das subjektive öffentlich recht im multipolaren Verwaltungsrechtsverhältnis*, 46 e ss.; C. Pecher, *Die Rechtsprechung zum Drittschutz im öffentlichen Baurecht*, 889. Note-se que as primeiras construções do direito subjectivo público, ainda que marcadamente legalistas, sempre consubstanciaram uma clara evolução em relação às concepções objectivistas dos "direitos subjectivos" – por exemplo, G. Jellinek, *System der subjectiven öffentlichen Rechte*, 67 e ss. e a teoria dos efeitos reflexos. Sobre este aspecto, V. Pereira da Silva, *Em busca do acto administrativo perdido*, 215 e ss. e V. Pereira da Silva, *Para um contencioso administrativo dos particulares*, 80 e ss..

[636] V. Pereira da Silva, *Em busca do acto administrativo perdido*, 232; H. Bauer, *Geschichtliche Grundlagen der Lehre vom subjektiven öffentlichen Recht*, 130 e ss..

[637] V. Pereira da Silva, *Em busca do acto administrativo perdido*, 249 e ss.; H. Bauer, *Geschichtliche Grundlagen der Lehre vom subjektiven öffentlichen Recht*, 161 e ss..

[638] Esta visão exclusivamente legalista parece ainda ser defendida por K. Finkelnburg/ K.-M. Ortloff, *Öffentliches Baurecht*, II, 202 e ss..

[639] É assim que R. Wahl, *Die doppelte Abhängigkeit des subjektiven öffentlichen Rechts*, 642, qualifica a tese por si defendida e que, como melhor veremos, sintetiza as ideias fundamentais

dida em que terá que ser aí procurado, ao menos como ponto de partida, o direito subjectivo público, o qual dependerá da concreta conformação legislativa; dependência da Constituição na medida em que a liberdade do legislador ordinário não é total, antes recebendo directivas decorrentes dos direitos fundamentais[640].

Sem recusar que subsista uma margem de conformação do legislador, admite-se que os terceiros tenham um direito fundamental à protecção (*Recht auf Schutz*)[641]. Concretização da dependência em relação aos direitos fundamentais é a admissão de uma *influência irradiante* destes na interpretação (e aplicação) do direito ordinário, a qual, em vez de recorrer apenas aos cânones tradicionais de interpretação, pode ser uma interpretação conforme à Constituição[642].

No pólo oposto à irrelevância dos direitos fundamentais para a determinação de direitos subjectivos públicos, defende alguma doutrina que possa existir um recurso *imediato* aos direitos fundamentais, embora limitado aos casos de "lesão grave e insuportável"[643]. Ocorrendo tal nos casos

do Autor e, em geral, das teses que, partindo do disposto na lei ordinária, não afastam a relevância dos direitos fundamentais.

[640] R. WAHL, *Die doppelte Abhängigkeit des subjektiven öffentlichen Rechts*, 645-647.

[641] Assim, entre outros, R. WAHL, *Die doppelte Abhängigkeit des subjektiven öffentlichen Rechts*, 646-647. Referindo igualmente os direitos de defesa e à protecção, V. PEREIRA DA SILVA, *Em busca do acto administrativo perdido*, 271. Retomaremos o tema do direito à protecção.

[642] R. WAHL, *Die doppelte Abhängigkeit des subjektiven öffentlichen Rechts*, 647 e ss., referindo que se trata de um "efeito normativo interno" (no original, "*norminterne Wirkung*") dos direitos fundamentais. Referindo igualmente esse efeito, M. SCHMIDT-PREUSS, *Kollidierende Privatinteressen im Verwaltungsrecht – Das subjektive öffentlich recht im multipolaren Verwaltungsrechtsverhältnis*, 41 e ss.; V. PEREIRA DA SILVA, *Em busca do acto administrativo perdido*, 235 e ss.; C. PECHER, *Die Rechtsprechung zum Drittschutz im öffentlichen Baurecht*, 890, indicando a necessidade de "interpretação conforme à Constituição" das normas de direito administrativo (potencialmente) reconhecedoras de direitos de terceiros.

[643] H. MAURER, *Allgemeines Verwaltungsrecht*, 158 e ss., contrariando aquela que, nas suas palavras, constitui a doutrina dominante, admite a dependência da lei – na medida em que o direito subjectivo público, enquanto interesse juridicamente protegido, resultará da lei – mas considera que tal perspectiva é limitadora por não considerar os aspectos constitucionais. O Autor defende depois o recurso directo aos direitos fundamentais em caso de lesão "grave e insuportável" (H. MAURER, *Allgemeines Verwaltungsrecht*, 160-161). V. PEREIRA DA SILVA, *Em busca do acto administrativo perdido*, 240 e ss. e 263 e ss.. Contra, C. PECHER, *Die Rechtsprechung zum Drittschutz im öffentlichen Baurecht*, 899-890, referindo que o recurso directo ao artigo 14 I GG em caso de lesão grave e insuportável, admitido por jurisprudência mais antiga do BVerwG, não é mais admitido, incluindo por jurisprudência desse

O ACTO ADMINISTRATIVO CONFORMADOR DE RELAÇÕES DE VIZINHANÇA

em que se descobre uma *lacuna* na lei ordinária, a questão desloca-se da liberdade de conformação do legislador para a liberdade de criação pelo juiz, adiantando-se, então, que o recurso imediato aos direitos fundamentais significa, quando entendido correctamente, a fundamentação do direito subjectivo público pelo juiz *ao nível do direito ordinário*[644]. Não sendo possível a interpretação conforme à Constituição, nem a integração de lacunas dentro dos limites de actuação dos juízes, abre-se a hipótese de inconstitucionalidade da norma, questão que será então resolvida pelo BVerfG[645].

2.3. *A vinculação das entidades privadas aos direitos fundamentais*

2.3.1. A teoria germânica: sentido, limitações e consequências

105. Se é indiscutível a intenção garantística da doutrina germânica e a mais valia que representa, para o direito administrativo próprio de um Estado de Direito, o conceito de direito subjectivo público, há que atender ao específico contexto germânico em matéria de direitos fundamentais e à inserção neste do problema da publicização de relações jurídico-privadas. A discussão em torno da relação entre lei e Constituição, da margem de conformação do legislador, do sentido do direito à protecção e, em especial, do exacto sentido do recurso imediato aos direitos fundamentais não podem deixar de ser compreendidos à luz dos direitos fundamentais existentes na Lei Fundamental e, atendendo a que na protecção

---

tribunal, sendo recusada a invocação directa da norma em causa. O Autor admite expressamente que pertence apenas ao legislador a tarefa de constituição e conformação do direito de propriedade. Referenciando tal posição, R. Wahl, *Die doppelte Abhängigkeit des subjektiven öffentlichen Rechts*, 644.

[644] Assim, R. Wahl, *Die doppelte Abhängigkeit des subjektiven öffentlichen Rechts*, 650. Refere igualmente V. Pereira da Silva, *Em busca do acto administrativo perdido*, 264-265, em síntese das posições germânicas mais favoráveis ao recurso aos direitos fundamentais, que, por exemplo, no domínio do direito das construções, o vizinho tem um direito subjectivo sempre que tal decorra directamente das normas do direito das construções, em cuja interpretação os direitos fundamentais têm um papel a desempenhar, ou se se verificar uma lesão ilegal – porque "violadora de normas jurídico-objectivas do domínio da construção" – e grave, de tipo expropriatório.

[645] Assim, R. Wahl, *Die doppelte Abhängigkeit des subjektiven öffentlichen Rechts*, 650. Cfr. artigo 100 GG.

O EFEITO CONFORMADOR DO ACTO AUTORIZATIVO NAS RELAÇÕES DE VIZINHANÇA

de terceiros está em causa, antes de mais, uma relação entre privados, à luz do entendimento germânico da vinculação das entidades privadas aos direitos fundamentais[646]. Entendimento este, reconhecido pela expressão *Drittwirkung*, que, sendo criação alemã, foi "exportado" para os mais diversos ordenamentos jurídicos[647].

Não existe, na Constituição alemã, uma norma expressamente consagradora de um *direito fundamental ao ambiente*, encontrando-se a protecção do ambiente expressamente consagrada apenas enquanto fim do Estado[648]. Contudo, tem sido admitido, em especial pela jurisprudência do BVerfG, que da relação entre o ambiente e certos direitos fundamentais, como o direito à vida, à integridade física e de propriedade, resulte um dever objectivo de protecção do Estado que abranja os interesses ambientais[649]. Ainda assim, admite-se que tal dever de protecção, sendo extremamente vago, esteja em regra dependente da concretização por lei ou regulamento e só em casos excepcionais possa fundar directamente uma "queixa"[650].

[646] Sobre o problema da vinculação das entidades privadas aos direitos fundamentais, no direito alemão, entre outros, H. C. NIPPERDEY, *Grundrechte und Privatrecht*, 12 e ss.; C.-W. CANARIS, *Grundrechte und Privatrecht*, 9 e ss.; I. VON MÜNCH, *Die Drittwirkung von Grundrechten in Deutschland*, 7 e ss.; T. LANGNER, *Die Problematik der Geltung der Grundrechte zwischen Privaten*, 29 e ss.; G. HERMES, *Das Grundrecht auf Schutz von Leben und Gesundheit*, 99 e ss.; M. LEPA, *Die Einwirkung der Grundrechte auf die Anwendung des Deliktsrechts in der Rechtsprechung des Bundesgerichtshofs*, 261 e ss.; P. UNRUH, *Zur Dogmatik der grundrechtlichen Schutzpflichten*, em esp. 66 e ss..

[647] I. VON MÜNCH, *Die Drittwirkung von Grundrechten in Deutschland*, 11-2, considerando que o *Drittwirkung* ("*made in Germany*") se tornou um "*Rechts-Exportartikel*", "importado" por países tão diversos como Portugal, Espanha, Japão, África do Sul, Reino Unido e outros.

[648] Consagração essa, aliás, recente – M. KLOEPFER, *Umweltschutz als Verfassungsrecht: Zum neuen Art. 20a GG*, 73 e ss., considerando que a consagração enquanto fim do Estado deixa claro que apenas se aplica ao Estado e não imediatamente aos sujeitos privados, embora possa (mediatamente) fundamentar deveres de particulares (74).

[649] E. REHBINDER, *O direito do ambiente na Alemanha*, 254, G. HERMES, *Das Grundrecht auf Schutz von Leben und Gesundheit*, 121 e ss.; E. SCHMIDT-ASSMAN, *Grundrechtswirkungen im Verwaltungsrecht*, 226 e ss.; I. VON MÜNCH, *A protecção do meio ambiente na constituição*, 47, sobre as relações entre o ambiente e os direitos à vida, à integridade física e de propriedade, e 52, considerando que se trata, não de um direito fundamental, mas de um fim do Estado de protecção do meio ambiente.

[650] Assim, E. REHBINDER, *O direito do ambiente na Alemanha*, 254. I. VON MÜNCH, *A protecção do meio ambiente na constituição*, 52, considera que de tal fim de protecção só pode decorrer a fundamentação de obrigações activas por parte do Estado quando estejam em causa omissões de actuação em casos extremos de violação do direito à vida e à integridade física.

O ACTO ADMINISTRATIVO CONFORMADOR DE RELAÇÕES DE VIZINHANÇA

Ao contrário de um direito ao ambiente, o direito de propriedade encontra-se expressamente consagrado na Constituição (artigo 14 GG). Todavia, o texto constitucional remete para o legislador a determinação do conteúdo e dos limites do direito de propriedade, discutindo-se qual o conteúdo constitucional de tal direito e qual a dependência do mesmo em relação às opções legislativas ordinárias[651].

106. Para além dos direitos fundamentais existentes (ou inexistentes) na Constituição alemã, o problema do efeito conformador dos actos administrativos encontra-se necessariamente ligado ao problema da vinculação de entidades privadas aos direitos fundamentais. Tal é, desde logo, indiciado por ALEXY, quando afirma, a propósito do dever de protecção do Estado das intervenções lesivas de "terceiros", que a afirmação jurisprudencial segundo o qual tal dever se destina a evitar "o perigo de violações de direitos fundamentais" deve ser reinterpretada, pois parece pressupor a violação de direitos fundamentais por privados e, logo, a existência de relações jurídicas de direitos fundamentais entre privados[652].

Na Constituição alemã não existe qualquer norma que determine a vinculação das entidades privadas aos direitos fundamentais. Vinculados aos direitos fundamentais estão apenas, nos expressos termos constitucionais, o legislador, a administração e os tribunais (artigo 1 III GG), em corres-

---

[651] Assim, C. PECHER, *Die Rechtsprechung zum Drittschutz im öffentlichen Baurecht*, 889-890, em decorrência da sua posição já antes referida, considera que a propriedade não é, "por assim dizer, um direito natural", sendo tarefa exclusiva do legislador a determinação de direitos subjectivos (em esp., dos terceiros), nos termos do artigo 14 II GG, e estando proibido o recurso directo ao artigo 14 I GG. Considerando o direito de propriedade essencial para o direito privado, H. C. NIPPERDEY, *Grundrechte und Privatrecht*, 7: "*Ohne Privateigentum keine Freiheit und kein Privatrecht*". Relevando a importância do disposto no artigo 14 GG para as concepções de direito subjectivo público, R. WAHL, *Die doppelte Abhängigkeit des subjektiven öffentlichen Rechts*, 644. A questão tem sido relevante, nomeadamente, no que respeita ao *ius aedificandi*. Entre outros, M. GELLERMANN, *La propiedad urbana en Alemania*, 275 e ss., considerando que, pela dependência do direito de propriedade da "configuração" operada pelo legislador, não existe um *ius aedificandi* que não seja resultado da tarefa do legislador de delimitação do conteúdo e dos limites do direito de propriedade, embora tal tarefa conheça limites constitucionais (280-281); W. KAHL, *La conservación del medio ambiente y el derecho de propiedad en Alemania*, 779, considerando que o *ius aedificandi* faz parte do conteúdo do direito de propriedade garantido pela Constituição.
[652] R. ALEXY, *Theorie der Grundrechte*, 412, a propósito da sentença *Kalkar* (BVerfG).

pondência com uma visão liberal dos direitos fundamentais que os entendia apenas como *direitos de defesa* contra agressões do Estado[653].

A construção de uma teoria dos direitos fundamentais como *valores* fez questionar a sua limitação às relações Estado-cidadão[654]. Assim, no célebre *Lüth-Urteil* de 1958, o BVerfG afirmou que, para além da existência de direitos de defesa dos cidadãos contra o Estado, a *ordem objectiva de valores (objektive Wertordnung)*, ínsita nas normas de direitos fundamentais, valia para todos os ramos do direito, incluindo para o direito privado, cujos preceitos deveriam ser *interpretados* segundo o espírito de tal sistema de valores[655]. A ordem objectiva de valores, presente no conjunto de normas de direitos fundamentais, produzia, assim um *efeito irradiante* para todo o ordenamento jurídico (*Ausstrahlungswirkung*)[656].

Posteriormente, a influência das normas de direitos fundamentais deixou de estar limitada à interpretação de conceitos indeterminados e de cláusulas gerais do direito privado para alcançar um efeito "*directamente* normativo que modifica normas de direito privado existente, sejam normas dispositivas ou imperativas, cláusulas gerais ou preceitos determinados, ou cria novas normas, sejam proibições, permissões, direitos subjectivos,

---

[653] Sobre a teoria liberal dos direitos fundamentais, E.-W. Böckenförde, *Grundrechtstheorie und Grundrechtsinterpretation*, 119 e ss.. H. C. Nipperdey, *Grundrechte und Privatrecht*, 13 e ss.; C.-W. Canaris, *Grundrechte und Privatrecht*, 11 e ss.; G. Hermes, *Das Grundrecht auf Schutz von Leben und Gesundheit*, 166 e ss.; T. Langner, *Die Problematik der Geltung der Grundrechte zwischen Privaten*, 48 e ss., sobre o artigo 1 III GG.

[654] E. Forsthoff, *Die Umbildung des Verfassungsgesetzes*, 44. Sobre as origens da teoria valorativa dos direitos fundamentais, em especial por Rudolf Smend, e a reacção ao positivismo, E. Forsthoff, *Die Umbildung des Verfassungsgesetzes*, 35 e ss.; E.-W. Böckenförde, *Grundrechte als Grundsatznormen. Zur gegenwärtigen Lage der Grundrechtsdogmatik*, 161 e ss..

[655] E.-W. Böckenförde, *Grundrechte als Grundsatznormen. Zur gegenwärtigen Lage der Grundrechtsdogmatik*, 163; R. Alexy, *Rechtssystem und praktische Vernunft*, 213. Sobre esta sentença, entre outros, I. von Münch, *Die Drittwirkung von Grundrechten in Deutschland*, 20 e ss..

[656] E.-W. Böckenförde, *Grundrechte als Grundsatznormen. Zur gegenwärtigen Lage der Grundrechtsdogmatik*, 163 e ss. e 168 e ss.; R. Alexy, *Theorie der Grundrechte*, 477 e ss.; T. Langner, *Die Problematik der Geltung der Grundrechte zwischen Privaten*, 66 e ss.. Contra esta tese, C.-W. Canaris, *Grundrechte und Privatrecht*, 16 e ss., considerando que a mediação através de uma norma de direito privado, como uma cláusula geral, equivaleria a dotá-la de uma superioridade em relação a outras normas de direito privado, o que não é logicamente possível, dado todas estarem ao mesmo nível e só a Constituição se encontrar num patamar superior.

normas de protecção ou causas de justificação"[657]. Neste sentido, os direitos fundamentais têm um *efeito absoluto*[658].

107. Como incisivamente afirma Böckenförde, a chamada *eficácia para terceiros dos direitos fundamentais* mais não é do que "a filha legítima do efeito irradiante"[659]. Tal compreende-se tendo em conta a distinção, eminentemente germânica, entre *direitos fundamentais* e *normas de direitos fundamentais*[660]. Ao que genericamente surge referido como direito fundamental

---

[657] H. C. Nipperdey, *Grundrechte und Privatrecht*, 17-18: "*Die Rechtswirkung ist vielmehr eine unmittelbar normative, die bestehende Privatrechtsnormen, gleichgültig ob zwingenden oder dispositiven Rechts, ob Generalklausen oder bestimmte Rechtsnormen, modifiziert oder neue schafft, seien es Verbote, Gebote, subjektive Rechte, Schutzgesetze oder Rechtsfertigungsgründe*". Sobre esta teoria, T. Langner, *Die Problematik der Geltung der Grundrechte zwischen Privaten*, 56 e ss.; R. Alexy, *Theorie der Grundrechte*, 482. Para E.-W. Böckenförde, *Grundrechte als Grundsatznormen. Zur gegenwärtigen Lage der Grundrechtsdogmatik*, 163 e ss., a "diferença" entre a eficácia mediata (ou irradiante) e a eficácia imediata residia na circunstância de, para a primeira, os direitos fundamentais valerem no seu conjunto, como sistema de valores (*Wertsystem*) ou ordem objectiva de valores (*objektive Wertordnung*), enquanto que, para a segunda, cada direito fundamental seria considerado como uma "norma-princípio jurídico-objectivamente valorativo-decisora" (*objektivrechtliche wertentscheidende Grundsatznorm*) (163).

[658] H. C. Nipperdey, *Grundrechte und Privatrecht*, 17; R. Alexy, *Theorie der Grundrechte*, 482.

[659] E.-W. Böckenförde, *Grundrechte als Grundsatznormen. Zur gegenwärtigen Lage der Grundrechtsdogmatik*, 170.

[660] É a propósito da distinção entre direitos fundamentais e normas de direitos fundamentais que R. Alexy aborda o problema da eficácia dos direitos fundamentais – *rectius*, das normas de direitos fundamentais – nas relações entre privados. R. Alexy, *Theorie der Grundrechte*, 475 e ss.. Igualmente, H. C. Nipperdey, *Grundrechte und Privatrecht*, 17, negando a necessidade de qualquer "mediação" para a valia dos direitos fundamentais no direito privado como *normas objectivas*: "*Es bedarf zur* Geltung von Grundrechten als objektiver Normen *für das Privatrecht keines «Mediums»* (...)" (destaques nossos). Diferentemente, C.-W. Canaris, *Grundrechte und Privatrecht*, 19 e ss., opõe à função dos direitos fundamentais como normas ou princípios objectivos as suas funções "normais" de proibição de agressão e de imperativo de protecção (*"Eingriffsverbotsfunktion; Schutzgebotsfunktion"*). Se estas funções valem para o legislador e para o aplicador do direito (21-2 e 30 e ss.) – com a consequência de possibilitar a apreciação de normas de direito privado como agressões a direitos fundamentais e de as sujeitar a um exame segundo o princípio da proporcionalidade (30-1) – o mesmo não sucede para o problema da eficácia entre privados (único, aliás, a merecer a designação de *Drittwirkung*) (33 e ss..). Aqui, recusando a tese da "eficácia mediata para terceiros" (34) e distinguindo entre "eficácia imediata para terceiros", excepcional, e "valia imediata" ("*unmittelbar Geltung*", correspondente ao tradicional sentido de eficácia imediata para terceiros – 35), chega Canaris ao resultado comum: destinatários dos direitos fundamentais são apenas o Estado e os seus órgãos, não

(*Grundrecht*) assiste um duplo carácter: de um lado, direito *subjectivo* de defesa contra o Estado, de outro lado, "norma-princípio"/"decisão de valor" *objectiva* válida para todo o direito[661].

Para qualquer das construções germânicas sobre a influência dos direitos fundamentais nas relações entre privados, nunca estão em causa os *direitos fundamentais* enquanto tais mas apenas a influência das *normas de direitos fundamentais*[662]. Para nenhuma das teses, incluindo a tese da eficácia imediata, está em causa a transferência, através da *mudança do destinatário*, dos direitos fundamentais – leia-se direitos subjectivos de defesa – das relações cidadão-Estado para as relações cidadão-cidadão[663].

Nas palavras dos próprios defensores da eficácia imediata, a expressão *Drittwirkung* não seria exacta, pois "os direitos fundamentais em sentido clássico, restrito, enquanto *direitos subjectivos públicos*, são dirigidos contra o Estado", ao passo que valeriam apenas para o direito privado como "direito constitucional *objectivo*, vinculante"[664]. A eficácia imediata dos direitos fundamentais, na doutrina alemã, não significa que os direitos subjectivos de defesa do cidadão contra o Estado sejam simultaneamente direitos de defesa contra outros cidadãos, nem pode ser alcançada através da mudança do destinatário dos direitos de defesa[665].

---

os sujeitos do direito privado, tal como apenas as actuações daqueles, e não destes, constituem objecto de apreciação da conformidade com os direitos fundamentais (36). Retomando as funções dos direitos fundamentais de proibição de agressão e de imperativo de protecção, também CANARIS chega à conclusão da menor garantia conferida pelo "dever de protecção" (37 e ss. e 43 e ss.).

[661] E.-W. BÖCKENFÖRDE, *Grundrechte als Grundsatznormen. Zur gegenwärtigen Lage der Grundrechtsdogmatik*, 166.

[662] E.-W. BÖCKENFÖRDE, *Grundrechte als Grundsatznormen. Zur gegenwärtigen Lage der Grundrechtsdogmatik*, 159 e ss., 170, desvalorizando a discussão em torno da eficácia mediata e da eficácia imediata das normas de direitos fundamentais; R. ALEXY, *Theorie der Grundrechte*, 476 e ss.; de forma próxima, J. SCHWABE, *Öffentliches und privates Nachbarrecht oder: Einheit der Umwelt-Rechtsordnung*, 105 c 33..

[663] R. ALEXY, *Theorie der Grundrechte*, 484. Igualmente, C.-W. CANARIS, *Grundrechte und Privatrecht*, 36.

[664] " (...) *als «Drittwirkung» der Grundrechte bezeichnet worden. Das ist allerdings ungenau, weil die Grundrechte im klassichen, engeren Sinne als subjektive öffentliche Rechte sich nur gegen den Staat richten*"; "*als objektives, verbindliches Verfassungsrecht*" – H. C. NIPPERDEY, *Grundrechte und Privatrecht*, 14-5.

[665] R. ALEXY, *Theorie der Grundrechte*, 489. Para além de não ser representativa da doutrina alemã, não nos parece que a construção de J. SCHWABE, *Öffentliches und privates Nachbarrecht oder: Einheit der Umwelt-Rechtsordnung*, referida a pág. 105 e ss., acabe por alcançar resultados

O ACTO ADMINISTRATIVO CONFORMADOR DE RELAÇÕES DE VIZINHANÇA

108. O resultado da diferenciação entre direitos fundamentais e normas de direitos fundamentais e da concepção germânica da influência dos direitos fundamentais – *rectius*, das normas de direitos fundamentais – no direito privado releva para a compreensão do *direito à protecção* (*Recht auf Schutz*): um direito do titular de direitos fundamentais, frente ao Estado, para que este o proteja de intervenções de terceiros privados[666].

A admissão de um direito à protecção corresponde a um progresso em relação à clássica e restritiva concepção de direito fundamental como direito de defesa contra o Estado (*Abwehrrechte*) e encontra o seu fundamento na construção, primeiramente jurisprudencial, do "conteúdo jurídico-objectivo" ou da "ordem objectiva de valores" encerrada nas normas de direitos fundamentais[667].

Atendendo a esta fundamentação – que corresponde à visão germânica da influência dos direitos fundamentais nas relações entre privados – não se poderá estranhar que um dos pontos controversos seja, consequentemente, o de considerar o próprio direito à protecção como verdadeiro *direito subjectivo* ou apenas como mera *norma objectiva* que impõe um dever ao Estado sem conferir um direito ao cidadão[668].

Ainda que considerado como um verdadeiro direito subjectivo, o direito à protecção apresenta diferenças essenciais, a nível de estrutura e de "justiciabilidade", em relação ao direito fundamental de defesa[669]. Para o

---

diferentes. Para a crítica da sua teoria, R. Alexy, *Theorie der Grundrechte*, 414 e ss.. *Vide* igualmente M. Köhler, *Das angeborene Recht ist nur ein einziges...*, 75 e ss..

[666] R. Alexy, *Theorie der Grundrechte*, 410. Sobre o direito à protecção, ou, de forma mais neutra, sobre o dever de protecção, J. Dietlein, *Die Lehre von den grundrechtlichen Schutzpflichten*, em esp. 70 e ss.; P. Unruh, *Zur Dogmatik der grundrechtlichen Schutzpflichten*, 17 e ss.; G. Hermes, *Das Grundrecht auf Schutz von Leben und Gesundheit*, 113 e ss.; I. von Münch, *Die Drittwirkung von Grundrechten in Deutschland*, 24 e ss.; C.-W. Canaris, *Grundrechte und Privatrecht*, 43 e ss.; J. Isensee, *Das Grundrecht auf Sicherheit*, 34 e ss.; D. Looschelders, *Die Ausstrahlung der Grundrechte auf das Schadensrecht*, 96 e ss..

[667] R. Alexy, *Theorie der Grundrechte*, 413-414.

[668] Sobre esta discussão, R. Alexy, *Theorie der Grundrechte*, 411 e ss.; M. Schmidt-Preuss, *Kollidierende Privatinteressen im Verwaltungsrecht – Das subjektive öffentlich recht im multipolaren Verwaltungsrechtsverhältnis*, 69 e ss.; J. Dietlein, *Die Lehre von den grundrechtlichen Schutzpflichten*, 133 e ss.; P. Unruh, *Zur Dogmatik der grundrechtlichen Schutzpflichten*, 62 e ss..

[669] Sobre esta questão, R. Alexy, *Theorie der Grundrechte*, 415 e ss., em esp. 420 e ss.; I. von Münch, *Die Drittwirkung von Grundrechten in Deutschland*, 24 e ss.; P. Unruh, *Zur Dogmatik der grundrechtlichen Schutzpflichten*, 74 e ss.. Igualmente C.-W. Canaris, *Grundrechte und Privatrecht*, 15, afirmando que, sendo indiscutível que o direito privado, enquanto direito

respeito do direito de defesa – de defesa contra actuações agressivas do Estado – é necessária a omissão de qualquer acção de destruição do direito e só existe realização suficiente de tal direito se forem omitidas todas as acções de destruição[670]. Pelo contrário, o direito à protecção – do Estado contra agressões, não do próprio Estado, mas de terceiros – é estruturalmente um direito a uma prestação de protecção e de promoção dos direitos fundamentais, não impondo a adopção de todas as acções possíveis. Assim sendo, existindo várias acções adequadas, é suficiente a realização de uma, não sendo necessária a realização de todas aquelas[671]. Desta diferenciação resulta a afirmação, por várias vezes repetida, pela jurisprudência constitucional, de que o Estado tem um dever de protecção, mas o "como" da concretização do dever pertence, em primeira linha, ao *legislador*[672].

109. A consideração da concepção germânica dos direitos fundamentais é indispensável para a compreensão do problema do (eventual) efeito conformador de relações jurídicas entre privados pelos actos administrativos. Aliás, não deixa de ser sintomática a comparação feita por JARASS entre os

ordinário, se subordina à Constituição, o problema não é o de saber *se* o legislador de direito privado se encontra vinculado à Constituição mas sim o de saber de que de maneira se encontra vinculado; 43 e ss., sobre os pontos fracos da teoria do dever de protecção.

[670] Diferenças essas existentes apesar de, em ambos os direitos, estar em causa uma *defesa* de posições jurídicas, como aliás refere R. ALEXY, *Theorie der Grundrechte*, 420-421. De outra forma, como explica C.-W. CANARIS, *Grundrechte und Privatrecht*, 43 e ss., o imperativo de protecção, ao contrário da proibição de agressão, lida com a desconformidade constitucional de uma *omissão* e não de uma acção do Estado – o que coloca, logicamente, a necessidade de construção (ou melhor, densificação) do dever que é omitido para determinar a relevância jurídica da omissão.

[671] R. ALEXY, *Theorie der Grundrechte*, 420-421. Apenas no caso de existir só uma acção adequada é que a sua realização se torna necessária, sendo só então o direito à protecção estruturalmente idêntico ao direito de defesa. Enunciando as mesmas diferenças entre o direito de defesa e o direito à protecção, R. WAHL, *Die doppelte Abhängigkeit des subjektiven öffentlichen Rechts*, 646-647.

[672] R. ALEXY, *Theorie der Grundrechte*, 421. Cfr., nas páginas subsequentes, o desenvolvimento pelo Autor desta questão, através da aplicação da sua teoria dos direitos fundamentais. *Vide* igualmente M. SCHMIDT-PREUSS, *Kollidierende Privatinteressen im Verwaltungsrecht – Das subjektive öffentlich recht im multipolaren Verwaltungsrechtsverhältnis*, 37 e ss.; R. WAHL, *Die doppelte Abhängigkeit des subjektiven öffentlichen Rechts*, 647; C.-W. CANARIS, *Grundrechte und Privatrecht*, 44-5. Sobre o problema, em geral, da liberdade de conformação do legislador em relação aos direitos fundamentais a uma prestação, J. J. GOMES CANOTILHO, *Constituição dirigente e vinculação do legislador*, 209 e ss., em esp. 368 e ss..

O ACTO ADMINISTRATIVO CONFORMADOR DE RELAÇÕES DE VIZINHANÇA

efeitos dos direitos fundamentais para terceiros e os efeitos para terceiros da regulação administrativa, influenciando ou sobrepondo-se ao direito privado[673].

A entrada do direito administrativo, e da actuação de uma *entidade administrativa*, na regulação de uma relação entre privados, em que imediatamente se coloca o problema dos *direitos e deveres vigentes entre privados*, apresenta-se como um ponto de confluência dos vários problemas relativos à diferenciação entre a vinculação de entidades públicas e de entidades privadas aos direitos fundamentais[674].

Em relação ao Estado, os indivíduos são titulares de direitos fundamentais. Direitos esses que consistem, de acordo com a visão clássica, em *direitos de defesa* contra actuações lesivas – do direito fundamental – efectuadas pelo *Estado*. Quando a agressão é efectuada por outro privado, o máximo que a teoria da eficácia dos direitos fundamentais para privados consegue evidenciar é que ambos são titulares de direitos fundamentais (v.g., de propriedade)[675]. Mas o sujeito passivo da relação jurídica de direitos fundamentais é, única e exclusivamente, o *Estado*. Os direitos que os privados tenham entre si, regulados pelo direito privado, *não são direitos fundamentais*[676]. Perante a violação do direito de propriedade por um privado, o privado agredido tem apenas, em sede de direitos fundamentais enquanto direitos subjectivos, um *direito (fundamental) à protecção do Estado*

[673] H. D. Jarass, *Verwaltungsrecht als Vorgabe für Zivil- und Strafrecht*, 254 e ss., adiantando que, na referida comparação, não se pode perder de vista a diferença essencial entre a paridade dos direitos privado e administrativo e a superioridade da Constituição. Estabelecendo igualmente a comparação entre a ambivalência dos direitos fundamentais – enquanto direitos de defesa e direitos à protecção – e o acto administrativo com duplo efeito, considerando que neste se encontram presentes as duas dimensões dos direitos fundamentais, J. Isensee, *Das Grundrecht auf Sicherheit*, 34-5.

[674] Voltaremos a esta questão, *infra*, III B), 1.; por ora, seguem-se apenas algumas indicações.

[675] Com a clareza habitual, R. Alexy, *Theorie der Grundrechte*, 484, evidenciando que, em qualquer das teorias sobre eficácia dos direitos fundamentais para privados, existe apenas a admissão de que ambos os privados têm direitos fundamentais contra o Estado mas não entre si.

[676] R. Alexy, *Theorie der Grundrechte*, 484. Igualmente, J. Isensee, *Das Grundrecht auf Sicherheit*, 35, afirmando expressamente que na relação trilateral entre Estado – autorizado – lesado, existem várias relações jurídicas: duas de natureza pública, entre a Administração e o titular de um direito fundamental de defesa e entre aquela e o titular de um direito fundamental à protecção, e uma outra relação jurídica entre os dois particulares, *na qual apenas vale o direito privado*.

contra as agressões privadas. Direito esse que, não sendo um direito fundamental de defesa, mas apenas, na melhor das hipóteses, um direito subjectivo fundamental a uma prestação, encontra, segundo a posição maioritária, uma larga dependência da concreta opção legislativa tomada quanto à extensão da protecção[677].

Em suma, perante a mesma actuação lesiva de um privado contra outro privado, não existe uma violação de um direito fundamental por esse privado – pois apenas pode violar um direito fundamental quem estiver vinculado ao seu respeito – mas existe – ou poderá existir, consoante as opções do legislador – a violação de um direito fundamental de protecção pelo Estado contra as intervenções dos privados.

Se foi superado o dualismo entre direito fundamental e direito subjectivo público, o tratamento do problema da vinculação das entidades privadas aos direitos fundamentais implica uma *dualidade* na tutela dos direitos dos privados. Assim, enquanto «os direitos fundamentais são direitos subjectivos públicos *"par excellence"*», as "posições jurídicas subjectivas de direito privado não constituem (...) qualquer direito subjectivo público"[678].

Sem prejuízo de posteriores considerações, a conclusão que se pode imediatamente retirar é que este entendimento *dualista* dos direitos dos indivíduos em nada contribui para a *unidade* do ordenamento jurídico. Vejamos, agora, qual é o panorama no direito nacional.

2.3.2. O sistema português de direitos fundamentais

110. O sistema português de direitos fundamentais difere do sistema alemão, seja no que respeita aos direitos fundamentais existentes, seja no aspecto da vinculação das entidades privadas aos direitos fundamentais.

---

[677] Ao que acresce a dificuldade de fundamentar tal opção legislativa, porquanto venha a constituir uma restrição dos direitos do autorizado (ou, complicando, uma "agressão" ao seu direito fundamental). Preocupado com os "terceiros" mas igualmente com aqueles a que chama "primeiros", P. PREU, *Subjektivrechtliche Grundlagen des öffentlichrechtlichen Drittschutzes*, 21 e ss..

[678] M. SCHMIDT-PREUSS, *Kollidierende Privatinteressen im Verwaltungsrecht – Das subjektive öffentlich recht im multipolaren Verwaltungsrechtsverhältnis*, respectivamente, 37 e 105: *"Zivilrechtliche Positionen als solche sind daher keine subjektiven öffentlichen Rechte"*. Sobre as origens históricas da separação entre direito subjectivo público e direito subjectivo privado, H. BAUER, *Geschichtliche Grundlagen der Lehre vom subjektiven öffentlichen Recht*, 71 e ss..

A diferença entre a Constituição portuguesa e a alemã avulta logo em sede de direito de propriedade, o qual, nos termos do n.º 1 do artigo 62.º, é garantido "nos termos da Constituição"[679]. Para além do mais, o artigo 66.º, n.º 1, determina que "todos têm o direito a um ambiente de vida humano, sadio e ecologicamente equilibrado e o dever de o proteger"[680].

Consideração pacífica na doutrina portuguesa é a de que o direito ao ambiente, ao menos na sua feição negativa de direito de defesa, tem natureza *análoga* aos direitos, liberdades e garantias, beneficiando do respectivo regime[681]. Regime esse que, nos termos do artigo 18.º, n.º 1, determina que os direitos são *directamente* aplicáveis e vinculam as entidades públicas *e privadas*.

111. A discussão germânica em torno da eficácia mediata ou imediata dos direitos fundamentais nas relações entre privados não é desconhecida da doutrina portuguesa.

Sem dúvida, o tema da vinculação das entidades privadas não se afigura fácil, atendendo, sobretudo, às diferenças essenciais existentes entre entidades públicas e entidades privadas[682]. São conhecidos os vários casos problemáticos que evidenciam, não só a diferença entre as entidades públicas

---

[679] Sobre o direito de propriedade, entre outros, Fausto de Quadros, *A protecção da propriedade privada pelo direito internacional público*, 13 e ss.; A. Menezes Cordeiro, *Tratado de direito civil português*, I (t.I), 277 e ss.

[680] Além da protecção objectiva do ambiente, *maxime* pela expressa consagração da protecção do mesmo enquanto tarefa fundamental do Estado, a Constituição nacional confere ainda uma protecção subjectiva, através do sistema de direitos fundamentais. Sobre a dupla protecção do ambiente na Constituição, J. Miranda, *A constituição e o direito do ambiente*, 360 e ss.; J. Menezes Leitão, *Instrumentos de direito privado para protecção do ambiente*, 55; V. Pereira da Silva, *Da protecção jurídica ambiental – os denominados embargos administrativos em matéria de ambiente*, 5 e ss., considerando que as normas respeitantes à protecção do ambiente também se destinam à protecção dos interesses dos particulares; V. Pereira da Silva, *Verde cor de direito – Lições de direito do ambiente*, 84 e ss.. Referindo a privatização dos valores ambientais, através do reconhecimento de direitos dos particulares em defesa do ambiente, sem contudo invocar normas constitucionais, A. Menezes Cordeiro, *Tutela do ambiente e direito civil*, 384.

[681] Considerando que se trata, na sua vertente negativa, de um direito análogo aos direitos, liberdades e garantias, e de um direito económico, social e cultural na sua dimensão positiva, J. Miranda, *A constituição e o direito do ambiente*, 363; V. Pereira da Silva, *Da protecção jurídica ambiental – os denominados embargos administrativos em matéria de ambiente*, 7; J. Menezes Leitão, *Instrumentos de direito privado para protecção do ambiente*, 55; P. Castro Rangel, *Concertação, programação e direito do ambiente*, 24-25.

[682] J. Miranda, *Manual de direito constitucional*, IV, 323 e ss., enunciando as várias dificuldades do problema

e privadas como, num movimento de sentido convergente, a aproximação entre alguns privados e os poderes públicos[683].

Têm sido diversos os entendimentos relativos ao sentido de eficácia externa, horizontal, mediata e imediata dos direitos fundamentais. Por exemplo, para JORGE MIRANDA, a "mera eficácia externa" equivale ao "dever universal de respeito que recai sobre quaisquer cidadãos em face dos direitos de outros"[684]. Para GOMES CANOTILHO e VITAL MOREIRA, a eficácia imediata contrapõe-se a eficácia mediata na medida em que esta faz *depender da lei* a eficácia dos direitos fundamentais, ao passo que a primeira decorreria *directamente das normas constitucionais*[685]. Noutra formulação posterior, apenas do primeiro Autor, a eficácia mediata vincularia apenas o legislador, obrigando-o a conformar as relações entre privados em obediência aos princípios ínsitos nas normas de direitos fundamentais[686]. Qual seja o sentido de eficácia directa, é algo difícil de alcançar, na medida em que tanto se refere a necessidade de respeito dos direitos fundamentais directamente fundada na Constituição, como em seguida se concretiza esta ideia como "eficácia irradiando directamente"[687].

[683] *Vide*, por exemplo, os casos apontados por J. CAUPERS, *Os direitos fundamentais dos trabalhadores e a Constituição*, 160 e ss.; por J. C. VIEIRA DE ANDRADE, *Os direitos fundamentais na Constituição portuguesa de 1976*, 241 e ss. e por A. MENEZES CORDEIRO, *Tratado de direito civil português*, I (t.I), 208-9.

[684] J. MIRANDA, *Manual de direito constitucional*, IV, 321. Enquanto a eficácia externa se limitaria a proibir a interferência nos direitos de outros, a eficácia horizontal ocorreria em relações bilaterais "sobre as quais se projectem ou em que possam ser afectados" direitos, liberdades e garantias. Cfr. J. MIRANDA, *Manual de direito constitucional*, IV, 324, onde se distingue entre eficácia mediata, no sentido de mera influência interpretativa das normas de direito privado, e eficácia imediata, no sentido de poderem valer em todos os casos em que o indivíduo fosse confrontado com um poder, público ou privado. V. PEREIRA DA SILVA, *A vinculação das entidades privadas pelos direitos, liberdades e garantias*, 261 e 272 e ss., entende por eficácia externa a constituição de um mero dever geral de respeito de um direito fundamental constituído entre os privados, ao passo que, na eficácia horizontal, os privados, sujeitos passivos da relação jurídica fundamental, não teriam apenas um dever de respeito mas igualmente um dever de colaboração na plena realização dos direitos; V. PEREIRA DA SILVA, *Verde cor de direito – Lições de direito do ambiente*, 102, considerando que o regime dos direitos, liberdades e garantias comporta a defesa contra "agressões públicas (e privadas)".

[685] J. J. GOMES CANOTILHO/ V. MOREIRA, *Constituição da República Portuguesa anotada*, 147.

[686] J. J. GOMES CANOTILHO, *Direito constitucional e teoria da Constituição*, 446 e 1268 e ss..

[687] J. J. GOMES CANOTILHO, *Direito constitucional e teoria da Constituição*, 1270. Já J. C. VIEIRA DE ANDRADE, *Os direitos fundamentais nas relações entre particulares*, 238, entendia que os direitos fundamentais "têm uma eficácia absoluta (*erga omnes*) enquanto *direitos subjectivos ou enquanto normas de valor*" (itálicos nossos).

Apesar das diferenças, consideração comum na doutrina portuguesa é a da especial aproximação que existe entre determinadas entidades privadas, ditas "poderes sociais", e as entidades públicas. Adianta-se a necessidade de obter soluções diferenciadas, quase tópicas[688], que podem ir desde a mera vinculação do legislador à eficácia horizontal no caso dos poderes privados[689].

Sendo este um dado comum do problema a qualquer que seja a teoria de dita eficácia imediata ou mediata, haverá que questionar, como faz PEREIRA DA SILVA, se a discussão não decorre em torno de um falso problema, pois em causa parece estar sempre o problema de conciliação entre os direitos fundamentais e os princípios do direito privado[690].

112. Na consideração do problema da vinculação das entidades privadas haverá que atender, em primeiro lugar, às normas constitucionais vigentes em cada ordenamento jurídico. Neste aspecto, subjaz uma diferença essencial, por demais conhecida, entre o artigo 1 III GG e o nosso artigo 18.º, n.º 1: enquanto o primeiro consagra apenas a vinculação dos poderes públicos, o preceito nacional determina que "os *direitos*, liberdades e garantias são *directamente aplicáveis* e *vinculam as entidades públicas e privadas*".

Da leitura do preceito resulta uma clara opção no sentido da vinculação das entidades privadas. Contudo, sempre se poderá dizer que, apesar

---

[688] J. MIRANDA, *Manual de direito constitucional*, IV, 325 e ss. (326).

[689] J. J. GOMES CANOTILHO, *Direito constitucional e teoria da Constituição*, 1271 e ss., numa posição em que se denota, em relação às anteriores, uma maior influência germânica, admite a necessidade de soluções diferenciadas: i) eficácia horizontal expressamente consagrada na Constituição, ii) eficácia horizontal através da mediação do legislador (admitindo-se que, em rigor, é um caso de vinculação de entidades públicas), iii) eficácia horizontal imediata e mediação pelo juiz, iv) poderes privados e eficácia horizontal e v) "o núcleo irredutível da «autonomia pessoal»", num campo diametralmente oposto. Já antes, V. PEREIRA DA SILVA, *A vinculação das entidades privadas pelos direitos, liberdades e garantias*, 261 e 268 e ss., defendera a eficácia horizontal dos direitos fundamentais para as entidades privadas dotadas de poder. A. MENEZES CORDEIRO, *Tratado de direito civil português*, I (t.I), 209-10, considera que os direitos fundamentais apenas devem ter, por regra, eficácia mediata, embora possam ter uma aplicação directa se se verificar a adequação axiológica e funcional da mesma.

[690] V. PEREIRA DA SILVA, *A vinculação das entidades privadas pelos direitos, liberdades e garantias*, 266-267. Igualmente, J. C. VIEIRA DE ANDRADE, *Os direitos fundamentais nas relações entre particulares*, 241 e J. C. VIEIRA DE ANDRADE, *Os direitos fundamentais na Constituição portuguesa de 1976*, 253, considera que existe concordância quanto a algumas questões essenciais.

de admitida a vinculação das entidades privadas – o que o preceito, aliás, não permite negar – ainda se poderá questionar se a primeira parte do preceito – a *aplicabilidade directa* – se aplica às entidades privadas[691]. Colocar-se-ia assim, aparentemente, o problema nos mesmos termos em que é colocado pela doutrina germânica.

Ora, desde logo, admitindo que algum sentido útil se haverá de retirar do artigo 18.º, n.º 1 – preceito, aliás, quase sem paralelo em outras Constituições[692] – o ónus argumentativo pertence a quem pretenda limitar a primeira parte do preceito à vinculação das entidades públicas.

Claro está que o problema de interpretação do artigo 1 III GG também tem sido abordado pela doutrina alemã. Porém, enquanto os juristas germânicos têm que laborar para encontrar uma protecção jusfundamental onde esta não se encontra expressamente consagrada, o labor nacional dirigir-se-á no sentido inverso de limitação de uma protecção que *prima facie* se encontra admitida pela norma constitucional. E não deixa de ser interessante verificar como, de normas opostas e perante a vigência de determinadas regras tendencialmente gerais de interpretação da Constituição, os resultados podem vir ser idênticos[693].

Ainda assim, e recorrendo à doutrina alemã, haverá que distinguir entre duas questões a resolver: uma respeita ao *modo* como os direitos fundamentais vinculam ou produzem efeitos entre privados, outra respeita à *medida* ou à *intensidade* da vinculação[694].

113. Tem sido a propósito do *modo de influência* dos direitos fundamentais nas relações entre privados que a doutrina alemã tem discutido a eficácia imediata ou mediata dos direitos fundamentais. Porém, como já referimos, as teses em causa, apesar das suas diferenças, têm sempre um aspecto em comum: do que se trata é de uma eficácia das *normas de direitos funda-*

---

[691] Como faz, por exemplo, P. Mota Pinto, *O direito ao livre desenvolvimento da personalidade*, 229 e ss..

[692] J. J. Gomes Canotilho/ V. Moreira, *Constituição da República Portuguesa anotada*, 148; J. Miranda, *Manual de direito constitucional*, IV, 322 e nr. 2.

[693] Partindo da norma alemã, vejam-se as críticas de E. Forsthoff, *Die Umbildung des Verfassungsgesetzes*, 44 e ss., à construção da eficácia dos direitos fundamentais para privados quando a norma da GG apenas prevê a vinculação de entidades públicas.

[694] R. Alexy, *Theorie der Grundrechte*, 480.

mentais e não de eficácia dos próprios *direitos fundamentais*[695]. Em consequência, mesmo para as teses da eficácia imediata, o resultado nunca é o de admitir a existência de direitos fundamentais entre privados mas apenas o de considerar que ambos têm direitos fundamentais contra o Estado.

Ora, atendendo apenas ao teor literal da nossa norma constitucional, e a aplicar o esquema germânico de entendimento dos direitos fundamentais, a conclusão que se pode retirar é a de que não há que distinguir o problema da *eficácia mediata ou imediata das normas* de direitos fundamentais porque há *eficácia dos próprios direitos fundamentais*: as entidades privadas estão vinculadas aos "direitos, liberdades e garantias" e não apenas às normas de direitos fundamentais, com as consequências que daí são retiradas pela doutrina germânica.

Nem tem sido esse, em bom rigor, o entendimento de eficácia directa geralmente aceite na doutrina portuguesa. À eficácia mediata ou indirecta dos direitos fundamentais é contraposta a eficácia directa, no sentido de existirem, sem dependência da lei e com possibilidade de directa invocação da Constituição, direitos fundamentais de entidades privadas em relação a outras entidades privadas[696].

---

[695] Realçando a relação entre dimensão objectiva dos direitos fundamentais e eficácia das entidades privadas na concepção alemã, J. CAUPERS, *Os direitos fundamentais dos trabalhadores e a Constituição*, 158 e ss..

[696] Estudando os conceitos de eficácia irradiante, mediata e imediata com os sentidos que estes têm no direito alemão, e tecendo várias considerações sobre a teoria dos deveres de protecção de direitos fundamentais (*grundrechtliche Schutzpflichten*), P. MOTA PINTO, *O direito ao livre desenvolvimento da personalidade*, 187 e ss. e 225 e ss.. Cfr., no entanto, 234-235, parecendo entender por eficácia directa a consideração de que ambos os privados são titulares de direitos fundamentais uns contra os outros, e não apenas contra o Estado, contrapondo então a tese, dominante na Alemanha, de que os direitos fundamentais têm por destinatários apenas entidades públicas. J. C. VIEIRA DE ANDRADE, *Os direitos fundamentais na Constituição portuguesa de 1976*, 260-1, admitindo apenas a valia dos direitos fundamentais, nas relações privadas de igualdade, na sua dimensão objectiva, enquanto "*princípios de valor objectivos*", afirma que tal não significa que "os particulares possam impunemente *violar os direitos fundamentais* de outros indivíduos" (itálicos nossos). No contexto, julgamos que o Autor não entende esta violação como directa, pois apenas se pode equacionar a violação de um direito (fundamental) se existir um dever de respeito desse direito fundamental – o que equivaleria, afinal, a admitir a eficácia dos direitos fundamentais, enquanto tais, entre particulares. Ainda H. E. HÖRSTER, *A parte geral do Código Civil português*, 94 e ss., referindo que "a ordem objectiva de valores" opera de forma mediata.

114. A descoberta, para lá da dimensão *subjectiva*, de uma dimensão *objectiva* das normas de direitos fundamentais, com as específicas consequências a nível de vinculação das entidades privadas, pode constituir uma evolução para o direito germânico mas não para o direito português: para o primeiro, a dimensão objectiva vem remediar o défice de protecção jusfundamental subjectiva; para a segunda, *vem degradar a meramente objectiva a protecção subjectiva* que já decorre expressamente da Constituição[697].

Pode, de facto, considerar-se que a construção do direito à protecção corresponde a um alargamento das funções clássicas dos direitos fundamentais, que deixam de ser meros direitos de defesa[698]. Só que, no específico contexto germânico onde nascem tais direitos, eles vieram apenas substituir uma situação de indiferença dos direitos fundamentais nas relações jurídico-privadas. Não se trata de acrescentar, a uma específica estrutura do direito subjectivo fundamental como direito de defesa contra entidades públicas *e* privadas, um direito à protecção do Estado contra agressões de privados a direitos fundamentais. Sendo resultado da dimensão objectiva (das normas) de direitos fundamentais e não dos direitos fundamentais como direitos subjectivos de defesa, releva essencialmente, no direito à protecção, a estrutura prestacional e não defensiva, admitindo-se em consequência uma maior extensão da liberdade de conformação do legislador do que nos casos de intervenção agressiva[699].

No direito português, pelo contrário, a existência de direitos fundamentais *entre privados* permite que, a ser admitido tal direito à protecção, o *padrão aferidor da ilicitude da agressão* seja retirado da *dimensão negativa do direito fundamental* e não da dimensão *meramente prestacional*, com a consequente *diminuição da liberdade de conformação pelo legislador.*

Em suma, perante a admissão expressa da eficácia dos direitos fundamentais para privados pela norma constitucional portuguesa, não é "legítimo

---

[697] Contra, P. Mota Pinto, *O direito ao livre desenvolvimento da personalidade*, 187 e ss.. J. C. Vieira de Andrade, *Os direitos fundamentais na Constituição portuguesa de 1976*, 109 e ss., constrói o sistema de direitos fundamentais a partir da distinção entre a dimensão subjectiva e a dimensão objectiva dos mesmos.

[698] No direito português, P. Mota Pinto, *O direito ao livre desenvolvimento da personalidade*, 187 e ss., e em esp. 194 e ss. sobre as relações entre os deveres de protecção e o problema da eficácia dos direitos fundamentais para terceiros; J. C. Vieira de Andrade, *Os direitos fundamentais na Constituição portuguesa de 1976*, 248 e ss..

[699] Como compreende J. J. Gomes Canotilho, *Direito constitucional e teoria da Constituição*, 1273.

limitar essa eficácia apenas aos casos em que a doutrina estrangeira a admite quando nada nas respectivas leis fundamentais a impõe"[700].

115. Devemos ainda fazer uma precisão, pois, como adiantámos, o problema da vinculação das entidades privadas não é um problema fácil. Admitir a eficácia directa, no sentido de existirem, por força da Constituição e não da lei, direitos fundamentais entre privados não significa que não existam outros problemas a resolver, nem que se pretenda apagar as diferenças entre entidades privadas e entidades públicas do ponto de vista da sua vinculação aos direitos fundamentais. Por certo, estará sempre em causa o confronto entre determinados direitos fundamentais, nascidos para fazer face ao poder, e a regra geral de autonomia privada vigente entre privados. Mas tal não deve significar que apenas existam relações jurídicas de direitos fundamentais entre certos privados, nem tão pouco que os direitos fundamentais só possam ser invocados contra aqueles que, por estarem numa determinada posição de poder, têm a possibilidade de produzir agressões mais graves. Por um lado, porque a relevância jurídica da maior ou menor gravidade de um "prejuízo" apenas pode ser considerada uma violação de um direito fundamental se tal direito já existir: a existência de um direito é pressuposto da valoração de um prejuízo como agressão juridicamente inadmissível, isto é, como violação do direito, e não consequência da violação de "algo". Por outro lado, estando consagrada constitucionalmente a autonomia privada, ou se se quiser, um genérico direito à liberdade, admitir sempre a prevalência deste equivaleria à admissão de uma hierarquia rígida de normas[701] ou de valores constitucionais[702].

As diferenciações de "intensidade" devem, assim, ser entendidas como um problema de colisão de direitos fundamentais[703]. Aliás, a ideia de dife-

---

[700] J. J. Gomes Canotilho/ V. Moreira, *Constituição da República Portuguesa anotada*, 148. M. J. Estorninho, *A fuga para o direito privado*, 232 e ss.; J. J. Gomes Canotilho, *Direito constitucional e teoria da Constituição*, 1270, afirma que, ao contrário da GG, "a Constituição Portuguesa consagra inequivocamente a eficácia imediata em relação a entidades privadas".

[701] Cfr. J. Caupers, *Os direitos fundamentais dos trabalhadores e a Constituição*, 169-170, considerando que, em caso de colisão entre um qualquer direito fundamental e a autonomia privada, afastar, em regra, o direito fundamental, corresponderia ao estabelecimento de uma hierarquia de normas constitucionais.

[702] Sobre isto, rejeitando a ideia da existência de uma hierarquia rígida de valores na ordem jurídica, R. Alexy, *Theorie der Grundrechte*, 138 e ss..

[703] Como, aliás, refere Alexy, o problema da eficácia mediata ou imediata dos direitos fundamentais é um problema da forma de construção da influência (das normas de) dos

renciação do tratamento de casos de "poder social" não é desconhecida de quem defende a eficácia directa dos direitos fundamentais nas relações entre privados, no específico sentido que esta tem na doutrina portuguesa[704]. Admitindo-se a existência de direitos fundamentais entre privados, o confronto entre os mesmos deve ser entendido como uma colisão de direitos fundamentais e os resultados que venham a ser alcançados têm que resultar da aplicação da metodologia própria de interpretação dos direitos fundamentais, nomeadamente da ponderação regida pelo princípio da proporcionalidade[705].

116. Assim, da admissão da eficácia directa dos direitos fundamentais, no sentido de admissão de existência de direitos fundamentais dos privados nas relações entre si, não se segue que, perante uma colisão entre esses direitos, o resultado tenha que ser idêntico ao que resultaria da invocação dos mesmos direitos fundamentais perante o Estado. Da mesma forma, a imposição de deveres, não apenas de respeito, mas de colaboração positiva, pode encontrar fundamento na existência de "poderes privados"[706].

Mas, entretanto, ficou ultrapassada a visão eminentemente liberal que apenas admitia os direitos fundamentais enquanto direitos de defesa contra o Estado[707]. Claro está que, na época liberal, os indivíduos já se encontravam protegidos das agressões do Estado e das agressões dos outros indivíduos.

---

direitos fundamentais nas relações entre privados, enquanto o problema da intensidade dessa vinculação é uma questão de *colisão de direitos* (perspectiva que é possibilitada pela sua própria construção da teoria dos direitos fundamentais): R. ALEXY, *Theorie der Grundrechte*, 480. Em sentido próximo, J. J. GOMES CANOTILHO/ V. MOREIRA, *Constituição da República Portuguesa anotada*, 148.; A. PRATA, *A tutela constitucional da autonomia privada*, 136 e ss.; J. CAUPERS, *Os direitos fundamentais dos trabalhadores e a Constituição*, 168 e ss.; . Cfr. J. MIRANDA, *Manual de direito constitucional*, IV, 325-326. Referindo o «núcleo irredutível da "autonomia pessoal"», J. J. GOMES CANOTILHO, *Direito constitucional e teoria da Constituição*, 1275-6.

[704] A. PRATA, *A tutela constitucional da autonomia privada*, 138; J. CAUPERS, *Os direitos fundamentais dos trabalhadores e a Constituição*, 171 e ss.. Como já evidenciava J. C. VIEIRA DE ANDRADE, *Os direitos fundamentais nas relações entre particulares*, 241, acaba por existir concordância quanto a certos pontos essenciais. *Vide*, igualmente, J. C. VIEIRA DE ANDRADE, *Os direitos fundamentais na Constituição portuguesa de 1976*, 254 e ss..

[705] R. ALEXY, *Theorie der Grundrechte*, 77 e ss. e 249 e ss..

[706] V. PEREIRA DA SILVA, *A vinculação das entidades privadas pelos direitos, liberdades e garantias*, 261 e 272 e ss.; J. C. VIEIRA DE ANDRADE, *Os direitos fundamentais nas relações entre particulares*, 237 e ss..

[707] J. J. GOMES CANOTILHO/ V. MOREIRA, *Constituição da República Portuguesa anotada*, 147; A. PRATA, *A tutela constitucional da autonomia privada*, 136 e ss..

Simplesmente, enquanto em relação ao Estado poderiam invocar o seu direito fundamental (v.g., de propriedade) consagrado na Constituição, em relação aos outros privados apenas poderiam invocar os direitos consagrados, e *na medida em que estivessem consagrados,* no direito ordinário[708]. A concepção liberal de mediação pela lei significava que as entidades privadas apenas estavam obrigadas a respeitar os direitos (fundamentais) quando a lei constituísse direitos e deveres de direito privado, não decorrendo tais direitos e deveres directamente da Constituição[709].

Vejamos, agora, quais as consequências que podem advir de um novo entendimento dos direitos fundamentais, que supere o *dualismo* entre *direitos fundamentais* e *direitos subjectivos privados* que decorria da concepção liberal dos direitos fundamentais.

117. O entendimento adiantado quanto à vinculação directa das entidades privadas tem uma imediata consequência para o problema da unidade do ordenamento jurídico.

Sempre se compreendeu que a diferente vinculação de entidades públicas e de entidades privadas aos direitos fundamentais constituía uma quebra de unidade do ordenamento e oferecia o perigo, na expressão de RIVERO, de existência de uma "dupla ética" na sociedade[710]. Como já afirmou GOMES CANOTILHO, a propósito do direito germânico, a tese que limita a eficácia dos direitos fundamentais ao plano da "congruência ou conformidade normativa jurídico-objectiva" – referida como tese da eficácia mediata – pressupõe a existência de dois ordenamentos jurídicos autónomos e horizontais[711].

---

[708] J. C. VIEIRA DE ANDRADE, *Os direitos fundamentais nas relações entre particulares,* 235; J. C. VIEIRA DE ANDRADE, *Os direitos fundamentais na Constituição portuguesa de 1976,* 238 e ss..

[709] J. J. GOMES CANOTILHO/ V. MOREIRA, *Constituição da República Portuguesa anotada,* 147; A. PRATA, *A tutela constitucional da autonomia privada,* 137-138. No direito alemão, H. BAUER, *Geschichtliche Grundlagen der Lehre vom subjektiven öffentlichen Recht,* 70 e ss., liga o nascimentos da separação entre direitos subjectivos públicos e direitos subjectivos privados à separação de ordens jurisdicionais (melhor dizendo, à exclusão das questões administrativas do âmbito da jurisdição civil).

[710] J. J. GOMES CANOTILHO, *Direito constitucional e teoria da Constituição,* 1276.

[711] J. J. GOMES CANOTILHO, *Direito constitucional e teoria da Constituição,* (1ª ed.) 1207. Embora o Autor impute a dimensão objectiva dos direitos fundamentais à tese da eficácia mediata germânica, o certo é que, como já vimos, para qualquer uma das teses, está sempre em causa a influência (objectiva) das normas de direitos fundamentais no direito privado, de

Valendo o direito fundamental para todos os sujeitos de direito, públicos ou privados, impõe-se a unidade do ordenamento jurídico, unidade essa cujo sentido é dado pela Constituição[712]. No específico domínio do direito do ambiente, como refere JORGE MIRANDA, não podem existir dúvidas de que sujeitos passivos do dever de respeito do ambiente são igualmente os sujeitos privados, "por força da necessária *unidade de protecção* dos bens ambientais na Constituição"[713]. E, para que não subsista qualquer incerteza sobre a forma de vinculação dos sujeitos privados, acrescenta o Autor que tal protecção não consiste num *"efeito externo da previsão de um direito"* mas antes num dever fundamental[714].

Assim, no que respeita à admissão da invocação de direitos fundamentais contra privados – e a consequente admissão de um dever fundamental de respeito por parte de entidades privadas e, assim, da possibilidade de se conceber uma violação de direitos fundamentais por entidades privadas – o direito português encontra-se mais avançado do que o direito alemão. Para além da originalidade da norma constitucional e da admissão pela doutrina de um dever geral de respeito de direitos fundamentais, tal afirmação é corroborada pela jurisprudência civil. Perante os inúmeros litígios entre privados, com especial destaque para o campo das relações de vizi-

---

um lado, e a eficácia dos direitos fundamentais, enquanto direitos subjectivos, nas relações com os poderes públicos.

[712] Relacionando o problema da unidade do ordenamento jurídico com o problema da vinculação das entidades privadas aos direitos fundamentais, V. PEREIRA DA SILVA, *A vinculação das entidades privadas pelos direitos, liberdades e garantias*, 265-267; J. C. VIEIRA DE ANDRADE, *Os direitos fundamentais nas relações entre particulares*, 234, referindo o entendimento liberal de "Sociedade e Estado [serem considerados] dois mundos separados e estanques", com a consequência de os direitos fundamentais apenas existirem nas relações com o Estado; 237, a favor da aplicação de *princípios* constitucionais a todo o ordenamento jurídico. Do mesmo Autor, *vide* as interessantes considerações sobre a unidade de sentido dos direitos fundamentais, em *Os direitos fundamentais na Constituição portuguesa de 1976*, 93 e ss., e 241, afirmando que, de acordo com o princípio da unidade do ordenamento jurídico, os direitos fundamentais – "como princípios e valores" – não podem deixar de se aplicar a toda a ordem jurídica.

[713] J. MIRANDA, *A constituição e o direito do ambiente*, 362 (itálicos nossos).

[714] J. MIRANDA, *A constituição e o direito do ambiente*, 362 (itálicos nossos). *Vide* igualmente M. TEIXEIRA DE SOUSA, *Legitimidade processual e acção popular no direito do ambiente*, 410, considerando que decorre da Constituição a existência de um direito ao ambiente e de um direito de defesa do ambiente entre privados; aparentemente no mesmo sentido, J. MENEZES LEITÃO, *Instrumentos de direito privado para protecção do ambiente*, 56.

nhança, a fundamentação das decisões com recurso aos direitos fundamentais consagrados na Constituição, admitindo a existência de colisões de direitos sem questionar se existe ou não vinculação dos privados a tais direitos, é uma constante em todas as decisões[715].

118. Fundando a Constituição uma *ordem unitária de direitos fundamentais*, são várias as consequências que cabe retirar no que respeita à distinção entre direito público e direito privado.

A unidade da ordem jurídica, decorrente do sistema de direitos fundamentais, não impede a existência, no ordenamento jurídico, de vários ramos do direito, *maxime* do direito administrativo e do direito privado[716]. Porém, a unidade fundada na Constituição implica a perda de relevância da distinção, proíbe a possibilidade de subsistência de contradições e fornece, ainda, o critério de unificação[717].

Sendo a Constituição o "centro intrínseco do sistema jurídico"[718], não pode o direito privado ser entendido como um direito à margem da Constituição. A aplicação de uma norma de direito privado num sistema unitário de direitos fundamentais implica que não se esteja a aplicar apenas essa norma mas todo o direito, neste se incluindo a Constituição[719]. Dito

---

[715] Assim, por exemplo, Ac. Trib. Jud. Cantanhede de 31.10.84, tomando em consideração o direito fundamental ao ambiente e o direito fundamental ao trabalho e recusando expressamente que os preceitos constitucionais constituam meras directivas que o legislador possa realizar de forma discricionária, sendo antes dotados de aplicabilidade imediata; Ac. STJ de 02.06.96; Ac. STJ de 22.10.98; Ac. STJ de 26.05.95.

[716] J. Schwabe, *Öffentliches und privates Nachbarrecht oder: Einheit der Umwelt-Rechtsordnung*, 99, referindo que a unidade não significa que não possam existir vários ramos do direito mas apenas que não devem entrar em contradição. Já K. Schmidt, *Einheit der Rechtsordnung – Realität? Aufgabe? Illusion?*, 12, refere que, em vez da tradicional distinção entre direito público e direito privado, deveria antes perspectivar-se o ordenamento jurídico como contendo um direito do ambiente, um direito do urbanismo e outros.

[717] J. C. Vieira de Andrade, *Os direitos fundamentais nas relações entre particulares*, 237, referindo a este propósito, mas não com a extensão que propugnamos, o esbatimento da diferença entre direito público e direito privado. Noutro contexto, sobre os limites da Constituição para garantia da unidade da ordem jurídica, J. J. Gomes Canotilho, *Direito constitucional e teoria da Constituição*, 688-9.

[718] R. Alexy, *Rechtssystem und praktische Vernunft*, 213. Considerando que a Constituição constitui um "sistema jurídico qualificado", C. Blanco de Morais, *As leis reforçadas*, 187 e ss..

[719] V. Pereira da Silva, *A vinculação das entidades privadas pelos direitos, liberdades e garantias*, 267, argumentando igualmente com a unidade do ordenamento jurídico. Em sentido próximo, J. J. Gomes Canotilho, *Direito constitucional e teoria da Constituição*, 1276-7, recusando

de outro modo, a Constituição tem hoje como "tarefa fundamental a garantia da unidade do ordenamento jurídico"[720].

Porém – repete-se –, não se trata, apenas, de uma mera eficácia, directa ou indirecta, das *normas* de direitos fundamentais. Pelo contrário, as normas de direito privado, como as presentes nos artigos 483.º ou 1346.º do Código Civil, são normas que *concretizam direitos fundamentais* dos privados, resolvendo colisões entre aqueles[721].

Os direitos subjectivos perdem assim, definitivamente, o seu "apelido"[722]. O direito de propriedade, ou o direito ao ambiente, de um privado não é um direito fundamental no seio da Constituição, um direito subjectivo público em frente da Administração e um direito subjectivo privado em face de outros particulares[723]. Superado o dualismo *direito fundamental/ direito subjectivo público*, a ultrapassagem do dualismo *direito subjectivo público/ direito subjectivo privado* ocorre por força da unificação da protecção subjectiva pela Constituição. À *trilogia liberal* sucede a *univocidade* do direito subjectivo fundamental.

que o direito privado seja um direito à margem da Constituição. De forma mais generalista, H. E. HÖRSTER, *A parte geral do Código Civil português*, 105 e ss., sobre a inserção do direito privado no respectivo sistema jurídico-político.

[720] J. C. VIEIRA DE ANDRADE, *Os direitos fundamentais nas relações entre particulares*, 243, embora admita apenas tal unidade em decorrência da vigência dos direitos fundamentais enquanto "princípios de valor objectivos" (242-243).

[721] Evidenciando o papel do artigo 1346.º, depois de considerar que os direitos fundamentais ao ambiente regem as relações privadas, M. TEIXEIRA DE SOUSA, *Legitimidade processual e acção popular no direito do ambiente*, 410. Considerando que os direitos fundamentais servem para "enquadrar relações jurídico-privadas à luz dos direitos fundamentais", traduzindo-se no dever geral de respeito, e com expressa referência aos artigos 483.º e 1346.º CC, V. PEREIRA DA SILVA, *Da protecção jurídica ambiental – os denominados embargos administrativos em matéria de ambiente*, 8 e ss.; V. PEREIRA DA SILVA, *Verdes são também os direitos do homem (publicismo, privatismo e associativismo no direito do ambiente)*, 139-140.

[722] V. PEREIRA DA SILVA, *Em busca do acto administrativo perdido*, 214-215, sufragando o entendimento de BOQUERA OLIVER, para quem "o direito não muda a sua natureza por mudar o seu sujeito passivo". Parecendo ser igualmente esse o seu entendimento, ao referir que "os direitos, liberdades e garantias são hoje *direitos subjectivos*, independentemente do seu carácter público ou privado", J. J. GOMES CANOTILHO, *Direito constitucional e teoria da Constituição*, 1277.

[723] Ao contrário do direito alemão, que se encontra enclausurado num dualismo entre direitos subjectivos públicos e direitos subjectivos privados: estes, não sendo direitos subjectivos públicos, não são igualmente direitos fundamentais. Não existe uma bifurcação do direito fundamental em direito subjectivo público e em direito subjectivo privado, antes

119. Sendo tanto o direito público como o direito privado chamados a concretizar os mesmos direitos fundamentais, daqui decorrem duas imediatas consequências para o problema do efeito conformador de relações jurídicas entre privados.

Como vimos, seria logicamente possível alcançar a unidade do ordenamento jurídico mediante a separação dos objectos de regulação: o direito administrativo cuidaria apenas da conformidade com o interesse público, ao passo que o direito privado cuidaria apenas dos interesses privados[724]. Ora, de acordo com a visão que se sustenta do sistema de direitos fundamentais, a separação dos ramos de direito, se logicamente pode evitar contradições normativas, não corresponde certamente ao sentido da unidade do ordenamento jurídico. Não só não se encontra o direito privado fechado perante as influências do direito administrativo, como igualmente não pode o direito administrativo, ao regular relações entre privados, ignorar a conformação de direito privado dos direitos fundamentais que os indivíduos têm entre si. Dito de outra forma, se a exclusão da consideração dos interesses de privados, contrapostos entre si, da área do direito administrativo, permitiria, em termos puramente lógicos, conseguir a unidade do ordenamento jurídico, tal hipótese deve ser afastada *porque é a própria Constituição que impõe a consideração e o respeito, pela Administração,*

os direitos fundamentais são apenas direitos subjectivos públicos. Os direitos subjectivos privados não recebem a influência subjectivante dos direitos fundamentais mas apenas a influência objectiva das normas de direitos fundamentais.

[724] Aliás, à tese da separação estanque entre ramos de direito e da consequente admissão de ilicitudes diferenciadas – sustentada com o argumento da separação dos interesses protegidos por cada ordenamento: o interesse público no direito público e os interesses privados no direito privado – respondera já K. ENGISCH, em 1935, ao referir que a distinção entre esses interesses e entre os ramos do direito segundo a consideração desses interesses tendia a esbater-se, visto os interesses privados relevarem para o direito público e o interesse público relevar igualmente no direito privado (K. ENGISCH, *Die Einheit der Rechtsordnung*, 58). Em sentido próximo, embora no contexto germânico, admite F. OSSENBÜHL, *Verwaltungsrecht als Vorgabe für Zivil- und Strafrecht*, 967, que pode existir coincidência no objecto da regulação, nomeadamente no que respeita ao direito de propriedade privada e à autonomia privada. "Neste respeito, direito público e direito privado estão ao serviço de uma única tarefa de regulação: determinar, assegurar e restringir a liberdade dos cidadãos". De certa forma, parece ser essa a ideia de PEINE, ao referir que a relação de mútua exclusão do direito privado e do direito público pode ser admitida como consequência da análise das relações e não como premissa dessa análise, pois ambas as regulações estão numa situação de concorrência (F.-J. PEINE, *Öffentliches und Privates Nachbarrecht*, 173).

dos direitos fundamentais, que valem tanto contra os poderes públicos como contra outras entidades privadas. Assim, a exclusão dos direitos de terceiros do objecto da decisão administrativa não é, *prima facie*, uma solução conforme à Constituição. Isto não só devido à eficácia directa dos direitos fundamentais entre privados, como também por duas afirmações que nos parecem incontroversas: i) as normas de direitos fundamentais vinculam a Administração (artigo 18.º, n.º 1 CRP); ii) a Administração Pública está constitucionalmente obrigada a prosseguir o interesse público no respeito dos direitos dos cidadãos (artigo 266.º, n.º 1 CRP). Para respeitar, ou evitar o desrespeito, dos direitos dos cidadãos, a Administração tem logicamente que tomar esses direitos em consideração. Claro está que entre "tomar em consideração" e "conformar" os direitos dos terceiros de forma diferente do disposto no direito privado vai uma grande distância.

Afastando-se a separação não relacional dos ramos do direito, não pode igualmente o estabelecimento das ligações entre os ramos de direito ser feito através das teses da precedência de um ramo sobre o outro[725]. Para além de esta ser, da mesma forma do que a anterior, uma forma de respeitar o sentido negativo da unidade do ordenamento jurídico, resolvendo as contradições, a presença dos direitos fundamentais em ambos os ramos do direito impede que um possa prevalecer, em termos gerais, sobre o outro, pois que nenhum dos dois tem o exclusivo da eficácia e da concretização dos direitos fundamentais[726]. De resto, esta concepção permite libertar a distinção entre direito público e direito privado da sua conotação ideológica liberal – de estrita separação entre o indivíduo e o Estado – e enquadrá-la num Estado Social em que as diferenças entre interesses públicos e interesses privados tendem a esbater-se, não só porque,

---

[725] F. OSSENBÜHL, *Verwaltungsrecht als Vorgabe für Zivil- und Strafrecht*, 967, em consequência das últimas afirmações referidas na nota anterior, considera que não há *ab initio* um *Vorrang*, uma preponderância de um ramo do direito sobre o outro: "não há um legislador de direito público, um legislador de direito privado e outro de direito penal mas apenas um legislador". Estas afirmações não devem, contudo, ser tomadas fora do contexto germânico de influência objectiva das normas de direitos fundamentais, a qual se manifesta, necessariamente, na actuação do legislador. Voltaremos às consequências do entendimento germânico dos direitos fundamentais para o problema do efeito conformador, *infra*, III B), 1.

[726] Isso não significa que, admitindo-se a separação na unidade, as necessárias ligações entre os ramos do direito não sejam feitas através de parciais imposições de um ramo do direito a outro. Em sentido próximo, F. OSSENBÜHL, *Verwaltungsrecht als Vorgabe für Zivil- und Strafrecht*, 964.

por um lado, o Estado desempenha importantes funções na realização de um bem-estar da colectividade, como, por outro lado, porque a salvaguarda dos direitos individuais não pode decorrer de um mero ímpeto de protecção do individualismo, antes devendo compreender igualmente a consideração daquele bem-estar colectivo[727].

O "papel de liderança na construção do sistema" pertence ao direito constitucional e não, em geral, ao direito público, nele se incluindo o direito administrativo[728]. O problema do relacionamento entre os ramos de direito ordinário terá que ser perspectivado a partir dos direitos fundamentais, pois são os "direitos fundamentais que permitem compreender as relações públicas e privadas, reconduzindo os problemas do ambiente a uma unidade de referência dogmática como sistema"[729].

120. Esta unidade retirada da Constituição através do sistema de direitos fundamentais não implica, como já antes referimos, que a própria normação fundamental tenha que ser entendida como livre de contradições. Por um lado, o entendimento actual de sistema, onde se reconhece aos princípios gerais de direito uma função essencial, não exclui que os mesmos princípios possam entrar em colisão[730]. Assim ocorre com uma concepção

---

[727] Sobre o fundamento ideológico da separação entre direito público e direito privado, *supra*, I B), 2.1.. Relevando o papel dos direitos fundamentais na superação do dualismo entre Estado e Sociedade, H. H. RUPP, *Die Unterscheidung von Staat und Gesellschaft*, 1210. *Vide* igualmente, ainda que numa perspectiva diferente, as interessantes considerações de P. HÄBERLE, *Grundrechte in Pluralistischen Gesellschaften – Die Verfassung des Pluralismus*, 421 e ss.. Sintomático da posição contrária, M. BENGEL, *Der privatrechtsgestaltende Verwaltungsakt*, 55-6, considerando que a distinção entre direito público e direito privado resulta da própria ideia de direito porquanto correspondente aos *binómios essenciais* indivíduo / comunidade e justiça comutativa / justiça distributiva; e 50 e ss., afirmando que a distinção é imanente ou encontra-se na total disponibilidade do legislador ao abrigo da sua liberdade de conformação.

[728] Referimo-nos, assim, à expressão *"die systembildende «Führungsrolle»"*, utilizada por R. BREUER, *Baurechtlicher Nachbarschutz*, 436, 438 para defender a precedência do direito administrativo em relação ao direito privado.

[729] V. PEREIRA DA SILVA, *Verdes são também os direitos do homem (publicismo, privatismo e associativismo no direito do ambiente)*, 139-140; V. PEREIRA DA SILVA, *Responsabilidade administrativa em matéria de ambiente*, 13, considerando que os direitos fundamentais permitem "enquadrar todo o universo jurídico das relações jurídicas ambientais", quer entre sujeitos privados, quer entre estes e os sujeitos públicos.

[730] C.-W. CANARIS, *Pensamento sistemático e conceito de sistema na ciência do direito*, 76 e ss..

de sistema em que se atenda, não aos princípios gerais de direito elaborados no direito privado, mas aos direitos fundamentais que, sem prejuízo da sua dimensão subjectiva, estão em geral plasmados em normas com a estrutura de princípios e que, por isso mesmo, entram frequentemente em colisão[731]. Contudo, à Constituição não será exigido que não apresente colisões mas apenas que forneça os critérios para a sua resolução[732].

As relações jurídicas ambientais, de dimensão trilateral, onde entram em jogo, não só os direitos dos particulares contra a Administração, mas igualmente os direitos dos particulares entre si, devem assim ser perspectivadas como situações de *colisão de direitos fundamentais*[733]; direitos fundamentais que tanto valem contra a Administração como contra o outro sujeito privado, na medida em que a sua dimensão negativa, de *dever de respeito de um direito fundamental*, não conhece diferenças consoante mude o destinatário desse dever[734].

[731] Sobre isto, *supra*, III A), 1.2. e indicações bibliográficas aí fornecidas.

[732] Em sentido próximo, C. BLANCO DE MORAIS, *As leis reforçadas*, 230, afirma que do sistema não se exige a inexistência de antinomias mas apenas a existência de mecanismos de solução das antinomias.

[733] Assim, V. PEREIRA DA SILVA, *Em busca do acto administrativo perdido*, 267, defende que se deve olhar para as relações de vizinhança como um problema de colisão de direitos fundamentais. Os direitos e deveres dos indivíduos e das autoridades administrativas entrariam em consideração, independentemente da sua fonte, embora o Autor refira apenas o direito constitucional e o direito administrativo.

[734] Retomando o que anteriormente dissemos sobre as dificuldades do tema da vinculação das entidades privadas aos direitos fundamentais, que remetemos para um problema de colisão de direitos fundamentais, convém adiantar que o problema em causa no efeito conformador não é sequer um problema de obter uma *maior* ou *igual* vinculação das entidades privadas aos direitos fundamentais em relação à vinculação das entidades públicas. É, pelo contrário, uma questão de não admitir, validamente, pela intromissão do direito público, que possa existir um menor respeito dos direitos fundamentais dos privados entre si do que aquele que *já foi plasmado em normas de direito privado*. Nos casos apontados como exemplos do perigo de emergência de uma *dupla ética* na sociedade, o que está em causa é uma menor vinculação de entidades privadas aos direitos fundamentais: assim, a protecção contra a exigência de testes de gravidez nas relações de trabalho na função pública mas não no sector privado ou a protecção da liberdade de opinião contra o Estado mas não contra as entidades patronais privadas (J. J. GOMES CANOTILHO, *Direito constitucional e teoria da Constituição*, 1276). A questão aqui em causa é, todavia, diferente. A hipótese de trabalho do efeito conformador de relações jurídicas entre privados é a de determinados direitos, existentes no direito privado entre privados, deixarem de existir pela intromissão do direito administrativo e, concretamente, pela emissão de uma autorização administrativa. Não se trata de exigir, no direito privado, entre privados, uma maior protecção dos seus direitos,

O ACTO ADMINISTRATIVO CONFORMADOR DE RELAÇÕES DE VIZINHANÇA

A recondução ds problemas em causa a verdadeiras colisões de direitos fundamentais implica que sejam utilizados os critérios constitucionais de resolução de tais colisões. Nesta sede, releva a já mencionada "omnipresença" do princípio da proporcionalidade e da inerente tendência para substituir a clássica subsunção de situações de facto à previsão de regras por uma ponderação constitucionalmente orientada[735]. Ponderação essa que, se apresentará sempre uma dimensão constitutiva – mais de conformação (*Gestaltung*) do que de interpretação[736] – encontrará igualmente limites logo ao nível constitucional[737].

como se dirigidos contra o Estado, mas antes, e precisamente, de não permitir a restrição desses direitos pela intromissão pública.

[735] R. ALEXY, *Rechtssystem und praktische Vernunft*, 213.

[736] E.-W. BÖCKENFÖRDE, *Grundrechte als Grundsatznormen. Zur gegenwärtigen Lage der Grundrechtsdogmatik*, 183.

[737] As exigências decorrentes de *reserva de lei* em sede de restrição de direitos fundamentais não têm sido levadas ao extremo de considerar que a mesma exija uma total determinação normativa (= *reserva total de lei*), podendo antes, na sequência da teoria desenvolvida pelo BVerfG (cfr. H. H. VON ARNIM, *Zur "Wesentlichkeitstheorie" der Bundesverfassungsgerichts. Einige Anmerkungen zum Parlamentsvorbehalt*, esp. 1247 e ss.) ficar-se pela determinação do que seja considerado *essencial* (sobre isto, entre outros, na doutrina portuguesa, R. E. SOARES, *Princípio da legalidade e administração constitutiva*, 181-2; J. M. SÉRVULO CORREIA, *Legalidade e autonomia nos contratos administrativos*, 336 e ss.; J. C. VIEIRA DE ANDRADE, *Os direitos fundamentais na Constituição portuguesa de 1976*, 302, exigindo, a propósito da reserva de lei, "um certo grau de *determinação* do seu *conteúdo*, pelo menos no *essencial*"; M. G. DIAS GARCIA, *Da justiça administrativa em Portugal*, 644; precisamente a propósito da actuação administrativa com efeitos para terceiros, na doutrina alemã, A. ROTH, *Verwaltungshandeln mit Drittbetroffenheit und Gesetzesvorbehalt*, 118 e ss.). A esta consideração, acrescem duas outras. Em primeiro lugar, sempre que dois direitos fundamentais entrem em colisão, será necessário obter uma resolução da mesma: seja quando o legislador não obtém, na Constituição, a autorização especial de restrição de um direito fundamental, seja quando os aplicadores do direito – Administração e Juiz – são colocados perante a necessidade de resolver um conflito sem encontrarem apoio, total ou parcial, numa prévia determinação legal. Em segundo lugar, a defesa de uma concepção ampliativa da previsão de normas de direitos fundamentais (*supra*, III A), 2.), ao estender ao máximo o âmbito do direito e, logo, ao aumentar consideravelmente os casos de colisão de direitos fundamentais (quer, num extremo, porque afasta concepções como a dos limites imanentes, quer, noutro extremo, porque reconduz ao âmbito *prima facie* do direito fundamental uma panóplia de direitos ou faculdades que não teriam uma dimensão constitucional), implica um reequacionamento das exigências, já antes limitadas, da reserva de lei. Em coerência com a concepção ampliativa da previsão dos direitos fundamentais, deve ser igualmente amplo o conceito de restrição de direitos fundamentais. Apesar de não podermos sufragar a distinção propugnada por J. C. VIEIRA DE ANDRADE, *Os direitos fundamentais na Constituição portuguesa de*

As considerações antecedentes relevam, portanto, não só para encontrar o sentido da unidade do ordenamento jurídico, decorrente do sistema de direitos fundamentais, como para encontrar os critérios constitucionais, *maxime* os aplicáveis à resolução de colisões de direitos fundamentais. Este último aspecto assume uma especial importância, na medida em que, conforme veremos já de seguida, o próprio juízo de *ilicitude* deve ser perspectivado como o resultado de uma colisão de direitos.

3. Ilegalidade, ilicitude e responsabilidade civil dos indivíduos e da Administração Pública

3.1. *Princípios de responsabilidade dos indivíduos e da Administração Pública*

121. As questões colocadas pelo efeito conformador de relações jurídicas entre privados não se limitam à conjugação do direito administrativo com as normas de direito privado sobre relações de vizinhança. Necessário se tornará igualmente apreciar a hipótese de verificação de uma situação de responsabilidade civil por actos *ilícitos* e *culposos*, do particular autorizado ou da Administração. Por entre as várias normas convocadas, perpassa o problema de determinação do conceito de *ilicitude*, seja como eventual pressuposto da acção negatória, seja como pressuposto da obrigação de indemnização.

Preocupar-nos-emos, de seguida, em estabelecer os pressupostos constitucionalmente adequados para a compreensão dos mencionados problemas, começando precisamente pela determinação dos princípios de responsabilidade dos indivíduos e da Administração Pública que se podem extrair da Constituição.

122. Há muito que não suscita qualquer dúvida a admissão de um princípio de responsabilidade do indivíduo pelos seus próprios actos[738]. É por

---

1976, 263 e ss., não afastamos o resultado de, em determinados casos, não se dever esperar do legislador mais do que uma "harmonização" de direitos através da utilização de conceitos "flexíveis" (288).

[738] Entre outros, sobre a evolução do instituto da responsabilidade civil, em superação da primitiva concepção de *vindicta* privada, onde se misturavam considerações que hoje pertencem

O ACTO ADMINISTRATIVO CONFORMADOR DE RELAÇÕES DE VIZINHANÇA

ser livre que o ser humano tem a possibilidade de cometer ilícitos e, como tal, por esses actos pode ser responsabilizado[739]. A ideia de responsabilidade do indivíduo é assim compreensível como reverso de um princípio de liberdade do mesmo, inerente à ideia fundamental de dignidade da pessoa, e que postula a necessidade de reprovação ético-jurídica (culpabilidade) pela contrariedade ao direito[740]. Em suma, o *princípio da responsabilidade do*

ao direito penal e em que a reparação do dano baseava-se numa pura "causalidade material", desconhecendo o instituto da culpa, A. MENEZES CORDEIRO, *Tratado de direito civil português*, I (t.I), 210 e ss.; M. ALMEIDA COSTA, *Direito das Obrigações*, 480 e ss..

[739] A. MENEZES CORDEIRO, *Tratado de direito civil português*, I (t.I), 210, considerando que "a responsabilidade patrimonial constitui uma projecção da ideia básica do reconhecimento da personalidade humana"; M. ALMEIDA COSTA, *Direito das Obrigações*, 484, afirmando que "a noção de responsabilidade constitui um corolário do princípio de que o homem, sendo livre, deve responder pelos seus actos"; L. CARVALHO FERNANDES, *Teoria geral do direito civil*, I, 85, sobre a autonomia privada enquanto expressão do mais amplo princípio da liberdade, e 88, relacionando liberdade e responsabilidade: "o *ser livre* implica o *responder* pelos seus actos"; L. MENEZES LEITÃO, *Direito das Obrigações*, I, 47 e ss., sobre o princípio do ressarcimento dos danos, onde se inclui a imputação por culpa (49); H. E. HÖRSTER, *A parte geral do Código Civil português*, 70 e ss.. Para a distinção entre autonomia privada e autonomia pública, J. M. SÉRVULO CORREIA, *Legalidade e autonomia contratual nos contratos administrativos*, 465-467 e 486 e ss., adiantando como fundamentos da autonomia pública, entre outros, o princípio da separação dos poderes e a vinculação negativa e positiva ao princípio da legalidade, aí incluindo a "conformação teleológica" da actividade administrativa (490). Se, ao abrigo da autonomia privada, os sujeitos têm que actuar de forma *não ilícita*, a actuação própria da autonomia pública é *positivamente* heterodeterminada pela *legalidade*.

[740] Entre outros, P. PAIS DE VASCONCELOS, *Teoria geral do direito civil*, I, 17 e ss., associando a ideia de liberdade à concepção do personalismo ético, e 22, considerando que "a *liberdade* sem responsabilidade constitui arbítrio, e o arbítrio é incompatível com a *dignidade*. A *responsabilidade* sem liberdade constitui sujeição ou servidão, o que também é incompatível com a dignidade. A liberdade ou autonomia é, pois, inseparável da responsabilidade ou da imputabilidade" (itálicos nossos); M. CARNEIRO DA FRADA, *Contrato e deveres de protecção*, 35 e ss.; M. ALMEIDA COSTA, *Direito das Obrigações*, 484, referindo que, na perspectiva clássica do binómio liberdade / responsabilidade, a condição essencial da responsabilidade civil reside na *culpa*; H. E. HÖRSTER, *A parte geral do Código Civil português*, 72, evidenciando o fundamento ético da responsabilidade pela valia do princípio da culpa. Ainda que no âmbito do direito penal, também as considerações de T. SERRA, *Problemática do erro sobre a ilicitude*, 40 e ss., referindo que, enquanto na ilicitude está em causa uma ideia de violação de um *dever*, na culpa releva a ideia de *poder*: o sujeito é dotado de liberdade para optar entre a observação ou o cumprimento do direito pelo que, tendo podido respeitar o direito e não o tendo feito, seria alvo de uma censura através do juízo de culpabilidade; igualmente, J. FIGUEIREDO DIAS, *Liberdade, culpa, direito penal*, 21 e ss..

Como é consabido, ao lado desta concepção tradicional da responsabilidade civil subjectiva, têm surgido outras modalidades de responsabilidade, como a responsabilidade pelo risco

O EFEITO CONFORMADOR DO ACTO AUTORIZATIVO NAS RELAÇÕES DE VIZINHANÇA

indivíduo pelos seus actos, ilícitos e culposos, tem a natureza de princípio constitucional.

Já no que respeita à Administração, a irresponsabilidade do poder público foi uma herança do Estado Absoluto que só encontrou total repúdio no século XX[741]. Na longa procura do fundamento para a responsabilidade do

em determinadas actividades, de que é exemplo paradigmático a responsabilidade por acidentes de trabalho. Sobre esta questão, A. MENEZES CORDEIRO, *Manual de Direito do Trabalho*, 55 e ss.; P. ROMANO MARTINEZ, *Acidentes de trabalho*, 9 e ss.. Sobre os vários princípios de imputação, K. LARENZ, *Die Prinzipien der Schadenszurechnung*, 373 e ss..

[741] M. L. PINTO CORREIA, *Responsabilidade do Estado e dever de indemnizar do legislador*, 56, considerando que a conquista do princípio da responsabilidade do Estado foi um dos maiores progressos da juspublicística do século XX. Movendo-se nos quadros (civilísticos) da responsabilidade civil – um universo em que imperavam os conceitos de *indivíduo*, *vontade* e *culpa*, só existindo responsabilidade do *indivíduo* pelos *seus* actos *ilícitos* e *culposos* – a doutrina oitocentista enfrentava essencialmente dois problemas para afastar a irresponsabilidade do poder público. Um deles consistia no entendimento de que a noção de *soberania* era por natureza incompatível com a responsabilização. O outro, que não era exclusivo da Administração, prendia-se com o facto de esta ser uma *pessoa colectiva*, conceito alvo de grandes incertezas no século XIX (e, adiante-se, sem grandes certezas no século XX: "tendo sido considerado «o problema do século XIX», conseguiu atravessar, sem solução, todo o século XX" – A. MENEZES CORDEIRO, *Da responsabilidade civil dos administradores das sociedades comerciais*, 309). Paradigmaticamente, em 1842, D. LARA D'ANDRADE, *Da responsabilidade e das garantias dos agentes do poder em geral*, 25, deixava claro que iria apenas abordar o problema da responsabilidade dos "agentes dos Podêres" e não dos próprios poderes, pois "segundo a Constituição não há senão a Pessoa do Rei, que seja *inviolável e sagrada*" e porque, se pretendesse abordar a responsabilidade dos "Podêres collectivamente (...) seria occuparmo-nos de *Entes moraes*" (itálicos nossos). *Vide* igualmente J. J. LOPES PRAÇA, *Direito constitucional português*, III, 262, em cuja interpretação do artigo 72.º da Constituição de 1842 transparecia a ligação ao absolutismo. Identificando os dois problemas, L. CUNHA GONÇALVES, *A responsabilidade da administração pública pelos actos dos seus agentes*, 20-21; G. MOREIRA, *Estudo sobre a responsabilidade civil*, 130 e ss.; M. L. PINTO CORREIA, *Responsabilidade do Estado e dever de indemnizar do legislador*, 56 e ss.; E. GARCIA DE ENTERRIA, *Los principios de la nueva ley de Expropriación forzosa*, 148 e ss.. Sobre a irresponsabilidade do poder soberano, celebrizada pela expressão *"The King can do no wrong"*, M. NOBRE DE MELO, *Teoria geral da responsabilidade do Estado*, 21 e ss. (22); M. AFONSO VAZ, *A responsabilidade civil do Estado – considerações breves sobre o seu estatuto constitucional*, 5 e ss.; J. J. GOMES CANOTILHO, *O problema da responsabilidade do Estado por actos lícitos*, 29 e ss., com referências ao direito romano; M. G. DIAS GARCIA, *A responsabilidade civil do Estado e demais pessoas colectivas públicas*, 9 e ss.; D. FREITAS DO AMARAL, *A responsabilidade da administração no direito português*, 10 e ss.; D. FREITAS DO AMARAL / P. OTERO, *O valor jurídico-político da referenda ministerial*, 12; M. L. PINTO CORREIA, *Responsabilidade do Estado e dever de indemnizar do legislador*, 59; P. OTERO, *Responsabilidade civil pessoal dos titulares de órgãos, funcionários e agentes da administração do Estado*, 490; J. A. DIMAS DE LACERDA, *Responsabilidade civil extracontratual do Estado (alguns aspectos)*, 45 e ss.;

Estado, foram adiantados dois princípios: o da sujeição do Estado ao Direito e o da igualdade perante os encargos públicos[742]. Por um lado, se a irresponsabilidade do poder quadrava bem com o Estado Absoluto, a sua manutenção no Estado de Direito constituía uma distorção aos seus princípios, em especial no que respeitava ao princípio da legalidade[743]. Por outro lado, para além da "descoberta" de que o Estado devia respeito ao direito, a doutrina, na contínua procura da fundamentação para a responsabilidade do Estado, formulou o princípio da igualdade perante os encargos públicos[744]. A actividade administrativa, se visava o interesse público e o bem de todos, impunha igualmente encargos à generalidade dos cidadãos. A imposição de um prejuízo especial ao património de um cidadão implicava uma desigualdade na distribuição dos encargos. A igualdade seria reposta através do pagamento de uma indemnização que seria suportada pela Administração, repartindo-se assim o prejuízo, através dos impostos, por todos os cidadãos beneficiados pela actividade administrativa.

123. À conquista da admissão no direito ordinário sobreveio a consagração constitucional da responsabilidade do poder público no artigo 22.º da Constituição de 1976, preceito que coloca inúmeras dificuldades interpretativas[745/746].

L. G. Catarino, *A responsabilidade do Estado pela administração da justiça*, 33 e ss.; Garcia de Enterria, *Los principios de la nueva ley de Expropriación forzosa*, 148, referindo que "responsabilidade e soberania eram termos rigorosamente antitéticos"; F. Garrido Falla, *La constitucionalización de la responsabilidad patrimonial del Estado*, 7. O paralelo continental da formulação anglo-saxónica era a doutrina do *ius eminens*.

[742] Cfr. as várias teorias apresentadas por M. Nobre de Melo, *Teoria geral da responsabilidade do Estado*, 55 e ss..

[743] As vinculações do Estado seriam "cousa bem misera sem a rigorosa sancção de multiplas responsabilidades" e "se o fim do Estado é a tutela do direito, é mais uma razão para elle responder pelos actos dos seus agentes" – L. Cunha Gonçalves, *A responsabilidade da administração pública pelos actos dos seus agentes*, 19 e 34 e ss.. Se se admitia já que os actos administrativos desconformes ao direito seriam ilegais e inválidos, igualmente deveriam gerar a responsabilidade – J. J. Gomes Canotilho, *O problema da responsabilidade do Estado por actos lícitos*, 45 e ss..

[744] Sobre o princípio da igualdade perante os encargos públicos, L. Cunha Gonçalves, *A responsabilidade da administração pública pelos actos dos seus agentes*, 62, 89 e ss.; M. Nobre de Melo, *Teoria geral da responsabilidade do Estado*, 77 e ss.; M. G. Dias Garcia, *A responsabilidade civil do Estado e demais pessoas colectivas públicas*, 13 e ss.; J. Guyénot, *La responsabilité des personnes morales publiques et privés*, 63 e ss..

[745] Sobre a evolução do direito português em matéria de responsabilidade civil da Administração pública, M. G. Dias Garcia, *A responsabilidade civil do Estado e demais pessoas colectivas*

Seja como for, a visão de um poder público irresponsável encontra-se hoje definitivamente afastada; afirmação corrente é, antes, a de que o princípio da responsabilidade constitui, ao lado do princípio da legalidade e da judicialidade, "um dos *princípios estruturantes do Estado de Direito democrático*"[747]. Se se considera que a Administração se encontra vinculada ao direito, em todas as suas actuações, então a contrariedade ao direito

públicas, 17 e ss.; M. J. RANGEL DE MESQUITA, *Da responsabilidade civil extracontratual da Administração no ordenamento jurídico-constitucional vigente*, 55 e ss.; J. A. DIMAS DE LACERDA, *Responsabilidade civil extracontratual do Estado (alguns aspectos)*, 45 e ss.; J. L. MOREIRA DA SILVA, *Da responsabilidade civil da Administração Pública por actos ilícitos*, 141 e ss.. A versão inicial do Código de Seabra, de 1867, não admitia a responsabilidade do Estado. Responsáveis seriam apenas os funcionários quando, "no desempenho das obrigações que lhe são impostas por lei, (...) excederem ou não cumprirem, de algum modo, as disposições da mesma lei" (artigo 2399.º). Se excedessem as suas atribuições legais, responderiam como qualquer outro cidadão (artigo 2400.º). Entendia-se, no entanto, que a regra valia apenas, salvo excepções, para os actos de gestão pública, sendo o estado responsabilizado como qualquer cidadão pelos actos de gestão privada. Foi só em 1930 que, através da revisão do Código de Seabra, o Estado passou a ser responsabilizado pelos seus actos de gestão pública. Mantendo-se a redacção do artigo 2399.º sobre responsabilidade dos funcionários, acrescentou-se-lhe uma parte final que consagrava a responsabilidade *solidária* das "entidades de que forem serventuários". A esta reforma, seguiram-se os artigos 366.º e 367.º do Código Administrativo de 1936-40 e, mais tarde, o Código Civil vigente e o D.L. 48051, de 21 de Novembro de 1967. A Constituição de 1933 viria a consagrar o direito à reparação da lesão (artigo 8.º. n.º 7) mas colocou este direito na dependência da lei. M. G. DIAS GARCIA, *A responsabilidade civil do Estado e demais pessoas colectivas públicas*, 18-20.

[746] J. MIRANDA, *Manual de direito constitucional*, IV (2.ª ed.), 259, considerando que o artigo 22.º é "um dos preceitos de mais difícil interpretação da Lei Fundamental". Especiais dificuldades coloca o entendimento do que seja a *solidariedade*: M. REBELO DE SOUSA, *Responsabilidade dos estabelecimentos públicos de saúde: culpa do agente ou culpa da organização?*, 161, considerando que a responsabilidade da Administração se encontra construída como "responsabilidade de 2.º grau" no artigo 22.º; A. DIAS GARCIA, *Da responsabilidade civil objectiva do Estado e demais pessoas colectivas públicas*, 191 e ss.; L. G. CATARINO, *A responsabilidade do Estado pela administração da justiça*, 163 e ss.; J. MIRANDA, *Manual de direito constitucional*, IV, 289 e ss.; M. L. PINTO CORREIA, *Responsabilidade do Estado e dever de indemnizar do legislador*, 450 e ss.; J. C. VIEIRA DE ANDRADE, *Panorama geral do direito da responsabilidade "civil" da administração pública em Portugal*, 44 e 53 e ss., referindo a tendência para se passar da responsabilidade indirecta à responsabilidade directa, entendida como uma evolução da responsabilidade da Administração, e os problemas que decorrem da consagração da solidariedade no preceito constitucional.

[747] Sendo "elemento do direito geral das pessoas à *reparação dos danos* causados por outrem" – GOMES CANOTILHO / V. MOREIRA, *Constituição da República Portuguesa anotada*, 168. Considerando que o princípio da responsabilidade é um dos princípios estruturantes do Estado de

não pode ficar sem consequências[748]. O princípio da responsabilidade é pois, o "reverso da medalha" dos princípios da legalidade e da judicialidade, apresentando-se em íntima conexão com a existência e garantia de direitos fundamentais[749]. A responsabilidade é uma consequência da protecção jurídica, ou da medida da protecção jurídica, dos direitos fundamentais, a cujo respeito se encontram indiscutivelmente vinculadas as entidades

Direito, M. Afonso Vaz, *A responsabilidade civil do Estado – considerações breves sobre o seu estatuto constitucional*, 9 e 17; J. Miranda, *Manual de direito constitucional*, IV, 198, 203 e 288 e ss.; D. Freitas do Amaral, *A responsabilidade da administração no direito português*, 9, considerando que o direito à indemnização é uma "peça essencial" do sistema de garantias do Estado de Direito; Fausto de Quadros, *Introdução*, 9, incluindo a responsabilidade no "triângulo" que exprime a essência do Estado de Direito, ao lado da liberdade e da autoridade; Barbosa de Melo, *Responsabilidade civil extra-contratual do Estado – não cobrança de derrama pelo Estado*, 36; J. A. Dimas de Lacerda, *Responsabilidade civil extracontratual do Estado (alguns aspectos)*, 44; M. J. Rangel de Mesquita, *Da responsabilidade civil extracontratual da Administração no ordenamento jurídico-constitucional vigente*, 109 e ss.; J. L. Moreira da Silva, *Da responsabilidade civil da Administração Pública por actos ilícitos*, 138; R. Medeiros, *Ensaio sobre a responsabilidade civil do Estado por actos legislativos*, 109.

[748] J. J. Gomes Canotilho, *O problema da responsabilidade do Estado por actos lícitos*, 13, considerando que a responsabilidade estadual é instrumento da legalidade, tendo igualmente uma função de realização da justiça em sentido material. Já antes afirmara M. Nobre de Melo, *Teoria geral da responsabilidade do Estado*, 60-61: "responsabilizar a administração pelos danos causados no exercício de actos *ilegais* não é milagre de subida monta. Semelhante conclusão impõe-se".

[749] Considerando que o artigo 22.º consagra um direito análogo aos direitos, liberdades e garantias, sendo como tal directamente aplicável, J. J. Gomes Canotilho, *Anotação (Ac. Supremo Tribunal Administrativo de 9 de Outubro de 1990)*, 86; J. Miranda, *Manual de direito constitucional*, IV, 289; Fausto de Quadros, *Introdução*, 29; M. J. Rangel de Mesquita, *Da responsabilidade civil extracontratual da Administração no ordenamento jurídico-constitucional vigente*, 110 e ss.; L. G. Catarino, *A responsabilidade do Estado pela administração da justiça*, 171 e ss.; M. Afonso Vaz, *A responsabilidade civil do Estado – considerações breves sobre o seu estatuto constitucional*, 10 e ss.; R. Medeiros, *Ensaio sobre a responsabilidade civil do Estado por actos legislativos*, 121 e ss.. V. Moreira, *Constituição e direito administrativo (A "Constituição administrativa" portuguesa)*, 1147, refere o princípio geral de responsabilidade do artigo 22.º em sede de direitos fundamentais e princípios com estes relacionados com incidência administrativa; M. Rebelo de Sousa, *Responsabilidade dos estabelecimentos públicos de saúde: culpa do agente ou culpa da organização?*, 161. Defendendo que se trata, igualmente, de uma garantia institucional, J. J. Gomes Canotilho, *Anotação (Ac. Supremo Tribunal Administrativo de 9 de Outubro de 1990)*, 84; M. L. Pinto Correia, *Responsabilidade do Estado e dever de indemnizar do legislador*, 444. Já J. L. Moreira da Silva, *Da responsabilidade civil da Administração Pública por actos ilícitos*, 159, considera que no artigo 22.º não se encontra um direito análogo aos direitos, liberdades e garantias mas uma garantia desses direitos, que beneficia igualmente de aplicabilidade directa.

públicas. Mais do que a autoridade, avultam no direito administrativo as vinculações jurídico-públicas ao interesse público e ao respeito dos direitos dos administrados que, para serem efectivas, postulam a garantia efectiva, nomeadamente jurisdicional, do seu respeito. Em suma, *onde há vinculação jurídica, há responsabilidade.*

Porém, sem questionar a valia do binómio princípio da jurisdicidade/princípio da responsabilidade, há ainda que fazer uma última referência ao princípio da igualdade dos cidadãos perante os encargos públicos, o qual, na actualidade, parece apenas servir como fundamento da responsabilidade da Administração por actos *lícitos*[750].

Tal como no caso das entidades privadas, a responsabilidade da Administração por actos ilícitos é uma consequência da sua vinculação ao direito[751]. No entanto, a diminuição do património de um privado pela imposição de um dever de indemnizar, em consequência da sua actuação ilícita e culposa, encontra como fundamento último a ideia de *liberdade do ser humano*. Tal ideia de *liberdade*, inerente à dignidade humana, não pode ser transposta para as *pessoas colectivas* que compõem a Administração Pública. Nem sequer é o "património" da Administração que, em última análise, vem a sofrer a diminuição correspectiva do ressarcimento do lesado. Salvo os casos de possível e efectivo cumprimento integral do dever de regresso, são antes os patrimónios de todos os administrados, através do pagamento dos impostos, que sofrem tal diminuição. Por isso, o *fundamento* último da responsabilidade da Administração, mesmo por actos ilícitos, há de ser deduzido da própria ideia de interesse público e do princípio da igualdade dos cidadãos perante os encargos públicos: implicando a responsabilidade o ressarcimento à custa do erário público, o qual resulta dos impostos dos cidadãos, o fundamento último da responsabilidade encontra-se no princípio da igualdade perante os encargos públicos, que

---

[750] Neste sentido, D. Freitas do Amaral, *A responsabilidade da administração no direito português*, 38; A. Vaz Serra, *Responsabilidade civil do Estado e dos seus orgãos ou agentes*, 504; A. Dias Garcia, *Da responsabilidade civil objectiva do Estado e demais pessoas colectivas públicas*, 199.

[751] Como já explicava M. Nobre de Melo, existem duas questões diferentes a resolver no que respeita à responsabilidade do poder soberano. Uma é a de saber se o Estado, enquanto entidade soberana (e pessoa colectiva), *pode* ser responsabilizado. Outra consiste em saber se, podendo ser responsabilizado, qual a razão jurídica dessa responsabilidade. M. Nobre de Melo, *Teoria geral da responsabilidade do Estado*, 30. Dito de outra forma, é preciso saber se o Estado é capaz de actuação ilícita – *pressuposto* da responsabilidade – e se o Estado deve responder por essa actuação ilícita – *fundamento* da responsabilidade.

permite distribuir de forma igualitária os custos da actividade administrativa de prossecução do interesse público por todos os que dela beneficiam[752].

124. Tecidas estas reflexões, importa acrescentar uma última nota. Como decorre do que se disse atrás, quer a responsabilidade de um indivíduo pelos seus actos ilícitos e culposos, quer a responsabilidade das pessoas colectivas públicas da Administração constituem princípios constitucionais.

Tais princípios podem entrar em colisão, nomeadamente se, em determinada situação, tanto for possível descortinar a responsabilidade do indivíduo como a responsabilidade da própria Administração – questão que, havendo que estabelecer a relação entre a Administração autorizadora e o indivíduo autorizado, se afigura pertinente para determinar o sujeito responsável por uma actividade autorizada lesiva de direitos de terceiros. Quanto aos possíveis resultados desse conflito, adiante-se desde já que a própria Constituição consagra uma regra especial para os casos de responsabilidade dos indivíduos que sejam titulares de órgãos, funcionários ou agentes da Administração[753]: mesmo que os indivíduos em causa estejam integrados na estrutura organizatória da Administração, são susceptíveis de serem responsabilizados pelos seus actos ilícitos e culposos (artigo 22.º e artigo 271.º CRP). Assim, existe apenas uma responsabilidade solidária e

---

[752] A própria evolução histórica depõe a favor deste entendimento. Cfr. J. GUYÉNOT, *La responsabilité des personnes morales publiques et privés*, 63 e ss., sobre a formulação deste princípio como fundamento da responsabilidade pelos "acidentes" e *também* pela *deficiente* organização e funcionamento dos serviços públicos; M. NOBRE DE MELO, *Teoria geral da responsabilidade do Estado*, 58, referindo a posição de TEISSIER, que adiantara o princípio da igualdade perante os encargos públicos como fundamento da responsabilidade, *limitando* porém o seu funcionamento aos casos de *actos ilegais*, e 61 e ss., criticando esta restrição e procurando que o princípio da igualdade dos encargos públicos fundamentasse *também* a responsabilidade por actuações lícitas. Este princípio era, para o Autor, o fundamento único de todos os casos de responsabilidade do Estado (77 e ss., 79). Mais recentemente, BARBOSA DE MELO, *Responsabilidade civil extra-contratual do Estado – não cobrança de derrama pelo Estado*, 36, aponta o princípio como fundamento do ressarcimento de danos causados "fortuita ou *culposamente*" (itálicos nossos).

[753] A necessidade de conciliação entre ambos os princípios deixa-se facilmente apreender: se apenas fosse responsável o funcionário, para além dos problemas de injustiça quanto ao possível não ressarcimento do lesado ou à imposição de uma indemnização pelos custos da actividade administrativa a um indivíduo, seria o próprio Estado de Direito que estaria em causa; se apenas fosse responsável a entidade pública, questionar-se-ia se, pelos actos ilícitos e culposos de um funcionário, deveriam pagar todos os contribuintes.

não uma qualquer responsabilidade exclusiva da Administração que se sobreponha, ou consuma, a responsabilidade do indivíduo[754].

3.2. *Alguns problemas em torno do conceito de ilicitude*

125. Tem sido, sobretudo, a propósito da responsabilidade civil que tem sido discutido o conceito de ilicitude[755]. Por entre os inúmeros problemas colocados pelo instituto da responsabilidade civil, onde avulta a controversa bipartição entre responsabilidade "extracontratual" e "contratual"[756],

[754] A referência à solidariedade no texto constitucional levanta inúmeros problemas, questionando-se nomeadamente se tal referência impede a (garantia constitucional da) responsabilidade da Administração quando não seja possível apurar a existência de um acto ilícito e culposo do indivíduo (como sucede na chamada *falta do serviço*). Contudo, o problema que colocámos foi antes um problema inverso: o de saber se, existindo um acto ilícito e culposo de um indivíduo·que se encontra integrado na estrutura organizatória da Administração, optou ou não a Constituição por admitir também a sua responsabilidade.

[755] Em geral, a responsabilidade civil encontra-se hoje no cerne de inúmeras discussões no direito privado, sobressaindo a dificuldade do tema. Entre outros, M. Almeida Costa, *Direito das Obrigações*, 482 e ss., referindo, por exemplo, a tendência para a desconsideração do dano e a descoberta de uma função punitiva da responsabilidade civil.

[756] Se, para a responsabilidade extracontratual, prevalece a ideia de liberdade, limitada pelo vago dever geral de respeito, na responsabilidade contratual relevam o(s) dever(es) de cumprimento do contrato – contrato este que, enquanto fenómeno de realização da liberdade do sujeito, *maxime* da sua autonomia privada contratual, não suscitará controvérsia enquanto fonte de ilicitude da actuação dos indivíduos por contraposição à regra geral de liberdade (pois que foi o indivíduo que, livremente, optou pela vinculação ao contrato). Sobre as ideias de "autodeterminação e autoresponsabilização" e sobre a bipolarização tradicional da responsabilidade civil entre contrato e delito, entre outros, D. Moura Vicente, *Da responsabilidade pré-contratual em direito internacional privado*, 107 e ss.; M. Carneiro da Frada, *Contrato e deveres de protecção*, 13 e ss.. Esta bipolarização da responsabilidade civil, que levada ao limite poderia apenas resultar na admissão de duas fontes de ilicitude (o dever geral de respeito e o dever (principal) de cumprimento do contrato) é alvo de controvérsia no direito privado. Surgem, assim, a defesa de uma *unificação* do instituto da responsabilidade civil subjectiva (*vide* as extensas referências de D. Moura Vicente, *Da responsabilidade pré-contratual em direito internacional privado*, 108 e ss.) ou a descoberta de uma "terceira via" da responsabilidade civil (C.-W. Canaris, *Schutzgesetze – Verkehrspflichten – Schutzpflichten*, 84 e ss. ("*dritte Spur*"); M. Carneiro da Frada, *Uma "terceira via" no direito da responsabilidade civil?*, 17 e ss., aludindo a uma "forma de responsabilidade intermédia, não tipicamente contratual nem delitual"; M. Carneiro da Frada, *Contrato e deveres de protecção*, 92 e ss.; L. Menezes Leitão, *Direito das Obrigações*, I, 331 e ss.; L. Menezes Leitão,

O ACTO ADMINISTRATIVO CONFORMADOR DE RELAÇÕES DE VIZINHANÇA

procuremos realçar as questões que mais interesse apresentam para o problema do efeito conformador de relações jurídicas entre particulares: i) em geral, a dependência da concepção adoptada quanto aos pressupostos da responsabilidade civil; ii) a distinção entre ilicitude e culpa; iii) a função da ilicitude na determinação dos danos ressarcíveis; iv) a discussão em torno da concepção de ilicitude como desvalor da acção ou como desvalor do resultado e, em geral, a relevância das causas justificativas do ilícito teorizadas no direito privado; v) os problemas de relacionamento entre o conceito adoptado de ilicitude em sede de responsabilidade civil e a sua utilização no domínio das relações de vizinhança, em especial nas acções negatórias. Vejamos estas questões, tal como são colocadas no direito privado.

126. A controvérsia em torno da noção de ilicitude manifesta-se logo em sede de construção dos pressupostos da responsabilidade civil, a qual recebe variadas configurações[757].

A responsabilidade do gestor perante o dono do negócio no direito civil português, 333 e ss. e 357-9). Fenómenos relacionados com a problemática da bipolarização extrema entre contrato e delito são, entre outros, a descoberta e a teorização da *culpa in contrahendo* – A. Menezes Cordeiro, *Da boa fé no direito civil*, 527 e ss.; D. Moura Vicente, *Da responsabilidade pré-contratual em direito internacional privado*, 241 e ss.; L. Menezes Leitão, *Direito das Obrigações*, I, 333 e ss.; a descoberta de *deveres acessórios* do dever principal de cumprimento do contrato (deveres esses relacionados com os conceitos de "cumprimento defeituoso" e de "violação positiva" do contrato, embora o seu desenvolvimento tenha transcendido "em muito o da mera contratualidade" – A. Menezes Cordeiro, *Da boa fé no direito civil*, 586 e ss. (615); M. Carneiro da Frada, *Contrato e deveres de protecção*, 28 e ss.); e a teorização dos deveres de protecção da integridade no contrato, mesmo para com terceiros – K. Larenz, *Lehrbuch des Schuldrechts*, 185 e ss. (*Vertrag mit Schutzwirkung für Dritte*); A. Menezes Cordeiro, *Da boa fé no direito civil*, 619 e ss.; M. Carneiro da Frada, *Contrato e deveres de protecção*, 92 e ss. e 143 e ss.; L. Menezes Leitão, *Direito das Obrigações*, I, 340). Para além destes fenómenos, é preciso ainda atender à ilicitude derivada da violação de normas de protecção (art. 483.º, n.º 1, 2ª parte CC), bem como à teorização dos deveres de segurança no tráfego, aos quais dedicaremos mais atenção no texto principal. Seja como for, aspecto sempre problemático em todas estas dimensões evolutivas é a de encontrar o fundamento (para lá da mera contratualidade e em confronto com a ideia de liberdade do sujeito) das diversas fontes de deveres e, concomitantemente, de diversos juízos de ilicitude. *Vide*, por exemplo, os vários fundamentos dogmáticos dos deveres de protecção indicados por M. Carneiro da Frada, *Contrato e deveres de protecção*, 223 e ss..

[757] Apenas na doutrina portuguesa, são várias as construções dos pressupostos da responsabilidade civil. Assim, por exemplo, para J. M. Antunes Varela, *Das obrigações em geral*, I, 532 e ss., são cinco os pressupostos da responsabilidade civil: o facto *voluntário* do lesante, o

O que se venha a atender exactamente por *ilicitude* depende do lugar que lhe for destinado em sede de pressupostos da responsabilidade civil. Se adoptada uma perspectiva oriunda da construção francesa da *faute*, os juízos sobre a desconformidade da conduta ao direito e sobre a reprovação dessa desconformidade encontram-se unificados[758]. Pelo contrário, na construção germânica de von Jhering, que influenciou o artigo 483.º do Código Civil português[759], assiste-se à separação entre a *ilicitude* e a *culpa*[760].

ilícito, resultante da violação de direitos subjectivos ou de disposições legais, o *nexo de imputação*, que consiste no dolo ou mera culpa, o *dano* e o *nexo de causalidade* entre o facto e o dano. Adoptando igualmente estes cinco pressupostos, L. Menezes Leitão, *Direito das Obrigações*, I, 271 e ss.; M. Almeida Costa, *Direito das Obrigações*, 510 e ss.. A. Menezes Cordeiro, *Direito das Obrigações*, II, 281 e ss., enuncia dois pressupostos da responsabilidade civil: o *dano* e a *imputação*. Na responsabilidade delitual, o dano em sentido jurídico corresponde à *ilicitude objectiva* (284) e a imputação resulta do facto *voluntário subjectivamente ilícito* (301). Mais recentemente, A. Menezes Cordeiro, *Tratado de direito civil português*, I (t.I), 273, reafirma que a obrigação de indemnizar, segundo a sua fonte, resulta de um *dano* e de uma *imputação*, concretizando posteriormente que a responsabilidade por factos ilícitos depende da apreciação da ilicitude (provocação do dano em contrariedade a normas jurídicas) e da culpabilidade (censura pelo não respeito, doloso ou negligente, das normas jurídicas), devendo ainda a acção danosa ter sido desencadeada pelo sujeito e o dano "ocorrer numa confluência meios-fins do agente" (275). Especialmente interessante é a construção de F. Pessoa Jorge, *Ensaio sobre os pressupostos da responsabilidade civil*, em esp. 55 e ss., que identifica o *acto ilícito*, onde se inclui o nexo de imputação, e o *prejuízo reparável*, que abrange o nexo de causalidade. No que respeita ao acto ilícito, o Autor, defendendo a sua unidade, admite a cisão, para efeitos de análise, em *ilicitude objectiva* e *ilicitude subjectiva* (65 e ss., 69). A ilicitude objectiva atende apenas ao aspecto exterior da conduta, à sua desconformidade ao direito, consistindo na *"omissão do comportamento devido"*, seja por abstenção ou por acção positiva contrária ao direito (63 e 69). Já a ilicitude subjectiva resulta da imputação da falta de cumprimento à *vontade* do agente, permitindo um juízo de reprovação dirigido ao interior do agente (*culpabilidade*) (64 e 69). Quanto aos prejuízos reparáveis, o facto de serem *causados* pelo acto ilícito constitui um dos seus requisitos (388).

[758] G. Wagner, *Öffentlich-rechtliche Genehmigung und zivilrechtliche Rechtswidrigkeit*, 53; L. Menezes Leitão, *Direito das Obrigações*, I, 273-4. Contudo, K. Larenz, *Metodologia da ciência do direito*, 588 e ss., apesar de entender a ilicitude como desconformidade externa com o direito, considera que se trata apenas de um juízo provisório de desvalor da conduta, pois será ainda necessário apreciar a atitude interna do agente, isto é, a culpa.

[759] Cfr. as redacções do § 823 BGB e do artigo 483.º CC. Sobre a influência de von Jhering na construção dos pressupostos da responsabilidade, entre outros, G. Wagner, *Öffentlich-rechtliche Genehmigung und zivilrechtliche Rechtswidrigkeit*, 52 e ss.. A descoberta de von Jhering resultou da comparação entre a violação do direito de propriedade por parte de um possuidor "honesto" e por parte de um ladrão. Enquanto no primeiro caso existia meramente uma contrariedade objectiva ao direito (*"bloß objektive Unrecht"*), no segundo,

127. Se, por um lado, de entre a diversidade de construções dos pressupostos da responsabilidade civil, o juízo de ilicitude for distinguido do juízo de culpabilidade, devem, por outro lado, ser entendidos em conjunto os problemas da *ilicitude* e da determinação dos *danos ressarcíveis*. Como refere SINDE MONTEIRO, a ilicitude cumpre uma função de *"filtragem"* dos danos que originam o dever de indemnização, necessária perante a *extensão dos bens patrimoniais e pessoais* e a *impossibilidade e a inconveniência de ressarcir todos os prejuízos*[761]. Esta afirmação, com a ênfase que lhe foi dada, sintetiza os problemas da perspectiva civilística em torno das ideias de *liberdade* e de *responsabilidade* e indicia os problemas relativos à *estrutura do ilícito*.

para além da desconformidade objectiva, existia ainda uma desconformidade subjectiva (*"subjektive Unrecht"*). À desconformidade objectiva veio a chamar-se ilicitude (*Rechtswidrigkeit*) e à censura subjectiva veio a chamar-se culpa (*Schuld*). Considerando que a construção de VON JHERING foi formalmente recebida no direito português, A. MENEZES CORDEIRO, *Tutela do ambiente e direito civil*, 389. Quanto à discussão sobre a influência germânica ou francesa no nosso artigo 483.º, J. F. SINDE MONTEIRO, *Responsabilidade por conselhos, recomendações ou informações*, em esp. 183 e ss., demonstrando, com argumentos que sufragamos, o paralelismo entre a norma germânica e a norma nacional; ainda L. MENEZES LEITÃO, *Direito das Obrigações*, I, 274.

[760] O aspecto da desconformidade exterior da conduta com o direito tanto surge como ilicitude objectiva, contrapondo-se à ilicitude subjectiva que corresponde à culpa (F. PESSOA JORGE, *Ensaio sobre os pressupostos da responsabilidade civil*, 65 e ss. e, anteriormente, MENEZES CORDEIRO, *Direito das Obrigações*, II, 284 e 301) como surge, simplesmente, denominado por ilicitude (J. M. ANTUNES VARELA, *Das obrigações em geral*, I, 532 e ss.; recentemente, A. MENEZES CORDEIRO, *Tratado de direito civil português*, I (t.I), 275). Já a culpa vem entendida como o juízo de censurabilidade do agente pela omissão do comportamento devido (ilícito ou ilícito objectivo), que justifica a imposição do dever de indemnizar. Na doutrina dos pressupostos da responsabilidade civil, surge referido como nexo de imputação (J. M. ANTUNES VARELA, *Das obrigações em geral*, I, 532 e ss., que autonomiza o facto voluntário) ou ilicitude subjectiva (F. PESSOA JORGE, *Ensaio sobre os pressupostos da responsabilidade civil*, 64 e 69, que integra a apreciação da voluntariedade da conduta no juízo de ilicitude subjectiva). Para além do problema de separação ou junção da ilicitude e da culpa, a própria questão da causalidade, ou do nexo juridicamente relevante entre o facto lesivo e o sujeito, é igualmente influenciada pelos dois outros conceitos – assim, W. ROTHER, *Die Begriffe Kausalität, Rechtswidrigkeit und Verschulden in ihrer Beziehung zueinander*, 537 e ss.; K. LARENZ, *Die Prinzipien der Schadenszurechnung*, 373 e ss., abordando os problemas na perspectiva dos princípios de imputação.

[761] Abordando o problema da delimitação dos danos ressarcíveis a propósito da ilicitude, J. F. SINDE MONTEIRO, *Responsabilidade por conselhos, recomendações ou informações*, 175 e ss.. *Vide* igualmente M. CARNEIRO DA FRADA, *Contrato e deveres de protecção*, 130-131. Considerando o problema da delimitação do dano indemnizável como o problema central da responsabilidade civil, D. MOURA VICENTE, *Da responsabilidade pré-contratual em direito internacional privado*, 119.

Fazendo justiça ao seu nascimento e ao seu desenvolvimento no seio do direito privado, o instituto da responsabilidade civil comunga, como já vimos, da problemática deste ramo de direito em torno das ideias fundamentais de *liberdade* do *indivíduo* e de tutela dos seus *direitos subjectivos*, sintetizáveis na ideia de que o sujeito pode actuar livremente, fazendo tudo o que lhe aprouver, desde que não viole os direitos de outrem.

Sobrevalorizando, ainda que implicitamente, a liberdade do indivíduo, o ponto de partida privatístico reside na consideração de que, inerente à existência de direitos subjectivos, se encontra o risco de prejuízo do bem que constitui o objecto do direito[762]. A regra geral de distribuição dos riscos é a de que é o titular do direito, enquanto seu beneficiário, que deve suportar o prejuízo – *casum sensit dominus*[763]. O instituto da responsabilidade civil constitui um desvio a essa regra geral de distribuição de riscos pois determina que, em determinados casos, esse prejuízo seja suportado por outro sujeito que não o titular do direito, visando então a indemnização repor o património do lesado no estado em que se encontrava antes da lesão[764]. Emerge, assim, um outro princípio, oposto ao princípio *casum sensit dominus*: o da responsabilização pelos prejuízos provocados

---

[762] F. PESSOA JORGE, *Ensaio sobre os pressupostos da responsabilidade civil*, 33 e ss., afirmando que, "neste mundo de coisas perecíveis", a probabilidade ou a certeza de prejuízos, pela destruição, danificação ou afectação da utilidade de bens, é um "aspecto essencial de todos os direitos". O prejuízo, neste sentido, não é sinónimo de dano ressarcível tal como a referência a risco não corresponde à situação de responsabilidade pelo risco. O "risco" pode, na responsabilidade civil, ser referido à possibilidade geral de ocorrência de prejuízos, servir como critério de determinação do comportamento devido, de distribuição do ónus da prova ou fundar a responsabilidade pelo risco propriamente dita, a qual resulta de uma actuação lícita mas perigosa.

[763] Sobre o princípio *casum sensit dominus*, A. MENEZES CORDEIRO, *Tratado de direito civil português*, I (t.I), 271-2; A. MENEZES CORDEIRO, *Da responsabilidade civil dos administradores das sociedades comerciais*, 483; L. MENEZES LEITÃO, *Direito das Obrigações*, I, 48; M. CARNEIRO DA FRADA, *Contrato e deveres de protecção*, 120.

[764] Sobre outro sujeito, que não o inicialmente prejudicado, recai o dever de indemnizar como consequência da imputação do dano a uma esfera jurídica diferente daquela em que ocorre. F. PESSOA JORGE, *Ensaio sobre os pressupostos da responsabilidade civil*, 33; J. F. SINDE MONTEIRO, *Responsabilidade por conselhos, recomendações ou informações*, 175; M. CARNEIRO DA FRADA, *Contrato e deveres de protecção*, 119; M. CARNEIRO DA FRADA, *Uma "terceira via" no direito da responsabilidade civil*, 15 e ss.. Como este último Autor explica, "a responsabilidade civil é um instituto jurídico que comunga da tarefa primordial do Direito que consiste na *ordenação e distribuição dos riscos e contingências* (...) distribuindo os danos que atingem a esfera jurídica dos sujeitos, de forma adequada, através da *obrigação de indemnizar*" (15).

O ACTO ADMINISTRATIVO CONFORMADOR DE RELAÇÕES DE VIZINHANÇA

a outros sujeitos. Porém, perante a diversidade de riscos, o afastamento da regra *casum sensit dominus* não pode, naturalmente, ser feito de forma arbitrária, carecendo de um critério válido de imputação do dano e de imposição do dever de indemnizar a um sujeito diferente daquele que sofreu originariamente o prejuízo[765].

Tal função de determinação dos prejuízos ressarcíveis é antes de mais desempenhada, na responsabilidade subjectiva, pelo juízo de *ilicitude*, o qual, *ao menos* através de um juízo de desconformidade ao direito, selecciona os danos que não têm que ser suportados e/ou os comportamentos danosos pelos quais deve o sujeito ser responsabilizado. Em que casos, então, é que à regra geral de *liberdade* é contraposto um juízo de ilicitude?

128. Esta questão deixa-se facilmente apreender a partir da consideração das duas modalidades de ilicitude compreendidas, em sede de responsabilidade delitual, no artigo 483.º do Código Civil: por um lado, responsabilidade pela "violação de um direito subjectivo", por outro lado, responsabilidade pela violação de uma "disposição legal destinada a proteger interesses alheios"[766].

A primeira modalidade corresponde ao entendimento tradicional da regra geral de liberdade e do princípio *casum sensit dominus*: a liberdade encontra apenas um limite na violação de direitos subjectivos de outrem e as posições jurídicas de outrem apenas limitam a liberdade quando esteja em causa a violação de direitos subjectivos.

Releva, nesta sede, a distinção entre os danos resultantes da violação de direitos subjectivos e os chamados "danos patrimoniais puros", entendidos como danos ou prejuízos sofridos por um sujeito sem que tenha existido uma "prévia violação de um direito ou bem absolutamente protegido", cuja regra geral, na responsabilidade extra-contratual, é a da não ressarcibilidade[767]. Tal regra de não ressarcibilidade resulta, como explica CARNEIRO

---

[765] M. CARNEIRO DA FRADA, *Uma "terceira via" no direito da responsabilidade civil*, 15-16.

[766] Sobre esta disposição e as duas "modalidades de ilicitude" nela presentes, entre outros, F. PESSOA JORGE, *Ensaio sobre os pressupostos da responsabilidade civil*, em especial, 287 e ss.; A. MENEZES CORDEIRO, *Direito das Obrigações*, II, 343 e ss.; J. F. SINDE MONTEIRO, *Responsabilidade por conselhos, recomendações ou informações*, 177 e 182 e ss.; L. MENEZES LEITÃO, *Direito das Obrigações*, I, 276 e ss..

[767] J. F. SINDE MONTEIRO, *Responsabilidade por conselhos, recomendações ou informações*, 187 e ss.; M. CARNEIRO DA FRADA, *Contrato e deveres de protecção*, 174 e ss.; D. MOURA VICENTE, *Da responsabilidade pré-contratual em direito internacional privado*, 120 e ss.; C.-W. CANARIS, *Schutzgesetze –*

DA FRADA, de uma opção consciente a favor da liberdade do indivíduo e contra a protecção delitual geral do património[768]. Ressarcíveis em geral são, assim, apenas os danos que consistam na violação de direitos subjectivos absolutos, dotados de eficácia *erga omnes*: *maxime* o direito de propriedade e os direitos de personalidade[769].

A ressarcibilidade dos "danos patrimoniais puros" pode apenas ser obtida quando os interesses (e não direitos) em causa mereçam tutela jurídica através das denominadas "disposições legais de protecção", as quais preenchem a outra modalidade de ilicitude (2ª parte do artigo 483.º CC, § 823 II BGB)[770]. Nesta modalidade, avulta a violação de uma disposição de protecção que, ao prescrever determinado comportamento, pode visar a protecção de meros interesses, possibilitando assim o alargamento dos danos ressarcíveis ao que, de acordo com a primeira disposição, mais não seria do que um dano patrimonial puro. A ressarcibilidade de tais danos depende, pois, da sua inclusão no âmbito de protecção da norma[771].

Apreciando, assim, as modalidade de ilicitude na perspectiva dos danos ressarcíveis, resulta a distinção dos mesmos em *danos resultantes da violação*

Verkehrspflichten – Schutzpflichten, 29 e ss.. Hipótese típica de discussão em torno da ressarcibilidade destes danos, e que auxiliará a compreensão do texto principal, é a constituída pelos chamados *cable cases*. Se, por exemplo, um indivíduo cortar um cabo de fornecimento de energia eléctrica, e com isso ocasionar a suspensão da laboração de uma fábrica, discute-se se o dano "suspensão" pode ser ressarcido. Claro está que, em caso, por exemplo, de deterioração de bens, que consubstancia a violação de um direito subjectivo absoluto, a responsabilidade segue o regime da responsabilidade delitual geral (primeira parte do artigo 483.º). Sobre os *cable cases*, com abundantes referências bibliográficas, J. F. SINDE MONTEIRO, *Responsabilidade por conselhos, recomendações ou informações*, 199 e ss..

[768] M. CARNEIRO DA FRADA, *Contrato e deveres de protecção*, 176.

[769] M. ALMEIDA COSTA, *Direito das Obrigações*, 514, restringindo a disposição à violação de direitos subjectivos absolutos, como os direitos reais e os direitos de personalidade. J. F. SINDE MONTEIRO, *Responsabilidade por conselhos, recomendações ou informações*, 183 e ss., explica que as diferenças entre a redacção do § 823 I e da primeira parte do n.º 1 do artigo 483.º CC resultam de, em 1900, na Alemanha, ser discutível se os chamados bens da personalidade (vida, corpo, saúde, liberdade) eram protegidos enquanto direitos absolutos, discussão essa afastada em Portugal aquando da redacção do preceito.

[770] J. F. SINDE MONTEIRO, *Responsabilidade por conselhos, recomendações ou informações*, 191 e 237 e ss.; L. MENEZES LEITÃO, *Direito das Obrigações*, I, 280 e ss., referindo que está apenas em causa a tutela de interesses protegidos pela norma e não de direitos subjectivos; M. ALMEIDA COSTA, *Direito das Obrigações*, 515 e ss.; C.-W. CANARIS, *Schutzgesetze – Verkehrspflichten – Schutzpflichten*, 45-50 e 58 e ss.; D. MEDICUS, *Bürgerliches Recht*, 456 e ss..

de direitos subjectivos e *danos resultantes da violação de interesses incluídos no âmbito de protecção da norma.*

129. Mas não é apenas essa a diferença que resulta da apreciação das duas modalidades de ilicitude. Na primeira modalidade, a ilicitude, segundo a letra da lei, decorre da verificação de um resultado – a violação de um direito subjectivo absoluto. No segundo caso, avulta a contrariedade com uma norma que prescreve um determinado comportamento. Com esta diferença, abre-se o problema da consideração da ilicitude como *desvalor do resultado* ou como *desvalor do comportamento* (*Erfolgsunrecht* ou *Handlungsunrecht*)[772] e, em geral, o problema das causas de justificação (ou de exclusão) da ilicitude teorizadas pelo direito privado[773]. Quanto a esta última questão, para além da coordenação em geral entre as acções de defesa e o entendimento da ilicitude como desvalor do resultado ou da conduta, releva, em especial, a relação entre a tradicional causa de justificação denominada "exercício de um direito" e a existência de autorizações permissivas de determinado comportamento[774].

---

[771] J. F. SINDE MONTEIRO, *Responsabilidade por conselhos, recomendações ou informações*, 237 e ss.; M. ALMEIDA COSTA, *Direito das Obrigações*, 515, excluindo os meros interesses reflexos; igualmente, L. MENEZES LEITÃO, *Direito das Obrigações*, I, 280-1.

[772] Sobre esta questão, G. WAGNER, *Öffentlich-rechtliche Genehmigung und zivilrechtliche Rechtswidrigkeit*, 54 e ss.; J. F. SINDE MONTEIRO, *Responsabilidade por conselhos, recomendações ou informações*, 176 e ss. e 300 e ss.; L. MENEZES LEITÃO, *Direito das Obrigações*, I, 274 e ss.; K. LARENZ, *Metodologia da ciência do direito*, 588 e ss.. Cfr. ainda a extensa bibliografia fornecida por G. WAGNER, *Öffentlich-rechtliche Genehmigung und zivilrechtliche Rechtswidrigkeit*, 54 e ss.. Procuraremos, apenas, realçar os aspectos que possam efectivamente ser relevantes para a compreensão da categoria jurídico-dogmática da ilicitude e para o problema do efeito conformador de relações jurídicas entre privados.

[773] Para as várias causas de justificação geralmente reconhecidas no direito privado, F. PESSOA JORGE, *Ensaio sobre os pressupostos da responsabilidade civil*, 153 e ss.; A. MENEZES CORDEIRO, *Direito das Obrigações*, II, 355 e ss.; J. M. ANTUNES VARELA, *Das obrigações em geral*, I, 560 e ss.; L. MENEZES LEITÃO, *Direito das Obrigações*, I, 287 e ss.; M. ALMEIDA COSTA, *Direito das Obrigações*, 519 e ss.. Adiante-se que as tradicionais situações de auto-tutela privada (acção directa, legítima defesa e estado de necessidade) não são *prima facie* relevantes para o problema do efeito conformador de relações jurídicas privadas; contudo, a sua consideração será necessária pelas implicações que pode trazer ao nível da consideração da ilicitude como desvalor da conduta ou do resultado e da objectivização do juízo de ilicitude.

[774] Sobre o "exercício de um direito" como causa justificativa (ou excluidora) da ilicitude, J. M. ANTUNES VARELA, *Das obrigações em geral*, I, 561, aludindo exemplificativamente a uma *licença* de caça; L. MENEZES LEITÃO, *Direito das Obrigações*, I, 288-9, utilizando o mesmo

A compreensão desta discussão deverá, na nossa opinião, ser acompanhada da consideração de dois aspectos comummente reconhecidos no direito privado. Por um lado, ao contrário do direito penal, a regra de liberdade tem como contraponto, no direito privado, uma atipicidade do ilícito, traduzida no *vago dever geral* de respeito. Por outro lado, admite-se que a imposição da obrigação de indemnizar exige uma maior "carga negativa" – para utilizar, por ora, uma expressão neutra – do que a mera sujeição a uma acção de defesa por parte do sujeito lesado.

Daí resulta a consideração de que, em caso de violação de direitos subjectivos absolutos[775], para que, a final, surja o dever de indemnizar, não basta que tenha ocorrido tal resultado[776]. Será ainda necessário verificar se o sujeito lesante censuravelmente não actuou como um *bonus pater familias* teria actuado. As teses do desvalor do resultado e do desvalor da acção diferem, não na necessidade de apreciação do comportamento segundo o critério do *bonus pater familias*, mas antes na discussão acerca da inclusão deste aspecto na apreciação da ilicitude, da culpa ou de ambas[777].

exemplo; A. Menezes Cordeiro, *Direito das Obrigações*, II, 358 e ss.; M. Almeida Costa, *Direito das Obrigações*, 520 e ss.; F. Pessoa Jorge, *Ensaio sobre os pressupostos da responsabilidade civil*, 191 e ss..

[775] Na segunda modalidade de ilicitude – violação de uma disposição de protecção – não parece que deva suscitar dúvidas a qualificação do ilícito como desvalor da conduta: as normas em causa prescrevem um determinado comportamento e é apenas da ligação entre norma de comportamento e violação do dever que surge a ressarcibilidade de determinados danos que, reiterando, apenas são ressarcíveis porque abrangidos pelo âmbito de protecção da norma de comportamento. J. F. Sinde Monteiro, *Responsabilidade por conselhos, recomendações ou informações*, 176, referindo que a formulação *"Du sollst nicht... wie"* aponta claramente para um desvalor da conduta, ao contrário da fórmula *"Du sollst nicht... was"*.

[776] A questão não tem sido colocada a propósito dos delitos dolosos, em relação aos quais a tese do desvalor do comportamento admite que o juízo de ilicitude decorra apenas da verificação do resultado. É em relação aos delitos negligentes que surge a discussão, ou não fosse aqui que, pela inexistência de intencionalidade, haja que determinar se existiu ou não omissão do cuidado objectiva e subjectivamente exigível. Indicando precisamente que a discussão exclui os delitos dolosos, G. Wagner, *Öffentlich-rechtliche Genehmigung und zivilrechtliche Rechtswidrigkeit*, 55; J. F. Sinde Monteiro, *Responsabilidade por conselhos, recomendações ou informações*, 301 e ss..

[777] Assim, para a tese do desvalor do resultado, a violação de direitos subjectivos constitui um ilícito. A responsabilidade pode, contudo, não se chegar a verificar se, em sede de apreciação da *culpa*, for possível concluir que um *bonus pater familias* não teria actuado de outra forma. G. Wagner, *Öffentlich-rechtliche Genehmigung und zivilrechtliche Rechtswidrigkeit*,

O ACTO ADMINISTRATIVO CONFORMADOR DE RELAÇÕES DE VIZINHANÇA

São vários os argumentos esgrimidos em favor de uma ou de outra tese. Assim, adiantam os defensores da tese do desvalor do comportamento que a tese oposta não é capaz de explicar a responsabilidade por omissões, a qual só poderá existir mediante a violação de um dever de agir[778]. De outro lado, contrapõem os defensores da tese do desvalor do resultado que a tese oposta não poderia explicar coerentemente, ou acabaria inevitavelmente por reduzir, os casos de exercício de direitos de defesa – desde a genérica legítima defesa ao direito de oposição às emissões, em sede de relações de vizinhança[779]. Estabelece-se, assim, a ligação entre os problemas relativos ao conceito de ilicitude, tal como estudado a propósito da responsabilidade civil, e (alguns) dos problemas levantados pela regulação das relações de vizinhança. Ainda que se admita as vantagens da tese do desvalor do comportamento, a consideração das acções de defesa – em especial, contra actuações de inimputáveis – perturba o seu acolhimento generalizado, sobrevindo, assim, teses intermédias para as quais a ilicitude tanto pode resultar de um desvalor da acção como de um desvalor do resultado[780].

55, salientando que se trata de uma apreciação *objectiva*, em sede de culpa. Outra forma de diminuir a amplitude das situações de ilicitude consiste na limitação da causalidade pelo critério de adequação. Diferentemente, para a tese do desvalor do comportamento, a apreciação do critério do *bonus pater familias*, conquanto consista numa determinação *objectiva* do que deveria ter sido feito, deve relevar para a categoria da *ilicitude*. G. WAGNER, *Öffentlich-rechtliche Genehmigung und zivilrechtliche Rechtswidrigkeit*, 55-56. Na doutrina portuguesa, *vide* F. PESSOA JORGE, *Ensaio sobre os pressupostos da responsabilidade civil*, 96 e ss., considerando que o critério do bom pai de família serve para determinar objectivamente os deveres de cuidado exigíveis, isto é, o comportamento devido, sendo então uma questão de ilicitude (objectiva). Para que o sujeito seja responsabilizado, porém, tem que sobrevir um juízo de censura, subjectivo, dirigido ao interior do agente – culpabilidade, sendo embora esta considerada a vertente subjectiva da ilicitude. Note-se que o CC português alude ao critério do *bonus pater familias* em sede de culpa (artigo 487.º, n.º 2).

[778] G. WAGNER, *Öffentlich-rechtliche Genehmigung und zivilrechtliche Rechtswidrigkeit*, 56.

[779] G. WAGNER, *Öffentlich-rechtliche Genehmigung und zivilrechtliche Rechtswidrigkeit*, 61 e ss.; J. F. SINDE MONTEIRO, *Responsabilidade por conselhos, recomendações ou informações*, 303 e ss..

[780] K. LARENZ, *Metodologia da ciência do direito*, 588 e ss., de acordo com a sua noção de ilicitude como "conceito determinado pela função", admite uma diferenciação consoante estejamos perante normas de responsabilidade civil – em que só existirá obrigação de indemnizar se existir um juízo sobre o desvalor da acção, o qual é meramente indiciado pela ilicitude e necessita de um juízo de culpa (em sede da qual se aprecia a negligência objectiva) – ou perante normas de defesa (como o § 1004 BGB) – em que, atendendo à sua função de defesa da propriedade, será mais adequado adoptar uma concepção de

130. Através da discussão da ilicitude como desvalor do resultado ou como desvalor da acção compreende-se a dificuldade existente em determinar uma situação de *responsabilidade* quando ocorra a violação de direitos subjectivos absolutos, dificuldade essa que resulta do carácter vago do *dever geral de respeito* dos direitos subjectivos absolutos de outrem.

Neste aspecto, tem desempenhado um importante papel a teoria dos "deveres de segurança no tráfego" (*Verkehrsicherungspflichten*)[781]. Tendo surgido para fundamentar a responsabilidade por omissões[782] no contexto do tráfego propriamente dito[783], a evolução consubstanciou-se na afirmação do princípio segundo o qual quem cria ou mantém uma fonte de perigo está obrigado a tomar as medidas necessárias para evitar a ocorrência dos danos que podem estar em causa[784]. Contudo, como refere SINDE MONTEIRO, a jurisprudência não retirou estes deveres do "vácuo", tendo-se apoiado em determinadas normas legais[785].

---

ilicitude como desvalor do resultado. Sobre as teses intermédias, G. WAGNER, *Öffentlich-rechtliche Genehmigung und zivilrechtliche Rechtswidrigkeit*, 57 e ss., adiantando, entre outras considerações, que a fronteira da distinção é controversa.

[781] Sobre os deveres de segurança no tráfego, J. F. SINDE MONTEIRO, *Responsabilidade por conselhos, recomendações ou informações*, 300 e ss.; L. MENEZES LEITÃO, *Direito das Obrigações*, I, 272-3, utilizando também a expressão "deveres de prevenção do perigo delituais"; C.-W. CANARIS, *Schutzgesetze – Verkehrspflichten – Schutzpflichten*, 77 e ss.; D. MEDICUS, *Bürgerliches Recht*, 475 e ss..

[782] J. F. SINDE MONTEIRO, *Responsabilidade por conselhos, recomendações ou informações*, 307 e ss., realçando que a relevância desta teoria se compreende melhor à luz da concepção de ilicitude como desvalor do resultado, pois para a teoria do desvalor da acção sempre estaria em causa a violação de um determinado dever, fosse nas omissões, fosse nas acções.

[783] J. F. SINDE MONTEIRO, *Responsabilidade por conselhos, recomendações ou informações*, 309, informa que os primeiros deveres no tráfego nasceram precisamente nos casos de perigos criados pela abertura de um tráfego em caminhos, prédios ou edifícios.

[784] A teoria dos deveres no tráfego releva não apenas para efeito das omissões mas igualmente para efeito da responsabilidade por acção, sendo certo que a diferença entre o dever de agir resultante de uma acção anterior criadora do perigo ou o dever de omitir um comportamento perigoso é "muitas vezes evanescente". J. F. SINDE MONTEIRO, *Responsabilidade por conselhos, recomendações ou informações*, 310. Para além dos deveres de segurança no tráfego propriamente dito, encontraram-se ainda deveres relativos ao perigo de coisas ou ao perigo de actividades que sejam potencialmente susceptíveis de causar danos. J. F. SINDE MONTEIRO, *Responsabilidade por conselhos, recomendações ou informações*, 312 e ss.; L. MENEZES LEITÃO, *Direito das Obrigações*, I, 273.

[785] J. F. SINDE MONTEIRO, *Responsabilidade por conselhos, recomendações ou informações*, 310.

131. Já se terá percebido qual a relevância destas considerações para o problema do efeito conformador ou, mais latamente, das relações entre direito administrativo e direito privado: entendida a ilicitude como desvalor do resultado, o efeito conformador de relações jurídicas entre privados será um efeito de justificação da ilicitude; entendida esta como desvalor da acção, o efeito conformador de relações jurídicas entre privados terá o efeito de exclusão da ilicitude[786].

No entanto, para além destas questões, relevam, no sistema privatístico apresentado, a questão de determinação do conceito de *ilicitude*, em especial quando confrontado com outros pressupostos da responsabilidade civil, e a questão da determinação dos *danos ressarcíveis*, por entre direitos subjectivos absolutos e interesses protegidos por normas.

Assim, por um lado, a determinação dos danos ressarcíveis e não ressarcíveis, com a inerente regra de não ressarcibilidade de danos patrimoniais puros, tem que ser constitucionalmente apreciada. Por outro lado, o entendimento que se possa ter do conceito de ilicitude encontra-se sempre perturbado pela diversidade das consequências que possa originar, nomeadamente a mera oposição e a obrigação de indemnização. Ressaltam, ainda, as diferenças decorrentes da concepção adoptada quanto aos pressupostos da responsabilidade civil. Vejamos de que forma pode o recurso aos direitos fundamentais contribuir para a resolução destas questões, todas elas respeitantes ao cerne do problema do efeito conformador de relações jurídicas entre particulares pelo acto administrativo.

---

[786] Isto é, se a ilicitude resultar da verificação do dano, a autorização poderá apenas servir como justificação do ilícito; se a ilicitude resultar do comportamento, a autorização, ao permitir o comportamento, exclui a formulação do juízo de ilicitude. Dando grande relevância à questão, ao contrário de outros Autores referidos ao longo deste estudo, G. WAGNER, *Öffentlich-rechtliche Genehmigung und zivilrechtliche Rechtswidrigkeit*, 73 e ss.; no seu seguimento, J. J. GOMES CANOTILHO, *Actos autorizativos jurídico-públicos e responsabilidade por danos ambientais*, 5 e ss.. Cfr., no entanto, K. SACH, *Genehmigung als Schutzchild?*, 230-231, considerando irrelevante a questão, pois, como quer que seja, o resultado sempre será o mesmo: não há responsabilidade, seja porque não se chega a verificar a ilicitude, seja porque esta encontra uma causa de justificação. Sendo certo que assim é, no que respeita ao resultado a que se chegue *se se admitir* o efeito conformador de relações jurídicas entre privados, o que nos interessa antes relevar é que o conhecimento da estrutura do ilícito é necessário, entre outras considerações, para saber se, pela autorização do comportamento, *pode ou não ser admitido* um efeito conformador que "afaste" a ilicitude civil. Se admitido, a sua construção como justificação ou exclusão há de ser mera consequência de considerações anteriores.

3.3. *Para uma visão constitucional do conceito de ilicitude*

132. As posições anteriormente adoptadas sobre o problema da unidade do ordenamento jurídico e sobre a relevância dos direitos fundamentais tiveram imediata relevância para afastar algumas das visões referidas quanto ao problema do efeito conformador de relações jurídicas entre privados pelo acto administrativo. Porém, mais do que esta relevância negativa, julgamos que o recurso aos direitos fundamentais permite uma releitura dos problemas da responsabilidade civil e das relações de vizinhança, fornecendo critérios materiais de resolução do confronto e da concorrência do direito ordinário, público ou privado, na regulação das mesmas "situações da vida".

Concretamente, e como já vimos, o problema do efeito conformador de relações jurídicas entre privados tem que ser perspectivado como um problema de colisão de direitos fundamentais. Quer o destinatário da autorização, quer o "vizinho", serão – recorde-se – titulares de direitos fundamentais, *maxime* do direito de propriedade, da liberdade de livre iniciativa económica privada e do direito ao ambiente. Da unidade imposta pela Constituição resulta que cada direito fundamental exige o seu próprio respeito por parte de todos os sujeitos jurídicos, sejam outros privados, seja a Administração. Independentemente de a sua regulação vir a pertencer ao direito público, ao direito privado, ou a ambos, a relação jurídica estabelecida entre os privados e a Administração é, antes de mais, uma *relação poligonal jurídico-fundamental*.

Tal significa que, nas relações entre privados, não são apenas contrapostos direitos subjectivos privados mas antes direitos fundamentais. E significa igualmente que a Administração, ao tomar decisões em que esteja em causa a regulação de relações entre privados, tem que respeitar os direitos dos privados, não como direitos subjectivos públicos ou privados, nem como meros direitos fundamentais à protecção do Estado, mas tal como valem nas relações entre privados – como *direitos fundamentais de defesa*.

133. Estando os sujeitos privados colocados em situações antagónicas, a resolução do conflito deve obedecer às regras constitucionais sobre *colisão de direitos fundamentais*.

Sendo vários os problemas colocados a propósito dos direitos fundamentais – problemas esses que vão desde os limites possíveis da interpretação e determinação de *limites imanentes* ao problema geral de "racionalidade" e possibilidade de controlo dos resultados da colisão – julgamos que a resposta até hoje mais satisfatória é a ensaiada pela construção de R. ALEXY[787]. Recusando-se a delimitação do âmbito de cada direito através de uma operação de interpretação, entende-se que a cada direito fundamental corresponde uma norma cujo *Tatbestand* é dotado da maior amplitude possível – teoria da concepção ampliativa do *Tatbestand* da norma de direitos fundamentais[788]. Ampliando-se igualmente a possibilidade de ocorrência de colisões de direitos, as mesmas devem ser resolvidas através das regras sobre ponderação, onde o princípio da proporcionalidade desempenha um papel fundamental[789].

134. A primeira consequência desta perspectiva é a de que a *ilicitude*, bem como os seus efeitos, têm que ser encaradas como o resultado de uma *colisão de direitos fundamentais.*

Esta ideia de existência de uma colisão entre direitos como critério da ilicitude não é desconhecida dos civilistas. Na afirmação célebre de DE CUPIS, "a ilicitude representa sempre uma mais valia, num plano de ponderação de valores, entre interesses em conflito"[790]. De certa forma, a ideia

---

[787] R. ALEXY, *Theorie der Grundrechte, passim.*

[788] R. ALEXY, *Theorie der Grundrechte*, 71 e ss., 290 e ss..

[789] R. ALEXY, *Theorie der Grundrechte*, 78 e ss. e 249 e ss.. Sobre isto, mais desenvolvidamente, *supra*, III A), 2., e as indicações bibliográficas aí fornecidas.

[790] *Apud* J. F. SINDE MONTEIRO, *Responsabilidade por conselhos, recomendações ou informações*, 185. A ideia de colisão de direitos fundamentais no juízo de ilicitude também não é desconhecida da doutrina e da jurisprudência alemãs, tendo mesmo sido a propósito desses problemas que se começou a colocar a questão da vinculação das entidades privadas aos direitos fundamentais; ainda assim, os resultados a que possam chegar encontram-se sempre encerrados nos limites das teorias acerca da eficácia dos direitos fundamentais entre privados, de que padece mesmo a da (pretensa) eficácia imediata, como já vimos. Especificamente sobre a influência dos direitos fundamentais (*rectius*, das normas de direitos fundamentais), no direito delitual, M. LEPA, *Die Einwirkung der Grundrechte auf die Anwendung des Deliktsrechts in der Rechtsprechung des Bundesgerichtshofs*, 261 e ss., admitindo, por exemplo, que os direitos fundamentais possam fornecer uma "orientação" nos casos de colisões de direitos (269). Contra, D. LOOSCHELDERS, *Die Ausstrahlung der Grundrechte auf das Schadensrecht*, 111, considerando que os direitos fundamentais não têm a função de "corrigir" as valorações fundamentais do direito privado.

de colisão de direitos está igualmente presente no confronto geral feito entre a liberdade dos indivíduos e a tutela dos direitos subjectivos, ao afirmar-se que o limite da liberdade é sempre o respeito dos direitos subjectivos de outrem[791]. Contudo, peca a perspectiva civilista por partir do princípio *casum sensit dominus*, pois, ao determinar que os prejuízos dos bens não são, em princípio, indemnizáveis, toma como ponto de partida a superiorização da liberdade em face da tutela de (outros) direitos subjectivos. A consequência imediata deste ponto de partida é, como já se viu, a da não ressarcibilidade dos chamados "danos patrimoniais puros", recusando-se assim a tutela geral do património contra a liberdade.

135. As dificuldades que tal entendimento pode originar são várias. Por um lado, a demarcação entre o dano patrimonial puro e o dano resultante da violação de direitos subjectivos absolutos não é clara, sobretudo se tivermos em conta a violação do direito subjectivo de propriedade[792]. Por outro lado, mesmo que, à partida, se esteja perante a violação de um direito subjectivo absoluto, a mesma ordem de ideias impede a ressarcibilidade de todo e qualquer prejuízo[793]. Tal constitui uma evidência se for contraposto, ao direito subjectivo (eventualmente) violado, não uma mera regra generalíssima de liberdade, mas outro direito subjectivo ou, mesmo, um direito subjectivo idêntico – como sucede, adiante-se, nos conflitos de vizinhança.

Esta dificuldade de determinação dos danos indemnizáveis, assente na ideia inicial de não ressarcibilidade de danos patrimoniais puros, e dependente da distinção entre direitos subjectivos e interesses protegidos por normas, coloca inúmeras dificuldades no que respeita ao *dano ambiental*. O problema não decorre tanto da inclusão do direito ao ambiente no catálogo de direitos subjectivos absolutos – quer se entenda que constitui um dos direitos de personalidade[794], quer se proceda a uma releitura desse

---

[791] Por exemplo, F. Pessoa Jorge, *Ensaio sobre os pressupostos da responsabilidade civil*, 201 e ss., ultrapassando o contexto das causas de justificação.

[792] Pense-se, por exemplo, no problema dos *cable cases*, em que não seria difícil descortinar a violação de um direito subjectivo de propriedade ou de iniciativa económica.

[793] Como sucede, por exemplo, nos numerosos problemas colocados pela ressarcibilidade de danos relativos aos direitos de personalidade. J. F. Sinde Monteiro, *Responsabilidade por conselhos, recomendações ou informações*, em esp. 228 e ss..

[794] Alguma jurisprudência considera que o direito ao ambiente é um direito de personalidade, embora, cumulativamente e mesmo antecedendo a qualificação como direitos de

catálogo em consonância com o catálogo de direitos fundamentais –
quanto da dificuldade de determinação dos danos ambientais juridicamente relevantes, i.e., que mereçam a qualificação de ilícitos. Tem sido,
aliás, o direito ao ambiente a colocar com toda a acuidade a questão da
relatividade do dano ambiental[795]. Onde está – ou melhor, como estabelecer,
fundamentadamente – a linha de demarcação entre os danos ao ambiente
ressarcíveis e não ressarcíveis é questão a que não se pode responder com
a mera consideração de que existe a violação de um "direito subjectivo
absoluto"[796].

136. Partindo-se dos direitos fundamentais – direitos consagrados em
normas de *Tatbestand prima facie* ilimitado – resulta a inadmissibilidade,
desde logo, do princípio *casum sensit dominus*: ao âmbito *prima facie* ilimitado de cada direito fundamental corresponde, igualmente *prima facie*, a
protecção contra todos os danos causados por outros sujeitos e a ressarcibilidade dos mesmos. De outra forma, à extensão de um *direito* corresponde uma igual extensão do *dever de respeito* desse direito. Sucumbe, assim,
pelos mesmos motivos, a distinção entre direitos subjectivos e interesses
protegidos por normas, vertida no artigo 483.º do Código Civil[797]. *Em
qualquer dos casos, encontramo-nos perante a existência de direitos subjectivos.*
Porém, se a uma extensão, assim ilimitada, de um direito fundamental
corresponder a extensão, igualmente ilimitada, de outro direito fundamental e do dever de respeito correspondente, ocorrendo então um conflito,

personalidade, considere a existência de um direito fundamental ao ambiente e o dever
de respeito desse direito fundamental por outros sujeitos privados. Assim, por exemplo,
Ac. Tribunal Judicial St.ª Maria da Feira de 04.04.97.

[795] Tal decorre da consideração de que todas, ou grande parte, das actividades humanas são
mais ou menos poluidoras. Se uma fábrica polui o ambiente, o mesmo ocorre com o
simples acto de fumar um cigarro. A questão está em saber onde pára a linha de demarcação entre danos ressarcíveis e "danos" ou meros prejuízos juridicamente irrelevantes. Um
exemplo semelhante, no específico contexto da tipicidade em direito penal, em P. Sousa
Mendes, *Vale a pena o direito penal do ambiente?*, 143, nr. 171.

[796] Relevando a necessidade e a dificuldade de estabelecer a linha de demarcação entre os
danos admissíveis e os danos inaceitáveis, bem como os enormes poderes de que dispõe o
juiz nessa tarefa, V. Pereira da Silva, *Responsabilidade administrativa em matéria de ambiente*,
26-27.

[797] Esta distinção entre direitos e interesses protegidos por normas, relevante para o
direito privado em sede de responsabilidade civil, encontra-se, aliás, já superada no direito
administrativo. V. Pereira da Silva, *Para um contencioso administrativo dos particulares*, 104 e ss..

a extensão ilimitada de cada direito implica necessariamente o afastamento do outro[798]. Perante o conflito, a determinação recíproca da extensão definitiva de cada direito no caso concreto – e, consequentemente, da norma de direito fundamental aplicável – resultará da aplicação das regras de colisão de direitos, onde avulta a importância do princípio da *proporcionalidade*[799].

Colocado perante uma colisão de direitos fundamentais, pode o legislador, desde que respeitado o princípio da proporcionalidade, estabelecer zonas recíprocas de exercício de um direito e de protecção de outro, conformando o dever de respeito desse direito e determinando quais os danos indemnizáveis. Excluída está, porém, a possibilidade de restrição *desproporcionada* de um direito a favor de outro. Em tais casos, a restrição é inadmissível e existirá sempre violação do dever de respeito do direito fundamental em causa – e, logo, inconstitucionalidade da disposição restritiva.

137. Esta construção retirada do sistema constitucional de direitos fundamentais impele a uma releitura das normas privatísticas sobre responsabilidade civil, *maxime* da vertida no artigo 483.º do Código Civil.

Onde se distingue entre direitos subjectivos e interesses protegidos por normas deve considerar-se que estará sempre em causa um direito fundamental. A referência a normas determinadas de protecção de "interesses" deve ser vista como o resultado de uma restrição, respeitadora do princípio da proporcionalidade, operada pelo legislador – que, prescrevendo determinadas condutas ou proibindo a produção de determinados danos, opera a restrição recíproca do direito exercido pelo sujeito lesante e do direito do sujeito lesado – ou eventualmente pelo juiz, nos termos gerais da doutrina dos deveres de segurança no tráfego, desde que não retirados do "vácuo legal" e, acrescente-se, sujeitos igualmente a um critério

---

[798] Assim, se ficarmos ao nível da amplitude máxima de cada direito fundamental, resulta daí a impossibilidade de opção a favor de um ou de outro. Perante um dano contra o ambiente provocado pelo proprietário, a protecção ilimitada do ambiente determina a ressarcibilidade de qualquer dano e a impossibilidade de qualquer utilização da propriedade; considerando, contudo, a tutela ilimitada da propriedade, qualquer utilização da mesma seria permitida e nenhum dano provocado seria proibido.

[799] R. Alexy, *Theorie der Grundrechte*, 78 e ss.. Sobre isto, mais desenvolvidamente, *supra*, III A), 2., e indicações bibliográficas aí fornecidas.

O ACTO ADMINISTRATIVO CONFORMADOR DE RELAÇÕES DE VIZINHANÇA

de proporcionalidade. Actuando contra tais normas, o sujeito lesante comete um ilícito.

Do mesmo modo, a referência à violação de direitos subjectivos não pode ser entendida, pelas razões expostas, como toda e qualquer lesão, mas apenas como aquela correspondente a uma restrição *desproporcionada* do direito fundamental em causa, a que sempre corresponderá, sem necessidade de mediação legislativa, o juízo de *ilicitude*.

138. A construção do juízo de ilicitude a partir dos direitos fundamentais permite ainda abordar outros aspectos problemáticos identificados pela doutrina. Recusando a subsistência de ilicitudes *contraditórias*, ENGISCH defendia a unidade do ilícito e a *diferenciação dos seus efeitos*. Contrariando a ideia de unidade do ilícito, contra-argumentava-se a favor da *diferenciação de ilicitude(s)* no ordenamento jurídico, fosse através do recurso à diferença entre direito penal e direito privado, fosse através da consideração de que, perante uma determinada situação de vida, poderiam ser aplicados *diversos critérios valorativos* e obter-se uma diferenciação de juízos de ilicitude (KIRCHHOF).

Em bom rigor, a distância entre as duas posições não é tão abissal como poderia à primeira vista parecer. Que o sujeito não possa ser simultaneamente destinatário de comandos contraditórios (A e não A) é algo que decorre da própria ideia de Direito e que não pode deixar de ser entendido como garantido constitucionalmente num Estado de Direito. Porém, a proibição de ilicitudes contraditórias não impede a diferenciação dos seus efeitos nem a admissão de juízos diferenciados sobre a mesma "situação da vida"[800]. Por um lado, a consideração de que, perante uma determinada "situação da vida", podem ser emitidos diferentes juízos de ilicitude não implica que essa *diferenciação* tenha que redundar numa *contradição*. Tal decorre, não só da complexidade de situações da vida facticamente unificadas, como igualmente das considerações sobre o problema da determinação dos danos ressarcíveis e dos comportamentos proibidos – numa determinada situação, pode ser exigido o cumprimento de vários deveres ao sujeito; a circunstância de se verificar o respeito de um (por exemplo,

---

[800] P. KIRCHHOF, *Unterschiedliche Rechtswidrigkeiten in einer einheitlichen Rechtsordnung*, 7, adiantando que existe uma enorme diversidade de efeitos ou de consequências jurídicas da ilicitude.

242

o dever de não provocar uma restrição desproporcionada do direito de outrem) não significa que não exista violação de outros deveres. Por outro lado, a diferenciação de efeitos – admitida, aliás, por ENGISCH – não significa qualquer diferenciação dos juízos de ilicitude mas apenas que, para além da verificação de uma desconformidade objectiva ao direito, relevam outras considerações para determinação dos efeitos do juízo de ilicitude[801]. E, da diferenciação de efeitos, o que não se segue por certo é a verificação de um juízo inverso: se ao ilícito não se seguir a sanção penal, isso não significa que exista, por parte do direito penal, um juízo de conformidade ao direito.

139. Pacificamente, à determinação de uma situação de responsabilidade civil não se segue a obrigação de cumprimento de uma pena ditada pelo direito penal. Tal não significa, porém, que o juízo de ilicitude seja diferente e autónomo para cada ramo do direito; antes indicia, apenas, que ao juízo de ilicitude podem ser adicionadas outras considerações juridicamente relevantes que permitirão a diferenciação de efeitos.

Se, por exemplo, ocorrer uma lesão desproporcionada de um direito fundamental, verifica-se o ilícito por violação da regra que proíbe tal restrição. Daí não se segue que o sujeito lesante, tendo que pagar uma *indemnização*, fique igualmente sujeito ao cumprimento de uma *pena*. Contra tal depõe a (pacífica) natureza de *ultima ratio* do direito penal. Pode nem sequer o sujeito lesante estar obrigado ao pagamento de uma indemnização, concorrendo nesse sentido outras considerações, geralmente absorvidas, fora dos casos de dolo, pela(s) categoria(s) da negligência objectiva e subjectiva. Existindo uma restrição desproporcionada mas não se verificando a sanção penal e a obrigação de indemnizar, tal não tem que implicar

---

[801] Assim, por exemplo, em decorrência das diferenças entre responsabilidade civil e responsabilidade penal, em que à primeira subjaz uma finalidade de reparação de danos e à segunda uma finalidade de protecção da ordem social (sobre isto, entre outros, M. ALMEIDA COSTA, *Direito das Obrigações*, 476-7), a tentativa não originará responsabilidade civil, porquanto não se verificarão danos, embora possa ser púnivel no direito penal. Note-se, porém, que estamos a lidar com a presença de outros pressupostos da responsabilidade civil que ultrapassam a mera consideração do juízo de ilicitude: assim, se uma conduta tendente à produção de danos não os chega a produzir, essa conduta não é relevante para a criação de um dever de indemnizar mas poderá relevar no campo dos direitos de defesa, consagrados no direito privado, para obstar à efectiva verificação dos danos.

que a restrição venha, afinal, a ter que ser suportada. Admite-se, ainda, a possibilidade de fazer cessar a lesão mediante uma *acção de defesa*. Se, para a determinação da ilicitude, revela a metódica de resolução de colisões de direitos fundamentais, a mesma deve continuar a relevar para a determinação dos *efeitos* da ilicitude.

140. No que respeita à discussão entre adeptos da ilicitude como desvalor do resultado ou como desvalor da acção, a proficuidade de tal discussão parece-nos duvidosa.

Como tem vindo a ser admitido, o juízo de ilicitude incidirá sempre sobre um *comportamento humano*, pois a ilicitude resulta da contrariedade a normas jurídicas e a função das normas jurídicas é sempre a de ordenar comportamentos. Um "resultado", em si, não pode ser ilícito ou lícito[802]. Por outro lado, tal comportamento só releva se produzir, ou se se orientar para a produção, de um dano não admitido pelo direito. O *desvalor do resultado* é sempre um desvalor *do resultado de um comportamento* e o *desvalor do comportamento* não dispensa a consideração do *resultado desse comportamento*. Ou seja, o juízo de ilicitude há de atender sempre ao conjunto *comportamento/resultado*. O que poderá variar é o ponto de partida no *iter* de determinação da ilicitude do comportamento danoso: se a lesão de um direito subjectivo for de tal gravidade que consubstancie uma restrição desproporcionada, o comportamento que originou tal resultado contraria o direito e é ilícito. Não se tratando de um caso de restrição desproporcionada, a determinação do juízo de ilicitude tem que buscar apoio nas normas que, geralmente através da previsão de determinado comporta-

---

[802] Vão as aspas para relevar como a utilização da palavra *resultado* – que será sempre resultado de *algo* – indicia que o mesmo nunca é considerado à margem do processo que o origina – que mais não é do que a conduta. Obviamente que, se ocorrer a destruição de uma construção pela queda de um raio, nenhum adepto da teoria do desvalor do resultado irá pensar na ilicitude. A este propósito, releva a consideração do "facto voluntário", enquanto pressuposto da responsabilidade civil, para a diferenciação entre factos naturais produtores de danos e condutas humanas, ainda que não intencionais ou, mesmo, de pessoas desprovidas de capacidade de entendimento. Neste sentido, M. Almeida Costa, *Direito das Obrigações*, 510-1. Se estes outros factores relevarão, por regra, para a não verificação de todos os pressupostos da responsabilidade civil – em especial, a culpa – tal não significa que não estejamos ainda perante uma conduta de uma pessoa, susceptível de valoração jurídica, nomeadamente como ilícita, que se não será suficiente para a exigência de um dever de indemnização sempre relevará para a admissibilidade de acções de defesa.

mento, proíbem a produção de um resultado. Seja qual for, porém, o aspecto que indicia a ilicitude – o resultado desproporcionado ou a contrariedade com normas de conduta determinadas – o juízo final de ilicitude há-de englobar sempre o comportamento e o seu resultado, efectivo ou potencial. O que nos leva a analisar o argumento relativo à determinação do juízo de ilicitude nos casos de acções de *defesa preventiva* contra a ocorrência de danos.

141. Sustentam os defensores da teoria do desvalor do *resultado* que a adopção da teoria do desvalor do comportamento não permitiria compreender a ilicitude nas acções de defesa contra *danos* ainda não ocorridos. No entanto, não parece que a argumentação releve[803].

Desde logo, é evidente o aparente paradoxo: são os defensores da teoria do desvalor do *resultado* que vêm em defesa da existência da ilicitude quando ainda não existe um resultado mas apenas um *comportamento*. Não se trata, contudo, de uma qualquer contradição nas teorias referidas mas do facto de se exigir, para que haja indemnização de danos, a consideração de que foram violados deveres de *cuidado*[804].

Esta questão, porém, encontra-se comprometida pela construção do ilícito a partir da responsabilidade civil, em que a ilicitude, a par de outros juízos, poderá ter como efeitos, não apenas a cessação ou impedimento do dano, como também a obrigatoriedade de pagamento de uma indemnização[805]. Ora, não custa admitir que, para a produção de efeitos jurídicos

---

[803] O exemplo, adiantado por J. F. Sinde Monteiro, *Responsabilidade por conselhos, recomendações ou informações*, 303-304, é o da enfermeira que, não tendo violado qualquer dever de cuidado, se prepara para injectar o paciente com a seringa errada que contém um líquido letal. Sobre a necessidade de a ilicitude ser concebida como desvalor do resultado nas acções de defesa, aí incluindo a acção negatória ao abrigo do § 1004 BGB, K. Larenz, *Metodologia da ciência do direito*, 588 e ss..

[804] Como vimos, enquanto que para a teoria do desvalor do resultado, a consideração de tais deveres é remetida para o juízo de culpabilidade, a teoria do desvalor do comportamento, visando diminuir o extenso e injusto círculo de actuações ilícitas a que se chegaria pela primeira teoria, valora a violação de tais deveres em sede de ilicitude.

[805] Tal é patente na construção de K. Larenz, *Metodologia da ciência do direito*, 588 e ss., em que a diferenciação da ilicitude como desvalor da acção e como desvalor do resultado é determinada pela função, sendo concretizada pela finalidade de, por um lado, defender a propriedade (ou qualquer outro direito subjectivo) de lesões e de, por outro lado, procurar ainda o ressarcimento pelos danos em sede de responsabilidade civil. Depurando aquilo que existe de comum entre as várias concepções dos pressupostos da responsabilidade

diferentes seja exigido, para além da violação objectiva da regra (dever de respeito impeditivo de lesões desproporcionadas) que consubstancia um ilícito, um elemento de maior censurabilidade do agente lesante. Se tal ocorrer, funciona a regra de responsabilidade civil, surgindo a obrigação de indemnizar. Caso contrário, subsiste apenas o ilícito objectivo da produção (por um comportamento) de uma violação desproporcionada (resultado) de um direito, cujo único resultado será o de permitir a defesa contra o mesmo. Desta forma, obtém-se, segundo cremos, um equilíbrio entre a protecção de um direito e a consideração de circunstâncias que devem limitar a obrigação de indemnizar[806].

142. A propósito da relação entre o juízo de ilicitude e outros elementos valorativos pertinentes no caso concreto, importa, desde logo, frisar *a limitação do alcance* da causa justificativa denominada "exercício de um direito", limitação essa reconhecida geralmente pela doutrina e que decorre das considerações expendidas a propósito do juízo de ilicitude como resultado de uma colisão de direitos[807]. Ao exercício de um direito de âmbi-

civil, tarefa sempre dificultada pelo facto de, por vezes, a mesma questão ser abordada em distintos pressupostos da responsabilidade civil, verifica-se que existe sempre um juízo comum: a conduta apresenta uma desconformidade externa com o direito, na medida em que ocorre a lesão de direitos subjectivos. Porém, tal poderá não ser suficiente se, para além do imediato efeito de impedimento / oposição à lesão, for ainda procurada a indemnização pelos danos.

[806] Se, por exemplo, um sujeito inimputável estiver prestes a provocar um prejuízo no bem de outro, não se lhe poderá vir a exigir uma indemnização pelos danos eventualmente provocados, por ausência de culpa, mas também não será de excluir que o titular do direito ameaçado o possa defender, não tendo, assim, que ficar colocado numa situação de mera tolerância. Releva aqui, como já referimos, um entendimento de "facto voluntário" reduzido à distinção entre acções humanas (pois que, mesmo inimputável, estamos sempre perante um ser humano) e factos naturais causadores de danos (M. ALMEIDA COSTA, *Direito das Obrigações*, 510-1) e um entendimento puramente objectivo da ilicitude. Contra, F. PESSOA JORGE, *Ensaio sobre os pressupostos da responsabilidade civil*, 234 e ss., embora aduzindo argumentos pertinentes para a consideração meramente objectiva do ilícito; acresce que, a admitir-se a concepção objectiva da ilicitude, tal não significa que não tenha que haver respeito do princípio da proporcionalidade, o qual permitirá a ponderação de circunstâncias subjectivas cognoscíveis (*vide* os exemplos em 240). No sentido do texto, entre outros, M. CAVALEIRO DE FERREIRA, *Lições de direito penal*, 180-1.

[807] Salientando as limitações desta causa justificativa, J. M. ANTUNES VARELA, *Das obrigações em geral*, I, 561, que se refere à mesma como "exercício *regular* de um direito" (destaques nossos); M. ALMEIDA COSTA, *Direito das Obrigações*, 520; A. MENEZES CORDEIRO, *Direito das*

to *prima facie* ilimitado são contrapostas regras restritivas desse exercício que fundamentam a não suportabilidade dos danos ocorridos por contrariedade a tais normas e, eventualmente, a obrigação de indemnizar[808]. A primeira, de entre tais regras restritivas, é a que proíbe a restrição desproporcionada de um direito, regra que vale, desde logo, para o legislador. A esta pode (pelo menos) o legislador, na sua missão de resolução de colisões de direitos, adicionar outras. Ora, o cumprimento de uma destas regras não afasta a necessidade de cumprimento de outras, *maxime* a regra de proibição de restrição desproporcionada de um direito.

Importa igualmente destacar a questão da relevância dos *princípios da segurança jurídica e da protecção da confiança*. Não temos qualquer dúvida de que tais princípios constitucionais sejam relevantes para aferir, nomeadamente, a verificação de uma responsabilidade civil por actos ilícitos e culposos. Porém, o plano de aplicação daqueles princípios não deve ser confundido com o plano do juízo de ilicitude que, como defendemos, deve ser reduzido a uma "mera" apreciação objectiva da desconformidade entre um comportamento e respectivo resultado e as normas jurídicas[809]. A protecção da segurança e, *maxime*, da confiança do indivíduo podem apontar para um resultado diferente do indiciado pelo juízo de ilicitude (por exemplo, excluindo a responsabilidade civil) – tal, porém, não significa que a protecção da confiança afaste ou transforme o juízo de ilicitude mas antes que se encontra em *colisão* com o princípio da legalidade ou da jurisdicidade, colisão essa da qual poderá resultar, no caso concreto, a pre-

---

Obrigações, II, 359; L. MENEZES LEITÃO, *Direito das Obrigações*, I, 288-9, salientando as limitações ao exercício de direitos decorrentes da colisão com outros direitos e do instituto do abuso de direito; F. PESSOA JORGE, *Ensaio sobre os pressupostos da responsabilidade civil*, 191 e ss.. Voltaremos à apreciação da relevância desta causa justificativa, *infra*, em III B), 3.

[808] F. PESSOA JORGE, *Ensaio sobre os pressupostos da responsabilidade civil*, 191 e ss., considerando que o exercício de um direito, ao qual sempre assistem várias limitações, *não constitui uma causa justificativa proprio sensu*, ao contrário dos casos de tutela privada dos direitos e da concessão excepcional de um direito de não cumprir (situação em que parecem apenas estar em causa uma "autorização" *legal* ou uma permissão convencional; 262 e ss.).

[809] Note-se que não está em causa, com esta afirmação, a virtualidade da boa fé objectiva (e, com ela associada, a valia da protecção jurídica da confiança) enquanto fundamento de regras de conduta (por todos, A. MENEZES CORDEIRO, *Da boa fé no direito civil*, 527 e ss.). Em causa está, antes, a relevância da boa fé subjectiva, em sentido ético, para o juízo de culpabilidade, porquanto se traduza numa "ignorância desculpável" – A. MENEZES CORDEIRO, *Da boa fé no direito civil*, 510 e ss. (516) e 1225 e ss.; 1234 e ss., para a relação entre boa fé e confiança.

valência de um ou outro princípio – e, logo, a ocorrência de um ou outro efeito da ilicitude[810].

143. Façamos um breve resumo das principais ideias acabadas de referir. A determinação da ilicitude, em sede de responsabilidade civil e de acções de vizinhança, apresenta-se como o resultado de uma colisão de direitos fundamentais, a resolver através de uma ponderação regida pelo princípio da proporcionalidade. A violação de forma grave de um direito fundamental corresponde a uma restrição desproporcionada desse direito e, como tal, ilícita (1.ª parte do n.º 1 do artigo 483.º). A ilicitude poderá ainda decorrer da violação da determinação de comportamentos devidos e de danos a proteger pela não omissão de tais comportamentos, resultante de uma válida ponderação e restrição operada pelo legislador, ou pode resultar da construção jurisprudencial, ainda que geralmente apoiada em normas legais, de especiais deveres de cuidado. O cumprimento de um destes deveres não implica que outros não tenham que ser cumpridos, nem que esteja afastada a regra de proibição de violações graves e desproporcionadas. Verificado o ilícito, por preenchimento de qualquer uma destas regras, podem ainda variar as suas consequências, as quais vão, no direito privado, desde a imposição da cessação da actividade danosa até à indemnização pelos danos sofridos. Na determinação dos efeitos não releva apenas o juízo de ilicitude mas também outros factores de ponderação – v.g., a determinação do cuidado exigível no caso concreto, a previsibilidade do dano, a censura subjectiva ou culpabilidade *stricto sensu* – geralmente estudados segundo a perspectiva de diferentes pressupostos da responsabilidade.

---

[810] Em sentido semelhante, H. MAURER, *Staatsrecht I*, 236, embora considere que a colisão entre ambos será uma excepção e não a regra, distingue claramente entre o princípio da jurisdicidade e o princípio da segurança jurídica. B. WEBER-DÜRLER, *Vertrauensschutz im öffentlichen Recht*, 53, tomando a protecção da confiança como um princípio constitucional que, como qualquer outro, entra potencialmente em colisão com os demais; 52, considerando que este princípio exige sempre uma "aplicação casuística através de uma ponderação de interesses no caso concreto" e 153 e ss., sobre a colisão entre o princípio da legalidade e o princípio da protecção da confiança; S. MUCKEL, *Kriterien des verfassungsrechtlichen Vertrauensschutzes bei Gesetzesänderungen*, 104 e ss., relevando igualmente a necessidade de ponderação de interesses no caso concreto, que deverá ser regida pelo princípio da proporcionalidade.

Tendo estes resultados em conta, pode a ilicitude ser depurada de elementos adicionados pela teoria dos pressupostos da responsabilidade civil e desempenhar, assim, a importante função de marcar a conformidade e a desconformidade ao direito[811].

3.4. *Ilicitude e ilegalidade do acto administrativo*

144. Assim entendida a ilicitude, cabe perguntar qual a diferença de outro conceito de marcada presença no direito administrativo (e ausência no direito privado): o de ilegalidade. Ilegalidade que, para alguma doutrina do direito administrativo, não se confunde totalmente com a ilicitude: se o acto ilegal seria sempre ilícito, nem todo o acto ilícito seria ilegal[812]. A ilicitude seria, assim, uma categoria mais ampla do que a ilegalidade: o acto tanto poderia ser "ilícito por ser ilegal"[813] como poderia ser "ilícito sem ser ilegal", nomeadamente se "sem violar a lei, ofende(r) um direito absoluto de um particular"[814]. Que possam ser violados direitos subjectivos sem que, ao mesmo tempo, exista violação da lei, é afirmação que, admitimos desde já, nos suscita várias dúvidas.

Poder-se-ia pensar que a diferença propugnada entre ilegalidade e ilicitude decorreria de a segunda ser utilizada no específico contexto de

---

[811] Também parece ser esse o entendimento de P. KIRCHHOF, *Unterschiedliche Rechtswidrigkeiten in einer einheitlichen Rechtsordnung*, 7, ao referir que o sentido formal de ilicitude como contrariedade ao direito permite separar a determinação da ilicitude dos seus efeitos jurídicos.

[812] D. FREITAS DO AMARAL, *Curso de direito administrativo*, II, 398-9. No direito privado, *vide* M. ALMEIDA COSTA, *Direito das Obrigações*, 513-4, nr. 2, distinguindo entre ilicitude e ilegalidade porquanto na primeira estaria em causa a violação de um dever jurídico e na segunda um mero ónus jurídico, cuja infracção mais não acarretaria do que uma mera desvantagem. Independentemente da valia desta posição para o direito privado, não são estas as questões no direito administrativo, em que a ilegalidade resulta da contrariedade a vinculações jurídicas (não estando em causa meros ónus jurídicos). Para o que aqui interessa, o próprio Autor admite que em ambos os casos ocorre a "violação de uma norma" (M. ALMEIDA COSTA, *Direito das Obrigações*, 514, nr. cit.)

[813] D. FREITAS DO AMARAL, *Curso de direito administrativo*, II, 398: "a ilicitude (...) coincide com a sua ilegalidade, quer dizer: o acto é ilícito por ser ilegal".

[814] D. FREITAS DO AMARAL, *Curso de direito administrativo*, II, 398. Outros casos de ilicitude sem ilegalidade seriam a violação de um contrato não administrativo, a ofensa da ordem pública ou dos bons costumes e a usura.

responsabilidade civil, caso em que, para lá da mera contrariedade ao direito, estaria associada a outras considerações, como por exemplo a culpa[815]. Não é esse, contudo, o sentido da doutrina exposta: quer a ilegalidade, quer a ilicitude, são consideradas *fontes de invalidade do acto administrativo*, isto é, de inaptidão intrínseca do acto administrativo para a produção de efeitos jurídicos[816]. Depurado o conceito de ilicitude das suas possíveis conotações em sede de responsabilidade civil – o que, como vimos, não está em causa na teoria exposta – e procurando determinar qual seja o seu sentido em sede de invalidade do acto administrativo, a conclusão não pode ser outra senão a de que a ilicitude significa *contrariedade ao direito*. Qual seja a sua diferença em relação à ilegalidade, não se deixa facilmente compreender, dado que o acto administrativo é ilegal quando "viola a lei"[817].

145. A possível explicação da (parcial) separação operada entre ilegalidade e ilicitude pode decorrer da evolução do entendimento do princípio da legalidade. Como explica ROGÉRIO SOARES, a actividade administrativa, no Estado de Polícia, encontrava-se no campo do *"juridicamente irrelevante"*, representando apenas o exercício de um poder de facto[818]. A admissão, pela teoria do Fisco, da relevância jurídica da actividade enquanto lesiva de determinados direitos teve apenas consequências em sede de ilicitude, para efeitos de responsabilidade, e não enquanto fundamento de impugnação do acto[819]. A alteração não foi significativa porque operada quando, nos primórdios do Estado de Direito, a lei, instrumento por excelência de protecção dos direitos subjectivos, apenas impunha em geral que a Administração não a contrariasse[820]. Do alargamento progressivo da vinculação

---

[815] Como vimos, em sede de responsabilidade civil, a ilicitude poderia, por exemplo, compreender o aspecto objectivo de desconformidade ao direito (ilicitude objectiva) e o aspecto de censura dirigida ao interior do agente (ilicitude subjectiva ou culpabilidade).

[816] D. FREITAS DO AMARAL, *Curso de direito administrativo*, II, 379-80 (sobre a noção de invalidade do acto administrativo); 379 e 399 (considerando, para além da ilegalidade, a existência de outras fontes de invalidade, como a ilicitude).

[817] D. FREITAS DO AMARAL, *Curso de direito administrativo*, II, 381.

[818] R. E. SOARES, *Interesse público, legalidade e mérito*, 66. As afirmações que o Autor faz nesta parte do seu trabalho são melhor compreendidas através da leitura das páginas iniciais, em que se distingue entre o lícito, o ilícito e o juridicamente irrelevante (R. E. SOARES, *Interesse público, legalidade e mérito*, 1 e ss.).

[819] R. E. SOARES, *Interesse público, legalidade e mérito*, 66.

[820] R. E. SOARES, *Interesse público, legalidade e mérito*, 67-68.

ao princípio da legalidade, entendido agora não apenas como limite negativo da actuação da Administração, mas já como o seu verdadeiro fundamento, resultou, por um lado, que a actuação administrativa deixou de pertencer ao domínio do juridicamente irrelevante e, por outro lado, que a lesão de direitos subjectivos "importa necessariamente uma ilegalidade" pois "todos os direitos subjectivos estão compenetrados na lei"[821].

Atendendo à origem histórica remota da qualificação da violação de direitos subjectivos como ilicitude e não como ilegalidade, ressalta que a mesma não pode encontrar qualquer eco num Estado de direito. À violação de direitos subjectivos, sempre consagrados na lei, segue-se a ilegalidade do acto administrativo e não apenas a ilicitude para efeitos de responsabilidade.

146. Admitindo-se que na ilegalidade está em causa a contrariedade à lei e que na violação de direitos subjectivos, porquanto estes sempre estão consagrados na lei, está igualmente em causa a contrariedade à lei, então a diferença entre ambos os conceitos poderia, quanto muito, resultar da *lei* que esteja em causa. Poderia, assim, ocorrer a ofensa de um direito subjectivo "sem violar a lei" – e, por conseguinte, haver ilicitude sem ilegalidade – se por *lei* se entendesse apenas a lei administrativa, ou melhor, o bloco legal administrativo, sem inclusão, nomeadamente, do direito privado.

Como é consabido, a progressiva sujeição da Administração à legalidade foi acompanhada do nascimento do direito administrativo, da luta pela sua autonomização em relação ao direito privado e pela exclusão da sujeição da Administração ao direito privado. De onde resultou que, apesar de admitida a vinculação ao *bloc légal*, com uma amplitude que vai desde a Constituição aos actos administrativos, ficou (aparentemente) excluída a vinculação da Administração ao direito privado[822]. A separação entre ilicitude e ilegalidade poderia, assim, apresentar-se como consequência de um determinado entendimento restritivo do princípio da legalidade administrativa, fruto da autonomização do direito administrativo em relação ao direito privado.

---

[821] R. E. Soares, *Interesse público, legalidade e mérito*, 69. Note-se que, para D. Freitas do Amaral, *Curso de Direito Administrativo*, III, 316, há ilicitude sem que haja " – ao menos directamente – ilegalidade".

[822] Tal decorre implicitamente da enumeração do conteúdo do bloco legal em D. Freitas do Amaral, *Curso de Direito Administrativo*, II, 54.

O ACTO ADMINISTRATIVO CONFORMADOR DE RELAÇÕES DE VIZINHANÇA

Porém, a ser assim, de duas uma: ou o disposto no direito privado seria irrelevante, pois que não vincularia a Administração, ou, quanto muito, teria uma relevância menor do que a lei administrativa – por exemplo, relevando apenas para efeitos de responsabilidade e não de invalidade do acto, retomando, em certa medida, o exemplo histórico acima referido. Ora, ainda que exista um ónus de argumentação quanto à possível vinculação da Administração a normas de direito privado[823], não parece ser isso o que está em causa: seja ilegalidade ou seja ilicitude, ambas ocupam sempre, e sem que seja feita qualquer diferenciação como as que foram referidas, o lugar de *fontes de invalidade* do acto administrativo.

Assim sendo, considerando que a qualificação como ilícita, mas não ilegal, da lesão de direitos subjectivos era própria de um entendimento de legalidade que não pode hoje ser sufragado; que a distinção entre ilicitude e ilegalidade não releva para efeitos de responsabilidade civil; e que a violação de direitos subjectivos implica sempre uma ilegalidade, e consequente invalidade, do acto violador – não vemos qual a relevância actual da distinção entre ilicitude e ilegalidade[824].

4. Acto administrativo e princípio da separação dos poderes na Administração de infra-estruturas

4.1. *O acto administrativo na administração de infra-estruturas – problemas*

147. Um grupo de argumentos esgrimidos a favor e contra a admissão de um efeito conformador de relações jurídicas entre privados pelo acto administrativo pode ser reconduzido, para efeitos do seu enquadramento jurídico-constitucional, à mais lata questão da relevância jus-fundamental do acto administrativo na administração de infra-estruturas.

[823] Em especial, quanto a normas de direito privado que rejam relações entre privados.

[824] Acresce que a "diferença" entre *ilegalidade do acto* e *ilicitude do acto* não encontra eco no direito comparado. No direito italiano, distingue-se entre invalidade e ilicitude; trata-se apenas, porém, de uma distinção entre *invalidade do acto* e *ilicitude do comportamento* da Administração (e dos funcionários), baseado ou não num acto administrativo, para efeitos de *responsabilidade* civil, disciplinar ou penal. P. VIRGA, *Diritto amministrativo*, II, 113 e ss.. No direito alemão, utiliza-se sempre a expressão *Rechtswidrigkeit*, seja em sede de responsabilidade civil (cuja tradução é, geralmente, a de ilicitude), seja em sede de validade do acto administrativo (traduzível então por ilegalidade). H. MAURER, *Allgemeines Verwaltungsrecht*, 241 e ss. e 278.

O EFEITO CONFORMADOR DO ACTO AUTORIZATIVO NAS RELAÇÕES DE VIZINHANÇA

Relembrando, a exclusão dos direitos de terceiros do objecto decisório do acto administrativo – e a preconizada separação estrita do direito público e do direito privado – permitiria evitar a existência de contradições jurídicas. De outro lado, excluir a conformação de direitos de terceiros pelo acto administrativo colocaria em causa as funções de planeamento e de conformação da Administração de infra-estruturas, que viriam a soçobrar pelo confronto com um mero e único direito privado.

Porém, a inclusão dos direitos de terceiros no conteúdo conformador do acto administrativo – de forma a evitar a posterior oposição privada e erigindo o acto em instrumento de resolução de conflitos entre particulares – não pode deixar de merecer uma reflexão à luz do princípio da separação dos poderes e, nomeadamente, da garantia constitucional da função jurisdicional, agravando os problemas em torno da questão "efeitos do acto administrativo/vinculação do juiz"[825]. Por entre a panóplia de efeitos imputados ao acto administrativo, conta-se o efeito de vinculação do juiz civil; se este parece ser, por si, um efeito controverso, mais o parecerá se questionarmos a pretendida resolução de litígios entre vizinhos pelo acto administrativo à luz do conteúdo da função jurisdicional.

Feitas estas breves considerações, analisemos então a questão do potencial conflito entre o conteúdo e os efeitos do acto administrativo e o respeito do princípio da separação dos poderes na Administração de infra-estruturas.

4.2. *Conteúdo e efeitos do acto administrativo*

4.2.1. A teorização actual do acto administrativo e dos seus efeitos

148. Apesar da indiscutível importância do acto administrativo no direito administrativo, não se pode dizer que exista um entendimento unânime

---

[825] Entre outros, H. Bürckner, *Der privatrechtsgestaltende Staatsakt*, 1 (em 1930); P. Feuchte, *Prognose, Vorsorge und Planung bei der Genehmigung industrieller Anlagen*, 311. Por exemplo, H. Ziehm, *Die Störerverantwortlichkeit für Boden- und Wasserverunreinigungen*, 19-20, afirma que uma actuação da autoridade policial que vise apenas um interesse individualizado de um cidadão será, em regra, uma actuação inválida *porque constitui uma intervenção ilícita na competência do juiz civil.*

sobre o mesmo e sobre os seus efeitos[826]. Ainda assim, podem ser relevados alguns elementos comuns presentes em diversas concepções, nomeadamente no que diz respeito à natureza reguladora ou juridicamente conformadora, em termos gerais, do acto administrativo[827].

A natureza reguladora do acto encontra-se por demais disseminada na doutrina germânica que, em geral, utiliza essa característica para identificar e definir o acto administrativo[828]. Tal decorre, desde logo, do disposto

---

[826] Sobre o acto administrativo, entre outros, H. U. ERICHSEN/ U. KNOKE, *Bestandskraft von Verwaltungsakten*, 185 e ss.; K. OBERMAYER, *Das Dilemma der Regelung eines Einzelfalles nach dem Verwaltungsverfahrensgesetz*, 2386 e ss.; W. LÖWER, *Funktion und Begriff des Verwaltungsakts*, 805 e ss.; S. BROSS, *Zur Bindungswirkung der Zivilgerichte an Verwaltungsentscheidungen*, 91 e ss.; E. GARCÍA DE ENTERRÍA/ T.-R. FERNÁNDEZ, *Curso de Derecho Administrativo*, I, 533 e ss.; M. CAETANO, *Manual de direito administrativo*, I, 427 e ss.; D. FREITAS DO AMARAL, *Curso de direito administrativo*, II, 203 e ss.; J. M. SÉRVULO CORREIA, *Acto administrativo e âmbito da jurisdição administrativa*, 1155 e ss.; V. PEREIRA DA SILVA, *Em busca do acto administrativo perdido*, em esp. 573 e ss.; M. REBELO DE SOUSA, *O regime do acto administrativo*, 37 e ss.; R. E. SOARES, *Direito administrativo*, 76 e ss.; P. OTERO, in FAUSTO DE QUADROS / L. SOUSA DA FÁBRICA / P. OTERO / J. M. FERREIRA DE ALMEIDA, *Procedimento administrativo*, 490 e ss..

[827] V. PEREIRA DA SILVA, *Em busca do acto administrativo perdido*, 573 e ss., apresentando diversas concepções sobre o acto administrativo. O Autor, que se dedica nessas páginas à questão da recorribilidade do acto, toma como critério relevante, para a sistematização das várias posições, o da amplitude maior ou menor do conceito de acto administrativo, quer entendendo-o como acto "simplesmente produtor de efeitos jurídicos" ou, mais restritivamente, como "acto regulador". Defendendo igualmente que o CPA consagrou um conceito amplo de acto administrativo, incluindo o acto meramente interno, M. REBELO DE SOUSA, *O regime do acto administrativo*, 38. Sobre a importância do acto administrativo para o contencioso administrativo, nomeadamente para a delimitação do âmbito da jurisdição administrativa, J. M. SÉRVULO CORREIA, *Acto administrativo e âmbito da jurisdição administrativa*, 1155 e ss.. Sem questionar a importância da questão da recorribilidade do acto e, para tanto, da pertinência do critério de distinção entre concepções amplas e restritas do acto administrativo, não será esse o aspecto que pretendemos destacar. Investigando o pretendido efeito conformador de relações jurídicas entre privados, interessa-nos sobretudo a caracterização do acto administrativo (ou de alguns actos administrativos) como actos "reguladores" ou, em geral, "conformadores". Dimensão esta, aliás, que não é questionada por quem sufrague um entendimento amplo de acto administrativo. V. PEREIRA DA SILVA, *Em busca do acto administrativo perdido*, 620 e ss.

[828] Sobre a natureza reguladora do acto administrativo no direito alemão, H. MAURER, *Kontinuitätsgewähr und Vertrauensschutz*, 248; H. FABER, *Verwaltungsrecht*, 175 e ss.; F. KOPP, *VwVfG*, 582 e ss.; W. LÖWER, *Funktion und Begriff des Verwaltungsakts*, 809; K. OBERMAYER, *Das Dilemma der Regelung eines Einzelfalles nach dem Verwaltungsverfahrensgesetz*, 2386 e ss.; H.-J. BLANKE, *Vertrauensschutz im deutschen und europäischen Verwaltungsrecht*, 151; F.-J. PEINE, *Allgemeines Verwaltungsrecht*, 74 e ss.; H. P. BULL, *Allgemeines Verwaltungsrecht*, 215 e 217 e ss..

no § 35.1 VwVfG, que erige em elemento do conceito de acto administrativo a "regulação de um caso concreto"[829]. A origem desta concepção encontra-se em OTTO MAYER, para quem o acto administrativo constituía uma determinação autoritária "do que deve ser o direito" no caso concreto – expressão que ainda encontramos repetida na doutrina e na jurisprudência germânicas[830].

Em Portugal, ROGÉRIO SOARES, assumidamente na sequência de OTTO MAYER, entende o acto administrativo como "estatuição autoritária": "todo o acto administrativo se traduz num comando, positivo ou negativo, pelo qual se constituem, se modificam ou extinguem relações jurídicas, se decide um conflito, se fixa juridicamente o sentido de uma situação de facto". Trata-se, portanto, duma declaração dotada de supremacia, destinada a fixar para um particular "o que *é* ou não direito"[831] – "isto é, produz um efeito jurídico imediato"[832]. Para SÉRVULO CORREIA, "o acto administrativo conforma – o que é o mesmo que dizer que define inovatoriamente ou que regula – a relação jurídica administrativa"; a referida "inovação dá-se em consequência da eficácia constitutiva e da imperatividade do acto administrativo, ou seja, da sua propriedade de, por simples pretensão da Administração, deduzida extra-judicialmente, produzir efeitos oponíveis *erga omnes* na esfera jurídica dos destinatários"[833]. Tem assim vingado na

---

Na perspectiva da recorribilidade do acto vigora, assim, no direito germânico, um entendimento restritivo de acto administrativo – V. PEREIRA DA SILVA, *Em busca do acto administrativo perdido*, 594 e ss..

[829] K. OBERMAYER, *Das Dilemma der Regelung eines Einzelfalles nach dem Verwaltungsverfahrensgesetz*, 2386, com interessantes considerações sobre a noção de regulação e a diferenciação entre acto e norma.

[830] O. MAYER, *Deutsches Verwaltungsrecht*, I, 93. Reiterando a célebre expressão de MAYER, *"was Rechtens sein soll"*, entre outros, W. LÖWER, *Funktion und Begriff des Verwaltungsakts*, 805, considerado que a definição do § 35 VwVfG corresponde, no essencial, à noção de OTTO MAYER, e 806, sufragando esta noção enquanto correspondente a uma função de clarificação do direito e individualização das normas gerais e abstractas; H.-J. BLANKE, *Vertrauensschutz im deutschen und europäischen Verwaltungsrecht*, 151; H. MAURER, *Kontinuitätsgewähr und Vertrauensschutz*, 248 (*"Was im Einzelfall für den Bürger gelten soll"*).

[831] Com expresso apoio em O. MAYER, *Deutsches Verwaltungsrecht*, I, 93.

[832] R. E. SOARES, *Direito administrativo*, 76-77 (itálico nosso).

[833] J. M. SÉRVULO CORREIA, *Acto administrativo e âmbito da jurisdição administrativa*, 1169. Já em J. M. SÉRVULO CORREIA, *Noções de direito administrativo*, 288, o acto administrativo vinha definido como a "conduta unilateral da Administração, revestida da publicidade legalmente exigida, que, no exercício de um poder de autoridade, define inovatoriamente uma situação jurídico--administrativa concreta, quer entre a Administração e outra entidade, quer de uma coisa".

doutrina portuguesa um "conceito restrito" de acto administrativo, enquanto *decisão* – "estatuição ou determinação sobre uma certa situação jurídico-administrativa" (FREITAS DO AMARAL)[834].

A natureza reguladora do acto administrativo é reconhecida em vários ordenamentos jurídicos. Assim, em Espanha, reconhece-se a figura do acto decisório, capaz de definir situações jurídicas individualizadas[835]. No direito francês, compreende-se igualmente o acto administrativo como decisão, "um acto de vontade destinado a introduzir uma mudança nas relações de direito que existem no momento em que ele se produz, ou melhor, a modificar o ordenamento jurídico"[836]. O acto administrativo pode ter, assim, um conteúdo decisório ou "normativo"[837].

---

[834] D. FREITAS DO AMARAL, *Curso de direito administrativo*, II, 221 e ss.. Para além dos Autores citados, na doutrina portuguesa, M. CAETANO, *Manual de direito administrativo*, I, 427 e ss.; M. REBELO DE SOUSA, *O acto administrativo no ensino do Professor Marcello Caetano*, 5 e ss.; M. REBELO DE SOUSA, *Lições de direito administrativo*, 83 e ss.; M. ESTEVES DE OLIVEIRA/ P. GONÇALVES/ J. PACHECO DE AMORIM, *Código do Procedimento Administrativo comentado*, 549 e ss., considerando que a noção do CPA apenas se distingue das noções propostas pela doutrina porquanto se refere não apenas a um destinatário individualizado mas também *identificado*. Defendendo uma noção ampla de acto administrativo, com reflexos ao nível da sua recorribilidade, V. PEREIRA DA SILVA, *Em busca do acto administrativo perdido*, 620 e ss.. Não podemos contudo sufragar, sem mais, a concepção de M. ESTEVES DE OLIVEIRA/ P. GONÇALVES/ J. PACHECO DE AMORIM, *Código do Procedimento Administrativo comentado*, 550, que entendem o acto administrativo como "medida ou prescrição unilateral da Administração que produz directa, individual e concretamente *efeitos de direito administrativo* vinculantes de terceiros" (itálicos nossos). Como afirma W. LÖWER, *Funktion und Begriff des Verwaltungsakts*, 808, a referência ao direito público na definição germânica [ou na portuguesa] do acto administrativo, para além de não ser um elemento da definição mas um parâmetro de controlo da legalidade do acto, não significa que os *efeitos jurídicos* do acto administrativo tenham que ser limitados à esfera do direito público, disso sendo exemplo os actos com "efeito conformador do direito privado" – afirmação que transcrevemos sob reserva dos resultados finais da presente investigação. Seja como for, os Autores nacionais chegam depois a conclusões diferentes daquelas que se poderiam retirar da primeira afirmação (M. ESTEVES DE OLIVEIRA/ P. GONÇALVES/ J. PACHECO DE AMORIM, *Código do Procedimento Administrativo comentado*, 563-4, a que voltaremos *infra*, III B), 2.3.2.).

[835] Por exemplo, E. GARCÍA DE ENTERRÍA/ T.-R. FERNÁNDEZ, *Curso de Derecho Administrativo*, I, 559-60, relevando que o essencial destes actos é a manifestação da auto-tutela decisória da Administração; o conceito de acto administrativo propugnado em geral é, contudo, bem mais amplo (536 e ss.).

[836] J. RIVERO, *Direito Administrativo*, 103, adoptando a expressão "decisão executória".

[837] J. RIVERO, *Direito Administrativo*, 103.

O EFEITO CONFORMADOR DO ACTO AUTORIZATIVO NAS RELAÇÕES DE VIZINHANÇA

À dimensão reguladora do acto administrativo acresce a sua qualidade de "instrumento jurídico de *composição de interesses públicos e privados* ou meramente públicos através da configuração imperativa de situações inter-subjectivas" (SÉRVULO CORREIA)[838]. Esta dimensão de composição de interesses privados conflituantes entre si apresenta-se como uma das novas dimensões do acto administrativo na *administração de infra-estruturas*, suscitando a admissão – ou, ao menos, a necessidade de estudo – da *relação jurídica poligonal*.

149. A teorização dos efeitos do acto administrativo, na qual se tem destacado, mais uma vez, a doutrina germânica, padece de uma dificuldade não despicienda: a enorme confusão terminológica em redor deste tema, que dificulta o trabalho do leitor e, não poucas vezes, pode levar a equívocos[839]. Como tal, procuraremos apenas dar uma ideia geral de tais divergências, para depois tentarmos uma apreciação dos efeitos do acto "imune" a esse problema[840].

Expressões correntemente utilizadas, embora às mesmas corresponda, muitas vezes, um sentido diferente, são as de *Bestandskraft* do acto administrativo e, ao nível específico dos seus efeitos, as de *Bindungswirkung*, *Tatbestandswirkung* e *Feststellungswirkung*.

Vejamos a construção de MAURER[841]. Ao acto administrativo reconhece-se, em geral, a característica do *Bestandskraft* – que traduziremos por

---

[838] J. M. SÉRVULO CORREIA, *Acto administrativo e âmbito da jurisdição administrativa*, 1169 (itálicos nossos). H. BAUER, *Verwaltungsrechtlehre im Umbruch? Rechtsformen und Rechtsverhältnisse als Elemente einer zeitgemässen Verwaltungsrechtsdogmatik*, 304, afirmando mesmo que o direito administrativo, actualmente, é mais uma espécie de "direito distributivo" entre interesses privados do que um direito de colisão entre interesse público e interesses privados.

[839] Isto mesmo é admitido pelos próprios juristas alemães, que confessam, as mais das vezes, a sua dificuldade na compreensão dos vários sentidos dados às mesmas expressões pelos seus compatriotas: entre outros, F.-J. PEINE, *Die Legarisierungswirkung*, 207; A. KOLLMANN, *Zur Bindungswirkung von Verwaltungsakten*, 189; G. GAENTZSCH, *Konkurrenz paralleler Anlagengenehmigung*, 2790; K.-M. ORTLOFF, *Inhalt und Bindungswirkungen der Baugenehmigung*, 1665.

[840] Sobre o problema dos efeitos do acto administrativo, entre muitos outros, D. JESCH, *Die Bindung des Zivilrichters an Verwaltungsakte*, em esp. 52 e ss.; H. FABER, *Verwaltungsrecht*, 189 e ss.; W. LÖWER, *Funktion und Begriff des Verwaltungsakts*, 805 e ss., identificando funções e efeitos do acto administrativo; H. U. ERICHSEN/ U. KNOKE, *Bestandskraft von Verwaltungsakten*, 185 e ss.; H.-J. BLANKE, *Vertrauensschutz im deutschen und europäischen Verwaltungsrecht*, 149 e ss. (na perspectiva do relevo do princípio da confiança jurídica).

[841] H. MAURER, *Allgemeines Verwaltungsrecht*, 268 e ss..

"caso decidido"[842]. O *Bestandskraft* resulta do disposto nos §§ 43 e ss. do VWfG, estando ligado aos conceitos de eficácia (*Wirksamkeit*) e de revogabilidade (*Aufhebbarkeit*) do acto administrativo[843]. Este *Bestandskraft* compreende um sentido formal e um sentido material[844].

Em sentido formal, o *Bestandskraft* corresponde à inimpugnabilidade do acto administrativo, ou seja, ao facto de este não poder, ou não poder mais, ser anulado através dos meios jurídicos do contencioso administrativo, nomeadamente a acção de impugnação e a acção de condenação[845].

Em sentido material, o *Bestandskraft* do acto administrativo pode ser compreendido em conjugação com o seu *Bindungswirkung* (que poderá traduzir-se por "efeito vinculativo") e com a limitação da sua revogabilidade[846]. O *Bindungswirkung* significa que o acto é obrigatório (*verbindlich*) para os sujeitos jurídicos, resultando da *eficácia* do acto administrativo – a qual decorre da notificação do acto e não do seu *Bestandskraft* em sentido formal –, e dependendo a sua subsistência da mesma eficácia, que pode terminar através da revogação do acto, na medida do juridicamente permitido, pela Administração[847]. A relação entre estes "conceitos complementares" é evidenciada por MAURER, quando, em síntese, afirma que o

---

[842] Segundo H. U. ERICHSEN/ U. KNOKE, *Bestandskraft von Verwaltungsakten*, 186, existe unanimidade quanto à capacidade do acto administrativo de ter força de caso decidido; porém, subsistem variadas divergências quanto ao seu fundamento, aos seus sentidos, ao seu conteúdo e à sua relação com a panóplia de efeitos imputados ao acto.

[843] H. MAURER, *Allgemeines Verwaltungsrecht*, 268.

[844] Em sentido próximo, D. MERTEN, *Die Bestandskraft von Verwaltungsakten*, 1994, associa o *Bestandsschutz* formal aos conceitos de "*Unanfechtbarkeit, Unabänderlichkeit, Unaufhebbarkeit*" e aquilo a que chama o *Bestandschutz* material aos conceitos de "*Bindungskraft, Verbindlichkeit*".

[845] H. MAURER, *Allgemeines Verwaltungsrecht*, 269-70. O *Bestandskraft* em sentido formal ocorre quando os meios jurídicos de impugnação não podem ser utilizados: em geral, porque foram exauridos ou porque decorreu o seu prazo de utilização. Em sentido próximo, H. U. ERICHSEN/ U. KNOKE, *Bestandskraft von Verwaltungsakten*, 186, adiantando, porém, que dada a possibilidade de existência de terceiros lesados notificado em diferentes momentos, o caso decidido formal que se forme pelo decurso do prazo para determinado sujeito será apenas relativo, só se tornando absoluto quando mais nenhum sujeito possa impugnar o acto.

[846] H. MAURER, *Allgemeines Verwaltungsrecht*, 270.

[847] H. MAURER, *Allgemeines Verwaltungsrecht*, 270-1. Relacionando eficácia, revogabilidade e caso decidido em sentido material e salientando que este, por depender da eficácia, pode, tal como o caso decidido em sentido formal, surgir em diferentes momentos, devido à pluralidade de sujeitos abrangidos pelo acto, H. U. ERICHSEN/ U. KNOKE, *Bestandskraft von Verwaltungsakten*, 187-8.

acto administrativo é materialmente *bestandskräftig* desde que não possa ser revogado e que a revogação é admitida desde que o *Bestandskraft* a tal não se oponha[848].

Para além do *Bindungswirkung*, para MAURER limitado aos sujeitos da relação jurídica, o acto administrativo dispõe ainda de um geral *Tatbestandswirkung* (que poderemos traduzir por "efeito de consideração obrigatória do acto administrativo nos pressupostos da decisão"): este efeito ultrapassa a relação entre os sujeitos da relação jurídica e determina que o acto administrativo eficaz deve ser considerado por todos os órgãos do Estado (tribunais e autoridades administrativas) e tomado como elemento do *Tatbestand* das suas decisões – e isto, mesmo que tais órgãos tenham dúvidas sobre a sua validade; só assim não sucederá se o acto for nulo pois, como tal, não comportará quaisquer efeitos[849]. Diferente do *Tatbestandswirkung* é ainda o *Feststellungswirkung* (que poderemos traduzir por "efeito de determinação" ou "de certificação") porquanto, ao contrário daquele, não vincula apenas à regulação do acto mas também às considerações (*Feststellungen*) factuais e jurídicas que lhe servem de fundamentação. Este efeito, ao contrário dos outros, apenas existe quando expressamente previsto na lei[850].

Já KOLLMANN, por exemplo, distingue, dentro do *Bindungswirkung*, entre o *Tatbestandswirkung* e o *Feststellungswirkung*[851]. No *Tatbestandswirkung*, o que está em causa é a *vinculação* dos juízes e dos órgãos administrativos à

---

[848] H. MAURER, *Allgemeines Verwaltungsrecht*, 271.

[849] H. MAURER, *Allgemeines Verwaltungsrecht*, 271. Em sentido próximo, W. LÖWER, *Funktion und Begriff des Verwaltungsakts*, 806, considera que o "efeito vinculativo" (*Bindungswirkung*) não se encontra limitado à relação entre órgão emissor do acto e seu destinatário, antes vinculando "outras autoridades"; nesse caso, a sua denominação é de *Tatbestandswirkung*. Para H. U. ERICHSEN/ U. KNOKE, *Bestandskraft von Verwaltungsakten*, 188, os conceitos de *Bindungs-, Tatbestands- e Feststellungswirkung* devem ser distinguidos entre si e do caso decidido em sentido material; dos três efeitos, os dois últimos distinguem-se do primeiro por abrangerem outras pessoas que não o órgão emissor do acto, o destinatário e os terceiros lesados, dirigindo-se nomeadamente a outros órgãos administrativos e aos tribunais; dos dois outros efeitos, o primeiro implica a vinculação à existência do acto *e* ao seu conteúdo regulativo, ao passo que o segundo abrange igualmente as determinações fácticas e jurídicas nas quais se tenha baseado o acto; H. FABER, *Verwaltungsrecht*, 189, relevando que existe vinculação mesmo do juiz civil (salvo, também, em caso de nulidade).

[850] Como sucede no caso do § 16 BVFG –H. MAURER, *Allgemeines Verwaltungsrecht*, 271-272; H. FABER, *Verwaltungsrecht*, 190.

[851] A. KOLLMANN, *Zur Bindungswirkung von Verwaltungsakten*, 189-90.

O ACTO ADMINISTRATIVO CONFORMADOR DE RELAÇÕES DE VIZINHANÇA

existência de um acto administrativo *eficaz*[852], no sentido de o acto administrativo, sem necessidade de exame (*"unbesehen"*), pertencer ao *Tatbestand* da produção de determinados efeitos jurídicos. A questão coloca-se igualmente para o próprio órgão que emitiu o acto, quando competente para decidir em outro procedimento; o efeito do acto anterior só pode ser afastado mediante revogação[853]. Já no *Feststellungswirkung*, o que está em causa é saber se o acto administrativo tem igualmente o efeito de vincular à afirmação do seu próprio *Tatbestand* – aos seus fundamentos[854] ou, noutra formulação, às questões prévias por si decididas.

Da complexa tese de SEIBERT sobre o *Bindungswirkung* do acto administrativo, conceito apto a englobar uma série de diferentes efeitos do acto, oferece-nos destacar as suas considerações (tecidas a propósito do efeito legalizador): contida na autorização estaria a *"determinação incidental"* [(*Inzident-)Feststellung)*] de que a actividade do particular se encontra em conformidade com as disposições normativas aplicáveis, da qual por sua vez decorreria uma *determinação vinculativa sobre a licitude* dos resultados do comportamento autorizado[855].

150. Desta teorização do conteúdo e dos efeitos do acto administrativo, poderia retirar-se imediatas consequências para o problema que constitui o objecto da nossa investigação – o da admissão de um efeito conformador de relações jurídicas entre privados pelo acto administrativo[856].

---

[852] A limitação é, pois, a dos actos nulos e não a dos actos inválidos, porquanto os actos anuláveis são eficazes. A. KOLLMANN, *Zur Bindungswirkung von Verwaltungsakten*, 190, nr. 5.

[853] A. KOLLMANN, *Zur Bindungswirkung von Verwaltungsakten*, 189-90.

[854] A. KOLLMANN, *Zur Bindungswirkung von Verwaltungsakten*, 190.

[855] M. SEIBERT, *Die Bindungswirkung von Verwaltunsgsakten*, 451 e ss.. O Autor estabelece depois várias limitações ao efeito vinculativo do acto, decorrentes da determinação do seu objecto, o que o leva a negar um genérico efeito legalizador. Interessa-nos aqui salientar a "determinação incidental" e vinculativa sobre a conformidade jurídica. G. GAENTZSCH, *Konkurrenz paralleler Anlagengenehmigung*, 2790, considerando que geralmente as autorizações têm uma parte declarativa: declaram imperativamente que a instalação autorizada não contraria as disposições normativas aplicáveis. Distinguindo igualmente, a propósito da licença de construção, entre uma parte declarativa e uma parte meramente dispositiva, K.-M. ORTLOFF, *Inhalt und Bindungswirkungen der Baugenehmigung*, 1667 e ss..

[856] A exacta determinação dos efeitos do acto administrativo é questão igualmente pertinente quando se trata de averiguar a relação entre vários actos administrativos, surgindo a este propósito a questão do efeito de concentração (*"Konzentrationswirkung"*) de determinados actos. Sobre esta problemática, G. GAENTZSCH, *Konkurrenz paralleler Anlagengenehmigung*,

O EFEITO CONFORMADOR DO ACTO AUTORIZATIVO NAS RELAÇÕES DE VIZINHANÇA

Por um lado, o acto administrativo é dotado de um conteúdo regulador, produzindo inovações na ordem jurídica – ou, de outra forma, o acto tem um efeito conformativo ou conformador da realidade sobre que incide (é, pois, *rechtsgestaltende*). Essa realidade, ou mais precisamente, o objecto do acto administrativo, compreende os diversos direitos e interesses contrapostos dos sujeitos privados, assim sujeitos a uma harmonização, compatibilização ou resolução da oposição presente na regulação do acto administrativo – ou, de outra forma, o acto administrativo tem um *efeito conformador das relações jurídicas entre privados* (é, pois, *privatrechtsgestaltende*).

Adicione-se agora, por outro lado, a vinculação do juiz civil ao acto administrativo. Vinculação essa que – à margem das suas designações – assume vários conteúdos: o juiz encontra-se vinculado à existência do acto administrativo, aos seus efeitos e ao seu conteúdo decisório; mais ainda, pode estar igualmente vinculado aos fundamentos do acto ou, mais expressivamente, às "questões prévias" tal como decididas pelo acto. O sentido da vinculação do juiz civil completa-se – ou caracteriza-se – pela negação da possibilidade de apreciação da validade do acto (a não ser que este seja nulo).

Se assim for, qualquer acção, perante o juiz civil, em que um vizinho invoque contra outro as normas legais de regulação das relações de vizinhança, estará condenada à improcedência pelo embate no "escudo protector" do inquestionável acto administrativo – o que equivale a dizer que este *teria um inevitável efeito conformador de relações jurídicas entre privados*.

151. Por entre esta diversidade de construções, podemos desde já tecer algumas observações.

Em geral, é diminuta a fundamentação legal dos efeitos doutrinalmente imputados ao acto administrativo. Do regime legal do acto administrativo decorre, por um lado, a sua eficácia, salvo em caso de nulidade, e, por outro lado, a limitaçao da revogabilidade dos actos válidos, consoante o seu conteúdo, e dos actos anuláveis em função de um determinado prazo e, igualmente, do seu conteúdo. A construção do *Bestandskraft* e dos efeitos

---

2787 e ss.; K.-M. ORTLOFF, *Inhalt und Bindungswirkungen der Baugenehmigung*, 1665; H. U. ERICHSEN/ U. KNOKE, *Bestandskraft von Verwaltungsakten*, 190 e ss., equacionado a admissibilidade de um efeito prejudicial do acto administrativo (*"präjudiziellen Wirkung"*); D. FELIX, *Einheit der Rechtsordnung: zur verfassungsrechtlichen Relevanz einer juristischen Argumentationsfigur*, 260 e ss., a propósito da unidade da Administração.

O ACTO ADMINISTRATIVO CONFORMADOR DE RELAÇÕES DE VIZINHANÇA

vinculativos do acto administrativo, com diferentes conteúdos e para vários sujeitos jurídicos e órgãos administrativos e jurisdicionais, decorre da conjugação destas regras, *maxime* das respeitantes à *eficácia* do acto. Basta atentar nas afirmações de MAURER de que apenas a revogação, e não o *Bestandskraft* do acto administrativo, se encontra regulado na lei, e de que o *Feststellungswirkung* – ao contrário dos outros efeitos – necessita de expressa consagração legal[857].

Para mais, a construção da teoria dos efeitos do acto administrativo, ao não encontrar apoio integral numa regulação legal expressa, socorre-se inevitavelmente de uma determinada concepção sobre o que seja o acto administrativo – concepção para a qual pouco contribui a existência de definições legais do acto administrativo, na medida em que as mesmas, ou as suas interpretações, não são imunes a determinadas "heranças históricas"[858].

152. Em especial, as questões colocadas pelo efeito conformador de rela-ções jurídicas entre privados contribuem para *relevar* e *agravar* os proble-mas de distinção entre lei, acto administrativo e sentença.

Por um lado, a natureza de "regulação" ou de "normação" de uma situa-ção individual remete justamente para o "eterno problema" de relação entre lei ou norma jurídica e acto administrativo[859] e faz colocar pertinen-temente a questão de saber se o acto administrativo constitui mera esta-tuição de uma norma jurídica ou se é, ele próprio, uma fonte de direito[860]. Este problema, que gira em torno do conceito de conformação jurídica (*Rechtsgestaltung*), assume maior pertinência quando está em causa uma dimensão de conformação jurídica de relações entre sujeitos privados

---

[857] H. MAURER, *Allgemeines Verwaltungsrecht*, 270-1, 272.

[858] Em contexto semelhante, referindo a esperança que, com a definição de acto adminis-trativo, vertida no § 35 VwVfG, terminassem os problemas em torno do acto administrati-vo, esperança essa não realizada, F.-J. PEINE, *Die Legarisierungswirkung*, 201.

[859] K. OBERMAYER, *Das Dilemma der Regelung eines Einzelfalles nach dem Verwaltungsverfahrensge-setz*, 2386, considerando que, para se distinguir da norma, que igualmente contém uma regulação, a regulação própria do acto administrativo apenas pode ser entendida como relativa a pessoas determinadas, ou seja, individual e não geral; um "acto administrativo sem destinatário seria uma contradição em si" (2387).; em sentido próximo, W. LÖWER, *Funktion und Begriff des Verwaltungsakts*, 810.

[860] Em geral, R. SCHMIDT-DE CALUWE, *Der Verwaltungsakt in der Lehre Otto Mayers*, 35 e ss. e 214 e ss..

(latamente, *privatrechtsgestaltung*)[861]. Relembremos, a este propósito, as considerações da doutrina italiana que, perante a consagração de "autorizações derrogatórias", colocou imediatamente a questão da sua distinção em relação à lei, porquanto caberia a esta, enquanto fonte de direito vinculativa para todos, e não ao acto administrativo, a definição de situações jurídicas subjectivas e de resolução (normativa) de conflitos de interesses[862].

Por outro lado, há que equacionar a relação entre acto administrativo e sentença. Admitindo que o acto administrativo possa ser "regulador" – determinando o que é, ou o que deve ser, o direito e auto-certificando a validade desssa determinação – e ainda ter por objecto, ou ao menos incluir no seu conteúdo, a resolução de litígios entre privados – ou, se se quiser, o resultado do "confronto de pretensões jurídicas contraditórias"[863] – resta saber qual a diferença entre acto administrativo e sentença[864].

153. Neste contexto, consideramos de toda a pertinência as considerações, introdutórias à respectiva tese, de SCHMIDT DE-CALUWE: as permanentes divergências em torno dos conceitos de eficácia (*Wirksameit*), efeito vinculativo (*Bindungswirkung*) e caso decidido (*Bestandskraft*) do acto administrativo, bem como da relação entre estes conceitos, resultam, ainda

---

[861] Também se poderá afirmar que a inclusão dos terceiros na esfera de actuação do acto permite questionar a presença de uma das suas características: a aplicação a uma "situação individual e concreta". É assim que, por exemplo, D. FREITAS DO AMARAL, *Curso de direito administrativo*, II, 227, nr. 426 afirma que "por norma, o acto administrativo versa sobre uma situação individual e concreta", exceptuando-se "os actos reais e os *actos multipolares*" (itálicos nossos). *Vide* igualmente K. OBERMAYER, *Das Dilemma der Regelung eines Einzelfalles nach dem Verwaltungsverfahrensgesetz*, 2387: embora pareça admitir a vinculação dos terceiros ao (que *prima facie* permanece um) acto administrativo (cfr., contudo, nr. 14), da posição tomada em 2389 sobre os "actos gerais" ("*Allgemeinverfügung*" – § 35 I 2 VwVfG) – que não são actos administrativos – decorre a relevância do critério da determinação [não necessariamente como destinatários formais] dos sujeitos (por variados que sejam e mesmo que a regulação surja como geral e abstracta) para decidir pela natureza de acto administrativo. *Vide* ainda W. LÖWER, *Funktion und Begriff des Verwaltungsakts*, 810, referindo as dificuldades de classificação de situações mistas, quer abstractas e individuais, quer concretas e gerais; estas últimas teriam uma regulação especial no § 35 I 2 VwVfG.

[862] F. FRACCHIA, *Autorizzazione amministrativa e situazioni giuridiche soggettive*, 264-5: as autorizações derrogatórias apenas vinham a ser admitidas porque, tratando-se de um poder limitado e *expressamente previsto na lei*, entendia-se que era esta mesma que operava um "reenvio" para a avaliação da Administração.

[863] N. ACHTERBERG, *sub.* § 92, 39 ss..

[864] Relevando este aspecto, A. KOLLMANN, *Zur Bindungswirkung von Verwaltungsakten*, 194.

O ACTO ADMINISTRATIVO CONFORMADOR DE RELAÇÕES DE VIZINHANÇA

que "inconscientemente", da subsistência de dogmas da tradicional teoria do acto administrativo – leia-se, da teoria de Otto Mayer – e, concomitantemente, do distanciamento da discussão doutrinária em relação aos dados legais[865]. Das mesmas considerações resultam ainda duas interrogações igualmente pertinentes: se se admite hoje a necessidade genérica de precedência de lei[866], fundada no princípio democrático[867], porque não se orienta a doutrina do acto administrativo estritamente pela lei? Mais, será a regulação legal realmente tão lacunosa, como se afirma geralmente, ou "resultam as lacunas apenas de uma tradicional pré-compreensão da teoria do acto administrativo, que a regulação legal nem sempre quis seguir?"[868]

[865] R. Schmidt-De Caluwe, *Der Verwaltungsakt in der Lehre Otto Mayers*, 2-3. *Vide* igualmente H. Bauer, *Verwaltungsrechtlehre im Umbruch? Rechtsformen und Rechtsverhältnisse als Elemente einer zeitgemässen Verwaltungsrechtsdogmatik*, 302 e ss.. A relevância que daremos no texto principal à construção de Otto Mayer não pretende erigir a teorização deste Autor na única relevante. Sucede, contudo, que para além de a concepção de Mayer também ter influenciado o direito português, ela foi por demais pertinente no direito alemão, onde nasceu igualmente a teorização do efeito conformador de relações jurídicas entre privados. Sobre outras concepções históricas de acto administrativo e sua relevância para o direito português, V. Pereira da Silva, *Em busca do acto administrativo perdido*, 43 e ss.; D. Freitas do Amaral, *Apreciação da dissertação de doutoramento do Mestre Vasco Pereira da Silva: "Em busca do acto administrativo perdido"*, 255 e ss.; M. Rebelo de Sousa, *O acto administrativo no ensino do Professor Marcello Caetano*, 5 e ss..

[866] A defesa mais extensiva da necessidade genérica de precedência de lei em todas as esferas da actuação administrativa pertence a D. Jesch, *Gesetz und Verwaltung, passim*, esp. 171-2. Na doutrina portuguesa, R. E. Soares, *Interesse público, legalidade e mérito*, 87 e ss.; D. Freitas do Amaral, *Curso de direito administrativo*, II, 55 e ss.; J. Miranda, *Manual de direito constitucional*, V, 216 e ss.; M. Rebelo de Sousa, *Lições de direito administrativo*, I, 85-6; J. J. Gomes Canotilho, *Direito constitucional e teoria da constituição*, 256; J. J. Gomes Canotilho / V. Moreira, *Constituição da República Portuguesa anotada*, 513-4; M. A. Vaz, *Lei e reserva de lei*, 495; M. G. Dias Garcia, *Da justiça administrativa em Portugal*, 639, nr 639; C. Blanco de Morais, *As leis reforçadas*, 124, nr 435. Contra, contudo, A. Queiró, *Lições de direito administrativo*, I, 60-3; J. M. Sérvulo Correia, *Noções de direito administrativo*, 107-8; J. M. Sérvulo Correia, *Legalidade e autonomia contratual nos contratos administrativos*, 204 e ss.; J. C. Vieira de Andrade, *O ordenamento jurídico administrativo português*, 65-6; P. Otero, *O poder de substituição em direito administrativo*, II, 570 e ss.. A discussão acerca da extensão da reserva de lei na actualidade não se estende à preferência de lei, herança inquestionada do Estado de Direito liberal: entre outros, M. Rebelo de Sousa, *Lições de direito administrativo*, I, 83 e ss..

[867] Sobre o fundamento democrático da precedência de lei, entre outros, H. Faber, *Verwaltungsrecht*, 96 e ss.; D. Jesch, *Gesetz und Verwaltung*, 171-2; R. E. Soares, *Princípio da legalidade e administração constitutiva*, 183-4; J. M. Sérvulo Correia, *Legalidade e autonomia nos contratos administrativos*, esp. 190; M. A. Vaz, *Lei e reserva de lei*, 492 e ss.; M. G. Dias Garcia, *Da justiça administrativa em Portugal*, 634 e ss..

[868] R. Schmidt-De Caluwe, *Der Verwaltungsakt in der Lehre Otto Mayers*, 2-3.

Antes de avançar, temos que acrescentar duas notas às afirmações e interrogações anteriores: em primeiro lugar, e desde logo, o problema não é de confronto da teoria com as normas legais mas, antes, com as normas constitucionais – pelas quais terá que começar a descoberta das coordenadas constitucionais sobre o acto administrativo e sobre o respectivo regime legal; em segundo lugar, a crítica à valia de um conceito de acto administrativo vale na medida em que este resulte de uma qualquer pré--compreensão histórica não fundamentada e funcione como elemento para a completa dedução do regime do acto administrativo; tal não impede a consideração de um conceito de acto administrativo suportado por normas constitucionais, das quais se possam eventualmente retirar consequências para o regime ordinário do acto administrativo.

Posto isto, vejamos, antes de mais, quais serão as referidas "pré-compreensões" existentes em torno do acto administrativo e os seus eventuais efeitos "perniciosos".

4.2.2. Em busca dos "dogmas históricos"

154. O "berço" do acto administrativo encontra-se no direito francês e nos resultados da "interpretação heterodoxa" do princípio da separação de poderes, segundo a qual "julgar a Administração seria ainda administrar". Como salienta PEREIRA DA SILVA, "o resultado [desta interpretação] era paradoxal: em nome da separação entre a Administração e a Justiça, o que verdadeiramente se realiza é a indiferenciação entre as funções de administrar e de julgar"[869].

Influenciado pelo estudo do *acte administratif* francês[870], também OTTO MAYER viria a preconizar a separação entre Administração e Tribunais, incluindo entre os actos da primeira aqueles pelos quais órgãos de controlo procedessem à "eliminação" de actos administrativos[871]. A esta "separação" correspondia uma *concepção unitária do poder executivo* – composto pela

---

[869] V. PEREIRA DA SILVA, *Em busca do acto administrativo perdido*, 12

[870] O. MAYER, *Deutsches Verwaltungsrecht*, I, 59 e ss..

[871] O. MAYER, *Deutsches Verwaltungsrecht*, I, 61-2; O. MAYER, *Zur Lehre von der materiellen Rechtskraft in Verwaltungssachen*, 10-1, definindo "tribunal administrativo" como a autoridade administrativa cuja tarefa é proceder a determinações obrigatórias [do que deve ser o direito] mediante a participação das partes.

O ACTO ADMINISTRATIVO CONFORMADOR DE RELAÇÕES DE VIZINHANÇA

Administração e pela Justiça – alicerçada no paralelismo das suas funções de aplicação da lei[872]. A concepção unitária do poder executivo – e a igual valia das funções administrativa e jurisdicional – viria igualmente a encontrar acolhimento em KELSEN e em MERKL, sendo determinante para a caracterização da Escola de Viena[873].

Ao paralelismo das funções executivas – quer uma, quer outra, procediam à "determinação no caso concreto do que deve ser o direito" para o cidadão[874] – seguia-se, para OTTO MAYER, o paralelismo entre os respectivos actos aplicativos ou, de outra forma, o *paralelismo entre acto administrativo e sentença*[875]. Tal como a sentença, o acto administrativo produzia efeitos vinculativos protegidos pela ideia de "caso julgado" (*"Rechtskraft"*)[876].

Porém, a assimilação entre acto e sentença não era total, existindo diferenças relevantes entre ambos[877]. Se a jurisdição se encontrava na total dependência da lei, o mesmo não sucedia com a Administração, que reclamava a possibilidade de actuação sem fundamento na lei, desde que não a contrariasse[878]. Se a sentença era essencialmente declarativa da vontade do legislador para o caso concreto[879] – mesmo quando se tratasse de

---

[872] O. MAYER, *Deutsches Verwaltungsrecht*, I, 77 e ss..

[873] H. KELSEN, *Teoria pura do direito*, 309 e ss.; A. MERKL, *Allgemeines Verwaltungsrecht*, 215 ss..

[874] O. MAYER, *Zur Lehre von der materiellen Rechtskraft in Verwaltungssachen*, 22; O. MAYER, *Deutsches Verwaltungsrecht*, I, 93: "(...) Verwaltung zugehöriger Ausspruch, der dem Untertanen im Einzelfall bestimmt, was für ihn Rechtens sein soll".

[875] O. MAYER, *Deutsches Verwaltungsrecht*, I, 93. A formulação originária da equiparação entre acto e sentença pertence, todavia, a BERNATZIK – R. SCHMIDT-DE CALUWE, *Der Verwaltungsakt in der Lehre Otto Mayers*, 1.

[876] Não se pode, porém, esquecer que O. MAYER entendia o acto administrativo em sentido amplo, aí incluindo os "simples actos administrativos" e os "actos" emitidos pelos "tribunais administrativos" (que eram órgãos da Administração), funcionando no respeito de determinadas garantias "processuais" de participação dos lesados – O. MAYER, *Zur Lehre von der materiellen Rechtskraft in Verwaltungssachen*, 25.

[877] Em O. MAYER, *Zur Lehre von der materiellen Rechtskraft in Verwaltungssachen*, 24, o Autor afirmava que a diferença não residia nos efeitos mas na garantia da duração desses efeitos.

[878] O. MAYER, *Deutsches Verwaltungsrecht*, I, 97; antes, 69 e ss., excepcionando os casos de intervenções na liberdade e na propriedade (72).

[879] O. MAYER, embora unificando o poder executivo sob a égide da "determinação no caso concreto do que *deve ser* o direito (*"Rechtens sein soll"*), acabava depois por afirmar que a jurisdição se "limitava" a declarar "o que *é* o direito para o caso segundo a vontade da lei" – O. MAYER, *Deutsches Verwaltungsrecht*, I, 98: "(...) *was nach dem Willen des Gesetzes für diesen Fall Rechtens* ist." (destaque nosso). Não parece, assim, proceder na totalidade a crítica de R. SCHMIDT-DE CALUWE, *Der Verwaltungsakt in der Lehre Otto Mayers*, 232.

uma sentença constitutiva (*"Gestaltungsurteil"*), o seu objecto seria a declaração da conformidade legal de uma pretensão de alteração jurídica[880] e ainda que o juiz pudesse dispor de uma certa "discricionariedade", esta constituiria sempre aplicação da lei[881] – já o acto administrativo teria uma forte dimensão juridicamente constitutiva ou conformadora (*"rechtsgestaltende"*)[882].

Outra diferença relevante residia na invalidade do acto administrativo: se MAYER começava por afirmar que a "legalidade constitui o pressuposto da eficácia"[883], acabava por apenas negar esta no caso dos actos administrativos nulos – e nulos seriam apenas aqueles emitidos por um órgão não administrativo ou por um órgão administrativo sem competência, porque nestes não estaria presente a "força da vontade do Estado"[884]. Já os actos padecendo de uma "simples invalidade" seriam tidos por conformes ao Direito, como se fossem válidos, *e* eficazes. Ao contrário dos particulares, que necessitariam da conformidade ao direito para que os seus actos produzissem efeitos jurídicos, a Administração, por ser dotada de autoridade, "certificaria" ou "atestaria" (*"bezeugt"*), ao emitir o acto, a verificação dos pressupostos especiais da sua própria validade[885]. Desta "auto-tutela" – *"Selbstbezeugung"* – decorria a eficácia do acto ou, por outras palavras, a *"Selbstbezeugung"* constituía o fundamento da eficácia do acto[886].

Por último, mas não menos importante, o acto administrativo diferenciava-se da sentença por não impor a vinculação aos seus efeitos *apenas* para o lado do cidadão, mas para "ambos os lados, como um preceito jurídico (*Rechtssatz*)"[887]. Só que o *outro lado* não se limitava ao órgão administrativo que emitira o acto, nem sequer a todos os órgãos administrativos,

---

[880] O. MAYER, *Deutsches Verwaltungsrecht*, I, 100 (a intenção, parece-nos, é a de menorizar a dimensão constitutiva da sentença em si mesma pela remissão para a lei da pretensão de alteração jurídica).

[881] O. MAYER, *Deutsches Verwaltungsrecht*, I, 98.

[882] O. MAYER, *Deutsches Verwaltungsrecht*, I, 101-2: ao contrário da jurisdição, a Administração actuava ao abrigo de uma *"freie Ermessen"* (discricionariedade livre).

[883] O. MAYER, *Deutsches Verwaltungsrecht*, I, 94.

[884] O. MAYER, *Deutsches Verwaltungsrecht*, I, 95: *"die Kraft des Staatwillens"*.

[885] O. MAYER, *Deutsches Verwaltungsrecht*, I, 95.

[886] O. MAYER, *Deutsches Verwaltungsrecht*, I, 95-6.

[887] O. MAYER, *Deutsches Verwaltungsrecht*, I, 96: *"(...) zweiseitig wie beim Rechtssatz"*.

abrangendo antes todos os órgãos do poder executivo do Estado – neles se incluindo os tribunais (judiciais)[888].

Fundamento de todas estas características não era, como já adiantámos, a lei, mas antes uma especial concepção da Administração como poder autónomo e dotado de uma legitimidade própria – o que, obviamente, trazia consigo a marca do dualismo da monarquia constitucional germânica[889].

155. Em suma, para MAYER, o acto administrativo teria força de "caso julgado", como a sentença, e ainda as virtualidades da determinação, com natureza jurídico-conformadora, do direito aplicável ao caso concreto e da auto-determinação da sua própria conformidade jurídica. Além do mais, seriam eficazes os actos meramente anuláveis, categoria que só cedia a uma nulidade de relevância apenas marginal. Para culminar, importaria a vinculação do juiz civil à sua regulação.

Os ecos de todas estas características essenciais ainda hoje se encontram na teorização do acto administrativo – veja-se a doutrina germânica actual que, entre outras marcas, admite um efeito vinculativo do juiz à determinação, incluída no acto administrativo, da validade da pretensão do particular com o ordenamento jurídico[890] – e marcam presença mesmo em ordens jurídicas, como a portuguesa, situadas fora do espaço germânico.

Assim, no regime do acto administrativo, encontramos a regra da mera anulabilidade do acto (artigo 135.º CPA), que será eficaz até ser revogado ou anulado, dentro do respectivo prazo legal (artigo 127.º, n.º 2, CPA). Ao acto administrativo reconhece-se uma força de "caso decidido"[891]. Mais, a

---

[888] O. MAYER, *Deutsches Verwaltungsrecht*, I, 179. Excepção admitida era a da apreciação da validade do acto administrativo por um tribunal (judicial) para aferir da responsabilidade civil de um funcionário público.

[889] R. SCHMIDT-DE CALUWE, *Der Verwaltungsakt in der Lehre Otto Mayers*, 118 e ss. e 256 e ss.. Sobre a relevância do princípio monárquico para a compreensão desta fase do direito público, entre outros, H. BAUER, *Geschichtliche Grundlagen der Lehre vom subjektiven öffentlichen Recht*, 45 e ss.; N. PIÇARRA, *Die Einflüsse des deutschen Verfassungsrechts auf das portugiesische Verfassungsrecht*, 55 e ss. (comparando a evolução germânica com a nacional); P. OTERO, *O poder de substituição em direito administrativo*, I, 326 e ss. (especificamente sobre o direito português).

[890] *Supra*, III A), 4.2..

[891] Na doutrina portuguesa, utilizando a expressão "caso decidido", entre outros, M. CAETANO, *Manual de direito administrativo*, II, 1368, traçando expressamente a analogia entre o caso

Administração é concebida como um poder dotado de auto-tutela declarativa – "um poder de definir unilateralmente o direito aplicável"[892] de forma obrigatória, um *"direito de fazer justiça por suas mãos* (...), nos casos da sua competência, através da declaração do direito"[893] – e mesmo de auto-tutela executiva (artigo 149.º, n.º 2, CPA)[894]. Genericamente, admite-se ainda que os actos administrativos beneficiam de uma "presunção de legalidade"[895].

julgado das sentenças e o caso decidido dos actos administrativos; D. FREITAS DO AMARAL, *Curso de direito administrativo*, II, 372 e ss.; J. C. VIEIRA DE ANDRADE, *Algumas reflexões a propósito da sobrevivência do conceito de "acto administrativo" no nosso tempo*, 1209. Afirmam, por exemplo, M. ESTEVES DE OLIVEIRA/ P. GONÇALVES/ J. PACHECO DE AMORIM, *Código do Procedimento Administrativo comentado*, 551, que à Administração compete, através do acto administrativo, "definir qual é o direito (administrativo) aplicável em tal situação, *decidindo* o caso ou *causa* administrativa, como (com as necessárias ressalvas) os tribunais decidem as *causas* judiciais, ficando a constituir essas decisões (à semelhança destas sentenças) títulos executivos" (itálicos originais). Contra a utilização do conceito de "caso decidido", embora associe ao seu sentido o de sanação da ilegalidade do acto anulável e admita que os actos administrativos, independentemente do prazo do recurso, são "dotados de uma força própria", V. PEREIRA DA SILVA, *A acção para o reconhecimento de direitos*, 58-9.

[892] Por exemplo, D. FREITAS DO AMARAL, *Curso de direito administrativo*, II, 22; M. REBELO DE SOUSA, *Lições de direito administrativo*, 76; M. T. MELO RIBEIRO, *A eliminação do acto definitivo e executório na revisão constitucional de 1989*, 376-7. Em sentido próximo, W. LÖWER, *Funktion und Begriff des Verwaltungsakts*, 806, a propósito da função tituladora (da execução) do acto administrativo, admitindo que a Administração possa ter um "privilégio de auto-titulação" (*"Selbsttitulierung"*).

[893] D. FREITAS DO AMARAL, *Curso de direito administrativo*, II, 25 (itálicos nossos).

[894] Sobre o "privilégio de execução prévia", na doutrina portuguesa, D. FREITAS DO AMARAL, *Curso de direito administrativo*, 99 e ss.; M. ESTEVES DE OLIVEIRA, *Direito administrativo*, I, 56 e ss. e 72 e ss.. Criticamente quanto à existência de faculdades de "auto-tutela executiva" tão amplas como as que decorrem do CPA e que, anteriormente a este, eram já sustentadas na doutrina, J. M. SÉRVULO CORREIA, *Noções de direito administrativo*, 339 e ss.; J. M. SÉRVULO CORREIA, *Prefácio*, XXII e ss.; R. E. SOARES, *O acto administrativo*, 31; M. G. DIAS GARCIA, *Breve reflexão sobre a execução coactiva dos actos administrativos*, 537; V. PEREIRA DA SILVA, *Em busca do acto administrativo perdido*, em esp. 461 e ss.; R. C. MACHETE, *A execução do acto administrativo*, 83; R. C. MACHETE, *Privilégio da execução prévia*, 460; M. L. ABRANTES AMARAL, *A execução dos actos administrativos no projecto de Código do Processo Administrativo Gracioso*, 173.

[895] Admitindo a presunção de legalidade dos actos administrativos, M. CAETANO, *Manual de direito administrativo*, I, 490; J. M. SÉRVULO CORREIA, *Noções de direito administrativo*, 335; P. OTERO, *in* FAUSTO DE QUADROS / L. SOUSA DA FÁBRICA / P. OTERO / J. M. FERREIRA DE ALMEIDA, *Procedimento administrativo*, 496; P. OTERO, *A execução do acto administrativo no Código de Procedimento Administrativo*, 408; M. ESTEVES DE OLIVEIRA, *Direito administrativo*, I, 542. Afastando a "presunção de legalidade" do acto administrativo, R. C. MACHETE, *Privilégio da*

O ACTO ADMINISTRATIVO CONFORMADOR DE RELAÇÕES DE VIZINHANÇA

O que não parece que ainda hoje se possa encontrar é o fundamento ou a "ideia essencial" de OTTO MAYER sobre a Administração.

4.3. *Acto administrativo, lei e sentença*

4.3.1. A "dupla natureza" do acto administrativo

156. Ainda no tempo de OTTO MAYER, a sua concepção de acto administrativo foi alvo de um juízo crítico por HANS KELSEN. No aspecto que mais nos interessa destacar, salientava-se a crítica ao acto administrativo de MAYER pela sua aproximação, não à sentença, mas à lei, porquanto aquele vinha entendido como *fonte de direito* (pois determinava o que *deveria ser* o Direito no caso concreto, o que não decorria da sentença mas das normas jurídicas)[896]. Como fonte de direito que – na ausência de uma reserva de lei fora das matérias relativas à liberdade e propriedade dos cidadãos –, não devia obediência a uma fonte hierarquicamente superior, resultando na existência de duas ordens jurídicas, com legitimidades diferentes, no mesmo ordenamento jurídico – o que já então brigava com a sensibilidade de HANS KELSEN[897].

Como bem evidencia SCHMIDT DE-CALUWE, o acto administrativo de OTTO MAYER dispunha de uma dupla natureza: era, por um lado, *sentença* e, por outro lado, *fonte de direito* – ainda que este último aspecto não fosse

---

execução prévia, 453-5; V. PEREIRA DA SILVA, *Em busca do acto administrativo perdido*, 561; M. AROSO DE ALMEIDA, *Sobre as regras de distribuição do ónus material da prova no recurso contencioso de anulação de actos administrativos*, em esp. 46 e ss.; P. MACHETE, *A suspensão jurisdicional de eficácia de actos administrativos*, 286-7; criticamente, R. E. SOARES, *Direito administrativo*, 193-4.

[896] H. KELSEN, *Zur Lehre vom öffentlichen Rechtsgeschäft*, 204-5: *"Was in dem Einzelfälle für den Untertan Rechtens sein soll, bestimmt nicht das Urteil, sondern der Rechtssatz"*; para mais, podendo a Administração determinar o que deveria ser o direito, sem para tanto necessitar de habilitação legal, então criava ela própria a norma jurídica para o caso concreto (205).

[897] H. KELSEN, *Zur Lehre vom öffentlichen Rechtsgeschäft*, 206 e ss., evidenciando a contradição lógica que implicava, à luz do princípio do Estado de Direito, submeter o acto administrativo a uma norma jurídica e, simultaneamente, admitir que ele próprio constituísse autonomamente uma norma jurídica. Note-se que, posteriormente, KELSEN viria a reconhecer ao acto administrativo a natureza de fonte de direito, embora devidamente integrado na sua "pirâmide normativa" – H. KELSEN, *Teoria pura do direito*, 323 e ss.. Esta concepção, desenvolvida no direito administrativo por MERKL, viria a ter o resultado idêntico de vinculação do juiz ao acto, sendo ainda hoje uma concepção presente no direito austríaco.

expressamente admitido por O. MAYER[898]. Para SCHMIDT DE-CALUWE, a natureza de fonte de direito resultava essencialmente da circunstância de o acto ser vinculativo, não apenas para o seu destinatário, mas para todos os órgãos do poder executivo (Administração e Tribunais)[899]. A esta característica é preciso adicionar outras, não menos importantes, que resultam da célebre expressão *"Rechtens sein soll"*. Esta determinação do que "deve ser o Direito" no caso concreto era uma auto-determinação, constitutiva ou conformativa, pela Administração, no sentido de esta não ter que encontrar na lei o fundamento para a emissão de actos administrativos. Mais ainda, a definição do que *"deve ser* o Direito" constante do acto administrativo não vinha entendida como uma "humilde" afirmação, meramente hipotética, do que *poderia* ser o Direito no caso concreto segundo a perspectiva da Administração; pelo contrário, a afirmação daquilo que "deve ser o Direito" constituía a afirmação de um *dever ser* em sentido normativo – ou seja, a imposição de uma regra – que, para mais, trazia consigo, de forma imanente, a afirmação da "existência dos pressupostos da sua validade" ou, dito de outra forma, a "auto-certificação" da sua validade[900]. Isto é, o acto administrativo de OTTO MAYER consistia na determinação normativa (*dever* ser) do que *é* o Direito com uma inerente determinação da validade jurídica desse *dever ser*. E era esta dupla determinação que, para além de beneficiar de uma protecção semelhante à sentença, vinculava ainda todos os órgãos do poder executivo, "como uma disposição jurídica".

Ou seja, o acto administrativo de MAYER, por um lado, aproximava-se da lei, na medida em que, sem necessitar de encontrar naquela o seu fundamento e sendo concretização de uma *"freie Ermessen"*, criava uma regulação jurídica para o caso concreto; por outro lado, aproximava-se da sentença, na medida em que os seus efeitos beneficiavam, ao menos, da mesma protecção. Mas mais ainda: o âmbito subjectivo de vinculação aos seus efeitos era mais amplo do que o da sentença e semelhante ao das

---

[898] R. SCHMIDT-DE CALUWE, *Der Verwaltungsakt in der Lehre Otto Mayers*, 214 e ss.. Igualmente, H. H. RUPP, *Grundfragen der heutigen Verwaltungsrechtslehre*, 10-1, considerando que, na lição de MAYER, o acto acabava por ter a natureza de fonte de direito objectiva para o caso concreto. Note-se que no elenco das fontes do direito administrativo de MAYER não constava o acto administrativo – O. MAYER, *Deutsches Verwaltungsrecht*, I, 81 e ss..

[899] R. SCHMIDT-DE CALUWE, *Der Verwaltungsakt in der Lehre Otto Mayers*, 215.

[900] R. SCHMIDT-DE CALUWE, *Der Verwaltungsakt in der Lehre Otto Mayers*, 237 e ss., considerando que a *Selbstbezeugung* de O. MAYER dá hoje pelo nome de "presunção de legalidade".

normas jurídicas, vinculando todos os sujeitos de direito; para completar o quadro, a Administração auto-determinava a conformidade jurídica do acto administrativo, como se fosse um tribunal. *Em suma, a Administração criava o direito e certificava ainda a sua validade.*

Como é bom de ver, a construção de OTTO MAYER apenas era compreensível à luz de uma determinada concepção da Administração, tributária do princípio monárquico: o acto administrativo, assim configurado, era a expressão paradigmática da sua concepção do poder executivo da Administração, poder esse que, contendo e expressando imediatamente a "vontade do Estado", era, ao lado do poder legislativo, dotado de uma legitimidade própria[901]. Quase que apetece dizer que a célebre aproximação entre acto e sentença era mais uma "manobra diversiva" para afastar as atenções da aproximação *do poder executivo ao poder legislativo* por via da consideração do acto administrativo como fonte de direito.

4.3.2. Acto administrativo e princípio da legalidade

157. "Passa a Constituição, permanece o direito administrativo"?
Tomando a sério os princípios da separação de poderes e da legalidade, há que afastar a concepção de MAYER e outras semelhantes sobre o poder administrativo e procurar, na Constituição, os fundamentos possíveis de uma hodierna concepção de acto administrativo e do respectivo regime legal.

Substituído o princípio monárquico pelo princípio democrático, e nos quadros do entendimento hodierno do princípio da separação dos poderes[902], a lei constitui quer o limite, quer o fundamento da actividade

---

[901] R. SCHMIDT-DE CALUWE, *Der Verwaltungsakt in der Lehre Otto Mayers*, 55 e ss..

[902] Domina hoje um entendimento da separação de poderes como princípio de optimização do exercício das funções do Estado, nos termos do qual o órgão constitucionalmente encarregue de tomar determinada decisão seja aquele funcionalmente adequado para tal, tendo em conta a sua aptidão, responsabilidade e adequação (G. ZIMMER, *Funktion – Kompetenz – Legitimation, passim*; K. HESSE, *Grundzüge des Verfassungsrechts der Bundesrepublik Deutschland*, 202-3, 214-5; em Portugal, J. J. GOMES CANOTILHO, *Direito constitucional e teoria da Constituição*, 549 e ss., precisamente considerando o princípio como "funcionalmente orientado"; J. J. GOMES CANOTILHO / V. MOREIRA, *Constituição da República Portuguesa anotada*, 496; J. REIS NOVAIS, *Separação de poderes e limites da competência legislativa da Assembleia da República*, 25-6; N. PIÇARRA, *A separação dos poderes como doutrina e princípio constitucional*, 262-4).

administrativa[903]. Tal não significa, porém, que a Administração tenha que perder a sua, tradicionalmente chamada, dimensão autoritária – de imposição unilateral de efeitos jurídicos – nem que tenha sido "degradada" a uma mera executora da vontade legislativa.

Poder infra-ordenado em face da lei, mas ainda assim, poder administrativo, a denominada "dimensão autoritária" do acto administrativo, que produz determinações unilaterais e imperativas, encontra ainda hoje o seu fundamento na Constituição: se a Administração tem como missão a prossecução do interesse público, esta nem sempre se compadecerá com o acordo dos particulares nem tem que ser, ou pode, sequer, ser transferida para os tribunais[904]. Na medida em que a decisão administrativa é precedida de uma decisão legislativa e sujeita a um posterior controlo jurisdicional, e na medida em que prossegue o interesse público – missão constitucional da Administração – justifica-se "a posição de autoridade da Administração, que determina unilateralmente efeitos jurídicos na esfera dos cidadãos"[905].

Igualmente, pode dizer-se que a actividade administrativa, *maxime* na emissão de actos administrativos reguladores, continua a deter uma natureza inovatória e conformativa: seja apenas porque o ordenamento jurídico passa a contar com um novo "elemento" – o acto administrativo; seja porque a Administração actua as mais das vezes ao abrigo de um "poder discricionário" ou de uma "margem de livre decisão" – que, ao contrário da "*freie Ermessen*" de Mayer, decorre da própria lei em que a Administração funda a sua actuação e conhece vários limites jurídicos[906]. A admissão

---

Em geral sobre o princípio da separação dos poderes, entre outros, cfr. também H. Maurer, *Staatsrecht I*, 376 e ss.; A. Queiró, *Lições de direito administrativo*, I, 9 e ss.; D. Freitas do Amaral, *Curso de direito administrativo*, II, 9 e ss.; P. Castro Rangel, *Repensar o poder judicial – fundamentos e fragmentos*, em esp. 105 e ss.; P. Castro Rangel, *Reserva de jurisdição – sentido dogmático e sentido jurisprudencial*, 11 e ss.; P. Castro Rangel, *A separação de poderes segundo Montesquieu*, 347 e ss..

[903] *Supra*, III A), 4.2..

[904] Em contexto semelhante, afirmando que as recentes mudanças no direito administrativo não têm que levar à consideração da actividade unilateral e imperativa da Administração como uma "figura obsoleta", H. Bauer, *Verwaltungsrechtlehre im Umbruch? Rechtsformen und Rechtsverhältnisse als Elemente einer zeitgemässen Verwaltungsrechtsdogmatik*, 306.

[905] J. C. Vieira de Andrade, *Algumas reflexões a propósito da sobrevivência do conceito de "acto administrativo" no nosso tempo*, 1197.

[906] Sobre a discricionariedade e a margem de livre decisão, em geral, J. M. Sérvulo Correia, *Legalidade e autonomia contratual nos contratos administrativos*, 107 e ss; J. C. Vieira

de uma função planeadora e conformadora "lato sensu" da Administração é ainda sufragada constitucionalmente, na medida em que a própria Constituição, ao consagrar as diversas funções do Estado, acolhe as funções próprias da Administração de infra-estruturas[907]. Nestes termos, não há que aproximar o acto à lei, porquanto aquele sempre depende da específica habilitação legal e a sua dimensão inovatória ou criativa sempre dependerá da margem de livre decisão conferida pela norma, cujo exercício se encontra sujeito a apreciação jurisdicional. Ou seja, o conceito de acto administrativo pode abranger uma dimensão conformadora e inovatória, desde que tal não inclua uma regulação primária das situações jurídicas – por outras palavras, a conformação é possível quando habilitada e limitada por lei, lei essa que deverá, por sua vez, obedecer à Constituição.

Nesta medida, pode afirmar-se a conformidade constitucional da "função definitória" do acto administrativo, enquanto "acto jurídico regulador, conformador ou concretizador das relações jurídicas externas, sobretudo entre a Administração e os particulares"[908] e dotado de um geral "efeito vinculativo".

Qual seja, contudo, a exacta dimensão desse efeito vinculativo depende, naturalmente, do conteúdo que se entenda poder ter o acto administrativo – o que é outra questão e suscita diferentes considerações[909]. Antes, porém, vejamos o *ponto de ruptura* entre a concepção tradicional do acto administrativo e o entendimento hodierno do princípio da legalidade.

DE ANDRADE, *O ordenamento jurídico administrativo português*, 41 e ss.; D. FREITAS DO AMARAL, *Curso de direito administrativo*, II, 73 e ss.; M. REBELO DE SOUSA, *Lições de direito administrativo*, I, 103 e ss.; H. FABER, *Verwaltungsrecht*, 100 e ss.; H. MAURER, *Allgemeines Verwaltungsrecht*, 121 e ss.; F.-J. PEINE, *Allgemeines Verwaltungsrecht*, 46 e ss..

[907] Sobre a Administração de infra-estruturas, *supra*, I A), 2..

[908] J. C. VIEIRA DE ANDRADE, *Algumas reflexões a propósito da sobrevivência do conceito de "acto administrativo" no nosso tempo*, 1220. Sobre as funções do acto administrativo, W. LÖWER, *Funktion und Begriff des Verwaltungsakts*, 805 e ss., identificando as funções de individualização e clarificação do direito, a função tituladora, a função procedimental e a função processual; P. PREU, *Subjektivrechtliche Grundlagen des öffentlichrechtlichen Drittschutzes*, 24, referindo a função estabilizadora da decisão administrativa, cujo fundamento essencial decorre (e depende) da protecção da confiança jurídica do beneficiado; H. MAURER, *Kontinuitätsgewähr und Vertrauensschutz*, 248, referindo as funções de concretização e de estabilização.

[909] H. U. ERICHSEN/ U. KNOKE, *Bestandskraft von Verwaltungsakten*, 190.

158. Admitido o princípio da legalidade como limite e, sobretudo, como fundamento de toda a actividade administrativa, a atenção dos juristas recai necessariamente sobre os actos administrativos anuláveis: actos que, apesar de contrariarem a lei – o fundamento da actividade administrativa – produzem desde logo efeitos jurídicos e têm a sua possibilidade de impugnação restringida a determinado prazo, passado o qual não mais podem ser anulados ou revogados com fundamento em invalidade, adquirindo assim a "força de caso decidido".

Como refere VIEIRA DE ANDRADE, a "força de caso decidido por mero decurso do prazo de impugnação, asseverando a estabilidade para além da ilegalidade", poderia, hoje, ficar em dúvida, pois lei e Direito devem ser o fundamento de toda a actividade administrativa[910]. Ou, dito de outra forma, admitir que a Administração actue contra a lei e, ainda assim, produza efeitos jurídicos ilegais que se consolidam, equivale a admitir que a "Administração se substitui ao legislador"[911].

Em OTTO MAYER, o esquema do raciocínio é fácil de ordenar: a Administração era um poder dotado de uma legitimidade própria, que se traduzia, entre outros aspectos, na faculdade de auto-tutela (*"Selbsbezeugung"*); esta, ao emitir um acto administrativo, auto-atestava a validade do mesmo que, assim sendo, e salvo os parcos casos de nulidade, era eficaz. Ou seja, a eficácia do acto inválido era um resultado da ideia de Administração dotada de auto-tutela. Sintomaticamente, a doutrina actual começa hoje pelas normas sobre eficácia do acto, ainda que anulável, para construir o "caso decidido" e outros efeitos do acto administrativo. Claro está que, mesmo sendo este o regime legal, é preciso encontrar uma resposta para o fundamento desse regime ou, de outra forma, o *porquê* do regime anulabilidade/ eficácia/limitação temporal da anulação.

A esta questão tem a doutrina respondido com a valia dos princípios da segurança jurídica e da protecção da confiança, procurando ver nos regimes da anulabilidade e da revogação um compromisso entre estes e o princípio da legalidade[912]. Compromisso que apresenta várias dificuldades:

---

[910] J. C. VIEIRA DE ANDRADE, *Algumas reflexões a propósito da sobrevivência do conceito de "acto administrativo" no nosso tempo*, 1200.

[911] R. SCHMIDT-DE CALUWE, *Der Verwaltungsakt in der Lehre Otto Mayers*, 37, em contexto mais amplo.

[912] J. J. GOMES CANOTILHO, *Direito constitucional e teoria da Constituição*, 265 e ss., considerando que o princípio da segurança jurídica indicia a força de caso decidido do acto administrativo,

quer porque implica um juízo crítico – em coerência, um juízo de conformidade constitucional – sobre as normas do regime legal[913], como as relativas à revogação, quer porque a relevância da segurança jurídica ou, mais especificamente, da protecção da confiança, apontam para a necessidade de apreciações concretas diferenciadas[914].

Em suma, malgrado a discussão em torno do fundamento e do regime constitucionalmente adequados da anulabilidade, resulta das considerações anteriores a compatibilidade entre uma noção de acto administrativo,

que se manifesta numa ideia de *"tendencial* imutabilidade" (itálicos nossos) do acto, quer pela vinculação da própria Administração ao mesmo, quer pela sua "tendencial irrevogabilidade"; J. C. VIEIRA DE ANDRADE, *Algumas reflexões a propósito da sobrevivência do conceito de "acto administrativo" no nosso tempo*, 1200, nr. 23; B. WEBER-DÜRLER, *Vertrauensschutz im öffentlichen Recht*, 156-7 e 168 e ss.; P. KUNIG, *Das Rechtsstaatsprinzip*, 421 e ss.; H. BAUER, *Verwaltungsrechtlehre im Umbruch? Rechtsformen und Rechtsverhältnisse als Elemente einer zeitgemässen Verwaltungsrechtsdogmatik*, 309; H. U. ERICHSEN/ U. KNOKE, *Bestandskraft von Verwaltungsakten*, 185 e 188, encontrando a segurança jurídica na procura do fundamento administrativo do caso decidido em sentido material, depois de recusada a equiparação à sentença; H. MAURER, *Staatsrecht I*, 234-5, considerando que as funções de clarificação e de estabilização do acto administrativo servem a segurança jurídica; H. MAURER, *Kontinuitätsgewähr und Vertrauensschutz*, 248 e ss., sobre confiança e revogação; H.-J. BLANKE, *Vertrauensschutz im deutschen und europäischen Verwaltungsrecht*, em esp. 171 e ss.; P. PREU, *Subjektivrechtliche Grundlagen des öffentlichrechtlichen Drittschutzes*, 24-5; W. LÖWER, *Funktion und Begriff des Verwaltungsakts*, 806, afirmando que o "efeito vinculativo" se relaciona com a segurança jurídica de uma dupla forma: *"pro futuro"*, porquanto estabiliza a situação jurídica e *"ad hoc"*, pela insegurança trazida pela transformação de uma lei geral e abstracta numa determinação imperativa para o caso concreto. Note-se que, no direito germânico, a relevância do princípio da protecção de confiança para o regime da revogação dos actos foi facilitada pelo legislador, pelas opções tomadas nos §§ 48 e 49 VwVfG; cfr. F. KOPP, *VwVfG*, 993 e ss. e 1083 e ss., respectivamente.

Outra questão é a de saber se o caso decidido dos actos administrativos pode ser limitado pelo confronto com os direitos fundamentais, nomeadamente com o direito de propriedade – sobre esta questão, H. U. ERICHSEN/ U. KNOKE, *Bestandskraft von Verwaltungsakten*, 192.

[913] Relevando este aspecto, P. KUNIG, *Das Rechtsstaatsprinzip*, 425 e ss..

[914] Assim, por exemplo, J. C. VIEIRA DE ANDRADE, *Algumas reflexões a propósito da sobrevivência do conceito de "acto administrativo" no nosso tempo*, 1200, nr. 23, apontando para o relevo da ausência de boa fé ou da falta de confiança digna de protecção jurídica do beneficiado para a regra de irrevogabilidade dos actos administrativos; J. J. GOMES CANOTILHO, *Direito constitucional e teoria da Constituição*, 266, frisando que se trata apenas, em especial pelas características da sociedade de risco, de uma "tendencial imutabilidade" do acto administrativo, havendo que conjugar variados princípios como o da prossecução do interesse público (continuada e susceptível de modificações), da confiança, da segurança jurídica, da boa fé dos administrados e dos direitos fundamentais.

regulador ou conformador de casos concretos, de forma unilateral e vinculativa, com o princípio da legalidade. Contudo, como disséramos, a determinação do efeito vinculativo depende do que se entenda por conteúdo do acto administrativo e a determinação deste passa, em parte, pelo confronto entre acto administrativo e função jurisdicional.

4.3.3. Acto administrativo e função jurisdicional

159. O problema do efeito conformador de relações jurídicas entre sujeitos privados coloca em discussão o relacionamento entre acto administrativo e juiz civil, centrando-se na questão da competência para a resolução de conflitos entre sujeitos privados – pode, desde logo, o acto administrativo ter por conteúdo uma "harmonização" dos interesses opostos de dois sujeitos privados ou a "resolução de um litígio entre particulares" e, em caso afirmativo, encontrar-se-á o juiz civil vinculado, e em que termos, à regulação decorrente do acto administrativo?

A resposta a estas questões não pode, porém, limitar-se ao problema do efeito conformador de relações jurídicas entre privados, por duas razões.

Por um lado, a extensão do efeito vinculativo ao juiz civil tem sido admitida, em geral, para todos os actos administrativos e encerra em si uma outra questão sobre o conteúdo do acto administrativo: a da admissibilidade de uma auto-determinação pela Administração da conformidade jurídica da sua actividade, a qual seria incluída no âmbito de protecção do genérico efeito vinculativo.

Por outro lado, há que distinguir dois planos no confronto entre Administração e Tribunais. Um diz respeito, genericamente, à caracterização da função jurisdicional enquanto função competente para a determinação da validade jurídica de factos jurídicos e fontes normativas – noutras palavras, de determinação de qual é o direito válido no caso controvertido ou, mais latamente, de "resolução de uma «questão de direito»" – e para a resolução definitiva de litígios, visando a obtenção da "paz jurídica"[915]. Trata-se, assim, de problemas relativos, por um lado, ao

---

[915] As expressões destacadas pertencem a A. QUEIRÓ, *Lições de direito administrativo*, I, 51, cuja concepção material de acto jurisdicional como decisão de uma questão de direito tendo em vista a obtenção da paz jurídica tem singrado na doutrina e na jurisprudência portuguesas. A questão de direito significava, para o Autor, um conflito de pretensões

conteúdo do acto administrativo e, por outro lado, às possibilidades do seu controlo jurisdicional.

Outro plano diz respeito à existência de duas ordens jurisdicionais – a "ordinária" e a administrativa, que beneficia de uma reserva constitucional de jurisdição sobre relações jurídicas administrativas[916]. Esta separação de ordens jurisdicionais, a que corresponde actualmente um propósito de especialização funcional[917], coloca a necessidade de qualificação de uma relação jurídica como administrativa ou não. Em causa está, igualmente, a intenção de evitar decisões contraditórias dos tribunais e uma duplicação de meios processuais ao dispor do sujeito.

160. A equiparação – ou, na verdade, a mera aproximação parcial – entre acto administrativo e sentença (e entre função administrativa e função jurisdicional) tem sido por demais criticada e recusada pela doutrina. Se a Administração prossegue o interesse púbico e é parte interessada nas suas decisões, os Tribunais são os guardiães do respeito da Constituição e da

---

entre várias pessoas ou sobre a verificação concreta de uma violação da ordem jurídica. Igualmente, P. CASTRO RANGEL, *Reserva de jurisdição – sentido dogmático e sentido jurisprudencial*, 39 e ss.; N. PIÇARRA, *A separação dos poderes como doutrina e princípio constitucional*, 260, considerando que a função jurisdicional se deve caracterizar pela sua "natureza exclusivamente jurídica".

Sobre a doutrina de MONTESQUIEU, N. PIÇARRA, *A separação dos poderes como doutrina e princípio constitucional*, 98 e ss.; P. CASTRO RANGEL, *A separação de poderes segundo Montesquieu*, 353 e ss.. Outra questão relativa ao entendimento actual da função jurisdicional prende-se com a ultrapassagem de uma visão puramente executora da lei (da justiça como *viva vox legit*), à qual já fizemos referência.

[916] Sobre a distinção entre as ordens jurisdicionais administrativa (e fiscal) e ordinária, entre outros, D. FREITAS DO AMARAL / M. AROSO DE ALMEIDA, *Grandes linhas da reforma do contencioso administrativo*, 21 e ss., relevando as consequências da consagração constitucional da jurisdição administrativa; igualmente, V. PEREIRA DA SILVA, *O contencioso administrativo como "direito constitucional concretizado" ou "ainda por concretizar"?*, 80 e ss.; P. CASTRO RANGEL, *Repensar o poder judicial – fundamentos e fragmentos*, 183 e ss..

[917] Considerando que o fundamento hodierno da separação de jurisdições reside na especialização funcional, D. FREITAS DO AMARAL, *Curso de direito administrativo*, II, 29, embora considere o "foro administrativo" como segundo corolário do poder administrativo, logo antecedido do primeiro corolário de independência da Administração perante a justiça; J. M. SÉRVULO CORREIA, *Contencioso administrativo*, 130; J. C. VIEIRA DE ANDRADE, *A justiça administrativa*, 75 e ss.; P. CASTRO RANGEL, *Reserva de jurisdição – sentido dogmático e sentido jurisprudencial*, 196; S. BROSS, *Zur Bindungswirkung der Zivilgerichte an Verwaltungsentscheidungen*, 91-2.

lei, actuando de forma imparcial[918]. Para além destas afirmações, é preciso questionar o conteúdo e os efeitos do acto administrativo.

Uma dimensão problemática da relação entre acto administrativo e função jurisdicional resulta do confronto entre um pretenso conteúdo do acto autorizativo de "resolução de diferendos entre o destinatário e os terceiros" ou de "compatibilização entre interesses privados opostos" e a tradicional função da jurisdição civil de resolução de litígios entre privados. Sobre este problema, tem o TEDH sucessivamente afirmado que a resolução de "questões civis" por um órgão administrativo e não por um órgão jurisdicional constitui uma violação das garantias processuais consagradas no artigo 6.º da CEDH[919].

Não nos parece que esta questão possa ser resolvida através de uma mera mudança de expressões verbais, como acaba por resultar da construção de ACHTERBERG[920]. Nem, tão-pouco, pensamos que se possa argumentar com base nas diferentes finalidades de cada função: é por certo válida a afirmação de que a Administração, ao contrário dos tribunais, não tem por finalidade resolver litígios entre particulares mas sim prosseguir o interesse público; daí não se segue, porém, que a Administração, ao prosseguir o dito interesse público, não venha a incluir no conteúdo do acto administrativo uma "harmonização" ou "resolução" do conflito entre interesses privados opostos[921]. Dito de outra forma, a decisão sobre a questão de

---

[918] Cfr., entre outros, M. CAETANO, *Manual de direito administrativo*, I, 535 e ss., sobre as relações entre a irrevogabilidade de actos administrativos e o possível paralelismo entre este e o caso julgado; D. FREITAS DO AMARAL, *Curso de direito administrativo*, II, 373-4. Sobre as diferenças entre acto administrativo e sentença, H. U. ERICHSEN/ U. KNOKE, *Bestandskraft von Verwaltungsakten*, 187-8, acrescentando que o fundamento do caso decidido material do acto administrativo terá que ser procurado dentro do direito administrativo (para além de revelarem a "confusão" entre caso decidido em sentido material e caso julgado em sentido formal); H.-J. BLANKE, *Vertrauensschutz im deutschen und europäischen Verwaltungsrecht*, 154 e ss..

[919] Já vimos acima a relevância destas sentenças na doutrina austríaca. Sobre esta jurisprudência do TEDH, C. GRABENWARTER, *Verfahrensgarantien in der Verwaltungsgerichtsbarkeit: eine Studie zu Artikel 6 EMRK auf der Grundlage einer rechtsvergleichenden Untersuchung der Verwaltungsgerichtsbarkeit Frankreichs, Deutschlands und Oesterreichs*, 35 e ss..

[920] N. ACHTERBERG, *sub. § 92*, 39.

[921] Expressamente, afirma, por exemplo, J. ISENSEE, *Das Grundrecht auf Sicherheit*, 34-5, que a Administração, através de um acto com duplo efeito, intervém num conflito entre privados, favorecendo um e onerando outro; mais, essa construção seria a única adequada a garantir o respeito dos direitos fundamentais pela Administração (embora, nos quadros do sistema germânico, esteja apenas em causa um direito de defesa e um direito à protecção, como vimos).

direito não tem por finalidade a obtenção da "paz jurídica" mas sim a prossecução do interesse público administrativo concretamente em causa, embora tal prossecução possa (ou tenha que) implicar a consideração e ponderação de interesses privados conflituantes. A resolução de um conflito, ou mais amplamente, de uma questão de direito, pela Administração, por si só, em nada briga com a função jurisdicional, que não detém uma genérica reserva absoluta quanto à *"primeira e única palavra"* sobre a resolução de conflitos entre privados[922].

Ao invés de uma pretendida separação absoluta entre direito administrativo e direito privado, com a consequente exclusão dos direitos de terceiros do conteúdo do acto administrativo, pensamos, pelo contrário, que existe uma imposição constitucional no sentido de o acto administrativo não se limitar ao confronto do interesse público com um interesse privado: estando a Administração obrigada a respeitar os direitos fundamentais dos particulares (artigo 266.º, n.º 2 CRP), que valem igualmente nas relações entre estes, tendo que desempenhar uma função de ordenação e conformação da vida social na administração de infra-estruturas e, em geral, tendo que prosseguir o interesse público no respeito dos direitos dos particulares, serão *prima facie* inconstitucionais as normas que proíbam ou limitem a garantia de respeito dos direitos fundamentais pela Administração[923].

---

[922] P. Castro Rangel, *Reserva de jurisdição – sentido dogmático e sentido jurisprudencial*, 63, apontando alguns casos de "reserva absoluta especificada de jurisdição". Note-se que a citada jurisprudência do TEDH sobre a violação do artigo 6.º não diz respeito à possibilidade de decisão de "questões civis" – ainda que este seja efectivamente utilizado de forma ampla e imprecisa – pelos órgãos administrativos mas antes, e apenas, quanto à ausência de garantias jurisdicionais de controlo de actos administrativos no âmbito de determinados procedimentos de natureza "para-jurisdicional" menos garantísticos. *Vide* C. Grabenwarter, *Verfahrensgarantien in der Verwaltungsgerichtsbarkeit: eine Studie zu Artikel 6 EMRK auf der Grundlage einer rechtsvergleichenden Untersuchung der Verwaltungsgerichtsbarkeit Frankreichs, Deutschlands und Oesterreichs*, 37 e ss.; a título de exemplo, a sentença do caso Kamansinsky, de 23 de Junho de 1994, em esp. 99 e ss..

[923] Sobre o princípio da prossecução do interesse público no respeito dos direitos dos particulares, M. Rebelo de Sousa, *Lições de direito administrativo*, 91 e ss.; M. Esteves de Oliveira/ P. Gonçalves/ J. Pacheco de Amorim, *Código do Procedimento Administrativo comentado*, 96 e ss.. Deste genérico princípio e dos direitos fundamentais decorrem outros princípios e direitos, como o princípio da imparcialidade e os direitos à audiência dos interessados e à fundamentação do acto administrativo. Sobre o princípio da imparcialidade, por todos, D. Duarte, *Procedimentalização, participação e fundamentação: para uma concretização*

Tal não significa, porém, que esses conflitos sejam *exclusiva e definitivamente* resolvidos pelo acto administrativo, por duas singelas razões: por um lado, o acto administrativo tem que se mover nos quadros da lei, nos termos que já enunciámos; por outro lado, os tribunais podem controlar a validade de qualquer acto administrativo, não podendo por isso subsistir qualquer vinculação a uma pretensa auto-certificação administrativa da sua validade. Dito de outro modo, se os tribunais não detêm necessariamente uma reserva absoluta e genérica de jurisdição, detêm pelo menos uma *reserva relativa e total de jurisdição*: se não têm os tribunais o exclusivo da resolução de questões de direito, cabe-lhes sempre a *última palavra* sobre a resolução de um conflito jurídico[924]. Ou seja, o confronto possível entre acto administrativo e acto jurisdicional não resulta da circunstância de o primeiro proceder à resolução de conflitos, orientada pela prossecução do interesse público, mas antes da (im)possibilidade de controlo jurisdicional, *maxime* pelo juiz civil, da validade da resolução do conflito obtida. Trata-se, pois, de um problema relativo ao *efeito vinculativo do acto* e *não ao seu conteúdo* de resolução de uma oposição entre sujeitos privados.

161. Segundo a formulação tradicional da teoria do acto administrativo, este encontrava-se apenas sujeito ao controlo dos "tribunais administrativos", estando excluído do âmbito de controlo do poder jurisdicional *proprio sensu*. Esse controlo jurisdicional-administrativo centrava-se na possibilidade de determinação da invalidade do acto, sujeita a determinado prazo[925].

---

do princípio da imparcialidade da Administração como parâmetro decisório, em esp. 259 e ss. e 467 e ss., sobre a difícil questão da determinação do que sejam os interesses relevantes. Para o direito à audiência dos interessados, entre outros, P. MACHETE, *A audiência dos interessados no procedimento administrativo*, em esp. 237 e ss..

[924] P. CASTRO RANGEL, *Reserva de jurisdição – sentido dogmático e sentido jurisprudencial*, 59 e ss. e 64 e ss.; P. CASTRO RANGEL, *Repensar o poder judicial – fundamentos e fragmentos*, 271 e ss.. Adiante-se que, noutra perspectiva, não bastará atribuir uma determinada função jurisdicional a um órgão administrativo e / ou dotar o procedimento administrativo de garantias similares às do processo jurisdicional para que se encontre respeitado o princípio da separação dos poderes. Este problema foi já alvo de atenção da doutrina e da jurisprudência constitucional portuguesas, a propósito da indemnização por nacionalizações – *vide*, entre outros, M. REBELO DE SOUSA, *Comissões arbitrais, indemnizações e nacionalizações*, 91 e ss.; D. FREITAS DO AMARAL, *Indemnização justa ou irrisória?*, 68-9; Ac. TC n.º 39/88 e Ac. TC n.º 452/95.

[925] Para a evolução geral do contencioso administrativo, entre outros, V. PEREIRA DA SILVA, *Em busca do acto administrativo perdido*, 12 e ss.; J. C. VIEIRA DE ANDRADE, *A justiça administrativa*, 49 e ss.;

O ACTO ADMINISTRATIVO CONFORMADOR DE RELAÇÕES DE VIZINHANÇA

Em relação aos tribunais (judiciais) vigorava a proibição de exame do acto administrativo ou, numa formulação positiva, uma genérica vinculação do juiz civil ao acto administrativo, dotado de uma força de caso decidido. Tal decorria não apenas de uma pseudo-separação de ordens jurisdicionais mas igualmente da auto-determinação – ínsita no acto administrativo e, eventualmente, não contrariada pelo órgão de controlo administrativo – da validade do acto administrativo. Aos actos administrativos reconhecia-se a capacidade de auto-certificação da sua validade ou, noutra formulação já adiantada a propósito do efeito conformador de relações jurídicas entre privados, a capacidade de *"definição jurídica do que seria ou não um prejuízo para o terceiro"*[926].

Era sobretudo com fundamento nestas características do acto administrativo (e não tanto na dualidade de jurisdições) que decorria a admissão de um efeito vinculativo do acto administrativo para o juiz civil, o qual não poderia – e não pode, ainda hoje, para grande parte da doutrina, ainda que se remeta agora para o puro plano da eficácia do acto – questionar sequer a validade do acto administrativo. O limite à vinculação do juiz civil ao acto administrativo resulta, apenas, dos casos de ineficácia, nomeadamente dos actos nulos – não produzindo quaisquer efeitos jurídicos, não poderiam igualmente produzir o efeito de vinculação do juiz civil.

162. A falência desta concepção passa por vários argumentos.
Desde logo, afirmar que, salvo os casos de nulidade, o juiz civil se encontra vinculado pelo acto administrativo, não podendo sequer questionar a sua validade jurídica, é afirmação que padece de um vício lógico: é óbvio que para concluir se o acto é nulo (ou não), o juiz tem primeiro que apreciar a sua validade.

Mais importante, a afirmação de que o juiz civil se encontra vinculado ao acto administrativo, mesmo que este seja ilegal, contradiz a garantia

---

P. Castro Rangel, *Reserva de jurisdição – sentido dogmático e sentido jurisprudencial*, 182 e ss.. Especialmente interessantes são as considerações de H. Bauer, *Geschichtliche Grundlagen der Lehre vom subjektiven öffentlichen Recht*, 70 e ss.: o dualismo entre direitos subjectivos privados e públicos (ou a cisão de um prévio conceito unitário de direito subjectivo) encontra-se ligado à separação entre as ordens jurisdicionais administrativa e privada.
[926] P. Preu, *Die historische Genese der öffentlichen Bau- und Gewerbenachbarklagen (ca. 1800-1970)*, 30-1 (itálicos nossos).

constitucional de que os juízes devem apenas obediência à Constituição e à lei – artigo 204.º da Constituição[927].

Contra este argumento, sempre se poderia dizer que da própria lei resultaria a vinculação do juiz a determinados actos ilegais. Porém, a lei apenas determina a limitação da anulação do acto administrativo – destruição retroactiva do acto e dos seus efeitos – ao respeito de determinado prazo, sem com isso afirmar que o acto deixa de poder ser "questionado" e, muito menos, que deixa de ser inválido. Pelo contrário, a admissão de acções de responsabilidade civil contra a Administração, para lá do prazo de impugnação do acto, constitui um argumento de base legal para sustentar a não convalidação do acto pelo decurso do tempo. Convalidação essa que, segundo nos parece, seria de todo adequada à construção de OTTO MAYER – auto-certificação da validade, controlo limitado pelos "tribunais administrativos" e vinculação do juiz civil – mas que nem o próprio Autor poderia genericamente admitir, visto já então existir a possibilidade de apreciação de responsabilidade dos funcionários, para lá do prazo da sua "revisão" e, por sinal, pelos tribunais judiciais. Em suma, da Constituição resulta a dependência do juiz apenas em relação à própria e à lei e não aos actos ilegais; as normas legais existentes, se de facto limitam a anulação do acto, depõem a favor da não convalidação do mesmo – que continuará, pois, a ser um acto ilegal, mesmo que tenha passado o prazo para a sua impugnação[928].

---

[927] Sobre a independência dos juízes, no sentido de apenas estarem vinculados à Constituição e à lei, entre outros, J. J. GOMES CANOTILHO/ V. MOREIRA, *Constituição da República Portuguesa anotada*, 794-5; P. CASTRO RANGEL, *Reserva de jurisdição – sentido dogmático e sentido jurisprudencial*, 44; D. LORENZ, *Der Rechtsschutz des Bürgers und die Rechtsweggarantie*, 183 e ss..

[928] Neste sentido, R. E. SOARES, *Interesse público, legalidade e mérito*, 361-2, aludindo aos equívocos possibilitados pela inimpugnabilidade do acto para a questão da sanação do acto, nomeadamente o de encontrar entre ambos uma "relação de causa-efeito"; V. PEREIRA DA SILVA, *A acção para o reconhecimento de direitos*, 58, considerando que o decurso do prazo não é "capaz de transformar – qual "milagre das rosas" – em válido o acto ilegal"; J. C. VIEIRA DE ANDRADE, *Algumas reflexões a propósito da sobrevivência do conceito de "acto administrativo" no nosso tempo*, 1210; P. OTERO, *O poder de substituição em direito administrativo*, II, 466; M. CORTEZ, *Responsabilidade civil da Administração por actos administrativos ilegais e concurso de omissão culposa do lesado*, 81 e ss.; M. AROSO DE ALMEIDA, *Anulação de actos administrativos e relações jurídicas emergentes*, 798, considerando que, mesmo no caso de inexecução justificada de sentenças, a responsabilidade devida pela Administração ainda seria por actos ilegais; V. PEREIRA DA SILVA, *2001: Odisseia no espaço conceptual do acto administrativo*, 10, apoiando a consagração legal da possibilidade de apreciação incidental do acto inimpugnável no art. 38.º

Para além da independência do juiz, o que está igualmente em causa é a própria natureza da função jurisdicional, que tem a seu cargo a determinação definitiva do que é ou não conforme ao direito. À Administração compete a prossecução do interesse público, no respeito da legalidade; aos tribunais compete determinar se existe ou não respeito da legalidade. Como lapidarmente afirma KOLLMANN, "o acto administrativo é um instrumento flexível da Administração para conformação e estipulação (imperativa) [(*verbindlichen*) *Gestaltung und Festlegung*] dos direitos e deveres dos cidadãos e do Estado". Daqui deriva a autónoma determinação de efeitos jurídicos: «O acto determina o que entre Estado e cidadãos "é", o que

CPTA (disposição esta de cuja bondade duvidamos, pois fará depender a apreciação incidental do acto inválido de uma previsão legal, quando, por nós, tal possibilidade de apreciação decorre do princípio da legalidade e da garantia constitucional da função jurisdicional, não precisando de consagração na lei nem estando, sobretudo, na disponibilidade do legislador). Contra a não sanação do acto pelo decurso do prazo para a sua impugnação, M. CAETANO, *Manual de direito administrativo*, II, 1369, considerando que, pelo decurso do prazo, o acto adquiria força de caso decidido e passaria "a ser considerado como plenamente legal e válido"; D. FREITAS DO AMARAL, *Curso de direito administrativo*, II, 409 e 421 e ss., considerando que o acto se convalida pelo decurso do tempo (apesar de admitir que tal é "aparentemente ilógico" e que é uma "ficção considerar que o decurso do tempo torna válido um acto originariamente inválido" – 421 e 423) com fundamento na "necessidade de certeza e segurança da ordem jurídica" pois que "não é possível suportar durante anos sem fim a incerteza sobre se cada acto jurídico é legal ou ilegal, válido ou inválido". Não nos parecem procedentes os argumentos: desde logo, não há uma incerteza infindável pois existem regras gerais de prescrição e caducidade, como a aplicável à responsabilidade da Administração. Depois, a certeza e a segurança jurídicas garantem-se, em primeira linha, pela existência de normas gerais e abstractas e respectiva vinculação dos sujeitos jurídicos, contrastando com a possibilidade de existirem normas que podem, afinal, não ser respeitadas, sendo "substituídas" por aquela que vier a ser a regulação do acto administrativo no caso concreto. Ainda em termos de certeza e segurança jurídicas, o próprio regime da nulidade, ao impedir, pura e simplesmente, que o acto produza efeitos, acaba por ser menos gerador de insegurança por parte dos administrados. Por último, a afirmação de que o decurso do prazo "apenas" implica a perda do direito de impugnar o acto, ou a inimpugnabilidade do acto, não significa que a ilegalidade se tenha tornado irrelevante – já sem pensar na estrita vinculação dos órgãos administrativos e dos juízes em outros processos, sempre releva para a acção de responsabilidade – que o Autor expressamente contempla, afirmando que "a sanação do acto não releva apenas no plano da legalidade. Releva também no plano da ilicitude: sanado um acto pelo decurso do prazo do recurso contencioso, subsiste a obrigação de indemnizar" (423-4). Não compreendemos a conjugação dos vários termos da afirmação transcrita e, sobretudo, não compreendemos como pode o juiz apurar a existência de uma conduta ilícita se o acto, afinal, se encontra sanado e já não é ilegal.

"vale" mas não o que é "conforme ao direito"»[929]; "A conformidade da ordem, etc., é um pressuposto do acto administrativo e não o seu conteúdo"[930]. Dito de outra forma, o acto administrativo pode trazer consigo uma determinação, ou concretização inovadora, do direito no caso concreto; o que não pode é afirmar simultaneamente a conformidade jurídica dessa determinação e pretender que a mesma beneficie de uma igual protecção de "caso decidido" – e isto pela singela razão de que determinar o que é, ou não, conforme ao direito, é missão dos tribunais e não da Administração, que não devem obediência à auto-certificação de validade do acto administrativo mas apenas à Constituição e à lei. Também aqui se verifica a falência de resultados meramente apoiados numa ultrapassada concepção da Administração. Pelo contrário, à luz do entendimento actual do princípio da separação dos poderes, pretender ver no conteúdo do acto administrativo a auto-certificação da sua validade levaria à nulidade do acto por usurpação de poderes[931].

---

[929] No original: *"Er legt fest, was zwischen Staat und Bürger "ist", was "wirkt", nicht aber, was "rechtens" ist."* A. KOLLMANN, *Zur Bindungswirkung von Verwaltungsakten,* 193.

[930] *"Die Rechtsmässigkeit des Befehls etc. ist Voraussetzung des Verwaltungsaktes, nicht aber sein Inhalt"* –A. KOLLMANN, *Zur Bindungswirkung von Verwaltungsakten,* 193. Cfr. igualmente D. JESCH, *Die Bindung des Zivilrichters an Verwaltungsakte,* em esp. 141 e ss.; S. BROSS, *Zur Bindungswirkung der Zivilgerichte an Verwaltungsentscheidungen,* 91 e ss..

[931] Ainda assim, parecem existir diversos entendimentos sobre o que sejam estes actos "declarativos ou certificativos" – por exemplo, W. LÖWER, *Funktion und Begriff des Verwaltungsakts,* 806, nr. 16, considera que os pretendidos actos declarativos são ainda actos administrativos, pois, mesmo sendo a actividade vinculada, é o acto que constitui a relação jurídica. Ora, não está em causa que possam existir actos meramente declarativos (com maior ou menor vinculação) e que tais actos possam ser factos constitutivos de uma relação jurídica ou tragam, pelo menos, ao ordenamento jurídico a inovação da sua existência. Exemplo destas são os chamados actos de *"accertamento",* em que a Administração apenas tem que declarar a verificação de um facto para que seja preenchida a previsão da norma e se produzam os efeitos jurídicos nesta estatuídos (entre outros, R. MACHETE, *A execução do acto administrativo,* 72; M. ESTEVES DE OLIVEIRA/ P. GONÇALVES/ J. PACHECO DE AMORIM, *Código do Procedimento Administrativo comentado,* 553). O que constitui objecto de controvérsia é o entendimento de acto declarativo enquanto acto que determina o que é o direito do caso concreto e que, inerentemente, auto-atesta a sua validade jurídica. Por outro lado, como é óbvio, esta pretensa auto-certificação vinculativa da validade do acto para os tribunais não se confunde com o auto-controlo que a Administração deve fazer da legalidade dos seus actos.

O ACTO ADMINISTRATIVO CONFORMADOR DE RELAÇÕES DE VIZINHANÇA

163. Em suma, o acto administrativo contém uma dimensão reguladora e conformadora, embora a mesma tenha que ser entendida nos estritos limites do respeito do princípio da legalidade. Se a discricionariedade administrativa pode justamente ser apontada como o núcleo essencial da função administrativa[932] e, com isso, excluir-se o controlo jurisdicional do mérito, já o mesmo não sucederá, obviamente, no que respeita ao controlo da legalidade do acto administrativo[933]. Concretizando o que se poderá entender por efeito vinculativo para o juiz – fora dos casos, obviamente, em que está imediatamente em causa a anulação ou declaração de nulidade do acto – podemos afirmar que o juiz se encontra vinculado à consideração do facto jurídico consubstanciado pela emissão do acto, bem como à consideração do seu conteúdo ou da regulação por este determinada. Admitindo que esta regulação possa alcançar a força de "caso decidido" mas erigindo como seus fundamentos os princípios da segurança jurídica e da protecção da confiança, não parece de excluir a possibilidade de apreciação pelo juiz, no caso concreto, da justificação do caso decidido. Contudo, o juiz não se encontra, por certo, vinculado a uma apreciação eventualmente feita pela Administração da validade do acto por si própria emitido ou, por outras palavras, *não se encontra impedido de apreciar a validade do acto.*

Ou seja, e em suma, o juiz não pode ignorar a existência do acto e o seu conteúdo, tendo que o tomar em consideração; porém, tal tomada em consideração inclui necessariamente a possibilidade de apreciação da sua validade.

164. Outra dimensão do problema diz respeito à separação de ordens jurisdicionais, que se encontra, aliás, consagrada na Constituição. A subtracção dos actos administrativos à jurisdição civil e a criação de uma pseudo-jurisdição administrativa tiveram como propósito histórico a protecção da actividade administrativa[934]. Porém, como se viu, o fundamento hodierno

---

[932] J. M. Sérvulo Correia, *Legalidade e autonomia contratual nos contratos administrativos*, 488 e ss..

[933] J. M. Sérvulo Correia, *Legalidade e autonomia contratual nos contratos administrativos*, 492 e ss..

[934] Assim, D. Freitas do Amaral, *Curso de direito administrativo*, II, 29; V. Pereira da Silva, *Para um contencioso administrativos dos particulares*, 18 e ss.; V. Pereira da Silva, *Em busca do acto administrativo perdido*, 11 e ss.. Sobre os fundamentos históricos da criação de "tribunais administrativos", em Portugal, para além dos Autores já citados, M. G. Dias Garcia, *Da justiça administrativa em Portugal*, 379 e ss.; M. T. Melo Ribeiro, *A eliminação do acto definitivo*

O EFEITO CONFORMADOR DO ACTO AUTORIZATIVO NAS RELAÇÕES DE VIZINHANÇA

da reserva de jurisdição administrativa reside tão-só na *especialização funcional*.

A dificuldade de determinação da ordem jurisdicional competente nos casos relevantes para o problema do efeito conformador do *acto administrativo* de *relações jurídicas entre privados* é uma dificuldade imanente ao próprio problema e, mais latamente, a todas as situações da vida para cuja regulação concorram direito público e direito privado – como sucede, por definição, no âmbito de ramos de direito horizontais, como é o caso do direito do ambiente[935]. Porém, não nos demitindo da procura de critérios para a solução de casos concretos, a que procederemos posteriormente, podemos já enunciar algumas considerações para utilização futura.

Desde logo, a reserva constitucional de jurisdição administrativa não tem sido entendida, quer pela lei, pela doutrina ou pela jurisprudência, como uma reserva absoluta, admitindo-se que, em determinados casos, as mesmas razões de especialização funcional que justificam a existência de tribunais administrativos possam justificar a atribuição aos tribunais judiciais de competência para a resolução de litígios que, de outro modo, e tendo em conta a cláusula constitucional de reserva de jurisdição constitucional, se poderia entender como pertencendo a estes últimos[936].

e executório na revisão constitucional de 1989, 365 e ss., referindo que, em Portugal, a separação entre jurisdição comum e "jurisdição" administrativa iniciou-se em 1751, cerca de 40 anos antes da realização das ideias dos franceses pós-revolução. Também interessante é a leitura de A. L. Ribeiro de Magalhães, *Estudos administrativos*, 73 e ss., que no início do século passado afirmava a exclusão de competência dos tribunais administrativos sobre todas as questões do foro privado, entendendo por estas qualquer questão em que estivesse em causa a "apreciação de títulos de posse ou de domínio".

[935] Relevando estas dificuldades, entre outros, M. Dolderer, *Das Verhältnis des öffentlichen zum privaten Nachbarrecht*, 21 e 24 e ss.; K. Vieweg/ A. Röthel, *Konvergenz oder Divergenz öffentlich-rechtlichen und privatrechtlichen Immissionsschutzes?*, 1171 e ss.; M. Kloepfer, *Umweltschutz als Aufgabe des Zivilrechts – aus öffentlich-rechtlicher Sicht*, 342; V. Pereira da Silva, *Da protecção jurídica ambiental – os denominados embargos administrativos em matéria de ambiente*, 16 e 22 e ss, a propósito dos "embargos administrativos". Já antes, em 1905, assumia A. L. Ribeiro de Magalhães as dificuldades de distinção entre direito privado e direito administrativo a propósito da delimitação de competências das ordens jurisdicionais (*Estudos administrativos*, 74).

[936] Desde logo, o legislador admite que o juiz comum possa decidir questões incidentais de natureza administrativa, dependendo a sobrestação de uma sua opção (artigo 97.º. 1 CPC). Para além do contencioso das expropriações, outro caso sobejamente conhecido (e discutido) é o dos embargos administrativos – arts. 41.º e 45.º , n.º 1 da LBA. Na doutrina, J. M. Sérvulo Correia, *Acto administrativo e âmbito da jurisdição administrativa*, 1168;

Depois, a reserva constitucional assenta no conceito de "relação jurídica administrativa", que, para além de receber diferentes leituras na doutrina portuguesa, em todo o caso sempre pressupõe que esteja apenas em causa a aplicação do direito administrativo[937] – ora, se nas relações jurídicas que estamos a estudar tem apenas aplicação o direito administrativo ou permanece aplicável o direito privado é algo que constitui exactamente o cerne da questão. Antes do problema da relatividade da reserva, é a interrogação acerca da própria relevância da reserva que se coloca.

Para além destas considerações, as propostas de solução que se procurem encontrar não devem perder de vista o propósito da separação de jurisdições: especialização dos tribunais e, *consequentemente, melhor realização da função jurisdicional* – seja na perspectiva da Administração e dos particulares autorizados, que não deverão estar sujeitos a infinitas possibilidades de "cumulação estratégica" de meios processuais, seja na perspectiva dos particulares lesados por aquela actividade, os quais contam com a garantia constitucional da tutela judicial efectiva. Por outras palavras, o propósito de especialização, se visa a optimização do exercício da função jurisdicional, não pode, por definição, sobrepor-se ao *princípio da tutela judicial efectiva* ou, por qualquer forma, colocá-lo em causa.

4.4. *A técnica da "relação jurídica"*

165. A figura da relação jurídica – e, em especial, da relação jurídica poligonal – tem vindo a ganhar a atenção dos publicistas[938]. Se é verdade que a

---

J. C. Vieira de Andrade, *A justiça administrativa*, 37 e ss.; J. C. Vieira de Andrade, *Âmbito e limites da jurisdição administrativa*, 103 e ss.; P. Castro Rangel, *Reserva de jurisdição – sentido dogmático e sentido jurisprudencial*, 203 e ss..

[937] Assim, por exemplo, para J. M. Sérvulo Correia, *As relações jurídicas de prestação de cuidados pelas unidades de saúde do serviço nacional de saúde*, 18, a relação jurídica administrativa pode ser definida "como um sistema complexo de situações jurídicas activas e passivas, interligadas em termos de reciprocidade, *regidas pelo Direito Administrativo* e tituladas pela Administração e por particulares ou apenas por diversos pólos finais de imputação pertencentes à própria Administração". Igualmente, J. C. Vieira de Andrade, *A justiça administrativa*, 79, relevando que estará sempre em causa a aplicação do direito administrativo. *Vide*, contudo, as interessantes considerações de J. C. Vieira de Andrade, *Âmbito e limites da jurisdição administrativa*, 103 e 106 e ss..

[938] A referência à relação jurídica no direito administrativo "não é nova, nem sequer relativamente nova", tendo marcado presença nas obras mais antigas, como expressamente

O EFEITO CONFORMADOR DO ACTO AUTORIZATIVO NAS RELAÇÕES DE VIZINHANÇA

relação jurídica vinha já referida em doutrina anterior, operou-se nos últimos anos uma verdadeira disseminação desta figura pela doutrina administrativista[939]. Mas qual é a exacta utilidade ou, dito de outra forma, o que pode trazer de novo a figura da relação jurídica em relação ao tradicional acto administrativo, que até já compreendia o "acto com efeitos para terceiros"?

Subjacente à ideia da relação jurídica encontra-se uma concepção de igualdade entre os sujeitos jurídicos – Administração e particulares – e não de supra-ordenação do poder público autoritário em relação ao "súbdito"[940]. Se, de um lado, a Administração não mais é encarada como um mero poder extra-jurídico, de outro lado, ganha enorme relevo o reconhecimento de direitos subjectivos públicos dos cidadãos[941] – questão

refere H. BAUER, *Verwaltungsrechtlehre im Umbruch? Rechtsformen und Rechtsverhältnisse als Elemente einer zeitgemässen Verwaltungsrechtsdogmatik*, 315-6. (N. ACHTERBERG, *Die Rechtsordnung als Rechtsverhältnisordnung*, 18, encontra mesmo uma referência à relação jurídica entre Estado e súbditos em doutrina inglesa do séc. XVIII). *Vide*, por exemplo, G. JELLINEK, *System der subjectiven öffentlichen Rechte*, 41 e ss.. Para uma visão das várias concepções da relação jurídica no direito administrativo, V. PEREIRA DA SILVA, *Em busca do acto administrativo perdido*, 149-50, distinguindo quatro perspectivas: a de negação da relação jurídica; a da sua desconsideração, porquanto entendida como "mera relação de poder, totalmente desequilibrada"; a da sua admissão limitada ao domínio da Administração prestadora e, por último, a visão da relação jurídica como "novo conceito central" do direito administrativo.

[939] Sobre a relação jurídica no direito administrativo, entre outros, N. ACHTERBERG, *Die Rechtsordnung als Rechtsverhältnisordnung*, 17 e ss.; N. ACHTERBERG, *Rechtsverhältnisse als Strukturelemente der Rechtsordnung – Prolegomena zu einer Rechtsverhältnistheorie*, 135 e ss.; H. BAUER, *Verwaltungsrechtlehre im Umbruch? Rechtsformen und Rechtsverhältnisse als Elemente einer zeitgemässen Verwaltungsrechtsdogmatik*, 301 e ss.; H. BAUER, *Geschichtliche Grundlagen der Lehre vom subjektiven öffentlichen Recht*, 167 e ss.; V. PEREIRA DA SILVA, *Em busca do acto administrativo perdido*, 149 e ss.; M. AROSO DE ALMEIDA, *Anulação de actos administrativos e relações jurídicas emergentes*, 125 e ss.. Dedicando especial atenção à relação jurídica poligonal, M. SUDHOF, *Dreieckige Rechtsverhältnisse im Wirtschaftsverwaltungsrecht*, em esp. 62 e ss.; P. PREU, *Subjektivrechtliche Grundlagen des öffentlichrechtlichen Drittschutzes*, 1 e ss.; J. J. GOMES CANOTILHO, *Relações jurídicas poligonais, ponderação ecológica de bens e controlo judicial preventivo*, 55 e ss.; V. PEREIRA DA SILVA, *Verde cor de direito – Lições de direito do ambiente*, 106 e ss..

[940] R. SCHMIDT-DE CALUWE, *Der Verwaltungsakt in der Lehre Otto Mayers*, 13; J. M. SÉRVULO CORREIA, *As relações jurídicas de prestação de cuidados pelas unidades de saúde do serviço nacional de saúde*, 16; R. C. MACHETE, *A execução do acto administrativo*, 65-6; H. BAUER, *Verwaltungsrechtlehre im Umbruch? Rechtsformen und Rechtsverhältnisse als Elemente einer zeitgemässen Verwaltungsrechtsdogmatik*, 304 e 317, afirmando que, num Estado de Direito, qualquer relação entre Estado e cidadão deve ser vista como uma relação jurídica.

[941] V. PEREIRA DA SILVA, *Em busca do acto administrativo perdido*, 186-7; H. BAUER, *Verwaltungsrechtlehre im Umbruch? Rechtsformen und Rechtsverhältnisse als Elemente einer zeitgemässen Verwaltungsrechtsdogmatik*, 317-8;

O ACTO ADMINISTRATIVO CONFORMADOR DE RELAÇÕES DE VIZINHANÇA

que se reveste de maior pertinência quando estejam em causa os direitos de terceiros e que ocupa grande parte das obras dedicadas ao estudo das relações jurídicas poligonais[942]. A relação jurídica é, assim, a concretização da ideia de que tanto a Administração como os particulares são "sujeitos de direito em identidade de posições"[943]. Esta ideia de "igualdade", segundo nos parece, não tem que ser entendida como uma recusa da capacidade de actuação unilateral e imperativa da Administração, necessária para que esta cumpra a sua missão constitucional de realização do interesse público. O seu sentido será, antes, o de entender a Administração como sujeito jurídico, subordinada aos direitos e deveres existentes no ordenamento jurídico, e não primacialmente como a entidade criadora, a fonte, de tais direitos e deveres[944]. O que, em si, adiante-se, não constitui qualquer novidade: trata-se de uma mera expressão da subordinação da Administração ao princípio da legalidade[945].

Para além desta dimensão materialmente fundamentadora da adopção da relação jurídica, avultam as suas vantagens enquanto "meio analítico da dinâmica de produção de efeitos jurídico-administrativos entre a Administração e os particulares"[946] ou técnica jurídica adequada à compreensão da complexa realidade da administração hodierna[947]. De entre as várias vantagens, ressalta a possibilidade de melhor compreensão das *posições jurídicas dos particulares* – designadamente mediante o enquadramento dos *terceiros*, premente na administração de infra-estruturas, na chamada relação jurídico-administrativa poligonal[948] – bem como a capacidade de

---

[942] Paradigmaticamente, M. Schmidt-Preuss, *Kollidierende Privatinteressen im Verwaltungsrecht – Das subjektive öffentlich recht im multipolaren Verwaltungsrechtsverhältnis*, em esp. 84 a 493; também P. Preu, *Subjektivrechtliche Grundlagen des öffentlichrechtlichen Drittschutzes*, 120 e ss..

[943] V. Pereira da Silva, *Em busca do acto administrativo perdido*, 186.

[944] Em sentido próximo, V. Pereira da Silva, *Em busca do acto administrativo perdido*, 186-7.

[945] Reconduzindo o fundamento da relação jurídica ao princípio da separação dos poderes, H. Bauer, *Verwaltungsrechtlehre im Umbruch? Rechtsformen und Rechtsverhältnisse als Elemente einer zeitgemässen Verwaltungsrechtsdogmatik*, 318.

[946] J. M. Sérvulo Correia, *As relações jurídicas de prestação de cuidados pelas unidades de saúde do serviço nacional de saúde*, 15-16, todavia recusando que a relação jurídica possa servir como figura central na sistematização e explicação do direito administrativo.

[947] Sobre as diversas vantagens trazidas pela relação jurídica, V. Pereira da Silva, *Em busca do acto administrativo perdido*, 186 e ss.; H. Bauer, *Verwaltungsrechtlehre im Umbruch? Rechtsformen und Rechtsverhältnisse als Elemente einer zeitgemässen Verwaltungsrechtsdogmatik*, 320 e ss..

[948] N. Achterberg, *Die Rechtsordnung als Rechtsverhältnisordnung*, 35 e 39 e ss. e 74 e ss., apresentando várias classificações da relação jurídica; M. Sudhof, *Dreieckige Rechtsverhältnisse*

integração de factos jurídicos supervenientes ao momento da decisão administrativa, permitindo uma *perspectiva dinâmica* em vez da limitação tradicional ao estático acto administrativo[949].

166. Ainda assim, a exacta conexão entre relação jurídica e acto administrativo não é inequívoca[950]. Se relação jurídica e acto administrativo já não são entendidos como conceitos opostos, considera-se, numa perspectiva mais crítica, que a conciliação entre ambos pouco de novo implicou na tradicional concepção do direito administrativo[951]. Admitir a conciliação entre ambos – afirmando *apenas*, por exemplo, que o acto administrativo constitui uma relação jurídica – possibilita que a teoria tradicional do acto administrativo e todas as suas consequências permaneçam intocadas[952]. Sucedendo a relação jurídica a uma visão autoritária do direito administrativo, em que o "súbdito" mais não seria do que um "mero objecto de actos de poder"[953], a mesma terá que reflectir a concepção base de igualdade dos sujeitos jurídicos *em várias dimensões*: seja no reconhecimento dos mais diversos direitos subjectivos dos administrados, seja na depuração dos traços do acto administrativo que, ainda que não assumidamente, são tributários de uma concepção antagónica à da relação

im Wirtschaftsverwaltungsrecht, 32-3; H. BAUER, *Verwaltungsrechtlehre im Umbruch? Rechtsformen und Rechtsverhältnisse als Elemente einer zeitgemässen Verwaltungsrechtsdogmatik*, 323-4

[949] Sobre as vantagens da adopção do conceito de relação jurídica, V. PEREIRA DA SILVA, *Em busca do acto administrativo perdido*, 188 e ss., indicando outras para além das realçadas no texto.

[950] Sendo várias as construções doutrinais, destaca-se a compreensão do acto administrativo enquanto constitutivo, modificativo ou extintivo de relações jurídicas, o que, porém, pode esconder diversos entendimentos quanto ao acto administrativo, como procuraremos evidenciar no texto principal. Exemplificativamente, M. SUDHOF, *Dreieckige Rechtsverhältnisse im Wirtschaftsverwaltungsrecht*, 41-2, erigindo a relação jurídica em conceito central do direito administrativo, que pode, embora não exclusivamente, derivar da emissão de um acto administrativo. Com várias referências ao direito alemão, H. BAUER, *Verwaltungsrechtlehre im Umbruch? Rechtsformen und Rechtsverhältnisse als Elemente einer zeitgemässen Verwaltungsrechtsdogmatik*, 307 e ss.. Ainda J. M. SÉRVULO CORREIA, *As relações jurídicas de prestação de cuidados pelas unidades de saúde do serviço nacional de saúde*, 15 e ss.; J. M. SÉRVULO CORREIA, *Acto administrativo e âmbito da jurisdição administrativa*, 1169; V. PEREIRA DA SILVA, *Em busca do acto administrativo perdido*, 161.

[951] R. SCHMIDT-DE CALUWE, *Der Verwaltungsakt in der Lehre Otto Mayers*, 12.

[952] Em sentido próximo, R. SCHMIDT-DE CALUWE, *Der Verwaltungsakt in der Lehre Otto Mayers*, 12 e ss..

[953] J. M. SÉRVULO CORREIA, *As relações jurídicas de prestação de cuidados pelas unidades de saúde do serviço nacional de saúde*, 16.

O ACTO ADMINISTRATIVO CONFORMADOR DE RELAÇÕES DE VIZINHANÇA

jurídica. Como salienta SCHMIDT DE-CALUWE, a adopção da figura da relação jurídica apenas pode fazer algum sentido e ter alguma utilidade se com isso vier implicada uma diferente concepção do acto administrativo[954]. Ou, numa perspectiva inversa, um novo entendimento do acto administrativo implica o recurso *à técnica da relação jurídica* como forma adequada de realização dos ditames constitucionais pertinentes.

167. Por nós, entendemos que a técnica da relação jurídica, tendo presente uma determinada concepção de acto administrativo e concedendo a devida relevância aos direitos dos sujeitos jurídicos, serve como técnica constitucionalmente adequada para suplantar as deficiências de uma visão estritamente dependente do conceito de acto administrativo e do respectivo regime[955].

Que a noção de acto administrativo e o respectivo regime, estritamente moldado pelo direito administrativo, revelam uma concepção "parada no tempo" e enclausurada em si mesmo, resulta logo de uma simples comparação entre o regime do acto administrativo e os regimes actualmente vigentes para a lei e para a sentença[956].

---

[954] R. SCHMIDT-DE CALUWE, *Der Verwaltungsakt in der Lehre Otto Mayers*, 14.

[955] A utilização da figura da relação jurídica no direito privado tem sido criticada, entre outras razões, pela incapacidade de abranger os direitos absolutos. Entre outros, A. MENEZES CORDEIRO, *Tratado de direito civil português*, I (t.I), 101-2 e 139 e ss., prefere a situação jurídica, distinguindo entre a situação absoluta e a situação relativa, que corresponde à relação jurídica (142). Contra, com argumentos que sufragamos, L. CARVALHO FERNANDES, *Teoria geral do direito civil*, I, 106-8 e 110 e ss., admitindo a existência de relações jurídicas absolutas e relativas, estando em causa nas primeiras, do lado activo, um sujeito titular de um direito subjectivo *erga omnes* e, do lado passivo, uma pluralidade de sujeitos obrigados ao dever geral de respeito desse bem; a relação jurídica seria concretizada sempre que, da pluralidade de sujeitos passivos, surjam os que, em determinado momento, estejam em condições de violar o direito subjectivo, podendo o sujeito activo exigir deles o cumprimento do dever geral de respeito e estando legitimado a defender-se das agressões. Igualmente com interesse, H. E. HÖRSTER, *A parte geral do Código Civil português*, 153 e ss., sobre a relação jurídica fundamental, no seguimento de LARENZ, como relação de respeito mútuo, alicerçada nas ideias de liberdade e de dever geral de respeito dos direitos de outrem.

[956] Em geral, H. BAUER, *Verwaltungsrechtlehre im Umbruch? Rechtsformen und Rechtsverhältnisse als Elemente einer zeitgemässen Verwaltungsrechtsdogmatik*, 313 e ss., referindo as deficiências do acto administrativo (e, mais latamente, da tradicional compreensão das diferentes formas de actuação) relativas à "negligenciação" da posição jurídica dos destinatários, à impossibilidade de compreensão das posições dos terceiros e ao descuramento da dimensão temporal.

Vejamos, em primeiro lugar, a lei. Devendo obediência à Constituição, a violação da Lei Fundamental é sancionada com a nulidade – ainda que eventualmente atípica, trata-se de uma nulidade, que impede a produção de efeitos jurídicos[957]. O mesmo desvalor estará presente nos regulamentos administrativos inconstitucionais ou ilegais[958]. Assim, tanto a lei inconstitucional como os regulamentos inconstitucionais ou ilegais podem ser desaplicados a todo o tempo por qualquer juiz – que, aliás, ao contrário do juiz germânico, aprecia e desaplica normas inconstitucionais, ao abrigo de uma competência própria, não dependente do Tribunal Constitucional. Para mais, a lei, enquanto acto jurídico *lato sensu*, vê a sua validade apreciada pelos parâmetros vigentes ao tempo da sua emissão. Tal, porém, não impede que a lei seja supervenientemente inconstitucional e, logo, inválida, o que a coloca sob o permanente escrutínio da sua validade de acordo com o regime em cada momento vigente. Para além disso, a lei pode cessar a sua vigência por caducidade, atendendo à relevância da superveniência de factos juridicamente relevantes, tal como pode ser revogada a todo o tempo, vigorando apenas limitações constitucionais expressas quanto à retroactividade em determinados domínios (por exemplo, artigo 18.º, n.º 2, da CRP) e podendo, eventualmente, equacionar-se a questão da protecção da confiança. Já o acto administrativo, na lição tradicional, tem a apreciação da sua validade limitada aos parâmetros vigentes no momento da sua emissão e parece apenas conhecer a cessação da sua eficácia através da sua anulação pelos tribunais administrativos e da sua revogação pela própria administração. Revogação essa cujo regime, como melhor veremos, necessita de uma apreciação globalmente crítica no confronto com os princípios constitucionais.

A comparação entre acto e sentença suscita ainda mais reflexões. Desde logo, a especial força de caso julgado das sentenças resulta de estas constituírem a determinação imparcial do que é o direito no caso concreto, sendo

---

[957] No sentido de que as leis inconstitucionais são nulas, embora com variações de pormenor, na doutrina portuguesa, J. Miranda, *Manual de direito constitucional*, II, 367 e ss.; M. Rebelo de Sousa, *O valor jurídico do acto inconstitucional*, 231; J. J. Gomes Canotilho, *Direito constitucional e teoria da constituição*, 945; J. J. Gomes Canotilho / V. Moreira, *Constituição da República Portuguesa anotada*, 996, 1033, 1039-40; R. Medeiros, *A decisão de inconstitucionalidade*, 275-6; M. Galvão Teles, *Inconstitucionalidade pretérita*, 328 e ss..

[958] M. Rebelo de Sousa, *O valor jurídico do acto inconstitucional*, 229; R. Medeiros, *A decisão de inconstitucionalidade*, 194 e ss.. Contra, aparentemente, D. Freitas do Amaral, *Direito administrativo*, IV, 272-3.

apoiada pelas diversas garantias processuais, *maxime* a da participação obrigatória de terceiros que possam vir a ser prejudicados pela sentença, no respeito estrito do princípio do contraditório[959]. Mesmo assim, como valem as sentenças?

De forma muito significativa, o processo civil conhece vários recursos extraordinários, aplicáveis quando tenha havido trânsito em julgado: revisão, pelas partes, e oposição de terceiro, em caso de simulação. O segundo pode servir como ponto de comparação com a relevância de certos vícios da vontade (dolo, coacção, etc.); o primeiro é ainda mais interessante, sobretudo porque o já aprovado CPTA, no artigo 155.º, n.º 1 e n.º 2, estende a legitimidade para este recurso a *terceiros* – se até a sentença, depois de transitada em julgado, pode ser revista, num prazo máximo de cinco anos, a pedido de um terceiro que alegue prejuízos com a mesma, como pode o acto administrativo fazer caso decidido em relação aos mesmos terceiros ao fim de três meses? Ao que acresce o facto de a impugnabilidade do acto, mera excepção dilatória, só poder ser conhecida no despacho saneador.

A comparação mais profícua entre acto administrativo e sentença atende precisamente, na nossa opinião, à valia do caso julgado que incida sobre "obrigações duradouras". No processo civil, as sentenças transitadas em julgado que tenham por objecto obrigações duradouras, nomeadamente em matéria de alimentos, podem ser alteradas (artigo 671.º, n.º 2 do CPC). E determina o artigo 292.º do CPC que a instância pode ser renovada nos "casos análogos em que a decisão proferida acerca de uma obrigação duradoura possa ser alterada em função de circunstâncias supervenientes ao trânsito em julgado, que careçam de ser judicialmente apreciadas".

Perante estas comparações, apetece dizer que o acto administrativo, tal como no tempo de OTTO MAYER, continua a reunir o "melhor dos dois mundos": determinador do direito e vinculativo para todos, mas meramente anulável por regra, aparentemente imune a considerações de ilegalidade superveniente, praticamente desconhecedor da categoria da caducidade e dotado de uma força de caso decidido, mesmo quando incidente sobre situações duradouras, cujo alcance ultrapassa o do caso julgado das

---

[959] Sobre o princípio do contraditório e a participação de terceiros, M. CARMONA, *Relações jurídicas poligonais, participação de terceiros e caso julgado no recurso contencioso de anulação (breves reflexões)*, em esp. 34 e ss..

sentenças – até se pode dizer, sem grande risco de exagero, que o caso decidido dos actos administrativos é mais forte do que o caso julgado das próprias sentenças.

168. Para além destas incongruências do regime do acto administrativo, por comparação com a lei e com a sentença, resulta ainda, de forma evidente, o deficiente enquadramento do acto administrativo com efeitos para terceiros – ou da relação jurídica poligonal – no regime do Código do Procedimento Administrativo. Sem pretensão de exaurir todos esses problemas – pois não são estes actos administrativos, em geral, que constituem o objecto da nossa tese – podemos focar três aspectos problemáticos. *Primo*, a compatibilização entre actos que, visando uma situação concreta, têm diversos destinatários e o conceito tradicional de acto administrativo, reportado a uma situação concreta e individual. *Secundo*, as dificuldades relativas à eficácia dos actos administrativos para diversos terceiros, actos esses que deverão conter a identificação dos seus destinatários e respeitar diversos requisitos de eficácia, de onde sobressai a notificação e o "começo de execução" dos actos (artigo 132.º CPA). *Tertio*, o regime da revogação – cuja relevância na construção dos efeitos dos actos administrativos já evidenciámos – traça uma bipartição entre actos constitutivos de direitos e actos não constitutivos de direitos, ignorando de todo os actos que são simultaneamente favoráveis para um particular e desfavoráveis para outro, como se estes fossem uma novidade dos últimos anos[960].

169. A concretização das ideias de subordinação à legalidade e de igualdade de posição dos sujeitos jurídicos através da relação jurídica encontra-se, a nosso ver, na "degradação" do acto administrativo como pretensa fonte de direito ao *mero papel de facto jurídico relevante, entre outros, nos quadros de determinada relação jurídica* – naturalmente, retirando-se desta afirmação as necessárias consequências[961].

---

[960] Para uma análise completa dos problemas procedimentais colocados pelas relações jurídicas poligonais, M. Schmidt-Preuss, *Kollidierende Privatinteressen im Verwaltungsrecht – Das subjektive öffentlich recht im multipolaren Verwaltungsrechtsverhältnis*, 495 e ss..

[961] Se o conceito de fontes de direito é controverso (entre outros, J. Oliveira Ascensão, *O Direito*, 45-9 e 240 e ss.; F. Ossenbühl, *Gesetz und Recht – Die Rechtsquellen im demokratischen Rechtsstaat*, 282-3; H. J. Wolff, *Rechtsgrundsätze und verfassungsgestaltende Grundentscheidungen*

O ACTO ADMINISTRATIVO CONFORMADOR DE RELAÇÕES DE VIZINHANÇA

Se se afirmar que o acto administrativo, dotado de um conteúdo regulador e produtor de inovações na ordem jurídica ou de um geral efeito conformador, constitui o facto criador, modificativo ou extintivo de uma relação jurídico-administrativa, cujo conteúdo será a própria regulação trazida pelo acto, nos quadros do respectivo regime, e nada mais se acrescentar, parece de pouca ou nenhuma utilidade convocar a figura da relação jurídica.

Diferentemente, se se entender o acto como um dos possíveis factos jurídicos relevantes para determinada relação jurídica, possibilita-se a extracção de várias consequências: i) consideração dos direitos dos vários sujeitos jurídicos e das respectivas posições, decorrentes de normas que não se encontram confinadas ao regime do acto administrativo ou, sequer, ao direito administrativo, antes e depois da emissão do acto; ii) consideração de outros factos jurídicos, anteriores ou posteriores à emissão do acto, e das normas jurídicas que lhes são potencialmente aplicáveis – em suma, perda de exclusividade do acto administrativo e do respectivo regime, bem como dos limitados factos relevantes para este, na apreciação do nascimento, vida e morte da relação jurídica, acompanhada da concorrência de outros factos e normas jurídicos.

A fundamentação material subjacente à utilização da relação jurídica (subordinação da Administração ao princípio da legalidade e igual concepção desta e dos destinatários da sua actividade como sujeitos jurídicos) deterá, assim, uma concretização em várias dimensões: quer pela consideração dos direitos subjectivos dos particulares, quer pela expurgação da herança autoritária do acto administrativo.

---

als Rechtsquellen, 281 e ss., com desenvolvimentos), na noção de facto jurídico avulta sempre a dependência da produção de efeitos jurídicos em relação à lei. Assim, entre outros, A. MENEZES CORDEIRO, *Tratado de direito civil português*, I (t.I), 293 e ss., considerando como facto jurídico "um evento ao qual o Direito associe determinados efeitos" e distinguindo, entre os factos jurídicos *lato sensu*, os factos jurídicos *stricto sensu* (eventos naturais) e actos jurídicos (manifestações de vontade humana); L. CARVALHO FERNANDES, *Teoria geral do direito civil*, II, 11, entendendo por facto jurídico a concretização de uma situação "de que, sob forma hipotética, a norma faz depender a produção dos efeitos de direito" ou, mais precisamente, como "o evento a que a norma jurídica atribui efeitos de direito" (12 ; *vide* 18 e ss. para a categoria dos actos jurídicos); P. PAIS DE VASCONCELOS, *Teoria geral do direito civil*, I, 151 e ss., com interessantes considerações sobre a relação entre norma e facto jurídico (153 e ss.).

Mas, como já se terá notado, não se trata, apenas, de reconduzir o acto administrativo a uma, ainda assim limitada, relação jurídica *administrativa* mas, mais amplamente, da integração daquele acto numa *relação jurídica*, cujas normas reguladoras não têm que se encontrar limitadas ao campo do direito administrativo – concepção esta que, para nós, corresponde à unidade trazida pela Constituição ao ordenamento jurídico e à consequente perda de relevância da distinção entre direito administrativo e direito privado.

De onde decorre, imediatamente, uma outra consideração, que já antes fizemos e que agora melhor se compreenderá: o reconhecimento de relações *jurídico-administrativas* poligonais e a sua proposta de aplicação generalizada a todas as situações em que se vislumbre o problema dos terceiros pode implicar a consequência perversa de restringir a regulação da relação jurídica ao direito administrativo, nomeadamente excluindo a aplicação do direito privado[962]. O que significa que a eventual qualificação de uma relação como relação jurídico-administrativa poligonal não se pode bastar com a mera alusão aos terceiros, antes tendo que ser o *resultado final* de uma indagação sobre a totalidade das normas jurídicas aplicáveis, independentemente dos ramos de direito a que pertençam.

B) DA CONSTITUIÇÃO AO DIREITO ORDINÁRIO

1. Actos administrativos com e sem efeitos para terceiros e actos administrativos conformadores de relações jurídicas entre particulares

1.1. *Paridade do direito administrativo e do direito privado na regulação de relações entre privados e efeito conformador dos actos administrativos*

170. Nas páginas antecedentes, procurámos fazer o enquadramento constitucional das "questões de fundo" que consideramos presentes no problema do efeito conformador de relações jurídicas entre sujeitos privados.

---

[962] Por estes motivos, a referência a uma "relação trilateral" não vem muitas vezes entendida como relação jurídica no sentido próprio do termo mas antes como uma mera descrição, não juridicamente rigorosa, da existência de várias relações jurídicas. Assim, por exemplo, J. Isensee, *Das Grundrecht auf Sicherheit*, 35, que se referia a uma "relação trilateral", decompunha esta em três relações jurídicas, sendo a existente entre os dois sujeitos particulares estritamente jurídico-privada.

Dessa reflexão resultou a exclusão de qualquer uma das soluções que têm sido apresentadas para o problema do efeito conformador: por um lado, por força da unidade da ordem jurídica extraída do sistema de direitos fundamentais, aquele problema não pode ser liminarmente afastado através da separação de objectos entre direito administrativo e direito privado; por outro lado, não pode o problema ser resolvido pela defesa de uma precedência (geral) de um ramo do direito ordinário sobre outro. A solução intermédia, de admissão do efeito conformador limitada aos casos expressamente previstos na lei, peca por insuficiência, ao não fornecer uma resposta inequívoca para os restantes casos.

Contudo, se estas afirmações contribuem para afastar da discussão alguns dos argumentos que têm sido avançados pela doutrina, deixam ainda por resolver o problema do efeito conformador.

Por um lado, argumenta-se que a inexistência de efeito conformador viria pôr em causa a *existência do próprio direito público*, fazendo sucumbir a sua função *dinâmica* de *planificação* e de *ordenação*, a favor do *interesse da comunidade*, pela prevalência de um mero interesse privado; adianta-se a necessidade de *tutelar a confiança* do sujeito na previsão de desempenho futuro da actividade e admite-se que a autorização possa conter, de forma *exclusiva*, os *deveres de conduta do autorizado*, ou, noutra formulação, que constitua uma causa de *justificação*. Por outro lado, argumenta-se que o direito privado desempenha uma função distinta da do interesse público, não conhecendo os seus *limites estruturais*: a ponderação dos interesses conflituantes não é feita de forma geral e prévia mas atendendo aos *casos concretos* e à *efectividade da lesão* – se o direito administrativo estaria vocacionado para a *tutela preventiva*, o direito privado poderia actuar num *momento posterior*, tendo um papel de corrector dos juízos de prognose públicos[963].

171. Para além do mais, subsistem ainda graves problemas gerais respeitantes à relação entre direito administrativo e direito privado. Detenhamonos, mais uma vez, na apreciação das teses que propugnam uma radical separação de objectos entre direito público (e, mais concretamente, o acto administrativo) e o direito privado. Defendendo-se que a consideração dos direitos de terceiros não pode ou não deve fazer parte do objecto do acto administrativo, este seria – para usar um termo, por ora, neutro –

---

[963] Sobre isto, cfr. *supra*, II A), 2.1.

indiferente para os terceiros; ou, noutra formulação, os actos administrativos seriam sempre emitidos "sob reserva dos direitos de terceiros". Desta concepção resultava, como admitimos, a exclusão da existência de contradições normativas no ordenamento jurídico[964]. Contudo, duvidamos que sempre sejam tiradas todas as devidas consequências deste entendimento: assim, não parece coerente afirmar simultaneamente, como faz a doutrina alemã, que o acto não prejudica os direitos de terceiros mas que estes detêm legitimidade para impugnar o acto nos tribunais administrativos. Pertinentemente, coloca Preu a interrogação sobre a razão de ser de uma acção pública de vizinhança quando a autorização é emitida "sem prejuízo dos direitos de terceiros" e quando o prejuízo fáctico decorre apenas do comportamento de um autorizado que, por manter a sua liberdade de actuação, impede a imputação do prejuízo ao órgão administrativo[965]. Mais coerentes parecem ser, neste ponto, a doutrina e jurisprudência italianas maioritárias, que, separando igualmente os objectos possíveis, concluem que o acto administrativo, caso integre e pretenda regular direitos de terceiros, será *ineficaz* para estes – os quais, consequentemente, não podem por regra impugnar o acto administrativo nos tribunais administrativos, decorrendo apenas a sua lesão da actividade autorizada, e devendo os litígios emergentes ser dirimidos nos tribunais comuns[966]. Esta visão, cuja aceitação parcial podemos igualmente encontrar na doutrina portuguesa[967], se dotada de coerência lógica, sempre apresenta, pelo menos, duas desvantagens: por um lado, perde-se toda a possibilidade de imbricação entre direito administrativo e direito privado, como seja, por exemplo, quanto à eventual fundamentação de acções de responsabilidade por violação do conteúdo prescritivo do acto; por outro lado, a aludida *ineficácia* não escapa a um certo sentimento de "mal-estar" pela verificação da circunstância de que, embora sendo o acto administrativo indiferente para os direitos de terceiros, sempre dele decorreriam alguns prejuízos "fácticos"...

172. Como já antes afirmámos, o nosso ponto de partida é precisamente o oposto do desta tese: tendo questionado se o acto administrativo podia integrar a consideração das posições dos terceiros, à luz do princípio

---

[964] *Supra*, II B), 2.

[965] P. Preu, *Subjektivrechtliche Grundlagen des öffentlichrechtlichen Drittschutzes*, 20-1.

[966] *Supra*, II A), 2.3..

[967] F. P. Oliveira, *As licenças de construção e os direitos de natureza privada de terceiros*, 991 e ss..

constitucional da separação de poderes (e não, apenas, de uma procura de exclusão de contradições), chegámos à conclusão de que, tendo em conta o dever de respeito dos direitos fundamentais, o princípio da prossecução do interesse público no respeito dos direitos dos particulares e as próprias funções da administração de infra-estruturas, seria *prima facie* inconstitucional obrigar a Administração a desconsiderar os direitos dos terceiros[968].

Porém – e é este o ponto que nos interessa relevar e que levou novamente à menção desta tese – a circunstância de partirmos do princípio oposto não significa que cheguemos igualmente a resultados opostos. Nomeadamente, da recusa da separação de objectos e da imposição de consideração dos direitos de terceiros *não se segue nem que qualquer acto administrativo seja relevante para qualquer consequência da actividade autorizada que se verifique entre sujeitos privados, nem que o acto seja sempre juridicamente eficaz.*

Colocando, resumidamente, o problema: o que está agora em causa (*antes* da específica questão de saber se o acto produz um efeito conformador das relações entre privados) é determinar, em termos gerais, quando é que podemos afirmar a existência de um "acto administrativo com efeitos para terceiros" ou de um "acto lesivo para terceiros". Esta questão, aliás, assume ainda maior relevância se tivermos em conta que, na reforma do contencioso administrativo, se passaram a considerar impugnáveis os actos administrativos "com eficácia externa, especialmente aqueles cujo conteúdo seja susceptível de lesar direitos ou interesses legalmente protegidos" (artigo 51.º, n.º 1, CPTA). Se, por exemplo, a Administração não tomar sequer em consideração os direitos de terceiros, podemos dizer que o acto administrativo emitido, com o seu específico conteúdo assim (aparentemente) limitado, produz efeitos para aqueles? Admitindo que se trata de um acto lesivo, a lesão por si provocada será jurídica ou meramente fáctica[969]? Haverá que proceder à notificação dos terceiros[970] ou, considerando-se a lei lacunosa, dependerá a solução do eventual reconhecimento de um direito subjectivo desses terceiros que não são destinatários formais do acto[971]?

---

[968] *Supra*, III A) 4.3.3..

[969] K. Obermayer, *Das Dilemma der Regelung eines Einzelfalles nach dem Verwaltungsverfahrensgesetz*, 2387, nr. 14.

[970] H. U. Erichsen/ U. Knoke, *Bestandskraft von Verwaltungsakten*, 186.

[971] K. Obermayer, *Das Dilemma der Regelung eines Einzelfalles nach dem Verwaltungsverfahrensgesetz*, 2387, nr. 14.

Como se pode perceber por estas interrogações, avulta a confusão entre os planos da existência de direitos subjectivos, da sua consideração pela Administração ou, mais prosaicamente, da eficácia. Procurando ensaiar uma resposta à questão de saber quais são os actos administrativos que produzem efeitos para terceiros – mais ampla à do problema do efeito conformador de relações jurídicas entre privados, mas prévia em relação a ela – julgamos que haverá, em primeiro lugar, que estabelecer a *ordenação lógica* dos planos de apreciação do acto administrativo, nos seguintes termos: i) conteúdo; ii) validade; iii) eficácia.

1.2. *Conteúdo, validade e eficácia do acto administrativo e efeitos para terceiros*

173. Afirmação que julgamos indiscutível é a de que a determinação dos efeitos do acto sempre dependerá do seu *conteúdo*[972].

Sobre a potencial relevância do conteúdo do acto administrativo para estes efeitos, a discussão tecida em torno do princípio da unidade da ordem jurídica lançou já uma pista. Como vimos, defende parte da doutrina que só existe uma contradição normativa se incidirem juízos valorativos diferentes sobre o mesmo segmento jurídico de uma unitária "situação factual da vida". Esta segmentação jurídica de uma "situação da vida" encontra-se ligada ao problema da determinação do conteúdo do acto e dos

---

[972] Entre outros, J. J. Gomes Canotilho, *Actos autorizativos jurídico-públicos e responsabilidade por danos ambientais*, 46 e ss.; K. Sach, *Genehmigung als Schutzchild?*, 71 e ss.; G. Gaentzsch, *Konkurrenz paralleler Anlagengenehmigung*, 2790; F. Ossenbühl, *Regelungsgehalt und Bindungswirkung der ersten Teilgenehmigung im Atomrecht*, 1354; M. Seibert, *Die Bindungswirkung von Verwaltungsakten*, 54; G. Heine, *Verwaltungsakzessorietät des Umweltstrafrechts*, 2432-3; K.-M Ortloff, *Inhalt und Bindungswirkungen der Baugenehmigung*, 1666; A. Kollmann, *Zur Bindungswirkung von Verwaltungsakten*, 192-3, acrescentando igualmente que a função do acto administrativo é decisiva na determinação do seu conteúdo. A propósito do efeito legalizador, R. Breuer, *Rechtsprobleme der Altlasten*, 756; A. Schink, *Grenzen der Störerhaftung bei der Sanierung von Altlasten*, 382; B. Hilger, *Die Legalisierungswirkung von Genehmigungen*, 5; J. Staupe, *Rechtliche Aspekte der Altlastensanierung*, 610; M. Seibert, *Die Bindungswirkung von Verwaltunsgsakten*, 451 e ss.; E. Brandt, *Altlastenrecht*, 141; H. Ziehm, *Die Störerverantwortlichkeit für Boden- und Wasserverunreinigungen*, 31; H.-J. Müggenborg, *Rechtliche Aspekte der Altlastenproblematik und der Freistellungsklausel*, 849-50; P. Selmer, *Privates Umwelthaftungsrecht und öffentliches Gefahrenabwehr*, 31.

seus efeitos[973]; neste ponto, pertence em grande parte à doutrina sobre o efeito legalizador a descoberta de variadas hipóteses de ocorrência de danos e de diferentes correspondências com o conteúdo do acto administrativo.

Numa perspectiva mais radical, procura-se distinguir entre a actividade autorizada e os seus efeitos, encontrando-se apenas a primeira protegida pelo acto administrativo[974]. Menos simplista, outra doutrina adianta variadas considerações para determinar quais os efeitos que se podem considerar abrangidos pelo acto. Assim, por exemplo, releva-se o facto de a autorização ser ou não *lato sensu* "incondicionada"[975] ou de conter uma determinação (exaustiva ou exclusiva) dos deveres de cuidado a respeitar no exercício da actividade autorizada[976]; distingue-se entre os efeitos expressa ou concludentemente incluídos no conteúdo decisório e outros efeitos, nomeadamente "atípicos" em relação à actividade autorizada[977]; destaca-se a (im)previsibilidade ou (in)cognoscibilidade de determinados efeitos e o alcance dos juízos de prognose do acto[978]; questiona-se, ainda, a relevância de alterações, em relação ao momento de emissão do acto, de factos, normas legais e parâmetros valorativos utilizados no exercício da margem de livre decisão[979].

[973] Por exemplo, J. Staupe, *Rechtliche Aspekte der Altlastensanierung*, 610; H. Ziehm, *Die Störerverantwortlichkeit für Boden- und Wasserverunreinigungen*, 31-32.

[974] M. Seibert, *Die Bindungswirkung von Verwaltunsgsakten*, 451 e ss., embora não retire daí todas as consequências que se poderiam adivinhar.

[975] Relembrando as observações de R. Breuer, *"Altlasten" als Bewährunsprobe der polizeilichen Gefahrenabwehr und des Umweltschutz – OVG Münster*, 356, será sempre preciso examinar se o comportamento em causa se encontra permitido pela autorização de forma incondicional, sob reserva de determinados pressupostos ou restrições ou sob uma genérica reserva de respeito de regras técnicas ou de medidas de cuidado adequadas ao tráfego.

[976] Por exemplo, C.-W. Canaris, *Schutzgesetze – Verkehrspflichten – Schutzpflichten*, 54.

[977] H. J. Papier, *Altlasten und polizeiliche Störerhaftung*, 876; U. Diederischen, *Verantwortlichkeit für Altlasten – Industrie als Störer?*, 919.

[978] Entre outros, A. Schink, *Wasserrechtliche Probleme der Sanierung von Altlasten*, 167.

[979] Questão evidentemente complicada – e que ultrapassa o âmbito deste estudo – é a de determinar a relevância de alterações factuais e jurídicas para a apreciação de validade do acto. Sobre esta questão, entre outros, C. Sieger, *Die massgebende Sach- und Rechtslage für die Beurteilung der Rechtswidrigkeit des Verwaltungsaktes im verwaltungsgerichtlichen Anfechtungsprozess*, em esp. 50 e ss.; U. Mager, *Der massgebliche Zeitpunkt für die Beurteilung der Rechtswidrigkeit von Verwaltungsakten*, em esp. 162 e ss., começando por afirmar que a resposta a esta questão, no caso de actos administrativos com efeitos para terceiros, envolve a questão de saber se os riscos dessas alterações correm pelo autorizado ou pelos terceiros.

174. Perante esta diversidade de hipóteses, procuremos encontrar os *critérios de determinação do conteúdo do acto administrativo*. Deste conteúdo excluímos já a pretensa auto-declaração de validade do acto, que supostamente beneficiaria da força de caso decidido. A questão, agora, é a de determinar quais as actividades e, sobretudo, quais os efeitos destas, que se possam considerar incluídos no conteúdo da autorização.

Ainda que geralmente a propósito de outra questão – a do efeito de concentração do acto administrativo – tem a doutrina procurado enunciar critérios gerais de determinação do conteúdo do acto[980]. Para o nosso tema, interessa-nos, sobretudo, o postulado da congruência entre a "competência material decisória do caso concreto" (*Sachentscheidungskompetenz*) e o conteúdo legalmente admitido do acto administrativo[981]. Daqui decorrem algumas questões.

Uma questão diz respeito à determinação do conteúdo do acto administrativo com base na consideração do que pode constituir tal conteúdo de acordo com a lei. Para tanto, relevarão a interpretação da vontade do órgão administrativo, expressa no acto administrativo, e a interpretação da norma de competência[982]. Consequência possível disto é a afirmação de

---

Sobre a possível relevância de alterações do conhecimento científico ou jurídicas na apreciação do problema do efeito legalizador, entre outros, H. Ziehm, *Die Störerverantwortlichkeit für Boden- und Wasserverunreinigungen*, 15, 34-6 e 59-61; J. Martensen, *Erlaubnis zur Störung?*, 74 e ss.; J. H. Papier, *Zur rückwirkenden Haftung des Rechtsnachfolgers für Altlasten*, 125 e ss.; H. J. Papier, *Altlasten und polizeiliche Störerhaftung*, 877; J. Fluck, *Die Legalisierungswirkung von Genehmigung als ein Zentralproblem öffentlich-rechtlicher Haftung für Altlasten*, 430-1, considerando irrelevante se se trata de riscos típicos ou atípicos, *ex ante* cognoscíveis ou não.

[980] G. Gaentzsch, *Konkurrenz paralleler Anlagengenehmigung*, 2787, a propósito do problema de concorrência de autorizações paralelas, enuncia três postulados para a respectiva solução: i) congruência entre conteúdo e *Bindungswirkung* do acto administrativo; ii) congruência entre "competência decisória do caso concreto" (*Sachentscheidungskompetenz*) e conteúdo admitido do acto administrativo; iii) exclusividade da atribuição legal de "competência decisória" a um órgão administrativo, i.e., separação das competências de regulação do caso concreto dos órgãos sem interferências recíprocas. K.-M. Ortloff, *Inhalt und Bindungswirkungen der Baugenehmigung*, 1666, para determinação do conteúdo do acto, adopta os três postulados de Gaentzsch e adiciona, ainda, considerações sobre a ordenação de competências bem como sobre a concreta regulação do caso concreto. Na sequência destes Autores, K. Sach, *Genehmigung als Schutzschild?*, 75 e ss..

[981] G. Gaentzsch, *Konkurrenz paralleler Anlagengenehmigung*, 2787; K.-M. Ortloff, *Inhalt und Bindungswirkungen der Baugenehmigung*, 1666.

[982] G. Gaentzsch, *Konkurrenz paralleler Anlagengenehmigung*, 2787, depois de enunciar os três postulados acima referidos, afirma que, em cada caso, o conteúdo da autorização é

que existe uma "reserva tácita" em cada autorização administrativa, segundo a qual o comportamento só é autorizado na medida da capacidade decisória da autoridade administrativa[983].

Outra questão diz respeito à diferenciação entre "pressupostos", "questões prévias" ou "fundamentos" e conteúdo regulativo do acto[984]. Assim, afirma-se que a apreciação de questões prévias, dos pressupostos da autorização, não se reconduz ao conteúdo do acto administrativo e que a fundamentação do acto, nem sequer obrigatória em todos os casos, não é parte da decisão material (*Sachentscheidung*) e, logo, não faz parte do conteúdo do acto administrativo (ORTLOFF)[985]. Na mesma linha de pensamento, GAENTZSCH recusa, em geral, a assimilação entre conteúdo e pressupostos da autorização que, desde logo, seriam conceptualmente diferentes[986]. Porém, excepcionalmente, a apreciação dos pressupostos pode ser integrada no conteúdo do acto administrativo; uma tal excepção apenas pode ter lugar nos actos (total ou parcialmente) "declarativos", como sucede geralmente nas autorizações de instalações, cuja parte "declarativa" determina imperativamente que a instalação autorizada não contraria as disposições normativas aplicáveis[987]. Assim sendo, a questão essencial é a da distinção entre estas apreciações e aquelas que se limitam a conformar questões prévias[988].

Como indicia a afirmação da restrição, aos actos declarativos, da integração dos pressupostos no conteúdo do acto administrativo, esta proble-

---

uma questão de interpretação da vontade expressa pelo órgão e que o alcance da competência decisória do órgão é uma questão de interpretação da lei que a atribui, o que naturalmente deverá ocorrer em conjunto com a das outras leis (no caso, tratando-se da discussão sobre o efeito de concentração do acto administrativo, as "outras leis" são as que conferem competências a outros órgãos administrativos).

[983] F. OSSENBÜHL, *Verwaltungsrecht als Vorgabe für Zivil- und Strafrecht*, 968 e ss..

[984] G. GAENTZSCH, *Konkurrenz paralleler Anlagengenehmigung*, 2790-1; K.-M. ORTLOFF, *Inhalt und Bindungswirkungen der Baugenehmigung*, 1666; F. OSSENBÜHL, *Regelungsgehalt und Bindungswirkung der ersten Teilgenehmigung im Atomrecht*, 1354.

[985] K.-M. ORTLOFF, *Inhalt und Bindungswirkungen der Baugenehmigung*, 1666.

[986] G. GAENTZSCH, *Konkurrenz paralleler Anlagengenehmigung*, 2790. O exemplo fornecido é o do acto de nomeação de um funcionário: se só podem ser funcionários públicos as pessoas de nacionalidade alemã, o acto de nomeação não tem como efeito que o nomeado seja alemão, porque a nacionalidade alemã constitui um pressuposto do acto, não aspecto do seu conteúdo.

[987] G. GAENTZSCH, *Konkurrenz paralleler Anlagengenehmigung*, 2790.

[988] G. GAENTZSCH, *Konkurrenz paralleler Anlagengenehmigung*, 2791.

O EFEITO CONFORMADOR DO ACTO AUTORIZATIVO NAS RELAÇÕES DE VIZINHANÇA

mática – que, sem surpresa, faz lembrar a discussão sobre a inclusão da fundamentação no âmbito do caso julgado das *sentenças* – encontra-se "viciada" por uma prévia compreensão – poucas vezes questionada, como vimos – dos efeitos produzidos pelo acto administrativo. Ironicamente, pode observar-se que, se a doutrina afirma, por um lado, que o efeito vinculativo do acto depende do seu conteúdo e não o poderá ultrapassar, por outro lado, a mesma doutrina parte dos efeitos do acto para determinar o seu conteúdo, sendo notório o propósito de limitação que lhe assiste – que seria por certo bem-vindo, *se* o acto detivesse todos aqueles efeitos... Ou seja, do conteúdo admitido e/ou efectivo depende apenas o alcance dos efeitos, não o tipo de efeitos.

Para quem questione os efeitos do acto administrativo – em especial, o efeito vinculativo da determinação da conformidade jurídica –, não oferece problemas de maior considerar-se que todos os aspectos que o órgão tem que examinar ficam integrados no conteúdo da decisão, não havendo então que estabelecer necessariamente uma pretensa distinção rígida entre a decisão e os seus fundamentos[989]. Tanto mais quanto, numa perspectiva diversa – a de determinar quais os efeitos prejudiciais que se podem considerar abrangidos pelo acto, questão pertinente para o problema do efeito conformador de relações jurídicas entre privados – o que pode estar em causa é a responsabilização da própria Administração, *se se* transferir para esta o risco da actividade prejudicial e *se se* vir na autorização um "cheque em branco" para a produção de quaisquer consequências da actividade autorizada[990]. Dito de outra forma, para o problema do efeito conformador de relações jurídicas entre privados, impõe-se uma consideração global do acto administrativo que permita determinar com precisão qual a actividade e quais as suas consequências que se encontram, e em que circunstâncias, autorizadas pelo acto administrativo. Consideração global essa que abrange a consideração de todos os dados normativos, técnicos e factuais existentes, conhecidos ou cognoscíveis, previsíveis ou imprevisíveis ao tempo da emissão da autorização, bem como a sua inclusão nos juízos de prognose da Administração.

---

[989] F. OSSENBÜHL, *Regelungsgehalt und Bindungswirkung der ersten Teilgenehmigung im Atomrecht*, 1354.

[990] Em sentido próximo, M. SEIBERT, *Die Bindungswirkung von Verwaltungsakten*, 451-2.

175. A partir da inesgotável riqueza dos casos concretos, podem ser formuladas várias classificações dos danos ou, de forma mais neutral, dos efeitos prejudiciais relacionados com a actividade autorizada. Desde logo, embora tal não decorra explicitamente dos vários problemas enunciados pela doutrina, julgamos que é necessário, num esforço de abstracção, distinguir três planos: o da actividade; o dos efeitos da actividade; o das específicas consequências danosas para terceiros[991]. Aqueles efeitos podem ou não ter sido expressamente autorizados; podem ser inerentes à actividade, ou a uma das formas possíveis de exercício da actividade (compreendida ou não na autorização) ou podem ser atípicos em relação à mesma. Os efeitos prejudiciais podem, ainda, ser ou não efeitos cognoscíveis ou previsíveis no momento da emissão da autorização; sendo cognoscíveis e previsíveis, podem ter sido ou não conhecidos e previstos. Não tendo sido conhecidos e previstos, tal pode ter ocorrido por incúria da Administração e/ou por influência do autorizado, dolosa ou não. Conhecidos e previstos os efeitos prejudiciais, podem mesmo assim não ter sido tomadas em consideração todas as suas consequências – v.g. para a saúde dos vizinhos – seja por defeitos na avaliação administrativa, por desconhecimento dos terceiros ou, simplesmente, pelas insuficiências do conhecimento científico no momento da emissão do acto. Tais efeitos, ou específicas consequências destes, podem subsequentemente vir a ser objecto de uma avaliação diferente, seja por alteração do conhecimento científico, seja mesmo por alteração normativa.

Outras considerações poderiam ainda ser adiantadas. Perante a diversidade inesgotável de hipóteses e sub-hipóteses que podem suscitar-se, é necessário estabelecer critérios de determinação do conteúdo do acto administrativo e tentar reduzir tal diversidade a hipóteses de trabalho.

176. A regra de que os efeitos de um acto não podem ultrapassar o seu conteúdo constitui uma regra lógica que, como vimos, não é controvertida. Apesar das divergências quanto à forma de determinação do conteúdo do acto, parece inquestionável que uma autorização não pode ser entendida como uma permissão administrativa de *todas* as consequências dessa

---

[991] Assim, por exemplo, temos a actividade que é autorizada (fundição de materiais ferrosos), os efeitos permitidos dessa actividade (emissões de y com o limite x) e as específicas consequências danosas (as emissões y, na medida x, provocam ou são susceptíveis de provocar uma doença incurável a quem se encontra a elas exposto).

actividade. O exemplo clássico, ainda que *ad terrorem*, é o da licença de condução: ninguém afirma, obviamente, que tendo o sujeito recebido uma permissão para conduzir veículos na via pública, possam estar permitidas pelo acto todas as consequências dessa actividade[992]. Atendendo à complexidade das "situações da vida" e às inerentes limitações de cada autorização, parece atendível o critério, anteriormente enunciado, de congruência entre a lei e o acto administrativo, com o sentido de, no silêncio do acto autorizativo, excluir todos os aspectos da actividade que, nos termos da respectiva lei, não teriam que ser considerados na emissão do acto e/ou não se encontram abrangidos pela capacidade decisória da Administração[993]. No pólo oposto ao da eventual permissão de todas as consequências da actividade, já se propôs uma distinção entre a actividade e os seus efeitos, estando apenas autorizada a primeira e não os segundos[994]. Semelhante distinção prima pela artificialidade e podemos dizer,

---

[992] Adiante-se que este exemplo, tantas vezes aduzido, não é acompanhado da razão jurídica óbvia que fundamenta a solução: é que a licença de condução apenas é emitida quando se considere que o sujeito autorizado está apto a conduzir e não provocará acidentes.

[993] Como afirma F. OSSENBÜHL, *Verwaltungsrecht als Vorgabe für Zivil- und Strafrecht*, 968 e ss.. Em sentido próximo, a propósito do efeito legalizador, R. BREUER, *"Altlasten" als Bewährunsprobe der polizeilichen Gefahrenabwehr und des Umweltschutz – OVG Münster*, 355-6, afirmando que a admissão do dito efeito se encontra sempre dependente da *conformação legislativa* do conteúdo e dos efeitos de cada acto permissivo. Também J. STAUPE, *Rechtliche Aspekte der Altlastensanierung*, 610, referindo que a autorização pode apenas abranger um aspecto parcial do comportamento danoso; H. ZIEHM, *Die Störerverantwortlichkeit für Boden- und Wasserverunreinigungen*, 31-32, salientando que, ao precisar uma indústria de várias autorizações, cada autorização, por regra, apenas se reporta à parte da realidade que é por si precisa e necessariamente abrangida (*"auf den Teil eines Sachverhaltes, der gerade die Genehmigung erforderlich macht"*); assim, exemplificando, uma exploração, cujo funcionamento nocturno não se encontra expressamente admitido na autorização emitida, não vê legalizados os danos pela emissão do ruído para os vizinhos durante a noite; W. KÜGEL, *Die Entwicklung des Altlastenrechts*, 2482, afirmando, exemplificativamente, que se a questão de protecção da água não foi incluída no procedimento administrativo, porquanto os perigos respectivos não eram relevantes para o fim da norma, então não há, quanto a estes, qualquer efeito legalizador.

[994] Esta posição é geralmente imputada a M. SEIBERT, *Die Bindungswirkung von Verwaltungsakten*, 451-2, embora nos pareça que o sentido da sua afirmação é o de excluir do âmbito da permissão todo e qualquer efeito da actividade. Também H. ZIEHM, *Die Störerverantwortlichkeit für Boden- und Wasserverunreinigungen*, 31, recusa um efeito legalizador de todos os efeitos, imediatos ou mediatos, de um comportamento autorizado.

O ACTO ADMINISTRATIVO CONFORMADOR DE RELAÇÕES DE VIZINHANÇA

com HILGER, que uma autorização que permitisse um comportamento mas não os efeitos do mesmo seria em si contraditória[995].

Não podendo proceder estas considerações extremas, importa procurar critérios para determinar quais são, afinal, os efeitos que se encontram abrangidos pelo acto administrativo autorizativo.

177. Não suscitam dúvidas os casos em que determinados efeitos são expressamente contemplados pelo acto ou, inversamente, são por este proibidos[996]. Fora estes casos de mais fácil resolução, abre-se a controvérsia doutrinal[997].

---

[995] B. HILGER, *Die Legalisierungswirkung von Genehmigungen*, 54, considerando que uma autorização que permitisse um comportamento mas não os efeitos conexos seria em si contraditória; igualmente J. FLUCK, *Die Legalisierungswirkung von Genehmigung als ein Zentralproblem öffentlich-rechtlicher Haftung für Altlasten*, 430; S. ROESLER, *Die Legalisierungswirkung gewerbe- und immissionsschutzrechtlicher Genehmigungen vor dem Hintergrund der Altlastenproblematik*, 112-3.

[996] Exemplo fácil é o de uma autorização (v.g. a licença ambiental) estabelecer o limite permitido de emissões, podendo daí também retirar-se a proibição – ou a não permissão – de ultrapassagem desses limites.

[997] Como já advertíramos, as construções mais elaboradas sobre o conteúdo do acto são tecidas a propósito do problema do "efeito legalizador". Assim, admitindo a cobertura pelo efeito legalizador de qualquer comportamento "explícita ou *concludentemente* permitido por uma autorização", H. J. PAPIER, *Altlasten und polizeiliche Störerhaftung*, 876: se os resíduos produzidos por uma indústria, inafastáveis de acordo com os conhecimentos técnicos então existentes, eram inevitáveis consequências da exploração da indústria, então encontram-se necessariamente permitidos, de forma tácita, na autorização da indústria. No mesmo sentido, expressamente, U. DIEDERISCHEN, *Verantwortlichkeit für Altlasten – Industrie als Störer?*, 919; H. ZIEHM, *Die Störerverantwortlichkeit für Boden- und Wasserverunreinigungen*, 32, depois de afirmar, no exemplo anteriormente referido, que não se encontrando expressamente permitida a exploração nocturna de uma exploração autorizada, esta não vê os seus efeitos nocivos legalizados, vem a admitir que tal possa afinal ocorrer se os mesmos forem um "*efeito directo* do comportamento expressamente autorizado". Contra, restringindo o efeito legalizador aos comportamentos expressamente admitidos na autorização, J. FLUCK, *Die Legalisierungswirkung von Genehmigung als ein Zentralproblem öffentlich-rechtlicher Haftung für Altlasten*, 422; S. ROESLER, *Die Legalisierungswirkung gewerbe- und immissionsschutzrechtlicher Genehmigungen vor dem Hintergrund der Altlastenproblematik*, 166-7, adiantando mesmo que o *mero conhecimento dos futuros danos* por parte do órgão administrativo não é suficiente para que os mesmos sejam legalizados se não encontrarem correspondência clara e inequívoca na autorização; A. SCHINK, *Wasserrechtliche Probleme der Sanierung von Altlasten*, 167, retomando o exemplo de PAPIER, considera que decisivo é não a inerência dos danos à actividade em causa, mas se estes constituíram ou deveriam ter

Por entre os vários critérios, julgamos que, em coerência com a regra de associação entre conteúdo do acto e efeitos permitidos, apenas poderão ser incluídos no primeiro os efeitos que tenham sido tomados em consideração, ou conhecidos, pela Administração; se esta não os tomou em consideração, quer porque eram, na altura, imprevisíveis, quer porque, apesar de cognoscíveis, não exerceu correctamente a sua competência, não se pode dizer que tenha ocorrido, por parte da Administração, uma permissão desses efeitos. De entre os efeitos tomados em consideração, há que distinguir consoante o juízo de prognose que foi efectuado: assim, parece inequívoco considerar que, se a Administração apenas emitiu a autorização porque considerou que certos efeitos não se viriam a produzir, tais efeitos não se encontram abrangidos pela permissão; por outro lado, se a Administração considerou a futura verificação de determinados prejuízos como certa ou possível e, ainda assim, emitiu a autorização, pode dizer-se que houve uma conformação por parte da Administração quanto à sua verificação e, portanto, que eles se encontram autorizados.

Para além destas hipóteses, a inclusão de efeitos "inerentes" à actividade mas que não foram expressamente permitidos ou, sequer, tomados em consideração, tem que ser entendida com cautela – o que sejam, ou não, efeitos "inerentes" pode ser questionável à luz dos conhecimentos científicos e técnicos que se entenda que a Administração *deveria ter e aplicar correctamente* e, portanto, resvalar para as hipóteses em que a Administração deveria ter previsto as consequências mas não o fez. Assim, julgamos que este critério deverá ter uma aplicação marginal, reduzida às hipóteses em que a associação entre actividade e efeitos seja de tal forma inequívoca que não pode passar despercebida a um observador comum e que, como tal, permitem *presumir* que os efeitos foram permitidos pelo acto autorizativo.

Assim, em resumo, fora os casos de admissão expressa dos efeitos, de efectiva tomada em consideração dos mesmos no juízo de prognose e, marginalmente, de efeitos "inerentes", não se podem considerar os efeitos da actividade incluídos no conteúdo do acto autorizativo.

---

constituído, em atenção às normas reguladoras da emissão da autorização, objecto de apreciação pelo órgão administrativo; M. Seibert, *Die Bindungswirkung von Verwaltungsakten*, 451, considera que o efeito legalizador não abrange senão os riscos (efectivamente) conhecidos pelo órgão administrativo.

O ACTO ADMINISTRATIVO CONFORMADOR DE RELAÇÕES DE VIZINHANÇA

178. Como se pode perceber, o critério que adoptamos para a determinação do conteúdo permissivo do acto é um critério que se poderá considerar como eminentemente objectivo, que foca a sua atenção na actividade e nas consequências que são admitidas pelo acto e não faz depender a apreciação da existência ou da validade de uma tomada em consideração dos direitos de terceiros enquanto tais no momento da emissão do acto administrativo.

Pode obviamente suceder que a Administração tome em consideração esses direitos, proceda a uma ponderação, e até que determine que as consequências da actividade – v.g. emissão de determinada quantidade de um elemento poluente – têm que ser suportadas pelo Sr. X, que mora mesmo ao lado do local da actividade autorizada. Mas pode também suceder que a Administração se limite a determinar que a actividade pode ter por efeito a referida emissão, sem mais nada acrescentar, sendo certo que essa emissão será relevante para os vizinhos[998]. Ora, do estrito ponto de vista de saber o que se encontra autorizado pela Administração – no fundo, qual é o conteúdo do acto administrativo –, o que interessa é aferir, de forma objectiva, o que vem permitido pela Administração e daí retirar a conclusão da relevância ou irrelevância (*que não da sua validade ou da sua eficácia, como veremos de seguida*) do acto para os terceiros.

Assim, por exemplo, se a Administração não permitir determinados danos – eventualmente, até apenas concedendo a autorização porque prognostica que estes não se verificarão – e tais danos vierem efectiva-

---

[998] Como é evidente, não se pode esperar que a Administração enuncie expressamente as específicas consequências danosas que resultam dos efeitos admitidos. Assim, se a Administração permitir, v.g., emissões de nível *x*, não se pode esperar que tal venha acompanhado da determinação de que "as eventuais alergias cutâneas", as "dificuldades respiratórias" ou, no limite, "a probabilidade de desenvolvimento de cancro do pulmão" têm que ser suportadas pelos vizinhos. Não queremos, com isto, dizer que a Administração não tenha, nos limites das suas possibilidades, que fazer um esforço de previsão dessas consequências, mas apenas salientar a forte improbabilidade, nem que seja nos casos-limite, de a sua admissão vir expressamente consignada no acto administrativo. A relevância do conteúdo do acto para determinação dos seus possíveis efeitos encontra, assim, esta limitação, não podendo ser levada ao extremo de se exigir a expressa admissão dos "efeitos dos efeitos" permitidos (diferentemente, contudo, já será relevante que a Administração tenha considerado, ainda que erradamente, que a emissão *x* não iria provocar "dificuldades respiratórias"). A circunstância de determinada consequência não se poder considerar excluída do conteúdo permissivo do acto importa apenas para determinar a relevância deste para os terceiros e não, reforce-se, para aferir a sua validade.

mente a ocorrer, a invocação do acto pelo autorizado é improfícua: se os efeitos não são permitidos pelo acto, então este não detém qualquer função tituladora da sua produção para terceiros e, logo, é para estes *irrelevante*. Diferentemente, se se verificam efeitos que estão permitidos pela autorização, já o autorizado poderá invocar que detém um título administrativo para a sua produção, sendo neste caso o acto administrativo *relevante* para os terceiros lesados naquela situação.

179. Tal não significa – e passamos para o plano seguinte – que o acto administrativo, pelo seu conteúdo relevante para os terceiros, seja *válido*. Deixando para outro momento a questão da validade dos efeitos admitidos (que é relativa ao respeito dos direitos dos vizinhos), a inexistente, incompleta ou errónea tomada em consideração dos direitos de terceiros – seja no *iter* decisório em geral, seja, por exemplo, por não se ter realizado a audiência dos interessados – traduz-se numa fonte de invalidade do acto e não na sua irrelevância objectiva para aqueles terceiros ou na sua ineficácia (decorrente do respeito dos requisitos extrínsecos de eficácia).

Pode igualmente o acto administrativo ser, por força do seu conteúdo, relevante para os vizinhos (e válido ou inválido) mas não ser dotado de *eficácia jurídica*. Quanto a esta questão, é necessário ter em conta, para evitar qualquer confusão entre eficácia jurídica e "fáctica", que a eficácia jurídica apenas se pode verificar quando sejam cumpridos os requisitos de eficácia do acto cuja observância a lei exige para estar juridicamente titulada a adopção de determinada conduta. Não tendo o acto administrativo respeitado tais requisitos e logo, não tendo eficácia jurídica, pode contudo vir a ser (ilegalmente) executado e realizado no plano dos factos. Ora, tal não significa – e seria um evidente absurdo lógico – que o acto administrativo, executado de facto mas ilegalmente por não ser juridicamente eficaz, tivesse o "prémio" de escapar à tutela jurisdicional. Nem em plena e incontestada vigência da teoria do acto definitivo e *executório* se excluía que um acto ineficaz e (juridicamente) não executório mas executado de facto reunisse os pressupostos necessários para a sua recorribilidade[999].

---

[999] Entre outros, D. Freitas do Amaral, *Curso de direito administrativo*, II, 372, considerando que a parte final do artigo 132.º, n.º 1 CPA não supre a necessidade de notificação, visando apenas alargar os meios de defesa dos particulares ao começo da execução.

O ACTO ADMINISTRATIVO CONFORMADOR DE RELAÇÕES DE VIZINHANÇA

É apenas nesta perspectiva, e não enquanto consagrador de um sucedâneo da notificação, que deve ser entendido o disposto no artigo 132.º, n.º 1, do Código do Procedimento Administrativo quando admite que o acto administrativo adquira eficácia – que é um pressuposto da sua executoriedade, segundo o artigo 149.º, n.º 1 do mesmo diploma – "através do começo da execução" do acto. Sob pena de contradição lógica com a segunda norma referida e sob pena de inconstitucionalidade, por desrespeito dos direitos fundamentais dos administrados, designadamente o direito decorrente do artigo 268.º, n.º 3, da Constituição, a primeira norma tem que ser interpretada como um mero mecanismo de explicação da possibilidade de reacção contenciosa contra actos ineficazes[1000]. Mais ainda, atendendo ao disposto no artigo 268.º, n.º 3, da Constituição, e considerando que a publicação constitui um requisito de eficácia menos garantístico do que a notificação, igualmente a primeira parte do artigo 132.º do Código do Procedimento Administrativo, na medida em que dispense a notificação para o início da produção de efeitos quando tenha havido publicação, não escapa ao juízo de inconstitucionalidade. Salvo casos de impossibilidade ou extrema dificuldade de notificação, como nos procedimentos de massas, o acto administrativo apenas pode produzir efeitos desfavoráveis, ainda que para os chamados "terceiros", se a estes for notificado[1001]. Para concluir, afirme-se que a necessidade de conferir eficácia aos actos, isto é, de respeitar os requisitos de eficácia previstos na lei para que o acto possa ter uma função tituladora, decorre do seu conteúdo lesivo – não é o conteúdo lesivo que depende do respeito dos requisitos de eficácia[1002].

[1000] Com expresso apoio no art. 268.º, n.º 3 CRP, P. OTERO, in FAUSTO DE QUADROS / L. SOUSA DA FÁBRICA / P. OTERO / J. M. FERREIRA DE ALMEIDA, Procedimento administrativo, 494-5.

[1001] No mesmo sentido, H. U. ERICHSEN/ U. KNOKE, Bestandskraft von Verwaltungsakten, 186, consideram que, sem notificação, o acto não produz efeitos em relação aos terceiros, não começando, nomeadamente, a decorrer o prazo para impugnação dos actos (o que redundará na impossibilidade de afirmar a existência de um caso decidido formal absoluto). Contudo, esta extensão, na prática, do prazo de impugnação deve ser limitada pela aplicação do princípio da boa fé à conduta do terceiro lesado (que poderia, por exemplo, ter conhecimento do acto, ainda que dele não notificado). Em geral, D. FREITAS DO AMARAL, Curso de direito administrativo, II, 372, exigindo sempre a notificação nos casos do artigo 132.º CPA (não parecendo admitir a suficiência da publicação, já que a omite a propósito da interpretação dessa norma).

[1002] Esta última afirmação vem intencionalmente pensada para a norma do artigo 51.º, n.º 1, do CPTA. Depois de tão acesa polémica entre os defensores da teoria do acto definitivo e

1.3. *Irrelevância, invalidade e ineficácia para terceiros do acto administrativo*

180. Tendo tecido estas considerações em torno dos três planos de apreciação do acto – conteúdo, validade e eficácia – podemos retomar a distinção essencial que propusemos entre *actos administrativos cujo conteúdo permissivo não abrange as consequências danosas que se vêm a verificar* e *actos que, pelo contrário, compreendem tais consequências na sua permissão*. Estabelecendo, dentro desta distinção, a relação com os vários problemas equacionados:

A) Os actos que não abrangem no seu conteúdo as consequências danosas para terceiros são, tendo em conta o conteúdo do acto, *irrelevantes* para aqueles, sendo que:

   i) Consoante se tenha por válido ou inválido o juízo de prognose feito pela Administração que se veio a revelar errado pela posterior verificação das consequências, tais actos podem ser válidos (designadamente porque sobreveio uma evolução do estado dos conhecimentos técnicos que possibilitou o conhecimento de danos que não poderiam ter sido previstos no momento do juízo de prognose) ou inválidos (designadamente porque o erro no juízo de prognose importa a ultrapassagem da margem de livre decisão); a invalidade pode igualmente decorrer de uma ausente, deficiente ou insuficiente consideração dos direitos de terceiros no procedimento administrativo;

executório e os defensores da teoria do acto lesivo, a solução do CPTA, parecendo querer estar bem "com Deus e com o Diabo" (não respectiva ou irrespectivamente), não pode deixar de ser criticada: i) pela referência à eficácia *externa* (pressupondo uma eficácia *interna*, ou, já agora, uma distinção entre jurídico e administrativo, à boa maneira da tese germânica da impermeabilidade do Estado; ii) por parecer erigir a eficácia externa em único, ou principal, pressuposto de impugnabilidade (pois basta que esta exista para que haja impugnabilidade do acto), sendo os actos lesivos um caso especial, o que coloca a questão de saber se se pode impugnar um acto eficaz não lesivo; iii) pela "misteriosa" combinação entre, por um lado, a exigência de eficácia externa e, por outro lado, a alusão à mera susceptibilidade de lesão; iv) por possibilitar um entendimento de precedência da eficácia à consideração da lesão, quando é esta que obriga ao cumprimento de especiais requisitos de eficácia. Refira-se, ainda, que nos termos dos artigos 66.º e 132.º CPA estão sujeitos a notificação todos os actos "constitutivos de deveres ou encargos" (i.e., desfavoráveis e, logo, potencialmente lesivos). Contra, considerando feliz a redacção do CPTA, V. Pereira da Silva, *2001: Odisseia no espaço conceptual do acto administrativo*, 12, embora pareça resultar das suas afirmações o entendimento de que eficácia externa e lesividade seriam requisitos alternativos, o que não julgamos defensável em face da letra do preceito.

ii) Não abrangendo, válida ou invalidamente, as consequências danosas para os terceiros, a questão da eficácia é prejudicada pela primeira e principal consideração de que os actos são, logo por força do seu conteúdo, *irrelevantes* para os terceiros;

iii) A posterior verificação das consequências danosas corresponde a uma *relevante discrepância entre o juízo de prognose efectuado e a realidade que se veio a verificar.*

B) Os actos que abrangem no seu conteúdo as consequências prejudiciais para terceiros são, tendo em conta o conteúdo do acto, *relevantes* para estes, sendo que:

i) Tais actos podem, desde logo, ser inválidos se se verificar a inexistência, deficiência ou insuficiência da consideração dos direitos de terceiros no procedimento administrativo; pode, porém, ter ocorrido tal consideração, tendo a Administração respeitado exigências procedimentais como a audiência dos interessados e a fundamentação;

ii) Considerando que as consequências prejudiciais se encontram abrangidas pelo conteúdo do acto permissivo, assume especial relevância o juízo de validade do acto, na parte em que se admitem aquelas consequências[1003];

iii) Sendo os actos administrativos em causa relevantes para terceiros, deverá ocorrer o cumprimento dos seus requisitos de eficácia jurídica para poder haver titulação dos efeitos pretendidos; nesta perspectiva, os actos podem ser, ou não, juridicamente eficazes em relação aos vizinhos;

iv) Atendendo à relevância das consequências prejudiciais no conteúdo do acto, importa igualmente determinar se, e em caso afirmativo, quais tenham sido as medidas de cuidado impostas pelo acto, bem como o seu eventual respeito pelo autorizado.

[1003] Nesta apreciação, haverá que ter em conta a eventual pertinência de alterações legais, de parâmetros valorativos da Administração dentro da sua margem de livre decisão, bem como de uma eventual alteração das circunstâncias factuais.

181. Partindo da classificação dos actos administrativos em actos relevantes e actos irrelevantes para terceiros, poderá avançar-se para a tentativa de solução das três questões – substantivas e processuais – concretamente suscitadas[1004].

Em primeiro lugar, será necessário determinar se, e em que casos, podem ser utilizadas as *acções negatórias* do Código Civil contra uma actividade administrativamente autorizada, tendo presente que a sua procedência implicará, por regra, a proibição daquela actividade, que se poderá encontrar protegida pelo "caso decidido" do acto administrativo[1005]. Para mais, a apreciação dos pressupostos das acções negatórias implicará, por motivos que mais tarde explanaremos, a consideração da licitude ou ilicitude da acção do autorizado, havendo que tomar em consideração a hipotética relevância de causas de justificação, *maxime* do chamado "exercício de um direito".

Da determinação da ilicitude em sede de apreciação das acções negatórias não se segue, naturalmente, o apuramento da *responsabilidade civil*, que dependerá do preenchimento dos seus vários pressupostos. Se a questão da licitude ou ilicitude do comportamento terá sido, em grande parte, resolvida a propósito das acções negatórias, será ainda necessário apreciar outros elementos pertinentes, tendo presente que o problema da determinação da responsabilidade civil traz consigo a difícil questão de saber por quem, e/ou em que medida, são distribuídos os riscos, por exemplo, de uma actividade industrial que se venha a revelar danosa. A apreciação da responsabilidade civil pressupõe a determinação das possibilidades de actuação dos vários sujeitos envolvidos, a sua relação com os danos provocados e, ainda, a apreciação da culpabilidade dos sujeitos.

[1004] Na impossibilidade de apreciar todos os actos autorizativos de actividades que possam provocar emissões e respectivos regimes legais, tomamos em consideração duas regulações que são, à primeira vista, diferentes em variadíssimos aspectos: assim, por um lado, o regime geral do acto administrativo, contido no CPA e, por outro lado, a licença ambiental regulada no D.L. n.º 173/2008, de 26 de Agosto. Sobre a licença ambiental, V. Pereira da Silva, *Verde cor de direito – Lições de direito do ambiente*, 192 e ss.; sobre vários tipos de actos autorizativos ambientais, F. Urbano Calvão, *As actuações administrativas no direito do ambiente*, 121 e ss..

[1005] As acções negatórias previstas no CC comportam simultaneamente uma dimensão substantiva – consagrando o direito de oposição do vizinho – e uma dimensão processual, na medida em que, pela sua natureza, serão deduzidas como acções condenatórias perante o juiz civil. Iremos, contudo, apreciar separadamente a existência, ou não, desse direito e a competência jurisdicional do juiz civil, pois implicam perspectivas e problemas diferentes.

O ACTO ADMINISTRATIVO CONFORMADOR DE RELAÇÕES DE VIZINHANÇA

Por último, é preciso ensaiar uma proposta de determinação da *jurisdição competente* – judicial ou administrativa – para apreciar as variadas questões que podem colocar-se no âmbito das actividades autorizadas lesivas de terceiros.

2. As acções negatórias do Código Civil

2.1. *A origem da regulação civil das acções negatórias*

182. Para se poder interpretar e aplicar correctamente a regulação das acções negatórias consagrada no Código Civil, será necessário fazer uma breve apreciação da evolução histórica dessas normas.

Apesar da ideia, firmada na época medieval, de que o direito de propriedade era ilimitado no direito romano, o certo é que já então eram conhecidas limitações ao direito de propriedade, ditadas quer pelo interesse da comunidade, quer pelos interesses privados dos vizinhos[1006]. Nem de outra forma, aliás, poderia ser, pois os conflitos de vizinhança colocariam em confronto dois direitos de propriedade que, a serem ambos ilimitados, implicariam uma exclusão mútua[1007]. Entre as várias restrições conhecidas encontrava-se já no direito romano a teoria da *immissio*: admitindo-se que da utilização da propriedade sempre poderiam resultar emissões variadas, as mesmas seriam proibidas quando apresentassem determinada *gravidade*[1008] e teriam que ser suportadas quando, não sendo graves, resultassem da *utilização normal* da propriedade vizinha[1009].

[1006] A. Santos Justo, *As relações de vizinhança e a "cautio damni infecti" (Direito Romano. Época clássica)*, 75 e ss., com variados exemplos que remontam à Lei das XII Tábuas e seus desenvolvimentos posteriores e manifestando a sua surpresa pela errada ideia medieval acerca do pretenso carácter ilimitado do direito de propriedade no direito romano (81 e ss.).

[1007] F.-J. Peine, *Öffentliches und Privates Nachbarrecht*, 170, referindo a situação de bloqueio, derivada do confronto entre dois direitos de propriedade, a que se chegaria se não existissem normas sobre conflitos de vizinhança. A mesma ideia é evidenciada por R. Lopes, *O direito de propriedade e as relações de vizinhança*, 478 e ss.; M. H. Mesquita, *Direitos Reais*, 141. *Vide* ainda as considerações de C. A. Mota Pinto, *Direitos reais*, 217 e ss..

[1008] R. Lopes, *O direito de propriedade e as relações de vizinhança*, 493-495, com base no direito romano.

[1009] A. Santos Justo, *As relações de vizinhança e a "cautio damni infecti" (Direito Romano. Época clássica)*, 80, a propósito do desenvolvimento do direito romano na época clássica.

O EFEITO CONFORMADOR DO ACTO AUTORIZATIVO NAS RELAÇÕES DE VIZINHANÇA

Em 1900, aquando da consagração desta antiga teoria no BGB – que por sua vez viria a influenciar outros Códigos, como o português[1010] – a ideia de "utilização habitual" não foi entendida como uma garantia contra a indústria. A determinação do uso habitual da utilização da propriedade habilitava o juiz a tecer um juízo de ponderação entre as actividades industriais e as restantes actividades[1011]. A ponderação entre os vários interesses em presença não pertencia, pois, e salvo algumas excepções, ao direito público mas antes ao direito privado[1012]. Tributário de uma sociedade industrial liberal[1013], o direito privado dos vizinhos partia de uma situação de liberdade das várias utilizações da propriedade, incluindo a utilização industrial, e terminava na preponderância desta última, geralmente considerada uma "utilização habitual"[1014]. Ao invés de serem erigidas em normas "amigas" do ambiente, o sentido alcançado pelas normas relativas a acções negatórias no início do século passado, com o auxílio da teorização de VON JHERING, foi precisamente o de defesa do desenvolvimento industrial: a consideração da indústria como uma forma de *utilização habitual* da propriedade obrigava consequentemente à suportação dos prejuízos decorrentes da actividade industrial[1015].

[1010] Relevando a influência do BGB nas normas sobre relações de vizinhança no CC nacional, F. PIRES DE LIMA/ J. M. ANTUNES VARELA, *Código Civil anotado*, III, 177; A. MENEZES CORDEIRO, *Direitos reais*, 426; L. A. CARVALHO FERNANDES, *Lições de Direitos Reais*, 209.

[1011] Claro está que, num contexto de indiferença para o direito público da utilização da propriedade, não se coloca sequer a hipótese de modificação das normas de direito privado. F.-J. PEINE, *Öffentliches und Privates Nachbarrecht*, 171.

[1012] F.-J. PEINE, *Öffentliches und Privates Nachbarrecht*, 170, referindo as excepções do Código Industrial então vigente.

[1013] G. GAENTZSCH, *Ausbau des Individualschutzes gegen Umweltbelastungen als Aufgabe des bürgerlichen und des öffentlichen Rechts*, 602; I. MITTENZWEI, *Umweltverträglichkeit statt Ortsüblichkeit als Tatbestandsvoraussetzung des privatrechtlichen Immissionsschutzes*, 100; F.-J. PEINE, *Öffentliches und Privates Nachbarrecht*, 170-171.

[1014] J. S. CUNHAL SENDIM, *Responsabilidade civil por danos ecológicos*, 33-34; P. PREU, *Die historische Genese der öffentlichen Bau- und Gewerbenachbarklagen (ca. 1800-1970)*, 32 e ss.; J. EGEA FERNÁNDEZ, *Acción negatoria, immisiones y defensa de la propriedad*, 137 e ss..

[1015] P. PREU, *Die historische Genese der öffentlichen Bau- und Gewerbenachbarklagen (ca. 1800--1970)*, 32 e ss.; J. EGEA FERNÁNDEZ, *Acción negatoria, immisiones y defensa de la propriedad*, 137 e ss.. De uma situação em que apenas eram admitidas as emissões resultantes de actividades manuais, correspondentes à satisfação das (então consideradas) necessidades normais da vida, estando proibidas todas as que envolvessem a utilização de maquinaria, passou-se para a situação oposta de admissão geral da actividade industrial.

O ACTO ADMINISTRATIVO CONFORMADOR DE RELAÇÕES DE VIZINHANÇA

A recusa de um desenvolvimento espacial ditado pelas leis do mercado, próprio de uma sociedade industrial liberal, e a crescente preocupação com as questões ambientais, levaram ao crescimento dos instrumentos planificatórios e, em especial para o nosso tema, das autorizações para o desenvolvimento de actividades poluentes[1016]. Isto é, essas actividades deixaram de ser, *prima facie*, permitidas, sendo antes alvo de uma proibição relativa e passando, consequentemente, a estar sujeitas a uma autorização pública para o seu exercício[1017]. Deixou, assim, o juiz civil de ter competência – pelo menos exclusiva – para a apreciação da admissibilidade de determinadas actividades. Esta transferência, total ou parcial, das competências do juiz civil para a Administração ou, mais latamente, este fenómeno de publicização – ao menos, de sobreposição – do direito administrativo ao direito privado, seja pela reserva de autorização, pelos planos ou, em geral, pela regulação administrativa, veio, como sabemos, colocar novas dúvidas em torno da determinação dos conceitos de *utilização habitual* e de *prejuízo substancial*[1018].

Estas dúvidas podem ser resumidas em torno da questão de saber se as determinações administrativas dos regulamentos e dos actos administrativos afastam a possibilidade de o juiz civil determinar a existência de um prejuízo substancial ou de uma utilização não habitual. Numa determinada concretização do problema – em que, para nós, avulta a junção dos planos da permissão e da licitude da permissão – questiona-se se a Administração, pelo exercício das suas competências, nomeadamente autorizatórias, tem a faculdade de determinação das fronteiras entre o ilícito e o lícito[1019]. Ou, retomando a interrogação de Wagner, que nos lançou na análise deste tema: se um comportamento produzir danos que possibilitariam a aplicação de normas de direito privado (acção negatória e respon-

---

[1016] F.-J. Peine, *Öffentliches und Privates Nachbarrecht*, 170-171.

[1017] J. Egea Fernández, *Acción negatoria, immisiones y defensa de la propiedad*, 141 e ss..

[1018] Sobre a progressiva "publicização" do direito privado dos vizinhos pela sucessiva submissão de actividades a controlo público e pelo reconhecimento e expansão dos direitos subjectivos públicos, *supra*, I B), 2.1. e III A), 2.

[1019] Assim, por exemplo, G. Heine, *Verwaltungsakzessorietät des Umweltstrafrechts*, 2432, tendo em conta que existe sempre um certo grau de perigo e/ou de efeitos prejudiciais, considera que cabe à Administração determinar o *"normativsozial noch tolerablen Risikos"*. Sobre esta questão, L. F. Colaço Antunes, *O procedimento administrativo de avaliação de impacto ambiental*, 226 e ss.; J. S. Cunhal Sendim, *Responsabilidade civil por danos ecológicos*, 44-5, em contexto semelhante.

sabilidade civil), tal aplicação encontra-se excluída pela circunstância de o comportamento se encontrar autorizado pela Administração?[1020]

2.2. *Pressupostos das acções negatórias*

183. O essencial da regulação germânica sobre emissões encontra-se nos §§ 906, 1004 BGB, preceitos que nitidamente influenciaram a regulação constante do artigo 906.º do nosso Código Civil. As controvérsias em torno da acção negatória prendem-se com a interpretação a ser dada aos conceitos de "utilização habitual segundo os usos locais" e de "prejuízo substancial": nos termos do § 906 e do § 1004 II, o proprietário não poderá opor-se às emissões do prédio vizinho sempre que os prejuízos *não* sejam *substanciais* ou, mesmo que o sejam, se resultarem da *utilização habitual* da propriedade[1021]. Questão igualmente discutida a propósito das normas do BGB em apreciação é a de saber se, nos fundamentos da admissão e da exclusão da acção negatória, está em causa um problema de licitude ou uma outra categoria – a do dever de tolerância[1022]. A colocação da questão, adiantamos, não é de estranhar, visto que são admitidos prejuízos

---

[1020] G. WAGNER, *Öffentlich-rechtliche Genehmigung und zivilrechtliche Rechtswidrigkeit*, 1.

[1021] Estas normas resultam da conjugação dos dois preceitos: enquanto o § 1004 consagra o direito de oposição, o § 906 vem excluí-lo sempre que o prejuízo não seja substancial e não resulte de um uso não habitual. Sobre os §§ 906, 1004 BGB e a sua relação com o direito administrativo, entre outros, G. GAENTZSCH, *Ausbau des Individualschutzes gegen Umweltbelastungen als Aufgabe des bürgerlichen und des öffentlichen Rechts*, 603 e ss.; G. WAGNER, *Öffentlich-rechtliche Genehmigung und zivilrechtliche Rechtswidrigkeit*, em esp. 61 e ss.; H. PIKART, *Bürgerlich-rechtliche Rechtsfragen bei Lärmbelästigungen durch den Betrieb von Sportanlagen im Whonbereich*, 14 e ss.; J. W. GERLACH, *Die Grundstrukturen des privatem Umweltrechts im Spannungsverhältnis zum öffentlichen Rechts*, 167 e ss.; P. BAUMANN, *Die Haftung für Umweltschäden aus Zivilrechtlicher Sicht*, 434 e ss.; H.-J. BIRK, *Umwelteinwirkungen durch Sportanlagen*, 689 e ss.; O. N. HÖRLE, *Die Beeinträchtigungen des Eigentümers durch gewerbliche Anlagen nach dem Bürgerlichen Gesetzbuch und der Gewerbeordnung (§§ 906, 907 BGB, 26, 51 GewO)*, 366 e ss.; H. HAGEN, *Probleme und Erfolge richterlicher Rechtsfortbildung im privaten Immissionsschutzrecht*, 49-50. Em geral, F. J. SÄCKER, *§ 906*, 597 e ss.; D. MEDICUS, *§ 1004*, 1061 e ss..

[1022] Sobre o dever de tolerância, a respectiva compensação monetária e a relação de ambos com o conceito de ilicitude, C. BENSCHING, *Nachbarrechtliche Ausgleichsansprüche – zulässige Rechtsfortbildung oder Rechtsprechung contra legem?*, em esp. 24 e ss.; F. BAUR, *Der Beseitigungsanspruch nach § 1004 BGB*, 465 e ss.; F. J. SÄCKER, *§ 906*, 623 e ss.; D. MEDICUS, *§ 1004*, 1076 e ss..

O ACTO ADMINISTRATIVO CONFORMADOR DE RELAÇÕES DE VIZINHANÇA

substanciais, desde que resultem de uma utilização habitual, ou, de outra perspectiva, considera-se que uma utilização pode ser habitual mesmo quando dela resultam prejuízos substanciais. Se não estiver em causa a licitude ou ilicitude do comportamento (ou do resultado), a possibilidade ou exclusão da acção negatória pode não envolver um problema de existência de ilicitudes contraditórias na ordem jurídica.

184. A determinação do que sejam o *uso normal* e o *prejuízo substancial*, conceitos presentes no artigo 1346.º do Código Civil, tem suscitado igualmente dúvidas na doutrina portuguesa[1023]. Contudo, há que evidenciar que, apesar da marcada influência do BGB, o legislador português optou por *excluir a cumulação* dos requisitos para a acção negatória. Assim, de acordo com a redacção do preceito nacional, a acção negatória pode ser exercida quer no caso de *prejuízo substancial*, quer no caso em que o prejuízo resulte de uma *utilização não normal* do prédio[1024].

Apesar da clara redacção do preceito, que utiliza a disjuntiva "ou", tem sido sustentado, na doutrina portuguesa, que os requisitos são cumulativos, no sentido de a oposição apenas poder ocorrer se o prejuízo for subs-

---

[1023] Sobre várias questões levantadas, em geral, pelo artigo 1346.º, A. Menezes Cordeiro, *Tutela do ambiente e direito civil*, 386 e ss.; C. A. Mota Pinto, *Direitos reais*, 244 e ss.; J. Menezes Leitão, *Instrumentos de direito privado para protecção do ambiente*, 47 e ss.; L. A. Carvalho Fernandes, *Lições de Direitos Reais*, 208 e ss.. Emissões abrangidas pelo preceito são apenas as de natureza incorpórea, embora de "natureza material ou física". M. H. Mesquita, *Direitos Reais*, 143, nr. 2, e ss.; F. Pires de Lima/ J. M. Antunes Varela, *Código Civil anotado*, III, 177. Sobre as emissões relevantes, considerando que a enumeração do artigo 1346.º não é taxativa, A. Menezes Cordeiro, *Direitos reais*, 424. Outra questão diz respeito à determinação do que seja o prédio vizinho, entendendo a maioria da doutrina que não se tem de tratar do prédio contíguo, sendo antes todo aquele que possa ser afectado pelas emissões. Neste sentido, M. H. Mesquita, *Direitos Reais*, 142; A. Menezes Cordeiro, *Direitos reais*, 425. Contra, F. Pires de Lima/ J. M. Antunes Varela, *Código Civil anotado*, III, 178, considerando que, em regra, prédio vizinho significa prédio contíguo, embora admitam que seria "chocante" a exclusão da oposição apenas porque existem de permeio "um ou dois prédios".

[1024] Enquanto no direito alemão, a acção negatória só poderá ser exercida se o prejuízo for substancial *e* não resultar do uso habitual da propriedade, o CC português admite sempre a oposição se o prejuízo for substancial *ou* se resultar do uso anormal da propriedade. Referindo que os requisitos não são cumulativos, M. H. Mesquita, *Direitos Reais*, 142 e ss.; J. Oliveira Ascensão, *Direito civil – Reais*, 253; F. Pires de Lima/ J. M. Antunes Varela, *Código Civil anotado*, III, 178; implicitamente, C. A. Mota Pinto, *Direitos reais*, 244-5; alterando a posição anterior, L. A. Carvalho Fernandes, *Lições de Direitos Reais*, 209-10.

tancial *e* não resultar de um uso normal do prédio[1025]. Contudo, ao contrário do que sucede no direito alemão, não tem sido questionado, como aliás se comprova pela jurisprudência, que, quando permitida a oposição, exista igualmente uma ilicitude relevante para efeitos de responsabilidade civil do lesante[1026]. Quanto à relevância das autorizações administrativas para o afastamento da acção negatória, a posição da doutrina privatista é, como já déramos conta, a de recusar tal relevância e garantir sempre a oposição[1027].

Se existem estas similitudes e estas diferenças no que se refere aos preceitos fundamentais sobre emissões, convém igualmente referir as diferenças existentes entre dois outros preceitos que não têm merecido tanta atenção da doutrina: o § 907 BGB e o artigo 1347.º do nosso Código Civil[1028]. Entre ambos existe uma diferença significativa, na medida em que o preceito nacional tem em conta, não apenas as determinações legais, mas igualmente as autorizações. Porém, este preceito, que no seu n.º 3 garante a indemnização do lesado pelos danos sofridos, coloca afinal o problema da ilicitude[1029].

[1025] A. MENEZES CORDEIRO, *Direitos reais*, 426, considerando que o § 906 BGB foi "mal traduzido". A. F. SOUSA, *O recurso de vizinhança*, 51-2, embora interprete o preceito no sentido da alternatividade dos requisitos, considera que não deveria ser admissível a acção negatória em caso de uso anormal que não gerasse um prejuízo substancial.

[1026] Entre outros, Ac. STJ de 26.05.95, Ac. Tribunal Judicial St.ª Maria da Feira de 04.04.97; implicitamente, M. H. MESQUITA, *Direitos Reais*, 144; em sentido próximo, L. A. CARVALHO FERNANDES, *Lições de Direitos Reais*, 181.

[1027] J. OLIVEIRA ASCENSÃO, *Direito civil – Reais*, 253; J. MENEZES LEITÃO, *Instrumentos de direito privado para protecção do ambiente*, 47; M. H. MESQUITA, *Direitos Reais*, 142, nr. 4; L. A. CARVALHO FERNANDES, *Lições de Direitos Reais*, 210.

[1028] Salvo J. J. GOMES CANOTILHO, *Actos autorizativos jurídico-públicos e responsabilidade por danos ambientais*, 26 e 36. Sobre o § 907 BGB, H. PIKART, *Bürgerlich-rechtliche Rechtsfragen bei Lärmbelästigungen durch den Betrieb von Sportanlagen im Whonbereich*, 35 e ss.; E. HERRMANN, *Der Störer nach 1004 BGB : zugleich eine Untersuchung zu den Verpflichteten der 907, 908 BGB*, 150 e ss.; F. J. SÄCKER, *§ 907*, 641 e ss.. Sobre o art. 1347º CC, F. PIRES DE LIMA/ J. M. ANTUNES VARELA, *Código Civil anotado*, III, 180 e ss.; A. MENEZES CORDEIRO, *Tutela do ambiente e direito civil*, 387 e ss.; A. MENEZES CORDEIRO, *Direitos reais*, 427-428; M. H. MESQUITA, *Direitos Reais*, 145 e ss.; L. A. CARVALHO FERNANDES, *Lições de Direitos Reais*, 210 e ss.; J. OLIVEIRA ASCENSÃO, *Direito civil – Reais*, 253.

[1029] Adiantando que se trata de uma responsabilidade por factos *lícitos*, F. PIRES DE LIMA/ J. M. ANTUNES VARELA, *Código Civil anotado*, III, 181; M. H. MESQUITA, *Direitos Reais*, 145, nr. 1, adiantando que há sempre lugar a indemnização, "independentemente de culpa"; igualmente, L. A. CARVALHO FERNANDES, *Lições de Direitos Reais*, 211; A. MENEZES CORDEIRO, *Direitos reais*, 428. J. J. GOMES CANOTILHO, *Actos autorizativos jurídico – públicos e responsabilidade por danos ambientais*, 36.

Posto isto, passemos à nossa apreciação das normas nacionais relativas às acções negatórias.

185. O artigo 1346.º do Código Civil admite a acção negatória em caso de ocorrência (ou perigo de ocorrência) de um *prejuízo substancial* ou de outros prejuízos que *não* resultem da *utilização normal* da propriedade.

Na nossa perspectiva, a similitude da redacção do preceito com o disposto no artigo 483.º deixa-se facilmente apreender: por um lado, relevância do "resultado" (prejuízo substancial); por outro lado, relevância do "comportamento" (utilização anormal) como *revelador* da ilicitude.

Mais do que isso, o disposto no artigo 1346.º do Código Civil vem confirmar o nosso entendimento da ilicitude como colisão de direitos subjectivos e não como dependente da (pretendida) diferenciação entre direitos e interesses[1030]. Se tal distinção pôde ser vertida no artigo 483.º, o mesmo não poderia suceder no artigo 1346.º: em vez do tradicional confronto, na perspectiva civilística, entre liberdade e direitos subjectivos, subjacente ao artigo 483.º, o artigo 1346.º teve que enfrentar o problema de colisão entre dois direitos subjectivos, *maxime* entre direitos de propriedade[1031].

A releitura que fizemos do artigo 483.º tem aqui plena aplicação, sendo agora sufragada pela letra do preceito. Afirmámos antes, a propósito do artigo 483.º, que "onde se distingue entre direitos subjectivos e interesses protegidos por normas deve considerar-se que estará sempre em causa um direito fundamental. A referência a normas determinadas de protecção de 'interesses' deve ser vista como o resultado de uma restrição, respeitadora do princípio da proporcionalidade, operada, em princípio, pelo legislador: quer prescrevendo determinadas condutas, quer referindo a proibição de produção de determinados danos, opera-se a restrição recíproca do direito exercido pelo sujeito lesante e do direito do sujeito lesado.

[1030] *Supra*, I B), 3.3.

[1031] O que sempre foi expressamente considerado pela doutrina privatista, como não poderia deixar de ser. J. Menezes Leitão, *Instrumentos de direito privado para protecção do ambiente*, 45, referindo que o direito de propriedade não é absoluto; M. Doumenq, *Aplication judiciaire du droit de l'environnement*, 119, referindo como origem da regulação dos conflitos de vizinhança a limitação do direito de propriedade pelo dever natural e legal de não prejudicar o direito de propriedade do outro; J. J. Gomes Canotilho, *Privatismo, associativismo e publicismo na justiça administrativa do ambiente*, 151, perspectivando o direito das emissões como um problema de colisões de direitos.

Actuando contra tais normas, o sujeito lesante comete um ilícito. Do mesmo modo, a referência à violação de direitos subjectivos não pode ser entendida, pelas razões expostas, como toda e qualquer lesão, mas apenas como aquela correspondente a uma restrição *desproporcionada* do direito fundamental em causa, a que sempre corresponderá, sem necessidade de mediação legislativa, o juízo de *ilicitude*"[1032].

Voltando ao artigo 1346.º, verifica-se que, de um lado, é admitida a oposição em caso de prejuízo substancial, o que aponta para a consideração da gravidade do dano e equivale, assim, a prejuízo *desproporcionado*[1033]. De outro lado, admite-se a ressarcibilidade de quaisquer prejuízos decorrentes de uma utilização *não normal*, a qual decorrerá da violação de regras que venham proibir ou conformar um determinado tipo de comportamento em restrição válida ao direito fundamental que *prima facie* o permitiria.

186. No que respeita à querela nacional sobre a alternatividade ou cumulatividade dos requisitos prejuízo substancial/utilização normal, cumpre dizer que não podemos concordar inteiramente com qualquer uma das posições expendidas.

Perante os conceitos de "utilização normal" e de "prejuízo substancial", são várias, como já vimos, as hipóteses interpretativas adiantadas. A tese da cumulação dos requisitos tem sido propugnada por MENEZES CORDEIRO[1034].

[1032] *Supra*, III A), 3.3..

[1033] Note-se, contudo, que a jurisprudência civilística tende a resolver as colisões de direitos através do disposto no artigo 335.º, n.º 1 e n.º 2, onde estão previstas, respectivamente, as regras da concordância prática e uma visão própria de uma hierarquia de valores. Como já se disse, a consideração de que se trata de colisões de direitos fundamentais implica que a solução das mesmas obedeça às regras de interpretação de direitos fundamentais, o que por nós equivale a uma ponderação regida pelo princípio da proporcionalidade (*supra*, III A), 1.2. e 2.3.. Não discordando da via seguida pela jurisprudência de prevalência do direito considerado mais valioso, A. FERREIRA DO AMARAL, *A jurisprudência portuguesa no domínio do direito do ambiente*, 464. Sobre a aplicação do princípio da proporcionalidade, já nos pronunciámos, *supra*, III A), 2.3..

[1034] A. MENEZES CORDEIRO, *Direitos reais*, 426. Anteriormente, L. A. CARVALHO FERNANDES, *Lições de Direitos Reais* (1ª ed.), 183, adiantara como hipótese interpretativa a de limitar a exigência de prejuízo substancial aos casos de utilização normal e de o dispensar nos casos de utilização anormal, hipótese esta que foi então rejeitada pelo Autor por não ter correspondência na letra da lei. Parece ser esta a posição de J. S. CUNHAL SENDIM, *Responsabilidade civil por danos ecológicos*, 32, nr. 37, ao admitir que, em caso de utilização normal, a oposição só será possível se o prejuízo for substancial (sendo suficiente qualquer dano no caso de

Antes de mais, note-se que a posição tomada pelo Autor constitui uma reacção à interpretação da (suposta) posição defendida por PIRES DE LIMA e ANTUNES VARELA, segundo a qual, em caso de utilização não normal, poderia existir oposição mesmo que não existisse *qualquer prejuízo*[1035]. Em resposta a esta interpretação, conclui MENEZES CORDEIRO que "o proprietário só pode proibir as emissões que efectivamente o prejudiquem e não resultem do uso normal do prédio"[1036]. Ora, o que PIRES DE LIMA e ANTUNES VARELA defendem, se bem entendemos, é apenas a desnecessidade de verificação de um *prejuízo substancial* quando ocorra uma utilização anormal; não é a desnecessidade de verificação de *qualquer prejuízo*[1037]. Por outro lado, a conclusão a que chegam os Autores defensores da cumulação dos requisitos *não é*, por seu turno, a de ser necessário que se verifique, em casos de uma utilização não normal, um prejuízo substancial, mas apenas de que se verifique o prejuízo[1038]. Neste ponto, a divergência entre os Autores portugueses é aparente e a convergência com a doutrina germânica é igualmente aparente: da conjugação dos §§ 1004 II, 906 II BGB (este último formulado de forma negativa, ao contrário do artigo 1346.º) é que resulta uma verdadeira cumulação de requisitos, dado que para a procedência da acção negatória, é necessário que o prejuízo seja substan-

---

utilização anormal). Contudo, acrescenta depois o Autor que, mesmo em caso de prejuízos substanciais, a oposição poderá ser excluída se for conforme aos usos locais (o que se encontra consagrado no § 906 II BGB).

[1035] F. PIRES DE LIMA/ J. M. ANTUNES VARELA, *Código Civil anotado*, III, 178.

[1036] A. MENEZES CORDEIRO, *Direitos reais*, 426.

[1037] Valerá a pena transcrever as palavras de F. PIRES DE LIMA/ J. M. ANTUNES VARELA, *Código Civil anotado*, III, 178, para evitar equívocos: "para que seja fundada a oposição, exige o artigo 1346.º que se verifique um de dois casos: (...) prejuízo substancial (...) ou não utilização normal. Não se exige a verificação conjunta dos dois requisitos. (...) Se houve um prejuízo substancial para o prédio vizinho, pouco importa que as emissões resultem da utilização normal (...). E se não corresponderam à utilização normal deste, *pouco adianta também que o prejuízo causado pelas emissões não seja substancial*" (itálicos nossos). Da leitura destas afirmações pensamos que se deve concluir que os Autores, quando não exigem a cumulatividade dos requisitos, referem-se ao prejuízo substancial e, sobretudo pela parte destacada em último lugar, que os Autores pressupõem sempre a existência de um prejuízo, apenas não exigindo que seja substancial.

[1038] Assim, na nova posição tomada, L. A. CARVALHO FERNANDES, *Lições de Direitos Reais*, 209-10, considera actualmente que os requisitos não são cumulativos, embora tenha sempre que se verificar um prejuízo ("havendo utilização anormal, tem de haver prejuízo, mas este não carece de ser substancial. Se a emissão resultar da utilização normal do prédio, o prejuízo tem de ser substancial").

O EFEITO CONFORMADOR DO ACTO AUTORIZATIVO NAS RELAÇÕES DE VIZINHANÇA

cial *e* que não resulte da "utilização habitual", admitindo-se, pois, que uma utilização que provoque um prejuízo substancial possa ser uma utilização habitual e logo, tenha que ser tolerada.

187. Havendo que respeitar a disjuntiva utilizada pelo legislador, e encontrando justificação, de acordo com as considerações expostas, para a diferenciação entre dois fundamentos distintos da oposição, não podemos deixar de afirmar, em coerência, que *a utilização que provoque um prejuízo substancial nunca pode ser considerada uma utilização normal*. Não se trata de apenas admitir a acção negatória quando ocorra um prejuízo substancial *e* se verifique a utilização normal mas, antes – reitera-se – de considerar que, perante a produção de um prejuízo substancial ou desproporcionado, a utilização nunca pode ser considerada normal.

Esta compreensão da distinção existente no artigo 1346.º é, para nós, uma consideração essencial que facilita a compreensão de conjunto das normas sobre regulação das relações de vizinhança e sobre responsabilidade civil: tendo presente que a ilicitude resulta de um juízo negativo que abrange quer a conduta como o seu resultado, numa perspectiva unitária do ilícito, tanto pode a ilicitude ser indiciada pela violação de regras de conduta determinadas que proíbem a ocorrência de determinados danos, como pela gravidade da violação de um direito subjectivo – violação desproporcionada ou substancial. Em relação a esta não há necessidade de determinar em abstracto específicas regras de conduta porquanto tal violação, em razão da sua gravidade, sempre será impossível de admitir, logo por decorrência das normas constitucionais sobre os limites da restrição de direitos fundamentais.

Em consonância, pois, com a distinção feita no artigo 483.º do Código Civil, também a acção negatória pode ter dois fundamentos distintos – ou, se se quiser, a sua admissibilidade pode ser indiciada de duas formas diferentes: ou pela violação de determinadas regras de conduta (conduta ilícita), que sempre terá que resultar em prejuízos não admitidos (resultado ilícito), ou pela verificação de um prejuízo desproporcionado ou substancial (resultado ilícito) que nunca se poderá ter como produzido por uma acção "normal" ou lícita (igualmente, conduta ilícita). O mesmo não se passa na Alemanha, por duas razões: primeira, em vez do "uso normal", lido como *valoração jurídica* da licitude ou ilicitude do comportamento, o § 906 utiliza a expressão "utilização habitual segundo os usos locais", que permite a remissão para considerações de ordem primordialmente factual e não de valoração jurídica[1039]; segunda, mesmo que assim não seja, uma enorme dificuldade resulta de o § 906 II, ao impor a tolerância de prejuízos substanciais que resultem do uso habitual, admitir que uma utilização da propriedade, apesar de provocar tais prejuízos, possa ser considerada uma utilização habitual ou normal – resultando desta conjugação várias dificuldades em torno da exigência de ilicitude para a admissibilidade de acções negatórias e da utilização de uma figura ambígua que é o "dever de tolerância"[1040].

188. Se o artigo 1346.º tem merecido tanta atenção por parte da doutrina, o mesmo não parece suceder em relação ao artigo 1347.º (ou ao seu congénere alemão, o § 907 BGB). No entanto, para nós, esta norma assume especial relevância.

[1039] Relembrem-se, aqui, os problemas colocados pelas "zonas mistas" dos planos e a sua realização faseada, que permitira ao juiz considerar que uma indústria, apesar de prevista nos planos, não corresponderia a um uso habitual se, entretanto, a referida zona tivesse sido ocupada apenas por prédios de habitação. Sobre esta questão, entre outros, F.-J. PEINE, *Öffentliches und Privates Nachbarrecht*, 172; G. GAENTZSCH, *Ausbau des Individualschutzes gegen Umweltbelastungen als Aufgabe des bürgerlichen und des öffentlichen Rechts*, 602; H. HAGEN, *Privates Immissionsschutzrecht und öffentliches Baurecht*, 819; I. MITTENZWEI, *Umweltverträglichkeit statt Ortsüblichkeit als Tatbestandsvoraussetzung des privatrechtlichen Immissionsschutzes*, 101 e ss..

[1040] Consideramos, pois, que apenas releva a ilicitude, entendida como mera contrariedade objectiva ao direito, para a procedência da acção negatória, não se seguindo a esta, por outro lado, o imediato apuramento da responsabilidade civil subjectiva, que exige, para além da ilicitude, a culpa do sujeito. Em sentido próximo, L. A. CARVALHO FERNANDES, *Lições de Direitos Reais*, 207, considera que apenas está em causa a defesa objectiva dos direitos reais (que, por nós, vai entendida como ilicitude no sentido de contrariedade ao direito) e não qualquer consideração subjectiva, relativa à culpa, e necessária para efeitos de responsabilidade civil. Isto é, a verificação dos pressupostos da acção negatória não implica nem pressupõe a verificação dos pressupostos da responsabilidade civil por actos ilícitos *e* culposos; tal não significa, contudo, que não esteja em causa uma situação de ilicitude (objectiva) na fundamentação do direito à oposição, questão esta que, como vimos, é discutida na doutrina germânica e em parte potenciada pela cumulação dos requisitos para a acção negatória. *Vide*, contudo, J. OLIVEIRA ASCENSÃO, *Direito civil – Reais*, 251-252, que, depois de afirmar que o direito de vizinhança visa uma defesa objectiva da propriedade, sendo a ausência de *culpa* irrelevante, conclui depois que não se trata da reacção a um *ilícito*. A discrepância será, porventura, explicada por uma determinada concepção de ilicitude que abranja aquilo que geralmente se entende como o juízo de culpabilidade.

O EFEITO CONFORMADOR DO ACTO AUTORIZATIVO NAS RELAÇÕES DE VIZINHANÇA

Ainda que relativo ao caso especial de instalações perigosas, o artigo 1347.º contém uma expressa norma de relação entre o direito administrativo e a acção negatória do direito privado[1041]: ao contrário do artigo 1346.º, em que se parte de uma igual liberdade entre a utilização da propriedade por ambos os privados, o artigo 1347.º parte da proibição de actividades consideradas perigosas (n.º 1); admite, porém, que a actividade possa ser desenvolvida desde que cumpra as disposições legais (ou administrativas) ou esteja autorizada (n.º 2); contudo, admite, mesmo em caso de autorização, que possa haver *oposição* à actividade, desde que o prejuízo receado se torne efectivo. Ou seja, admite-se *sempre* a oposição a certas actividades que possam provocar danos, embora se exclua a tutela preventiva quando tais actividades tenham sido autorizadas.

Com estas normas, pretendeu o legislador não bloquear simplesmente o desenvolvimento industrial através da proibição de certas actividades, por serem perigosas, admitindo que pudessem ser desenvolvidas desde que autorizadas e/ou exercidas em conformidade com prescrições administrativas[1042]. Para o que especificamente nos interessa, a *ratio* do preceito, compreensível através da exclusão da oposição preventiva e da admissão de oposição em caso de prejuízo efectivo, deixa-se facilmente apreender: tendo sido a actividade – sujeita a reserva de autorização por ser potencialmente perigosa – autorizada, confia-se no juízo de prognose da Administração de que a actividade não irá provocar danos "não permitidos por lei"[1043]. Porém, verificando-se que a previsão da Administração não se realiza, os danos não têm que ser suportados, pois não terá querido o legislador transferir para o vizinho o risco de erro nos juízos de prognose da Administração[1044].

[1041] A. MENEZES CORDEIRO, *Tutela do ambiente e direito civil*, 387 e ss., considerando que se trata de normas que visaram estabelecer a relação entre as autorizações administrativas e o direito privado dos vizinhos.

[1042] A. MENEZES CORDEIRO, *Tutela do ambiente e direito civil*, 387.

[1043] F. PIRES DE LIMA/ J. M. ANTUNES VARELA, *Código Civil anotado*, III, 181, explicam que a opção legislativa foi a de sobrepor a intervenção da lei ou da autorização ao mero receio de danos sentido pelo vizinho, estabelecendo, assim, uma presunção legal (mas ilidível) de que não advirão danos. Implicitamente, M. H. MESQUITA, *Direitos Reais*, 145, nr. 1, considerando que o preceito do n.º 2 não tem natureza preventiva, ao contrário do n.º 1.

[1044] Neste sentido, embora sem o apoio legal fornecido pelo nosso artigo 1347.º, M. DOLDERER, *Das Verhältnis des öffentlichen zum privaten Nachbarrecht*, 25-26.

2.3. *Autorizações e acções negatórias*

2.3.1. Acção negatória e autorização irrelevante para terceiros

189. Apreciadas as normas do Código Civil sobre acções negatórias, cumpre agora equacionar a eventual existência de um efeito conformador de relações jurídicas entre privados, retomando a classificação dos actos administrativos autorizativos em actos relevantes e irrelevantes para terceiros, consoante o seu conteúdo abranja ou não as consequências prejudiciais[1045].

Antes, porém, de apreciarmos especificamente o problema do efeito conformador, há que verificar que a reserva de autorização produz imediatamente um resultado inverso ao de uma pretendida "legalização" por influência do acto administrativo. Ao invés da liberdade liberal de desenvolvimento da indústria, surge uma proibição que poderá ser afastada mediante a imposição de determinados deveres no desempenho da actividade industrial, dos quais se destaca precisamente a necessidade de obter uma autorização administrativa. Concretamente, se, antes, o ponto de partida era o de uma actividade, por exemplo industrial, ser uma actividade livre, hoje é o de uma actividade objecto de uma proibição, a qual só poderá ser afastada mediante um acto administrativo autorizativo.

Da conjugação da regra de proibição com a da admissibilidade da conduta mediante cumprimento das determinações administrativas, *maxime* da obtenção da própria autorização, resulta a relevância do direito administrativo para a determinação do juízo de ilicitude. Isto é, inexistindo a autorização, há fundamento para um juízo de ilicitude da actividade danosa ou potencialmente danosa porquanto continua a ser uma actividade proibida. Neste sentido, pode dizer-se que o direito administrativo é relevante para o direito privado, detendo nesta medida um efeito conformador do direito privado. É, contudo, uma relevância inversa à do pretendido efeito conformador de relações jurídicas entre particulares que redundaria numa "legalização" da actividade autorizada. Retomando esta questão: se à proibição da actividade, sobrevier a autorização, qual a possibilidade de aplicação das normas de direito privado que consagram o direito de oposição à actividade?

[1045] *Supra*, III A), 2..

190. Analisemos a primeira hipótese: a de o acto autorizativo não compreender a produção de determinadas consequências danosas que, contudo, se vêm a verificar – hipótese esta que, atendendo à contraposição entre o conteúdo da autorização e os danos verificados, qualificámos já como um caso de *irrelevância* do acto administrativo para terceiros.

Nesta específica configuração do problema, a existência de autorizações administrativas não foi ignorada pelo legislador português, ao contrário do que sucedeu no BGB germânico[1046] – veja-se o disposto no artigo 1347.º do Código Civil. A solução legal é, neste ponto, clara: apesar de existir autorização, pode ser exercido o direito de defesa através da acção de oposição, limitado embora à *efectiva* verificação dos danos. A limitação da tutela preventiva é relevante na medida em que revela, como vimos, a *ratio* do preceito: a confiança do legislador no juízo administrativo de prognose segundo o qual os danos não se iriam verificar – o que significa, por outras palavras, que o acto administrativo não compreende e não permite a produção de tais efeitos danosos, reconduzindo-se assim à categoria da *irrelevância* do acto administrativo para os terceiros. Ou seja: verificados os danos, o vizinho lesado intentará uma acção negatória; a invocação, pelo autorizado, do acto autorizativo é irrelevante pois o acto não permite os danos verificados[1047]. Nem sequer é necessário, perante a verificação das consequências danosas, apreciar a validade ou invalidade do acto, pois logo pela (necessariamente prévia) apreciação do seu conteúdo se detecta a irrelevância do acto para o litígio em causa[1048]. Acrescente-se que o artigo 1347.º admite a oposição sempre que se verifiquem danos "não permitidos por lei" – o que compreende tanto prejuízos desproporcionados

---

[1046] O § 907 BGB apenas refere o desenvolvimento da actividade em conformidade com regulamentos administrativos, não prevendo a hipótese de o comportamento ter sido objecto de uma autorização. Não parece ser, assim, um preceito que chame a atenção da doutrina alemã no que respeita ao problema de relação entre acto administrativo e direito privado.

[1047] Com considerações que vão neste sentido, afirmando que «Impõe-se, no entanto, conhecer todas as circunstâncias em que a decisão camarária se baseou para se saber se o poder discricionário foi correctamente exercido», o Ac. STJ de 29.05.1991

[1048] Contudo, se é indiferente, para a procedência da acção negatória contra consequências danosas efectivadas, que o acto administrativo seja válido ou inválido, a validade ou invalidade do acto pode relevar se estiver em causa uma acção de oposição preventiva ou, naturalmente, uma acção de responsabilidade civil.

como quaisquer outros que sejam objecto de uma proibição legal não afastada pelo acto administrativo[1049].

191. Contra esta solução, poder-se-ia pretender que a aplicação do artigo 1347.º fosse contrariada, ou mesmo proibida, pela força de "caso decidido" do acto administrativo; dito de outra forma, poderia afirmar-se a existência de uma contradição – o acto administrativo permitiu a actividade, o juiz proibiu a actividade (e não podia porque o acto tinha força de "caso decidido"). Poderia igualmente, em sede da teorização das causas justifi-

---

[1049] Inclusivamente, dos danos que, eventualmente, o acto considerou expressamente como não permitidos – v.g. para lá do limite das emissões estabelecido – ou cuja previsão de não realização permitiu a prática do acto autorizativo. Nestes casos, é mesmo o vizinho lesado que tem interesse em invocar o acto administrativo e não o autorizado (o que não contradiz a nossa concepção de irrelevância do acto administrativo nestes casos pois constitui uma resposta ao problema da lesividade do acto para terceiros; nestes últimos casos, pode mesmo descortinar-se uma parte favorável do acto para terceiros (tanto como as limitações ou proibições são desfavoráveis para o autorizado), produzindo o acto efeitos de acordo com a regra geral do artigo 127.º CPA. No que respeita à consideração da doutrina pátria da existência de uma indemnização por factos lícitos – nesse sentido, F. Pires de Lima/ J. M. Antunes Varela, *Código Civil anotado*, III, 181; M. H. Mesquita, *Direitos Reais*, 145, nr. 1, adiantando que há sempre lugar a indemnização, "independentemente de culpa"; igualmente, L. A. Carvalho Fernandes, *Lições de Direitos Reais*, 211; A. Menezes Cordeiro, *Direitos reais*, 428 – julgamos que apenas podem estar em causas duas explicações. Uma residirá na circunstância de o âmbito de aplicação do art. 1347.º, n.º 1, reportar-se a actividades especialmente perigosas, podendo daí resultar, para esses casos, a consagração de uma responsabilidade pelo risco (que, não dependendo de um juízo de ilicitude sobre o comportamento, enquadra-se na mais lata garantia da responsabilidade por factos lícitos); porém, a referência à proibição da actividade e à produção de "danos não permitidos por lei" dificulta este entendimento. Outra dirá respeito a uma possível exclusão da culpa do autorizado, que sempre excluirá a responsabilidade subjectiva (por actos ilícitos e culposos). A circunstância de o art. 1347.º garantir a indemnização em relação a situações "autorizadas" ou que tenham observado "as condições especiais previstas na lei" não corresponde a qualquer consagração de uma responsabilidade objectiva (que não valoraria a conduta autorizada como ilícita): em primeiro lugar, porque sempre seria preciso compatibilizar essas expressões com a outra "danos não permitidos por lei", que indicia um juízo de ilicitude; em segundo lugar, como resulta das considerações anteriores, os deveres de comportamento do sujeito não se resumem ao pedido da autorização nem à contrariedade em relação a determinadas normas. Sobre esta questão, a propósito da responsabilidade, *infra*, III B), 3.2. Seja como for, o âmbito de aplicação que propomos para a norma do art. 1347.º, n.º 2, é mais amplo do que o indiciado pelo art. 1347.º, n.º 1, como veremos no texto principal.

330

cativas, argumentar-se que estaríamos apenas perante o "exercício de um direito"[1050].

Semelhantes vias de argumentação não podem proceder, por uma singela razão, que decorre do que já se disse e agora se reitera: a força de caso decidido depende do conteúdo do acto e o conteúdo do acto não abrange, em concreto, a permissão das consequências verificadas; simultaneamente, não se pode considerar que existe um "exercício do direito" quando o mesmo não se encontra abrangido pela permissão jurídica[1051]. Por um lado, a Administração não se limitou a permitir a actividade, conferindo uma espécie de "carta branca" ao autorizado para todas as possíveis consequências da permissão; a permissão depende sempre do conteúdo do acto, relevando nomeadamente a apreciação das consequências da actividade. Por outro lado, o juiz não proibiu toda e qualquer actividade: proibiu apenas a actividade que tem por consequência danos "não permitidos por lei" – e que também não se encontravam permitidos pelo acto administrativo[1052]. Dito de outra forma, *não existe nesta hipótese qualquer contradição normativa; e também não existe, certamente, qualquer efeito conformador que abranja os prejuízos verificados.*

A estas considerações acrescem, subsidiariamente, outras. É que mesmo que se persistisse em descortinar uma coincidência de objectos entre acto administrativo e sentença, bem como em afirmar uma violação inadmissível do "caso decidido" do acto administrativo, sempre seria preciso encontrar o fundamento legal de tal efeito. Ora, às normas administrativas gerais sobre eficácia do acto administrativo (incluindo os regimes das suas anulabilidade e revogação) acresce a regulação especial, contida no Código Civil, para actos emitidos com base num juízo de prognose que não se vem a verificar, que afasta a pretensão de "caso decidido". A força de "caso decidido" só poderia resultar da aplicação das normas legais vigentes e não

---

[1050] Sobre esta causa justificativa, entre outros, F. Pessoa Jorge, *Ensaio sobre os pressupostos da responsabilidade civil*, 191 e ss.; L. Menezes Leitão, *Direito das Obrigações*, I, 288-9; M. Almeida Costa, *Direito das Obrigações*, 520 e ss..

[1051] De certa forma, não se trata da apreciação do *exercício* do direito mas, antes, de prévia determinação dos "limites do direito", como refere F. Pessoa Jorge, *Ensaio sobre os pressupostos da responsabilidade civil*, 196.

[1052] O que significa que o autorizado pode continuar a exercer a actividade se (admitindo que tal seja possível) com ela não produzir as consequências danosas que fundamentaram a acção de oposição à actividade.

constituir uma "ideia" inerente ao acto administrativo que tivesse a virtualidade de afastar a aplicação de uma norma legal como a do artigo 1347.º do Código Civil[1053].

192. Da compreensão das situações a que se aplica a norma do artigo 1347.º do Código Civil decorrem ainda outras considerações. A norma do artigo 1347.º permite ultrapassar os apregoados *limites estruturais* do acto administrativo e conciliar as duas *funções* geralmente acometidas ao direito público e ao direito privado: ao primeiro, uma função preventiva, que determina apenas a emissão de autorizações quando considere que daí não advirão prejuízos proibidos para o ambiente[1054]; ao segundo, uma função correctiva dos juízos de prognose da Administração, podendo actuar repressivamente sobre as actuações danosas não previstas[1055]. A hipotética (no sentido de, por ora, não questionada) impossibilidade da Administração de lidar com alterações factuais posteriores à emissão do acto – que poderiam levar a que esta, por exemplo, vendo-se confrontada com a não verificação dos seus juízos de prognose ou com a alteração dos pressupostos factuais relevantes para a emissão do acto, quisesse eventualmente proceder à "revisão" do acto – encontra uma resposta clara na norma de

---

[1053] Concretizamos, aqui, a posição anteriormente tomada quanto à inclusão do acto administrativo numa relação jurídica enquanto mero facto jurídico, relação essa aberta à aplicação de várias normas, não exclusivamente situadas no direito administrativo e às quais o acto sempre se subordinará, porquanto se encontra submetido ao princípio da legalidade. *Supra*, III A), 4.4..

[1054] Note-se que a hipótese de emissão do acto autorizativo mediante um juízo de prognose de que não se verificarão determinados danos para o ambiente deve(ria) constituir a hipótese-padrão, atendendo ao dever de respeito do ambiente e aos princípios da prevenção e da precaução (cfr., igualmente, o artigo 1.º do D.L. n.º 173/2008). *Vide*, entre outros, V. Pereira da Silva, *Verde cor de direito – Lições de direito do ambiente*, 63 e ss. e 196 e ss.; M. Melo Rocha, *A avaliação de impacto ambiental como princípio do direito do ambiente nos quadros internacional e europeu*, em esp. em esp. 107 e ss.; M. A. Sousa Aragão, *O princípio do poluidor pagador*, 68 e ss.. Porém, ainda que devendo constituir a hipótese-padrão e, assim, não apresentar grande potencial de conflito com o direito privado, tal não sucede, por duas razões: em primeiro lugar, como se pode concluir pela consulta da jurisprudência, não são raros os casos em que os actos administrativos possibilitam a ocorrência de verdadeiros atentados ambientais; em segundo lugar, o que estará muitas vezes em causa, sobretudo pela indeterminabilidade do dano ambiental, é a valia da consideração, pela Administração, de que determinados efeitos são admissíveis.

[1055] Sobre as funções imputadas ao direito administrativo e ao direito privado, *supra*, II A), 2.1..

O EFEITO CONFORMADOR DO ACTO AUTORIZATIVO NAS RELAÇÕES DE VIZINHANÇA

relacionamento entre direito administrativo e direito privado consagrada no Código Civil[1056].

Acrescente-se que nenhuma razão existe para limitar a aplicação desta norma apenas às situações relativas a "obras, instalações ou depósitos de substâncias corrosivas ou perigosas" (artigo 1347.º, n.º 1, CC). Desde logo, porque releva na norma a coordenação obtida entre proibição, autorização administrativa e acção negatória, sem paralelo noutras normas e que poderia, por isso, ser estendida a todos os outros casos em que o legislador tenha optado por um modelo de controlo de proibição com reserva de autorização e fosse necessário estabelecer uma coordenação entre direito administrativo e direito privado. Mas, sobretudo, porque a norma existente no Código Civil mais não é do que uma especial consagração de um direito de defesa que assiste a todos os titulares de direitos – a defesa contra a agressão ou a ameaça de agressão[1057]. Retomando a nossa visão ancorada

---

[1056] É através de uma norma de coordenação entre direito público e direito privado, sediada pelo legislador no Código Civil, que se vem encontrar a resposta parcial para um dos problemas que mais tem preocupado os administrativistas – a da *excessiva "rigidez" ou tendencial imutabilidade do acto administrativo* perante as incertezas próprias da *sociedade de risco*. Para fazer face à inadequação da estabilidade do acto administrativo, nomeadamente perante actividades autorizadas que se vêm a revelar lesivas, tem procurado a doutrina administrativa encontrar normas que permitam à Administração modificar a situação jurídica criada pelo acto, em especial através do recurso ao artigo 121.º CPA. F. Urbano Calvão, *Actos precários e actos provisórios no Direito administrativo*, 12-13 e 174 e ss., sobre as relações entre os artigos 121.º e 140.º CPA. Nos casos em que tem aplicação o artigo 1347.º, n.º 2, em vez da tendencial perpetuidade do acto administrativo, encontramos a *precariedade* da actividade autorizada (ao menos, perante o juiz civil) pois o seu desenvolvimento encontra-se sempre dependente da não verificação posterior de prejuízos não admitidos. A ideia de *imutabilidade* do acto administrativo, decorrente da exclusiva aplicação de normas administrativas, tem que ser substituída, nos casos em que tenha aplicação a norma do artigo 1347.º, n.º 2, pela ideia de *precariedade*. Diferente é o regime especial da licença ambiental, pois este acto, para além de temporário, é ainda precário: cfr. arts. 20.º e 33.º do D.L. n.º 173/2008. V. Pereira da Silva, *Verde cor de direito – Lições de direito do ambiente*, 203 e ss..

[1057] Sobre a dimensão negativa dos direitos fundamentais, enquanto direitos de defesa, ou sobre o direito de defesa, J. J. Gomes Canotilho, *Direito constitucional e teoria da constituição*, 405 e 485 e ss.. Em especial, no que respeita ao direito do ambiente, J. Miranda, *A constituição e o direito do ambiente*, 363; V. Pereira da Silva, *Verde cor de direito – Lições de direito do ambiente*, 89 e ss.; V. Pereira da Silva, *Da protecção jurídica ambiental – os denominados embargos administrativos em matéria de ambiente*, 7; J. Menezes Leitão, *Instrumentos de direito privado para protecção do ambiente*, 55; P. Castro Rangel, *Concertação, programação e direito do ambiente*, 24-25.

nos direitos fundamentais, mais não estamos do que perante uma norma que concretiza o direito fundamental de defesa (ou a feição negativa de um direito fundamental), contra violações do dever (igualmente) fundamental de respeito daquele direito. De onde decorre, desde logo, a inconstitucionalidade da exclusão da tutela preventiva no artigo 1347.º do Código Civil, à luz do princípio constitucional da tutela judicial efectiva[1058].

Assim perspectivada, a norma do Código Civil tem sobretudo a vantagem de chamar a atenção para actividades que se revelam danosas e que, apesar da existência de uma autorização, não encontram nesta a permissão relevante para a situação, bem como de resolver dúvidas que pudessem existir em torno das mesmas actividades. Dito de outro modo: se a norma do artigo 1347.º não existisse, nem por isso se poderia negar ao lesado o direito de defesa contra a agressão do sujeito lesante, que apenas detém uma autorização que *não permite* a agressão em causa.

2.3.2. Acção negatória e autorização relevante para terceiros

193. Do ponto de vista da existência de contradições normativas no "direito dos vizinhos", cumpre salientar que, até ao momento, não encon-

---

[1058] Para a inclusão do direito à tutela preventiva, aí se incluindo as providências cautelares, no mais amplo direito à tutela judicial efectiva, entre outros, E. García de Enterría, *La batalla por las medidas cautelares*, em esp. 305 e ss.; Fausto de Quadros, *A nova dimensão do direito administrativo – o direito administrativo português na perspectiva comunitária*, em esp. 28 e ss.; Fausto de Quadros, *Algumas considerações sobre a reforma do contencioso administrativo. Em especial, as providências cautelares*, 160; D. Freitas do Amaral / M. Aroso de Almeida, *Grandes linhas da reforma do contencioso administrativo*, 58 e ss.; M. F. Maçãs, *A suspensão jurisdicional da eficácia dos actos administrativos e a garantia constitucional da tutela judicial efectiva*, em esp. 272 e ss. Impõem-se, ainda, duas notas: i) a admissão da tutela preventiva não significa que, em qualquer caso de mero receio de danos, se verifiquem os pressupostos necessários para uma acção de defesa preventiva, podendo, em dependência das características de cada caso concreto, ser mais atendível o juízo de prognose da Administração, aspecto para o qual relevará igualmente a invalidade do acto, do que os fundamentos do receio do vizinho; ii) a admissão de uma tutela preventiva através de normas inseridas no direito privado não contradiz o que anteriormente afirmámos sobre a tendencial ligação entre direito administrativo e função preventiva e direito privado e função repressiva, pois o que está em causa na função preventiva do primeiro é a sujeição a uma reserva de autorização, antes do exercício da actividade, e o que está em causa no segundo é uma função repressiva posterior ao momento de autorização da actividade, que tanto pode abranger a efectiva verificação dos danos como o perigo de verificação dos mesmos.

trámos qualquer descoordenação entre o direito administrativo e o direito privado que não tenha sido resolvida pelo legislador e, muito menos, qualquer diminuição, por força da superveniência de uma autorização, da tutela que os vizinhos teriam nos termos do direito privado.

Porém, se bem virmos, estes problemas de coordenação entre direito administrativo e direito privado não correspondem à hipótese (mais) problemática do efeito conformador de relações jurídicas entre privados – a de, por efeito do acto, os vizinhos poderem vir a ter uma menor protecção do que teriam segundo as normas de direito privado, nomeadamente por *o acto administrativo permitir a realização de consequências prejudiciais*. Se, ao contrário do primeiro grupo de casos, a autorização compreender um *juízo de admissão* de determinados danos para os vizinhos – podendo mesmo chegar a identificá-los, a considerar e ponderar as colisões entre os vários direitos envolvidos e, até, afirmar que determinadas consequências lesivas não são proibidas, não são *ilícitas*, e têm que ser suportadas pelos vizinhos – poderão estes intentar uma acção negatória ao abrigo do artigo 1346.º do Código Civil?

Esta disposição constitui precisamente a hipótese de partida do problema do efeito conformador de relações jurídicas entre privados: trata-se de saber se o acto administrativo pode validamente conformar as relações de vizinhança de modo a excluir pretensões jurídico-privadas que os vizinhos teriam se aquele acto não surgisse. Aqui, sim, é que se coloca com acuidade o problema das contradições normativas: *admissão válida de prejuízos pelo acto administrativo; ilicitude de tais danos para o direito privado.*

194. Esta específica formulação da questão não esconde a sua filiação germânica e encerra, em si, um erro de princípio que prejudica a solução dos problemas de coordenação entre direito público e direito privado. A resolução do problema – e a própria forma de colocação da questão do efeito conformador do acto administrativo, potencialmente "legalizador" da ilicitude civil – encontra-se dependente do sistema germânico de direitos fundamentais e da sua influência nos direitos subjectivos privados e públicos[1059].

Como referimos várias vezes ao longo deste estudo, o problema do efeito conformador de relações jurídicas entre privados é pacificamente

---

[1059] *Supra*, III A) 2.3.

entendido como uma consequência do reconhecimento de direitos subjectivos públicos dos terceiros e, com isso, da sobreposição de uma regulação pública à regulação das relações entre privados existente no direito privado[1060].

As divergências em torno da existência dos direitos subjectivos públicos de terceiros e da influência dos direitos fundamentais nas relações entre privados permitem compreender algumas posições manifestadas na doutrina alemã e já referidas, como a de BARTLSPERGER, para quem o dualismo entre as posições jurídicas de direito público e de direito privado era levado ao ponto de negar a existência de direitos subjectivos – já não dizemos direitos fundamentais, mas apenas direitos subjectivos – no direito privado[1061]. Também só assim pode ser compreendida a afirmação de SCHWERDTFEGER, segundo a qual a posição dos terceiros nada mais seria, nos termos da Constituição, do que a de detentores de meros interesses fácticos, dado que não decorreria da norma constitucional a existência de deveres do proprietário para com terceiros[1062]; afirmação seguida, e agora não apenas por SCHWERDTFEGER, da afirmação da dependência dos direitos fundamentais, nas relações jurídicas entre privados, em relação à lei, e da liberdade do legislador na tarefa de conferir protecção jurídica aos terceiros – liberdade essa que se manifesta na possibilidade de tal protecção ser conferida de forma subjectiva ou apenas *objectiva*[1063].

195. A tese, no direito administrativo alemão, da liberdade de conformação do legislador no reconhecimento de direitos subjectivos públicos resulta, a nosso ver, de vários factores. Decorre, desde logo, da dependência constitucional do direito de propriedade em relação à lei, nos termos do artigo 14 II GG, e da inexistência de um direito fundamental ao ambiente. Mas decorre, sobretudo, da concepção germânica da vinculação das entidades privadas aos direitos fundamentais.

Como vimos, das teorias germânicas sobre vinculação das entidades privadas aos direitos fundamentais resulta a recusa de admissão de relações jurídicas de direitos fundamentais – enquanto direitos subjectivos – *entre* privados; direitos fundamentais propriamente ditos, enquanto direitos

---

[1060] *Supra,* III A), 2.1.

[1061] R. BARTLSPERGER, *Das Dilemma des baulichen Nachbarrechts,* 61-62.

[1062] G. SCHWERDTFEGER, *Baurechtlicher Drittschutz und Parlamentsvorbehalt,* 199-201.

[1063] *Supra,* III A), 2.3.1.

subjectivos, existiriam apenas *contra o Estado*. Vimos também que destas duas proposições resultava a consequência de dois sujeitos privados não serem titulares de direitos fundamentais um contra o outro, antes sendo ambos titulares de direitos fundamentais contra o Estado.

A recusa da existência de direitos fundamentais entre privados – que não da influência das normas de direitos fundamentais nas relações entre privados – tem, por nós, duas consequências. A primeira consequência consiste no *dualismo* entre direitos subjectivos públicos (aí incluindo os direitos fundamentais) e direitos subjectivos privados. A segunda consequência, que mais não é do que outra face da primeira, reside na diferenciação entre o *direito fundamental de defesa* contra agressões do Estado e o *direito fundamental à protecção do Estado* contra agressões de terceiros[1064].

196. Sendo o direito à protecção do Estado um direito fundamental a uma prestação, estruturalmente diferente de um direito fundamental de defesa, a margem de conformação conferida ao legislador quanto ao seu âmbito é assumidamente mais ampla do que a existente em sede de direitos de defesa. Procurando-se colmatar os défices decorrentes da inexistência de protecção jusfundamental subjectiva entre privados através da construção de um dever de protecção do Estado contra as agressões a uma esfera jurídica, sem primeiro protegê-la de forma subjectiva e imediata em sentido próprio, a consequência é a de que o parâmetro de conformidade constitucional da protecção conferida, que depende ou não da protecção jurídica da esfera em causa, não é preenchido pela clássica dimensão do direito fundamental como direito de defesa. Dito de outra forma, o padrão de determinação do que seja, ou não, uma intervenção ilícita de terceiros não decorre da Constituição, antes se encontrando dependente da concretização legislativa dos direitos subjectivos públicos[1065]. Como sintetiza R. WAHL, "o dever de protecção não garante qualquer pretensão de defesa contra a autorização fundada imediatamente nos direitos fundamentais, antes necessita de uma transposição para o direito ordinário: na

---

[1064] *Supra*, III A), 2.3.1.

[1065] Sendo que, para agravar a situação, a ideia de uma "escala de perigo" relevante para a pertinência do direito à protecção (por exemplo, J. ISENSEE, *Das Grundrecht auf Sicherheit*, 37 e ss.; P. UNRUH, *Zur Dogmatik der grundrechtlichen Schutzpflichten*, 76 e ss.), permite uma fácil transposição para a determinação pela Administração de uma escala de valores de emissões toleráveis ou não.

perspectiva dos terceiros, não vale a vertente defensiva dos direitos fundamentais mas antes a dimensão negatória do direito subjectivo público do direito ordinário"[1066].

Só através do dualismo entre direitos subjectivos públicos e direitos subjectivos privados e da mera admissão de um direito fundamental à protecção e não à defesa contra agressões de terceiros, consequências da concepção germânica de vinculação de entidades privadas aos direitos fundamentais, é que se podem compreender os termos da colocação da questão no direito alemão: o acto administrativo é válido à luz do direito administrativo, onde estão consagrados pelo legislador os direitos subjectivos públicos do autorizado; a actividade autorizada é ilícita para o direito privado, onde estão consagrados os direitos subjectivos privados dos terceiros[1067].

197. No direito português, atendendo à *unificação* decorrente da vinculação de entidades públicas e de entidades privadas aos direitos fundamentais[1068], não pode ser admitido qualquer *dualismo* entre direitos subjectivos públicos e direitos subjectivos privados.

Consideração pacífica é a de que a Administração se encontra obrigada ao respeito dos direitos fundamentais dos administrados. Direitos esses que tanto podem encontrar concretização no direito administrativo como no direito privado, quando estejam em causa as relações jusfundamentais estabelecidas entre privados. Tal significa que, quando se impõe o respeito pelos direitos subjectivos dos cidadãos, tal respeito não se encontra limitado à conformação daqueles direitos em normas jurídico-administrativas, *abrangendo a conformação efectuada por normas de todos os ramos do ordenamento jurídico.* Ao emitir o acto administrativo que constituirá uma relação jurídica entre a Administração e vários privados entre si, a Administração, por estar obrigada ao respeito dos direitos dos administra-

---

[1066] R. WAHL, *Die doppelte Abhängigkeit des subjektiven öffentlichen Rechts*, 647: "*Die Schutzpflicht gewährt keine grundrechtsunmittelbaren Genehmigungsabwehransprüche, sondern bedarf der Umsetzung im einfachen Recht: Aus der Sicht des Dritten wird dann nicht die Abwehrrichtung der Grundrechte, sondern die negatorische Dimension des einfachrechtlichen subjektiven öffentlichen Rechts wirksam*".

[1067] Como vimos, assim colocam expressamente a questão G. WAGNER, *Öffentlich-rechtliche Genehmigung und zivilrechtliche Rechtswidrigkeit*, 1; J. J. GOMES CANOTILHO, *Actos autorizativos jurídico-públicos e responsabilidade por danos ambientais*, 4.

[1068] *Supra*, III A), 2.3.2..

dos, não se pode limitar a respeitar o direito administrativo e "os direitos subjectivos públicos" dele decorrentes; antes tem que respeitar a regulação constitucional e legal dos direitos fundamentais nas relações entre privados.

Assim sendo, os termos da colocação da questão – acto administrativo *válido*; *ilicitude* para o direito privado – estão equivocados; mais, contêm em si a fonte das contradições normativas que depois se procuram resolver, designadamente através da *legalização da ilicitude* privada pelo acto administrativo. Diríamos mesmo que apenas uma "cabeça dividida" entre direito subjectivo público e direito subjectivo privado pode assim admitir, como ponto de partida, a validade do acto administrativo.

Em face da formulação germânica do problema, oferece-nos, pois, "contra-interrogar": se o acto administrativo lesa direitos subjectivos de privados, em termos que merece(ria)m a qualificação de ilicitude pelo direito privado, então como *pode o acto administrativo ser um acto válido*?

Que a Administração tem que respeitar os direitos subjectivos dos privados, é consideração pacífica. Já vimos que o desrespeito dos direitos consubstancia uma contrariedade ao direito objectivo; que, apesar de alguma doutrina apontar uma diferença entre ilicitude e ilegalidade, não poderia estar em causa senão uma contrariedade ao direito e que, qualquer que fosse a diferença, sempre estaria em causa a invalidade do acto administrativo; que existiria, ainda, quanto muito, um ónus argumentativo da defesa da necessidade de respeito do direito privado, enquanto repositório dos direitos subjectivos dos privados[1069].

Ora, esse ónus cumpre-se agora: é a unificação dos direitos fundamentais, a partir da Constituição, que determina a extensão do direito objectivo a que a Administração deve respeito, em especial quando intervém na regulação das relações entre privados e quando tal direito contém a concretização dos direitos fundamentais dos indivíduos.

Por todas estas razões, a questão que se deve colocar, perante um acto administrativo que permite a produção de efeitos prejudiciais para os vizinhos, não é se este acto (válido) consegue afastar a ilicitude civil; *pelo contrário, o que se deve questionar é se um acto administrativo, que permite a produção de efeitos prejudiciais potencialmente valorados como ilícitos pelo direito privado, pode ser considerado um acto válido.*

[1069] *Supra*, III A), 3.4.

198. Retomando as considerações já tecidas a propósito dos artigos 483.º e 1346.º do Código Civil, há que atender aos sentidos possíveis dos conceitos de "prejuízo substancial" e de "uso normal". Em relação ao primeiro, como já afirmámos, entendemos que o sentido de "prejuízo substancial" encerra um juízo de ponderação imposto pela colisão de direitos fundamentais e consubstancia uma restrição desproporcionada – e, logo, não admitida – de um direito fundamental. Ou seja, o acto administrativo que permita um "prejuízo substancial" ao direito de um vizinho é um acto ilícito.

Fazer aplicar esta norma de proibição de um prejuízo substancial, expressa no Código Civil, ao acto administrativo não consubstancia, porém, a admissão de qualquer precedência – atrás rejeitada – do direito privado sobre o direito administrativo, por duas importantes razões. Em primeiro lugar, tais normas mais não são do que a expressão imediata, formalmente inserida no direito ordinário, de uma regra básica do regime constitucional de direitos fundamentais. Dito de outra forma, não se trata da mera aplicação de normas de direito privado mas sim de normas constitucionais concretizadas pelo direito privado. Ora, como já antes disséramos, a *precedência* de um ramo do direito sobre outro apenas pode ser admitida enquanto *precedência do direito constitucional sobre o direito ordinário*[1070]. Em segundo lugar, a leitura constitucional dos preceitos do direito privado implica uma modificação no que poderia ser o resultado de um juízo de colisão de direitos encerrado no direito privado. De outra forma, a determinação da substancialidade do prejuízo, feita em moldes exclusivamente jus-privatísticos, poderia pôr apenas em confronto dois direitos subjectivos (privados) de propriedade. Ora, a recondução destas normas ao nível constitucional implica uma consideração alargada dos direitos e interesses em conflito, tendo que incluir, nomeadamente, a possibilidade de restrição de um direito fundamental por considerações relativas ao interesse público e, nomeadamente, para realização das funções de programação e ordenação da vida social a cargo da Administração. De outro modo, o que há cem anos poderia ser um "prejuízo substancial", à luz exclusiva do direito privado então vigente, pode hoje já não o ser, pela recondução das normas de direito privado ao sistema de direitos funda-

---

[1070] *Supra*, III A), 2.3.2.

mentais próprio de um Estado Social de Direito[1071]. Desta forma, e desde logo, não se pode dizer que haja um fracasso das funções administrativas pela mera contraposição de um simples direito subjectivo privado *pois o que está em causa é, antes, um direito fundamental, cujos limites da restrição admitida abrangem a consideração dos interesses públicos constitucionalmente relevantes.*

199. Determinada a ilegalidade (ou ilicitude) do acto administrativo nestes termos, resta saber qual o desvalor que assiste a tal desconformidade com o ordenamento jurídico. Neste ponto, a resposta encontra-se expressamente determinada no Código do Procedimento Administrativo: os actos administrativos que violem o "conteúdo essencial" de um direito fundamental – o que equivale a actos administrativos que provoquem um "prejuízo substancial" ou desproporcionado a esse mesmo direito fundamental[1072] – são actos sancionados com o desvalor da *nulidade* (artigo 133.º, n.º 2, alínea d), CPA)[1073].

Assim sendo, não existe, desde logo, qualquer assimetria, pois à proibição pelo direito privado não se contrapõe a validade da permissão administrativa; pelo contrário, é esta que é ilegal. Dito de outra forma, não

---

[1071] Visão esta que se adequa à *superação do binómio Estado / Sociedade* e à passagem de um Estado Liberal de Direito ao moderno Estado Social ou pós-social, em que surge a Administração de infra-estruturas. *Supra*, I A), 2 e III A), 4.3.3., sobre a Administração de infra-estruturas e o acto administrativo; 16-17, sobre a distinção entre Estado e Sociedade e entre direito público e direito privado; 120, sobre a "ordem unitária de direitos fundamentais".

[1072] Defende-se assim uma *concepção relativa* do conceito de núcleo essencial do direito fundamental, que remete o apuramento daquele núcleo para um juízo de proporcionalidade a fazer no caso concreto: R. ALEXY, *Theorie der Grundrechte*, 267-72. Em sentido contrário, J. C. VIEIRA DE ANDRADE, *Os direitos fundamentais na Constituição portuguesa de 1976*, 293 e ss., autonomiza o núcleo essencial da aplicação do princípio da proporcionalidade pois, apesar de admitir que os resultados sejam idênticos na larga maioria dos casos, considera esta concepção mais protectora dos direitos fundamentais, constituindo um limite absoluto que nunca poderia sucumbir, ainda que (aparentemente) fosse respeitado o princípio da proporcionalidade (porquanto parecesse a restrição "exigível" (295)). Sobre o regime da nulidade, admitindo que esta possa vir a ser limitada pela pertinência de outros princípios jurídicos. J. C. VIEIRA DE ANDRADE, *A "revisão" dos actos administrativos no direito português*, 187-8.

[1073] J. C. VIEIRA DE ANDRADE, *Validade (do acto administrativo)*, 581 e ss., admitindo que possam estar em causa direitos fundamentais procedimentais; M. ESTEVES DE OLIVEIRA/ P. GONÇALVES/ J. PACHECO DE AMORIM, *Código do Procedimento Administrativo comentado*, 639 e ss. (646).

O ACTO ADMINISTRATIVO CONFORMADOR DE RELAÇÕES DE VIZINHANÇA

existe uma verdadeira contradição normativa: a admissibilidade de um prejuízo essencial pelo acto administrativo implica a nulidade deste, pelo que, em rigor, não se pode sequer falar em autorização administrativa do comportamento. Não existe, tão-pouco, um eventual conflito entre actos inválidos mas eficazes – e, portanto, dotados potencialmente de um variado conjunto de efeitos jurídicos – pois os actos nulos, pacificamente, não produzem qualquer efeito jurídico (artigo 134.º, n.º 1, CPA)[1074/1075]. Igual-

---

[1074] Adiante apreciaremos o disposto no artigo 134.º CPA, nomeadamente no que respeita à competência jurisdicional para a declaração da nulidade.

[1075] Há ainda que equacionar a hipótese de tal *ilegalidade* poder ser *superveniente* (questão que mereceria ser objecto de uma investigação autónoma). Admitindo a complexidade da questão, não nos repugna admitir, por princípio, a possibilidade de ilegalidade *material* superveniente do acto administrativo, possibilidade que se afigura tão mais pertinente quanto o acto administrativo tenda a produzir uma regulação duradoura e que pode ser sufragada pela integração do acto numa *relação jurídica dinâmica* e pela consideração de uma *necessidade de respeito contínuo do princípio da legalidade*. Outra questão, porém, é a de saber quais são os factores que podem determinar a ilegalidade superveniente. Se esta poderá derivar de uma expressa alteração legislativa, pode igualmente ser pertinente uma alteração dos conhecimentos científicos e dos parâmetros de exercício da margem de livre decisão que desloquem questões do mérito para a esfera da legalidade. Pense-se, por exemplo, que o acto permitiu certa actividade ou certos efeitos danosos – v.g. um determinado nível de emissões de certo elemento poluente – e que, posteriormente, se descobrem, pela evolução do conhecimento científico, determinadas consequências altamente nocivas que tais emissões comportam para a saúde dos vizinhos. Nesta situação, pode estar afastada a solução da questão pela determinação do conteúdo do acto – sendo certo que as consequências danosas não se encontram, nem poderiam encontrar, descritas ou compreendidas no conteúdo do acto, é também verdade que estamos já a lidar com *consequências dos efeitos* da actividade que foram permitidos. Dito de outro modo, o sujeito autorizado, perante a alegação de que determinado nível de emissões provoca um prejuízo substancial, pode sempre contrapôr que esse nível se encontra expressamente permitido no acto administrativo, sendo, assim, o acto dotado de relevância pelo seu conteúdo. Se assim é, não custa, por outro lado, considerar então que a permissão do acto se tornou supervenientemente ilegal. Note-se, contudo, que estamos perante um exemplo extremo de relevância de alterações do conhecimento científico que retira aspectos do plano do mérito para o da legalidade, nomeadamente pela desproporcionalidade do prejuízo sofrido. No demais, as alterações do conhecimento científico e dos padrões de exercício da margem de livre decisão não parecem ser, por si só, fundamentos para a ilegalidade superveniente do acto, podendo apenas consubstanciar uma alteração da apreciação do interesse público, cuja relevância para efeitos de revogação do acto se apresenta questionável – sobre esta hipótese, considerando que deve ser limitada a revogação da licença ambiental por conjugação com outros princípios constitucionais, em especial quando se esteja apenas perante uma "alteração de parâmetros decisórios" da Administração, V. Pereira da Silva, *Verde cor de*

342

mente, não se poderá invocar a justificação decorrente do "exercício de um direito". Sobre o alcance desta causa de justificação, tem a doutrina adiantado como seu limite a colisão do direito exercido com outros direitos[1076]. Sem prejuízo da utilidade desta consideração, julgamos que existe uma questão prévia – a de saber se a permissão potencialmente justificadora da ilicitude é ela própria, antes de mais, lícita[1077]. Ora, a ilicitude pode resultar, desde logo, da colisão entre o direito em causa e outros direitos, acabando por resultar na negação da própria existência de uma permissão do exercício do direito[1078].

direito – Lições de direito do ambiente, 203-5 (e nr. 1 em 205). Sobre os momentos relevantes para apreciação da validade do acto administrativo, H. GRZIWOTZ, *Baufreiheit und Schutzanspruch des Dritten angesichts einer Änderungen der Sach- und Rechtslage*, 217 e ss., analisando a relevância das alterações factuais e jurídicas para a apreciação jurisdicional da validade do acto (dado que, ao contrário do que sucede no processo civil e mesmo nas acções de condenação, em que valem a situação e o direito vigentes no momento da emissão da sentença, haveria a tendência – apesar de já contrariada, e não recentemente, pelo BVerwG – de considerar apenas relevantes os factos e o direito vigente no momento da emissão do acto administrativo); com mais desenvolvimentos, C. SIEGER, *Die massgebende Sach- und Rechtslage für die Beurteilung der Rechtswidrigkeit des Verwaltungsaktes im verwaltungsgerichtlichen Anfechtungsprozess*, em esp. 50 e ss., admitindo a relevância de alterações factuais e jurídicas para a apreciação da validade material do acto, podendo gerar uma invalidade total e parcial; U. MAGER, *Der massgebliche Zeitpunkt für die Beurteilung der Rechtswidrigkeit von Verwaltungsakten*, em esp. 48 e ss., sobre os problemas em torno dos fundamentos atendíveis na acção de anulação do acto, 79 e ss. sobre o conceito de acto de regulação duradoura e, sobretudo, 162 e ss., especificamente a propósito dos actos administrativos com efeitos para terceiros, considerando que as alterações não determinam a invalidade do acto, embora possam fundar uma pretensão do lesado à revogação do acto administrativo pela Administração; de notar que a concepção do Autor, que procurou fundamentos para a ilegalidade superveniente na garantia dos direitos fundamentais (92 e ss.), depende da consideração dos direitos subjectivos públicos que os terceiros possam ter e estes, por sua vez, apenas podem decorrer da concretização legislativa do direito à protecção (168-172) – o que mais uma vez confirma a nossa opinião sobre a relevância do sistema de direitos fundamentais germânico para a compreensão de vários problemas de direito público, entre as quais se conta a do efeito conformador de relações jurídicas entre privados.

[1076] L. MENEZES LEITÃO, *Direito das Obrigações*, I, 288-9; M. ALMEIDA COSTA, *Direito das Obrigações*, 520 e ss..

[1077] Consideração que julgamos pressuposta em L. MENEZES LEITÃO, *Direito das Obrigações*, I, 288-9; M. ALMEIDA COSTA, *Direito das Obrigações*, 520, pois que não faria sentido equacionar a possibilidade de exclusão ou justificação da ilicitude por algo que seja igualmente ilícito.

[1078] Já antes, F. PESSOA JORGE, *Ensaio sobre os pressupostos da responsabilidade civil*, 191-3, excluía os casos de exercício de um direito, com as suas limitações extrínsecas e intrínsecas (196),

Em suma, verificados os danos, o vizinho lesado, por hipótese, intentará uma acção negatória, alegando que os danos comportam um prejuízo substancial, à luz do artigo 1346.º; o vizinho autorizado invocará a permissão derivada no acto administrativo, cujo conteúdo compreende a produção dos danos em causa e que, portanto, é *prima facie* relevante para o vizinho lesado; porém, sendo o acto nulo, não poderá produzir quaisquer efeitos, nomeadamente o de titular o exercício da actividade danosa, pelo que não constitui qualquer obstáculo à procedência da acção negatória. Proibida a actividade, não haverá que equacionar uma qualquer permissão de "exercício de um direito", nem valerá sequer a pena pensar em qualquer violação do efeito de "caso decidido" do acto administrativo nulo.

Nesta situação, não existe, pois, qualquer pretenso efeito conformador de relações jurídicas entre particulares, permanecendo aplicável a norma habilitadora da acção negatória prevista no artigo 1346.º do Código Civil. Pelo contrário, podemos dizer, com alguma ironia, que em vez de o acto administrativo "legalizar" a ilicitude civil, é antes esta que "ilegaliza" o acto administrativo.

200. Como resolver, porém, os casos em que o acto administrativo compreende a produção de prejuízos que, contudo, não podem ser tidos como prejuízos substanciais? Existirá um "uso normal" da propriedade, sempre que tenha sido autorizada a actividade?

Da interpretação que fizemos do artigo 1346.º, conjugada com a releitura do artigo 483.º, decorre a consideração do sentido de "uso normal" enquanto juízo de valoração sobre a conformidade jurídica do comportamento – no sentido de o indício do juízo de apreciação daquela desconformidade derivar da atenção à conduta e não ao seu resultado. Conformidade que depende do respeito de determinados deveres de cuidado, que conformam o exercício de um direito e cuja violação, mesmo que não redunde na verificação de um prejuízo substancial, comporta a verificação de um prejuízo proibido.

do âmbito das causas de justificação da ilicitude, considerando que não estão em causa "situações anormais que vão *tornar lícito* um comportamento que doutra maneira não o era" (193). Nesta perspectiva, a determinação dos limites de conteúdo e de exercício do direito releva logo a nível de determinação do juízo de ilicitude e não, em momento posterior, para a exclusão do juízo de ilicitude indiciado ou para justificação da ilicitude encontrada.

Na situação agora em causa, existiu, desde logo, por parte do particular autorizado, o cumprimento de um dever – o de não exercer a actividade sem solicitar e obter a devida autorização. Tendo esta, em concreto, conteúdo prescritivo, ou seja, contendo uma mais ou menos ampla gama de deveres de cuidado a observar no exercício da actividade, pode ainda suceder que o sujeito autorizado cumpra todos os deveres exigidos pela Administração.

A estas considerações podem ser acrescidas outras retiradas da evolução histórica do sentido do preceito. Como vimos, a determinação do que era o "uso normal" pertencia por regra ao juiz, o qual partia, na sua apreciação, de uma situação de liberdade do exercício da actividade ainda não sujeita ao modelo de controlo público de proibição com reserva de autorização. Posteriormente, a actividade passou a ser alvo de uma genérica proibição, tendo igualmente o legislador atribuído à Administração a competência para afastar a proibição através da prática de actos autorizativos[1079].

Tendo estes dados em conta, oferece-nos adiantar uma resposta simples: a evolução legislativa consubstanciou uma transferência da competência de apreciação do que seja um "uso normal" para a Administração, não podendo mais o juiz proceder a esse juízo valorativo. Sendo emitida pela Administração a autorização legalmente exigida, existirá um "uso normal" do direito, cuja apreciação pelo juiz se encontra excluída. Logo, mesmo que se verifiquem prejuízos, desde que não substanciais, *sempre terá o acto autorizativo um efeito conformador das relações jurídicas entre privados*.

Admitindo a valia desta linha de pensamento, cumpre no entanto perguntar se *sempre* será assim. Não poderá, antes, o juiz apreciar, para além da autorização e de *eventuais* medidas de cuidado que tenham sido prescritas pela Administração, se não são de exigir outros deveres de cuidado ao autorizado? Ou estará sempre o juiz excluído de apreciar o "uso normal", ficando condenadas à improcedência todas as acções negatórias propostas com esse fundamento?

201. Podemos, desde já, enunciar três hipóteses em que a acção negatória não se encontra condenada à improcedência.

[1079] *Supra,* III B), 2.1.

A primeira – que não se nos afigura de todo controversa – é a de o autorizado não respeitar o acto autorizativo, nomeadamente não cumprindo as medidas de cuidado prescritas pela Administração. Nesta situação, e em plena concordância com a primeira linha de pensamento traçada – a de pertencer à Administração a determinação e conformação do que seja o "uso normal" –, não se pode dizer que exista um "uso normal" ou um "exercício *regular* do direito". Na perspectiva da referida transferência de competências, ao dar provimento à acção, o juiz mais não estará a fazer do que velar pelo respeito das competências administrativas. Também aqui não encontramos qualquer descoordenação entre direito administrativo e direito privado[1080].

As outras duas hipóteses não apresentam estes contornos.

A segunda hipótese é a de o acto administrativo, embora não sendo nulo em virtude da gravidade dos prejuízos que permite, ser nulo por outras causas – nomeadamente, por não ter ocorrido a audiência dos interessados[1081]. Sendo o acto administrativo nulo, não produz quaisquer efeitos jurídicos, não comporta a permissão da actividade, não tem qualquer força de caso decidido e, em suma, não pode constituir um obstáculo à procedência da acção negatória.

A terceira hipótese é a de o acto administrativo não ser nulo mas ser desprovido de eficácia jurídica, por não terem sido respeitados os requisitos extrínsecos legalmente necessários para titular a produção dos efeitos pretendidos. Esta hipótese – que sempre terá de ser equacionada com alguma "sensibilidade e bom senso", atendendo às possíveis dificuldades de notificação dos terceiros ou a uma eventual conduta abusiva destes no

---

[1080] Considerando, entre muitos outros, que a conduta desconforme à autorização não se pode ter por lícita e, logo, não há que colocar problemas de coordenação como o do efeito legalizador ou o do efeito conformador de relações jurídicas entre particulares, A. Schink, *Wasserrechtliche Probleme der Sanierung von Altlasten*, 166. Retomando a teoria da justificação pelo "exercício de um direito", sempre se poderá dizer que não estamos perante um "exercício *regular* do direito" e, logo, não se verifica a causa de justificação. Frisando a regularidade do exercício do direito enquanto elemento da própria causa de justificação, J. M. Antunes Varela, *Das obrigações em geral*, I, 561; M. Almeida Costa, *Direito das Obrigações*, 520.

[1081] Defendendo o desvalor da nulidade, J. M. Sérvulo Correia, *O direito à informação e os direitos de participação dos particulares no procedimento e, em especial, na formação da decisão administrativa*, 155 e ss.; M. Rebelo de Sousa, *O regime do acto administrativo*, 45; V. Pereira da Silva, *Verde cor de direito – Lições de direito do ambiente*, 150; D. Duarte, *Procedimentalização, participação e fundamentação: para uma concretização do princípio da imparcialidade da Administração como parâmetro decisório*, 143 e ss..

propósito de evitar a produção de eficácia jurídica – conduz aos mesmos resultados da anteriormente apreciada: o acto não produz efeitos jurídicos e, logo, não pode constituir um obstáculo à acção negatória.

202. As três hipóteses admitidas não abrangem, porém, as situações de maior dificuldade: aquelas em que o acto administrativo, não sendo nulo nem ineficaz, admite a produção de prejuízos não substanciais e, eventualmente, impõe mesmo deveres de cuidado, que são inclusivamente respeitados, na sua íntegra, pelo autorizado. Neste caso, reiteramos a questão: existirá *sempre* um efeito conformador das relações jurídicas entre privados ou poderá ainda admitir-se que o juiz faça uma apreciação do "uso normal", nomeadamente da devida concretização, pela Administração ou pelo próprio autorizado, dos deveres de cuidado exigíveis no caso concreto?

Voltemos a tomar em consideração os argumentos adiantados em primeira linha e que, levados às últimas consequências, conduziriam nestes casos à admissão generalizada de um efeito conformador de relações jurídicas entre particulares pelo acto administrativo.

A evolução de um ponto de partida de liberdade do exercício da actividade para o modelo de proibição com reserva de autorização indicia a associação entre actividade autorizada e "uso normal". Porém, a este argumento podem ser contrapostas as seguintes considerações: a liberdade de que dispunha inicialmente o sujeito privado era sempre uma liberdade limitada nos termos gerais – o de livre exercício de um direito em respeito dos direitos de outros; a liberdade inicial foi substituída por uma proibição, susceptível de ser afastada mediante autorização; quando emitida a autorização e afastada a proibição, o indivíduo retorna ao anterior estado inicial de liberdade – liberdade essa sempre limitada pelo genérico dever de respeito dos direitos de outros sujeitos[1082].

Esta afirmação é rica em consequências. Assim, o autorizado, como qualquer outro sujeito, dispõe, em geral, de liberdade de actuação, liberdade essa que tem, como reverso da medalha, a possibilidade de responsabilização pelos seus actos. Ou seja, em geral, assiste a qualquer indivíduo dotado de liberdade o dever de auto-controlo no exercício dessa liberdade, evitando a verificação de situações de responsabilidade[1083]. Em especial,

---

[1082] *Supra*, as considerações sobre o binómio liberdade / responsabilidade, em III A), 3.1.

[1083] Como refere F. Pessoa Jorge, *Ensaio sobre os pressupostos da responsabilidade civil*, 205, "o reconhecimento do direito de exercer certa actividade não elimina o pleno funcionamento

O ACTO ADMINISTRATIVO CONFORMADOR DE RELAÇÕES DE VIZINHANÇA

existe mesmo um dever fundamental de respeito do ambiente, por sua vez concretizado legalmente em vários deveres de cuidado e, ainda, susceptível de determinação concreta e imperativa pela Administração. Ora, mesmo que o sujeito obtenha a autorização exigida e mesmo que a Administração imponha diversos deveres de cuidado, daí *não se segue necessariamente* que com isso tenham ficado *esgotados e definitivamente fixados* todos os deveres ambientais do autorizado. Por duas ordens fundamentais de razão.

Primo, admitir a fixação *exclusiva* e *definitiva* dos deveres de cuidado pela Administração seria contrário, desde logo, ao princípio fundamental de responsabilidade do indivíduo pelos próprios actos, imediata consequência do princípio fundamental de liberdade[1084]. Para além do mais, os deveres a que o sujeito se encontra obrigado, em especial os deveres ambientais, têm uma dimensão dinâmica, que obriga à constante apreciação da conformidade jurídica da sua actuação e respectivas consequências[1085]. Concretização destas ideias fundamentais ancoradas na Constituição reside na consagração legal de variados deveres de respeito do ambiente que impendem mesmo sobre os sujeitos que tenham obtido as autorizações necessárias e para além dos deveres eventualmente prescritos nas mesmas[1086].

Secundo, retirar da reserva de autorização e da possibilidade de imposição de medidas de cuidado pela Administração tal resultado seria contraditório com o próprio sentido da autorização administrativa. É certo que o instituto da autorização administrativa se encontra hoje no centro de várias dimensões evolutivas. É certo, nomeadamente, que a autorização já não é sempre entendida como uma mera remoção de um obstáculo jurídico a uma actividade, da qual depois a Administração se desinteressaria[1087].

---

do dever geral de diligência [ou "não exclui o dever geral de respeito dos direitos alheios" – 204]; caso contrário, este (dever) perdia praticamente o seu alcance, porquanto seria sempre possível invocar, pelo menos, o exercício do direito de liberdade". *Vide* ainda L. MENEZES LEITÃO, *Direito das Obrigações*, I, 288.

[1084] Como, por exemplo, afirma M. ALMEIDA COSTA, *Direito das Obrigações*, 484: "a noção de responsabilidade constitui um corolário do princípio de que o homem, sendo livre, deve responder pelos seus actos". *Supra*, III A), 3.1.

[1085] Realçando a feição dinâmica dos deveres ambientais, entre outros, M. SEIBERT, *Die Bindungswirkung von Verwaltungsakten*, 452-3.

[1086] Paradigmaticamente, o artigo 5.º do D.L. 173/2008 e também o art. 40.º, n.º 1 LBA.

[1087] Por exemplo, dizia G. JELLINEK, *System der subjectiven öffentlichen Rechte*, 46, que a autorização (*Erlaubnis*) era por si puramente negativa, esgotando todos os seus efeitos no afastamento da proibição (embora depois adicionasse outras considerações relativas à

O EFEITO CONFORMADOR DO ACTO AUTORIZATIVO NAS RELAÇÕES DE VIZINHANÇA

E é igualmente certo que a autorização pode, ou terá mesmo que, conter uma dimensão prescritiva ou programadora, através da qual a Administração não só permite como conforma o próprio exercício da actividade[1088]. Contudo, por toda esta evolução, desde a imposição da reserva de autorização à construção da sua dimensão prescritiva, perpassa a mesma finalidade: a de impor cada vez mais limites e condicionamentos a actividades que se possam revelar prejudiciais, seja para os vizinhos, seja para toda a comunidade, em consonância, aliás, com a evolução em geral do próprio direito do ambiente.

Ora, admitir que a autorização, por poder ter um conteúdo prescritivo, constitua a regulação exclusiva e definitiva dos deveres do autorizado seria uma total inversão da finalidade de controlo que continua a marcar presença na autorização: em vez do genérico dever de respeito, susceptível de múltiplas concretizações e actualizações, ficaria o autorizado limitado apenas ao respeito dos deveres determinados na autorização. Esta inversão do sentido da autorização teria mesmo um *efeito perverso*: se o autorizado apenas ficasse obrigado ao respeito dos deveres impostos pela Administração, nunca seria responsável pelos seus actos desde que cumprisse tais deveres; paralelamente, se à Administração coubesse exclusivamente a determinação desses deveres, verificando-se danos que poderiam ter sido evitados se a mesma Administração tivesse imposto mais deveres de cuidado, então teria que se concluir que responsável por tais danos seria apenas a própria Administração. Em resultado, esta leitura do sentido da autorização e da sua evolução produziria um efeito perverso – em vez de constituir uma forma de controlo mais apertado da actividade do sujeito autorizado, a autorização funcionaria antes como uma espécie de "seguro contra todos os riscos", excluindo a auto-responsabilização do autorizado[1089].

---

garantia da permissão pelo ordenamento jurídico – 48). Não se entendam as considerações do texto como uma tentativa de renascimento do conceito tradicional de autorização, mero "acto que reintegra o estado de liberdade" (F. FRACCHIA, *Autorizzazione amministrativa e situazioni giuridiche soggettive*, 13). Não se põe em causa a evolução do sentido de autorização e, nomeadamente, a ultrapassagem do conceito de acto autorizativo como acto eminentemente vinculado e sem qualquer conteúdo prescritivo mas antes a eventual mudança do "estado de liberdade" do sujeito, como melhor explicaremos no texto.

[1088] Cfr. artigo 18.º do D.L. n.º 173/2008. Em geral, F. URBANO CALVÃO, *Actos precários e actos provisórios no Direito administrativo*, em esp. 175 e ss..

[1089] Mesmo perante as indiscutíveis modificações que tem sofrido a autorização, esta continua a ter uma finalidade de controlo, ainda que o conjunto de interesses relevantes a

O ACTO ADMINISTRATIVO CONFORMADOR DE RELAÇÕES DE VIZINHANÇA

A estas reflexões – que vão depondo no sentido de não determinação exclusiva pela Administração do que seja o "uso normal" – há que acrescentar outras duas considerações, que decorrem da existência de uma competência da Administração para programar ou condicionar o exercício da actividade autorizada.

A primeira consideração é a de que, se a Administração dispõe de tal competência, o seu exercício pode ter como resultado diferentes graus de conformação da actividade. No limite, tal conformação pode ser a *melhor* possível como pode, igualmente, nem sequer ocorrer, se a Administração se limitar a autorizar simplesmente a actividade – hipótese em que não será difícil equacionar a invalidade do acto, ainda que resulte, em princípio, na aplicação da regra geral da mera anulabilidade.

A segunda consideração – que depõe, agora, contra as possibilidades de apreciação do juiz do que seja o "uso normal" – é a de essa competência, que o legislador atribuiu à Administração, comportar uma margem de livre decisão administrativa que, por definição, implica limites ao controlo jurisdicional do seu exercício[1090/1091].

---

ponderar na sua emissão tenha sido alargado – neste sentido, P. DELL' ANNO, *Manuale di diritto ambientale*, 211; F. SCHREIBER, *Das Regelungsmodell der Genehmigung im integrierten Umweltschutz*, 70 e ss..

[1090] Vimos acima que um dos dados da evolução do acto autorizativo era a consagração de uma margem de livre decisão da Administração na sua emissão, contrariando a visão policial de mera remoção de um limite à liberdade do indivíduo e dando origem, no direito germânico, à distinção entre dois modelos distintos de controlo público (*vide*, por todos, K. SACH, *Genehmigung als Schutzchild?*, 38 e ss.). Como decorre do que dissemos anteriormente, a circunstância de a Administração dispor de uma margem de livre decisão, de poder impor medidas de cuidado e de ter que tomar em consideração e ponderar interesses privados conflituantes não tem que ser vista como uma alteração radical da finalidade última da autorização – o controlo de determinadas actividades – nem tem que implicar uma alteração igualmente radical quanto à ideia de liberdade e auto-responsabilização do indivíduo. Porém, o exercício da margem de livre decisão, como sempre, comporta por regra zonas de insindicabilidade jurisdicional, daí tendo que se retirar consequências, nos termos gerais.

[1091] Sobre a margem de livre decisão comportada pelas normas do regime da licença ambiental, em especial no que respeita à determinação das "melhores técnicas disponíveis" (arts. 5.º e 7.º do D.L. n.º 173/2008), V. PEREIRA DA SILVA, *Verde cor de direito – Lições de direito do ambiente*, 200 e ss.. Sobre a importância da técnica no direito do ambiente, L. F. COLAÇO ANTUNES, *O procedimento administrativo de avaliação de impacto ambiental*, 233 e ss..

203. Tomando todos estes dados, de sentidos contraditórios, em consideração, há que procurar soluções que respeitem quer o princípio de responsabilidade e o sentido do instituto da autorização, quer a margem de livre decisão administrativa existente na conformação da actividade autorizada.

Não perdendo de vista que estamos a lidar apenas com a hipótese de danos não substanciais – sobre os quais já incidiu, nomeadamente, um juízo de proporcionalidade sobre os prejuízos admitidos – há que equacionar agora várias hipóteses em relação à adequação, necessidade e equilíbrio das diversas medidas de cuidado – o que remete, igualmente, para um segundo juízo de proporcionalidade, que condiciona o exercício da margem de livre decisão administrativa e envolve uma apreciação de legalidade e não de mérito. Será, portanto, necessário tomar em consideração, por um lado, que os prejuízos admitidos não são desproporcionados – ou seja, são prejuízos que podem validamente ser impostos pela Administração, constituindo uma restrição admissível, porquanto não desproporcionada, de um direito fundamental, para realização de outro direito fundamental e/ou de um interesse público; por outro lado, que as próprias medidas de cuidado prescritas devem resultar de uma ponderação entre as suas possibilidades de evitar os prejuízos não substanciais e os encargos que representam para o autorizado[1092].

Destas considerações resulta a possibilidade de equacionar três situações, duas delas "extremas" e uma intermédia.

Numa primeira hipótese (extrema) pode suceder que os prejuízos não substanciais sejam inevitáveis, ainda que tomadas todas as medidas de cuidado possíveis; a única possibilidade de serem evitados consistiria na recusa de emissão da autorização. Neste caso, o cerne da ponderação não se encontrará, na verdade, no confronto entre o grau de evitabilidade dos danos possibilitado pelas medidas de cuidado e os encargos que os mesmos possam representar para o autorizado – porquanto as medidas não são, desde logo, adequadas a evitar os prejuízos – mas antes na colisão entre o direito cujos prejuízos são admitidos e o direito cujo exercício se permite. Não se podendo afirmar que os prejuízos admitidos são despro-

---

[1092] Cfr., para a licença ambiental, os arts. 7.º e 18.º, do D.L. n.º 173/2008, bem como o Anexo III do mesmo diploma. Sobre este juízo, V. PEREIRA DA SILVA, *Verde cor de direito – Lições de direito do ambiente*, 201-2.

porcionados, encontramo-nos em pleno exercício da margem de livre decisão da Administração que, sem violação do princípio da proporcionalidade, optou validamente pela prevalência de um direito (o do autorizado) em relação a outro (o do lesado)[1093]. Este acto autorizativo, que constitui um exemplo de «acto "lesivo" não inválido», *produz efectivamente um efeito conformador das relações jurídicas entre privados*: eventualmente, poderia o juiz ter outro entendimento quanto à admissibilidade da actividade autorizada, mas a formulação de um tal juízo encontra-se-lhe vedada porquanto implica a invasão da margem de livre decisão (que só não se manteria intocada perante a formulação de um juízo de desproporcionalidade).

Numa hipótese intermédia (entre outras possíveis), pode suceder, por exemplo, que os prejuízos pudessem ser minorados se fossem impostas ao autorizado outras medidas de cuidado, tecendo outro resultado da ponderação feita entre os vários interesses, i.e. entre os "prejuízos" a suportar pelo lesado e os "encargos" a suportar pelo autorizado pelas medidas de cuidado. Ainda aqui, não se pode afirmar que a distribuição dos encargos seja desproporcionada pelo que continuamos perante um exercício válido da margem de livre decisão administrativa. Dito de outra forma, pode o juiz entender que seria *preferível* uma diferente ponderação de interesses mas não pode afirmar que a composição de interesses feita seja desproporcionada[1094]. O acto administrativo tem, igualmente, um *efeito conformador das relações jurídicas entre privados*.

Por último, surge uma hipótese extrema de sentido inverso ao da primeira: os prejuízos infligidos seriam evitáveis se tivessem sido impostas medidas de cuidado que envolveriam, para o autorizado, encargos que, por comparação com aqueles prejuízos, fossem aceitáveis, por inexistentes ou irrisórios, imposição a que a Administração não procedeu. Nesta situação, pode o juiz chegar a um juízo de desproporcionalidade da com-

---

[1093] Fazendo a "ponte" com a teoria das causas de justificação da doutrina privatista, podemos afirmar, com F. Pessoa Jorge, *Ensaio sobre os pressupostos da responsabilidade civil*, 207, que estamos perante prejuízos não ressarcíveis ou não susceptíveis de negação pois embora "causados pelo exercício do direito, represent(a)m a frustação de interesses que, precisamente ao conceder esse direito [ou ao permitir que a Administração concedesse esse direito] a lei postergou". Sufragando a afirmação, L. Menezes Leitão, *Direito das Obrigações*, I, 288.

[1094] Sobre a dimensão negativa da aplicação do princípio da proporcionalidade, no sentido de o juiz apenas poder determinar o que não é proporcionado e não o que é proporcionado, J. M. Sérvulo Correia, *Legalidade e autonomia contratual nos contratos administrativos*, 113-5.

posição de interesses feita pela Administração, que redundará com probabilidade num juízo de invalidade do acto administrativo, ainda que sancionado com a mera anulabilidade. Porém, mesmo chegando a um juízo de desproporcionalidade e mesmo sendo o acto anulável, pode o juiz decretar a proibição da actividade? A resposta a esta questão é negativa, por duas ordens de razões: em primeiro lugar, a permissão administrativa da actividade, ainda que por acto anulável, pode encontrar-se já protegida pela força de "caso decidido" do acto administrativo[1095]; em segundo lugar – e acrescentamos que nos parece uma mais sólida razão – o próprio juiz, ao decidir da procedência de uma acção negatória, encontra-se igualmente vinculado ao princípio da proporcionalidade, sendo neste caso desproporcionado proibir (totalmente) uma actividade que apenas provoca prejuízos não substanciais, quando estes podem ser evitados mediante a imposição de simples deveres de cuidado.

Contudo, se assim é, então não tem o juiz que ficar de "mãos atadas": se não pode proibir a actividade, pode acrescentar medidas de cuidado à permissão do seu exercício[1096]. Como afirma Luís Menezes Leitão, para além das conhecidas limitações do "exercício de um direito" como causa justificativa, sempre haverá que considerar que "a existência de um direito subjectivo não impede a oneração do agente com deveres de segurança no tráfego, os quais se destinam precisamente a evitar a ocorrência de danos"[1097].

Ao fazê-lo, o juiz não contraria o caso decidido do acto administrativo, não actua ele próprio de forma desproporcionada, nem viola a margem de livre decisão administrativa: i) não proibindo a actividade, não contraria a permissão administrativa, a não ser que se entendesse esta como uma garantia do máximo a que o sujeito estaria obrigado no desenvolvimento da

---

[1095] Indo mais longe, V. Pereira da Silva, *A acção para o reconhecimento de direitos*, 60, admitindo a condenação à integração de um funcionário quando o acto de expulsão já não seria impugnável, o que, a nosso ver, equivale a "apagar" qualquer força de caso decidido ou a "força própria" e a "estabilidade" do acto (V. Pereira da Silva, *A acção para o reconhecimento de direitos*, 59).

[1096] Parcialmente no mesmo sentido, por exemplo, C.-W. Canaris, *Schutzgesetze – Verkehrspflichten – Schutzpflichten*, 54: embora admita que a regulação dos deveres possa ser exaustiva, excluindo assim a ilicitude, considera que, regra geral, a determinação de deveres de conduta pela Administração constitui apenas um nível mínimo.

[1097] L. Menezes Leitão, *Direito das Obrigações*, I, 288. Em geral, sobre os deveres de segurança no tráfego, *supra*, III A), 3.2.

O ACTO ADMINISTRATIVO CONFORMADOR DE RELAÇÕES DE VIZINHANÇA

actividade, o que já recusámos; ii) impondo apenas medidas de cuidado que evitam os danos e que constituem meros encargos aceitáveis para o autorizado, não viola – pelo contrário, aplica – o princípio da proporcionalidade; iii) por último, estando-se perante um exercício desproporcionado da margem de livre decisão administrativa (ou, simplesmente, perante a recusa do seu exercício) na fixação de medidas de cuidado, não existe invasão da área do mérito da actividade da Administração[1098/1099].

[1098] Sobre o princípio da proporcionalidade como limite da margem de livre decisão administrativa, por todos, J. M. SÉRVULO CORREIA, *Legalidade e autonomia contratual nos contratos administrativos*, 113 e ss..

[1099] Suscita, ainda, algumas considerações a figura do abuso de direito (por todos, A. MENEZES CORDEIRO, *Da boa fé no direito civil*, 661 e ss.) que, como vimos (*supra*, I B), 4.2. e II A), 3.), serviria de "corrector" dos resultados a que se chegasse pela admissão de um efeito vinculativo do acto administrativo para o juiz penal ou pela admissão de um efeito conformador de relações jurídicas entre privados. Pelos resultados a que chegámos, não faria desde logo sentido equacionar a aplicação do abuso de direito pois, simplesmente, não reconhecemos a existência do direito em consequência da recusa do efeito conformador de relações jurídicas privadas. Para os casos em que admitimos o efeito conformador de relações jurídicas privadas, já poderia ser relevante a figura do abuso de direito, em especial a sua concretização no exercício inadmissível de posições jurídicas designado por "desequilíbrio no exercício jurídico" e, mais concretamente, a situação de "desproporcionalidade entre a vantagem auferida pelo titular e o sacrifício imposto pelo sacrifício a outrem" (A. MENEZES CORDEIRO, *Da boa fé no direito civil*, 853 e ss. e 857 e ss.). Contudo, sem prejuízo da construção dogmática encerrada na determinação dos casos de abuso de direito, há que relevar que, nesta situação, mais não estamos do que perante a aplicação do princípio da proporcionalidade, que tem tido diversas aplicações ao longo deste estudo. Esta ideia de proporcionalidade avulta na situação em causa – expressamente, A. MENEZES CORDEIRO, *Da boa fé no direito civil*, 857 e ss.: "*desproporcionalidade* entre a vantagem e o sacrifício"; em geral, entre outros, L. MENEZES LEITÃO, *Direito das Obrigações*, I, 281 e ss., referindo que no abuso de direito estão em causa *excessos manifestos* do limites impostos pela boa fé, pelos bons costumes ou pelos fins sociais e económicos do direito.

Ainda assim, podemos salvaguardar um espaço de aplicação para esta figura, embora seja marginal e se situe já no campo da "patologia da patologia": no caso em que o autorizado beneficia de um efeito conformador nas suas relações com privados e fica apenas sujeito, nos limites que estabelecemos, a ser condenado a tomar medidas de cuidado mínimas, porque seria desproporcionado proibir a actividade e porque esta se encontra protegida pelo "caso decidido", *se* o autorizado, ainda assim, *não tomar essas medidas de cuidado ordenadas pelo juiz*, pode afirmar-se que existe um exercício abusivo do direito – nomeadamente, da protecção que lhe é conferida pelo "caso decidido" – e, não existindo uma situação de confiança tutelável, poderá então o juiz impedir o exercício da actividade. Trata-se, contudo, de uma hipótese marginal, pelas razões expostas.

3. Responsabilidade civil

3.1. *Responsabilidade do sujeito autorizado...*

204. Tendo sido apreciada a possibilidade de deduzir acções negatórias contra actividades administrativamente autorizadas, cumpre agora apreciar as específicas questões que se suscitam relativamente à responsabilidade civil.

Antes de mais, convém equacionar uma hipótese inversa à hipótese problemática do efeito conformador de relações jurídicas entre privados: em vez de uma eventual exclusão da responsabilidade de quem actua ao abrigo da autorização, pode antes colocar-se o problema de a violação de determinações administrativas, contidas em normas ou actos, constituir fundamento para uma acção de responsabilidade.

Sobre esta hipótese não existe controvérsia, admitindo a doutrina que a violação de tais determinações administrativas fundamente um juízo de ilicitude, relevante, quer para a procedência de uma acção negatória, como vimos, quer para a imposição de um dever de indemnizar, caso se verifiquem as restantes condições da norma sobre responsabilidade civil[1100]. Pode, nesta medida, imputar-se ao acto administrativo um *efeito de conformação* do direito privado[1101], conformação essa que resulta, através da ponderação de vários direitos e interesses, da imposição de determinados deveres de comportamento, visando evitar determinados danos que, nos termos do n.º 2 do artigo 483.º do Código Civil, sempre necessitariam de

---

[1100] Em geral, L. Menezes Leitão, *Direito das Obrigações*, I, 280, considerando suficiente a existência de uma norma jurídica, ainda que não contida numa disposição legislativa e mesmo que não escrita; M. Almeida Costa, *Direito das Obrigações*, 515, considerando que se entende a expressão "violação de uma norma legal" em termos amplos, aí se incluindo os "regulamentos de polícia". Entre outros, H. D. Jarass, *Verwaltungsrecht als Vorgabe für Zivil- und Strafrecht*, 250 e 256; R. Bartlsperger, *Das Dilemma des baulichen Nachbarrechts*, 62; G. Schwerdtfeger, *Baurechtlicher Drittschutz und Parlamentsvorbehalt*, 200-201, admitindo a acção negatória do § 1004 com fundamento no § 823 I BGB; F. Ossenbühl, *Verwaltungsrecht als Vorgabe für Zivil- und Strafrecht*, 964 e ss.; M. J. Herr, *Sportanlagen in Wohnnachbarschaft*, 144 e ss.; G. Gaentzsch, *Ausbau des Individualschutzes gegen Umweltbelastungen als Aufgabe des bürgerlichen und des öffentlichen Rechts*, 606. No direito francês, M. Doumenq, *Aplication judiciaire du droit de l'environnement*, 120-121.

[1101] H. D. Jarass, *Verwaltungsrecht als Vorgabe für Zivil- und Strafrecht*, 250 e 256, considerando que este é igualmente um caso de "efeito conformador" ou "efeito vinculativo" do direito privado. No mesmo sentido, R. Bartlsperger, *Das Dilemma des baulichen Nachbarrechts*, 62.

O ACTO ADMINISTRATIVO CONFORMADOR DE RELAÇÕES DE VIZINHANÇA

uma "norma de protecção" para serem ressarcidos. A consideração normativa de que se trata de uma actividade perigosa, sobre a qual podem impender determinados deveres especiais de conduta, fornece ainda o enquadramento necessário para a criação jurisprudencial dos deveres de segurança no tráfego, questão de suma importância no direito delitual[1102]. Neste caso não existe descoordenação nem tão-pouco uma restrição do direito privado dos vizinhos pelo direito público, antes este vem auxiliar o seu desenvolvimento.

Vejamos, então, os casos problemáticos.

205. Da abordagem constitucional do conceito de ilicitude e do instituto da responsabilidade civil, resultou o apuramento de dois grupos de princípios potencialmente conflituantes: o princípio da liberdade de actuação e o correspectivo princípio da responsabilidade do indivíduo pelos próprios actos, por um lado; os princípios da igualdade perante os encargos públicos e da legalidade e o correspectivo princípio de responsabilidade da Administração, por outro[1103]. A responsabilidade civil, como evidencia a

---

[1102] M. KLOEPFER, *Umweltschutz als Aufgabe des Zivilrechts – aus öffentlich-rechtlicher Sicht*, 342; F. OSSENBÜHL, *Verwaltungsrecht als Vorgabe für Zivil- und Strafrecht*, 966. Como vimos anteriormente, um dos problemas (ou porventura, *o* problema) da responsabilidade delitual, que toma por princípio fundamental a liberdade dos indivíduos, é o de "encontrar" as fontes de ilicitude do comportamento do sujeito ou, dito de outra forma, o da construção de deveres limitadores da liberdade. Oscilando entre dois pólos opostos – o vago dever geral de respeito e o dever de cumprimento do contrato – têm a doutrina e a jurisprudência procurado encontrar outras fontes de ilicitude. Para além das normas de protecção do artigo 483.º, n.º 2 CC (que sempre dependem de um juízo interpretativo sobre o sentido de protecção), têm sido teorizados vários deveres contratuais além do dever principal, uma "terceira via" entre os dois modelos de responsabilidade e "os deveres de segurança no tráfego". Estas diversas teorizações não escapam à necessidade de encontrar um fundamento da formulação de deveres. Por exemplo, ensaia-se uma construção geral com base na ideia de confiança – C.-W. CANARIS, *Schutzgesetze – Verkehrspflichten – Schutzpflichten*, 27 e ss.; alude-se a uma especial relação entre os sujeitos que imponha a um determinados deveres de protecção em relação a outro – M. CARNEIRO DA FRADA, *Contrato e deveres de protecção*, 221 e ss.; ou descobrem-se os "deveres de segurança no tráfego", teorizando o princípio de que quem cria ou mantém uma fonte de perigo está obrigado a tomar as medidas necessárias para evitar a ocorrência dos danos em causa (descoberta esta que, contudo, não tem dispensado o apoio de determinadas normas legais) – J. F. SINDE MONTEIRO, *Responsabilidade por conselhos, recomendações ou informações*, 307 e ss.. Visto este problema geral de determinação da fonte de ilicitude no direito delitual, assume especial importância a imbricação entre o direito administrativo e o direito privado delitual.

[1103] *Supra*, III A) 3.1.

doutrina civilística, é expressão de determinadas regras sobre distribuição dos riscos na sociedade[1104]. Concretizando o problema, será preciso determinar se o risco de danos de uma determinada actividade, quando autorizada, corre por conta do vizinho lesado, do destinatário da autorização ou da própria Administração – caso em que, nunca é demais salientar, poderá estar em causa uma responsabilidade da comunidade em geral, cujos impostos suportarão o pagamento da indemnização.

Dos princípios referidos resulta, desde logo, a necessidade de prévio exame das possibilidades de actuação de um sujeito para, em confronto com os seus deveres jurídicos, aferir a ilicitude da sua conduta – questão que, em grande parte, foi já apreciada a propósito das acções negatórias. Para que se possa encontrar uma responsabilidade subjectiva, será ainda necessário que se verifiquem os restantes pressupostos da responsabilidade civil.

206. Retomando os grupos de casos equacionados, encontrámos, na maioria das situações hipotizadas, uma actuação marcada pelo juízo de ilicitude: seja quando os danos provocados não se encontram abrangidos pela permissão administrativa, permanecendo como danos não permitidos pela lei; seja quando os danos, apesar de integrados no conteúdo do acto, constituem um prejuízo desproporcionado de um direito fundamental do vizinho; seja também quando, em geral, o acto administrativo não produz efeitos jurídicos, permanecendo a proibição da actividade; seja ainda, por último, quando se provocam prejuízos que, não sendo desproporcionados, seriam evitáveis através da imposição de medidas de cuidado de onerosidade não desproporcionada para o autorizado.

Em todos estes casos, encontramos na proximidade do dano uma conduta do sujeito autorizado, o qual, como já antes afirmámos, mantém a sua liberdade de actuação e não se encontra eximido do cumprimento de deveres tendentes a evitar prejuízos.

Contudo, é preciso tomar em consideração que, em algumas das hipóteses mencionadas, o autorizado não detém o monopólio das actuações ilícitas. No que respeita à Administração, também esta comete actos ilícitos quando, em geral, não procede à consideração dos direitos de terceiros, nos termos legalmente exigidos; quando faz um juízo de prognose incor-

---

[1104] *Supra*, III A) 3.2.

recto, em termos tais que ultrapassa a margem de livre decisão; quando permite o prejuízo desproporcionado do direito do vizinho e quando não prescreve medidas mínimas de cuidado que evitariam, sem encargos consideráveis para o autorizado, a verificação de quaisquer prejuízos para o vizinho.

Para além destas considerações, que já resultam das anteriormente expostas, é ainda relevante equacionar as possibilidades de actuação da Administração *após* a emissão do acto autorizativo. Se estivermos perante um acto administrativo nulo, pode e deve a Administração, a todo o tempo, declarar a nulidade (artigo 134.º, n.º 1 CPA). Outras reflexões exige, contudo, a hipótese de verificação de danos não previstos pela autorização, que poderá ser válida ou inválida (anulável), bem como a hipótese de omissão indevida das medidas de cuidado exigíveis. Geralmente na primeira hipótese, e possivelmente na segunda, terá ocorrido uma alteração relevante dos factos considerados no momento da emissão do acto.

No regime próprio de determinados actos administrativos – *maxime*, no regime da licença ambiental – podem ser encontradas normas especiais que conferem à Administração várias possibilidades de actuação *após* a emissão do acto: podendo e devendo fiscalizar a actividade autorizada, pode a Administração modificar o acto inicial, impondo, por exemplo, determinadas medidas de cuidado, ou pode mesmo fazer cessar a sua vigência por revogação[1105]. Porém, tendo apenas em atenção o que poderia resultar do regime geral do acto administrativo, a Administração parece deter poucas possibilidades de actuação – admitindo a eficácia deste acto, a mesma apenas poderia cessar por revogação: permitida, no caso do acto inválido, embora limitada ao prazo de um ano; proibida nos casos de actos "válidos" constitutivos de direitos[1106].

[1105] Cfr. arts. 18.º, n.º 4, 20.º, 31.º e 33.º do D.L. n.º 173/2008.

[1106] Quando falamos em possibilidade de actuação, deve tal entender-se enquanto mera consideração das esferas de "liberdade" de actuação do indivíduo e de "habilitação legal" da actuação da Administração relevante para apuramento da responsabilidade. Não queremos, nomeadamente, afirmar com isto que a Administração disponha de uma qualquer faculdade discricionária – que mais seria arbitrária – de revogação de actos administrativos ilegais. Neste sentido, sufragamos inteiramente a afirmação de J. J. GOMES CANOTILHO, *Direito constitucional e teoria da Constituição*, 266, de que "os princípios da constitucionalidade e da legalidade não se compaginam com a «arrogância» da administração sobre os próprios vícios". Igualmente, J. ROBIN DE ANDRADE, *A revogação dos actos administrativos*, 255 e ss.. Todavia, P. OTERO, *O poder de substituição em direito administrativo*, II, 580 e ss., chama a

Julgamos, contudo, que este regime geral do acto administrativo, em especial no que respeita às normas sobre revogação, deve ser objecto de mais profunda reflexão[1107]. Tendo a proibição de revogação de actos constitutivos de direitos o seu fundamento na protecção da segurança jurídica e da confiança dos administrativos, já adiantou parte da doutrina portuguesa que tal proibição de revogação não deveria valer nos casos em que o sujeito beneficiado não se revelasse merecedor dessa protecção[1108]. Se assim é para os actos constitutivos de direitos, mais fortes argumentos depõem a favor da revogabilidade, em tais circunstâncias, de actos com efeitos para terceiros: estes actos, não sendo exclusivamente actos constitutivos de direitos, antes apresentando simultaneamente uma dimensão constitutiva de deveres ou encargos, não podem ser, sem mais, sujeitos à proibição de revogação estabelecida apenas para os actos constitutivos de direitos[1109]. Não sendo tais actos alvo da proibição de revogação da alínea b) do n.º 1 do artigo 140.º do Código do Procedimento Administrativo, recaímos na regra geral de "livre" revogabilidade dos actos administrativos (artigo 140.º, n.º 1 CPA). Essa "liberdade" deve ser integrada na teoria da margem de livre decisão, tendo que ser exercida em respeito dos vários

atenção para a existência de uma discricionariedade optativa entre a revogação e a sanação dos actos administrativos ilegais.

[1107] No direito nacional, sobre a revogação dos actos administrativos, entre outros, J. ROBIN DE ANDRADE, *A revogação dos actos administrativos*, em esp. 13 e ss., adoptando um conceito amplo de revogação que tem hoje, em larga medida, consagração no CPA; J. C. VIEIRA DE ANDRADE, *A "revisão" dos actos administrativos no direito português*, 185 e ss.; F. URBANO CALVÃO, *Actos precários e actos provisórios no Direito administrativo*, 189 e ss.. Problema especial colocado pela noção ampla de acto revogatório é o da distinção entre esta figura e outras como, por exemplo, a declaração de caducidade e a emissão de meros actos contrários – por todos, J. C. VIEIRA DE ANDRADE, *A "revisão" dos actos administrativos no direito português*, 186.

[1108] Questionando, em geral, a harmonização de interesses conflituantes no regime da revogação, J. C. VIEIRA DE ANDRADE, *A "revisão" dos actos administrativos no direito português*, 193 e ss. e, em esp. 196-7; F. URBANO CALVÃO, *Actos precários e actos provisórios no Direito administrativo*, 193 e ss.. (140, concluindo pela interpretação restritiva do artigo 140.º, n.º 1, alínea b)).

[1109] No direito alemão, que tanta atenção tem dado aos terceiros, não existe um regime próprio para a revogação dos actos com efeitos para terceiros, havendo apenas uma distinção entre actos prejudiciais e actos positivos; a doutrina soluciona geralmente esta questão atendendo ao destinatário formal do acto (se for um acto positivo para o destinatário e negativo para terceiros, segue simplesmente o regime dos actos constitutivos). Entre outros, M. SCHMIDT-PREUSS, *Kollidierende Privatinteressen im Verwaltungsrecht – Das subjektive öffentlich recht im multipolaren Verwaltungsrechtsverhältnis*, 540 e ss..

O ACTO ADMINISTRATIVO CONFORMADOR DE RELAÇÕES DE VIZINHANÇA

princípios gerais, nomeadamente tomando em consideração e ponderando todos os interesses relevantes, tais como eventuais interesses públicos na manutenção ou na eliminação do acto, o interesse do terceiro na protecção contra prejuízos no seu direito e, tal como resulta do regime de revogação de actos válidos constitutivos de direitos, a eventual valia da protecção da confiança no caso concreto[1110].

Destas considerações resultam diversas possibilidades de actuação da Administração que, em caso de omissão, poderão relevar para o apuramento da sua eventual responsabilidade.

Igualmente, o próprio vizinho lesado dispõe de algumas possibilidades de actuação que poderiam contribuir para a não verificação, ou não verificação continuada, dos danos, nos termos gerais da "culpa do lesado"[1111]. Desde a sua participação no procedimento através da audiência dos interessados, à solicitação da adopção de medidas pela Administração e ao recurso aos meios disponibilizados pelo contencioso administrativo – *maxime*, pedido de anulação ou de declaração de nulidade do acto, se forem esses os casos[1112].

207. Para além do juízo de ilicitude, é igualmente necessário apreciar a verificação dos restantes pressupostos da responsabilidade civil, atendendo

---

[1110] Esta consideração de interesses na revogação de actos válidos permite, naturalmente, a compreensão da evolução da relação jurídica e da superveniência de factos relevantes como, por exemplo, a verificação dos prejuízos que o juízo administrativo de prognose deu como não verificáveis (outra questão é a de saber se estamos perante uma verdadeira revogação ou outro tipo de acto, questão a que não podemos aqui responder). Para além destas considerações em torno do regime de revogação de actos válidos ou inimpugnáveis, adiante-se que a admissão da figura da *ilegalidade material superveniente* (*supra*, III B), 2.3.2.) deverá permitir a revogação nos termos do artigo 141.º (limitando-se a sua eficácia inicial ao momento de verificação valorativa da ilegalidade).

[1111] Cfr. art. 570.º CC. Para a "culpa do lesado" no direito privado, entre outros, A. MENEZES CORDEIRO, *Direito das Obrigações*, II, 408-9; L. MENEZES LEITÃO, *Direito das Obrigações*, I, 311 e ss.; M. ALMEIDA COSTA, *Direito das Obrigações*, 725 e ss.. Em causa não está um acto ilícito, pois não existe um dever de evitar os danos, mas apenas um ónus jurídico. Tal não significa, porém, que não se tenha que exigir a censurabilidade da conduta do lesado, afastando a suficiência de uma mera relação de causalidade, como explica L. MENEZES LEITÃO, *Direito das Obrigações*, I, 312.

[1112] Sobre a relevância da "culpa do lesado" no direito administrativo, M. CORTEZ, *Responsabilidade civil da Administração por actos administrativos ilegais e concurso de omissão culposa do lesado*, em esp. 251 e ss..

à relação entre facto e dano e à culpabilidade do sujeito. Perante a diversidade de condutas ilícitas que podem ser encontradas, haverá que determinar os sujeitos responsáveis: o sujeito autorizado, a Administração, ou ambos. No que respeita à responsabilidade da Administração, será ainda necessário equacionar as hipóteses de eventual responsabilidade por facto de outro – o autorizado – ou por facto (ou omissão) próprios.

Apesar da diversidade, é sempre, em qualquer uma das situações descritas, o autorizado que exerce a actividade autorizada (ou pseudo-autorizada) e é dessa actividade que resultam imediatamente os danos para os vizinhos. Sendo a actividade lesiva desenvolvida pelo autorizado, *boas razões existem para não afastar a aplicação da regra geral de responsabilidade de cada um pelos seus próprios actos.*

Desde logo, o destinatário da autorização dispõe de uma indiscutível liberdade de actuação. Vale aqui o argumento, há muito adiantado pela doutrina italiana, de que o acto administrativo autorizativo apenas constitui uma permissão de actuação e não uma imposição de actuação[1113]. Esta afirmação, aparentemente prosaica, constitui no fundo uma manifestação dos princípios essenciais da liberdade e da responsabilidade do sujeito, ancorados na própria dignidade da pessoa[1114]. Concretizando, mesmo sendo destinatário de uma autorização administrativa, pode sempre o autorizado não exercer a actividade, ou modificar ou cessar a actividade, se com ela estiver a provocar danos aos vizinhos. Como já antes adiantámos, a autorização, ainda que prescritiva, não afasta o dever de auto-controlo do autorizado pelos seus próprios actos, sob pena de transformarmos aquela numa espécie de "seguro contra todos os riscos" ao invés de ser primordialmente um instrumento de controlo[1115].

Para além destas considerações essenciais, há ainda que apreciar a relação entre o facto e o dano – ou, noutras palavras, a questão do "nexo de causalidade" – bem como a censurabilidade do sujeito pelo não cumprimento de deveres jurídicos – ou seja, a culpabilidade.

Quanto à culpabilidade, entendida esta como um juízo de censurabilidade pelo incumprimento dos deveres do sujeito, admite-se, por ora, a possibilidade da sua verificação, nos termos gerais[1116].

[1113] *Supra*, II A), 2.3.
[1114] *Supra*, III A), 3.1.
[1115] *Supra*, III B), 2.3.2.
[1116] Supra, IIIb A), 3.2., sobre a culpa e os outros pressupostos da responsabilidade civil.

O ACTO ADMINISTRATIVO CONFORMADOR DE RELAÇÕES DE VIZINHANÇA

No que respeita à relação entre o facto e o dano têm sido tomadas várias posições pela doutrina[1117]. A determinação do critério jurídico de estabelecimento da relação relevante entre facto e dano não se apresenta, em geral, como uma tarefa fácil, sendo hoje dificultada pelas especificidades dos danos ambientais e ecológicos[1118].

Recusadas teorias como a da equivalência das condições ou a da causa próxima, pode traçar-se uma tendencial bipartição entre os defensores da teoria da causalidade adequada[1119] e os defensores da teoria do escopo da norma jurídica violada como critério de determinação da causalidade juri-

---

[1117] Sobre o problema do "nexo de causalidade", em geral, F. Pessoa Jorge, *Ensaio sobre os pressupostos da responsabilidade civil*, 388 e ss.; A. Menezes Cordeiro, *Da responsabilidade civil dos administradores das sociedades comerciais*, 532 e ss.; L. Menezes Leitão, *Direito das Obrigações*, I, 322 e ss., com referência a várias teorias; J. M. Antunes Varela, *Das obrigações em geral*, I, 896 e ss.; M. Almeida Costa, *Direito das Obrigações*, 704 e ss.. Sobre a relevância da causa virtual, A. Menezes Cordeiro, *Direito das Obrigações*, II, 417 e ss.; L. Menezes Leitão, *Direito das Obrigações*, I, 326 e ss.. No direito penal, com desenvolvimento, T. Beleza, *Direito Penal*, II, 132 e ss..

[1118] Se esta questão, em termos gerais, ainda não logrou alcançar uma solução pacífica, sucedendo-se os critérios e as variações do mesmo (como sucede nas várias teorias da causalidade adequada), mais complicada se torna quando se coloca o problema dos danos ambientais e dos danos ecológicos, que constituem, pelas suas características, um desafio à "capacidade de resposta" da tradicional teoria da responsabilidade civil. Sobre vários destes problemas, entre outros, G. Hager, *Umweltschäden – ein Prüfstein für die Wandlungs- und Leistungsfähigkeit des Deliktrechts*, 1961 e ss.; M. A. Sousa Aragão, *O princípio do poluidor pagador*, 133 e ss., com várias alternativas à teoria da causalidade adequada, ainda que limitando ao objecto da sua investigação; M. Melo Rocha, *A avaliação de impacto ambiental como princípio do direito do ambiente nos quadros internacional e europeu*, 317 e ss., sobre o "princípio da causa"; J. S. Cunhal Sendim, *Responsabilidade civil por danos ecológicos*, 38 e ss., apontando exemplos de casos problemáticos como os das "chuvas ácidas" ou, em geral, dos *Altlasten*, e 136 e ss.; G. Brüggemeier, *Die Haftung mehrerer im Umweltrecht. Multikausalität – Nebentäterschaft – "Teilkausalität"*, 261 e ss., com várias "questões diabólicas". Adiante-se que esta questão, apesar do seu interesse, não se afigura pertinente para esta investigação, não só porque não é nosso desiderato abordar os difíceis casos de danos ambientais ou ecológicos em que há multiplicidade de sujeitos lesantes e de causas, como, por outro lado, a admissão de uma responsabilidade objectiva por exercício de uma actividade autorizada nada tem de problemático, pois na responsabilidade objectiva pelo risco não está em causa uma actuação ilícita. Ainda assim, *infra* 3.2., teceremos algumas considerações sobre o D.L. n.º 147/2008.

[1119] Defendendo a aplicação da teoria da causalidade adequada, embora com diversas variantes, J. M. Antunes Varela, *Das obrigações em geral*, I, 903 e ss. e 908 e ss.; F. Pessoa Jorge, *Ensaio sobre os pressupostos da responsabilidade civil*, 408 e ss.; M. Almeida Costa, *Direito das Obrigações*, 707 e ss..

dicamente relevante[1120]. Segundo a teoria do escopo da norma jurídica violada, o nexo de causalidade é determinado pela "interpretação do fim específico e do âmbito de protecção da norma", sendo "apenas necessário averiguar se os danos que resultaram do facto correspondem à frustação das utilidades que a norma visava conferir através do direito subjectivo ou da norma de protecção"[1121]. Não nos parece possível negar a relevância da relação entre o âmbito de protecção da norma ou, de forma mais abrangente, a específica configuração de um dever de cuidado e os prejuízos verificados; porém, como é admitido por quem defende esta teoria, a mesma pode ser adequada aos casos de responsabilidade por omissões e àqueles em que existem normas de protecção e deveres de segurança no tráfego, mas encontra várias dificuldades no que respeita à violação do vago dever geral de respeito[1122/1123]. No que respeita à consideração da adequação de uma causa, em abstracto, para a produção de um dano, é inegável a vantagem da superação de uma pura apreciação do facto nos moldes da teoria da equivalência das condições[1124]; porém, não se pode dizer igualmente que a teoria da causalidade adequada seja isenta de deficiências, em geral reconhecidas pela doutrina, que necessita de a completar de variadas formas[1125].

[1120] Adoptando a teoria do escopo da norma jurídica violada, L. MENEZES LEITÃO, *A responsabilidade do gestor perante o dono do negócio no direito civil português*, 281 e ss.; A. MENEZES CORDEIRO, *Da responsabilidade civil dos administradores das sociedades comerciais*, 532 e ss.; L. MENEZES LEITÃO, *Direito das Obrigações*, I, 326, em termos gerais.

[1121] L. MENEZES LEITÃO, *Direito das Obrigações*, I, 326.

[1122] A. MENEZES CORDEIRO, *Da responsabilidade civil dos administradores das sociedades comerciais*, 555-6. A este limite, acresce o reconhecimento da consagração da teoria da causalidade adequada no art. 563º CC – L. MENEZES LEITÃO, *Direito das Obrigações*, I, 325-6.

[1123] Esta teoria poderia ainda ser criticada por ser simultaneamente adequada para a determinação dos danos ressarcíveis, isto é, para a determinação, por entre uma diversidade de prejuízos causados por determinado comportamento, dos que são objecto de protecção jurídica e que, como tal, fundamentam o juízo de ilicitude, e para o estabelecimento da "causalidade" (L. MENEZES LEITÃO, *A responsabilidade do gestor perante o dono do negócio no direito civil português*, 285, referindo que "a própria estrutura da imputação aparece como critério seleccionador dos prejuízos reparáveis". *Vide*, em geral, a relação estabelecida entre a determinação dos danos ressarcíveis e a apreciação da ilicitude, que desempenha, assim, uma "função de filtragem" dos prejuízos relevantes, em J. F. SINDE MONTEIRO, *Responsabilidade por conselhos, recomendações ou informações*, 175 e ss.). Esta pluralidade de funções não tem, porém, que ser criticada, como pretendemos demonstrar.

[1124] L. MENEZES LEITÃO, *Direito das Obrigações*, I, 325.

[1125] Entre outros, L. MENEZES LEITÃO, *Direito das Obrigações*, I, 325; M. ALMEIDA COSTA, *Direito das Obrigações*, 707 e ss.; J. M. ANTUNES VARELA, *Das obrigações em geral*, I, 903 e ss..

208. Não pretendendo, naturalmente, fazer mais do que uma apreciação destas teorias funcionalmente adequada aos problemas em causa nesta investigação, julgamos que, à partida, quer uma, quer outra, deixam por considerar outros elementos que se nos afiguram pertinentes, em especial no que respeita à hipótese que especialmente nos interessa: a de verificação de actuações ilícitas por parte do sujeito autorizado e por parte da Administração. Apreciando a adequação da causa, não só seria relevante o comportamento do autorizado como, *necessariamente*, o da Administração[1126]; considerando que ambos os sujeitos violaram a mesma norma de protecção, então ter-se-ia que concluir, *necessariamente*, pela verificação do "nexo de causalidade" em relação aos dois comportamentos. Sem pretender retirar destas afirmações a solução oposta de *necessária exclusão* da responsabilidade da Administração, julgamos dever relevar as diferenças existentes entre ambas as condutas.

Desde logo, é a actividade do autorizado que se encontra na *proximidade* da verificação do dano. Se a teoria da última causa ou da causa próxima não tem colhido aceitação na doutrina portuguesa e é alvo de diversas críticas[1127], importa referir que estas não se aplicam às hipóteses em apreço: por um lado, não se trata de uma última condição que seja provocada por uma actuação antecedente "verdadeiramente decisiva", pois há que não esquecer a liberdade de que dispõe o sujeito autorizado[1128]; por outro lado, não se pretende afirmar que os danos não possam ser causados de forma indirecta e diferida no tempo mas apenas relevar a consideração de que, no caso do autorizado, existe efectivamente uma provocação directa e imediata dos danos, ao contrário do que sucederá, por regra, em relação

---

[1126] Por exemplo, seria difícil negar que o acto administrativo que (pretensamente) confere uma permissão ao sujeito para provocar um prejuízo substancial não constitua, em abstracto, uma causa adequada da verificação desse pejuízo.

[1127] Em crítica à teoria da última condição ou da causa próxima, A. MENEZES CORDEIRO, *Direito das Obrigações*, II, 334-5; L. MENEZES LEITÃO, *Direito das Obrigações*, I, 324, afirmando a injustiça de se considerar relevante uma causa que, apesar de ser a última, é mero resultado de uma condição antecedente e afastando a limitação da causalidade aos danos directos e imediatos, pois pode haver uma provocação indirecta e diferida no tempo dos danos.

[1128] A diferença resulta da comparação entre a situação do sujeito que, depois de obter a autorização, mantém a sua liberdade de actuação e o exemplo da "jaula dos leões" adiantado por L. MENEZES LEITÃO, *Direito das Obrigações*, I, 324, nr. 673 e por T. BELEZA, *Direito Penal*, II, 147.

à conduta da Administração[1129]. Se, em muitos outros casos problemáticos, não será suficiente ou será injusto atender à causa mais próxima do dano, julgamos que, para deslindar a hipótese de possível cumulação de actuações ilícitas da Administração e do autorizado, este factor da maior proximidade do dano não deve deixar de ser tido como relevante.

Para além desta observação, da qual se poderá dizer que está ainda no campo da *pura causalidade*, podem e devem ainda ser aditadas outras considerações, pertinentes para a valoração jurídica das diferenças entre os comportamentos da Administração e do autorizado ou, por outras palavras, para fundamentar a *imputação* dos danos ao sujeito. Por um lado, é o autorizado que detém o *controlo* da sua própria actividade (ou, se se quiser, da fonte de perigo da realização dos danos) e que está em melhores condições de se aperceber da verificação de prejuízos; as faculdades de controlo que a Administração possa ter serão sempre, por consistirem num hetero-controlo, mais limitadas do que as do próprio sujeito que desenvolve a actividade[1130]. Por outro lado, os *benefícios* da actividade em causa, se se poderão eventualmente reconduzir em alguns casos à realização de determinados interesses públicos, serão sempre, em primeira linha, benefícios do próprio autorizado, pelo que também deve correr por ele o risco de verificação de prejuízos decorrentes dessa actividade[1131].

209. Não ignoramos que estes elementos são geralmente aduzidas a propósito da responsabilidade objectiva pelo risco[1132] e que relevam da circunstância de a actividade em causa ser potencialmente perigosa. Isso não significa, porém, que sejam de desconsiderar na responsabilidade por actos ilícitos e culposos. Desde logo, se a relação (de conjunção ou disjunção) entre ilicitude e culpa é objecto de discussão, como já vimos[1133],

---

[1129] Adiante-se que esta crítica à teoria da causa próxima dirige-se à *exclusividade* da consideração de causas directas e imediatas e não propriamente à *pertinência* da consideração da natureza directa e imediata da provocação dos prejuízos.

[1130] Sobre o critério do controlo do perigo na imputação pelo risco *proprio sensu*, entre outros, L. MENEZES LEITÃO, *Direito das Obrigações*, I, 341-2; M. ALMEIDA COSTA, *Direito das Obrigações*, 599.

[1131] Sobre o critério do risco-proveito na responsabilidade objectiva, L. MENEZES LEITÃO, *Direito das Obrigações*, I, 341-2; M. ALMEIDA COSTA, *Direito das Obrigações*, 599.

[1132] Como é feito pelos Autores citados nas duas últimas notas.

[1133] Supra, III A), 3.2.

O ACTO ADMINISTRATIVO CONFORMADOR DE RELAÇÕES DE VIZINHANÇA

igualmente questionável é a tentativa de separação entre esses dois conceitos e a "causalidade"[1134]. Como bem salienta ROTHER, a separação destes três elementos – ou, mesmo, a própria tentativa de uma construção genérica dos pressupostos da responsabilidade civil subjectiva – depara-se sempre com a dificuldade de mais não ser do que um esforço de análise e abstracção jurídicas sobre uma realidade facticamente unitária[1135]. É assim que surgem, por exemplo, o tratamento dos princípios de imputação de forma a abranger, quer o fundamento da responsabilidade em causa, quer a questão da causalidade[1136] e mesmo a admissão da possibilidade de combinação desses princípios numa única situação[1137]. Acresce que o conceito de risco, como se sabe, é susceptível de diversas concretizações – pense-se na concepção geral da responsabilidade (incluindo a subjectiva) como forma de distribuição de riscos na sociedade[1138] ou, no pólo oposto, na concreta responsabilidade objectiva pelo risco inerente a determinadas actividades. Por entre a diversidade de aplicações, não julgamos inconciliáveis as ideias de risco e de imputação por culpa[1139]. Prova disso é a utilização de critérios de *imputação objectiva pelo risco* no domínio do direito

---

[1134] W. ROTHER, *Die Begriffe Kausalität, Rechtswidrigkeit und Verschulden in ihrer Beziehung zueinander*, 537 e ss. e 554-7. Exemplificativamente, M. A. SOUSA ARAGÃO, *O princípio do poluidor pagador*, 137, recusando a aplicação do critério da causalidade adequada à responsabilidade objectiva, por não estar em causa o princípio ético da culpa. Outro bom exemplo, que aqui não se justificaria desenvolver, é constituído pela responsabilidade da Administração Pública em Espanha, que se baseia numa cláusula geral de "responsabilidade pelo funcionamento dos serviços públicos" e que tem sido entendida como uma responsabilidade objectiva; não obstante, na tentativa de determinação da responsabilidade, onde impera, em coerência, o problema da causalidade, acaba a doutrina por se socorrer de elementos como o funcionamento regular do exercício em atenção a determinadas regras de comportamento – o que, sem dificuldade, se pode qualificar como uma questão de ilicitude. *Vide*, entre outros, M. BELADIEZ ROJO, *Responsabilidad e imputación de daños por el funcionamiento de los servicios públicos*, em esp. 51 e ss..

[1135] W. ROTHER, *Die Begriffe Kausalität, Rechtswidrigkeit und Verschulden in ihrer Beziehung zueinander*, 537.

[1136] K. LARENZ, *Die Prinzipien der Schadenszurechnung*, 374 e ss., aplicando a imputação pelo risco não apenas aos casos de responsabilidade objectiva pelo perigo propriamente dito mas também, por exemplo, aos casos de controlo e aproveitamento do comportamento de outrem (v.g., o nosso regime da comissão, que também constitui uma modalidade de responsabilidade objectiva).

[1137] K. LARENZ, *Die Prinzipien der Schadenszurechnung*, 378-9.

[1138] Como referimos, *supra*, III A), 3.1.

[1139] Contra, M. CARNEIRO DA FRADA, *Contrato e deveres de protecção*, 188, nr. 381.

penal, onde impera a culpa[1140]. Partindo da ideia de imputação por aumento do risco de danos, esta teoria compreende, enquanto concretização possível, a relevância da esfera de protecção da norma – neste aspecto, aproximando-se do critério civilístico do escopo da norma violada[1141]. Admitindo-se a sua transposição para o direito civil, pode ser estabelecida a imputação ao sujeito autorizado conjugando a ideia de actividade que gerou um risco de danos (que se vieram a verificar) com os fundamentos do controlo e do benefício dessa actividade para proceder a uma redistribuição justa do prejuízo: do lesado para o sujeito que, desenvolvendo uma actividade potencialmente danosa, que controla e da qual retira benefícios, aumentou o risco (não observando, por exemplo, todos os deveres de cuidado) e provocou danos – o sujeito autorizado.

Assim, tendo em conta os princípios da liberdade e da responsabilidade pelos próprios actos, a efectiva liberdade de que dispõe o autorizado e a permanência, para lá da autorização, do dever de evitar danos ilícitos, a proximidade da actividade autorizada em relação aos danos, a possibilidade de auto-controlo da actividade e o aproveitamento imediato dos benefícios dessa actividade, podemos enunciar, como regra geral, a responsabilização do autorizado pelo desenvolvimento da sua actividade, ainda que autorizada.

Contudo, a afirmação desta regra genérica é meramente tendencial, havendo que apreciar a verificação de diversas sub-hipóteses que possam depor, nomeadamente, a favor da responsabilidade da Administração.

[1140] Entre outros, T. Beleza, *Direito Penal*, II, 147 e ss.; M. Beladiez Rojo, *Responsabilidad e imputación de daños por el funcionamiento de los servicios públicos*, 96 e ss., já em adaptação à responsabilidade da Administração.

[1141] T. Beleza, *Direito Penal*, II, 155 e ss.. Note-se que no domínio de actividades autorizadas, genericamente proibidas devido ao seu potencial danoso, existem, como já vimos, condições óptimas para a aplicação de normas de protecção (encontradas no direito administrativo) e para a imposição de deveres de segurança no tráfego, apoiados na consideração normativa da perigosidade da actividade (presente, ao menos, na sua sujeição a um acto autorizativo). Esses deveres, como já referimos, colhem apoio no princípio segundo o qual quem cria ou mantém uma fonte de perigo está obrigado a tomar as medidas necessárias para evitar a ocorrência dos danos que podem estar em causa (J. F. Sinde Monteiro, *Responsabilidade por conselhos, recomendações ou informações*, 310). Ora, servindo-se a imposição de deveres de cuidado desta ideia de perigo, a mesma deverá ser relevante, quando o perigo se realiza, para efeitos de imputação, tendo a dupla função de determinação dos danos ressarcíveis e de estabelecimento da conexão jurídica entre o acto e o dano (imputação).

3.2. ... ou responsabilidade da Administração?

210. Quanto à possível verificação da responsabilidade da Administração, importa ter presente que esta pode ser concebida, em abstracto, como responsabilidade por facto de outro (o autorizado) ou como responsabilidade por facto próprio[1142]. Tratando-se de uma responsabilidade por facto de outro, esta tanto pode, em abstracto, concorrer com a responsabilidade do outro como pode mesmo consumir essa (potencial) responsabilidade[1143].

No que respeita à admissibilidade de uma responsabilização por factos de outro, a sua exclusão constitui o reverso da medalha das considerações imediatamente antecentes. Em geral, devem ser limitadas as recentes tendências de socialização do risco e do dano, as quais remetem para uma responsabilização da Administração em detrimento da concepção tradicional de responsabilidade civil por actos ilícitos e culposos dos próprios indivíduos[1144]. Por um lado, não se pode perder de vista o fundamento da responsabilidade das pessoas colectivas da Administração no princípio da repartição igualitária dos encargos públicos: não sendo cumprido o dever de regresso – ou não existindo este, como sucede nos casos de culpa leve e de culpa do serviço, especialmente pertinentes em situações de omissão – a responsabilidade reparte-se por toda a comunidade pagadora de impostos; dito de outra forma, o risco da actividade industrial do autorizado seria transferido para a sociedade[1145]. Por outro lado, como lapidarmente afirma VIEIRA DE ANDRADE, não se pode esquecer que vivemos numa

---

[1142] Esta responsabilidade por facto próprio deve ser entendida para efeitos da distinção entre a conduta administrativa e a conduta do autorizado, porquanto a própria responsabilidade da Administração *parece* ser geralmente entendida como uma responsabilidade pelo actos ilícitos e culposos dos seus funcionários e agentes (cfr. art. 22.º CRP). Sobre esta questão, *vide supra*, III A) 3.1.

[1143] Cfr., por exemplo, arts. 500.º e 800.º CC.

[1144] Sobre o problema da socialização dos danos e correspondente responsabilização da Administração, entre outros, J. C. VIEIRA DE ANDRADE, *Os direitos fundamentais na Constituição portuguesa de 1976*, 250; M. A. VAZ, *A responsabilidade civil do Estado – considerações breves sobre o seu estatuto constitucional*, 3, referindo os *leading cases* da responsabilidade do Estado; M. ALMEIDA COSTA, *Direito das Obrigações*, 485 e ss.. *Vide* ainda as preocupações de D. PHILIPP, *De la responsabilité à la solidarité des personnes publiques*, em esp. 617 e ss., sobre a passagem da responsabilidade à solidariedade das entidades públicas.

[1145] *Supra*, III A), 3.1.

"ordem jurídica baseada no princípio da *liberdade*, em que *os indivíduos não actuam por delegação estadual* e são responsáveis pelos seus actos"[1146].

Para mais, sempre será necessário atender às coordenadas retiradas da Constituição no que respeita à relação entre a responsabilidade desta e das pessoas nela integradas. É a própria Constituição que fornece uma directiva para resolução de eventuais conflitos entre o princípio da responsabilidade da Administração (pessoa colectiva) e o princípio da responsabilidade do indivíduo pelos próprios actos ilícitos e culposos: no caso de indivíduos integrados na estrutura orgânica da Administração e que actuam para desempenho das funções desta, a responsabilidade da Administração não consome a responsabilidade dos indivíduos, sendo meramente solidária e susceptível de regresso[1147]. Ora, o autorizado não se encontra integrado na estrutura da Administração, nem actua em prossecução dos interesses desta, pelo que não existe qualquer fundamento para admitir uma responsabilidade da Administração pelos actos do autorizado; ainda que assim não fosse, tal responsabilidade nunca poderia, por maioria de razão, consumir a responsabilidade do autorizado[1148].

211. Das considerações antecedentes resultou a exclusão de uma responsabilidade da Administração por factos do autorizado e a *tendencial* afirmação

---

[1146] J. C. Vieira de Andrade, *Os direitos fundamentais na Constituição portuguesa de 1976*, 250 (itálicos nossos). A afirmação é feita, precisamente, a propósito da vinculação das entidades privadas aos direitos fundamentais (mais concretamente, de uma concepção de dever de protecção do Estado que, levada ao limite, sempre resultaria na responsabilidade do Estado pela violação de um direito fundamental por outro privado, quer por existir uma permissão legal, quer pela ausência de normação, pois haveria violação do dever de protecção). Neste contexto, admite o Autor que apenas se venha a verificar uma *co-responsabilização* do Estado se tiver existido violação de um dever específico (ao invés de uma mera responsabilização através de um genérico dever de protecção).

[1147] *Supra*, III A), 3.1.

[1148] Se não bastassem estas considerações, sempre se poderia recorrer aos casos de admissão de uma responsabilidade por facto de outro na lei ordinária, a fim de demonstrar a incoerência sistemática de uma pretensa responsabilidade da Administração pelos actos do autorizado. Assim, por exemplo, essa responsabilidade depende da existência de um vínculo de comissão (art. 500.º CC) ou da inserção dos auxiliares no cumprimento do contrato (art. 801.º CC). Mesmo os casos de responsabilização de pessoas sujeitas a um dever de vigilância (em que poderá estar em causa uma responsabilidade por facto próprio ou uma responsabilidade por facto de outro) incidem sobre danos causados por coisas ou por animais (art. 493.º, n.º 1 CC) ou por pessoas com incapacidade natural (arts. 491.º e 489.º CC). Sobre estas normas, entre outros, L. Menezes Leitão, *Direito das Obrigações*, I, 305 e ss..

da regra geral de responsabilidade do indivíduo pelos próprios actos ilícitos e culposos. A afirmação desta regra decorreu da tomada em consideração dos princípios da liberdade e da responsabilidade pelos próprios actos, da efectiva liberdade de que dispõe o autorizado e da permanência, para lá da autorização, do dever de evitar danos ilícitos, da proximidade da actividade autorizada em relação aos danos, da possibilidade de auto-controlo da actividade e do aproveitamento imediato dos benefícios dessa actividade pelo autorizado. Ora, sem pretender esgotar a riqueza do caso concreto e sem poder, por isso, fixar antecipadamente as soluções de todos os casos susceptíveis de verificação, podemos, ainda assim, indicar outros factores de ponderação, contrários aos enunciados e, como tal, potencialmente relevantes para a determinação do(s) sujeito(s) responsáveis no caso concreto, nomeadamente para a determinação da responsabilidade da Administração pelos próprios actos ilícitos.

Desde logo, pode verificar-se um prejuízo pela simples emissão do acto, ainda que a actividade não tenha começado a ser exercida – caso em que não se poderá afirmar a proximidade da (inexistente) actividade do autorizado em relação ao dano e em que, paralelamente, será de afirmar a responsabilidade da Administração[1149].

Pode igualmente verificar-se que determinada actividade, sem deixar de ser benéfica para o autorizado, apresente especiais vantagens para o interesse público, de tal modo que até se poderia equacionar o seu desempenho pela Administração se não existisse um particular interessado em fazê-lo – não se verificando a exclusividade do benefício para o autorizado, afigura-se razoável admitir um concurso de responsabilidades do particular e da Administração, aplicando-se a regra da solidariedade, nos termos gerais[1150].

Especial atenção merece a possibilidade de exclusão da culpa do autorizado em decorrência de actuações ou omissões da Administração. Na

---

[1149] Imagine-se, por exemplo, que a Administração emite um acto nulo pelo qual pretensamente permite a produção de um prejuízo desproporcionado para o vizinho. Mesmo que a actividade ainda não se tenha iniciado, a mera circunstância de existir tal autorização pode, por exemplo, diminuir o valor de mercado de um imóvel.

[1150] Pense-se, por exemplo, nos casos de eliminação de resíduos vários, de carcaças de animais contaminados por alguma doença, ou outros semelhantes. Sobre a solidariedade na responsabilidade civil por actos ilícitos e culposos, por exemplo, M. ALMEIDA COSTA, *Direito das Obrigações*, 607 e ss..

teoria das causas de exculpação da responsabilidade civil, tem sido afirmado, entre outros, a relevância de um *erro desculpável*[1151]. Segundo Pessoa Jorge, o erro desculpável corresponde à representação mental de uma falsa realidade que redunda na consideração da licitude de um comportamento ilícito[1152]. Em causa está, portanto, um "erro sobre a ilicitude" ou, noutra formulação, a "falta de consciência da ilicitude"[1153]. Esta falsa representação pode revestir várias modalidades: "i) ignorar o agente a existência do dever; ii) conhecendo a existência do dever, pensar que o comportamento realizado corresponde ao devido; iii) saber que o comportamento realizado não corresponde ao devido, mas julgar que existe uma causa de justificação"[1154]. Claro está que, nos termos gerais, nem todo o erro sobre a ilicitude pode resultar na exclusão da culpa, exigindo-se que esse erro seja inevitável[1155] ou desculpável, no sentido de não ser um "erro vencível com um grau médio de diligência"[1156].

[1151] Sobre as causas de exculpação teorizadas no direito privado, F. Pessoa Jorge, *Ensaio sobre os pressupostos da responsabilidade civil*, 341 e ss.; L. Menezes Leitão, *Direito das Obrigações*, I, 300-1 e 309 e ss.. Outras causas de exculpação, que não se apresentam dotadas de relevância para o nosso problema, são o "medo invencível" (F. Pessoa Jorge, *Ensaio sobre os pressupostos da responsabilidade civil*, 346-7) e a "desculpabilidade" ou "inexigibilidade" do cumprimento do dever (F. Pessoa Jorge, *Ensaio sobre os pressupostos da responsabilidade civil*, 347 e ss., afirmando que se trata de situações em que "o agente omitiu o comportamento devido por um motivo tão justo, que seria desumano exigir-lhe responsabilidade pelo não cumprimento").

[1152] F. Pessoa Jorge, *Ensaio sobre os pressupostos da responsabilidade civil*, 343-4. *Vide*, igualmente, sobre o erro desculpável no direito privado, L. Menezes Leitão, *Direito das Obrigações*, I, 300-1 e 309-10.

[1153] Respectivamente, F. Pessoa Jorge, *Ensaio sobre os pressupostos da responsabilidade civil*, 344; L. Menezes Leitão, *Direito das Obrigações*, I, 301, 309. Para o problema do erro sobre a ilicitude no direito penal, T. Serra, *Problemática do erro sobre a ilicitude*, em esp. 58 e ss., considerando que a consciência da ilicitude constitui um elemento da culpa.

[1154] F. Pessoa Jorge, *Ensaio sobre os pressupostos da responsabilidade civil*, 342-3. T. Serra, *Problemática do erro sobre a ilicitude*, 67, considera que existe um erro sobre a ilicitude quando se verifique "que o agente não conhece a norma de proibição que respeita directamente ao facto, ou, conhecendo-a, tem-na por não válida, ou, em consequência de uma interpretação incorrecta, representa defeituosamente o seu âmbito de validade, considerando, em consequência disso, o seu comportamento como juridicamente admissível".

[1155] T. Serra, *Problemática do erro sobre a ilicitude*, 69 e ss., com desenvolvimentos.

[1156] F. Pessoa Jorge, *Ensaio sobre os pressupostos da responsabilidade civil*, 346. Cfr. ainda T. Serra, *Problemática do erro sobre a ilicitude*, 71-2, sobre os deveres de informação e de reflexão, em decorrência da consideração de que "em tudo o que se faz, há que tomar consciência da sua consonância com as normas de dever jurídico" (Stratenwerth). Cfr. ainda A. Menezes Cordeiro, *Da boa fé no direito civil*, 441 e ss..

212. Para além da relevância que possa ter, nos termos gerais, o erro desculpável no apuramento da responsabilidade do sujeito autorizado, interessa sobretudo equacionar a possível contribuição da actividade da Administração para a formação de um erro desculpável na consciência do autorizado. Nesta perspectiva, trata-se, na nossa opinião, de conferir a devida relevância a possíveis situações de *confiança* que possam ter sido criadas, encontrando-nos ainda no quadro de aplicabilidade, mesmo que conflituosa, de princípios constitucionais[1157].

Por um lado, convém reiterar que o juízo sobre a aplicabilidade do princípio da protecção da confiança jurídica não altera o juízo que tenha sido feito, em termos objectivos, sobre a desconformidade de uma conduta ao direito, caso em que estamos apenas perante a aplicação do princípio da legalidade ou da jurisdicidade. Ou seja, o princípio da protecção da confiança não se confunde com o princípio da jurisdicidade nem altera os juízos efectuados à luz deste, antes entrando em conflito com ele e podendo, eventualmente, vir a prevalecer sobre ele, impedindo assim os efeitos *prima facie* indiciados pela sua aplicação[1158]. Pode, por isso, suceder que, em determinado caso concreto, apesar do juízo (objectivo) de ilicitude que impende sobre a conduta do autorizado, venha a verificar-se a existência de uma situação de confiança merecedora de protecção jurídica, a qual, não operando numa dimensão objectiva mas antes subjectiva, integra a apreciação, não da ilicitude, mas da culpabilidade. Por outro lado, a aplicação do princípio da protecção da confiança depende da verificação de determinados pressupostos, *maxime* a própria existência fáctica de uma situação de confiança do sujeito e, ainda, o juízo de merecimento

---

[1157] Sobre a relação entre confiança e boa fé e sobre a boa fé subjectiva em sentido ético, correspondente a uma ignorância desculpável, susceptível de influir no juízo de culpabilidade, A. MENEZES CORDEIRO, *Da boa fé no direito civil*, 1234 e ss., 510 e ss. e 1226, respectivamente. Ainda B. WEBER-DÜRLER, *Vertrauensschutz im öffentlichen Recht*, 53.

[1158] Por exemplo, a circunstância de o pseudo-autorizado ter confiado no acto nulo não implica o afastamento da aplicação do princípio da jurisdicidade ou da legalidade – i.e. não transforma o acto nulo em acto válido – podendo apenas implicar alterações nas consequências que adviriam da consideração do princípio da legalidade. Veja-se, neste sentido, a norma presente no artigo 134.º, n.º 3 CPA, na qual se admite a "possibilidade de atribuição de efeitos jurídicos a situações de facto decorrentes de actos nulos". Sobre esta norma, entre outros, M. ESTEVES DE OLIVEIRA/ P. GONÇALVES/ J. PACHECO DE AMORIM, *Código do Procedimento Administrativo comentado*, 651 e ss..

de protecção jurídica dessa confiança[1159]. O princípio da protecção da confiança depende sempre de uma "aplicação casuística através de uma ponderação de interesses no caso concreto"[1160]. Ainda que na dependência da riqueza do caso concreto, e não sendo assim possível enunciar regras gerais para aplicação e solução de todos os casos, sempre poderão ser equacionadas algumas hipóteses de exclusão do juízo de culpabilidade.

Em geral, e salvo a pertinência de circunstâncias especiais do caso concreto, julgamos que a mera emissão da autorização não será suficiente para a determinação de um erro desculpável. Tal decorre de várias considerações que fomos tecendo ao longo desta investigação e que redundam na relevância dada à liberdade do indivíduo e na recusa de exclusão do dever geral de diligência e dos deveres especiais de cuidado que sobre ele impendem no exercício da própria actividade[1161]. À luz do dever geral de respeito e das suas concretizações, deve simultaneamente o sujeito apreciar as possibilidades de cuidado na sua conduta bem como a conformidade jurídica da sua própria actividade[1162].

Podem, porém, ocorrer várias circunstâncias que depõem a favor da potencial exclusão da culpa do autorizado: por exemplo, para além da autorização, pode igualmente a Administração ter prescrito tão variados e extensos deveres de cuidado que tenham levado o autorizado a criar a convicção de que o comportamento autorizado corresponde ao exigido pelos deveres em causa; pode, igualmente, suceder que a conduta posterior à emissão do acto administrativo pela Administração contribua para uma falsa representação da conformidade jurídica do comportamento autorizado, se a entidade administrativa procede à sucessiva fiscalização do exercício da actividade, impondo apenas alguns novos deveres de cuidado, não tecendo qualquer consideração sobre a inadmissibilidade dos danos ou, mesmo, considerando expressamente que eventuais queixas dos vizinhos não têm fundamento. Por estas circunstâncias, ou por outras possí-

---

[1159] Por todos, A. MENEZES CORDEIRO, *Da boa fé no direito civil*, 1243 e ss.; A. MENEZES CORDEIRO, *Tratado de direito civil português*, I (t.I), 235. Ainda P. KUNIG, *Das Rechtsstaatsprinzip*, 412.

[1160] B. WEBER-DÜRLER, *Vertrauensschutz im öffentlichen Recht*, 52; igualmente, S. MUCKEL, *Kriterien des verfassungsrechtlichen Vertrauensschutzes bei Gesetzesänderungen*, 104 e ss..

[1161] *Supra*, III A), 3.1. e 3.2; III B), 2.3.2. e 3.1.

[1162] Por exemplo, julgamos de difícil verificação a exclusão de um juízo de culpabilidade do sujeito autorizado quando lhe é "permitido" provocar um prejuízo desproporcionado nos direitos dos vizinhos.

veis, pode ter a Administração criado a *convicção* no autorizado de que os prejuízos não viriam a ocorrer ou não seriam ilícitos (erro) e pode, ainda, o autorizado considerar que, ao sujeitar-se ao controlo da Administração e ao respeitar as prescrições administrativas, actua de forma diligente ou da forma que lhe é exigível (erro desculpável).

Se for de concluir que, no caso concreto, e apesar da ilicitude da conduta, existe uma situação de confiança merecedora de protecção jurídica por parte do autorizado, então não pode haver um juízo de censurabilidade pela actuação ilícita. Ou, dito de outra forma, não se pode formar um juízo de culpabilidade e, logo, não poderá haver responsabilidade por actos ilícitos *e* culposos do autorizado[1163].

Não podendo o vizinho lesado exigir o ressarcimento dos danos ao sujeito autorizado, surgem, em abstracto, duas soluções: a de não ressarcibilidade do vizinho e a de responsabilidade da Administração. A primeira hipótese equivaleria a fazer correr sempre pelo vizinho lesado o risco da errónea confiança que o autorizado depositou no acto administrativo e não se vislumbram argumentos para sufragar tal posição, salvo uma eventual contribuição para o dano nos termos gerais da "culpa do lesado". Tanto mais que, do lado da Administração, sempre poderemos encontrar um conjunto de actuações ilícitas: à ilicitude eventualmente presente na emissão da autorização, na insuficiente imposição de medidas de cuidado ou na deficiente fiscalização da actividade – actuações ilícitas que já poderiam ser encontradas nos outros casos em que defendemos a responsabilidade do autorizado – acresce, neste caso, a consideração das condutas da Administração que determinaram a verificação de uma situação de confiança merecedora de protecção jurídica ou, dito de outra forma, a verificação de um erro desculpável por parte do autorizado; condutas estas que, para além de contrárias ao direito, podem ser valoradas como juridicamente causadoras dos danos infligidos aos vizinhos desculpavel-

---

[1163] Admitindo, em geral, a possibilidade de exclusão da culpa (que diferencia, como nós, da ilicitude), G. HAGER, *Umweltschäden – ein Prüfstein für die Wandlungs- und Leistungsfähigkeit des Deliktrechts*, 1966. A solução depende, assim, da verificação, no caso concreto, da situação do lesante. Uma breve leitura da jurisprudência sobre esta matéria revela bem que, apesar da existência de uma autorização e, até, do cumprimento de prescrições administrativas, a exclusão de uma actuação ilícita e culposa seria simplesmente impensável. *Vide* com muito interesse, a situação, de provocar "calafrios ambientais", descrita no Ac. Trib. Judicial St.ª Maria da Feira de 04.04.97.

mente não evitados pelo autorizado à luz das regras gerais de causalidade. Nesta situação, pelo conjunto de actuações ilícitas da Administração, onde se destaca a produção de um erro desculpável do autorizado e a consequente exclusão da sua responsabilidade, deve a indemização ficar a cargo da Administração[1164].

[1164] Importa referir, a este propósito, o novo regime da responsabilidade por *danos ambientais*, vertido no Decreto-Lei n.º 147/2008, de 29 de Julho, que transpõe a Directiva n.º 2004/35/CE, do Parlamento Europeu e do Conselho, de 21 de Abril. A referência a este diploma sobre danos ambientais, que não são aqueles de que temos vindo a tratar, justifica-se na medida em que o artigo 20.º inclui a existência de autorizações nas causas de exclusão da "responsabilidade" – em que situações e em que termos, já o veremos. O regime em causa versa (ou assim o diz) sobre os «danos ambientais», também conhecidos por «danos ecológicos» ou «danos ecológicos puros», que não se confundem com os tradicionais danos tratados pela responsabilidade civil, ainda que em conexão com o ambiente, e que são sempre "danos sofridos por determinada pessoa nos seus bens jurídicos da personalidade ou nos seus bens patrimoniais como consequência da contaminação ao ambiente" (preâmbulo). Em causa está, antes, "um novo conceito de danos causados à natureza em si, ao património natural e aos fundamentos naturais da vida" (preâmbulo; ainda artigos 2.º e 11.º, alíneas d) e e)). O diploma estabelece depois dois regimes diferentes de responsabilidade, um de "responsabilidade civil", no Capítulo II, e outro dito de "responsabilidade administrativa pela prevenção e reparação de danos ambientais", no Capítulo III. Salvo melhor, o regime do Capítulo II, e apesar das referências feitas no preâmbulo e no próprio artigo 2.º ao dano ambiental, não se aplica a este tipo de dano mas à tradicional violação de direitos pessoais e patrimoniais, já que visa quem "ofender direitos ou interesses alheios por via da lesão de um qualquer componente ambiental" (arts. 7.º e 8.º). Acresce que o que neste Capítulo se encontra consagrado não tem correspondência na Directiva sobre danos ambientais, onde se evidencia que "a responsabilidade não é um instrumento adequado para tratar a poluição de carácter disseminado e difuso" (cons. 13) e se exclui do âmbito de aplicação "os casos de danos pessoais, de danos à propriedade privada ou de prejuízo económico", não prejudicando "quaisquer direitos inerentes a danos desse tipo" (cons. 14). A justificação deste Capítulo residirá na consagração de uma responsabilidade objectiva para todos aqueles que desenvolvam uma das actividades enumeradas no Anexo III, nas quais se incluem as actividades sujeitas a licença ambiental. Para o que nos interessa, *responsável é o autorizado*, não a Administração; aliás, tratando-se de actividade sujeita a licença ambiental (e quer esta exista, ou não, que o diploma não distingue), o que se verifica não é a exclusão da responsabilidade do autorizado mas, antes, a sua sujeição a um regime de responsabilidade objectiva. Se se trata de responsabilidade objectiva, não pode esta ser excluída por causa de exculpação, como o erro desculpável. Temos dúvidas sobre a constitucionalidade do regime legal, já que, atendendo à natureza restritiva das regras de responsabilidade, esta deverá ter-se por fundada na culpa, relegando as situações de responsabilidade objectiva para o campo da excepcionalidade. Seja como for, a irrelevância de causas de exculpação não exclui a eventual relevância de uma actuação administrativa que, criando condições para a actividade danosa, tenha contribuído para o dano.

4. Tribunais competentes

213. Depois da apreciação destas questões, resta procurar responder a uma última: a de determinação da ordem jurisdicional competente para julgar os diversos litígios que podem surgir em consequência dos problemas

No que respeita à «responsabilidade administrativa» do Capítulo III, importa começar por relevar a equivocidade do termo (aliás, a expressão utilizada pela Directiva é "responsabilidade ambiental"). A adopção desta terminologia compreender-se-á por um intento de marcar as diferenças em relação à tradicional responsabilidade (civil), diferenças essas que se situam tanto a nível do dano relevante (o dano ambiental, como já vimos), como das consequências do dano: a adopção de medidas de prevenção e de reparação, que, mesmo sendo de «reparação compensatória», nunca podem consistir "numa compensação financeira para os membros do público" (cfte. Anexo V, 1 d) e 1.1.3.). Porém, "responsável" é, em primeira linha, o «operador», isto é, aquele que exerce a actividade causadora do dano, aí se incluindo o titular de licença ou autorização, operador esse que não se confunde, por seu turno, com a «entidade competente» (cfte. arts. 11.º, n.º 1, alínea l), 12.º a 14.º).

Quanto ao regime da "responsabilidade administrativa", os artigos 12.º e 13.º estabelecem a responsabilidade do operador pela adopção de medidas de prevenção e de reparação, com a diferença de sujeitar os operadores das actividades do já referido Anexo III a essa responsabilidade "independentemente da existência de dolo ou culpa" (art. 12.º, n.º 1). Quanto à Administração, admite-se que a autoridade competente "pode em último recurso executar ela própria as medidas de prevenção e reparação" em três situações: no caso de incumprimento pelo operador, no caso de impossibilidade de identificação do operador e quando "o operador não seja obrigado a suportar os custos" (art. 17.º, n.º 1). Quanto aos custos das medidas, o diploma, depois de estabelecer a responsabilidade do operador pela adopção das medidas, nos artigos 12.º e 13.º, determina que os respectivos custos devem igualmente ser suportados pelo operador (artigo 19.º, n.º 1). O artigo 20.º estabelece depois as situações de exclusão do pagamento dos custos das medidas, admitindo, para o que aqui nos interessa, dois casos de relação entre a responsabilidade do operador e a actuação administrativa. No n.º 1, alínea b), do artigo 20.º, prevê-se a hipótese de os danos resultarem "do cumprimento de uma ordem ou instrução emanadas de uma autoridade pública", hipótese em que o operador não tem que suportar os custos das medidas; porém, o facto de não ter que suportar os custos não exime o operador da obrigação de adoptar as medidas, reconhecendo-lhe um direito de regresso sobre a entidade competente (n.º 2). Ou seja, no caso de ordem ou instrução (e a mesma solução aplica-se a danos imputáveis a terceiros), o operador continua obrigado a adoptar as medidas mas não a suportar os seus custos, que depois recairão sobre a Administração em exercício do direito de regresso. O já mencionado artigo 20.º, n.º 3, alínea b), i), admite a exclusão do pagamento dos custos das medidas de reparação se o dano ambiental tiver sido causado por "uma emissão ou um facto expressamente permitido" num *acto autorizativo* do Anexo III (e se tiverem sido respeitadas as condições estabelecidas no acto e no normativo aplicável); porém, não basta ao operador invocar a autorização, tendo ainda que demonstrar que não agiu com dolo ou negligência (os requisitos são, indiscutivelmente, cumulativos, como se refere no n.º 3).

antes abordados. Relembremos, a este propósito, as várias sentenças dos tribunais judiciais portugueses a que fomos aludindo ao longo deste estudo, incluindo aquela que serviu de exemplo no início da investigação: por

Ou seja, *ainda que coberto pela autorização, a responsabilidade é do operador, a não ser que demonstre a ausência de culpa*.

Não podemos deixar de referir que esta norma nos suscita duas dúvidas: uma relativa à conjugação com o artigo 12.º, onde se estabelece a responsabilidade independente de culpa para as actividades do Anexo III, responsabilidade essa que depois é excluída se não existir culpa; outra relativa a uma eventual divisão de responsabilidades entre operador e autoridade administrativa, à semelhança do que se prevê no n.º 2 do artigo 20.º para os casos de ordem ou instrução – não tendo o operador que custear as medidas, será que ainda tem de as adoptar e que, fazendo-o, pode repercutir os seus custos na autoridade competente? As duas questões entrecruzam-se. Uma hipótese interpretativa será a de entender que o artigo 12.º comporta, afinal, duas normas distintas: se inexistir autorização, a responsabilidade é objectiva; se existir autorização, há uma mera presunção de culpa, ilidível nos termos do artigo 20.º. Ilidida a presunção, não tem o operador autorizado que custear as medidas (art. 20.º), nem tem sequer de as adoptar (art. 12.º). Esta hipótese, para além de não ter suporte literal no artigo 12.º, depara-se com uma possível objecção: se o operador que cumpre uma ordem – e que, portanto, não tem a liberdade do operador autorizado – fica, ainda assim, obrigado a adoptar as medidas (não a custeá-las, que tem regresso sobre a Administração), não seria de aplicar igual solução ao operador autorizado? A esta objecção sempre se pode responder com a indissociabilidade entre a obrigação de adoptar sem custear e a expressa garantia de um direito de regresso contra a Administração: só se concebe que o operador adopte medidas que não tem obrigação de custear se se garantir que pode obter esses custos da Administração. Ora, o n.º 2 do artigo 20.º aplica-se apenas às situações do n.º 1 (ordens), não do n.º 3 (autorizações). E compreende-se o silêncio do legislador: é que, no caso de danos resultantes de ordens da Administração, não custa aí deslindar uma responsabilidade por facto próprio da Administração; no caso de autorização com exclusão de culpa, pode essa responsabilidade vir imputada à Administração (nomeadamente, se tiver sido a actuação administrativa que implicou uma ausência de culpa do operador, *maxime* por criação de um *erro desculpável*) ou não (se a exclusão da culpa, *ergo* da responsabilidade, não apresentar relação com a conduta administrativa). Tudo está, portanto, em saber qual a possível responsabilidade da Administração, designadamente em situações em que não seja possível responsabilizar a Administração pela ausência de responsabilização do operador – isto é, quando não se trate de uma responsabilidade por facto próprio, mas de uma eventual responsabilidade-garantia, operativa na ausência de imputação a um operador e à própria Administração. Neste ponto, o artigo 17.º não deixa de utilizar uma linguagem pouco incisiva: a autoridade competente "pode" adoptar medidas "em último recurso" (não "deve") e terá sempre direito de regresso. Claro está que só existe direito de regresso se houver outro sujeito responsável e que, no domínio da legalidade administrativa e (dos limites) da margem de livre decisão, o "pode" deve ser lido como "poder-dever". Se for de concluir pela responsabilidade-garantia da Administração – e inerente direito de regresso do operador – pode ser ensaiada outra regra, os nossos tribunais judiciais simplesmente *ignoram* a existência de um acto administrativo, aduzindo, quanto muito, a prosaica consideração de que a discussão sobre o mesmo pertence aos tribunais administrativos – sem que daí, contudo, retirem quaisquer conclusões ou, simplesmente, questionem a sua competência.

solução interpretativa. Ao invés de se cindir o normativo do artigo 12.º, pode, em consonância com a letra da lei e com a solução admitida no n.º 2 do artigo 20.º, distinguir-se entre a responsabilidade pela adopção de medidas (art. 12.º) e a responsabilidade pelo seu custeamento (arts. 19.º e 20.º). Exista ou não autorização, com culpa ou sem ela, o operador das actividades do Anexo III está sempre obrigado a adoptar as medidas; existindo autorização e não se verificando culpa, o custeamento das medidas pode ser exigido à Administração, seja porque foi esta que originou a exclusão de culpa (uma situação análoga à do n.º 2 do artigo 20.º), seja porque se entende – *se se* entender – que existe uma responsabilidade-garantia (e subsidiária) da Administração pela reparação de danos ambientais. Só fará sentido impor ao operador que adopte as medidas que não tem dever de suportar se, simultaneamente, se admitir o regresso sobre a Administração, seja fundado numa responsabilidade por facto próprio ou numa responsabilidade-garantia.

De regresso ao nosso tema, importa evidenciar as semelhanças e as diferenças entre as nossas propostas e o que depois foi consagrado no novo regime da responsabilidade por danos ambientais. Desde logo, importa não deixar de ter presente que se trata de situações diferentes: os danos em causa são os danos ecológicos, não as lesões de direitos protegidas pelos artigos 483.º e 1346.º e segs. CC., e as consequências dos danos escapam aos moldes da responsabilidade civil tradicional, já que não é dessas lesões que se trata. A eventual admissão de uma responsabilidade-garantia da Administração justificar-se-á, por seu turno, tendo em conta a natureza do dano ambiental e do bem "natureza" que é protegido. Mas, seja como for, a similitude de soluções é por nós vista com agrado. A regra por diversas vezes enunciada é a da responsabilidade do operador, incluindo o operador licenciado ou autorizado, pela adopção das medidas e pelo pagamento dos seus custos, em consonância com o *princípio da responsabilidade de cada um pelos seus próprios actos*. Uma exclusão da responsabilidade em *exclusiva* conexão com uma actuação da Administração apenas se verifica quando esteja em causa uma "ordem ou instrução" – ou seja, quando a Administração não deixa liberdade ao operador para actuar de uma ou outra forma (cfte. art. 20.º, n.º 1, alínea b), e n.º 2), fazendo eco da ideia essencial de que *a autorização constitui apenas uma permissão de actuação e não uma imposição de actuação*. Não se tratando de ordem ou instrução mas apenas de autorização – e destaque aqui também para *o conteúdo do acto*, com a referência à "emissão ou facto expressamente permitido" (na Directiva, "emissões ou acontecimentos expressamente autorizados") – não há uma exclusão automática da responsabilidade: só haverá essa exclusão se não existir culpabilidade do operador. A existência de uma autorização, portanto, não releva a nível da ilicitude da actuação mas, eventualmente, ao nível da culpabilidade: trata-se da solução a que chegámos, quando admitimos que a existência de uma autorização, e de outras actuações ou omissões da Administração, pode, no caso concreto, contribuir para a verificação de um *erro desculpável*.

Como sabemos, a própria Constituição consagra a distinção entre tribunais judiciais e tribunais administrativos, reservando para estes a resolução de litígios que tenham por objecto uma "relação jurídica administrativa". Já antes referimos que esta reserva constitucional não tem sido entendida como uma reserva absoluta quer pela lei, quer pela jurisprudência, quer pela doutrina[1165]. O problema, porém, é prévio à defesa da relatividade da reserva quando esteja em causa uma relação jurídica administrativa; antes de mais, importa saber se as relações jurídicas em causa podem ou não ser qualificadas como administrativas[1166].

[1165] *Supra*, III A), 4.3.3.

[1166] J. C. Vieira de Andrade, *Âmbito e limites da jurisdição administrativa*, 103, considera que, em face da complexidade das relações entre direito privado e direito administrativo, são várias as soluções defensáveis quanto à determinação da ordem jurisdicional, devendo partir-se de um entendimento restrito de relação jurídica administrativa que exclua as relações de direito privado em que intervém a Administração. Resta saber, porém, se com esta afirmação ficam abrangidos todos os casos de actos administrativos com efeitos para terceiros (o que não julgamos que seja a posição do Autor) ou se, por outro lado, apenas ficam excluídos casos em que a Administração tem um papel menor ou prévio ao desenrolar de uma relação jurídica privada, como seja a mera autorização para celebração de um contrato. J. M. Sérvulo Correia, *Acto administrativo e âmbito da jurisdição administrativa*, 1168, atende a casos em que o acto administrativo se destine a produzir efeitos numa relação jurídica de direito privado e considera que os litígios que se reportem aos efeitos publicísticos devem pertencer à ordem jurisdicional administrativa (e, implicitamente, os litígios apenas relativos a questões privadas devem pertencer à ordem jurisdicional civil). Esta posição pressupõe a possibilidade de distinção rigorosa de efeitos (e, igualmente, a sua diferente qualificação jurídica), o que, pelas razões já apontadas, nos parece muito duvidoso, mesmo em tese geral e fora dos problemas do efeito conformador de relações jurídicas privadas nas relações de vizinhança, nos quais a discussão passa, precisamente, pela possibilidade de reconduzir toda a relação ao direito público ou de manter a aplicação do direito privado. Já a posição de M. Esteves de Oliveira/ P. Gonçalves/ J. Pacheco de Amorim, *Código do Procedimento Administrativo comentado*, 550 e 563-4 nos suscita alguma incompreensão. Apesar de entenderem, em comentário ao artigo 120.º CPA, que o acto administrativo apenas produz efeitos jurídico-administrativos (550) – o que permitiria inferir a negação ou, ao menos, a não consideração do problema do efeito conformador de relações jurídicas entre privados – assumem depois uma (por nós) inesperada posição. A propósito da restrição da noção de acto administrativo aos actos produtores de efeitos jurídico-administrativos externos, afirmam os Autores que "mesmo quando o acto administrativo aparece ligado à criação, à modificação ou extinção de relações ou situações jurídico-privadas, sejam elas entre particulares ou entre estes e Administrações Públicas (...) a verdade é que o que nele vale, em sede de qualificação, é o momento ou a decisão sobre a composição administrativa (no plano conformador ou titulador) dos interesses dos sujeitos da relação jurídico-privada com o interesse público"; "só esse momento ou deci-

O ACTO ADMINISTRATIVO CONFORMADOR DE RELAÇÕES DE VIZINHANÇA

214. Antes da apreciação da qualificação da relação jurídica administrativa, tal como impõe a Constituição para efeitos de determinação da jurisdição competente, será necessário tecer ainda algumas considerações de natureza substantiva. Afirmámos, anteriormente, que a construção a partir de um sistema de direitos fundamentais como o pátrio, em que se consagra a vinculação de entidades públicas e privadas aos mesmos, depunha a favor de uma concepção unitária do ordenamento jurídico e à perda de relevância da distinção entre direito administrativo e direito privado, porquanto ambos são concretizadores dos mesmos direitos fundamentais[1167]. Afirmámos, igualmente, em tese geral sobre a relevância da figura da relação jurídica para o direito administrativo, que importava não só entender o acto como facto constitutivo de uma relação jurídica, como igualmente não limitar *ab initio* tal relação ao âmbito do direito administrativo, *maxime* ao regime geral do acto administrativo, antes permitindo uma abertura à consideração de outros factos e das normas jurídicas que os regulam, ainda que não pertencentes ao direito administrativo[1168]. Afirmações estas tão mais pertinentes quando se equaciona um problema como o do efeito conformador pelo acto administrativo de relações jurídicas entre privados, cuja própria designação aponta imediatamente para a dificuldade de qualificação da relação jurídica ou, mais precisamente, cuja resolução implica questionar quais são as normas aplicáveis a determinada relação jurídica – ou seja, *se se mantém a aplicação do direito privado ou se existe uma total publicização da relação jurídica, que poderia ser assim entendida como uma relação jurídico-administrativa poligonal.*

---

são é que têm a (valia e a) garantia jurídica de acto administrativo" (563-4). Os Autores equacionam uma "hipótese extrema": a de "a Administração ser chamada a decidir, segundo o Direito, conflitos de interesses privados surgidos na interpretação ou aplicação de normas de direito privado", caso em que "não são os direitos e deveres privados reconhecidos que gozam da (valia e da) garantia jurídica do acto administrativo; é, antes, e só, o seu próprio reconhecimento pela Administração" (564). E, posto isto, concluem: "Ou seja: as acções judiciais (declarativas, condenatórias ou executivas) a que haja lugar entre as partes na relação jurídico-privada administrativamente constituída (ou autenticada), quanto aos deveres e direitos que as ligam, não têm nada a ver com o direito e o contencioso administrativo, sendo, antes, do direito e do foro comum" (564).

[1167] *Supra*, III A), 2.3.2.

[1168] *Supra*, III A), 4.4.

380

215. Da apreciação das várias hipóteses equacionadas resultou, desde logo, a impossibilidade de operar uma qualificação generalizada das várias relações jurídicas em causa. *Não sendo o acto administrativo relevante*, pelo seu conteúdo, para os vizinhos, não há que encontrar uma relação jurídico-administrativa poligonal nem, sequer, uma relação jurídica poligonal. *Sendo o acto administrativo relevante*, pelo seu conteúdo, mas incapaz, pelas diversas razões apresentadas, de produzir efeitos jurídicos, custa igualmente equacionar a existência de uma relação jurídico-administrativa. *Apenas nos casos em que efectivamente existe um efeito conformador de relações jurídicas entre privados é que se poderá afirmar que existe uma relação jurídico-administrativa poligonal.*

Note-se, porém, que, nestes casos problemáticos, a qualificação da relação jurídica identifica-se com a questão substancial a decidir ou, dito de outra forma, releva não (apenas) a nível dos pressupostos processuais mas também das condições de procedência das acções[1169]. Por outro lado, mesmo nos casos em que se venha a recusar a qualificação da relação jurídica como sendo exclusiva ou parcialmente administrativa, sempre há que considerar que, admitindo-se a competência do juiz civil, este terá inevitavelmente que se debruçar sobre o acto administrativo, seja apenas para efeitos da determinação do seu conteúdo, seja para efeitos da determinação da sua improdutividade jurídica.

216. Ainda assim, não pensamos que seja de excluir a competência do juiz civil apenas porque surge a invocação de um acto administrativo, isto por motivos de vária ordem.

Em primeiro lugar, a relação jurídica, do ponto de vista substantivo, não pode ser qualificada, fora dos casos admitidos de efeito conformador, como relação jurídica administrativa. Logo, em bom rigor, a jurisdição não tem que ser atribuída aos tribunais administrativos. A circunstância de a qualificação da relação jurídica poder coincidir totalmente com a questão da procedência da acção não implica que, perante a invocação de um acto administrativo, tenha o juiz civil que se considerar necessariamente incompetente: por um lado, daquela invocação, como vimos, não decorre a qualificação como relação jurídico-administrativa (o que significa que

---

[1169] Sobre o conceito de pressupostos processuais, entre outros, J. C. VIEIRA DE ANDRADE, *A justiça administrativa*, 211 e ss..

podem afinal ser incompetentes os tribunais administrativos); por outro lado, o juiz pode sempre relegar para momento posterior o conhecimento de excepções – como a da sua incompetência material – quando não lhe seja possível decidir logo a questão[1170].

Em segundo lugar, a determinação da ordem jurisdicional competente depende, não apenas de questões substantivas, mas igualmente de questões processuais: nomeadamente, há que ter em conta, para além da materialidade subjacente, a *configuração do objecto processual*[1171]. Sendo certo que a questão do objecto do processo tem suscitado várias controvérsias, em especial no que respeita ao objecto do "recurso contencioso de anulação"[1172], é igualmente certo que a configuração do mesmo depende, em regra, das pretensões que sejam aduzidas pelas partes[1173]. Ora, significa isto que as questões relativas ao acto administrativo, ao invés de constituírem o objecto do processo ou, melhor dizendo, a questão principal do mesmo, podem mais não ser do que meras questões prejudiciais. Será assim se, por exemplo, em vez de pedir a declaração de nulidade do acto administrativo, o vizinho lesado (e Autor na acção negatória) pedir a cessação da actividade porquanto esta comporta um prejuízo substancial[1174]. Neste caso, a questão da existência, validade e efeitos do acto administrativo será

[1170] H. E. Hörster, *A parte geral do Código Civil português*, 41, considera que, nestes casos problemáticos, não deve o juiz proceder à absolvição da instância, sob pena de se verificarem lacunas na ordem jurídica e uma excessiva oneração dos sujeitos, devendo antes remeter obrigatoriamente para o tribunal competente.

[1171] A noção de objecto do processo é controversa no processo civil, em especial no que respeita às acções constitutivas. Entre outros, J. Castro Mendes, *Limites objectivos do caso julgado em processo civil*, em esp. 65 e ss.; M. Teixeira de Sousa, *O objecto da sentença e o caso julgado material*, 49 e ss.; J. Zafra Valverde, *Sentencia constitutiva y sentencia dispositiva*, 52 e ss. e 89 e ss..

[1172] Quanto à discussão sobre o objecto do processo no recurso contencioso de anulação, entre outros, V. Pereira da Silva, *Para um contencioso administrativo dos particulares*, em esp. 177 e ss., em defesa de uma concepção subjectivista; D. Freitas do Amaral, *Direito Administrativo*, IV, 120 e ss.; D. Freitas do Amaral, *A execução das sentenças dos tribunais administrativos*, 35 e ss., em defesa de uma concepção objectivista; M. Aroso de Almeida, *Sobre a autoridade do caso julgado das sentenças de anulação de actos administrativos*, 51 e 70, para o duplo sentido do "processo feito a um acto".

[1173] Entre outros, J. Castro Mendes, *Direito processual civil*, I, 66 e ss..

[1174] Contudo, cfr. o Ac. STJ de 09.05.2002, em que o tribunal se considerou incompetente por considerar que a pretensão dos autores, tal como formulada, envolvia a apreciação a título principal de um acto administrativo.

relevante para apurar a ilicitude da acção, ao lado de outras possíveis considerações; o mesmo se diga quanto a acções que versem apenas sobre a responsabilidade por actos ilícitos e culposos do vizinho autorizado.

A esta relevância do objecto do processo não tem sido sido indiferente o legislador. Em termos gerais, o artigo 97.º, n.º 1 do CPC admite que, quando colocado perante uma questão prejudicial administrativa, o tribunal *possa – ou não –* sobrestar na decisão[1175]. Daí a afirmação, baseada nesta norma e formulada pela própria doutrina administrativista, de que os "tribunais judiciais são incompetentes para se pronunciarem *em termos definitivos*" sobre as questões administrativas[1176]. Quais sejam os critérios que devem reger aquela opção do juiz, é outra questão. Especificamente a propósito da nulidade dos actos administrativos, admitiu o legislador do Código do Procedimento Administrativo que a sua declaração possa ser feita "por qualquer tribunal" (artigo 134.º, n.º 1, parte final). Esta norma, ainda que restritivamente interpretada no sentido de impedir a formação de um "caso julgado (geral)" sobre a invalidade do acto sem que haja participação da autoridade administrativa, sempre permitirá a desaplicação incidental do acto administrativo com fundamento na sua nulidade[1177].

217. Esta última questão, relativa à nulidade do acto administrativo, cruza-se com aquela outra relativa à vinculação do juiz ao acto administrativo. Não se trata, apenas, de uma questão de competência processual para apreciar, em geral, questões administrativas, mas antes da questão de saber quais são os efeitos de um acto administrativo em relação ao juiz civil. Isto é, mesmo admitindo a competência do juiz civil nos termos expostos, sempre será necessário equacionar se, nos casos em que a questão administrativa redunde na apreciação de um acto administrativo, não existirá

[1175] A norma paralela do ZPO alemão (§ 148) tem sido alvo de atenção no que respeita ao problema das relações entre direito administrativo e direito privado. Entre outros, M. SCHRÖDER, *Verwaltungsrecht als Vorgabe für Zivil- und Strafrecht*, 198; H.-J. PAPIER, *in* AAVV., *Verwaltungsrecht als Vorgabe für Zivil- und Strafrecht (Aussprache und Schlussworte)*, 289; P. BADURA, *in* AAVV., *Verwaltungsrecht als Vorgabe für Zivil- und Strafrecht (Aussprache und Schlussworte)*, 290; K. A. BETTERMANN, *in* AAVV., *Verwaltungsrecht als Vorgabe für Zivil- und Strafrecht (Aussprache und Schlussworte)*, 295; H.-P. SCHNEIDER, *in* AAVV., *Verwaltungsrecht als Vorgabe für Zivil- und Strafrecht (Aussprache und Schlussworte)*, 298.

[1176] D. FREITAS DO AMARAL, *Curso de direito administrativo*, II, 28.

[1177] M. ESTEVES DE OLIVEIRA/ P. GONÇALVES/ J. PACHECO DE AMORIM, *Código do Procedimento Administrativo comentado*, 654.

uma vinculação do juiz ao acto que, como já vimos, decorreria não tanto de considerações de ordem processual (nomeadamente, do dualismo de jurisdições) como de considerações de ordem substancial sobre o conteúdo e a eficácia do acto administrativo[1178]. Relembrando, ao acto administrativo seria reconhecido um efeito vinculativo de tal extensão que obrigaria o juiz civil, quando colocado perante um acto administrativo, a tomá-lo como parte integrante dos pressupostos da decisão jurisdicional. Esta "tomada em consideração obrigatória do acto nos pressupostos da decisão" – que geralmente vem designada como *Tatbestandswirkung* – envolveria, em diferentes graus, a vinculação do juiz ao facto da existência do acto, a vinculação ao conteúdo do acto e, em dependência do que fosse admitido quanto a este, a vinculação do juiz às determinações jurídicas ínsitas no acto, *maxime* à declaração de conformidade jurídica da actividade autorizada[1179].

218. Todas estas considerações parecerão, no mínimo, estranhas aos olhos dos nossos tribunais judiciais: quando colocados perante um acto administrativo, a posição geralmente tomada é a de que tal acto implica questões a serem apreciadas pelos tribunais administrativos *e, como tal,* não releva para o processo que corre nos tribunais judiciais sobre um litígio entre dois sujeitos privados[1180].

As críticas a esta posição são várias: por um lado, se se admite que está em causa uma questão relevante para a ordem jurisdicional administrativa, ou o juiz se considera incompetente, podendo devolver a questão aos tribunais administrativos, ou assume a competência para a apreciação do acto, nomeadamente nos termos do artigo 97.º, n.º 1, do CPC (preceito que nunca vem invocado); por outro lado, se o juiz civil poderá vir a "desconsiderar" o acto administrativo, tal tem que decorrer de um juízo sobre a admissibilidade da sua competência jurisdicional, atendendo à dualidade

---

[1178] Já procedemos, *supra*, III A), 4.3.3., à apreciação das teses do efeito vinculativo para o juiz civil, cujos argumentos decorriam, não do dualismo de ordens jurisdicionais, mas das características do acto administrativo, nomeadamente da sua capacidade de auto-determinação da própria conformidade jurídica ou, mais latamente, da sua eficácia.

[1179] *Supra*, III A), 4.2.1. e 4.3.3.

[1180] Assim, Ac. STJ de 12.03.74; Ac. STJ de 17.12.91; Ac. STJ de 21.09.93; Ac. STJ de 03.11.94; Ac. STJ de 26.04.95; Ac. STJ de 26.05.95; Ac. STJ de 02.06.96; Ac. STJ de 02.07.96; Ac. STJ de 22.10.98; Ac. STJ de 21.09.99; Ac. STJ de 25.11.99; Ac. Tribunal Judicial St.ª Maria da Feira de 04.04.97. Contudo, cfr. o Ac. STJ de 14.04.99.

existente de jurisdições, e de juízos sobre o conteúdo, validade e eficácia do acto administrativo. Avulta, pois, a dimensão paradoxal desta posição dos tribunais judiciais portugueses: o reconhecimento da natureza administrativa da questão fundamenta a desconsideração do acto administrativo pelo tribunal judicial.

Das considerações anteriormente tecidas, decorre a recusa de qualquer uma destas posições extremas.

Por um lado, admitindo a competência do juiz civil, nos termos expostos, encontra-se este vinculado a tomar em consideração o facto da existência do acto, bem como o seu conteúdo regulativo – isto é, o juiz civil, se não tem que se considerar incompetente, não pode, por outro lado, ignorar pura e simplesmente o acto administrativo. Nesta medida, pode dizer-se que o acto tem um *Tatbestandswirkung*, embora nos pareça desnecessário proceder a tal "importação": não só pelas controvérsias, muito vezes desprovidas de consequências jurídicas, existentes em torno dessa figura, como, sobretudo, pela circunstância de não se tratar de um "especial efeito" do acto administrativo – a vinculação do juiz à consideração da existência e do conteúdo do acto administrativo mais não é do que manifestação da genérica obrigatoriedade de consideração dos *factos jurídicos* aduzidos pelas partes como relevantes para o objecto do litígio.

Por outro lado, a consideração do acto administrativo e do seu conteúdo não tem que ser uma consideração "cega", que impossibilite o juiz de apreciar a validade do acto administrativo ou que, de outra forma, imponha a sua vinculação a actos administrativos ilegais, quiçá pretensamente acompanhados de uma auto-certificação da sua validade. O juiz não só pode, como deve, apreciar a validade de quaisquer actos ilegais, sejam estes nulos ou meramente anuláveis (não sendo a ilegalidade sanável pelo decurso do tempo, como já vimos). O fundamento da não vinculação do juiz não decorre da ineficácia do acto, de que padeceriam apenas os actos ilegais nulos, mas da sua competência de determinar o direito aplicável e apreciar a validade de factos e actos jurídicos que contrariem os únicos parâmetros normativos a que deve respeito: a Constituição e a lei, se esta própria, aliás, não for inconstitucional[1181].

[1181] *Supra*, III A), 4.3.3. Diferente será o caso se a invalidade do acto já tiver sido apreciada por um tribunal administrativo, podendo existir, nesse caso, vinculação ao caso julgado da sentença administrativa; a vinculação estará sempre dependente, porém, do que se possa entender pelo conteúdo da sentença em cada caso.

219. Note-se, porém, que uma questão é a da possibilidade de apreciação da validade do acto e outra é a das consequências que se podem retirar dessa apreciação[1182]. Quanto aos actos anuláveis cujo prazo de impugnação já tenha decorrido, não pode o juiz civil (ou qualquer outro), por opção legal, decretar a sua anulação (sendo que esse pedido nem poderá ser deduzido nos tribunais judiciais). No conteúdo do acto não se pode incluir uma auto-certificação vinculativa da sua validade e da exclusão da possibilidade de anulação do acto não resulta, como já vimos, a sanação da sua ilegalidade[1183]; porém, desta última afirmação não se segue igualmente que a sentença possa vir, por outras vias, a produzir os mesmos efeitos de uma sentença de anulação do acto[1184]. Assim, pode, por um lado, o juiz apreciar a conformidade jurídica da conduta do autorizado, nomeadamente para efeitos de responsabilidade civil – juízo esse que poderá depender da consideração de que o acto administrativo é inválido e, consequentemente, da sua desaplicação enquanto pretenso título permissivo da conduta[1185].

Por outro lado, a sentença que aprecie a validade do acto inimpugnável terá como limite a contrariedade ao "caso decidido" do acto administrativo (o qual, como já afirmámos, não inclui a determinação da sua validade), não podendo, nomeadamente, o juiz proibir a conduta que se encontra permitida pelo acto[1186]. Contudo, se assim será, em regra geral, a consideração de que o "caso decidido" encontra o seu fundamento na protecção da segurança e da confiança jurídicas poderá fundamentar o seu próprio afastamento, se for de concluir que o seu beneficiado não merece a protecção jurídica da sua confiança[1187].

[1182] Noutro contexto, a distinção feita por A. SALGADO DE MATOS, *A fiscalização administrativa da constitucionalidade*, 9.

[1183] *Supra*, III A), 4.3.3.

[1184] J. C. VIEIRA DE ANDRADE, *A justiça administrativa*, 143 e ss..

[1185] M. CORTEZ, *Responsabilidade civil da Administração por actos administrativos ilegais e concurso de omissão culposa do lesado*, 81 e ss., fala a este propósito em "controlo incidental" da ilegalidade do acto administrativo. A desaplicação incidental do acto administrativo tem sido sobretudo estudada no direito italiano, embora não possa ser destacada das especiais caracterísiticas desse contencioso administrativo, impossibilitado de apreciação de questões que versem sobre direitos subjectivos. *Vide*, entre outros, A. CERRI, *La "dialettica" del giudizio incidentale: rimeditazioni sul tema*, 105 e ss.; C. PUNZI, *Le questioni incidentali nel processo civile*, 557 e ss..

[1186] *Supra*, III B), 2.3.2.

[1187] *Supra*, III A), 4.3.3., sobre a relação entre caso decidido e protecção da confiança.

Quanto aos actos nulos, apesar de o artigo 134.º do Código do Procedimento Administrativo permitir a declaração da sua nulidade, julgamos atendível o argumento de que tal não deverá ocorrer se o órgão autor do acto não estiver presente no processo[1188]. Para além disso, não sendo essa a questão principal do processo, nem se afigura necessário ao juiz declarar a nulidade do acto, bastando concluir pela sua *não aplicação* (pois que, sendo nulo, não se tratará em rigor de uma *desaplicação*) enquanto permissão jurídica de determinada actividade para poder dar provimento à acção.

220. Uma outra questão, ainda, diz respeito ao ónus da prova da validade ou invalidade da conduta do autorizado e da validade ou invalidade do acto administrativo[1189]. Já antes evidenciámos as prováveis origens históricas da dita presunção de legalidade dos actos administrativos, bem como os diferentes alcances que a mesma pode ter[1190]. Das anteriores considerações, resultou a impossibilidade de se admitir uma tal presunção de legalidade no sentido de presunção inilidível de legalidade (fora da utilização dos meios processuais cujo objecto principal é a validade do acto) ou, mesmo, no sentido de admissão de auto-certificação vinculativa da legalidade do acto. Afastados os seus pressupostos, não parecem existir razões para entender essa presunção como uma regra de inversão do ónus da prova[1191].

Podemos, pois, afirmar com JESCH que a depuração do fundamento dogmático da presunção de legalidade do acto permite, ou implica, a apli-

---

[1188] Neste sentido, por exemplo, M. ESTEVES DE OLIVEIRA/ P. GONÇALVES/ J. PACHECO DE AMORIM, *Código do Procedimento Administrativo comentado*, 654.

[1189] Sobre o ónus da prova, entre outros, F. PIRES DE LIMA/ J. M. ANTUNES VARELA, *Código Civil anotado*, I, 304 e ss.; J. CASTRO MENDES, *Direito processual civil*, II, 665 e ss..

[1190] *Supra*, III A), 4.2.2.

[1191] As posições anteriormente referidas de admissão de um efeito indiciador do acto administrativo, consubstanciado numa possível inversão do ónus da prova, não são de sufragar, quer porque são desprovidas de fundamento legal e encontram um mero fundamento em dogmas históricos não questionados, quer porque não constituem qualquer solução do problema do efeito conformador de relações jurídicas entre privados, apresentando-se antes como uma solução "salomónica" entre a sua admissão e a sua recusa que, para lá das consequências processuais, permite uma diversidade de resultados finais por esta proposta não contemplada. Quanto a esta questão, em termos gerais, pugnando mesmo pelo ónus da prova a cargo da Administração no recurso contencioso de anulação, M. AROSO DE ALMEIDA, *Sobre as regras de distribuição do ónus material da prova no recurso contencioso de anulação de actos administrativos*, 38 e ss..

cação das regras processuais gerais sobre distribuição do ónus da prova[1192]. Assim, em termos gerais, se a Administração praticar um acto administrativo e o particular lesado pretender a sua anulação nos tribunais administrativos, terá o ónus da prova da ilegalidade do acto. Porém, se o vizinho lesado – que poderá nem sequer ter conhecimento da existência de um acto administrativo – intentar uma acção negatória, cabe-lhe apenas o ónus da prova da verificação dos respectivos pressupostos; ao autorizado que invoque o acto administrativo enquanto permissão jurídica da sua conduta lesiva cabe o ónus da prova do conteúdo, validade e eficácia do acto administrativo que opõe à pretensão do Autor, tal como sucede, nos termos gerais, com a invocação de excepções peremptórias[1193].

Em suma, depois da crítica à concepção eminentemente germânica do conteúdo e da extensão do efeito vinculativo do acto ao juiz civil, fica aqui, assim, também a crítica à posição geralmente assumida pelos tribunais judiciais portugueses quando confrontados com a invocação de um acto administrativo. Que podem decidir incidentalmente questões administrativas, encontra-se expressamente permitido pelo legislador. Que não se encontram obrigados ao respeito "cego" do acto administrativo, podendo e devendo apreciar a sua validade, decorre da norma constitucional que apenas limita a sua obediência à Constituição e à lei e do artigo 134.º, n.º 2 do Código do Procedimento Administrativo, que lhe permite, no mínimo, a desaplicação do acto nulo. Mas, o que se lhes encontra certamente vedado é ignorar a existência (e o conteúdo) do acto administrativo, da mesma forma que não podem ignorar qualquer outro facto jurídico invocado pelas partes.

221. A competência dos tribunais judiciais, nos termos em que a temos vindo a admitir, poderá não implicar qualquer situação problemática no quadro das relações entre as duas ordens jurisdicionais existentes. Não se pode, porém, iludir a realidade: a existência de um dualismo de ordens jurisdicionais, por um lado, e a existência de direitos horizontais ou de um cada vez maior número de casos de imbricação entre direito administrativo e direito privado, por outro lado, implicam a "fatalidade" dos *conflitos de*

[1192] D. Jesch, *Die Bindung des Zivilrichters an Verwaltungsakte*, 54 e ss..

[1193] A invocação da incompetência do tribunal pertence, no entanto, ao âmbito das excepções dilatórias. Cfr. art. 494.º CPC.

jurisdição[1194]. Conflitos esses que podem ser positivos, quando admitida a cumulação de meios processuais, ou negativos, se houver uma consideração recíproca de incompetência em cada ordem jurisdicional.

Naturalmente, o direito ordinário conhece mecanismos de *resolução* dos conflitos de jurisdição[1195]. Porém, para além disso, podem ser enunciadas algumas considerações que possibilitem *evitar* a verificação de conflitos de jurisdição. Primeira de entre todas é a de que o dualismo de jurisdições, visando imediatamente conseguir uma especialização funcional, serve o propósito final de obter uma *melhor realização da tutela jurisdicional* e, como tal, deve ser subordinado ao *princípio da tutela judicial efectiva*[1196].

A admissão da competência do juiz civil, nos termos expostos, não significa que o vizinho lesado não possa utilizar os meios processuais previstos no contencioso administrativo, *maxime* pedindo a anulação do acto[1197]; desta possibilidade abstracta de escolha dos meios processuais já se disse mesmo que facilita o "cálculo estratégico" na escolha dos meios processuais[1198]. Se a possibilidade de opção pode não ser entendida como uma solução óptima[1199], os seus potenciais efeitos negativos podem ser

---

[1194] Afirmando tal fatalidade, M. KLOEPFER, *Umweltschutz als Aufgabe des Zivilrechts – aus öffentlich-rechtlicher Sicht*, 342; V. PEREIRA DA SILVA, *Da protecção jurídica ambiental – os denominados embargos administrativos em matéria de ambiente*, 16 e 22 e ss.. Cfr. ainda H. E. HÖRSTER, *A parte geral do Código Civil português*, 40-1, relacionando os problemas de distinção entre direito público e direito privado com as dificuldades de determinação da ordem jurisdicional competente.

[1195] Sobre estas normas de resolução de conflitos de jurisdição, J. C. VIEIRA DE ANDRADE, *A justiça administrativa*, 114 e ss.. Sobre o Tribunal de Conflitos, A. DAMASCENO CORREIA, *Tribunal de Conflitos*, em esp. 79 e ss.; J. M. SÉRVULO CORREIA, *A reforma do Tribunal dos Conflitos*, 3 e ss..

[1196] *Supra*, III A), 4.3.3.

[1197] Sobre a legitimidade de terceiros no contencioso administrativo, J. E. FIGUEIREDO DIAS, *Tutela ambiental e contencioso administrativo*, em esp. 189 e ss.; V. PEREIRA DA SILVA, *Para um contencioso administrativo dos particulares*, 122 e ss.; J. J. GOMES CANOTILHO, *Privatismo, associativismo e publicismo na justiça administrativa do ambiente*, 268.

[1198] K. VIEWEG/ A. RÖTHEL, *Konvergenz oder Divergenz öffentlich-rechtlichen und privatrechtlichen Immissionsschutzes?*, 1171 e ss., referindo que a duplicidade de meios favorece o "cálculo estratégico" na argumentação e na escolha dos meios processuais e das jurisdições; com a mesma preocupação, M. DOLDERER, *Das Verhältnis des öffentlichen zum privaten Nachbarrecht*, 21 e 24 e ss..

[1199] Admitindo, sem qualquer problema, que o lesado por um acto administrativo de duplo efeito tenha à sua disposição duas vias processuais, a privatista e a administrativa, em consonância, aliás, com a sua visão da "relação trilateral" existente, em que estaria incluída uma relação estritamente jurídico-privada entre os particulares envolvidos, J. ISENSEE, *Das Grundrecht auf Sicherheit*, 35.

minorados, pelo menos, por duas vias. Uma reside na recusa de utilização da jurisdição civil para ultrapassar os limites do prazo de anulação dos actos administrativos, fazendo o juiz civil respeitar, nos termos expostos, o "caso decidido" daqueles. Para além deste caso, que seria porventura o exemplo mais gritante do tal "cálculo estratégico", há ainda que procurar evitar a emissão de sentenças contraditórias, decorrentes de uma efectiva cumulação de meios processuais. Poderia pensar-se que tal problema seria resolvido pela mera aplicação das regras sobre litispendência e caso julgado[1200] – porém, um breve olhar sobre os requisitos dessas figuras permite logo evidenciar as dificuldades de se poder afirmar a coincidência de objecto e de partes quando, para além de uma acção cível, o vizinho utilize também um meio processual administrativo, nomeadamente a acção de anulação do acto administrativo[1201]. Ainda assim, cumprindo o desiderato de obter a melhor realização da função jurisdicional, propomos uma avaliação "generosa" dos potenciais casos de contradição entre sentenças – que não seja totalmente dependente do que se possa entender por objecto do recurso ou da acção de anulação – e que, se não permitir a aplicação das regras sobre litispendência, determine ao menos a opção do juiz civil de sobrestar na decisão, nos termos do artigo 97.º, n.º 1, do CPC.

Em termos inversos ao problema da cumulação de meios processuais, pode igualmente ocorrer uma situação de exclusão recíproca de tutela jurisdicional efectiva. Para além dos casos propriamente ditos de conflitos negativos de jurisdição, podem imaginar-se várias situações de divergência quanto à apreciação dos litígios – imagine-se, por exemplo, que em casos de responsabilidade, o tribunal de cada ordem jurisdicional nega a responsabilidade do demandado respectivo por considerar que a responsabilidade deve ser do outro sujeito jurídico; conceba-se, igualmente, que o

---

[1200] Cfr. art. 498.º CPC.

[1201] O regime do contencioso administrativo tem permitido uma viva controvérsia sobre o objecto do recurso contencioso de anulação, oscilando-se entre concepções objectivistas ou subjectivistas do mesmo. Sobre esta questão, por todos, V. PEREIRA DA SILVA, *Para um contencioso administrativo dos particulares*, em esp. 177 e ss.. Mesmo admitindo que o objecto do processo não se limite ao acto administrativo e consista, antes, "na pretensão do interessado" (como refere o artigo 66.º, n.º 2 do CPTA, para as acções de condenação; cfr. artigo 50.º, n.º 1, para a impugnação), dificilmente se poderia decidir pela litispendência, tendo em conta que o pedido é, ao menos formalmente, o de anulação do acto e que, por outro lado, dirige-se sempre imediatamente contra a Administração, não havendo dedução de pedidos autónomos contra o autorizado.

O EFEITO CONFORMADOR DO ACTO AUTORIZATIVO NAS RELAÇÕES DE VIZINHANÇA

vizinho intente uma única acção contra ambos no tribunal judicial ou que o réu pretenda exculpar a sua actuação com base na actuação da Administração, eventualmente até suscitando um incidente de intervenção de terceiros[1202]. Nestas hipóteses, devem os tribunais ter como principal finalidade evitar a existência de decisões contraditórias e, sobretudo, uma eventual situação de denegação de justiça; mas havendo igualmente que evitar uma eventual situação de desresponsabilização mútua em processos distintos, deve também o juiz administrativo sobrestar na decisão sobre a responsabilidade da Administração até que o tribunal comum se pronuncie sobre a eventual responsabilidade do autorizado.

Uma outra solução que se pode equacionar é a de extensão do âmbito da "intimação para um comportamento"[1203] na ordem jurisdicional administrativa, consagrando a possibilidade de reunir, numa mesma acção judicial, todos os sujeitos da "relação jurídica" como partes principais e admitindo, nomeadamente, a dedução de pedidos autónomos contra vários sujeitos (*maxime*, Administração e particular autorizado)[1204]. Esta, aliás, seria a solução óptima, porventura mesmo constitucionalmente imposta – *se* estivéssemos sempre e apenas perante relações *jurídico-administrativas* poligonais. O que, como pretendemos demonstrar nesta investigação, não é nem um "dado adquirido" deduzível da mera verificação da existência

[1202] Sobre a intervenção de terceiros, em geral, J. Castro Mendes, *Subsídios para o estudo do direito de intervenção*, 157 e ss.; J. A. Reis, *Código de processo civil anotado*, I, 420 e ss.; M. Teixeira de Sousa, *Estudos sobre o novo processo civil*, 174 e ss.. Outra hipótese concebível (mas inversa) é, por exemplo, a de o tribunal administrativo condenar a Administração ao ressarcimento integral dos danos sofridos pelo vizinho – hipótese que rejeitámos, em termos substantivos, nos casos expostos – e o mesmo ser feito pelo tribunal judicial em relação ao vizinho autorizado, ficando, assim, o lesado com uma dupla indemnização.

[1203] Sobre a intimação para um comportamento e o seu âmbito de aplicação, J. C. Vieira de Andrade, *A justiça administrativa*, 199 e ss.; J. M. Sérvulo Correia, *Prefácio*, XX; R. Leite Pinto, *Intimação para um comportamento*, em esp. 11 e ss., considerando que o potencial aplicativo desta seria limitado pela subsidiariedade em relação à suspensão de eficácia.

[1204] Já antes afirmara J. M. Sérvulo Correia, *Direito Administrativo II – relatório sobre programa, conteúdo e métodos de ensino*, 20, que "a existência de relações regidas pelo Direito Administrativo em que a Administração ocupa um dos vértices e os outros são constituídos por particulares portadores de interesses contraditórios entre eles forçará também a uma evolução dos meios processuais do Contencioso Administrativo". No novo CPTA, a consagração, a título principal, de uma acção de particulares contra outros particulares ficou limitada à violação de normas de direito administrativo ou de vínculos jurídico-administrativos (art. 37.º n.º 3).

de um acto administrativo e de vizinhos, antes comportando a difícil questão de relação entre direito administrativo e direito privado, nem muito menos constitui a resposta a essa questão, pois apenas em alguns casos poderá ser reconhecido ao acto administrativo um verdadeiro efeito conformador de relações jurídicas entre privados.

222. Uma última reflexão. Os problemas actualmente existentes em torno da delimitação de competências das duas ordens jurisdicionais são como que um "fechar do círculo" do sentido da evolução da ordem jurídica. O dualismo das ordens jurisdicionais foi o motor e é ainda hoje tributário de uma determinada concepção do ordenamento jurídico em que se opunham Sociedade e Estado, Direito público e Direito privado e direitos subjectivos públicos e privados. Os difíceis problemas que se colocam hoje na delimitação das competências jurisdicionais mais não são do que um mero reflexo processual de um conjunto de vários problemas colocados pela paulatina, e ainda incompleta, superação dessa concepção da ordem jurídica em que público e privado seriam mundos opostos. Nesse conjunto de questões, insere-se o problema do efeito conformador de relações jurídicas entre privados pelo acto administrativo, para cuja solução esperamos ter contribuído com esta investigação.

CONCLUSÕES

1. O tema do efeito conformador de relações jurídicas entre privados pelo acto administrativo constitui um problema de relacionamento entre direito administrativo e direito privado. Ao regular, ao abrigo de normas de direito administrativo, relações jurídicas que, de outro modo, seriam exclusivamente regidas pelo direito privado, os actos administrativos autorizativos – instrumento conformador da Administração pública de infra-estruturas – colocam a questão do concurso do direito público e do direito privado na regulação da mesma situação e, eventualmente, da publicização das relações jurídicas em causa, designadamente no domínio da vizinhança. Esta aparente emergência de relações jurídicas poligonais traz à colação eventuais situações de divergências materiais e/ou de cumulação de meios processuais, que colocam ao intérprete dificuldades de monta.

2. O princípio da unidade da ordem jurídica, enquanto proibição de contradições normativas, constitui um princípio constitucional, inerente à própria ideia de direito. Contudo, o afastamento de contradições normativas, se encontra o seu fundamento no princípio da unidade da ordem jurídica, não encontra neste a sua solução. Qualquer solução generalizada de precedência de um ramo do direito sobre o outro pode logicamente obter a unidade da ordem jurídica; sendo logicamente equivalentes, estas teses são materialmente infundadas.

No sentido de proibição de existência de contradições normativas, o princípio da unidade da ordem jurídica encontra-se em sintonia com os princípios da segurança jurídica e da protecção da confiança. Estes, porém, não são princípios absolutos – para além de sujeitos ao confronto com outros princípios constitucionais, avultam as suas dependências do direito legislado e das variadas situações concretas.

3. Sendo a Constituição a Lei Fundamental do ordenamento jurídico, o sentido positivo deste deve aí ser encontrado, resultando da consagração de um conjunto de direitos fundamentais e do seu enquadramento num Estado Social de Direito, com a consequente relevância da prossecução do interesse público, *maxime* do bem-estar colectivo pela Administração.

A vinculação das entidades públicas e das entidades privadas aos direitos fundamentais, com as imediatas consequências da valia dos mesmos em meras relações inter-privadas e da sua consideração, enquanto tal, pela Administração, permite construir um sistema unitário e suplantar a distinção entre direito público e direito privado, conquanto considerada como expressão de uma concepção ideológica liberal de oposição entre indivíduo e sociedade e resultante num dualismo entre direito subjectivo público e direito subjectivo privado. A esta distinção sucede-se a igual valia dos dois ramos do direito enquanto direitos infra-ordenados à Constituição e participantes na consagração e concretização dos mesmos direitos fundamentais. À duplicidade dos direitos subjectivos sucede a univocidade do direito fundamental, objecto de um dever de respeito por sujeitos privados e por sujeitos públicos.

4. Esta concepção dos direitos fundamentais traz consigo consequências ao nível da determinação da ilicitude, ou, mais latamente, da fronteira entre a conformidade ao direito e a desconformidade ao direito. Da Constituição resultam os direitos fundamentais bem como o dever de respeito dos mesmos, que se consubstancia num princípio de responsabilidade – válido para sujeitos públicos e sujeitos privados – pela violação do respeito devido aos direitos fundamentais de outrem. Da Constituição resulta, igualmente, a dimensão social dos direitos fundamentais ou, por outras palavras, a sua possibilidade de restrição pelo confronto com o bem-estar colectivo ou interesse público.

A ilicitude resulta, assim, de uma colisão de direitos fundamentais, devendo igualmente as suas diferentes consequências ser perspectivadas à luz do princípio da proporcionalidade. Da unidade construída a partir da Constituição resulta a indistinção entre ilicitude e ilegalidade, iguais expressões de uma desconformidade ao direito de que o acto administrativo pode padecer.

CONCLUSÕES

5. No Estado de Direito actual, o acto administrativo pode continuar a ser entendido como determinação unilateral da regulação do caso concreto, sendo nesse sentido conformador ou inovador na ordem jurídica e dotado de efeito vinculativo. A integração da consideração, ponderação e resolução dos interesses privados contrapostos no conteúdo do acto não só não é inconstitucional como resulta de uma dupla imposição da Lei Fundamental: das genéricas regras de respeito dos direitos fundamentais dos particulares e de prossecução do interesse público no respeito destes, bem como da imposição constitucional de realização de funções planeadoras, programadoras e conformadoras pela Administração infra-estrutural.

Contrárias aos princípios constitucionais são, porém, todas as características imputadas ao acto administrativo que resultam de um mero apego a dogmas históricos: assim, o acto administrativo não é uma fonte de direito mas um mero facto jurídico; o efeito vinculativo do acto administrativo encontra-se dependente do que se admita ser o seu conteúdo, tendo que ser excluída deste, porquanto tributário de uma concepção ultrapassada do poder administrativo e contrário à salvaguarda da função jurisdicional, a auto-determinação da validade do acto administrativo, podendo e devendo o juiz, em qualquer momento, apreciar livremente a validade do acto; o caso decidido do acto administrativo, limitado à determinação dos efeitos jurídicos e não abrangendo a certificação de validade dos mesmo, por seu turno, encontra fundamento nos princípios constitucionais da segurança jurídica e da protecção da confiança; assim sendo, as normas legais que depõem a favor da figura do caso decidido têm que ser confrontadas com os princípios constitucionais que as justificam.

A relação jurídica constitui uma técnica (não um fundamento) constitucionalmente adequada à integração do acto administrativo no ordenamento jurídico, conformado pelos diversos princípios constitucionais. Através da relação jurídica, degrada-se o acto administrativo a mero facto jurídico, relevante para determinadas normas jurídicas, que não detêm (nem o acto, nem as normas jurídicas respectivas) o exclusivo da normação jurídica de determinada "situação da vida".

6. A função jurisdicional encontra-se salvaguardada na medida em que se retirem as devidas consequências da independência dos juízes, que apenas devem respeito à lei – e não ao acto administrativo ilegal – e à Constituição – e não a leis que, eventualmente protectoras do acto administrativo, não estejam em conformidade com a Lei Fundamental. Diferente da questão da salvaguarda da função jurisdicional é a da divisão constitucional entre jurisdição ordinária e jurisdição administrativa, detentora de uma reserva constitucional de jurisdição sobre relações jurídicas administrativas. Sobre esta reserva de jurisdição constitucional há, contudo, que ter presentes várias considerações: i) a reserva não tem sido entendida em termos absolutos; ii) a diferenciação entre ordens jurisdicionais pressupõe a distinção entre relações jurídicas administrativas e não administrativas, o que à luz da diversidade de actuações administrativas e da sua relevância nas relações entre sujeitos privados, bem como de uma concepção unitária do ordenamento jurídico derivada da Constituição, coloca diversas dificuldades, para não dizer impossibilidades, na qualificação da relação jurídica.

Ainda assim, parecendo esta *prima facie* relevante para a atribuição de competência jurisdicional, há que resolver a distribuição de competências tendo em consideração, para além das dificuldades de qualificação da relação jurídica, os propósitos de especialização dos tribunais e de evitação de decisões contraditórias de órgãos jurisdicionais, bem como a realização da tutela judicial efectiva. Este último princípio constitucional, que não pode ser sacrificado por uma hipotética defesa da reserva de jurisdição administrativa, coloca a questão na dependência da consagração dos diversos meios jurisdicionais nas diferentes ordens de tribunais (o que, na actualidade, não encontrou ainda uma solução definitiva).

7. Tendo presente as diversas coordenadas retiradas da proposta de enquadramento jurídico-constitucional do problema do efeito conformador de relações jurídicas entre privados pelo acto administrativo, podem ser ensaiadas algumas propostas de solução para problemas concretos.

Descendo ao nível do caso concreto, a primeira atenção tem que ser dirigida ao conteúdo do acto administrativo que esteja em causa – conteúdo esse já depurado de uma pretensa auto-certificação de validade – para determinar qual a actividade e quais os seus efeitos que se podem considerar abrangidos pelo acto administrativo. Por entre a diversidade de factores trazidos pela riqueza do caso concreto, julgamos adequado traçar uma distinção fundamental entre danos que se possam considerar cobertos pela autorização e danos que, ainda que decorrentes da actividade autorizada, não se podem considerar integrados no conteúdo do acto administrativo. Se, neste caso, pode a emissão do acto administrativo ter sido baseada num juízo de prognose de que tais danos não se verificariam, na segunda os danos encontram-se abrangidos pela avaliação da situação concreta e pela respectiva prognose de evolução.

8. Partindo desta distinção, podem ser equacionadas as várias hipóteses de aplicação das normas sediadas no Código Civil. Sendo os danos para terceiros irrelevantes em função do conteúdo do acto, pode sempre ser admitida a acção negatória consagrada no artigo 1347.º do Código Civil. Se, pelo contrário, o conteúdo do acto for relevante para os prejuízos sofridos, há que atender, em primeiro lugar, à gravidade destes. Se estivermos perante um prejuízo substancial, o acto administrativo é nulo e pode ser utilizada a acção negatória prevista no artigo 1346.º do Código Civil. Nos casos de prejuízos não substanciais, a actividade autorizada corresponderá, por regra, a uma utilização normal, tendo assim o acto um efeito conformador de relações jurídicas entre privados; salvaguardam-se, porém, os casos de exercício ilegal da margem de livre decisão administrativa.

9. No que respeita à responsabilidade civil, há que tomar em consideração a possibilidade de concorrência de condutas ilícitas do autorizado e da Administração, não podendo ser esquecidos os eventuais casos de culpa do lesado. Ainda assim, por regra, a responsabilidade civil deverá ser atribuída ao indivíduo autorizado, em concretização do princípio de responsabilidade pelas próprias condutas. Outras soluções podem, no entanto, ser admitidas, nomeadamente se se verificar uma situação de confiança merecedora de protecção jurídica do autorizado e, com isso, ficar afastado o juízo de culpabilidade sobre a sua conduta ilícita. Nestes casos, deverá a responsabilidade ser atribuída à Administração, na medida da relevância da sua actuação ilícita para a produção dos prejuízos.

10. Existindo, por força da Constituição, um dualismo de ordens jurisdicionais, as dificuldades de determinação de cada âmbito de jurisdição devem procurar soluções que salvaguardem o princípio da tutela judicial efectiva. Ainda assim, a existência de tais dificuldades e a inevitabilidade dos conflitos de jurisdição devem ser compreendidas como reflexo de uma concepção de Direito, caracterizada pela oposição entre os mundos do público e do privado, cuja ultrapassagem se encontra, actualmente, na ordem do dia.

BIBLIOGRAFIA

A.A.F.D.L. (org.), «Administração pública e direito administrativo em Portugal», Lisboa, 1992.

A.A.F.D.L. (org.): «Direito da Saúde e Bioética», Lisboa, 1996.

AaVv.: «Anuário de Direito do Ambiente», Lisboa, 1995.

AaVv.: «Mélanges René Chapus», Paris, 1992.

AaVv.: «Portugal-Brasil ano 2000», Coimbra, 1999.

AaVv.: «Scritti in onore di Massimo Severo Giannini», II, Milão, 1988.

AaVv.: Verwaltungsrecht als Vorgabe für Zivil- und Strafrecht (Aussprache und Schlussworte), VvDStrL 1991, 276.

ACHTERBERG, Norbert/G. PÜTTNER/T. WÜRTENBERGER (org.): «Besonderes Verwaltungsrecht», I, Heidelberga, 2000.

ACHTERBERG, Norbert: «Theorie und Dogmatik des öffentlichen Rechts», Berlim, 1980.

ACHTERBERG, Norbert: Die Rechtsordnung als Rechtsverhältnisordnung, Berlim, 1982.

ACHTERBERG, Norbert: Rechtsverhaltnisse als Strukturelemente der Rechtsordnung – Prolegomena zu einer Rechtsverhältnisstheorie (=Rechtstheorie 1978, 385), in N. ACHTERBERG, «Theorie und Dogmatik des öffentlichen Rechts», Berlim, 1980, 135.

ACHTERBERG, Norbert: sub. § 92, in R. DOZER (org.), «Bonner Kommentar zum Grundgesetz», Heidelberga, 1999, 1.

ALEXY, Robert: «Recht, Vernunft, Diskurs», Francoforte, 1995.

ALEXY, Robert: Rechtssystem und praktische Vernunft, in R. ALEXY, «Recht, Vernunft, Diskurs», Francoforte, 1995, 213.

ALEXY, Robert: Theorie der Grundrechte, 3.ª ed., Francoforte, 1996.

ALEXY, Robert: Zum Begriff des rechtsprinzips, in R. ALEXY, «Recht, Vernunft, Diskurs», Francoforte, 1995, 177.

ALMEIDA, Mário Aroso de: Anulação de actos administrativos e relações jurídicas emergentes, Coimbra, 2002.

ALMEIDA, Mário Aroso de: Sobre a autoridade do caso julgado das sentenças de anulação de actos administrativos, Coimbra, 1994.

ALMEIDA, Mário Aroso de: Sobre as regras de distribuição do ónus material da prova no recurso contencioso de anulação de actos administrativos, CJA 2001 (28), 38.

AMARAL, Augusto Ferreira do: A jurisprudência portuguesa no domínio do direito do ambiente, in INA (org.), «Direito do Ambiente», Lisboa, 1994, 449.

AMARAL, Diogo Freitas do/Mário Aroso de ALMEIDA: Grandes linhas da reforma do contencioso administrativo, Coimbra, 2002.

AMARAL, Diogo Freitas do/Paulo OTERO: O valor jurídico-político da referenda ministerial, Lisboa, 1997.

AMARAL, Diogo Freitas do: A execução das sentenças dos tribunais administrativos, 2.ª ed., Coimbra, 1997.

AMARAL, Diogo Freitas do: A responsabilidade da administração no direito português, Lisboa, 1973.

AMARAL, Diogo Freitas do: Apreciação da dissertação de doutoramento do Mestre Vasco Pereira da Silva: "Em busca do acto administrativo perdido", DJ 1996(2), 255.

AMARAL, Diogo Freitas do: Apresentação, in INA (org.), «Direito do Ambiente», Lisboa, 1994, 13.

AMARAL, Diogo Freitas do: Curso de direito administrativo, I, 2.ª ed., Coimbra, 1994.

AMARAL, Diogo Freitas do: Curso de direito administrativo, II, Coimbra, 2001.

AMARAL, Diogo Freitas do: Indemnização justa ou irrisória?, DJ 1991 (V), 61.

AMARAL, Diogo Freitas do: Lei de Bases do Ambiente e Lei das Associações de Defesa do Ambiente, in INA (org.), «Direito do Ambiente», Lisboa, 1994, 367.

AMARAL, Diogo Freitas do: v. VARELA, João de Matos Antunes/D. Freitas do AMARAL/ J. MIRANDA/J. J. Gomes CANOTILHO.

AMARAL, Diogo Freitas do: Direito administrativo, IV, Lisboa, 1988.

AMARAL, Maria Lúcia: A execução dos actos administrativos no projecto de Código do Processo Administrativo Gracioso, RJ 4 (1984), 153.

AMORIM, João Pacheco de: v. OLIVEIRA, Mário Esteves de/Pedro Costa GONÇALVES/João Pacheco de AMORIM.

ANDRADE, Diogo de Goes Lara d': Da responsabilidade e das garantias dos agentes do poder em geral, Lisboa, 1842.

ANDRADE, José Carlos Vieira de: A "revisão" dos actos administrativos no direito português, Leg.-CCL 1994, 185.

ANDRADE, José Carlos Vieira de: A justiça administrativa, Coimbra, 2000.

ANDRADE, José Carlos Vieira de: Algumas reflexões a propósito da sobrevivência do conceito de "acto administrativo" no nosso tempo, in UC (org.), «Estudos em homenagem ao Prof. Doutor Rogério Soares», Coimbra, 2001, 1189.

ANDRADE, José Carlos Vieira de: Âmbito e limites da jurisdição administrativa, in M. Justiça (org.), «Reforma do contencioso administrativo – o debate universitário», Lisboa, 2000, 97.

ANDRADE, José Carlos Vieira de: O ordenamento jurídico administrativo português, in «Contencioso administrativo», Braga, 1986, 33.

ANDRADE, José Carlos Vieira de: Os direitos fundamentais na Constituição portuguesa de 1976, 2ª ed., Coimbra, 2001.

ANDRADE, José Carlos Vieira de: Os direitos fundamentais nas relações entre particulares, DDC 1981, 233.

ANDRADE, José Carlos Vieira de: Panorama geral do direito da responsabilidade "civil" da administração pública em Portugal, in J. L. M. LÓPEZ-MUÑIZ/A. Calonge VELÁSQUEZ (org.), «La responsabilidad patrimonial de los poderes públicos – III Colóquio Hispano-Luso de Derecho Administrativo, Valladolid, 16-18 de octubre de 1997», Madrid/Barcelona, 1999, 39.

ANDRADE, José Carlos Vieira de: Validade (do acto administrativo), DJAP VII (1996), 581.

ANDRADE, José Robin de: A revogação dos actos administrativos, 2.ª ed., Coimbra, 1985.

ANTUNES, Luís Filipe Colaço: O procedimento administrativo de avaliação de impacto ambiental, Coimbra, 1998.

APPEL, Ivo: v. WAHL, Rainer/Ivo APPEL.

ARAGÃO, Maria Alexandra de Sousa: O princípio do poluidor pagador, Coimbra, 1997.

ARNIM, Hans Herbert von: Zur "Wesentlichkeitstheorie" der Bundesverfassungsgerichts. Einige Anmerkungen zum Parlamentsvorbehalt, DVBl 1987, 1241.

ASCENSÃO, José de Oliveira: Direito civil – Reais, 5.ª ed., Coimbra, 1993.

ASCENSÃO, José de Oliveira: O Direito, 11.ª ed., Coimbra, 2001.

ASSINI, Nicola (org.): «Manuale di diritto urbanistico», Milão, 1991.

AUBY, Jean-Bernard/Hugues PÉRINET--MARQUET: Droit de l'urbanisme et de la construction, 3.ª ed., Paris, 1992.

BACHELET, Michel: Ingerência ecológica. Direito ambiental em questão, s.l., 1995 (tradução da ed. francesa).

BACHOF, Otto (org.): «Forschungen und Berichte aus dem öffentlichen Recht – Gedächtnischrift Walter Jellinek», Munique, 1955.

BACHOF, Otto: Reflexwirkungen und subjektive Rechte im öffentlichen Recht, in O. BACHOF (org.), «Forschungen und Berichte aus dem öffentlichen Recht – Gedächtnischrift Walter Jellinek», Munique, 1955, 287.

BADURA, Peter: Das Verwaltungsverfahren, in H.-U. ERICHSEN (org.), «Allgemeines Verwaltungsrecht», Berlim/Nova Iorque, 1998, 463.

BADURA, Peter: Verwaltungsrecht als Vorgabe für Zivil- und Strafrecht (Aussprache und Schlussworte), VvDStrL 1991, 276.

BADURA, Peter: Der atomrechtliche Funkionsvorbehalt der Genehmigungsbehörde für die Ermittlung und Bewertung des Risikos einer nuklearen Anlage, DVBl. 1998, 1197.

BALDUS, Manfred: Die Einheit der Rechtsordnung: Bedeutungen einer juristischen Formel in Rechtstheorie, Zivil- und Staatsrechtswissenschaft des 19. und 20. Jahrhunderts, Berlim, 1995.

BARION, H./E. FORSTHOFF/W. WEBER (org.): «FS Carl Schmitt zum 70. Gerburstag», Berlim, 1994.

BARNÉS, Javier (org.): «Propiedad, expropiación y responsabilidad. La garantia indemnizatoria en el Derecho europeo y comparado», Madrid, 1995.

BARROS, José Manuel Araújo: Aplicação judiciária do direito do ambiente – contencioso cível, in CEJ (org.), «Textos de Ambiente e Consumo», II, Lisboa, 1996, 195.

BARTLSPERGER, Richard: Das Dilemma des baulichen Nachbarrechts, VerwArch. 1969, 35.

BATTIS, U./ G. HÜTZ: Sportlärm, UTR 1990, 133.

BAUER, Hartmut: Altes und Neues zur Schutznormtheorie, AöR 1988, 582.

BAUER, Hartmut: Geschichtliche Grundlagen der Lehre vom subjektiven öffentlichen Recht, Berlin, 1986.

BAUER, Hartmut: Verwaltungsrechtlehre im Umbruch? Rechtsformen und Rechtsverhältnisse als Elemente einer zeitgemässen Verwaltungsrechtsdogmatik, Die Verwaltung 1992, 301.

BAUMANN, Peter: Die Haftung für Umweltschäden aus Zivilrechtlicher Sicht, JuS 1989, 433.

BAUR, Fritz: Der polizeiliche Schutz privater Rechte, JZ 1962, 73.

BECK, Ulrich: Risk Society: towards a new modernity, Londres, 1992.

BECKMANN, Martin: v. HOPPE, Werner/Martin BECKMANN.

BELADIEZ ROJO, Margarida: Responsabilidad e imputación de daños por el funcionamiento de los servicios públicos, Madrid, 1997.

BELEZA, Teresa Pizarro/Frederico Costa PINTO: O regime legal do erro e as normas penais em branco, Coimbra, 2001.

BELEZA, Teresa: Direito Penal, II, Lisboa, 1995.

BENSCHING, Claudia: Nachbarrechtliche Ausgleichsansprüche – zulässige Rechtsfortbildung oder Rechtsprechung contra legem?, Tubinga, 2002.

BENDER, Bernd (org.): «Rechtsstaat zwischen Sozialgestaltung und Rechtsschutz – FS Konrad Redeker», Munique, 1993.

BENDER, Bernd/Reinhard SPARWASSER/Rüdiger ENGEL: Umweltrecht, 4.ª ed., Heidelberga, s.d.

BENGEL, Manfred: Der privatrechtsgestaltende Verwaltungsakt, Würzburg, 1968.

BERG, Wilfried: Die verwaltungsrechtliche Entscheidung bei ungewissen Sachverhalt, Berlim, 1980.

BIRK, Hans-Jörg: Umwelteinwirkungen durch Sportanlagen, NVwZ 1985, 689.

BLANKE, Hermann-Josef: Vertrauensschutz im deutschen und europäischen Verwaltungsrecht, Tubinga, 2000.

BÖCKENFÖRDE, Ernst-Wolfgang: «Staat, Verfassung, Demokratie», Francoforte, 1992.

BÖCKENFÖRDE, Ernst-Wolfgang: Grundrechte als Grundsatznormen. Zur gegenwärtigen Lage der Grundrechtsdogmatik, in E-W. BÖCKENFÖRDE, «Staat, Verfassung, Demokratie», Francoforte, 1992, 159.

BÖCKENFÖRDE, Ernst-Wolfgang: Grundrechtstheorie und Grundrechtsinterpretation, in E-W. BÖCKENFÖRDE, «Staat, Verfassung, Demokratie», Francoforte, 1992, 115.

BRANDT, Edmund: Altlastenrecht, Heidelberga, 1993.

BRANDT, Kerstin: Grenzüberschreitender Nachbarschutz im deutschen Umweltrecht, DVBl. 1995, 779.

BREUER, Rüdiger: "Altlasten" als Bewährunsprobe der polizeilichen Gefahrenabwehr und des Umweltschutz – OVG Münster, JuS 1986, 359.

BREUER, Rüdiger: Baurechtlicher Nachbarschutz, DVBl. 1983, 431.

BREUER, Rüdiger: Konflikte zwischen Verwaltung und Strafverfolgung, DÖV 1987, 169.

BREUER, Rüdiger: Probleme der Zusammenbarkeit zwischen Verwaltung und Strafverfolgung auf dem Gebiet des Umweltschutzes, AöR 1990, 448.

BREUER, Rüdiger: Rechtsprobleme der Altlasten, NVwZ 1987, 751.

BREUER, Rüdiger: Strukturen und Tendenzen des Umweltschutzrechts, Der Staat 1981, 393.

BREUER, Rüdiger: Verwaltungsrechtlicher und strafrechtlicher Umweltschutz – Vom Ersten zum Zweiten Umweltkriminalitätsgesetz, JZ 1994, 1077.

BRITO, Teresa Quintela de: O crime de poluição: alguns aspectos da tutela criminal do ambiente no Código Penal de 1995, in «Anuário de Direito do Ambiente», Lisboa, 1995, 331.

BRITO, Teresa Quintela de: O direito de necessidade e a legítima defesa no Código Civil e no Código Penal, 1994.

BROHM, Winfried: Öffentliches Baurecht, 3.ª ed., Munique, 2002.

BROSS, Siegfried: Zur Bindungswirkung der Zivilgerichte an Verwaltungsentscheidungen, VerwArch. 1987, 91.

BRÜGGEMEIER, Gert: Die Haftung mehrerer im Umweltrecht. Multikausalität – Nebentäterschaft – "Teilkausalität", UTR 1990, 261.

BÜHLER, Ottmar: Altes und Neues über Begriff und Bedeutung der subjektiven öffentlichen Rechte, in O. BACHOF (org.), «Forschungen und Berichte aus dem öffentlichen Recht – Gedächtnischrift Walter Jellinek», Munique, 1955, 269.

BULL, Hans Peter: Allgemeines Verwaltungsgsrecht, 5.ª ed., Heidelberga, 1997.

BÜRCKNER, Hermann: Der privatrechtsgestaltende Staatsakt, Leipzig, 1930.

CAETANO, Marcello: Manual de direito administrativo, I, 10.ª ed., Coimbra, 1997.

CAETANO, Marcello: Manual de direito administrativo, II, 10.ª ed., 1994.

CALONGE VELÁSQUEZ, António: v. LÓPEZ-MUÑIZ, José Luís Martínez/António CALONGE VELÁSQUEZ.

CALUWE, Reimund Schmidt-De: Der Verwaltungsakt in der Lehre Otto Mayers, Tubinga, 1999.

CALVÃO, Filipa Urbano: Actos precários e actos provisórios no Direito administrativo, Porto, 1998.

CALVÃO, Filipa Urbano: As actuações administrativas no direito do ambiente, DJ 2000 (XIV), 121.

CALVÃO, Filipa Urbano: Direito ao ambiente e tutela processual das relações de vizinhança, in M. Afonso VAZ/J. A. A. LOPES (org.), «Juris et de Jure – Nos vinte anos da Faculdade de Direito da Universidade Católica – Porto», Porto, 1998, 573.

CANARIS, Claus-Wilhelm: Grundrechte und Privatrecht, Berlim, 1999.

CANARIS, Claus-Wilhelm: Pensamento sistemático e conceito de sistema na ciência do direito, Lisboa, 1996 (tradução da 2.ª ed. alemã, 1983).

CANARIS, Claus-Wilhelm: Schutzgesetze – Verkehrspflichten – Schutzpflichten, in FS Larenz, Munique, 1983, 27.

CANOTILHO, José Joaquim Gomes/Vital MOREIRA: Constituição da República Portuguesa anotada, 3.ª ed., Coimbra, 1993.

CANOTILHO, José Joaquim Gomes: A responsabilidade por danos ambientais – aproximação juspublicística, in INA (org.), «Direito do Ambiente», Lisboa, 1994, 397.

CANOTILHO, José Joaquim Gomes: Actos autorizativos jurídico-públicos e responsabilidade por danos ambientais, BFDUC 1993, 1.

CANOTILHO, José Joaquim Gomes: Anotação ao Ac. Supremo Tribunal Administrativo de 9 de Outubro de 1990, RLJ n.º 3804, 77.

CANOTILHO, José Joaquim Gomes: Anotação ao Ac. Supremo Tribunal Administrativo de 28 de Setembro de 1989, RLJ n.º 3813, 359.

CANOTILHO, José Joaquim Gomes: Constituição dirigente e vinculação do legislador, Coimbra, 1994.

CANOTILHO, José Joaquim Gomes: Direito constitucional e teoria da Constituição, 5.ª ed., Coimbra, 2002.

CANOTILHO, José Joaquim Gomes: Introdução ao direito do ambiente, Lisboa, 1998.

CANOTILHO, José Joaquim Gomes: Juridicização da ecologia ou ecologização do direito, RJUA 1995, 69.

CANOTILHO, José Joaquim Gomes: O problema da responsabilidade do Estado por actos lícitos, Coimbra, 1974.

CANOTILHO, José Joaquim Gomes: Privatismo, associativismo e publicismo na justiça administrativa do ambiente, RLJ n.º 3857, 232.

CANOTILHO, José Joaquim Gomes: Procedimento administrativo e defesa do ambiente, RLJ n.º 3794, 134.

CANOTILHO, José Joaquim Gomes: Relações jurídicas poligonais, ponderação ecológica de bens e controlo judicial preventivo, RJUA 1994, 55.

CANOTILHO, José Joaquim Gomes: v. VARELA, João de Matos Antunes/D. Freitas do AMARAL/J. MIRANDA/J. J. Gomes CANOTILHO.

CARMONA, Mafalda: A responsabilidade da Administração por actos dos contratantes privados, inédito (relatório de mestrado), 2000.

CARMONA, Mafalda: Relações jurídicas poligonais, participação de terceiros e caso julgado no recurso contencioso de anulação (breves reflexões), estudo apresentado no concurso para recrutamento de assistentes-estagiários na Faculdade de Direito de Lisboa em Outubro de 1998 (inédito), 1998.

CARNEVALE, Maria Adelaide Venchi: Spunti e riflessioni in tema di tutela dell'ambiente, in «Scritti in onore di Massimo Severo Giannini», II, Milão, 1988, 711.

CATARINO, Luís Guilherme: A responsabilidade do Estado pela administração da justiça, Coimbra, 1999.

CAUPERS, João: Os direitos fundamentais dos trabalhadores e a Constituição, Coimbra, 1985.

CEJ (org.): «Textos de Ambiente e Consumo», II, Lisboa, 1996.

CEJ (org.): «Textos de Ambiente e Consumo», II, Lisboa, 1996.

CERRI, Augusto: La "dialettica" del giudizio incidentale: rimeditazioni sul tema, in «Scritti in onore di Massimo Severo Giannini», I, Milão, 1988, 105.

CONDESSO, Fernando: Direito do ambiente, Coimbra, 2001.

CORDEIRO, António de Menezes: Da boa fé no direito civil, Coimbra, 2001 (2.ª reimpressão da edição de 1987).

CORDEIRO, António de Menezes: Da responsabilidade civil dos administradores das sociedades comerciais, Lisboa, 1997.

CORDEIRO, António de Menezes: Direito das Obrigações, II, 2.ª ed., Lisboa, 1986.

CORDEIRO, António de Menezes: Direitos reais, Lisboa, 1979 (reimpressão de 1993).

CORDEIRO, António de Menezes: Manual de Direito do Trabalho, Coimbra, 1994.

CORDEIRO, António de Menezes: Tratado de direito civil português, I, Parte geral, T. I, 2.ª ed., Coimbra, 2000.

CORDEIRO, António de Menezes: Tutela do ambiente e direito civil, in INA (org.), «Direito do Ambiente», Lisboa, 1994, 377.

CORDEIRO, António: A protecção de terceiros em face de decisões urbanísticas, Coimbra, 1995.

CORDINI, Giovanni: O direito do ambiente em Itália, in INA (org.), «Direito do Ambiente», Lisboa, 1994, 201.

CORREIA, A. Damasceno: Tribunal de Conflitos, Coimbra, 1987.

CORREIA, Fernando Alves: Manual de direito do urbanismo, Coimbra, 2001.

CORREIA, Fernando Alves: O plano urbanístico e o princípio da igualdade, Coimbra, 1997.

CORREIA, José Manuel Sérvulo: A reforma do Tribunal dos Conflitos, CJA 2001 (27), 3.

CORREIA, José Manuel Sérvulo: Acto administrativo e âmbito da jurisdição administrativa, in UC (org.), «Estudos em homenagem ao Prof. Doutor Rogério Soares», Coimbra, 2001, 1155.

CORREIA, José Manuel Sérvulo: As relações jurídicas de prestação de cuidados pelas unidades de saúde do serviço nacional de saúde, in A.A.F.D.L. (org.), «Direito da saúde e da bioética», Lisboa, 1996, 11.

CORREIA, José Manuel Sérvulo: Contencioso administrativo, Lisboa, 1990.

CORREIA, José Manuel Sérvulo: Direito Administrativo II – relatório sobre programa, conteúdo e métodos de ensino, Lisboa, 1994.

CORREIA, José Manuel Sérvulo: Legalidade e autonomia contratual nos contratos administrativos, Coimbra, 1987.

CORREIA, José Manuel Sérvulo: Noções de direito administrativo, Lisboa, 1982.

CORREIA, José Manuel Sérvulo: O direito à informação e os direitos de participação dos particulares no procedimento e, em especial, na formação da decisão administrativa, CLeg. 1994, 133.

CORREIA, José Manuel Sérvulo: Polícia, DJAP VI, 393.

CORREIA, José Manuel Sérvulo: Prefácio, in Ricardo Leite PINTO, Intimação para um comportamento, Lisboa, 1995.

CORREIA, Maria Lúcia Amaral Pinto: Responsabilidade do Estado e dever de indemnizar do legislador, Coimbra, 1998.

CORTEZ, Margarida: Responsabilidade civil da Administração por actos administrativos ilegais e concurso de omissão culposa do lesado, Coimbra, 2000.

COSTA, Mário Júlio de Almeida: Direito das Obrigações, 9.ª ed., Coimbra, 2001.

CRAIG, Paul: Public law and control over private power, in M. TAGGART (org.), «The province of administrative law», Oxford, 1997, 196.

DE WALL, Heinrich: Die Anwendbarkeit privatrechtlicher Vorschriften im Verwaltungsrecht, Tubinga, 1999.

DEBBASCH, Charles: Le droit administratif, droit dérogatoire au droit commun?, in «Mélanges René Chapus», Paris, 1992, 127.

DELL' ANNO, Paolo: Manuale di diritto ambientale, Milão, 1995.

DELL' ANNO, Paolo: Urbanistica e tutela dell' ambiente, in N. ASSINI (org.), «Manuale di diritto urbanistico», Milão, 1991, 719.

DESDENTADO DAROCA, Eva: Discrecionalidad Administrativa y Planeamiento Urbanístico, Pamplona, 1997.

DEUTSCH, Erwin (org.): «Teilnahme am Sport als Rechtsproblem», Heidelberga, 1993.

DIAS, Augusto Silva: A estrutura dos direitos ao ambiente e à qualidade dos bens de consumo e sua repercussão na teoria do bem jurídico e na das causas de justificação, in UL (org.), «Jornadas de homenagem ao Professor Doutor Cavaleiro de Ferreira», Lisboa, 1995, 181.

DIAS, Jorge Figueiredo: Liberdade, culpa, direito penal, 3.ª ed., Coimbra, 1995.

DIAS, Jorge Figueiredo (org.): «Comentário Conimbricense ao Código Penal – parte especial», III, Coimbra, 1999.

DIAS, Jorge Figueiredo (org.): «Estudos em homenagem a Cunha Rodrigues», I, Coimbra, 2001.

DIAS, Jorge Figueiredo: Sobre a tutela jurídico-penal do ambiente – um quarto de século depois, in J. Figueiredo DIAS (org.), «Estudos em homenagem a Cunha Rodrigues», I, Coimbra, 2001, 371.

DIAS, José Eduardo Figueiredo: Direito constitucional e administrativo do ambiente, Coimbra, 2002.

DIAS, José Eduardo Figueiredo: Tutela ambiental e contencioso administrativo, Coimbra, 1997.

DIEDERISCHEN, Uwe: Verantwortlichkeit für Altlasten – Industrie als Störer?, BB 1988, 917.

DIETLEIN, Johannes: Die Lehre von den grundrechtlichen Schutzpflichten, Berlim, 1992.

DOLDE, Klaus-Peter: Das Recht der Bauleitplanung 1984/1985, NJW 1986, 815.

DOUMENQ, Michel: Aplication judiciaire du droit de l'environnement, in CEJ (org.), «Textos de Ambiente e Consumo», II, Lisboa, 1996, 117.

DOZER, R. (org.): «Bonner Kommentar zum Grundgesetz», Heidelberga, 1999.

DREIER, Horst: Einheit und Vielfalt der Verfassungsordnungen im Bundesstaat, in K. SCHMIDT (org.), «Vielfalt des Rechts – Einheit der Rechtsordnung», Berlim, 1994, 113.

DUARTE, David: Procedimentalização, participação e fundamentação: para uma concretização do princípio da imparcialidade da Administração como parâmetro decisório, Coimbra, 1996.

DÜRR, Hansjochen: Das Verhältnis zwischen Naturschutzrecht und Baurecht in der verwaltungsgerichtlichen Rechtsprechung, NVwZ 1992, 833.

DWORKIN, Ronald: The model of rules, I, in Ronald DWORKIN, «Taking rights seriously», Londres, 1994, 14.

DWORKIN, Ronald: Taking rights seriously, Londres, 1994.

EGEA FERNÁNDEZ, Joan: Acción negatoria, immisiones y defensa de la propriedad, Madrid, 1994.

ENGEL, Rüdiger: v. BENDER, Bernd/Reinhard SPARWASSER/Rüdiger ENGEL

ENGISCH, Karl: Die Einheit der Rechtsordnung, Heidelberga, 1935.

ENGISCH, Karl: Introdução ao pensamento jurídico, Lisboa, 1988 (tradução da 8.ª ed. alemã, 1983).

ERBGUTH, Wilfried: Der Prüfungsumfang bei der Entscheidung über öffentlich-rechtliche Kontrollerlaubnisse als allgemeine verwaltungs- und verfassungsrechtliche Problematik, UTR 1987, 49.

ERICHSEN, Hans Uwe/Ulrich KNOKE: Bestandskraft von Verwaltungsakten, NVwZ 1983, 185.

ERICHSEN, Hans-Uwe (org.): «Allgemeines Verwaltungsrecht», Berlim/Nova Iorque, 1998.

ESTORNINHO, Maria João: A fuga para o direito privado, Coimbra, 1996.

ESTORNINHO, Maria João: Requiem pelo contrato administrativo, Coimbra, 1990.

FABER, Heiko: Verwaltungsrecht, 4.ª ed., Tubinga, 1995.

FABER, Heiko: Vorbemerkungen zu einer Theorie des Verwaltungsrechts in der nachindustriellen Gesellschaft, in E. STEIN (org.), «Auf einem dritten Weg – FS Helmut Ridder», Luchterland, 1989, 291.

FABIO, Udo di: Risikoentscheidungen im Rechtsstaat, Tubinga, 1994.

FARIA, Paula Ribeiro de: sub art. 277.º, in J. Figueiredo Dias (org.), «Comentário Conimbricense ao Código Penal – parte especial», II, Coimbra, 1999, 911.

FARIA, Paula Ribeiro de: sub art. 278.º, in J. Figueiredo Dias (org.), «Comentário Conimbricense ao Código Penal – parte especial», II, Coimbra, 1999, 933.

FAURE, Michael G./Johannes C. OUDIJK: Die strafgerichtliche Überprufung von Verwaltungsakten im Umweltrecht, JZ 1994, 86.

FEIL, Mag Erich: Privates Nachbarrecht und Immissionem, Viena, 1997.

FELIX, Dagmar: Einheit der Rechtsordnung: zur verfassungsrechtlichen Relevanz einer juristischen Argumentationsfigur, Tubinga, 1998.

FERNANDES, Luís A. Carvalho: Lições de Direitos Reais, 3.ª ed., Lisboa, 2001.

FERNANDES, Luís Carvalho: Teoria geral do direito civil, I, 3.ª ed., Lisboa, 2001; II, 3.ª ed., Lisboa, 2001.

FERNÁNDEZ, Tomás-Ramón: v. GARCÍA DE ENTERRÍA, Eduardo/Tomás-Ramón FERNÁNDEZ.

FERREIRA, Manuel Cavaleiro de: Lições de direito penal, Lisboa, 1992.

FERRY, Luc: A nova ordem ecológica, Lisboa, 1993 (tradução da ed. francesa, 1992).

FEUCHTE, Paul: Prognose, Vorsorge und Planung bei der Genehmigung industrieller Anlagen, Die Verwaltung 1977, 291.

FIALE, Aldo: Concessioni, autorizazioni, nulla-osta, in N. ASSINI (org.), «Manuale di diritto urbanistico», Milão, 1991, 477.

FINKELNBURG, Klaus/Karsten-Michael ORTLOFF: Öffentliches Baurecht, II, 3.ª ed., Munique, 1994.

FISCHER, Thomas: v. TRÖNDLE, Herbert/Thomas FISCHER.

FLEINER, Fritz: Institutionen des Deutschen Verwaltungsrechts, 8.ª ed., Tubinga, 1928.

FLUCK, Jürgen: Die Legalisierungswirkung von Genehmigung als ein Zentralproblem öffentlich-rechtlicher Haftung für Altlasten, VerwArch. 1988, 406.

FOLQUE, André: Procedimento administrativo e defesa do ambiente, RJUA 1995, 269.

FORSTHOFF, Ernst: Die Umbildung des Verfassungsgesetzes, in H. BARION/E. FORSTHOFF/W. WEBER (org.), «FS Carl Schmitt zum 70. Gerburstag», Berlim, 1994, 35.

FORSTHOFF, Ernst: v. BARION, H./E. FORSTHOFF/W. WEBER.

FRACCHIA, Fabrizio: Autorizzazione amministrativa e situazioni giuridiche soggettive, Nápoles, 1996.

FRADA, Manuel Carneiro da: Contrato e deveres de protecção, Coimbra, 1994.

FRADA, Manuel Carneiro da: Uma "terceira via" no direito da responsabilidade civil, Coimbra, 1997.

FRANCHINI, Flamino: Le autorizzazioni amministrative costitutive di rapporti giuridici fra l'Amministrazione e i privati, Milão, 1957.

FRIAUF, Karl Heinrich: "Latente Störung", Rechtswirkungen der Bauerlaubnis und vorbeugende Nachbarklage, DVBl. 1971, 713.

FRITZCHE, Jörg: Die Durchsetzung nachbarschützender Auflagen über zivilrechtliche Abwehransprüche, NJW 1995, 1121.

GAENTZSCH, Günter: Ausbau des Individualschutzes gegen Umweltbelastungen als Aufgabe des bürgerlichen und des öffentlichen Rechts, NVwZ 1986, 601.

GAENTZSCH, Günter: Konkurrenz paralleler Anlagengenehmigung, NJW 1986, 2787.

GAENTZSCH, Günter: Sportanlagen in Whonbereich, UPR 1985, 201.

GALVÃO, Sofia de Sequeira: v. SOUSA, Marcelo Rebelo de/Sofia de Sequeira GALVÃO.

GARCÍA DE ENTERRÍA, Eduardo/Luís ORTEGA: Spanisch Report, in J. SCHWARZE (org.), «Das Verwaltungsrecht unter europäischem Einfluss», Baden-Baden, 1996, 695.

GARCÍA DE ENTERRÍA, Eduardo/Tomás-Ramón FERNÁNDEZ: Curso de Derecho Administrativo, I, 8ª ed., Madrid, 1998.

GARCÍA DE ENTERRÍA, Eduardo: La batalla por las medidas cautelares, 2.ª ed., Madrid, 1995.

GARCÍA DE ENTERRÍA, Eduardo: Los principios de la nueva ley de Expropriación forzosa, Madrid, 1956 (reimpressão facsimilada de 1984).

GARCIA, António Dias: Da responsabilidade civil objectiva do Estado e demais pessoas colectivas públicas, in Fausto de QUADROS (org.), «Responsabilidade civil extra-contratual da administração pública», Coimbra, 1995, 189.

GARCIA, Maria da Glória Dias: A responsabilidade civil do Estado e demais pessoas colectivas públicas, Lisboa, 1997.

GARCIA, Maria da Glória Dias: Da justiça administrativa em Portugal, Lisboa, 1994.

GARCIA, Maria da Glória: Breve reflexão sobre a execução coactiva dos actos administrativos, Estudos, CEF, II Lisboa, 1983.

GARRIDO FALLA, Fernando: La constitucionalización de la responsabilidad patrimonial del Estado, RAP 1989 (119), 33.

GELLERMANN, Martin: La propiedad urbana en Alemania, in J. BARNÉS (org.), «Propiedad, expropiación y responsabilidad. La garantia indemnizatoria en el Derecho europeo y comparado», Madrid, 1995, 275.

GELZER, Konrad: Die Rechtmässigkeit von Gestaltungsfestsetzungen in den Bebauungsplänen, in B. BENDER (org.), «Rechtsstaat zwischen Sozialgestaltung und Rechtsschutz – FS Konrad Redeker», Munique, 1993, 395.

GELZER, Konrad: Umweltbeeinträchtigungen aus öffentlich-rechtlicher (planungsrechtlicher) Sicht, in H. PIKART (org.), «Umwelteinwirkungen durch Sportanlagen – Rechtsgutachten», Dusseldorf, 1984, 49.

GERHARDT, Michael: Verwaltungsrecht als Vorgabe für Zivil- und Strafrecht, BayVBl. 1990, 549.

GERLACH, Johann W.: Die Grundstrukturen des privatem Umweltrechts im Spannungsverhältnis zum öffentlichen Rechts, JZ 1988, 161.

GERLACH, Johann W.: Privatrecht und Umweltschutz im System des Umweltrechts, Berlim, 1989.

GIANNINI, Massimo Severo: Istituzioni di diritto amministrativo, Milão, 1981.

GMEHLING, Bernhard: Die Beweislastverteilung bei Schäden aus Industrieimmissionen, Colónia/Berlim/Bona/Munique, 1989.

GONÇALVES, Luiz da Cunha: A responsabilidade da administração pública pelos actos dos seus agentes, Lisboa, 1907.

GONÇALVES, Nuno Baptista: A responsabilidade jurídico-civil e jurídico-penal na poluição do ambiente, RJUA 1994, 187.

GONÇALVES, Pedro Costa: v. OLIVEIRA, Mário Esteves de/Pedro Costa GONÇALVES/João Pacheco de AMORIM.

GONÇALVES, Pedro: A concessão de serviços públicos, Coimbra, 1999.

GONÇALVES, Pedro: Advertências da administração pública, in UC (org.), «Estudos em homenagem ao Prof. Doutor Rogério Soares», Coimbra, 2001, 723.

GRABENWARTER, Christoph: Verfahrensgarantien in der Verwaltungsgerichtsbarkeit: eine Studie zu Artikel 6 EMRK auf der Grundlage einer rechtsvergleichenden Untersuchung der Verwaltungsgerichtsbarkeit Frankreichs, Deutschlands und Oesterreichs, Viena, 1997.

GRECO, Guido: «Argomenti di diritto amministrativo», Milão, 1990.

GRECO, Guido: Provvedimenti amministrativi costitutivi di rapporti giuridici tra privati, in «Argomenti di diritto amministrativo», Milão, 1990, 49.

GRECO, Guido: Provvedimenti amministrativi costitutivi di rapporti giuridici tra privati, Milão, 1977.

GROMITSARIS, Athanasios: Die Lehre von der Genehmigung, VerwArch. 1997, 52.

GROMITSARIS, Athanasios: Die Unterscheidung zwischen präventivem Verbot mit Erlaubnisvorbehalt und repressivem Verbot mit Befreiungsvorbehalt, DÖV 1997, 401.

GRZIWOTZ, Herbert: Baufreiheit und Schutzanspruch des Dritten angesichts einer Änderungen der Sach- und Rechtslage, AöR 1988, 213.

GUYÉNOT, Jean: La responsabilité des personnes morales publiques et privés, Paris, 1959.

HÄBERLE, Peter: Grundrechte in Pluralistischen Gesellschaften – Die Verfassung des Pluralismus, Die Verwaltung 1993, 421.

HAGEN, Horst: Höchstrichterliche Rechtsprechung zum Problemkreis Nachbarschutz und Sportätte, in P. KIRCHHOF (org.), «Sport und Umwelt», Heidelberga, 1992, 1.

HAGEN, Horst: Privates Immissionsschutzrecht und öffentliches Baurecht, NVwZ 1991, 817.

HAGEN, Horst: Probleme und Erfolge richterlicher Rechtsfortbildung im privaten Immissionsschutzrecht, UTR 1993, 49.

HAGEN, Horst: Sportanlagen im Wohnbereich, UPR 1985, 192.

HAGER, Günter: Das neue Umwelthaftungsgesetz, NJW 1991, 134.

HAGER, Günter: Umweltschäden – ein Prüfstein für die Wandlungs- und Leistungsfähigkeit des Deliktrechts, NJW 1986, 1961.

HARTWIG, Walter: Rechtswirkungen von Zielen der Raumordnung und Landesplanung gegenüber privaten Planungsträgern, insbesondere bei §§ 34, 35 BBauG, NVwZ 1985, 8.

HECHT, Michael/Gerhard MUZAK: Umwelthaftung im Nachbarrecht, JBl. 1994, 159.

HECHT, Michael: Nachbarrechtlicher Untersagungsanspruch und Immissionen von Strassen, ÖJZ 1993, 289.

HEINE, Günter: Environmental law enforcement through the courts – the situation in Germany, in CEJ (org.), «Textos de Ambiente e Consumo», II, Lisboa, 1996, 153.

HEINE, Günter: Verwaltungsakzessorietät des Umweltstrafrechts, NJW 1990, 2425.

HENKE, Wilhelm: System und Institute des öffentlichen Rechts der Wirtschaft, DVBl. 1983, 982.

HERMANN, Heinrich: v. MARBURGER, Peter/ Heinrich HERMANN.

HERMES, Georg: Das Grundrecht auf Schutz von Leben und Gesundheit, Heidelberga, 1987.

HERMES, Georg: Staatliche Infrastrukturverantwortung, Tubinga, 1998.

HERMES, Georg: v. WAHL, Rainer/Georg HERMES/Karsten SACH.

HERR, Mathias Josef: Sportanlagen in Wohnnachbarschaft, Berlin, 1998.

HESSE, Konrad: Grundzüge des Verfassungsrechts der Dundesrepublik Deutschland, 20.ª ed, Berlin, 2000.

HILGER, Bernd: Die Legalisierungswirkung von Genehmigungen, Frankfurt a.M., 1996.

HOPPE, Werner/Martin BECKMANN: Grundfragen des Umweltrechts, JuS 1989, 425.

HOPPE, Werner/Martin BECKMANN: Zur Berücksichtigung von Standortalternativen bei der Zulassung von Abfallentsorgungsanlagen, DÖV 1990, 769.

HÖRLE, O. N.: Die Beeinträchtigungen des Eigentümers durch gewerbliche Anlagen nach dem Bürgerlichen Gesetzbuch und der Gewerbeordnung (§§ 906, 907 BGB, 26, 51 GewO), VerwArch. 1902, 366.

HÖRSTER, Heinrich Ewald: A parte geral do Código Civil português, Coimbra, 2000 (reimp. de 1992).

HÜTTENBRINK, Jost: Tendenzen der Rechtsprechung auf dem Gebiet des Bauplanungsrechts am Veröffentlichungszeitraum 1995/96, DVBl. 1997, 941.

HÜTZ, G.: v. BATTIS, U./G. HÜTZ.

INA (org.): «Direito do Ambiente», Lisboa, 1994.

ISENSEE, Josef/Paul KIRCHHOF (org.): «Handbuch des Staatrechts der Bundesrepublik Deutschland», III, Heidelberga, 1996.

ISENSEE, Josef/Paul KIRCHHOF (org.): «Handbuch des Staatsrechts der Bundesrepublik Deutschland», I, Heildelberga, 1995.

ISENSEE, Josef: Das Grundrecht auf Sicherheit, Berlim, 1983.

ISENSEE, Josef: Gemeinwhol und Staatsaufgaben im Verfassungsstaat, in J. ISENSEE/ P. KIRCHHOF (org.), «Handbuch des Staatrechts der Bundesrepublik Deutschland», III, Heidelberga, 1996, 3.

J. HABERMAS, Between facts and norms (trad. da edição alemã de 1992), Cambridge, 1997.

JARASS, Hans Dieter: Aktuelle Probleme des Umweltschutzes und des Umweltrechts, UTR 1988, 91.

JARASS, Hans Dieter: Anmerkung – BVerwG 2.12.1977, DÖV 1978, 406.

JARASS, Hans Dieter: Bindungswirkung von Verwaltungsvorschriften, JuS 1999, 105.

JARASS, Hans Dieter: BundesImmissionsschutzgesetz, 3ª ed., Munique, 1995.

JARASS, Hans Dieter: Verwaltungsrecht als Vorgabe für Zivil- und Strafrecht, VvDStrL 1991, 238.

JAYME, E. (org.): «2. Deutsch-Lusitanische Rechtstage», Baden-Baden, 1994.

JELLINEK, Georg: System der subjectiven öffentlichen Rechte, Tubinga, 1905.

JESCH, Dietrich: Die Bindung des Zivilrichters an Verwaltungsakte, s.l., 1956.

JESCH, Dietrich: Gesetz und Verwaltung. Eine Problemstudie zum Wandel des Gesetzesmäßigkeitprinzips, Tubingen, 1961.

JESCHECK, Hans-Heinrich: Lehrbuch des Strafrechts, Berlim, 1996.

JORGE, Fernando Pessoa: Ensaio sobre os pressupostos da responsabilidade civil, Coimbra, 1968 (reimpressão de 1999).

JÜNEMANN, Matthias: Rechtsmissbrauch im Umweltstrafrecht: zugleich ein Beitrag zur befugnisverleihenden Wirkung behördlicher Genehmigungen, Berlim, 1998.

JUSTO, António Santos: As relações de vizinhança e a "cautio damni infecti" (Direito Romano. Época clássica), Dereito (RXUSC) 1993 (II/2), 75.

KAHL, W.: «La conservación del medio ambiente y el derecho de propriedad en Alemania», in Javier BARNÉS (ed.), Propiedad, expropiación y responsabilidad. La garantia indemnizatoria en el Derecho europeo y comparado, Madrid, 1995, págs. 755 e scgs.

KAWASUMI, Yoshikazu: Von der roemischen actio negatoria zum negatorischen Beseitigungsanspruch des BGB, Baden-Baden, 2001.

KELSEN, Hans: Teoria pura do direito, 6.ª ed., Coimbra, 1984 (trad. da 2.ª ed. de 1960).

KELSEN, Hans: Zur Lehre vom öffentlichen Rechtsgeschäft, AöR 1913, 53.

KERSCHNER, Ferdinand: Nachbarrecht im Spannungsfeld zwischen Privatrecht und öffentlichen Recht, JBl. 1994, 781.

KERSCHNER, Ferdinand: Umwelthaftung im Nachbarrecht, JBl. 1993, 216.

KIMMENICH, Otto (org.): «Handwörterbuch des Umweltrechts», I, Berlin, 1994.

KIRCHHOF, Paul (org.): «Sport und Umwelt», Heidelberga, 1992.

KIRCHHOF, Paul: Polizeiliche Eingriffsbefugnisse und private Nothilfe, NJW 1978, 969.

KIRCHHOF, Paul: Unterschiedliche Rechtswidrigkeiten in einer einheitlichen Rechtsordnung, Heidelberga/Karlsruhe, 1978.

KIRCHHOF, Paul: v. ISENSEE, Josef/Paul KIRCHHOF.

KISS, Alexandre: Direito internacional do ambiente, in INA (org.), «Direito do Ambiente», Lisboa, 1994, 147.

KLEINLEIN, Kornelius: Neues zum Verhältnis von öffentlichem und privatem Nachbarrecht, NVwZ 1982, 668.

KLOEPFER, Michael/Hans-Peter VIERHAUS: Recht ermöglicht Technik, N+R 1997, 417.

KLOEPFER, Michael: Chance und Risiko als rechtliche Dimensionen, UTR 1988, 31.

KLOEPFER, Michael: Umweltrecht, 2.ª ed., Munique, 1998.

KLOEPFER, Michael: Umweltrecht, in N. ACHTERBERG/G. PÜTTNER/T. WÜRTENBERGER (org.), «Besonderes Verwaltungsrecht», I, Heidelberga, 338.

KLOEPFER, Michael: Umweltschutz als Aufgabe des Zivilrechts – aus öffentlich-rechtlicher Sicht, N+R 1990, 337.

KLOEPFER, Michael: Umweltschutz als Verfassungsrecht: Zum neuen Art. 20a GG, DVBl. 1996, 73.

KNIESEL, Michael: v. PIEROTH, Bodo/Bernhard SCHLINK/Michael KNIESEL.

KNOKE, Ulrich: v. ERICHSEN, Hans Uwe/Ulrich KNOKE.

KOCH, Hans-Joachim: "Schädliche Umwelteinwirkungen" – ein mehrdeutiger Begriff?, UTR 1989, 205.

KOCH, Matthias: v. WASMUTH, Johannes/Matthias KOCH.

KÖCK, Wolfgang: Risikoregulierung und Privatrecht, in W. SEEHAFER (org.), «Jahrbuch Junger Zivilrechtswissenschaftler – Risikoregulierung und Privaterecht», Estugarda, 1993, 11.

KÖHLER, Michael: Das angeborene Recht ist nur ein einziges..., in K. SCHMIDT (org.), «Vielfalt des Rechts – Einheit der Rechtsordnung», Berlin, 1994, 61.

KOLLMANN, Andreas: Zur Bindungswirkung von Verwaltungsakten, DÖV 1990, 189.

KÖNIG, Sigurd: Drittschutz – Der Rechtsschutz Drittbetroffener gegen Bau- und Anlagengenehmigungen im öffentlichen Baurecht, Immissionsschutzrecht und Atomrecht, Berlin, 1993.

KOPP, Ferdinand/Ulrich RAMSAUER: Verwaltungsverfahrensgesetz, 7.ª ed., Munique, 2000.

KORMANN, Karl: System des rechtsgeschäftlichen Staatsakte, Berlin, 1910.

KRACHT, Harald: Die Immissionsschutzrechtliche Genehmigungsbedürftigkeit ortsfester Abfallentsorgungsanlagen, UPR 1993, 369.

KRAHNEFELD, Lutz: Die abfallrechtlichen Entsorgungspflichten, N+R 1996, 269.

KRAUSE, Peter: Rechtsformen des Verwaltungshandelns, Berlin, 1974.

KRINGS, Petra: Gewässerunterhaltung im Spannungsfeld von Naturschutzrecht und Wasserrecht, N+R 1997, 129.

KÜGEL, Wilfried: Die Entwicklung des Altlastenrechts, NJW 1996, 2477.

KUNIG, Philip: Das Rechtsstaatsprinzip, Tubinga, 1986.

KUTSCHEIDT, Ernst: Die Neuregelung der Abfallvermeidungs- und beseitigungspflicht bei industriellen Betrieben, NVwZ 1986, 622.

LACERDA, J. A. Dimas de: Responsabilidade civil extracontratual do Estado (alguns aspectos), RMP 1986 (21), 43.

LADEUR, Karl-Heinz: "Abwägung" – ein neues Rechtsparadigma?, ARSP 1983, 463.

LADEUR, Karl-Heinz: Das Umweltrecht der Wissensgesellschaft, Berlim, 1995.

LADEUR, Karl-Heinz: Umweltrecht und technologische Innovation, UTR 1988, 305.

LANDWEHR, Götz: Die Einheit der Rechtsordnung in der Rechtsgeschichte, in K. SCHMIDT (org.), «Vielfalt des Rechts – Einheit der Rechtsordnung», Berlim, 1994, 31.

LANG, Gerhard: Sportanlagen in Whonbereich, UPR 1985, 185.

LANGNER, Thomas: Die Problematik der Geltung der Grundrechte zwischen Privaten, Frankfurt a. M., 1998.

LARENZ, Karl: Die Prinzipien der Schadenszurechnung, JuS 1965, 373.

LARENZ, Karl: Lehrbuch des Schuldrechts, 12.ª ed., Munique, 1979.

LARENZ, Karl: Metodologia da ciência do direito, 2.ª ed., Lisboa, 1989 (tradução da 5.ª ed. alemã, 1983).

LAUBINGER, Hans-Werner: Der Verwaltungsakt mit Doppelwirkung, Gottingen, 1967.

LEITÃO, João Menezes: Instrumentos de direito privado para protecção do ambiente, RJUA 1997, 29.

LEITÃO, Luís Manuel Teles de Menezes: A responsabilidade do gestor perante o dono do negócio no direito civil português, Lisboa, 1991.

LEITÃO, Luís Manuel Teles de Menezes: Direito das Obrigações, I, 2.ª ed., 2002.

LEPA, Manfred: Die Einwirkung der Grundrechte auf die Anwendung des Deliktsrechts in der Rechtsprechung des Bundesgerichtshofs, in «FS Erich Steffen», Berlim/Nova Iorque, 1995, 261.

LIMA, Fernando Pires de/João de Matos Antunes VARELA, Código Civil anotado, I, 4.ª ed., Coimbra, 1987.

LIMA, Fernando Pires de/João de Matos Antunes VARELA: Código Civil anotado, III, 2.ª ed., Coimbra, 1987.

LOOSCHELDERS, Dirk: Die Ausstrahlung der Grundrechte auf das Schadensrecht, in J. WOLTER (org.), «Einwirkungen der Grundrechte auf das Zivilrecht, öffentliche Recht und Strafrecht», Heidelberga, 1999, 93.

LOPES, Pedro Silva: Condicionantes da responsabilidade civil por danos causados ao ambiente – algumas reflexões, RJUA 1997, 161.

LOPES, Pedro Silva: Dano ambiental: sua responsabilidade civil e reparação sem responsável, RJUA 1997, 31.

LOPES, Ricardo: O direito de propriedade e as relações de vizinhança, SJ 1953, 478.

LÓPEZ MENUDO, F.: Autorización, in «Enciclopedia Jurídica Básica», I, Madrid, 1995, 711.

LÓPEZ-MUÑIZ, José Luís Martínez/António CALONGE VELÁSQUEZ (org.): «La responsabilidad patrimonial de los poderes públicos – III Colóquio Hispano-Luso de Derecho Administrativo, Valladolid, 16-18 de octubre de 1997», Madrid/ Barcelona, 1999.

LOPEZ-MUÑIZ, José Luís: Introducción al derecho administrativo, Madrid, 1986.

LORENZ, Dieter: Der Rechtsschutz des Bürgers und die Rechtsweggarantie, Munique, 1973.

LÖWER, Wolfgang: Funktion und Begriff des Verwaltungsakts, JuS 1980, 805.

MAÇÃS, Maria Fernanda: A suspensão jurisdicional da eficácia dos actos administrativos e a garantia constitucional da tutela judicial efectiva, Coimbra, 1996.

MACHETE, Pedro: A audiência dos interessados no procedimento administrativo, Lisboa, 1996.

MACHETE, Pedro: A suspensão jurisdicional de eficácia de actos administrativos, OD (123), 231.

MACHETE, Rui Chancerelle de: Considerações sobre a dogmática administrativa no moderno Estado Social, separata do BOA 1986 (2.ª série).

MACHETE, Rui Chancerelle de: Privilégio da execução prévia, DJ, 1992, 65.

MACK, Alexander: v. SCHILLING, Herbert/Alexander MACK.

MAGALHÃES, António Leite Ribeiro de: Estudos administrativos, Coimbra, 1905.

MAGER, Ute: Der massgebliche Zeitpunkt für die Beurteilung der Rechtswidrigkeit von Verwaltungsakten, Berlim, 1994.

MANSSEN, Gerrit: Privatrechtsgestaltung durch Hoheitsakt, Tübinga, 1994.

MARBURGER, Peter/Heinrich HERMANN: Zur Verteilung der Darlegungs- und Beweislast bei der Haftung für Umweltschäden, JuS 1986, 143.

MARBURGER, Peter: Ausbau des Individualschutzes gegen Umweltbelastungen als Aufgabe des bürgerlichen und des öffentlichen Rechts, in «Verhandlungen des sechsfünfzigsten Deutschen Juristentagens – Gutachten C», I, Munique, 1986, C1.

MARBURGER, Peter: Besprechung von Wagner, Gerhard: Öffentlich-rechtliche Genehmigung und zivilrechtliche Rechtswidrigkeit, AcP 1990, 654.

MARBURGER, Peter: Die Regeln der Technik im Recht, Berlim/Colónia/Bona/Munique, 1979.

MARBURGER, Peter: Zur zivilrechtliche Haftung für Waldschäden, in «Waldschäden als Rechtsproblem (UTR)», Dusseldorf, 1987, 109.

MARTENS, Wolfgang: Immissionsschutzrecht und Polizeirecht, DVBl. 1981, 597.

MARTENSEN, Jürgen: Erlaubnis zur Störung?, Baden-Baden, 1994.

MARTIN, Gilles J.: La responsabilité civile du fait des déchets en droit français, RIDC 1992, 65.

MARTINEZ, Pedro Romano: Acidentes de trabalho, Lisboa, 1996.

MARTINS, António Carvalho: A política de ambiente da Comunidade Económica Europeia, Coimbra, 1990.

MARX, Claudius: Die behördliche Genehmigung im Strafrecht, Baden-Baden, 1993.

MATOS, André Salgado de: A fiscalização administrativa da constitucionalidade, dissertação de mestrado (inédita), Lisboa, 2000.

MAURER, Hartmut: Allgemeines Verwaltungsrecht, 12.ª ed., Munique, 1999.

MAURER, Hartmut: Kontinuitätsgewähr und Vertrauensschutz, in J. ISENSEE/P. KIRCHHOF (org.), «Handbuch des Staatsrechts der Bundesrepublik Deutschland», III, Heidelberga, 1996, 211.

MAURER, Hartmut: Staatsrecht I, 2.ª ed., Munique, 2001.

MAYER, Heinz: Das österreichische Bundes-Verfassungsrecht – Kurzkomenntar, 2.ª ed., Viena, 1997.

MAYER, Heinz: v. WALTER, Robert/Heinz MAYER.

MAYER, Otto: Deutsches Verwaltungsrecht, I, 3.ª ed., Berlim, 1924.

MAYER, Otto: Deutsches Verwaltungsrecht, II, 3.ª ed., Berlim, 1924.

MAYER, Otto: Zur Lehre von der materiellen Rechtskraft in Verwaltungssachen, AöR 1907, 1.

MEDEIROS, Rui: A decisão de inconstitucionalidade, Lisboa, 1999.

MEDEIROS, Rui: Ensaio sobre a responsabilidade civil do Estado por actos legislativos, Coimbra, 1992.

MEDICUS, Dieter: Bürgerliches Recht, 18.ª ed., Colónia, 1999.

MEDICUS, Dieter: Umweltschutz als Aufgabe des Zivilrechts – aus zivilrechtlicher Sicht, N+R 1990, 145.

MEDICUS, Dieter: Zivilrecht und Umweltschutz, JZ 1986, 778.

MELO, Barbosa de: Responsabilidade civil extra-contratual do Estado – não cobrança de derrama pelo Estado, CJ 1986 (XI), IV, 33.

MELO, Martinho Nobre de: Teoria geral da responsabilidade do Estado, Lisboa, 1914.

MENDES, João de Castro: Direito processual civil, II, Lisboa, 1987.

MENDES, João de Castro: Limites objectivos do caso julgado em processo civil, s/l., s/d..

MENDES, João de Castro: Subsídios para o estudo do direito de intervenção, ROA 1952, 157.

MENDES, Paulo de Sousa: Vale a pena o direito penal do ambiente?, Lisboa, 2000.

MENGOLI, Gian Carlo: Manuale di diritto urbanistico, 3ª ed., Milão, 1992.

MERKISCH, Dietrich: Haftung für Umweltschäden, BB 1990, 223.

MERKL, Adolf: Allgemeines Verwaltungsrecht, Viena, 1927.

MERTEN, Detlef: Die Bestandskraft von Verwaltungsakten, NJW 1983, 1993.

MESQUITA, Manuel Henrique: Direitos Reais, Coimbra, 1967.

MESQUITA, Maria José Rangel de: Da responsabilidade civil extracontratual da Administração no ordenamento jurídico-constitucional vigente, in Fausto de QUADROS (org.): «Responsabilidade civil extracontratual da administração pública», Coimbra, 1995, 39.

MIRANDA, Jorge: A constituição e o direito do ambiente, in INA (org.), «Direito do Ambiente», Lisboa, 1994, 353.

MIRANDA, Jorge: Manual de direito constitucional, II, 3.ª ed., 1991.

MIRANDA, Jorge: Manual de direito constitucional, IV, Coimbra, 2.ª ed., 1992, 3.ª ed., 2000.

MIRANDA, Jorge: v. VARELA, João de Matos Antunes/D. Freitas do AMARAL/J. MIRANDA/J. J. Gomes CANOTILHO.

MITTENZWEI, Ingo: Umweltverträglichkeit statt Ortsüblichkeit als Tatbestandsvoraussetzung des privatrechtlichen Immissionsschutzes, MDR 1977, 99.

MONTEIRO, Cristina Líbano: sub art. 348.º, in J. Figueiredo DIAS (org.), «Comentário Conimbricense ao Código Penal – parte especial», III, Coimbra, 1999, 349.

MONTEIRO, Jorge Ferreira de Sinde: Responsabilidade por conselhos, recomendações ou informações, Coimbra, 1989.

MORAIS, Carlos Blanco de: As leis reforçadas, Coimbra, 1998.

MOREIRA, Guilherme: Estudo sobre a responsabilidade civil, RLJ 1905, ano 37.º, 561.

MOREIRA, Vital: Constituição e direito administrativo (A "Constituição administrativa" portuguesa), in J. Antunes VARELA/D. Freitas do AMARAL/J. MIRANDA/J. J. Gomes CANOTILHO (org.): «Ab uno ad omnes – 75 anos da Coimbra Editora», Coimbra, 1998, 1141.

MOREIRA, Vital: v. CANOTILHO, José Joaquim Gomes/Vital MOREIRA.

MOURA, José Souto de: O crime de poluição – a propósito do artigo 279.º do Projecto de Reforma do Código Penal, RMP 1992, 15.

MUCKEL, Stefan: Kriterien des verfassungsrechtlichen Vertrauensschutzes bei Gesetzesänderungen, Berlim, 1989.

MÜGGENBORG, Hans-Jürgen: Rechtliche Aspekte der Altlastenproblematik und der Freistellungsklausel, NVwZ 1992, 845.

MÜLLER, Friedrich: Juristische Methodik, 7.ª ed., Berlim, 1997.

MÜNCH, Ingo von (org.): «Zur Drittwirkung der Grundrechte», Frankfurt a.M., 1998.

MÜNCH, Ingo von: A protecção do meio ambiente na constituição, RJUA 1994, 41.

MÜNCH, Ingo von: Die Drittwirkung von Grundrechten in Deutschland, in I. von MÜNCH (org.), «Zur Drittwirkung der Grundrechte», Frankfurt a.M., 1998, 7.

MUZAK, Gerhard: v. HECHT, Michael/Gerhard MUZAK.

NEVES, António Castanheira: A unidade do sistema jurídico: o seu problema e o seu sentido, Coimbra, 1979.

NEVES, António Castanheira: Metodologia jurídica – problemas fundamentais, Coimbra, 1993.

NIEMUTH, Bettina: Die Sanierung von Altlasten nach dem Verursacherprinzip, DÖV 1988, 291.

NIPPERDEY, Hans Carl: Grundrechte und Privatrecht, Krefeld, 1961.

NOVAIS, Jorge Reis: Contributo para uma teoria do Estado de Direito, Coimbra, 1987.

NOVAIS, Jorge Reis: Separação de poderes e limites da competência legislativa da Assembleia da República, Lisboa, 1997.

OBERMAYER, Klaus: Das Dilemma der Regelung eines Einzelfalles nach dem Verwaltungsverfahrensgesetz, NJW 1980, 2386.

ÖHLINGER, Theo: Verfassungsrecht, 4.ª ed., Viena, 1999.

ÖHLINGER, Theo: Verwaltungsrecht als Vorgabe für Zivil- und Strafrecht (Aussprache und Schlussworte), VvDStrL 1991, 276.

OLIVEIRA, Fernanda Paula: As licenças de construção e os direitos de natureza privada de terceiros, in UC (org.), «Estudos em homenagem ao Prof. Doutor Rogério Soares», Coimbra, 2001, 991.

OLIVEIRA, Mário Esteves de/Pedro Costa GONÇALVES/João Pacheco de AMORIM: Código do Procedimento Administrativo comentado, 2.ª ed., Coimbra, 1997.

OLIVEIRA, Mário Esteves de: Direito administrativo, I, Lisboa, reimp. 1984.

ORTEGA, Luís: v. GARCÍA DE ENTERRÍA, Eduardo/Luís ORTEGA.

ORTLOFF, Karsten-Michael: v. FINKELNBURG, Klaus/Karsten-Michael ORTLOFF.

ORTLOFF, Karsten-Michael: Inhalt und Bindungswirkungen der Baugenehmigung, NJW 1987, 1665.

OSSENBÜHL, Fritz: Gesetz und Recht – Die Rechtsquellen im demokratischen Rechtsstaat, in J. ISENSEE/P. KIRCHHOF (org.), «Handbuch des Staatsrechts», I, Heidelberga, 1995, 281.

OSSENBÜHL, Fritz: Regelungsgehalt und Bindungswirkung der ersten Teilgenehmigung im Atomrecht, NJW 1980, 1353.

OSSENBÜHL, Fritz: Verwaltungsrecht als Vorgabe für Zivil- und Strafrecht, DVBl. 1990, 963.

OTERO, Paulo: O poder de substituição em Direito administrativo, I, Lisboa, 1995.

OTERO, Paulo: Responsabilidade civil pessoal dos titulares de órgãos, funcionários e agentes da administração do Estado, in J. L. M. LÓPEZ-MUÑIZ/A. Calonge VELÁSQUEZ (org.): «La responsabilidad patrimonial de los poderes públicos – III Colóquio Hispano-Luso de Derecho Administrativo, Valladolid, 16-18 de octubre de 1997», Madrid/Barcelona, 1999, 489.

OTERO, Paulo: A execução do acto administrativo no Código de Procedimento Administrativo, SI 238/240 (1992), 207.

OTERO, Paulo: v. AMARAL, Diogo Freitas do/Paulo OTERO.

OTERO, Paulo: Vinculação e liberdade de conformação jurídica do sector empresarial do Estado, Coimbra, 1998.

OUDIJK, Johannes C.: v. FAURE, Michael G./Johannes C. OUDIJK.

PALMA, M.ª Fernanda: Direito penal do ambiente – uma primeira abordagem, in INA (org.), «Direito do Ambiente», Lisboa, 1994, 431.

PALMA, Maria Fernanda: A justificação por legítima defesa como problema de delimitação de direitos, I, Lisboa, 1990.

PAPIER, Hans Jürgen: Altlasten und polizeiliche Störerhaftung, DVBl. 1985, 873.

PAPIER, Hans Jürgen: Die Verantwortlichkeit für Altlasten im öffentlichen Recht, NVwZ 1986, 256.

PAPIER, Hans Jürgen: Enteignungsgleiche und enteignende Eingriffe nach der Naßauskiesung-Entscheidung – BGHZ 90, 17 und BGH, NJW 1984, 1876; JuS 1985, 184.

PAPIER, Hans Jürgen: Sport und Umwelt, NVwZ 1986, 624.

PAPIER, Hans Jürgen: Sportstätten und Umwelt, UPR 1985, 73.

PAPIER, Hans Jürgen: Wirkungen des öffentlichen Planungsrechts auf das private Immissionsschutzrecht, in H. PIKART (org.), «Umwelteinwirkungen durch Sportanlagen – Rechtsgutachten», Dusseldorf, 1984, 97.

PAPIER, Jans Hürgen: Zur rückwirkenden Haftung des Rechtsnachfolgers für Altlasten, DVBl. 1996, 125.

PASCHKE, Marian: Einheit der Wirtschaftsrechtsordnung, in K. SCHMIDT (org.), «Vielfalt des Rechts – Einheit der Rechtsordnung», Berlim, 1994, 147.

PECHER, Christian: Die Rechtsprechung zum Drittschutz im öffentlichen Baurecht, JuS 1996, 887.

PEINE, Franz-Joseph: Allgemeines Verwaltungsrecht, 6.ª ed., Heidelberga, 2002.

PEINE, Franz-Joseph: Das Recht als System, Berlim, 1983.

PEINE, Franz-Joseph: Die Legarisierungswirkung, JZ 1990, 201.

PEINE, Franz-Joseph: Öffentliches und Privates Nachbarrecht, JuS 1987, 169.

PEINE, Franz-Joseph: Privatrechtsgestaltung durch Anlagegenehmigung, NJW 1990, 2442.

PEREIRA, Rui: Código Penal: as ideias de uma revisão adiada, RMP 1997, 49.

PÉRINET-MARQUET, Hugues: v. AUBY, Jean--Bernard/Hugues PÉRINET-MARQUET.

PETERS, Heinz-Joachim: Grundzüge des Umweltplanungsrechts, DÖV 1988, 56.

PHILIPP, Dominique: De la responsabilité à la solidarité des personnes publiques, RDP 1999, 133.

PIÇARRA, Nuno: A separação dos poderes como doutrina e princípio constitucional, Coimbra, 1989.

PIÇARRA, Nuno: Die Einflüsse des deutschen Verfassungsrechts auf das portugiesische Verfassungsrecht, in E. JAYME (org.), «2. Deutsch-Lusitanische Rechtstage», Baden-Baden, 1994, 55.

PIEROTH, Bodo/Bernhard SCHLINK/Michael KNIESEL: Polizei- und Ordnungsrecht, Munique, 2002.

PIKART, H. (org.): «Umwelteinwirkungen durch Sportanlagen – Rechtsgutachten», Dusseldorf, 1984.

PIKART, Heinz: Bürgerlich-rechtliche Rechtsfragen bei Lärmbelästigungen durch den Betrieb von Sportanlagen im Whonbereich, in H. PIKART (org.), «Umwelteinwirkungen durch Sportanlagen – Rechtsgutachten», Dusseldorf, 1984, 3.

PIMENTA, Carlos: Enquadramento geral da problemática do ambiente, in INA (org.), «Direito do Ambiente», Lisboa, 1994, 21.

PINHEIRO, Alexandre de Sousa: A reserva de lei em direito penal. Comentário ao Acórdão n.º 427/95 do Tribunal Constitucional, DJ 1997, 353.

PINTO, Carlos Alberto da Mota: Direitos reais, Coimbra, 1971 (lições publicadas por Álvaro Moreira e Carlos Fraga).

PINTO, Frederico Costa: v. BELEZA, Teresa Pizarro/Frederico Costa PINTO.

PINTO, Frederico Lacerda da Costa: Sentido e limites da protecção penal do ambiente, Direito e Cidadania 1999/2000, 9.

PINTO, Paulo da Mota: O direito ao livre desenvolvimento da personalidade, in AaVv. (org.), «Portugal-Brasil ano 2000», Coimbra, 1999, 149.

PINTO, Ricardo Leite: Intimação para um comportamento, Lisboa, 1995.

PRAÇA, José Joaquim Lopes: Direito constitucional portuguez, Coimbra, 1880.

PRATA, Ana: A tutela constitucional da autonomia privada, Coimbra, 1982.

PREU, Peter: Die historische Genese der öffentlichen Bau- und Gewerbenachbarklagen (ca. 1800-1970), Berlim, 1990.

PREU, Peter: Subjektivrechtliche Grundlagen des öffentlichrechtlichen Drittschutzes, Berlim, 1992.

PREUSCHE, Burkhard: Das Verbot mit Erlaubnisvorbehalt als Regelungsinstrument, inédito, Frankfurt a. M., 1980.

PUNZI, Carmine: Le questioni incidentali nel processo civile, in «Scritti in onore di Massimo Severo Giannini», I, Milão, 1988, 557.

PÜTTNER, G.: v. ACHTERBERG, Norbert/G. PÜTTNER/T. WÜRTENBERGER.

QUADROS, Fausto de (org.): «Responsabilidade civil extracontratual da administração pública», Coimbra, 1995.

QUADROS, Fausto de/Luís Sousa da FÁBRICA / Paulo OTERO/José Mário Ferreira de ALMEIDA, Procedimento administrativo, DJAP, VI (1994), 470.

QUADROS, Fausto de: A protecção da propriedade privada pelo direito internacional público, Coimbra, 1998.

QUADROS, Fausto de: Algumas considerações sobre a reforma do contencioso administrativo. Em especial, as providências cautelares, in M. Justiça (org.), «Reforma do contencioso administrativo – o debate universitário», Lisboa, 2000, 151.

QUADROS, Fausto de: Direito das expropriações, direito do urbanismo, direito do ambiente: algumas questões fundamentais, RJUA 1995, 147.

QUADROS, Fausto de: Introdução, in Fausto de QUADROS (org.), «Responsabilidade civil extracontratual da administração pública», Coimbra, 1995, 7.

QUADROS, Fausto de: Serviço público e direito comunitário, in UC (org.), «Estudos em Homenagem ao Professor Doutor Manuel Gomes da Silva», Coimbra, 2001, 641.

QUADROS, Fausto de: A nova dimensão do direito administrativo – o direito administrativo português na perspectiva comunitária, Coimbra, 1999.

QUEIRÓ, Afonso: Lições de direito administrativo, I, Coimbra, 1976.

RAMSAUER, Ulrich: v. KOPP, Ferdinand/Ulrich RAMSAUER.

RANGEL, Paulo Castro: A separação de poderes segundo Montesquieu, in UC (org.), «Estudos em homenagem ao Prof. Doutor Rogério Soares», Coimbra, 2001, 347.

RANGEL, Paulo Castro: Concertação, programação e direito do ambiente, Coimbra, 1994.

RANGEL, Paulo Castro: Repensar o poder judicial – fundamentos e fragmentos, Porto, 2001.

RANGEL, Paulo Castro: Reserva de jurisdição – sentido dogmático e sentido jurisprudencial, Porto, 1997.

REHBINDER, Eckard: O direito do ambiente na Alemanha, in INA (org.), «Direito do Ambiente», Lisboa, 1994, 249.

REIS, José Alberto dos: Código de processo civil anotado, I, 3.ª ed., Coimbra, 1982.

RIBEIRO, Maria Teresa de Melo: A eliminação do acto definitivo e executório na revisão constitucional de 1989, DJ VI (1992), 365, VII (1993), 191.

RICHTER, Paolo Stella: Atti e poteri amministrativi, in G. GUARINO (org.), «Dizionario amministrativo», I, 1983.

RIVERO, Jean: Direito Administrativo, Coimbra, 1981 (tradução da ed. francesa de 1975).

ROCHA, Mário de Melo: A avaliação de impacto ambiental como princípio do direito do ambiente nos quadros internacional e europeu, Porto, 2000.

RODRIGUES, Anabela Miranda: A propósito do crime de poluição (artigo 279.º do Código Penal), DJ 1998, 103.

RODRIGUES, Anabela Miranda: sub art. 279.º, in J. Figueiredo DIAS (org.), «Comentário Conimbricense ao Código Penal – parte especial», II, Coimbra, 1999, 945.

RODRIGUES, Anabela Miranda: sub art. 280.º, in J. Figueiredo DIAS (org.), «Comentário Conimbricense ao Código Penal – parte especial», II, Coimbra, 1999, 979.

ROESLER, Stephan: Die Legalisierungswirkung gewerbe- und immissionsschutzrechtlicher Genehmigungen vor dem Hintergrund der Altlastenproblematik, Frankfurt a.M., 1993.

ROGALL, Klaus: Die Duldung im Umwelttrafrecht, NJW 1995, 922.

ROTH, Andreas: Verwaltungshandeln mit Drittbetroffenheit und Gesetzesvorbehalt, Berlim, 1991.

ROTH, Fritz: Die Teilnahme am Sport aus der Sicht eines Sportvebandes. Dargestellt am Beispiel des DLV, in E. DEUTSCH (org.), «Teilnahme am Sport als Rechtsproblem», Heidelberga, 1993, 1.

RÖTHEL, Anne: v. VIEWEG, Klaus/Anne RÖTHEL.

ROTHER, Werner: Die Begriffe Kausalität, Rechtswidrigkeit und Verschulden in ihrer Beziehung zueinander, in «FS Larenz», Munique, 1983, 537.

ROXIN, Claus: Derecho Penal – parte general, 2.ª ed., Madrid, 1997.

RUPP, Hans Heinrich: Die Unterscheidung von Staat und Gesellschaft, in J. ISENSEE/P. KIRCHHOF (org.), «Handbuch des Staatsrechts der Bundesrepublik Deutschland», I, Heildelberga, 1995, 1187.

RUPP, Hans Heinrich: Grundfragen der heutigen Verwaltungsrechtslehre, 2.ª ed., Tubinga, 1991.

SACH, Karsten: Genehmigung als Schutzchild?, Berlim, 1994.

SACH, Karsten: v. WAHL, Rainer/Georg HERMES/Karsten SACH.

SALVIA, Filippo/ Francesco TERESI: Diritto urbanistico, 5.ª ed., 1992.

SALZWEDEL, Jürgen: Sportanlagen in Whonbereich, UPR 1985, 210.

SALZWEDEL, Jürgen: Umweltschutz, in J. ISENSEE/P. KIRCHHOF (org.), «Handbuch des Staatsrechts der Bundesrepublik Deutschland», III, Heildelberga, 1996, 1205.

SAMSON, H.: Konflikte zwischen öffentlichem und strafrechtlichem Umweltschutz, JZ 1988, 800.

SANTANIELLO, Giuseppe: La legittimazione alla tutela dell'ambiente e dei beni ambientali, in «Scritti in onore di Massimo Severo Giannini», II, Milão, 1988, 637.

SCHALL, Hero: Umweltschutz durch Strafrecht: Anspruch und Wirklichkeit, NJW 1990, 1263.

SCHAPP, Jan: Das Verhältnis von privatem und öffentlichem Nachbarrecht, Berlim, 1978.

SCHICK, Walter: Das Verbot mit Anzeigevorbehalt, BayVBl 1967, 341.

SCHILLING, Herbert/Alexander MACK: Die Verschärfung der Umwelt- und Arzneimittelhaftung – Entwicklungen und Gefahren aus Sicht der Haftpflichtversicherer, in «FS Erich Steffen», Berlim/Nova Iorque, 1995, 413.

SCHILLING, Theodor: Rang und Geltung von Normen in gestuften Rechtsordnungen, Berlim, 1994.

SCHINK, Alexander: Grenzen der Störerhaftung bei der Sanierung von Altlasten, VerwArch. 1991, 357.

SCHINK, Alexander: Wasserrechtliche Probleme der Sanierung von Altlasten, DVBl. 1986, 161.

SCHLINK, Bernhard: v. PIEROTH, Bodo/Bernhard SCHLINK/Michael KNIESEL.

SCHMEHL, Arndt: Genehmigungen unter Änderungsvorbehalt zwischen Stabilität und Flexibilität, Baden-Baden, 1998.

SCHMIDT, Detlef: Die Unterscheidung von privatem und öffentlichem Recht, Baden-Baden, 1985.

SCHMIDT, Karsten (org.): «Vielfalt des Rechts – Einheit der Rechtsordnung», Berlim, 1994.

SCHMIDT, Karsten: Einheit der Rechtsordnung – Realität? Aufgabe? Illusion?, in K. SCHMIDT (org.), «Vielfalt des Rechts – Einheit der Rechtsordnung», Berlim, 1994, 9.

SCHMIDT, Lutz: Unmittelbare Privatrechtsgestaltung durch Hoheitsakt, Bielefeld, 1975.

SCHMIDT-Aßmann, Eberhard: Grundrechtswirkungen im Verwaltungsrecht, in B. BENDER (org.), «Rechtsstaat zwischen Sozialgestaltung und Rechtsschutz – FS Konrad Redeker», Munique, 1993, 225.

SCHMIDT-Aßmann, Eberhard: Umweltschutz in der Raumplanung, DÖV 1979, 1.

SCHMIDT-PREUSS, Matthias: Veränderungen grundlegender Strukturen des deutschen (Umwelt-)Rechts durch das "Umweltgesestzbuch I", DVBl. 1998, 857.

SCHMIDT-PREUSS, Matthias: Kollidierende Privatinteressen im Verwaltungsrecht – Das subjektive öffentlich recht im multipolaren Verwaltungsrechtsverhältnis, Berlim, 1992.

SCHREIBER, Frank: Das Regelungsmodell der Genehmigung im integrierten Umweltschutz, Berlim, 2000.

SCHRÖDER, Meinhard: Verwaltungsrecht als Vorgabe für Zivil- und Strafrecht, VvDStrL 1991, 197.

SCHÜLE, Adolf: Treu und Glauben im deutschen Verwaltungsrecht, AöR 1888, 1.

SCHUR, Wolfgang: Anspruch, absolutes Recht und Rechtsverhältnis im öffentlichen Recht entwickelt aus dem Zivilrecht, Berlim, 1993.

SCHÜTTE, Peter: "Aktuelle Probleme des Immissionsschutzrechts" – Symposium der Forschungsstelle Umweltrecht der Universität Hamburg am 2.Juni 1998, DVBl. 1998, 1121.

SCHWABE, Jürgen: Öffentliches und privates Nachbarrecht oder: Einheit der Umwelt-Rechtsordnung, in K. SCHMIDT (org.), «Vielfalt des Rechts – Einheit der Rechtsordnung», Berlim, 1994, 99.

SCHWARZE, Jünger (org.): «Das Verwaltungsrecht unter europäischem Einfluss», Baden-Baden, 1996.

SCHWARZE, Jünger: Deutscher Landesbericht, in J. SCHWARZE (org.), «Das Verwaltungsrecht unter europäischem Einfluss», Baden-Baden, 1996, 123.

SCHWERDTFEGER, Gunther: Baurechtlicher Drittschutz und Parlamentsvorbehalt, NVwZ 1983, 199.

SEEHAFER, W. (org.): «Jahrbuch Junger Zivilrechtswissenschaftler – Risikoregulierung und Privaterecht», Estugarda, 1993.

SEIBERT, Max-Jürgen: Die Bindungswirkung von verwaltungsakten, Baden-Baden, 1989.

SEIDEL, Achim: Öffentlich-rechtlicher und privatrechtlicher Nachbarschutz, Munique, 2000.

SELMER, Peter: Einheit der Rechtsordnung und Einheitlichkeit der Lebenverhältnisse nach Wiederherstellung der deutschen Einheit, in K. SCHMIDT (org.), «Vielfalt des Rechts – Einheit der Rechtsordnung», Berlim, 1994, 199.

SELMER, Peter: Privates Umwelthaftungsrecht und öffentliches Gefahrenabwehr, Heidelberga, 1991.

SENDIM, José de Sousa Cunhal: Nota introdutória à Convenção do Conselho da Europa sobre responsabilidade civil pelos danos causados por actividades perigosas para o ambiente, RJUA 1995, 147.

SENDIM, José de Sousa Cunhal: Responsabilidade civil por danos ecológicos, Coimbra, 1998.

SENDLER, Horst: Grundrecht auf Widerspruchsfreiheit der Rechtsordnung? – Eine Reise nach Absurdistan?, NJW 1998, 2875.

SERRA, Adriano Paes da Silva Vaz: Responsabilidade civil do Estado e dos seus orgãos ou agentes, BMJ 1959, n.º 85, 446.

SERRA, TERESA: Problemática do erro sobre a ilicitude, Coimbra, 1991.

SÈVES, António Lorena de: A protecção jurídico-pública de terceiros nos loteamentos urbanos e obras de urbanização, CEDOUA 1998, 51.

SIEGER, Christoph: Die massgebende Sach- und Rechtslage für die Beurteilung der Rechtswidrigkeit des Verwaltungsaktes im verwaltungsgerichtlichen Anfechtungsprozess, Frankfurt a.M., 1995.

SILVA, José Luís Moreira da: Da responsabilidade civil da Administração Pública por actos ilícitos, in Fausto de QUADROS (org.), «Responsabilidade civil extra-contratual da administração pública», Coimbra, 1995, 135.

SILVA, Vasco Pereira da: "Ventos de mudança no contencioso administrativo", Coimbra, 2000.

SILVA, Vasco Pereira da: 2001: Odisseia no espaço conceptual do acto administrativo, CJA 2001 (28), 7.

SILVA, Vasco Pereira da: A acção para o reconhecimento de direitos, in "Ventos de mudança no contencioso administrativo", Coimbra, 2000, 49.

SILVA, Vasco Pereira da: A vinculação das entidades privadas pelos direitos, liberdades e garantias, RDES 1987, 259.

SILVA, Vasco Pereira da: Da protecção jurídica ambiental – os denominados embargos administrativos em matéria de ambiente, Lisboa, 1997.

SILVA, Vasco Pereira da: Em busca do acto administrativo perdido, Coimbra, 1996.

SILVA, Vasco Pereira da: O contencioso administrativo como "direito constitucional concretizado" ou "ainda por concretizar"?, in "Ventos de mudança no contencioso administrativo", Coimbra, 2000, 61.

SILVA, Vasco Pereira da: Para um contencioso administrativo dos particulares, Coimbra, 1989.

SILVA, Vasco Pereira da: Responsabilidade administrativa em matéria de ambiente, Lisboa, 1997.

SILVA, Vasco Pereira da: Verde cor de direito – Lições de direito do ambiente, Coimbra, 2002.

SILVA, Vasco Pereira da: Verdes são também os direitos do homem (publicismo, privatismo e associativismo no direito do ambiente), in UC (org.), «BFD(UC) – Colloquia-2», Coimbra, 1999, 127.

SOARES, Rogério Ehrhardt: O acto administrativo, SI (1990), 25.

SOARES, Rogério Ehrhardt: Princípio da legalidade e administração constitutiva, BFDUC 57 (1981), 169.

SOARES, Rogério Ehrhardt: Direito administrativo, Coimbra, 1978.

SOARES, Rogério Erhardt: Interesse público, legalidade e mérito, Coimbra, 1955.

SOBOTA, Katharina: Das Prinzip Rechtsstaat, Tubinga, 1977.

SOUSA, António Francisco: O recurso de vizinhança, Lisboa, 1986.

SOUSA, Marcelo Rebelo de/Sofia de Sequeira GALVÃO: Introdução ao estudo do direito, 5.ª ed., Lisboa, 2000.

SOUSA, Marcelo Rebelo de: Comissões arbitrais, indemnizações e nacionalizações, DJ 1991 (V), 91.

SOUSA, Marcelo Rebelo de: Lições de direito administrativo, Lisboa, 1999.

SOUSA, Marcelo Rebelo de: O acto administrativo no ensino do Professor Marcello Caetano, in A.A.F.D.L. (org.), «Administração pública e direito administrativo em Portugal», Lisboa, 1992, 5.

SOUSA, Marcelo Rebelo de: O regime do acto administrativo, DJ 1992 (IV), 33.

SOUSA, Marcelo Rebelo de: O valor jurídico do acto inconstitucional, Lisboa, 1988.

SOUSA, Marcelo Rebelo de: Responsabilidade dos estabelecimentos públicos de saúde: culpa do agente ou culpa da organização?, in A.A.F.D.L. (org.): «Direito da Saúde e Bioética», Lisboa, 1996, 145.

SOUSA, Marcelo Rebelo de: Um retrato actual da administração portuguesa, in A.A.F.D.L. (org.), «Administração pública e direito administrativo em Portugal», Lisboa, 1992, 27.

SOUSA, Miguel Teixeira de: Estudos sobre o novo processo civil, 2.ª ed., Lisboa, 1997.

SOUSA, Miguel Teixeira de: Legitimidade processual e acção popular no direito do ambiente, in INA (org.), «Direito do Ambiente», Lisboa, 1994, 409.

SOUSA, Miguel Teixeira de: O objecto da sentença e o caso julgado material, BMJ 1985 (325), 49.

SPARWASSER, Reinhard: v. BENDER, Bernd/ Reinhard SPARWASSER/Rüdiger ENGEL.

STABENTHEINER, Johannes: Zivilrechtliche Unterlassungsansprüche zur Abwehr gesundheitsgefährdender Umwelteinwirkungen, ÖJZ 1992, 78.

STAUPE, Jürgen: Rechtliche Aspekte der Altlastensanierung, DVBl. 1988, 606.

STEIN, E. (org.): «Auf einem dritten Weg – FS Helmut Ridder», Luchterland, 1989.

STEINBERG, Rudolf: Zur Beschleunigung des Genehmigungsverfahrens für Industrieanlagen, Baden-Baden, 1991.

STOBER, Rolf: Allgemeines Wirtschaftsverwaltungsrecht, 11.ª ed., Estugarda/ Berlim/Colónia, 1998.

STOLL, Hans: Zum Rechtsfertigungsgrund verkehrsrichtigen Verhaltens, JZ 1958, 137.

SUDHOF, Margaretha: Dreieckige Rechtsverhältnisse im Wirtschaftsverwaltungsrecht, Frankfurt a. M./Berna/Nova Iorque/Paris, 1989.

SUNDERMANN, Andrea: Der Bestandsschutz genehmigungsbedürftiger Anlagen im Immissionsschutzrecht, Berlim, 1985.

TAGGART, M. (org.): «The province of administrative law», Oxford, 1997.

TAUPITZ, Jochen: Umweltschäden durch Sport aus haftungsrechtlicher Sicht, in P. Kirchhof (org.), «Sport und Umwelt», Heidelberga, 1992, 17.

TELLES, Miguel Galvão: Inconstitucionalidade pretérita, in Jorge Miranda (org.), Nos dez anos da Constituição, Lisboa, 1986, 265

TERESI, Francesco: SALVIA, Filippo/Francesco TERESI.

TIEDEMANN, Klaus: Die Neuordnung des Umweltstrafrechts, Berlim/Nova Iorque, 1980.

TRÖNDLE, Herbert/ Thomas FISCHER: Strafgesetzbuch, Munique, 2001.

UNRUH, Peter: Zur Dogmatik der grundrechtlichen Schutzpflichten, Berlim, 1996.

VALDÁGUA, Maria da Conceição: Aspectos da legítima defesa no Código Penal e no Código Civil, in UL (org.), «Jornadas de homenagem ao Professor Doutor Cavaleiro de Ferreira», Lisboa, 1995, 235.

VARELA, João de Matos Antunes/D. Freitas do AMARAL/J. MIRANDA/J. J. Gomes CANOTILHO (org.): «Ab uno ad omnes – 75 anos da Coimbra Editora», Coimbra, 1998.

VARELA, João de Matos Antunes: Das obrigações em geral, I, 8.ª ed., Coimbra, 1994.

VARELA, João de Matos Antunes: v. LIMA, Fernando Pires de/João de Matos Antunes VARELA.

VASCONCELOS, Pedro Pais de: Teoria geral do direito civil, I, Lisboa, 1999.

VAZ, Manuel Afonso/J. A. A. LOPES (org.): «Juris et de Jure – Nos vinte anos da Faculdade de Direito da Universidade Católica – Porto», Porto, 1998.

VAZ, Manuel Afonso: A responsabilidade civil do Estado – considerações breves sobre o seu estatuto constitucional, Porto, 1995.

VAZ, Manuel Afonso: Lei e reserva de lei. A causa da lei na Constituição portuguesa de 1976, Porto, 1992.

VELDHUIZEN, Gijsbert Onno van: Die privatrechtsgestaltende Wirkung des öffentlichen Rechts im Umwelthaftungsrecht, Frankfurt a.M., 1994.

VICENTE, Dário Moura: Da responsabilidade pré-contratual em direito internacional privado, Coimbra, 2001.

VIERHAUS, Hans-Peter: v. KLOEPFER, Michael/ Hans-Peter VIERHAUS.

VIEWEG, Klaus/Anne RÖTHEL: Konvergenz oder Divergenz öffentlich-rechtlichen und privatrechtlichen Immissionsschutzes?, DVBl. 1996, 1171.

VIGNOCCHI, Gustavo: La natura giuridica dell' autorizzazione amministrativa, Pádua, 1944.

VIRGA, Pietro: Diritto amministrativo, II, 2.ª ed., Milão, 1992.

WAGNER, Gerhard: Öffentlich-rechtliche Genehmigung und zivilrechtliche Rechtswidrigkeit, Colónia/Berlim/Bona/Munique, 1989.

WAGNER, Gerhard: Wesentlichkeit gleich Erheblichkeit?, NJW 1991, 3247.

WAHL, Rainer (org.): «Prävention und Vorsorge», Bona, 1995.

WAHL, Rainer/Ivo APPEL: Prävention und Vorsorge: von der Staatsaufgabe zur rechtlichen Ausgestaltung, in R. WAHL (org.), «Prävention und Vorsorge», Bona, 1995, 1.

WAHL, Rainer/Georg HERMES/Karsten SACH: Genehmigung zwischen Bestandsschutz und Flexibilität, in R. WAHL (org.), «Prävention und Vorsorge», Bona, 1995, 217.

WAHL, Rainer: Die doppelte Abhängigkeit des subjektiven öffentlichen Rechts, DVBl. 1996, 642.

WAHL, Rainer: Erlaubnis, in O. KIMMENICH (org.), «Handwörterbuch des Umweltrechts», I, Berlim, 1994, 528.

WAHL, Rainer: Genehmigung und Planungsentscheidung, DVBl. 1982, 51.

WALTER, Robert/Heinz MAYER: Grundriss des österreichischen Bundesverfassungsrechts, 8.ª ed., Viena, 1996.

WALTER, Robert: Verfassung und Gerichtsbarkeit, Viena, 1960.

WASMUTH, Johannes/Matthias KOCH: Rechtfertigende Wirkung der behördlichen Duldung im Umweltstrafrecht, NJW 1990, 2434.

WEBER, W.: v. BARION, H./E. FORSTHOFF/W. WEBER.

WEBER-DÜRLER, Beatrice: Vertrauensschutz im öffentlichen Recht, Basel/Frankfurt a.M., 1983.

WEBER-DÜRLER, Beatrice: Verwaltungsrecht als Vorgabe für Zivil- und Strafrecht (Aussprache und Schlussworte), VvDStrL 1991, 276.

WICKEL, Martin: Bestandsschutz im Umweltrecht, Baden-Baden, 1996.

WIEACKER, Franz: História do direito privado moderno, 2.ª ed., Lisboa, 1967.

WINKELBAUER, Wolfgang: Die Verwaltungsabhängigkeit des Umweltstrafrechts, DÖV 1988, 723.

WOLF, Joachim: Umweltrecht, Munique, 2002.

WOLFF, Hans J.: Rechtsgrundsätze und verfassungsgestaltende Grundentscheidungen als Rechtsquellen, in O. BACHOF (org.), «Forschungen und Berichte aus dem öffentlichen Recht – Gedächtnischrift Walter Jellinek», Munique, 1955, 33.

WOLTER, J. (org.): «Einwirkungen der Grundrechte auf das Zivilrecht, oöffentliche Recht und Strafrecht», Heidelberga, 1999.

WÜRTENBERGER, Thomas: v. ACHTERBERG, Norbert/ G. PÜTTNER/T. WÜRTENBERGER.

ZACHER, Hans F.: Das soziale Staatsziel, in J. ISENSEE/P. KIRCHHOF (org.), «Handbuch des Staatsrechts der Bundesrepublik Deutschland», I, Heidelberga, 1995, 1045.

ZAFRA VALVERDE, Jose: Sentencia constitutiva y sentencia dispositiva, Madrid, 1962.

ZIEHM, Hanno: Die Störerverantwortlichkeit für Boden- und Wasserverunreinigungen, Berlin, 1989.

ZIPPELIUS, Reinhold: Teoria Geral do Estado, Lisboa, 1997 (tradução da 12.ª ed., 1994).

ÍNDICE

PARTE I: INTRODUÇÃO	11
A) A CONFORMAÇÃO DE RELAÇÕES JURÍDICAS ENTRE PARTICULARES POR ACTOS ADMINISTRATIVOS – PRIMEIRA APROXIMAÇÃO	11
1. O problema do efeito conformador das relações jurídicas entre particulares pelo acto administrativo	11
2. A Administração Pública infra-estrutural e a sociedade de risco	15
3. A Administração Pública infra-estrutural e a multilateralização da actividade administrativa.	17
4. A sociedade de risco e a protecção do ambiente: dinamismo social e protecção da confiança	21
B) OBJECTO DA TESE E PROBLEMAS CONEXOS	27
1. Os três grupos de problemas em redor da protecção conferida pela autorização; terminologia adoptada	27
2. Objecto da investigação: o efeito conformador pelo acto administrativo das relações jurídicas entre particulares	31
2.1. Entre o direito público e direito privado	31
2.2. O efeito conformador de relações jurídicas entre particulares pelo acto administrativo: origens e actualidade	37
2.3. Os diferentes tipos de actuação administrativa; em especial, o acto administrativo autorizativo	43
2.4. Relações de vizinhança: "publicização do direito privado" e "efeito conformador do acto administrativo autorizativo"	53
2.5. Delimitação e concretização do objecto da investigação – principais questões suscitadas	57
3. Problemas conexos: i) o efeito legalizador dos actos administrativos	63
3.1. A origem do efeito legalizador na jurisprudência do BVerwG	63
3.2. Efeito legalizador e responsabilidade no direito de polícia	68
3.3. Relação com o problema do efeito conformador de relações jurídicas entre privados	86

423

O ACTO ADMINISTRATIVO CONFORMADOR DE RELAÇÕES DE VIZINHANÇA

4. Problemas conexos: ii) a acessoriedade administrativa do direito penal ... 88

   4.1. Autorização administrativa e aplicação de sanções penais ... 88

   4.2. Questões derivadas da relação entre direito administrativo e direito penal: o relevo da autorização para os tipos penais e o problema das autorizações inválidas ... 92

   4.3. Relação com o problema do efeito conformador de relações jurídicas entre privados ... 107

PARTE II: A CONFORMAÇÃO DE RELAÇÕES JURÍDICAS ENTRE PARTICULARES PELO ACTO ADMINISTRATIVO – PROBLEMAS E SOLUÇÕES ... 109

A) O PROBLEMA DO EFEITO CONFORMADOR DE RELAÇÕES JURÍDICAS ENTRE PARTICULARES PELO ACTO ADMINISTRATIVO NO DIREITO PORTUGUÊS E NOUTROS DIREITOS ESTRANGEIROS, EM ESPECIAL NO DIREITO ALEMÃO ... 109

1. Considerações introdutórias – aspectos comuns do problema do efeito conformador de relações jurídicas entre particulares pelo acto administrativo ... 109

2. Notas de direito comparado ... 112

   2.1. Direito alemão ... 112

   2.2. Direito austríaco ... 131

   2.3. Direito italiano ... 137

   2.4. Outros direitos ... 142

3. Direito português ... 143

B) REFLEXÃO GERAL E SÍNTESE ARGUMENTATIVA ... 147

1. Reflexão geral sobre as várias soluções ... 147

2. Síntese argumentativa e sequência da investigação ... 150

PARTE III: O EFEITO CONFORMADOR DO ACTO AUTORIZATIVO NAS RELAÇÕES DE VIZINHANÇA ... 153

A) ENQUADRAMENTO JURÍDICO-CONSTITUCIONAL ... 153

1. Unidade da ordem jurídica ... 153

   1.1. O princípio da unidade da ordem jurídica e sua relevância para o problema do efeito conformador de relações jurídicas entre particulares ... 153

   1.2. Valia do princípio da unidade da ordem jurídica ... 161

      1.2.1. Unidade e sistema ... 161

      1.2.2. Fundamento constitucional ... 166

1.2.3. Insuficiência do princípio da unidade do ordenamento jurídico para resolver o problema do efeito conformador de relações jurídicas entre privados	176
2. Direitos fundamentais, direitos subjectivos públicos e direitos subjectivos privados	183
2.1. O reconhecimento de direitos subjectivos públicos como origem do problema do efeito conformador de relações jurídicas entre privados	183
2.2. O direito subjectivo público na construção germânica – lei ou Constituição	186
2.3. A vinculação das entidades privadas aos direitos fundamentais	190
2.3.1. A teoria germânica: sentido, limitações e consequências	190
2.3.2. O sistema português de direitos fundamentais	199
3. Ilegalidade, ilicitude e responsabilidade civil dos indivíduos e da Administração Pública	217
3.1. Princípios de responsabilidade dos indivíduos e da Administração Pública	217
3.2. Alguns problemas em torno do conceito de ilicitude	225
3.3. Para uma visão constitucional do conceito de ilicitude	237
3.4. Ilicitude e ilegalidade do acto administrativo	249
4. Acto administrativo e princípio da separação dos poderes na Administração de infra-estruturas	252
4.1. O acto administrativo na administração de infra-estruturas – problemas	252
4.2. Conteúdo e efeitos do acto administrativo	253
4.2.1. A teorização actual do acto administrativo e dos seus efeitos	253
4.2.2. Em busca dos "dogmas históricos"	265
4.3. Acto administrativo, lei e sentença	270
4.3.1. A "dupla natureza" do acto administrativo	270
4.3.2. Acto administrativo e princípio da legalidade	272
4.3.3. Acto administrativo e função jurisdicional	277
4.4. A técnica da "relação jurídica"	288
B) DA CONSTITUIÇÃO AO DIREITO ORDINÁRIO	297
1. Actos administrativos com e sem efeitos para terceiros e actos administrativos conformadores de relações jurídicas entre particulares	297
1.1. Paridade do direito administrativo e do direito privado na regulação de relações entre privados e efeito conformador dos actos administrativos	297

O ACTO ADMINISTRATIVO CONFORMADOR DE RELAÇÕES DE VIZINHANÇA

1.2. Conteúdo, validade e eficácia do acto administrativo e efeitos para terceiros	301
1.3. Irrelevância, invalidade e ineficácia para terceiros do acto administrativo	313
2. As acções negatórias do Código Civil	316
2.1. A origem da regulação civil das acções negatórias	316
2.2. Pressupostos das acções negatórias	319
2.3. Autorizações e acções negatórias	328
2.3.1. Acção negatória e autorização irrelevante para terceiros	328
2.3.2. Acção negatória e autorização relevante para terceiros	334
3. Responsabilidade civil	355
3.1. Responsabilidade do sujeito autorizado...	355
3.2. ... ou responsabilidade da Administração?	368
4. Tribunais competentes	376

CONCLUSÕES   393

BIBLIOGRAFIA   399